D1730144

Schweizer Schriften zum Bankrecht

Herausgegeben von
Prof. Dr. Dieter Zobl, Prof. Dr. Mario Giovanoli, Prof. Dr. Gérard Hertig

Band 20

Dr. Daniel Baumann

Der Baukredit

2., ergänzte und überarbeitete Auflage

 Schulthess Polygraphischer Verlag

Abdruck der der Rechtswissenschaftlichen Fakultät
der Universität Zürich vorgelegten Dissertation
(2., ergänzte und überarbeitete Auflage)

© Schulthess Polygraphischer Verlag AG, Zürich 1997
ISBN 3 7255 3539 6

Literatur und Judikatur wurden bis Ende September 1996, teilweise bis Ende Dezember
1996 berücksichtigt.

Vorwort zur 2. Auflage

Die 1. Auflage dieses Buches war innert erfreulich kurzer Zeit vergriffen. Bereits in dieser Zeitspanne hat sich indessen die Rezession auf dem Immobilienmarkt nochmals deutlich verstärkt. Von der gesunkenen Nachfrage abgesehen ist namentlich auch die entsprechende Kreditvergabepolitik der Banken zurückhaltender geworden. Den veränderten Verhältnissen entsprechend ist zudem eine Abkehr von langjährigen Baufinanzierungsstandards zu beobachten. So wird auch im Bereich der Baufinanzierung zunehmend die Forderung nach risikoadäquater Konditionengestaltung (mit entsprechenden Risikozuschlägen) erhoben. Die früher dominierende Bedeutung der Pfandbeurteilung wird vermehrt durch eine gesamtheitliche Betrachtung des Kreditgeschäftes und der damit verbundenen Risiken abgelöst, wobei namentlich die Bonität der Kreditnehmer sowie die Einschätzung der Marktentwicklungen als wesentliche Entscheidungsfaktoren bei der Kreditvergabe in den Vordergrund gerückt sind (vgl. dazu ausführlich STETTLER, Risikoprämien, S. 52f.).

Dessenungeachtet kommt der grundpfändlichen Sicherung der Baukreditforderung bzw. den Schutzmassnahmen zur Gewährleistung einer durch diese Sicherheit garantierten Kreditdeckung - und damit einem der Hauptthemen des vorliegenden Buches - nach wie vor eine zentrale Bedeutung zur Verminderung des Kreditrisikos zu. Im Rahmen der Neuauflage wurde indessen versucht, den Auswirkungen wirtschaftlicher Veränderungen noch stärker als in der Vorauflage Rechnung zu tragen und insbesondere auch Marktfaktoren deutlicher in die Diskussion miteinzubeziehen. Zudem waren - nebst der neueren Literatur und Judikatur - verschiedene Gesetzesrevisionen bzw. gesetzliche Neuerungen zu berücksichtigen, so unter anderem die Revisionen im Schuldbetreibungs- und Konkursrecht, Änderungen im Bereich des Konsumentenschutzrechts, die veränderten gesetzlichen Grundlagen für die Baufinanzierung mit Mitteln der beruflichen Vorsorge sowie der Wegfall der in den achtziger Jahren erlassenen Pfandbelastungs- und Veräusserungsbeschränkungen für Grundstücke.

Es bleibt mir schliesslich noch, all jenen zu danken, welche durch wertvolle Hinweise Anregungen zu Verbesserungen und Korrekturen gegeben haben.

Zürich, Januar 1997

Daniel Baumann

Vorwort zur 1. Auflage

Diese Arbeit bezweckt nebst einer Würdigung der vertraglichen und sicherungsrechtlichen Seite der Baufinanzierung auch eine Darstellung der Risiken dieses in der Praxis als verhältnismässig «einfach» betrachteten Geschäftes. Insbesondere sollen Möglichkeiten dargelegt werden, wie sich diese Risiken auf juristischem Weg vermindern oder sogar vermeiden lassen.

Bedanken möchte ich mich an dieser Stelle für die wertvollen Hinweise zahlreicher Fachleute. Erwähnt seien insbesondere Daniel Stettler von der Zürcher Kantonalbank, Daniel Hui von der Schweizerischen Kreditanstalt, Tobias Egli von der Schweizerischen Bankgesellschaft sowie Martin Hofer vom Büro Wüest & Partner. Verpflichtet bin ich ausserdem der Schweizerischen Zentralstelle für Baurationalisierung (CRB) und dem Schweizerischen Ingenieur- und Architekten-Verein (SIA), der Wirtschaftsdokumentation der Schweizerischen Bankgesellschaft, der Sektion Information der Schweizerischen Rückversicherungs-Gesellschaft sowie zahlreichen Banken für die Benützung ihrer Infrastruktur und das mir zur Verfügung gestellte Material. Ein Dankeschön gilt auch meinen Anwaltskollegen Urs Rohner und Juerg Wyler für ihre genaue und kritische und zweifellos nicht durchwegs angenehme Überprüfung des doch recht umfangreichen Textes. Dank schulde ich schliesslich Herrn Prof. Zobl, der diese Arbeit von Anfang an mit grossem Wohlwollen begleitet und unterstützt hat.

Zürich, November 1993

Daniel Baumann

Inhaltsüberblick

Inhalt

Anhänge

Sachregister

Abkürzungen

A.	Auflage
a.a.O.	am angegebenen Ort
ABl.	Amtsblatt der Europäischen Gemeinschaften
Abs.	Absatz
Abt.	Abteilung
ABV	siehe unter «Zitierte Erlasse, Normen und Richtlinien»
ABV/ZH	siehe unter «Zitierte Erlasse, Normen und Richtlinien»
a.E.	am Ende
AJP	Aktuelle Juristische Praxis
a.M.	anderer Meinung
Anm.	Anmerkung/ Fussnote
Art.	Artikel
AS	Amtliche Sammlung des Bundesrechts
BBl	Bundesblatt
BBPG	siehe unter «Zitierte Erlasse, Normen und Richtlinien»
BBSG	siehe unter «Zitierte Erlasse, Normen und Richtlinien»
Bd.	Band
BewG	siehe unter «Zitierte Erlasse, Normen und Richtlinien»
BewV	siehe unter «Zitierte Erlasse, Normen und Richtlinien»
BGB	siehe unter «Zitierte Erlasse, Normen und Richtlinien»
BGE	Entscheidungen des schweizerischen Bundesgerichtes (Amtliche Sammlung)
BKP	Baukostenplan
BlSchKG	Blätter für Schuldbetreibung und Konkurs
BMG	siehe unter «Zitierte Erlasse, Normen und Richtlinien»
BMV	siehe unter «Zitierte Erlasse, Normen und Richtlinien»
BRD	Bundesrepublik Deutschland
BVG	siehe unter «Zitierte Erlasse, Normen und Richtlinien»
bzw.	beziehungsweise
CRB	Schweizerische Zentralstelle für Baurationalisierung = Centre suisse d'études pour la rationalisation de la construction
CRCI	Coopérative Romande de Cautionnement Immobilier
ders.	derselbe
d.h.	das heisst
Diss.	Dissertation
EG	Europäische Gemeinschaft(en)
EGW	Emissionszentrale für gemeinnützige Wohnbauträger
EGZGB/ZH	siehe unter «Zitierte Erlasse, Normen und Richtlinien»
EKG	Elementkostengliederung
etc.	et cetera/ und so weiter
EU	Europäische Union
EuZW	Europäische Zeitschrift für Wirtschaftsrecht
ev.	eventuell
EWR	Europäischer Wirtschaftsraum
EWRA	Abkommen über den Europäischen Wirtschaftsraum, in: BBl 1992 IV, S. 668ff.
Expl.	Exemplar
ff.(f.)	folgende
Fr.	Franken, siehe auch unter «SFr.»

GBV	siehe unter «Zitierte Erlasse, Normen und Richtlinien»
HBW	Hypothekar-Bürgschaftsgenossenschaft für Wohneigentums-förderung
Hrsg.	Herausgeber
IBG	siehe unter «Zitierte Erlasse, Normen und Richtlinien»
IBV	siehe unter «Zitierte Erlasse, Normen und Richtlinien»
i.d.R.	in der Regel
i.e.S.	im engeren Sinne
inkl.	inklusive
insbes.	insbesondere
IPRG	siehe unter «Zitierte Erlasse, Normen und Richtlinien»
i.S.	im Sinne
i.V.	in Verbindung
KKG	siehe unter «Zitierte Erlasse, Normen und Richtlinien»
KOV	siehe unter «Zitierte Erlasse, Normen und Richtlinien»
LEG	siehe unter «Zitierte Erlasse, Normen und Richtlinien»
LG	siehe unter «Zitierte Erlasse, Normen und Richtlinien»
lit.	litera (Buchstabe)
LS	Zürcher Loseblattsammlung
m.E.	meines Erachtens
MWSTV	siehe unter «Zitierte Erlasse, Normen und Richtlinien»
N	Randnote
NBG	siehe unter «Zitierte Erlasse, Normen und Richtlinien»
NHG	siehe unter «Zitierte Erlasse, Normen und Richtlinien»
NHV	siehe unter «Zitierte Erlasse, Normen und Richtlinien»
NPK	Normpositionen-Katalog
Nr.	Nummer
NZZ	Neue Zürcher Zeitung
OR	siehe unter «Zitierte Erlasse, Normen und Richtlinien»
OS	Offizielle Sammlung der seit 10. März 1831 erlassenen Gesetze, Beschlüsse und Verordnungen des Eidgenössischen Standes Zürich
p.a.	pro Jahr
PBG/ZH	siehe unter «Zitierte Erlasse, Normen und Richtlinien»
Pra	Die Praxis des Schweizerischen Bundesgerichts (private Sammlung)
RPG	siehe unter «Zitierte Erlasse, Normen und Richtlinien»
RPV	siehe unter «Zitierte Erlasse, Normen und Richtlinien»
S.	Seite(n)
SchGG	siehe unter «Zitierte Erlasse, Normen und Richtlinien»
SchKG	siehe unter «Zitierte Erlasse, Normen und Richtlinien»
SFr.	Schweizer Franken, siehe auch unter «Fr.»
SIA	Schweizerischer Ingenieur- und Architekten-Verein
SJZ	Schweizerische Juristen-Zeitung
sog.	sogenannt
SR	Systematische Sammlung des Bundesrechts
Sten. Bull.	Amtliches stenographisches Bulletin der schweizerischen Bundesversammlung
StGB	siehe unter «Zitierte Erlasse, Normen und Richtlinien»
StG/ZH	siehe unter «Zitierte Erlasse, Normen und Richtlinien»
übers.	übersetzt

URG	siehe unter «Zitierte Erlasse, Normen und Richtlinien»
USA	Vereinigte Staaten von Amerika
UWG	siehe unter «Zitierte Erlasse, Normen und Richtlinien»
v.a.	vor allem
VE	Vorentwurf
VerbrKrG	siehe unter «Zitierte Erlasse, Normen und Richtlinien»
vgl.	vergleiche
VSB	siehe unter «Zitierte Erlasse, Normen und Richtlinien»
VSGU	Verband Schweizerischer Generalunternehmer
VSS	Vereinigung Schweizerischer Strassenfachleute
VVG	siehe unter «Zitierte Erlasse, Normen und Richtlinien»
VZG	siehe unter «Zitierte Erlasse, Normen und Richtlinien»
WaG	siehe unter «Zitierte Erlasse, Normen und Richtlinien»
WaV	siehe unter «Zitierte Erlasse, Normen und Richtlinien»
WEFV	siehe unter «Zitierte Erlasse, Normen und Richtlinien»
WEG	siehe unter «Zitierte Erlasse, Normen und Richtlinien»
z.B.	zum Beispiel
z.T.	zum Teil
ZBGR	Schweizerische Zeitschrift für Beurkundungs- und Grundbuchrecht
ZBJV	Zeitschrift des Bernischen Juristenvereins
ZGB	siehe unter «Zitierte Erlasse, Normen und Richtlinien»
Ziff.	Ziffer
Zit.	Zitierweise
ZPO/ZH	siehe unter «Zitierte Erlasse, Normen und Richtlinien»
ZR	Blätter für Zürcherische Rechtsprechung
ZSR	Zeitschrift für Schweizerisches Recht

Literatur

Die nachstehend aufgeführten Publikationen werden im Text nur mit dem/ den Autorennamen zitiert. Im Falle mehrbändiger Ausgaben wird ergänzend der jeweilige Band angegeben, sofern er nicht bereits im Literaturverzeichnis bezeichnet wird. Bei mehreren Publikationen desselben Verfassers bzw. im Falle gleichnamiger Verfasser wird die Zitierweise ergänzend beigefügt, ebenso bei Abweichungen von den obgenannten Regeln.

Affentranger-Brunner, Doris: Verarrestierbarkeit der Rechte des Kreditnehmers aus einem Krediteröffnungsvertrag bei einer Bank, in: Schriften zum Bankwesen, Bd. 30 (Zürich 1989).

Aeschlimann, Otto: Der Krediteröffnungsvertrag nach schweizerischem Recht (Diss. Bern-Bümpliz 1925).

Albisetti, Emilio/ Boemle, Max/ Ehrsam, Paul/ Gsell, Max/ Nyffeler, Paul/ Rutschi, Ernst: Handbuch des Geld-, Bank- und Börsenwesens der Schweiz (4.A. Thun 1987, Nachdruck 1996).

Albisetti, Emilio/ Gsell, Martin/ Nyffeler, Paul: Bankgeschäfte, in: Leitfäden für das Bankwesen, Hrsg. Schweizerische Kommission für Bankfachprüfungen und Schweizerische Bankiervereinigung, Bd. 2. (4.A. Zürich 1990).

Amstutz, Marc/ Vogt, Nedim Peter/ Wang, Markus: Kommentar zu Art. 116 - 118 IPRG, in: Kommentar zum Schweizerischen Privatrecht, Internationales Privatrecht, Hrsg. Heinrich Honsell/ Nedim Peter Vogt/ Anton K. Schnyder (Basel/ Frankfurt am Main 1996), S. 787ff.

Arx, Otto von: Das Bauhandwerkerpfandrecht der Art. 837 - 841 ZGB und der Baukredit (Diss. Maschinenschrift Basel 1948).

Bär, Rolf: Der indirekte Hypothekarkredit - Zur Sicherungsübereignung und Verpfändung von Schuldbriefen, in: Theorie und Praxis der Grundpfandrechte, Berner Bankrechtstag 1996, Hrsg. Wolfgang Wiegand (Bern 1996), S. 105ff.

Baudenbacher, Carl: Wirschafts-, schuld- und verfahrensrechtliche Grundprobleme der Allgemeinen Geschäftsbedingungen (Zürich 1983).

Bar, Christian von: Internationales Privatrecht, Zweiter Band, Besonderer Teil (München 1991).

Becker, H.: Kommentar zum schweizerischen Zivilgesetzbuch, Obligationenrecht, II. Abteilung, Die einzelnen Vertragsverhältnisse, Art. 184-551 (Bern 1934).

Becker, H.: Kommentar zum zum schweizerischen Zivilgesetzbuch, Obligationenrecht, I. Abteilung, Allgemeine Bestimmungen, Art. 1-183 (Bern 1941).

Bellinger, Dieter: Die Hypothekarkredit-Richtlinie im EG-Bankrecht, in: Der Langfristige Kredit, Heft 17/18/1988, S. 567ff.

Berger, Rudolf: Bauprojektkosten, Ein Indikatormodell zur Kostenplanung und Kostenbeurteilung (Diss. Zürich 1987).

Bieri, Dieter: Kredit und Konsortium, Kreditformen und Kreditsicherungen; Konsortialvereinbarungen unter Banken in bezug auf einen gemeinsamen Kreditnehmer, in: Schweizer Schriften zum Handels- und Wirtschaftsrecht, Bd. 93 (Zürich 1987).

Bonorand, Daniel: Ausgewählte Fragen zum Gesamtpfandrecht an Grundstücken, in: Basler Studien zur Rechtswissenschaft, Bd. 6 (Basel/ Frankfurt am Main 1982).

Brandenberger, J./ Ruosch, E.: Ablaufplanung im Bauwesen (3.A. Zürich/ Dietikon 1993).

Brehm, Roland: Kommentar zum schweizerischen Privatrecht, Das Obligationenrecht, Bd. VI, 1. Abteilung, Allgemeine Bestimmungen, 3. Teilbd., 1. Unterteilbd., Die Entstehung durch unerlaubte Handlungen, Kommentar zu Art. 41-61 OR (Bern 1990).

Brönnimann, Jürgen: Zwangsvollstreckungsrechtliche Risiken bei Grundpfandrechten, in: Theorie und Praxis der Grundpfandrechte, Berner Bankrechtstag 1996, Hrsg. Wolfgang Wiegand (Bern 1996), S. 133ff.

Brückner, Christian: Rechtsgeschäftliche Errichtung von Grundpfandrechten - Umfang des Formzwangs und zeitlicher Beginn der Pfandsicherheit, in: ZBGR 77 (1996), S. 217ff.

Brunner, Konrad: Einführung zur Anwendung des Baukostenplanes für die Kostenüberwachung von Hochbauten, in: Schriftenreihe Wohnungsbau, Bd. 6 (Bern 1969).

Bucher, Eugen: Kommentar zu Art. 1-10 und Art. 22 OR, in: Kommentar zum Schweizerischen Privatrecht, Obligationenrecht I, Art. 1-529 OR, Hrsg. Heinrich Honsell/ Nedim Peter Vogt/ Wolfgang Wiegand (2.A. Basel/ Frankfurt am Main 1996), S. 3ff., S. 216ff. Zit. Bucher, Kommentar.

Bucher, Eugen: Schweizerisches Obligationenrecht, Allgemeiner Teil ohne Deliktsrecht (2.A. Zürich 1988). Zit. Bucher, Obligationenrecht.

Büren, Bruno von: Schweizerisches Obligationenrecht, Besonderer Teil (Art. 184-551) (Zürich 1972).

Bürgi, Urs: Strategien und Probleme bei der Zwangsvollstreckung von verpfändeten Grundstücken, in: Theorie und Praxis der Grundpfandrechte, Berner Bankrechtstag 1996, Hrsg. Wolfgang Wiegand (Bern 1996), S. 159ff.

Cavin, Pierre: Kauf, Tausch und Schenkung, in: Schweizerisches Privatrecht, Siebenter Bd., Obligationenrecht - Besondere Vertragsverhältnisse, Erster Halbbd., Hrsg. Frank Vischer (Basel/ Stuttgart 1977), S. 1ff.

Christ, Bernhard: Der Darlehensvertrag, in: Schweizerisches Privatrecht, Siebenter Bd., Obligationenrecht - Besondere Vertragsverhältnisse, Erster Halbbd., Hrsg. Frank Vischer (Basel/ Stuttgart 1977), S. 219ff.

CRB Schweizerische Zentralstelle für Baurationalisierung: Baukostenplan BKP 1993, Schweizer Norm SN 506 500 (Zürich 1993). Zit. CRB, Baukostenplan.

CRB Schweizerische Zentralstelle für Baurationalisierung: EKG Elementkostengliederung 1995, Kostengliederung nach Elementen, für Hoch- und Tiefbau, mit Projektkostengliederung, Schweizer Norm SN 506 502 (Zürich 1995). Zit. CRB, Elementkostengliederung.

CRB Schweizerische Zentralstelle für Baurationalisierung (Hrsg.): Baukostendaten (Zürich, Jahrbuch). Zit. CRB, Baukostendaten.

CRB Schweizerische Zentralstelle für Baurationalisierung (Hrsg.): Bauhandbuch (Zürich, Jahrbuch). Zit. CRB, Bauhandbuch.

CRB Schweizerische Zentralstelle für Baurationalisierung/ VSS Vereinigung Schweizerischer Strassenfachleute/ SIA Schweizerischer Ingenieur- und Architekten-Verein: NPK Bau (Zürich, Lieferungswerk). Zit. CRB/ VSS/ SIA, NPK Bau.

de Haller, Jean-Claude: siehe Haller, Jean-Claude de.

Egger, A.: Kommentar zum schweizerischen Zivilgesetzbuch, Einleitung, Art. 1-10, Das Personenrecht, Art. 11-89 (2.A. Zürich 1930). Zit. Egger, Personenrecht.

Egger, August: Der privatrechtliche Schutz der Bauhandwerker mit besonderer Rücksicht auf die neue schweizerische Civilgesetzgebung (Diss. Zürich 1900). Zit. Egger, Bauhandwerker.

Egli, Anton: Das Architektenhonorar, in: Architektenrecht/ Le droit de l'architecte, Hrsg. Peter Gauch/ Pierre Tercier (3.A. Freiburg 1995), S. 295ff.

Ehrat, Felix: Kommentar zu Art. 151-157 OR, in: Kommentar zum Schweizerischen Privatrecht, Obligationenrecht I, Art. 1-529 OR, Hrsg. Heinrich Honsell/ Nedim Peter Vogt/ Wolfgang Wiegand (2.A. Basel/ Frankfurt am Main 1996), S. 776ff.

Eidgenössisches Justiz- und Polizeidepartement: Schweiz. Civilgesetzbuch, Zusammenstellung der Anträge und Anregungen zum Sachenrecht des Vorentwurfs vom 15. Nov. 1900 (Bern 1902). Zit. Eidgenössisches Justiz- und Polizeidepartement, Anträge und Anregungen.

Eilmansberger, Thomas: Die Liberalisierung des Hypothekarkredits in der EWG, in: EuZW 22/1991, S. 691ff.

Emch, Urs/ Renz, Hugo/ Bösch, Franz: Das Schweizerische Bankgeschäft, Das praktische Lehrbuch und Nachschlagewerk (4.A. Thun 1993).

Fellmann, Walter: Kommentar zum schweizerischen Privatrecht, Das Obligationenrecht, Bd. VI, 2. Abteilung, Die einzelnen Vertragsverhältnisse, 4. Teilbd., Der einfache Auftrag, Art. 394-406 OR (Bern 1992).

Fisch, Pius: Kommentar zu Art. 97 - 108 IPRG, in: Kommentar zum Schweizerischen Privatrecht, Internationales Privatrecht, Hrsg. Heinrich Honsell/ Nedim Peter Vogt/ Anton K. Schnyder (Basel/ Frankfurt am Main 1996), S. 631ff.

Fischer, Thomas: Baukreditzinsen - Schuldzinsen oder Anlagekosten ?, in: Steuertips für Hauseigentümer (Zürich 1995), S. 5ff.

Forstmoser, Peter: Gesetzgebung und Gerichtspraxis zu den Allgemeinen Geschäftsbedingungen in der Schweiz - Eine Standortbestimmung, in: Allgemeine Geschäftsbedingungen in Doktrin und Praxis, Beiträge zur aktuellen Situation, Schriftenreihe zum Konsumentenschutzrecht, Bd. 5 (Zürich 1982), S. 23ff.

Francioni, Reto: Konsortialverträge bei Konsortialdarlehen im schweizerischen Recht, in: Schweizer Schriften zum Handels- und Wirtschaftsrecht, Bd. 94 (Zürich 1987).

Frey, Hans R.: Stichwort «Bankkredit», in: Albisetti/ Boemle/ Ehrsam/ Gsell/ Nyffeler/ Rutschi, S. 105ff. Zit. Frey.

Frey, Hans R.: Stichwort «Kontokorrentkredit», in: Albisetti/ Boemle/ Ehrsam/ Gsell/ Nyffeler/ Rutschi, S. 428f. Zit. Frey, Kontokorrentkredit.

Fritzsche, Hans/ Walder-Bohner, Hans Ulrich: Schuldbetreibung und Konkurs nach schweizerischem Recht, Bd. I (3.A. Zürich 1984). Zit. Fritzsche/ Walder I.

Fritzsche, Hans/ Walder-Bohner, Hans Ulrich: Schuldbetreibung und Konkurs nach schweizerischem Recht, Bd. II (3.A. Zürich 1993). Zit. Fritzsche/ Walder II.

Füllemann, Reimar: Durchsetzung und Vollstreckung des Bauhandwerkerpfandrechts unter besonderer Berücksichtigung der Dritteigentümerverhältnisse (Diss. Winterthur 1984).

Gauch, Peter/ Aepli, Viktor: Kommentar zum schweizerischen Zivilgesetzbuch, Obligationenrecht, Teilbd. V 1h, Das Erlöschen der Obligationen, Erste Lieferung, Art. 114-126 OR (3.A. Zürich 1991).

Gauch, Peter/ Prader, Duri/ Egli, Anton/ Schumacher, Rainer: Kommentar zur SIA-Norm 118, Art. 38-156 (Zürich 1992). Zit. Gauch/ Bearbeiter, SIA 118. Soweit die Bearbeitung durch Gauch allein erfolgte: Gauch, SIA 118.

Gauch, Peter/ Schluep, Walter R.: Zum «Reinen Auslegungsstreit» - Eine Klarstellung, in: SJZ 78 (1982), S. 230ff. Zit. Gauch/ Schluep, Klarstellung.

Gauch, Peter/ Schluep, Walter, R.: Schweizerisches Obligationenrecht, Allgemeiner Teil, ohne ausservertragliches Haftpflichtrecht, Bd. I und Bd. II (6.A. Zürich 1995). Zit. Gauch/ Schluep.

Gauch, Peter/ Schraner, Marius: Kommentar zum schweizerischen Zivilgesetzbuch, Obligationenrecht, Teilbd. V 1e, Die Erfüllung der Obligation, Erste Lieferung, Art. 68-83 OR (3.A. Zürich 1991).

Gauch, Peter: Der Totalunternehmervertrag - Von seiner Rechtsnatur und dem Rücktritt des Bestellers, in: Baurecht/ Droit de la Construction, Mitteilungen zum privaten und öffentlichen Baurecht, 1989/2, S. 39ff. Zit. Gauch, Totalunternehmervertrag.

Gauch, Peter: Der Werkvertrag (4.A. Zürich 1996). Zit. Gauch, Werkvertrag.

Gauch, Peter: Die Bauleitung - Ihr Verhältnis zum Bauherrn und Unternehmer, Baurechtstagung 1985/ Tagungsunterlagen Bd. 1, Hrsg. Seminar für Schweizerisches Baurecht, S. 1ff. Zit. Gauch, Bauleitung.

Gauch, Peter: Ein Bauwerk - Mehrere Unternehmer, in: ZBJV 118 (1982), S. 65ff. Zit. Gauch, Bauwerk.

Gauch, Peter: Kommentar zur SIA-Norm 118, Art. 157-190 (Zürich 1991). Zit. Gauch, SIA 118.

Gauch, Peter: Probleme von und mit Subunternehmern - Ein Beitrag zum privaten Baurecht, in: Freiheit und Verantwortung im Recht, Festschrift zum 60. Geburtstag von Arthur Meier-Hayoz, Hrsg. Peter Forstmoser/ Walter R. Schluep (Bern 1982), S. 151ff. Zit. Gauch, Subunternehmer.

Gauch, Peter: System der Beendigung von Dauerverträgen, in: Arbeiten aus dem Iuristischen Seminar der Universität Freiburg Schweiz (Freiburg 1968). Zit. Gauch, Dauerverträge.

Gauch, Peter: Überschreitung des Kostenvoranschlages - Notizen zur Vertragshaftung des Architekten (oder Ingenieurs), in: Baurecht/ Droit de la Construction, Mitteilungen zum privaten und öffentlichen Baurecht, 1989/4, S. 79ff. Zit. Gauch, Kostenvoranschlag.

Gauch, Peter: Vom Architekturvertrag, seiner Qualifikation und der SIA-Ordnung 102, in: Architektenrecht/ Le droit de l'architecte, Hrsg. Peter Gauch/ Pierre Tercier (3.A. Freiburg 1995), S. 1ff. Zit. Gauch, Architekturvertrag.

Gautschi, Georg: Kommentar zum schweizerischen Privatracht, Das Obligationenrecht, 2. Abteilung, Die einzelnen Vertragsverhältnisse, 3. Teilbd., Der Werkvertrag, Art. 363-379 OR (2.A. Bern 1967). Zit. Gautschi, Werkvertrag.

Gautschi, Georg: Kommentar zum schweizerischen Privatrecht, 2. Abteilung, Die einzelnen Vertragsverhältnisse, 4. Teilbd., Der einfache Auftrag, Art. 394-406 OR (3.A. Bern 1971). Zit. Gautschi, Auftrag.

Gautschi, Georg: Kommentar zum schweizerischen Zivilrecht, Das Obligationenrecht, 2. Abteilung, Die einzelnen Vertragsverhältnisse, 6. Teilbd., Besondere Auftrags- und Geschäftsführungsverhältnisse sowie Hinterlegung, Art. 425-491 OR (2.A. Bern 1962). Zit. Gautschi, Besondere Verhältnisse.

Geiger, Paul H.: Die Rechtsbeziehungen im Hypothekargeschäft (Diss. Zürich 1939).

Giger, Hans: Grundsätzliches zum Einbezug Allgemeiner Geschäftsbedingungen in den Einzelvertrag, in: Allgemeine Geschäftsbedingungen in Doktrin und Praxis, Beiträge zur aktuellen Situation, Schriftenreihe zum Konsumentenschutzrecht, Bd. 5 (Zürich 1982), S. 59ff. Zit. Giger, AGB.

Giger, Hans: Kommentar zum schweizerischen Privatrecht, Das Obligationenrecht, Bd. VI, 2. Abteilung, Die einzelnen Vertragsverhältnisse, 1. Teilbd., Kauf und Tausch - Die Schenkung, 1. Abschnitt, Allgemeine Bestimmungen - Der Fahrniskauf, Art. 184-215 OR (Bern 1979). Zit. Giger.

Giovanoli, Silvio: Kommentar zum schweizerischen Privatrecht, Das Obligationenrecht, 2. Abteilung, Die einzelnen Vertragsverhältnisse, 7. Teilbd., Die Bürgschaft, Spiel und Wette, Art. 492-515 OR (2.A. Bern 1978).

Girsberger, Albrecht: Die bankgeschäftliche Belehnung von Baurechtsliegenschaften (Diss. Winterthur 1963). Zit. Girsberger.

Girsberger, Daniel: Kommentar zu Art. 164-174 OR, in: Kommentar zum Schweizerischen Privatrecht, Obligationenrecht I, Art. 1-529 OR, Hrsg. Heinrich Honsell/ Nedim Peter Vogt/ Wolfgang Wiegand (2.A. Basel/ Frankfurt am Main 1996), S. 815ff. Zit. Girsberger, OR-Kommentar.

Goedecke, Wolfgang/ Kerl, Volkher: Die deutschen Hypothekenbanken. Pfandbrief - Realkredit - Kommunalkredit (3.A. Frankfurt am Main 1990).

Goedecke, Wolfgang: Realkredit/ Perspektiven und Probleme (Frankfurt am Main 1973).

Goeggel, Hanspeter: Die Kostenplanung mit der Elementmethode als Voraussetzung für eine integrale Datenverarbeitung im Bauwesen, Ein Gespräch, in: Bulletin CRB 1991/4, S. 13ff.

Gonzenbach, Rainer: Kommentar zu Art. 112-118 OR, in: Kommentar zum Schweizerischen Privatrecht, Obligationenrecht I, Art. 1-529 OR, Hrsg. Heinrich Honsell/ Nedim Peter Vogt/ Wolfgang Wiegand (2.A. Basel/ Frankfurt am Main 1996), S. 647ff.

Göschke, R.: Die Klage des Bauhandwerkers gegen den vorgehenden Pfandgläubiger, in: ZBJV 65/1929, S. 289ff., S. 337ff. Zit. Göschke I.

Göschke, R.: Die Klage des Bauhandwerkers gegen den vorgehenden Pfandgläubiger, in: ZBJV 78/1942, S. 241ff. Zit. Göschke II.

Guggenheim, Daniel: Die Verträge der Schweizerischen Bankpraxis, übers. von Hildegard Stauder (3.A. Zürich 1986).

Guhl, Theo/ Merz, Hans/ Kummer, Max/ Koller, Alfred/ Druey, Jean Nicolas: Das Schweizerische Obligationenrecht mit Einschluss des Handels- und Wertpapierrechts (8.A. Zürich 1991). Zit. Guhl/ Merz/ Koller (§§ 1-48), Guhl/ Merz/ Druey (§§ 49, 56-58), Guhl/ Kummer/ Druey (§§ 50-55, 59-110).

Gurtner, Peter: Begleitdokumentation zur Vorlesung Ökonomie II, ETHZ Abteilung für Architektur, Sommersemester 1993 (Zürich 1993).

Gurtner, Peter: Eigenheimerwerb mit Bundeshilfe im Rahmen des Wohnbau- und Eigentumsförderungsgesetzes, in: Immobilien-Ratgeber, Hrsg. Schweizerischer Hauseigentümerverband (Zürich 1995), S. 103ff. Zit. Gurtner, WEG.

Gutzwiller, Max: Das Recht der Verbandsperson, Grundsätzliches, in: Schweizerisches Privatrecht, Zweiter Bd., Einleitung und Personenrecht, Hrsg. Max Gutzwiller (Basel/ Stuttgart 1967), S. 425ff.

Gygi, Fritz: Verwaltungsrecht, Eine Einführung (Bern 1986).

Haab, Robert/ Simonius, August/ Scherrer, Werner/ Zobl, Dieter: Kommentar zum Schweizerischen Zivilgesetzbuch, Das Sachenrecht, Erste Abteilung, Das Eigentum, Art. 641 bis 729 (Zürich 1977).

Haag, Eugen: Die Bauwesenversicherung unter besonderer Berücksichtigung des versicherten Risikos (Diss. St. Gallen 1971).

Habscheid, Walther J.: Schweizerisches Zivilprozess- und Gerichtsorganisationsrecht, Ein Lehrbuch seiner Grundlagen, unter Mitarbeit von Stephen Berti (2.A. Basel/ Frankfurt am Main 1990).

Haefliger, Charles: Le rang et le privilège de l'hypothèque légale des artisans et entrepreneurs (Diss. Lausanne 1957).

Häfelin, Ulrich/ Müller, Georg: Grundriss des Allgemeinen Verwaltungsrechts (2.A. Zürich 1993).

Hafter, Ernst: Kommentar zum Schweizerischen Zivilgesetzbuch, Personenrecht (Bern 1910).

Hahnloser, Max: Die Sicherung einer Forderung durch mehrere Pfänder (Diss. Zürich 1933).

Haller, Jean-Claude de: L'hypothèque légale de l'entrepreneur, Des solutions nouvelles à de vieux problèmes ?, in: ZSR 1982, II, S. 189ff. Zit. de Haller.

Haller, Jean-Claude de: Le droit à l'inscription de l'hypothèque légale de l'entrepreneur (Diss. Lausanne 1970). Zit. de Haller, Inscription.

Haller, Walter/ Karlen Peter: Raumplanungs- und Baurecht (2.A. Zürich 1992).

Hasselmann, Willi: Projekt-Kontrollen beim Planen und Bauen/ Qualität - Zeit - Kosten (Köln-Braunsfeld 1984).

Hauswirth, Jürg/ Suter, Rudolf: Sachversicherung (2.A. Zürich 1990).

Heini, Anton: Kommentar zu Art. 51 - 108 IPRG, in: IPRG Kommentar, Hrsg. Anton Heini/ Max Keller/ Kurt Siehr/ Frank Vischer/ Paul Volken (Zürich 1993), S. 427ff.

Heizmann, Theodor: Gegenseitiger Würgegriff, Finanzierungsprobleme aus der Sicht des Bauherrn, in: Schweizerische Handelszeitung vom 15.09.88, S. 71.

Hegetschweiler, Rolf: Neue Wege der Wohnbaufinanzierung am Beispiel der HBW, in: Immobilien-Ratgeber, Hrsg. Schweizerischer Hauseigentümerverband (Zürich 1995), S. 117ff.

Hepperle, Erwin: Bauversicherungen, in: Das private Baurecht in der Schweiz, Beiträge für die Praxis, Hrsg. Martin Lendi/ Urs Ch. Nef/ Daniel Trümpy (2. A. Zürich 1995), S. 199ff. Zit. Hepperle, Bauversicherungen.

Hepperle, Erwin: Ineinandergreifen der Bauversicherungsarten und -Zweige, in: Schwerpunkte im Bauvertragsrecht, mit Tafeln zum schweizerischen Bauvertragsrecht, Hrsg. Martin Lendi/ Daniel Trümpy (Zürich 1989), S. 119ff. Zit. Hepperle.

Hess, Markus: Immobilien-Leasing in der Schweiz, in: Schweizer Schriften zum Handels- und Wirtschaftsrecht, Bd. 125 (Zürich 1989). Zit. Hess.

Hess, Urs: Der Architekten- und Ingenieurvertrag, Kommentar zu den rechtlichen Bestimmungen der Ordnungen SIA 102, 103 und 108 für Leistungen und Honorare der Architekten und Ingenieure (Zürich/ Dietikon 1986). Zit. Hess, Kommentar SIA.

Hess-Odoni, Urs: Bauhaftplicht (Zürich/ Dietikon 1994). Zit. Hess-Odoni.

Hofmann, Paul: Die gesetzlichen Grundpfandrechte des Art. 837 Z.G.B., insbesondere das Bauhandwerkerpfandrecht (Diss. Dietikon 1940).

Hofstetter, Josef: Der Auftrag und die Geschäftsführung ohne Auftrag, in: Schweizerisches Privatrecht, Siebenter Bd., Obligationenrecht - Besondere Vertragsverhältnisse, Zweiter Halbbd., Hrsg. Frank Vischer (Basel/ Stuttgart 1979), S. 1ff.

Homberger, A.: Kommentar zum Schweizerischen Zivilgesetzbuch, Das Sachenrecht, Dritte Abteilung, Besitz und Grundbuch, Art. 919-977 (2.A. Zürich 1938). Zit. Homberger, Kommentar.

Homberger, Hans: Der Kontokorrent im Bankgeschäft (Diss. Zürich 1944). Zit. Homberger.

Honsell, Heinrich: Kommentar zu Art. 192-210 OR, in: Kommentar zum Schweizerischen Privatrecht, Obligationenrecht I, Art. 1-529 OR, Hrsg. Heinrich Honsell/ Nedim Peter Vogt/ Wolfgang Wiegand (2.A. Basel/ Frankfurt am Main 1996), S. 1103ff. Zit. Honsell, OR-Kommentar.

Honsell, Heinrich: Schweizerisches Obligationenrecht, Besonderer Teil (3.A. Bern 1995). Zit. Honsell.

Huber, Eugen: Schweizerisches Civilgesetzbuch, Erläuterungen zum Vorentwurf des Eidgenössischen Justiz- und Polizeidepartements (Bern 1901). Zit. Huber I.

Huber, Eugen: Schweizerisches Zivilgesetzbuch, Erläuterungen zum Vorentwurf des Eidgenössischen Justiz- und Polizeidepartements, Bd. 2, Sachenrecht und Text des Vorentwurfes vom 15. November 1900 (2.A. Bern 1914). Zit. Huber II.

Huber, Felix: Der Generalunternehmervertrag des Verbands Schweizerischer Generalunternehmer (Zürich 1996). Zit. Huber, Generalunternehmervertrag.

Huber, Hans: Die Ansprüche der Faustpfandgläubiger von Eigentümerschuldbriefen im Konkurs des Pfandeigentümers, in: ZBGR 60 (1979), S. 329ff. Zit. Huber, Eigentümerschuldbrief.

Imboden, Max/ Rhinow, René A.: Schweizerische Verwaltungsrechtssprechung/ Die Rechtsgrundsätze der Verwaltungspraxis, erläutert an Entscheiden der Verwaltungsbehörden und Gerichte, Bd. II: Besonderer Teil (5.A. Basel 1976).

Isler, Peter: Der Baurechtsvertrag und seine Ausgestaltung, in: Abhandlungen zum schweizerischen Recht, Neue Folge, Bd. 23 (Bern 1973). Zit. Isler.

Isler, Peter: Der Umfang der Pfandhaft im Grundpfandrecht, in: ZBGR 63 (1982), S 193ff. Zit. Isler, Grundpfandrecht.

Isler, Peter: Von der zweckmässigen Verwendung von Schuldbriefen, insbesondere des abbezahlten oder nicht benützten Teilbetrages der Grundpfandforderung, in: Freiheit und Verantwortung im Recht, Festschrift zum 60. Geburtstag von Arthur Meier-Hayoz, Hrsg. Peter Forstmoser/ Walter R. Schluep (Bern 1982), S. 235ff. Zit. Isler, Schuldbriefe.

Istituto per l'Enciclopedia della Banca e della Borsa: Dizionario di Banca e di Borsa, Comitato di Redazione: Claudio Bianchi/ Giovanni Prestipino/ Italico Santoro (Varese 1979). Zit. Istituto per l'Enciclopedia, Dizionario.

Jaschinski, Heinrich: Stichwort «Bauzwischenkredit», in: Achterberg, Erich/ Lanz, Karl: Enzyklopädisches Lexikon für das Geld-, Bank- und Börsenwesen (3.A. Frankfurt am Main 1967/68), S. 186ff.

Jent-Sörensen, Ingrid: Aktuelle Probleme der Faust- und Grundpfandverwertung, in: ZBGR 76 (1995), S. 73ff.

Kaderli, Rudolph J.: Das Schweizerische Bankgeschäft (Thun 1955). Zit. Kaderli.

Kaderli, Rudolph J.: Die Sicherung des Bankkredites, Abhandlungen zum schweizerischen Recht, Neue Folge, 137. Heft (Bern 1938). Zit. Kaderli, Bankkredit.

Karrer, Heinrich: Der Bauschwindel und der Schutz der Bauhandwerker und Lieferanten (Diss. Zürich 1900).

Keller, Max/ Gabi-Bolliger, Sonja: Das Schweizerische Schuldrecht, Bd. II, Haftpflichtrecht (2.A. Basel/ Frankfurt am Main 1988).

Keller, Max/ Girsberger, Daniel / Kren Kostkiewicz, Jolanta: Kommentar zu Art. 112 - 128 IPRG, in: IPRG Kommentar, Hrsg. Anton Heini/ Max Keller/ Kurt Siehr/ Frank Vischer/ Paul Volken (Zürich 1993), S. 870ff. Zit. Keller/ Girsberger bzw. Keller/ Kren Kostkiewicz.

Keller, Max/ Schöbi, Christian: Das Schweizerische Schuldrecht, Bd. I, Allgemeine Lehren des Vertragsrechts (3.A. Basel/ Frankfurt am Main 1988). Zit. Keller/ Schöbi, Bd. I.

Keller, Max/ Schöbi, Christian: Das Schweizerische Schuldrecht, Bd. IV, Gemeinsame Rechtsinstitute für Schuldverhältnisse aus Vertrag, unerlaubter Handlung und ungerechtfertigter Bereicherung (2.A. Basel/ Frankfurt am Main 1985). Zit. Keller/ Schöbi, Bd. IV.

Kiefer, Th.: Abdeckung von Risiken im Bauwesen, in: Versicherung im Bauwesen, Schriftenreihe Winterthur-Versicherungen, Nr. 2 (Winterthur 1981), S. 28ff.

Kiener, Urs: Der Schweizerische Wohnungs-Immobiliensektor, in: HBF-Hefte, Institut für Hochbauforschung an der Eidg. Technischen Hochschule Zürich, Bd. 7 (Zürich 1976).

Kiock, Ernst: Wohnungsbaufinanzierung (Frankfurt am Main 1968).

Kleiner, Beat: Bankgarantie, Die Garantie unter besonderer Berücksichtigung des Bankgarantiegeschäftes (4.A. Zürich 1990). Zit. Kleiner, Bankgarantie.

Kleiner, Beat: Bankkonto-, Giro- und Kontokorrentvertrag, in: Innominatverträge, Festgabe zum 60. Geburtstag von Walter R. Schluep, Hrsg. Peter Forstmoser/ Pierre Tercier/ Roger Zäch (Zürich 1988), S. 273ff. Zit. Kleiner, Bankkonto.

Kleiner, Beat: Die allgemeinen Geschäftsbedingungen der Banken, Giro- und Kontokorrentvertrag (2.A. Zürich 1964). Zit. Kleiner, AGB.

Kleiner, Beat: Stichwort «Kreditvertrag», in: Albisetti/ Boemle/ Ehrsam/ Gsell/ Nyffeler/ Rutschi, S. 446. Zit. Kleiner, Kreditvertrag.

Kleyling, Thomas F.: Zession - unter besonderer Berücksichtigung der Globalzession - und Forderungsverpfändung als Mittel zur Sicherung von Krediten (Diss. Basel 1979).

Knapp, Blaise: Précis de droit administratif (4.A. Basel/ Frankfurt am Main 1991).

Kneller, Michael W.: Kommentar zu Art. 119 und 123 - 125 IPRG, in: Kommentar zum Schweizerischen Privatrecht, Internationales Privatrecht, Hrsg. Heinrich Honsell/ Nedim Peter Vogt/ Anton K. Schnyder (Basel/ Frankfurt am Main 1996), S. 862ff., S. 908ff.

Kolbeck, Rosemarie: Stichwort «Bausparkassen», in: Handwörterbuch der Betriebswirtschaft, Hrsg. Erwin Grochla/ Waldemar Wittmann, Bd. I/1 (4.A. Stuttgart 1974), S. 440ff.

Koller, Alfred: Das Nachbesserungsrecht im Werkvertrag (2.A. Zürich 1995). Zit. Koller, Nachbesserungsrecht.

Koller, Alfred: Kommentar zu Art. 184-191 OR, in: Kommentar zum Schweizerischen Privatrecht, Obligationenrecht I, Art. 1-529 OR, Hrsg. Heinrich Honsell/ Nedim Peter Vogt/ Wolfgang Wiegand (2.A. Basel/ Frankfurt am Main 1996), S. 1035ff. Zit. Koller.

Koller, Alfred: Schweizerisches Obligationenrecht, Allgemeiner Teil, Bd. I (Bern 1996). Zit. Koller, OR.

Koller, Thomas: Gesetzliche Grundpfandrechte zur Sicherung von Steuerforderungen - Probleme für Grundstückkäufer und Banken, in: Theorie und Praxis der Grundpfandrechte, Berner Bankrechtstag 1996, Hrsg. Wolfgang Wiegand (Bern 1996), S. 33ff. Zit. Koller, Steuerforderungen.

Koller-Tummler, Marlis: Der Konsumentenvertrag im schweizerischen Recht, in: Abhandlungen zum schweizerischen Recht, Heft 567 (Bern 1995). Zit. Koller-Tummler.

Koller-Tummler, Marlis: Kommentar zum KKG, in: Kommentar zum Schweizerischen Privatrecht, Obligationenrecht I, Art. 1-529 OR, Hrsg. Heinrich Honsell/ Nedim Peter Vogt/ Wolfgang Wiegand (2.A. Basel/ Frankfurt am Main 1996), S. 2695ff. Zit. Koller-Tummler, Kommentar.

Kommission der Europäischen Gemeinschaften: Kreditinstitute, Zusammenstellung der EG-Rechtsakte und Vorschläge, Stand: Mai 1990 (Brüssel/ Luxemburg, 1990). Zit. Kommission der Europäischen Gemeinschaften, Kreditinstitute.

Kramer, Ernst A./ Schmidlin, Bruno: Kommentar zum schweizerischen Privatrecht, Das Obligationenrecht, Bd. VI, 1. Abteilung, Allgemeine Bestimmungen, 1. Teilbd., Allgemeine Einleitung in das schweizerische Obligationenrecht und Kommentar zu Art. 1-18 OR (Bern 1986).

Kugelmann, Heinrich: Die rechtlichen Verhältnisse der Bausparkassen unter Darlegung des geltenden deutschen Rechts (Diss. Bern 1934).

Lancereau, Paul/ Schaufelberger, Frédérick: Stichwort «Crédit Immobilier (Protection des emprunteurs)», in: Répertoire de Droit Civil, Hrsg. Pierre Raynaud/ Jean-Luc Aubert/ Marguerite Vanel, Bd. III (2.A. Paris, Aktualisierung vom 31. August 1988).

Lang, R./ Jeker, Robert A.: Stichwort «Industriefinanzierung», in: Albisetti/ Boemle/ Ehrsam/ Gsell/ Nyffeler/ Rutschi, S. 367ff.

Lareida, Eva: Der Schuldbrief aus wertpapierrechtlicher Sicht, in: Zürcher Studien zum Privatrecht, Bd. 47 (Zürich 1986).

Lautenbach, Kurt: Die Bauhandwerkerklage aus Art. 841 Z.G.B. (Diss. Maschinenschrift Basel 1929).

Leemann, Hans: Berner Kommentar zum Schweizerischen Zivilgesetzbuch, Sachenrecht, II. Abteilung, Art. 730-918 (Bern 1925).

Leenen, Detlev: Typus und Rechtsfindung, in: Schriften zur Rechtstheorie, Heft 26 (Berlin 1971).

Lehmann, Werner: Stichwort «Bausparwesen», in: Achterberg, Erich/ Lanz, Karl: Enzyklopädisches Lexikon für das Geld-, Bank- und Börsenwesen (3.A. Frankfurt am Main 1967/68), S. 185f.

Lehner, Othmar: Das Objekt des Bauhandwerkerpfandrechtes nach dem Schweizerischen Zivilgesetzbuch, in: SJZ 57 (1961), S. 133ff.

Leu, Urs: Kommentar zu Art. 68-90 OR, in: Kommentar zum Schweizerischen Privatrecht, Obligationenrecht I, Art. 1-529 OR, Hrsg. Heinrich Honsell/ Nedim Peter Vogt/ Wolfgang Wiegand (2.A. Basel/ Frankfurt am Main 1996), S. 477ff.

Liver, Peter: Das Eigentum, in: Schweizerisches Privatrecht, Fünfter Bd., Sachenrecht, Erster Halbbd., Hrsg. Arthur Meier-Hayoz (Basel/ Stuttgart 1977), S. 1ff. Zit. Liver, Eigentum.

Liver, Peter: Die Begründung des Bauhandwerkerpfandrechts, in: ZBJV 98 (1962), S. 209ff. Zit. Liver.

Liver, Peter: Kommentar zum Schweizerischen Zivilgesetzbuch, Die Dienstbarkeiten und Grundlasten (Art. 730 bis 792), Erster Bd.: Die Grunddienstbarkeiten (2.A. Zürich 1980). Zit. Liver, Grunddienstbarkeiten.

Lötscher, Markus: Das Grundstück als Gegenstand von Grundpfandrechten, in: Arbeiten aus dem Iuristischen Seminar der Universität Freiburg Schweiz, Bd. 86 (Freiburg 1988).

Lüscher, Max/ Salathe, Alfred/ Baeriswyl, Marcel: Das Kreditgeschäft der Banken (2.A. Basel 1994).

Mäder, Christian: Das Baubewilligungsverfahren, in: Zürcher Studien zum Verfahrensrecht, Bd. 93 (Zürich 1991).

Maillefer, Michel: Le privilège de l'hypothèque légale des artisans et des entrepreneurs, Etude de l'action de l'article 841 Ccs, in: Abhandlungen zum Schweizerischen Recht, Neue Folge, Heft 344 (Bern 1961).

Mast, Hans J.: Wesen und volkswirtschaftliche Aufgaben der Banken, in: Allgemeine bank- und volkswirtschaftliche Kenntnisse, Hrsg. Schweizerische Bankiervereinigung/ Schweizerische Kommission für Bankfachprüfungen (2.A. Zürich 1980), S. 17ff.

Mathis, Arthur: Das Bauhandwerkerpfandrecht in der Gesamtüberbauung und im Stockwerkeigentum, in: St. Galler Studien zum Privat-, Handels- und Wirtschaftsrecht, Bd. 16 (Bern 1988).

Maurenbrecher, Benedikt: Das verzinsliche Darlehen im schweizerischen Recht, in: Abhandlungen zum schweizerischen Recht, Neue Folge, Heft 565 (Bern 1995).

Meier-Hayoz, Arthur/ Forstmoser, Peter: Grundriss des schweizerischen Gesellschaftsrechts (7.A. Bern 1993).

Meier-Hayoz, Arthur/ Rey, Heinz: Kommentar zum schweizerischen Privatrecht, Das Sachenrecht, 1. Abteilung, Das Eigentum, 5. Teilbd.: Grundeigentum IV, Das Stockwerkeigentum, Art. 712a-712t ZGB (Bern 1988).

Meier-Hayoz, Arthur/ Von der Crone, Hans Caspar: Wertpapierrecht (Bern 1985).

Meier-Hayoz, Arthur: Kommentar zum schweizerischen Privatrecht, Das Sachenrecht, 1. Abteilung, Das Eigentum, 2. Teilbd., Grundeigentum I, Art. 655 - 679 ZGB (3.A. Bern 1965). Zit. Meier-Hayoz, Grundeigentum.

Meier-Hayoz, Arthur: Kommentar zum schweizerischen Privatrecht, Das Sachenrecht, 1. Abteilung, Das Eigentum, 3. Teilbd.: Grundeigentum II, Art. 680-701 ZGB (3.A. Bern 1975). Zit. Meier-Hayoz, Grundeigentum.

Meier-Hayoz, Arthur: Kommentar zum schweizerischen Zivilrecht, Einleitung, Art. 1-10 ZGB, Kommentar zu Art. 1 (Bern 1962). Zit. Meier-Hayoz, Einleitung.

Meier-Hayoz, Arthur: Kommentar zum schweizerischen Privatrecht, Das Sachenrecht, 1. Abteilung, Das Eigentum, 1. Teilbd.: Systematischer Teil und Allgemeine Bestimmungen, Art. 641-654 (5.A. Bern 1981). Zit. Meier-Hayoz, Allgemeine Bestimmungen.

Meier-Hayoz, Arthur: Verträge (Gesetzlich nicht geregelte) I, Allgemeines - Verträge «Sui Generis», in: Schweizerische Juristische Kartothek Nr. 1134. Zit. Meier-Hayoz, Verträge I.

Meier-Hayoz, Arthur: Verträge (Gesetzlich nicht geregelte) II, Gemischte Verträge, in: Schweizerische Juristische Kartothek Nr. 1135. Zit. Meier-Hayoz, Verträge II.

Merz, Hans: Einleitung §§ 1-3, Entstehung, allgemeine Charakterisierung, Die Obligation §§ 4-20, in: Schweizerisches Privatrecht, Sechster Bd., Obligationenrecht, Allgemeiner Teil, Erster Halbbd. (Basel/ Frankfurt am Main 1984). Zit. Merz, Obligationenrecht.

Merz, Hans: Kommentar zum schweizerischen Zivilrecht, Einleitung, Art. 1-10 ZGB, Kommentar zu Art. 2 (Bern 1962). Zit. Merz.

Metzger-Wüest, Eva: Zur Form des Liegenschaftsabtretungs- und Verpfründungsvertrages, in: Abhandlungen zum Schweizerischen Recht, Neue Folge, Heft 409 (Bern 1971).

Meyer, Paul: Gesamtleitung von Bauten, Zusatzblätter zur Vorlesung Baurealisation I + II/ Gesamtleitung von Bauten, Wintersemester 1990/91, Sommersemester 1991 an der ETH-Zürich (Zürich 1990/1991).

Morgenthaler, Heinrich: Die schweizerischen Bodenkreditinstitute (Diss. Winterthur 1962).

Moser, Peter: Die Verpfändung von Grundpfandtiteln, in: Zürcher Studien zum Privatrecht, Bd. 65 (Zürich 1989).

Motzke, Gerd: Die Bauhandwerkerversicherungshypothek, eine rechtsgeschichtliche, rechtsvergleichende und rechtstatsächliche Untersuchung (Berlin 1981).

Mühl, Dorothee/ Petereit, Wolfgang: Recht der Kreditsicherheiten in europäischen Ländern, Teil V: Schweiz, in: Untersuchungen über das Spar-, Giro- und Kreditwesen, Abt. B: Rechtswissenschaft, Bd. 38 (Berlin 1983).

Mühl, Dorothee: Recht der Kreditsicherheiten in den Vereinigten Staaten von Amerika, Teil II: Immobiliarsicherheiten und persönliche Sicherheiten, in: Untersuchungen über das Spar-, Giro- und Kreditwesen, Abt. B: Rechtswissenschaft, Bd. 44 (Berlin 1985).

Müller, Otto Heinrich: Haftpflichtversicherung unter Einbezug der Motorfahrzeug-, Schiffs- und Luftfahrzeugversicherung (2.A. Zürich 1988).

Naegeli, Wolfgang/ Hungerbühler, Kurt J.: Handbuch des Liegenschaften-Schätzers (3.A. Zürich 1988).

Notter, Georges: Rückendeckung durch Bürgschaftsgenossenschaften, in: Immobilien-Ratgeber, Hrsg. Schweizerischer Hauseigentümerverband (Zürich 1995), S. 114ff.

Nürnberger, Angelika: Stichwort «Baufinanzierung», in: Banklexikon, Handwörterbuch für das Bank- und Sparkassenwesen mit Bankenverzeichnis, Schriftleitung: René Klaus Grosjean (9.A. Wiesbaden 1983), S. 337ff.

Oetiker, Heinz: «Hypothekarkredit», in: Stockwerkeigentum, Haus- und Grundbesitz in Recht und Praxis, Hrsg. Werner Romang, Bd. 2, Teil 9, Kapitel 10.1 (2. Aktualisierung, Zürich März 1985), «Baukredite», a.a.O., Kapitel 10.3 (2. Aktualisierung, Zürich März 1985), sowie «Immobilienleasing», a.a.O., Kapitel 10.1.7 (6. Aktualisierung, Zürich März 1986).

Oftinger, Karl/ Bär, Rolf: Kommentar zum Schweizerischen Zivilgesetzbuch, Das Sachenrecht, Zweite Abteilung: Die beschränkten dinglichen Rechte, Dreiundzwanzigster Titel: Das Fahrnispfand, Art. 884-918, mit ergänzender Darstellung der im Gesetz nicht geordneten Arten dinglicher Sicherung mittels Fahrnis (3. A. Zürich 1981).

Oftinger, Karl/ Stark, Emil W.: Schweizerisches Haftpflichtrecht, Bd. 2: Besonderer Teil, Erster Teilbd.: Verschuldenshaftung, gewöhnliche Kausalhaftungen, Haftung aus Gewässerverschmutzung (4.A. Zürich 1987). Zit. Oftinger/ Stark II.

Oftinger, Karl/ Stark Emil W.: Schweizerisches Haftpflichtrecht, Bd. 1: Allgemeiner Teil (5.A. Zürich 1995). Zit. Oftinger/ Stark I.

Oser, Hugo/ Schönenberger, Wilhelm: Kommentar zum Schweizerischen Zivilgesetzbuch, Das Obligationenrecht, 2. Teil (Halbbd.): Art. 184-418 (2.A. Zürich 1936).

Oser, Hugo/ Schönenberger, Wilhelm: Kommentar zum Schweizerischen Zivilgesetzbuch, Das Obligationenrecht, Erster Halbbd.: Art. 1-183 (2.A. Zürich 1929).

Oser, Hugo/ Schönenberger, Wilhelm: Kommentar zum Schweizerischen Zivilgesetzbuch, Kommentar zum Obligationenrecht, 3. Teil: Art. 419-529 (2.A. Zürich 1945).

Ostertag, Fritz: Kommentar zum Schweizerischen Zivilgesetzbuch, Sachenrecht, III. Abteilung, Art. 919-977 (Bern 1912).

Panchaud, André/ Caprez, Marcel: Die Rechtsöffnung, Die Praxis der Rechtsöffnung seit 1940 (Zürich 1980).

Pedrazzini, Mario M.: Neuere Entwicklungen im Urheberrecht des Architekten, in: Baurecht/ Droit de la Construction, Mitteilungen zum privaten und öffentlichen Baurecht, 1993/1, S. 3ff. Zit. Pedrazzini, Urheberrecht.

Pedrazzini, Mario M.: Werkvertrag, Verlagsvertrag, Lizenzvertrag, in: Schweizerisches Privatrecht, Siebenter Bd., Obligationenrecht - Besondere Vertragsverhältnisse, Erster Halbbd., Hrsg. Frank Vischer (Basel/ Stuttgart 1977), S. 495ff.

Pestalozzi, Christoph M.: Kommentar zu Art. 111 und Art. 492-512 OR, in: Kommentar zum Schweizerischen Privatrecht, Obligationenrecht I, Art. 1-529 OR, Hrsg. Heinrich Honsell/ Nedim Peter Vogt/ Wolfgang Wiegand (2.A. Basel/ Frankfurt am Main 1996), S. 632ff., S. 2491ff.

Peter, Walter/ Naef, Hans: Bodenrechtliche Sofortmassnahmen im Siedlungsbereich, Erläuterungen zu den Bundesbeschlüssen über Sperrfrist, Pfandbelastungsgrenze und Anlagevorschriften vom 6. Oktober 1989 (Zürich 1990).

Pfister-Ineichen, Heidi: Das Vorrecht nach Art. 841 ZGB und die Haftung der Bank als Vorgläubigerin, in: Arbeiten aus dem Iuristischen Seminar der Universität Freiburg Schweiz, Bd. 102 (Freiburg 1991).

Pratt, Richard T./ Scowcroft, John A.: Real Estate Finance, in: Handbook of Financial Markets and Institutions, Hrsg. Edward I. Altmann/ Mary Jane McKinney (6.A. New York 1987), Kapitel 10, S. 1ff.

Püntener, August: Das Schweizerische Bankwesen, in: Bankwirtschaftliche Forschungen, Bd. 44 (Bern 1977).

Ramseyer, Erwin: Baugläubigerpfandrecht, Baukredit und Treuhänder (Diss. Bern 1924).

Raschein, Rolf: Das Bauhandwerkerpfandrecht in der Zwangsverwertung von Grundstücken, in: BlSchKG 36 (1972), S. 33ff.

Reber, Hans J.: Rechtshandbuch für Bauunternehmer, Bauherr, Architekt und Bauingenieur (4.A. Dietikon 1983).

Rehberg, Jörg/ Schmid, Niklaus: Strafrecht III, Delikte gegen den Einzelnen (6.A. Zürich 1994).

Rehbinder, Manfred: Schweizerisches Urheberrecht (2.A. Bern 1996).

Rehbinder, Manfred/ Grossenbacher, Roland: Schweizerisches Urhebervertragsrecht, in: Schriften zum Medienrecht, Heft 5 (Bern 1979).

Rey, Heinz: Ausservertragliches Haftpflichtrecht (Zürich 1995). Zit. Rey, Haftpflichtrecht.

Rey, Heinz: Die Grundlagen des Sachenrechts und das Eigentum, Grundriss des schweizerischen Sachenrechts, Bd. I (Bern 1991). Zit. Rey.

Rey, Heinz: Die Privatrechtliche Rechtsprechung des Bundesgerichts im Jahre 1989, Sachenrecht, in: ZBJV 127 (1991), S. 149ff. Zit. Rey, Rechtsprechung.

Rey, Heinz: Kommentar zum schweizerischen Privatrecht, Das Sachenrecht, 2. Abteilung, Die beschränkten dinglichen Rechte, Die Dienstbarkeiten und Grundlasten, 1. Teilbd.: Die Grunddienstbarkeiten, Erste Lieferung: Systematischer Teil und Art. 730 und 731 ZGB (2.A. Bern 1981). Zit. Rey, Grunddienstbarkeiten.

Rheiner, Walter: Das Hypothekargeschäft, in: Banken und Bankgeschäfte in der Schweiz, Bankwirtschaftliche Forschungen Bd. 1, S. 255ff. (Bern 1969).

Richner, Christian: Die Versicherung der Bauunternehmung (Dietikon 1986).

Riemer, Hans Michael: Die beschränkten dinglichen Rechte, Grundriss des schweizerischen Sachenrechts, Bd. II (Bern 1986). Zit. Riemer.

Riemer, Hans Michael: Kommentar zum schweizerischen Privatrecht, Das Personenrecht, 3. Abteilung, Die juristischen Personen, 1. Teilbd., Allgemeine Bestimmungen, Systematischer Teil und Kommentar zu Art. 52-59 ZGB (3.A. Bern 1993). Zit. Riemer, Personenrecht.

Rossi, Paolo: La Garanzia Immobiliare Per Crediti Di Costruzione (Diss. Bellinzona 1952).

Rubin, Markus: Grundpfandgesicherte Kredite in der Bankpraxis - Zur Wahl des Sicherungsverfahrens, in: Theorie und Praxis der Grundpfandrechte, Berner Bankrechtstag 1996, Hrsg. Wolfgang Wiegand (Bern 1996), S. 19ff.

Schalcher, H. R.: Grundlagen und Begriffe (Projektablauf, Projektorganisation, Funktionsdiagramm), in: Bauen - konventionell oder mit Generalunternehmer ?, Referate der Informationstagung vom 10. November 1983 in Bern, SIA Dokumentation Nr. 71 (Zürich 1983), S. 13ff.

Schär, Willy: Der Bankkredit, Die Praxis in der Schweiz, übers. von L. Gremaud (Le Landeron 1979).

Schärer, Heinz: Kommentar zu Art. 305-318 OR, in: Kommentar zum Schweizerischen Privatrecht, Obligationenrecht I, Art. 1-529 OR, Hrsg. Heinrich Honsell/ Nedim Peter Vogt/ Wolfgang Wiegand (2.A. Basel/ Frankfurt am Main 1996), S. 1645ff.

Schaub, Rudolf P.: Der Engineeringvertrag, Rechtsnatur und Haftung, in: Schweizer Schriften zum Handels- und Wirtschaftsrecht, Bd. 35 (Zürich 1979).

Schluep, Walter R./ Amstutz, Marc: Einleitung vor Art. 184ff. OR, in: Kommentar zum Schweizerischen Privatrecht, Obligationenrecht I, Art. 1-529 OR, Hrsg. Heinrich Honsell/ Nedim Peter Vogt/ Wolfgang Wiegand (Basel/ Frankfurt am Main 1992), S. 847ff.

Schluep, Walter R.: Innominatverträge, in: Schweizerisches Privatrecht, Siebenter Bd., Obligationenrecht - Besondere Vertragsverhältnisse, Zweiter Halbbd., Hrsg. Frank Vischer (Basel/ Stuttgart 1979), S. 763 ff.

Schmid, Jörg: Die öffentliche Beurkundung von Schuldverträgen, Ausgewählte bundesrechtliche Probleme, in: Arbeiten aus dem Iuristischen Seminar der Universität Freiburg Schweiz, Bd. 83 (2.A. Freiburg 1989).

Schneebeli, Hans: Der Schutz der Baugläubiger im Schweizer. Zivilgesetzbuch (Diss. Zürich 1914).

Schnitzer, Adolf F.: Handbuch des internationalen Privatrechts, Bd. II (4.A. Basel 1958).

Schnyder, Anton K.: Das neue IPR-Gesetz, Eine Einführung in das Bundesgesetz vom 18. Dezember 1987 über das Internationale Privatrecht (IPRG) (2.A. Zürich 1990). Zit. Schnyder.

Schnyder, Anton K.: Kommentar zu Art. 41-59 OR, in: Kommentar zum Schweizerischen Privatrecht, Obligationenrecht I, Art. 1-529 OR, Hrsg. Heinrich Honsell/ Nedim Peter Vogt/ Wolfgang Wiegand (2.A. Basel/ Frankfurt am Main 1996), S. 328ff. Zit. Schnyder, OR-Kommentar.

Schönenberger, Wilhelm/ Jäggi, Peter: Kommentar zum Schweizerischen Zivilgesetzbuch, Obligationenrecht, Kommentar zur 1. und 2. Abteilung (Art. 1-529 OR), Teilbd. V 1a, Allgemeine Einleitung, einschl. Internationales Privatrecht, Vorbemerkungen vor Art. 1 OR, Kommentar zu den Art. 1-17 OR (3.A. Zürich 1973).

Schroff, Christian: Das Bauhandwerkerpfandrecht auf öffentlichen Grundstücken, in: ZBJV 117 (1981), S. 144ff.

Schubäus, Klaus: Das Hypothekenbankgeschäft in den Niederlanden und in der Bundesrepublik Deutschland, in: Untersuchungen über das Spar-, Giro- und Kreditwesen, Abt. B, Rechtswissenschaft, Bd. 41 (Berlin 1984).

Schumacher, Rainer: Anmerkung zu BGE 115 II 136, in: Baurecht/ Droit de la Construction, Mitteilungen zum privaten und öffentlichen Baurecht, 1992/4, S. 104. Zit. Schumacher, Anmerkung.

Schumacher, Rainer: Das Bauhandwerkerpfandrecht (2.A. Zürich 1982). Zit. Schumacher.

Schumacher, Rainer: Die Haftung des Architekten aus Vertrag, in: Architektenrecht/ Le droit de l'architecte, Hrsg. Peter Gauch/ Pierre Tercier (3.A. Freiburg 1995), S. 113ff. Zit. Schumacher, Haftung.

Schumacher, Rainer: Konventionell oder mit einem Generalunternehmer ? Überlegungen eines Juristen, in: Bauen - konventionell oder mit Generalunternehmer ?, Referate der Informationstagung vom 10. November 1983, SIA Dokumentation Nr. 71 (Zürich 1983), S. 33ff. Zit. Schumacher, Generalunternehmer.

Schwander, Werner: Die Haftpflichtversicherung des Architekten, in: Architektenrecht/ Le droit de l'architecte, Hrsg. Peter Gauch/ Pierre Tercier (3.A. Freiburg 1995), S. 537f.

Schwarzenbach-Hanhart, Hans Rudolf: Grundriss des allgemeinen Verwaltungsrechts, Eine Einführung für Studierende und für die Praxis (10.A. Bern 1991).

Schweizerische Nationalbank: Monatsbericht (Zürich, Herausgabe monatlich). Zit. Schweizerische Nationalbank, Monatsbericht.

Schwenzer, Ingeborg: Kommentar zu Art. 11-17 OR, in: Kommentar zum Schweizerischen Privatrecht, Obligationenrecht I, Art. 1-529 OR, Hrsg. Heinrich Honsell/ Nedim Peter Vogt/ Wolfgang Wiegand (2.A. Basel/ Frankfurt am Main 1996), S. 113ff.

Scyboz, Georges: Garantievertrag und Bürgschaft, in: Schweizerisches Privatrecht, Siebenter Bd., Obligationenrecht - Besondere Vertragsverhältnisse, Zweiter Halbbd., Hrsg. Frank Vischer (Basel/ Stuttgart 1979), S. 315ff.

Servier, Jacques/ Billy-Loyer, Mireille/ Ledoux, Marie-Elisabeth: Stichwort «Crédit Foncier», in: Répertoire de Droit Civil, Hrsg. Pierre Raynaud/ Jean-Luc Aubert/ Marguerite Vanel, Bd. III (2.A. Paris, Aktualisierung vom 1. Januar 1989).

Siegfried, H. U.: Bauen mit einem Generalunternehmer, in: Bauen - konventionell oder mit Generalunternehmer ?, Referate der Informationstagung vom 10. November 1983 in Bern, SIA Dokumentation Nr. 71 (Zürich 1983), S. 27ff.

Siegwart, Alfred: Kommentar zum Schweizerischen Zivilgesetzbuch, Das Obligationanrecht, 4. Teil: Die Personengesellschaften (Art. 530-619) (Zürich, 1938).

Sigrist, Erwin: Stichwort «Eigene Mittel», in: Albisetti/ Boemle/ Ehrsam/ Gsell/ Nyffeler/ Rutschi, S. 243f. Zit. Sigrist.

Sigrist, Erwin: Stichwort «Klumpenrisiko», in: Albisetti/ Boemle/ Ehrsam/ Gsell/ Nyffeler/ Rutschi, S. 415f. Zit. Sigrist, Klumpenrisiko.

Simond, Fred - E.: L'hypothèque légale de l'entrepreneur en droit suisse (Diss. Lausanne 1924).

Simonius, Pascal/ Sutter, Thomas: Schweizerisches Immobiliarsachenrecht, Bd. II: Die beschränkten dinglichen Rechte (Basel/ Frankfurt a.m. 1990).

Soutter, G.: Grenzen des Versicherungsschutzes und Erledigung von Bauschäden, in: Versicherung im Bauwesen, Schriftenreihe Winterthur-Versicherungen, Nr. 2 (Winterthur 1981), S. 43ff.

Staehelin, Daniel: Betreibung und Rechtsöffnung beim Schuldbrief, in: AJP 10/ 1994, S. 1255ff.

Stark, Emil W.: Ausservertragliches Haftpflichtrecht, Skriptum (2.A. Zürich 1988).

Stauder, Bernd: Der bankgeschäftliche Krediteröffnungsvertrag nach deutschem Recht, unter Berücksichtigung der in der Schweiz und in Frankreich vertretenen Theorien zu seiner rechtlichen Qualifikation (Bielefeld 1968).

Steinauer, Paul-Henri: Les droits réels, Tome III (2.A. Bern 1996).

Steiner, Claus: Immobilienfinanzierung in den Ländern der Europäischen Gemeinschaft (Frankfurt am Main 1990).

Stettler, Charles: Für kommerzielle Liegenschaften sind Risikoprämien fällig, in: Invest, Magazin der Finanz und Wirtschaft (Zürich Juni 1994), S. 52 f. Zit. Stettler, Risikoprämien.

Stettler, Charles: Stichwort «Hypothekargeschäft», in: Albisetti/ Boemle/ Ehrsam/ Gsell/ Nyffeler/ Rutschi, S. 359ff. Zit. Stettler.

Stratenwerth, Günter: Schweizerisches Strafrecht, Besonderer Teil I, Straftaten gegen Individualinteressen (5.A. Bern 1995).

Studer, Hans: Das Hypothekargeschäft der Schweizerbanken unter Berücksichtigung der Entwicklung in den letzten Jahren, in: Beiträge zur Bankbetriebslehre aus dem Institut für Bankwirtschaft an der Hochschule St. Gallen, Bd. 6 (St. Gallen April 1985).

Trepp, Urs: Der Begriff des Kleinkreditvertrages, in: Schriftenreihe zum Konsumentenschutzrecht, Bd. 19 (Zürich 1986).

Troller, Alois: Probleme des urheberrechtlichen Schutzes von Werken der Baukunst, SIA-Dokumentation 45 (Zürich 1980). Zit. Troller.

Troller, Alois: Urhebervertragsrecht, insbesondere der Verlagsvertrag, in: 100 Jahre URG, Festschrift zum einhundertjährigen Bestehen eines eidgenössischen Urheberrechtsgesetzes, Hrsg. Schweizerische Vereinigung für Urheberrecht, in: Schriften zum Medienrecht (Bern 1983). Zit. Troller, Urhebervertragsrecht.

Trümpy, Balthasar: Haftung des Baumaterialverkäufers, in: Das private Baurecht in der Schweiz, Beiträge für die Praxis, Hrsg. Martin Lendi/ Urs Ch. Nef/ Daniel Trümpy (2. A. Zürich 1995), S. 231ff. Zit. Trümpy, Haftung.

Trümpy, Daniel: Architektenvertragstypen, Eine Untersuchung der Projektierungs-, Bauleitungs- und Gesamtverträge zwischen dem Architekten und dem Bauherrn, unter Mitberücksichtigung der Ausgabe 1984 SIA Ordnung 102, in: Zürcher Studien zum Privatrecht, Bd. 67 (Zürich 1989). Zit. Trümpy.

Tschäni, Rudolf: Kommentar zu Art. 175-183 OR, in: Kommentar zum Schweizerischen Privatrecht, Obligationenrecht I, Art. 1-529 OR, Hrsg. Heinrich Honsell/ Nedim Peter Vogt/ Wolfgang Wiegand (2.A. Basel/ Frankfurt am Main 1996), S. 858ff.

Tuhr, Andreas von/ Escher, Arnold: Allgemeiner Teil des Schweizerischen Obligationenrechts, Bd. II (3.A. Zürich 1974, Nachdruck 1984).

Tuhr, Andreas von/ Peter, Hans: Allgemeiner Teil des Schweizerischen Obligationenrechts, Bd. I (1. Lieferung, 3.A. Zürich 1974, 2. Lieferung 3.A. Zürich 1979, Nachdruck 1984).

Tuor, Peter/ Schnyder, Bernhard/ Schmid, Jörg: Das Schweizerische Zivilgesetzbuch (11.A. Zürich 1995).

Vogel, Oskar: Grundriss des Zivilprozessrechts (4.A. Bern 1996).

Vollenweider, Markus F: Die Sicherungsübereignung von Schuldbriefen als Sicherungsmittel der Bank, in: Arbeiten aus dem Iuristischen Seminar der Universität Freiburg Schweiz, Bd. 141 (2.A. Freiburg 1995).

von Arx, Otto: siehe Arx, Otto von.

von Büren, Bruno: siehe Büren, Bruno von.

von Tuhr, Andreas: siehe Tuhr, Andreas von.

VSGU Verband Schweizerischer Generalunternehmer: Generalunternehmer-Werkvertrag, Allgemeine Bedingungen (AVB) (Revidierte Ausgabe 1995). Zit. VSGU, Allgemeine Bedingungen.

VSGU Verband Schweizerischer Generalunternehmer: Muster für einen Generalunternehmer-Werkvertrag (Revidierte Ausgabe 1995). Zit. VSGU, Mustervertrag.

Watter, Rolf: Kommentar zu Art. 32-40 und Art. 458-465 OR, in: Kommentar zum Schweizerischen Privatrecht, Obligationenrecht I, Art. 1-529 OR, Hrsg. Heinrich Honsell/ Nedim Peter Vogt/ Wolfgang Wiegand (2.A. Basel/ Frankfurt am Main 1996), S. 274ff., S. 2381ff.

Weber, Rolf H.: Kommentar zu Art. 394-411 OR, in: Kommentar zum Schweizerischen Privatrecht, Obligationenrecht I, Art. 1-529 OR, Hrsg. Heinrich Honsell/ Nedim Peter Vogt/ Wolfgang Wiegand (2.A. Basel/ Frankfurt am Main 1996), S. 2105ff. Zit. Weber, OR-Kommentar.

Weber, Rolf H.: Kommentar zum Schweizerischen Privatrecht, Das Obligationenrecht, Bd. VI, 1. Abteilung, Allgemeine Bestimmungen, 4. Teilbd., Kommentar zu Art. 68-96 OR (Bern 1983). Zit. Weber.

Weiss, Robert: Die Rechtsverhältnisse beim gemischten Vertrag nach schweizerischem Obligationenrecht (Diss. Affoltern am Albis 1947).

Wiegand, Wolfgang: Die Grundpfandrechte - Die Konzeption des ZGB und ihre Entwicklung in der Praxis, in: Theorie und Praxis der Grundpfandrechte, Berner Bankrechtstag 1996, Hrsg. Wolfgang Wiegand (Bern 1996), S. 63ff. Zit. Wiegand, Grundpfandrechte.

Wiegand, Wolfgang: Die zentralen Elemente des Konsumkreditgesetzes, in: Das neue Konsumkreditgesetz (KKG), Berner Bankrechtstag 1994, Hrsg. Wolfgang Wiegand (Bern 1994), S. 37ff. Zit. Wiegand, Konsumkredit.

Wiegand, Wolfgang: Kommentar zu Art. 18 und Art. 97-109 OR, in: Kommentar zum Schweizerischen Privatrecht, Obligationenrecht I, Art. 1-529 OR, Hrsg. Heinrich Honsell/ Nedim Peter Vogt/ Wolfgang Wiegand (2.A. Basel/ Frankfurt am Main 1996), S. 139ff., S. 549ff. Zit. Wiegand, OR-Kommentar.

Wieland, Carl: Kommentar zum Schweizerischen Zivilgesetzbuch, Das Sachenrecht des Schweizerischen Zivilgesetzbuchs (Zürich 1909).

Wuffli, Heinz R.: Stichwort «Anlagekredit», in: Albisetti/ Boemle/ Ehrsam/ Gsell/ Nyffeler/ Rutschi, S. 42f.

Wulkan, Christoph R.: Der Immobilien-Leasingvertrag nach schweizerischem Privatrecht, in: Schweizer Schriften zum Handels- und Wirtschaftsrecht, Bd. 102 (Zürich 1988).

Zehnder, Hannes: Die Haftung des Architekten für die Überschreitung seines Kostenvoranschlages, in: Arbeiten aus dem Iuristischen Seminar der Universität Freiburg Schweiz, Bd. 126 (2.A. [unveränderter Nachdruck mit Anhang] Freiburg 1994).

Zindel, Gaudenz/ Pulver, Urs: Kommentar zu Art. 363-379 OR, in: Kommentar zum Schweizerischen Privatrecht, Obligationenrecht I, Art. 1-529 OR, Hrsg. Heinrich Honsell/ Nedim Peter Vogt/ Wolfgang Wiegand (2.A. Basel/ Frankfurt am Main 1996), S. 1901ff.

Zingg, Peter: Die rechtliche Ordnung der Grundstückbeschaffung des Bundes unter besonderer Berücksichtigung der finanzrechtlichen Kompetenzen der Bundesorgane (Diss. Zürich und St. Gallen 1969).

Zobl, Dieter: Bauhandwerkerpfandrecht: Das Gleichbehandlungsprinzip des Baukreditgebers bei der Auszahlung von Baukrediten, in: Baurecht/ Droit de la Construction, Mitteilungen zum privaten und öffentlichen Baurecht, 1990/4, S. 94ff. Zit. Zobl, Gleichbehandlungsprinzip.

Zobl, Dieter: Das Bauhandwerkerpfandrecht de lege lata und de lege ferenda, in: ZSR 1982, II, S. 1ff. Zit. Zobl, Bauhandwerkerpfandrecht.

Zobl, Dieter: Der Baukreditvertrag, in: Baurecht/ Droit de la Construction, Mitteilungen zum privaten und öffentlichen Baurecht, 1987/1, S. 3ff. Zit. Zobl, Baukreditvertrag.

Zobl, Dieter: Die Rechtsstellung des Fahrnispfandgläubigers an einem Eigentümer-Wertpapier, insbesondere im Konkurs des Verpfänders, Eine Erwiderung, in: ZBGR 61 (1981), S. 128ff. Zit. Zobl, Erwiderung.

Zobl, Dieter: Kommentar zum schweizerischen Privatrecht, Das Sachenrecht, 2. Abteilung, Die beschränkten dinglichen Rechte, 5. Teilbd.: Das Fahrnispfand, 1. Unterteilbd.: Systematischer Teil und Art. 884-887 ZGB (2.A. Bern 1982). Zit. Zobl, Fahrnispfand.

Zobl, Dieter: Kommentar zum schweizerischen Privatrecht, Das Sachenrecht, 2. Abteilung, Die beschränkten dinglichen Rechte, 5. Teilbd.: Das Fahrnispfand, 2. Unterteilbd.: Art. 888-906 ZGB (2.A. Bern 1996). Zit. Zobl, Fahrnispfand.

Zobl, Dieter: Probleme bei der Verpfändung von Eigentümerschuldbriefen, in: ZBGR 59 (1978), S. 193ff. Zit. Zobl, Eigentümerschuldbrief.

Zobl, Dieter: Zur Sicherungsübereignung von Schuldbriefen, in: ZBGR 68 (1987), S. 281ff. Zit. Zobl, Sicherungsübereignung.

Zitierte Erlasse, Normen und Richtlinien

Die in der Arbeit verwendeten Abkürzungen sind der entsprechenden Bezeichnung vorangestellt. Wo keine Abkürzungen aufgeführt sind, werden die Erlasse, Normen und Richtlinien im Text jeweils mit ihrem Namen (ohne Nennung des Datums) zitiert.

Bund

ABV: Verordnung über die ausländischen Banken in der Schweiz (Auslandbankenverordnung) vom 22. März 1984 (SR 952.111).

Bankengesetz: Bundesgesetz über Banken und Sparkassen vom 8. November 1934 (SR 952.0).

Bankenverordnung: Verordnung über die Banken und Sparkassen vom 17. Mai 1972 (SR 952.02).

BBPG: Bundesbeschluss über eine Pfandbelastungsgrenze für nichtlandwirtschaftliche Grundstücke vom 6. Oktober 1989 (AS 1989 S. 1978). Der Beschluss ist per Ende 1994 ausser Kraft getreten.

BBSG: Bundesbeschluss über eine Sperrfrist für die Veräusserung nichtlandwirtschaftlicher Grundstücke und die Veröffentlichung von Eigentumsübertragungen von Grundstücken vom 6. Oktober 1989 (AS 1989 S. 1974). Der Beschluss ist per Ende 1994 ausser Kraft getreten.

BewG: Bundesgesetz über den Erwerb von Grundstücken durch Personen im Ausland vom 16. Dezember 1983 (SR 211.412.41).

BewV: Verordnung über den Erwerb von Grundstücken durch Personen im Ausland vom 1. Oktober 1984 (SR 211.412.411).

BGBB: Bundesgesetz über das bäuerliche Bodenrecht vom 4. Oktober 1991 (SR 211.412.11).

BMG: Bundesgesetz über die baulichen Massnahmen im Zivilschutz (Schutzbautengesetz) vom 4. Oktober 1963 (SR 520.2).

BMV: Verordnung über die baulichen Massnahmen im Zivilschutz (Schutzbautenverordnung) vom 27. November 1978 (SR 520.21).

Bodenverbesserungs-Verordnung: Verordnung über die Unterstützung von Bodenverbesserungen und landwirtschaftlichen Hochbauten vom 14. Juni 1971 (SR 913.1).

Bundesgesetz über die Förderung des Hotel- und Kurortskredites vom 17. Mai 1972 (SR 935.12).

Bundesgesetz über die Gewährung von Bürgschaften und Zinskostenbeiträgen in Berggebieten vom 25. Juni 1976 (SR 901.2).

Bundesgesetz über die Verbesserung der Wohnverhältnisse in Berggebieten vom 20. März 1970 (SR 844).

Bundesgesetz über die Wohneigentumsförderung mit Mitteln der beruflichen Vorsorge (Teilrevision des Bundesgesetzes über die berufliche Alters-, Hinterlassenen- und Invalidenvorsorge sowie des Obligationenrechts) vom 17. Dezember 1993 (SR 831.41).

Bundesgesetz über Investitionshilfe für Berggebiete vom 28. Juni 1974 (SR 901.1).

BVG: Bundesgesetz über die berufliche Alters-, Hinterlassenen- und Invalidenvorsorge vom 25. Juni 1982 (SR 831.40).

BVV 3: Verordnung über die steuerliche Abzugsberechtigung für Beiträge an anerkannte Vorsorgeformen vom 13. November 1985 (SR 831.461.3).

GBV: Verordnung betreffend das Grundbuch vom 22. Februar 1910 (SR 211.432.1).

IBG: Bundesgesetz über Investitionskredite und Betriebshilfe in der Landwirtschaft vom 23. März 1962 (SR 914.1).

IBV: Verordnung über Investitionskredite und Betriebshilfe in der Landwirtschaft vom 21. Oktober 1992 (SR 914.11).

IPRG: Bundesgesetz über das Internationale Privatrecht vom 18. Dezember 1987 (SR 291).

KKG: Bundesgesetz über den Konsumkredit vom 8. Oktober 1993 (SR 221.214.1).

KOV: Verordnung über die Geschäftsführung der Konkursämter vom 13. Juli 1911 unter Berücksichtigung der Änderung vom 5. Juni 1996 (SR 281.32).

LG: Bundesgesetz über die Förderung der Landwirtschaft und die Erhaltung des Bauernstandes (Landwirtschaftsgesetz) vom 3. Oktober 1951 (SR 910.1).

NBG: Nationalbankgesetz vom 23. Dezember 1953 (SR 951.11).

MWSTV: Verordnung über die Mehrwertsteuer vom 22. Juni 1994 (SR 694.201).

NHG: Bundesgesetz über den Natur- und Heimatschutz vom 1. Juli 1966 (SR 451).

NHV: Verordnung über den Natur- und Heimatschutz vom 16. Januar 1991 (SR 451.1).

OR: Bundesgesetz betreffend die Ergänzung des Schweizerischen Zivilgesetzbuches (Fünfter Teil: Obligationenrecht) vom 30. März 1911 (SR 220).

RPG: Bundesgesetz über die Raumplanung vom 22. Juni 1979 (SR 700).

RPV: Verordnung über die Raumplanung vom 2. Oktober 1989 (SR 700.1).

SchGG: Bundesgesetz über die Schuldbetreibung gegen Gemeinden und andere Körperschaften des kantonalen und öffentlichen Rechts vom 4. Dezember 1947 (SR 282.11).

SchKG: Bundesgesetz über Schuldbetreibung und Konkurs vom 11. April 1889 unter Berücksichtigung der Änderung vom 16. Dezember 1994 (SR 281.1).

StGB: Schweizerisches Strafgesetzbuch vom 21. Dezember 1937 (SR 311.0).

URG: Bundesgesetz über das Urheberrecht und verwandte Schutzrechte (Urheberrechtsgesetz) vom 9. Oktober 1992 (SR 231.1).

UWG: Bundesgesetz gegen den unlauteren Wettbewerb vom 19. Dezember 1986 (SR 241).

Verordnung über die Gewährung von Bürgschaften und Zinskostenbeiträgen in Berggebieten vom 22. Dezember 1976 (SR 901.21).

Verordnung über die Verbesserung der Wohnverhältnisse in Berggebieten vom 13. Januar 1971 (SR 844.1).

Verordnung über Investitionshilfe für Berggebiete vom 9. Juni 1975 (SR 901.11).

Verordnung zum WEG: Verordnung zum Wohnbau- und Eigentumsförderungsgesetz vom 30. November 1981 (SR 843.1).

VVG: Bundesgesetz über den Versicherungsvertrag vom 2. April 1908 (SR 221.229.1).

VZG: Verordnung des Bundesgerichts über die Zwangsverwertung von Grundstücken vom 23. April 1920 unter Berücksichtigung der Änderung vom 5. Juni 1996 (SR 281.42).

WaG: Bundesgesetz über den Wald (Waldgesetz) vom 4. Oktober 1991 (SR 921).

WaV: Verordnung über den Wald (Waldverordnung) vom 30. November 1992 (SR 921.01).

WEFV: Verordnung über die Wohneigentumsförderung mit Mitteln der beruflichen Vorsorge vom 3. Oktober 1994 (SR 831.411).

WEG: Wohnbau- und Eigentumsförderungsgesetz vom 4. Oktober 1974 (SR 843).

ZGB: Schweizerisches Zivilgesetzbuch vom 10. Dezember 1907 (SR 210).

Kanton Zürich

ABV/ZH: Verordnung über die nähere Umschreibung der Begriffe und Inhalte der baurechtlichen Institute sowie über die Mess- und Berechnungsweisen (Allgemeine Bauverordnung) vom 22. Juni 1977 (LS 700.2).

EGZGB/ZH: Einführungsgesetz zum Schweizerischen Zivilgesetzbuch vom 2. April 1911 (LS 230).

Gebäudeversicherungsgesetz ZH: Gesetz über die Gebäudeversicherung vom 2. März 1975 (LS 862.1).

Gesetz über die Förderung des Wohnungsbaus und des Wohneigentums vom 24. September 1989 (LS 841).

Landwirtschaftsgesetz ZH: Gesetz über die Förderung der Landwirtschaft (Landwirtschaftsgesetz) vom 2. September 1979 (LS 910.1).

PBG/ZH: Gesetz über die Raumplanung und das öffentliche Baurecht (Planungs- und Baugesetz) vom 7. September 1975 (LS 700.1).

StG/ZH: Gesetz über die direkten Steuern (Steuergesetz) vom 8. Juli 1951 (LS 631.1).

Verordnung über Staatsbeiträge für den Natur- und Heimatschutz und für kommunale Erholungsgebiete vom 15. Januar 1992 (LS 701.3).

Wohnbauförderungsverordnung: Verordnung über die Förderung des Wohnungsbaus und des Wohneigentums (Wohnbauförderungsverordnung) vom 14. November 1990 (LS 841.1).

ZPO/ZH: Gesetz über den Zivilprozess (Zivilprozessordnung) vom 13. Juni 1976 (LS 271).

Andere Länder

BGB: Bürgerliches Gesetzbuch für das Deutsche Reich vom 18. August 1896.

Code civil: Code civil français vom 21. März 1804.

Codice civile: Codice civile italiano vom 16. März 1942.

VerbrKrG: Verbraucherkreditgesetz (Deutschland) vom 17. Dezember 1990.

EU

Richtlinie Nr. 87/102: Richtlinie des Rates vom 22. Dezember 1986 zur Angleichung der Rechts- und Verwaltungsvorschriften der Mitgliedstaaten über den Verbraucherkredit (ABl. Nr. L 178, 08.07.1988, S. 48ff.).

Richtlinie Nr. 88/361: Richtlinie des Rates vom 24. Juni 1988 zur Durchführung von Art. 67 des Vertrages (ABl. Nr. L 178, 08.07.1988, S. 5ff.).

Richtlinie Nr. 89/646: Zweite Richtlinie des Rates vom 15. Dezember 1989 zur Koordinierung der Rechts- und Verwaltungsvorschriften über die Aufnahme und Ausübung der Tätigkeit der Kreditinstitute und zur Änderung der Richtlinie 77/780/EWG (ABl. Nr. L 386, 30.12.1989, S. 1ff.).

Richtlinie Nr. 90/88: Richtlinie des Rates vom 22. Februar 1990 zur Änderung der Richtlinie 87/102/EWG zur Angleichung der Rechts- und Verwaltungsvorschriften der Mitgliedstaaten über den Verbraucherkredit (ABl. Nr. L 61, 10.02.1990, S. 14ff.).

SIA

SIA-Ordnung 102 (Ausgabe 1984): Ordnung für Leistungen und Honorare der Architekten, Hrsg. Schweizerischer Ingenieur- und Architekten-Verein, Ordnung 102 (Zürich, Ausgabejahr 1984).

SIA-Ordnung 103 (Ausgabe 1984): Ordnung für Leistungen und Honorare der Bauingenieure, Hrsg. Schweizerischer Ingenieur- und Architekten-Verein, Ordnung 103, mit revidiertem Anhang "Honorarberechnungsbeispiele" (Zürich, Ausgabejahre 1984/1988).

SIA-Norm 116: Normalien für kubische Berechnungen von Hochbauten, Hrsg. Schweizerischer Ingenieur- und Architekten-Verein (Zürich, Ausgabejahr 1952).

SIA-Norm 118 (Ausgabe 1977/1991): Allgemeine Bedingungen für Bauarbeiten, Hrsg. Schweizerischer Ingenieur- und Architekten-Verein, Neudruck 1991 mit redaktionellen Änderungen, Schweizer Norm Bauwesen, SN 507 118 (Zürich, Ausgabejahre 1977/1991).

Weitere

VSB: Vereinbarung über die Standesregeln zur Sorgfaltspflicht der Banken vom 1. Juli 1992, Hrsg. Schweizerische Bankiervereinigung.

Teil 1: Grundlagen

Nr. 1: Baukreditbegriff

§ 1 Ausserhalb der Privatrechtsdiskussion

I Bankbereich

In banktechnischer Hinsicht ist der Baukredit ein spezieller Bankkredit[1], nach ALBISETTI/ GSELL/ NYFFELER[2] insbesondere ein «grundpfändlich sichergestellter Kontokorrentkredit (...), der in Verbindung mit eigenen Mitteln des Bauherrn oder anderweitigen Geldern zur Finanzierung eines Neubaues oder eines Umbaues dient, und über den der Kreditnehmer nur nach Massgabe des Baufortschrittes verfügen kann». Eine ähnliche Definition findet sich bei EMCH/ RENZ/ BÖSCH, wobei allerdings der Hinweis auf die beschränkte Verfügbarkeit der Kreditmittel fehlt[3]. KADERLI sodann hält fest, dass der Baukredit regelmässig «durch Eintragung einer Maximalhypothek auf dem Baugrundstück pfandrechtlich sichergestellt» werde[4].

II Öffentliches Recht[5]

Im öffentlichen Recht spricht man im Zusammenhang mit der Baufinanzierung von sog. Bauobjektkrediten oder Objektkrediten für Bauten oder Baumassnahmen[6]. Sie werden von den zuständigen Organen (z.B. Parlament, Volk) in der Form von Ausgabebeschlüssen bewilligt und dienen der Finanzierung und Durchführung öffentlicher Baumassnahmen[7]. Die Mittel entstammen in der Regel der Staatskasse. Auf kommunaler Ebene kommt es allerdings vor, dass bei grösseren Vorhaben Kre-

---

1 Eingeordnet wird der Baukredit in die Gruppe der Hypothekarkredite. Zum Begriff des Hypothekarkredites bzw. des Hypothekargeschäftes vgl. etwa *Emch/ Renz/ Bösch*, S. 341ff.; *Stettler*, S. 359ff.; *Oetiker*, Kapitel 10.1, S. 1 ff.; *Rheiner*, S. 272.
   Der Baukredit gilt auch als Anlage- und Investitionskredit, vgl. dazu etwa *Albisetti/ Gsell/ Nyffeler*, S. 119; *Albisetti/ Boemle/ Ehrsam/ Gsell/ Nyffeler/ Rutschi*, S. 135; *Mühl/ Petereit*, N 952, S. 354; *Emch/ Renz/ Bösch*, S. 350.

2 *Albisetti/ Gsell/ Nyffeler*, S. 118; vgl. auch *Albisetti/ Boemle/ Ehrsam/ Gsell/ Nyffeler/ Rutschi*, S. 134f.

3 Vgl. dazu *Emch/ Renz/ Bösch*, S. 350. Immerhin wird sie jedoch als Folge der beim Baukredit typischen Verhältnisse betrachtet, vgl. dazu *Emch/ Renz/ Bösch*, S. 352. Vgl. auch *Oetiker*, Kapitel 10.3, S. 1., S. 7; *Studer*, S. 16; *Rheiner*, S. 273; *Lüscher/ Salathe/ Baeriswyl*, 4 S. 3. In einzelnen Definitionen fehlt ausserdem die Ausgestaltung des Baukredites als Kontokorrentkredit. Vgl. dazu etwa *Oetiker*, Kapitel 10.3, S. 1; *Studer*, S. 16. Immerhin wird von diesen Autoren in der weiteren Charakterisierung des Kredites festgehalten, dass er im Rahmen eines Kontokorrentverhältnisses gewährt bzw. in laufender Rechnung geführt wird.

4 *Kaderli*, S. 270. Allerdings gehen auch *Albisetti/ Gsell/ Nyffeler*, S. 119, bzw. *Albisetti/ Boemle/ Ehrsam/ Gsell/ Nyffeler/ Rutschi*, S. 135, davon aus, dass das Grundpfand auf die «Bauparzelle» gelegt wird. Das Merkmal fehlt jedoch in ihren Definitionen.

5 Die vorliegende Arbeit hat nur den privatrechtlichen Baukredit zum Gegenstand.

6 Vgl. dazu *Zingg*, S. 62, S. 165.

7 Vgl. dazu *Zingg*, S. 62, S. 177ff.

dite bei privaten Instituten aufgenommen werden. Mehrheitlich dienen diese Gelder jedoch nur der Überbrückung entsprechender Lücken in der Gemeindekasse und nicht unmittelbar der Baufinanzierung[8].

§ 2 In der privatrechtlichen Diskussion

I   Problem: Fehlen eines einheitlich verwendeten Begriffes

Namentlich in der älteren Literatur wird für den Baukredit der Darlehensbegriff verwendet, so etwa von RAMSEYER und LAUTENBACH[9]. In der neueren privatrechtlichen Diskussion kommt dagegen ein Begriff zur Anwendung, der weitgehend den eingangs erwähnten banktechnischen Definitionen entspricht, so etwa bei GIRSBERGER, MÜHL/ PETEREIT, PFISTER-INEICHEN und ZOBL, ferner bei GEIGER, HAEFLIGER und VON ARX, wobei letztere den Baukredit nicht als Kontokorrentkredit definieren[10]. Wie KADERLI heben ausserdem ZOBL und PFISTER-INEICHEN bereits im Rahmen der Begiffsbestimmung hervor, dass das Baugrundstück selbst als Sicherheit für die Kreditforderung dient[11], während dies die übrigen hier erwähnten Autoren unterlassen[12].

Das Bundesgericht verwendet den Baukreditbegriff ohne Hinweis auf eine Begriffsbestimmung[13]; allerdings kommt vereinzelt der Darlehensbegriff zur Anwendung[14].

Eine Umschreibung von Baukrediten findet sich sodann in Art. 6 Abs. 1 lit. a KKG[15]. Allerdings ist diese - ohnehin nur allgemein gehaltene - Umschreibung nicht ausschliesslich auf die Baukreditfinanzierung zugeschnitten und hat zudem nur den Zweck, den Anwendungsbereich des KKG einzuschränken. In anderen Erlassen wird der Baukredit zwar er-

---

8   *Emch/ Renz/ Bösch*, S. 260f.; *Albisetti/ Boemle/ Ehrsam/ Gsell/ Nyffeler/ Rutschi*, S. 479f.

9   Vgl. dazu *Ramseyer*, S. 89, S. 96ff., und *Lautenbach*, S. 4, S. 12, S. 64ff.

10   Vgl. dazu etwa *Girsberger*, S. 50; *Mühl/ Petereit*, N 952, S. 354; *Pfister-Ineichen*, S. 41; *Zobl*, Baukreditvertrag, S. 3; *Geiger*, S. 6; *Haefliger*, S. 73; *von Arx*, S. 139.

11   Vgl. dazu *Zobl*, Baukreditvertrag, S. 3; *Pfister-Ineichen*, S. 41.

12   Vgl. dazu etwa *Mühl/ Petereit*, N 952, S. 354; *Girsberger*, S. 50; *Geiger*, S. 6; *Haefliger*, S. 73; *von Arx*, S. 139; *Lautenbach*, S. 4, der allerdings unmittelbar vor seiner Definition auf diesen Zusammenhang zwischen dem Kredit und dem Baugrundstück hinweist. *Ramseyer*, S. 86, erwähnt dagegen Baukredite, die überhaupt nicht grundpfändlich gesichert werden.

13   Vgl. dazu etwa *BGE* 115 II 136; *BGE* 112 II 493; *BGE* 110 II 37; *BGE* 108 II 47 (wo das Baukreditverhältnis immerhin als wechselndes Kreditverhältnis bezeichnet wird); *BGE* 105 IV 242; *BGE* 105 II 11; *BGE* 104 III 28 (wo immerhin von einem Krediteröffnungsvertrag die Rede ist); *BGE* 102 II 1; *BGE* 101 Ia 26 und 77; *BGE* 101 IV 53; *BGE* 96 II 126; *BGE* 90 II 15; *BGE* 86 II 145; *BGE* 85 III 101; *BGE* 83 II 284; *BGE* 76 II 134; *BGE* 67 II 106; *BGE* 53 II 467 und *BGE* 52 III 168 (wo allerdings von Bauvorschüssen bzw. einem Krediteröffnungsvertrag gesprochen wird); *BGE* 51 II 122; *BGE* 47 II 138; *BGE* 43 II 606.

14   Vgl. dazu etwa *BGE* 119 III 105; *BGE* 80 II 22; *ZBGR* 77 (1996), S. 268f.; *ZR* 83 Nr. 11, S. 30ff., insbes. S. 32.

15   Namentlich ist in dieser Bestimmung von Kreditverträgen bzw. Kreditversprechen zum hauptsächlichen Erwerb von Eigentumsrechten an einem Grundstück oder einem vorhandenen oder noch zu errichtenden Gebäude oder zur Renovation oder Verbesserung eines Gebäudes die Rede. M.E. ist davon auszugehen, dass diese Bestimmung - nebst anderen Krediten - sämtliche Baukredite umfasst. Vgl. dazu hinten S. 73.

wähnt, jedoch nicht weiter definiert[16]. Ein etablierter, einheitlich verwendeter Baukredit-begriff fehlt somit in der privatrechtlichen Diskussion. Nachfolgend sollen deshalb zunächst einmal diejenigen Merkmale des Baukredites dargelegt werden, die auch unter privatrechtlichen Aspekten als relevant zu betrachten sind. Sodann soll anhand dieser Merkmale geprüft werden, ob bzw. inwieweit sich die bislang verwendeten Begriffe für die hier vorzunehmende Untersuchung eignen. Ausserdem soll aufgrund dieser Merkmale auch ein eigener Definitionsvorschlag erarbeitet werden.

II Unter privatrechtlichen Aspekten relevante Merkmale des Baukredites

A Krediteigenschaft

Der Baukredit muss in jedem Fall als privatrechtlicher Kredit qualifiziert werden kön-nen[17]. Irrelevant unter privatrechtlichen Aspekten ist dagegen die Person des Kreditge-bers: Es ist durchaus denkbar, dass auch Nichtbanken, ja sogar Privatleute, Baukredite ge-währen[18].

B Spezifischer Konnex zwischen Kredit und Sicherheit

Unter privatrechtlichen Aspekten relevant erscheint das namentlich von KADERLI und ZOBL sowie PFISTER-INEICHEN[19] hervorgehobene Erfordernis, dass der Kredit durch das Bau-grundstück selbst gesichert sein muss. Dadurch ergibt sich ein spezifisches Verhältnis zwi-schen dem Kredit und der für ihn gewährten Sicherheit: die durch die Kreditmittel ermög-lichten Aktivitäten wirken sich in der Substanz des verpfändeten Grundstücks und damit in der Substanz der Kreditsicherheit aus. Soweit die Substanz des Baugrundstücks bzw. Bau-objekts durch Zu- oder Wegführung von Material erhöht oder vermindert wird, beruht die-ser Zusammenhang auf dem Akzessionsprinzip (Art. 667 Abs. 2 ZGB und Art. 671 Abs. 1 ZGB i.V. mit Art. 805 ZGB)[20].

---

16 Vgl. dazu etwa Art. 20 der Verordnung zum Wohnbau- und Eigentumsförderungsgesetz, Art. 10 Abs. 1 lit. a IBG, Art. 38 Abs. 2 lit. b IBV, Art. 40 Abs. 1 lit. a WaG und Art. 63 Abs. 1 lit. a WaV. Allerdings sind diese Erlasse öffentlichrechtlicher Natur.

17 Welche Merkmale der privatrechtliche Kreditbegriff selbst aufweist, ist hier nicht zu klären, da es nur darum geht, diejenigen Merkmale aufzulisten, welche den Baukredit von anderen Rechts-geschäften abgrenzen. Zum privatrechtlichen Kreditbegriff vgl. hinten S. 49ff.

18 *Zobl*, Baukreditvertrag, S. 3, definiert dagegen den Baukredit als Bankkredit. Tatsächlich wer-den in der Praxis Baukredite fast ausschliesslich von Banken gewährt, vgl. dazu etwa *Pfister-In-eichen*, S. 41. Immerhin spielen von Nichtbanken gewährte Baukredite sogar in der bundes-gerichtlichen Rechtsprechung eine Rolle, vgl. etwa *BGE* 102 II 1; *BGE* 83 II 284; *BGE* 80 II 22. Aus pragmatischen Gründen werden jedoch auch in dieser Arbeit die Begriffe Baukreditgeber und baukreditgebende Bank gleichwertig verwendet. Zu anderen möglichen Kreditgebern vgl. namentlich hinten S. 357.

19 Vgl. dazu vorne S. 1f.

20 Vgl. dazu etwa *Meier-Hayoz*, Grundeigentum, Art. 667 N 5f., N 29ff.; *Haab/ Simonius/ Sche-rer/ Zobl*, Art. 667 N 13ff.; *Leemann*, Art. 805 N 16ff.; *Rey*, N 392ff., S. 91ff., insbes. N 433, S. 100, sowie N 548, S. 126; *Tuor/ Schnyder/ Schmid*, S. 691, S. 693ff.; *Liver*, Eigentum, S.

Falls lediglich eine physische Einwirkung auf die Substanz vorliegt, ergibt sich die Veränderung der Kreditsicherheit unmittelbar [21].
Der Konnex setzt allerdings voraus, dass die entsprechende Baute derart mit dem verpfändeten Grundstück verbunden ist, dass sich das Pfandrecht auch auf diese Baute erstreckt. Bei einer Fahrnisbaute ist diese Voraussetzung bereits nicht mehr erfüllt[22]. Um solche Fälle auszuschliessen, ist also zu verlangen, dass die fraglichen Bauarbeiten immer auch die Substanz des verpfändeten Grundstücks verändern müssen [23].
Zu prüfen bleibt schliesslich aber auch, ob jede durch die Kreditmittel finanzierte Substanzveränderung in den Anwendungsbereich des Baukredites fällt. Es lassen sich folgende Varianten unterscheiden:

-      AA Konnex bei deckungsschöpfender Substanzveränderung

Bei einer Vielzahl von Baukrediten haben die Aktivitäten, welche aus Kreditmitteln bezahlt werden, überhaupt erst zur Folge, dass eine volle Deckung der Kreditforderung erreicht wird[24]. Das Grundstück allein bzw. das noch nicht renovierte Gebäude vermögen nur eine partielle Deckung zu gewährleisten. Erst der durch die fragliche Substanzveränderung bewirkte höhere Verkehrs- bzw. Liquidationswert[25] des Grundstücks erhöht die Deckung entsprechend[26].

-      BB Konnex bei deckungserhöhender Substanzveränderung

Es sind Kreditvergaben denkbar, wo das Grundstück von Anfang an eine volle Deckung der gesamten Baukreditlimite gewährleistet. Dies ist insbesondere bei Umbauten von geringerem Ausmass oder bei Grundstücken der Fall, deren Wert das Volumen des Bauprojektes bei weitem überschreitet. Trotzdem muss m.E. auch in diesem Fall eine Baukreditfinanzierung angenommen werden. Die deckungsschöpfende Wirkung der Substanzveränderung ist also nicht entscheidendes Kriterium.

165ff.; *Zobl*, Bauhandwerkerpfandrecht, S. 27ff.; *Lötscher*, S. 145; *Simonius/ Sutter*, 5 N 29ff., S. 165f.; *Pfister-Ineichen*, S. 40; *Rossi*, S. 66f.; *BGE* 81 II 431, insbes. S. 435.

21   Zur Bedeutung der physischen Einwirkung für die Beurteilung der Frage, ob pfandrechtsgeschützte Bauarbeiten vorliegen, vgl. insbes. *Zobl*, Bauhandwerkerpfandrecht, S. 86.

22   So ausdrücklich *Wieland*, Art. 805 N 2; *Meier-Hayoz*, Grundeigentum, Art. 667 N 31, Art. 677 N 16; zum Begriff der Fahrnisbaute vgl. etwa *Meier-Hayoz*, Grundeigentum, Art. 677 N 4ff.; *Haab/ Simonius/ Scherrer/ Zobl*, Art. 677 N 2; *Tuor/ Schnyder/ Schmid*, S. 693f.; *Wieland*, a.a.O.; *BGE* 105 II 264, insbes. S. 266 (mit weiteren Hinweisen); zur Kontroverse bezüglich fest mit dem Boden verbundener Bauten, die nur vorübergehenden Zwecken dienen, vgl. namentlich *Rey*, N 546ff., S. 125f.; *Liver*, Eigentum, S. 191f.

23   Zum Zusammenhang zwischen Kredit und Sicherheit bei den verschiedenen Pfandrechten im einzelnen vgl. hinten S. 139, S. 146 und S. 153.

24   Zum Verhältnis zwischen baulichen Aktivitäten und der Deckung der Kreditforderung im besondern vgl. hinten S. 164ff.

25   Zu diesen Begriffen im einzelnen vgl. hinten S. 164ff.

26   Dies ist eine der Haupterscheinungsformen des Baukredites. *Studer*, S. 16, geht sogar davon aus, dass dies beim Baukredit naturgemäss der Fall sei. Vgl. auch *Pfister-Ineichen*, S. 99.

Immerhin beeinflussen die Bauarbeiten auch in diesem Fall die Deckung: Diese wird durch die Substanzveränderung sicherer, da sich die Gefahr der Unterdeckung im Falle einer zwangsrechtlichen Versteigerung mit jedem Wertzuwachs der Liegenschaft verringert[27]. Dies leuchtet spätestens dann ein, wenn sich der Verkehrs- bzw. Liquidationswert des Bodens im Nachhinein verschlechtert. Ohne den zusätzlich geschaffenen Mehrwert wäre unter Umständen in diesem Fall keine volle Deckung mehr gegeben.

- CC Konnex bei deckungsindifferenter Substanzveränderung

Namentlich bei Umbauten, Renovationen und Erweiterungsbauten dürfte meist ein Teil der Investitionen lediglich werterhaltend sein. Zudem werden auch wenig verkehrsfähige Bauten errichtet oder renoviert, erweitert oder umgebaut, so dass die baulichen Veränderungen von vornherein keinen Einfluss auf die Kreditdeckung haben. Zu denken ist etwa an den Bau oder die Veränderung wenig verkehrsfähiger Bauten wie privat errichteter Friedhofsbauten, Klöster, Kapellen oder anderer Bauten für ganz spezifische Nutzungen, welche allfälligen Käufern oder Rechtsnachfolgern des Bauherrn kaum etwas nützen oder wofür kein Markt besteht. Es ist nicht ersichtlich, weshalb die Fremdfinanzierung von solchen nicht werterhöhenden Substanzveränderungen eine andere rechtliche Qualifikation erfahren sollte, als die Finanzierung von effektiv wertsteigernden Massnahmen. Die deckungserhöhende Substanzveränderung erscheint somit als zufälliges und untaugliches Kriterium.

Gemeinsames Merkmal sämtlicher bisher erwähnter Beispiele ist jedoch, dass durch einen Neubau bzw. durch den Umbau, die Renovation oder die Erweiterung einer bestehenden Baute dem Baugrundstück wirtschaftliche Werte zugeführt werden, auch wenn sie im Einzelfall keinen Einfluss auf die Deckung haben. Insbesondere wird die Substanz des Grundstücks bzw. eines Gebäudes durch Aktivitäten verändert, welche an sich geeignet sind, einen Wertzuwachs des Bodens bzw. eines bestehenden Bauobjektes und damit der Kreditsicherheit zu bewirken[28]. Dieses Merkmal umschreibt m.E. präzise die bei der Baukreditfinanzierung typische Situation und ist insbesondere auch etwa in denjenigen - zweifellos zur Baukreditfinanzierung gehörenden - Fällen erfüllt, wo eine Wertsteigerung des Baugrundstücks geplant war, wo aber infolge Fehlentwicklungen effektiv keine oder nur eine ungenügende Wertsteigerung erzielt wurde[29] oder wo die werterhaltenden Investitionen überwiegen.

- DD Konnex bei deckungsmindernder Substanzveränderung

Es ist denkbar, dass mittels eines grundpfändlich gesicherten Kredites Substanzveränderungen am verpfändeten Grundstück durchgeführt werden, welche die Kreditdeckung sogar vermindern.

---

27 Zu den einzelnen Unterdeckungsrisiken beim Baukredit im besondern vgl. hinten S. 164ff.
28 Vgl. dazu die analoge Argumentation bei *Schumacher*, N 257, S. 58, im Zusammenhang mit der Frage, ob Bauarbeiten wertvermehrend sein müssen, um den Schutz von Bauhandwerkerpfandrechten zu geniessen.
29 Vgl. dazu im einzelnen hinten S. 201ff.

Zu erwähnen ist etwa der auf idealistischen Gründen beruhende Abbruch eines Gebäudes, ohne dass ein Neubau vorgesehen ist, oder der Fall, wo eine Baute infolge Baurechtswidrigkeit wieder beseitigt werden muss und der Gesamtanlagepreis deshalb unter dem reinen Landwert liegt[30].

Oder es sind Fälle denkbar, wo zum Schutz der Umwelt oder anderer Grundstücke bewusst eine Herabsetzung des Verkehrswertes in Kauf genommen wird. Zu erwähnen ist z.B. der Bau von Lawinenverbauungen und Geländestützmauern oder ein Bauprojekt, durch welches ein ganzes Gelände unbrauchbar gemacht werden soll (z.B. weil es verseucht ist). Schliesslich ist der Fall zu erwähnen, wo bei einem Umbau, einer Renovation oder einer Erweiterung absichtlich oder unabsichtlich bestehende Werte vernichtet werden.

Hier gilt es zu unterscheiden: Sobald die Substanz des Baugrundstücks durch Aktivitäten verändert wird, welche an sich geeignet sind, einen Wertzuwachs des Bodens bzw. eines bestehenden Bauobjektes zu bewirken, liegt eine Baukreditfinanzierung vor. Dies ist also bei der baurechtswidrigen Baute, bei den Lawinenverbauungen, bei den Stützmauern und den Schutzanlagen sowie bei einem unsachgemässen Umbau, einer unsachgemässen Renovationen oder einer entsprechenden Erweiterung der Fall. Dass sich dabei gegebenenfalls der Verkehrswert des Baugrundstücks durch die entsprechenden Aktivitäten vermindert, ist ohne Belang[31].

Anders ist die Situation dagegen beim reinen Abbruch oder bei denjenigen Arbeiten, welche klar die Vernichtung bestehender Werte bezwecken. Zwar besteht auch hier ein besonderer Konnex zwischen dem Kredit und der Sicherheit: durch die Gelder, welche aufgrund des Kredites zur Verfügung stehen, wird die Substanz der Kreditsicherheit verändert - diesmal allerdings negativ, indem dem Grundstück Substanz entzogen oder die Substanz wertvermindernd verändert wird. Dadurch unterscheidet sich aber dieser Kredit entscheidend von den übrigen hier untersuchten Formen. Das Geld wird verbraucht und nicht in eine Substanzerhöhung des Grundstücks oder in konstruktive Arbeit investiert[32]. Während die übrigen hier untersuchten Fälle stets Anlage- bzw. Investitionskredite waren[33], nähert sich der reine Abbruchkredit bzw. der Kredit für wertmindernde Arbeiten somit einem konsumtiven, für den Verbrauch bestimmten Kredit[34].

---

30   Zur wertvermindernden Wirkung der Abbruchkosten vgl. *Naegeli/ Hungerbühler*, S. 142ff., insbes. S. 145.

31   Eine andere Frage ist allerdings, ob sich für solche Bauprojekte überhaupt ein Kreditgeber findet bzw. ob ein allfälliger Kreditgeber anstelle einer grundpfändlichen Sicherung nicht eine anderweitige Sicherstellung verlangt.

32   Beim Tunnelbau liegt keine Wertvernichtung vor, selbst da, wo praktisch nur Material weggeführt wird. Hier wirkt sich das Wegführen von Material konstruktiv aus. Die Arbeiten sind somit grundsätzlich geeignet, eine Wertvermehrung des Baugrundstücks zu bewirken.

33   Zur Qualifikation des Baukredites als Anlagekredit vgl. vorne Anm. 1.

34   Zur Terminologie vgl. etwa *Albisetti/ Gsell/ Nyffeler*, S. 79f.; *Schär*, S. 4f.; *Mühl/ Petereit*, S. 9. Gerade der Zweck des Baukredites, Substanz zu erhöhen oder zumindest zu erhalten, ist m.E. auch das entscheidende Merkmal, welches gemäss Art. 6 Abs. 1 lit. a KKG den Baukredit vom Geltungsbereich des Konsumkreditgesetzes ausschliesst. Vgl. dazu auch hinten S. 73.

M.E. liegt deshalb in diesen Fällen eine eigene Kreditform vor[35]. Am Kriterium, dass beim Baukredit die entsprechenden Aktivitäten grundsätzlich geeignet sein müssen, werterhöhend zu wirken, ist also festzuhalten[36].

Im Normalfall sind Abbrucharbeiten allerdings lediglich Vorbereitungsarbeiten für die Errichtung eines Neubaus[37] oder die Durchführung eines Umbaus, einer Renovation oder einer baulichen Erweiterung. Ziel ist es also, dem Grundstück wieder einen - in der Regel sogar über dem Wert des alten Gebäudes liegenden - Wert hinzuzufügen. Als Teil dieses gesamten Projektes werden die Abbrucharbeiten denn auch von der Baukreditfinanzierung erfasst. Sie gehören in diesem Fall, wie z.b. die Arbeiten des Architekten oder des Ingenieurs, zu denjenigen Arbeiten, welche geeignet sind, mittelbar werterhöhend zu wirken[38].

Nicht jede Substanzveränderung ist somit kennzeichnend für den Baukredit. Insbesondere sind reine Abbruchfinanzierungen keine Baukreditfinanzierungen. Umgekehrt genügt es für die entsprechende Qualifikation eines Kredites, wenn mit dessen Hilfe Aktivitäten finanziert werden, welche an sich geeignet sind, einen Wertzuwachs des Bodens bzw. eines bestehenden Bauobjektes zu bewirken.

C Grundpfändliche Sicherung

In privatrechtlicher Hinsicht relevant ist sodann die grundpfändliche Sicherung des Kredites. Nur infolge dieser Sicherung ergibt sich der beschriebene spezifische Konnex zwischen dem Kredit und seiner Sicherheit. Irrelevant dagegen ist, ob die grundpfändliche Sicherung direkt oder indirekt[39] erfolgt, da der entsprechende Konnex in beiden Fällen gegeben ist[40].

---

35 Allerdings können Bauhandwerkerpfandrechte auch bei blossen Abbrucharbeiten eingetragen werden, vgl. dazu *Zobl*, Bauhandwerkerpfandrecht, S. 98; *Schumacher*, N 103, S. 26; *Pfister-Ineichen*, S. 27. Das Wertkriterium spielt beim Baukredit also eine andere Rolle als beim Bauhandwerkerpfandrecht. Wesentlich ist m.e. der Investitionscharakter des Kredites, der sich mit blossen Wertvernichtungen nicht verträgt.

36 Sieht man von den hier behandelten Fällen ab, dürften allerdings praktisch alle Bauarbeiten geeignet sein, den Verkehrswert eines Baugrundstücks zu erhöhen, vgl. dazu *Zobl*, Bauhandwerkerpfandrecht, S. 98, Anm. 445.

37 Vgl. dazu *Naegeli/ Hungerbühler*, S. 141ff.

38 Vgl. zu diesem Kriterium hinten S. 103. Keine Rolle spielt es, ob das Bauvorhaben auch tatsächlich gelingt. Kommt es nicht zum Neubau, so gehören die Abbrucharbeiten dennoch zur Baukreditfinanzierung. Dem ursprünglichen Projekt entsprechend sind sie ja durchaus geeignet, zumindest mittelbar den Verkehrswert des Grundstücks zu erhöhen.

39 Vgl. dazu *Zobl*, Baukreditvertrag, S. 3; *Pfister-Ineichen*, S. 45ff. Zur Bedeutung dieser Begriffe vgl. etwa *Zobl*, Fahrnispfand, Systematischer Teil N 531; *Zobl*, Eigentümerschuldbrief, S. 199; *Moser*, S. 2f.; *Pfister-Ineichen*, S. 45ff.; *Albisetti/ Gsell/ Nyffeler*, S. 85; *Stettler*, S. 359; *Oetiker*, Kapitel 10.1, S. 4; *Rheiner*, S. 268f.; *Emch/ Renz/ Bösch*, S. 341, sowie hinten S. 132f.

40 Vgl. dazu im einzelnen hinten S. 139, S. 146 und S. 153.

D   Kreditzweck: Baufinanzierung

Ein Kredit kann nur insoweit als Baukredit qualifiziert werden, als mit seiner Hilfe ein Bauvorhaben finanziert werden soll. Für eine juristische Diskussion ist indessen noch weiter zu konkretisieren, was unter dem Begriff «Bauvorhaben» zu verstehen ist. Naheliegend erscheint es dabei, auf gesetzliche oder von der Privatrechtslehre [41] entwickelte Definitionen bzw. Konkretisierungen zurückzugreifen. In jedem Fall müssen indessen m.E. folgende Voraussetzungen erfüllt sein:

(1)   Es muss *bauliche Substanz* involviert sein.

(2)   Mit Hilfe der Kreditmittel muss diese bauliche Substanz erst *geschaffen oder verändert* werden.

Was die Konkretisierung der unter Ziffer (2) genannten Voraussetzung betrifft, so gilt das Folgende: Die Schaffung oder Änderung baulicher Substanz - mithin also bauliche Aktivitäten - werden etwa im Zusammenhang mit dem Baugläubigerschutz in Art. 837 Abs. 1 Ziff. 3 ZGB und Art. 839 ZGB umschrieben («Lieferung von Arbeit und Material oder Arbeit allein für Bauten oder andere Werke auf einem Grundstück»). Grundsätzlich kann auf die von der Gerichtspraxis und der Lehre zu diesen Bestimmungen vorgenommenen Konkretisierungen abgestellt werden[42]. Entscheidend ist allerdings, dass der Baukredit lediglich typischerweise, keineswegs aber ausschliesslich zur Finanzierung von baulichen Massnahmen im Sinne dieser Bestimmung dienen soll[43].

Sinngemäss dasselbe gilt hinsichtlich der in Art. 371 Abs. 2 OR umschriebenen baulichen Aktivitäten («Dienste zum Zwecke der Erstellung unbeweglicher Bauwerke»)[44] sowie hinsichtlich der in Art. 368 Abs. 3 OR und 375 Abs. 2 OR umschriebenen Bautätigkeit («Errichtung von Werken bzw. Bauten»[45]).

---

41   Die Begriffe «Bauten» und «Anlagen» sowie deren Erstellung oder Änderung spielen auch im Raumplanungs- und öffentlichen Baurecht eine bedeutende Rolle (vgl. etwa Art. 22 und 24 RPG, Art. 24 und 25 RPV, sowie z.B. § 309 PBG/ZH und § 1 ABV/ZH). Grundsätzlich kann auch auf die entsprechenden öffentlichrechtlichen Konkretisierungen abgestellt werden. Indessen steht im Raumplanungs- und öffentlichen Baurecht die Raumwirksamkeit solcher Einrichtungen im Vordergrund, während die damit verbundene Substanzveränderung auf dem Baugrundstück als Kriterium nur eine untergeordnete Rolle spielt. Insbesondere können auch Fahrnisbauten Bauten und Anlagen im Sinne der genannten Bestimmungen sein, vgl. dazu etwa *BGE* 118 Ib 49, insbes. S. 52, und *BGE* 113 Ib 314, insbes. S. 316; *Mäder*, N 201, S. 95.

42   Vgl. dazu etwa *Schumacher*, N 86ff., S. 24ff.; *Zobl*, Bauhandwerkerpfandrecht, S. 84ff.

43   Vgl. dazu hinten S. 100ff., wo gezeigt wird, dass mit einem Baukredit weit über den Anwendungsbereich des Baugläubigerschutzes hinausgehende Leistungen finanziert werden können.

44   Zu entsprechenden Konkretisierungen vgl. *Gauch*, Werkvertrag, N 2215ff., S. 582ff., insbes. N 2234f., S. 588f.; *Koller*, Nachbesserungsrecht, N 403ff., S. 135ff.; *Zindel/ Pulver*, Art. 371 N 21ff.

45   Vgl. dazu etwa *Gauch*, Werkvertrag, N 992, S. 279; *Zindel/ Pulver*, N 24.

Weiter findet sich der Begriff «bauliche Massnahmen» etwa in Art. 647b Abs. 2 ZGB sowie in den Art. 647c ff. ZGB. Auch diesbezügliche Konkretisierungen können beigezogen werden[46]. Indessen sind nicht sämtliche dieser Massnahmen baulicher Natur [47]. Bauliche Aktivitäten werden sodann in Art. 685 ZGB genannt («Grabungen und Bauten»). Grundsätzlich kann auch auf diese Norm - bzw. auf die von der Gerichtspraxis und der Lehre dazu entwickelten Grundsätze - zurückgegriffen werden [48]. Allerdings umfasst Art. 685 ZGB auch Abbrucharbeiten[49] - ohne Rücksicht auf damit verbundene Wertveränderungen. Reine Abbruchfinanzierungen sind indessen vorliegend gerade auszuklammern[50]. Bauliche Aktivitäten werden schliesslich etwa in Art. 6 Abs. 1 lit. a KKG umschrieben («zu errichtende Gebäude», «Renovation» oder «Verbesserung» eines Gebäudes). Grundsätzlich kann auch auf Konkretisierungen dieser Bestimmung abgestellt werden [51].

Allerdings dürfte bereits die Formulierung unter Ziffer (2) in den meisten Fällen konkret genug sein, um als Abgrenzungskriterium zu dienen. Hinzugefügt sei immerhin, dass der Umfang der jeweiligen Aktivitäten keine Rolle spielt: Auch bloss geringfügige Substanzveränderungen (z.B. Fassadenrenovationen, Dachreparaturen oder Malerarbeiten) erfüllen das entsprechende Kriterium. Ebenso genügen lediglich im Rahmen einer einzelnen Bauetappe erbrachte Leistungen [52].

Was die Konkretisierung der unter Ziffer (1) genannten baulichen Substanz betrifft, so gilt das Folgende: Die Begriffe «Gebäude», «Baute» oder «Bauwerk» werden in Art. 667 Abs. 2 ZGB, in Art. 671 Abs.1 ZGB, in Art. 672 Abs. 3 ZGB, in Art. 673 ZGB und in Art. 674 ZGB erwähnt. Eine Baute in diesem Sinne ist nach der Lehre «alles, was mit Hilfe der Technik, sei es oberirdisch, sei es unterirdisch, mit dem Boden verbunden ist»[53]. Diese Umschreibung wird auch als tauglich erachtet für die Auslegung der Begriffe «Bauten oder andere Werke» i.S. von Art. 837 Abs. 3 ZGB[54] und ist auch für die vorliegende Diskus-

---

46 Vgl. dazu namentlich die Beispiele bei *Meier-Hayoz*, Allgemeine Bestimmungen, Art. 647c N 15ff.

47 Insbesondere sieht Art. 647 lit. c ZGB auch blosse Unterhaltsarbeiten vor, die nicht notwendigerweise Substanzveränderungen mit sich bringen (z.B. die Revision der Heizanlage oder die Reinigung der Fassade und sanitärer Installationen). Vgl. dazu *Meier-Hayoz*, Allgemeine Bestimmungen, Art. 647c N 11f.

48 Vgl. dazu etwa die Konkretisierungen bei *Meier-Hayoz*, Grundeigentum, Art. 685/686, N 64; *Haab/ Simonius/ Scherrer/ Zobl*, Art. 685, 686, N 16.

49 Vgl. dazu etwa *Meier-Hayoz*, Grundeigentum, Art. 685/686 N 65.

50 Vgl. dazu vorne S. 6f.

51 Auch wenn diese Bestimmung im Zusammenhang mit den betreffenden baulichen Aktivitäten nur Gebäude nennt, umfasst sie m.E. auch Aktivitäten, die sich auf andere Bauwerke beziehen. Vgl. dazu insbesondere hinten S. 73.

52 Vgl. dazu etwa *Oetiker*, Kapitel 10.3, S. 1.; vgl. auch die Ausführungen bei *Schumacher*, N 109ff., S. 26.

53 Vgl. dazu *Haab/ Simonius/ Scherrer/ Zobl*, Art. 667 N 14, Art. 671/673 N 1, Art. 674 N 1; *Meier-Hayoz*, Grundeigentum, Art. 667 N 30, Art. 671 N 14, Art. 674 N 6f. Der Begriff der Baute i.S. von Art. 674 ZGB ist allerdings zu eng für die vorliegende Betrachtung, fallen doch Strassen als «blosse Umgestaltungen des Bodens» nicht darunter, vgl. dazu BGE 98 II 191, insbes. S. 195.

54 Vgl. dazu *Zobl*, Bauhandwerkerpfandrecht, S. 84.

sion geeignet. Entscheidend ist, dass Fahrnisbauten auszuschliessen sind[55], da ansonsten der spezifische Konnex zwischen Kredit und Sicherheit nicht gewährleistet ist. Festzuhalten ist indessen, dass auch Bauwerke, welche ohne den Einbau von Material erstellt werden (namentlich etwa Baugruben und Bohrungen) zur Baukreditfinanzierung gehören, welche Werke zumindest von Art. 671 Abs. 1 ZGB und 672 Abs. 3 ZGB und wohl auch von Art. 674 ZGB nicht erfasst werden.

Grundsätzlich kann auch auf die von der Gerichtspraxis und Lehre zu den Begriffen «Werk» i.S. von Art. 368 Abs. 3 OR, «Baute» i.S. von Art. 375 Abs. 2 OR und «unbewegliches Bauwerk» i.S. von Art. 371 Abs. 2 OR vorgenommenen Konkretisierungen zurückgegriffen werden[56]. Allerdings ist zu beachten, dass auch diese Begriffe Einschränkungen unterworfen ist, die sich für die vorliegende Diskussion als zu eng erweisen[57].

Nicht vollständig deckungsgleich mit dem Anwendungsbereich des Baukredites ist sodann der Anwendungsbereich von Art. 58 OR. Zwar kann durchaus auf den entsprechenden Gebäudebegriff abgestellt werden. Der in dieser Bestimmung genannte Werkbegriff[58] ist aber für die vorliegende Diskussion zu weit[59]. So können z.b. Maschinen nicht von vornherein als Bausubstanz gelten, auch wenn diese fest mit dem Boden verbunden werden[60]. Auch Bäume oder andere Pflanzen vermögen keine Bausubstanz zu bilden[61].

Auf bauliche Substanz beziehen sich sodann die in den Art. 647b Abs. 2 ZGB sowie Art. 647c ff. ZGB genannten Aktivitäten. Indessen ist damit primär ein bereits bestehendes, im Miteigentum stehendes Objekt gemeint. Davon unabhängige, neue bauliche Substanz fällt gerade nicht in den Anwendungsbereich dieser Bestimmungen[62], so dass sich deren Beizug für die vorliegende Diskussion ohnehin nur beschränkt eignet.

---

55 Vgl. dazu vorne S. 4 sowie *Haab/ Simonius/ Scherrer/ Zobl*, Art. 667 N 14ff.; *Meier-Hayoz*, Grundeigentum, Art. 667 N 31, Art. 671 N 14, Art. 674 N 6ff.

56 Vgl. dazu etwa *Gauch*, Werkvertrag, N 2220ff., S. 584ff.; *Koller*, Nachbesserungsrecht, N 413ff., S. 139ff.; *Zindel/ Pulver*, Art. 371 N 19ff., Art. 368 N 75.

57 So umfasst zumindest der Wortlaut der Art. 368 Abs. 3 und Art. 375 Abs. 2 OR nur Werke bzw. Bauten auf Grund und Boden des Bestellers. Sodann fallen Bauwerke, welche ohne den Einbau von Material erstellt werden, nicht unter Art. 371 Abs. 2 OR, vgl. *Gauch*, Werkvertrag, N 2245f., S. 591; *Zindel/ Pulver*, Art. 271 N 24.

58 Zum Werkbegriff nach Art. 58 OR vgl. etwa *Oftinger/ Stark II*, 19 N 36ff., S. 184ff., insbes. N 39ff., S. 188ff.; *Keller/ Gabi-Bolliger*, S. 183f.; *Brehm*, Art. 50 N 26ff. Vgl. auch *Meier-Hayoz*, Grundeigentum, Art. 674 N 8.

59 Immerhin fallen etwa Strassen, Plätze, Mauern und sogar Tunnel, welche Werke i.S. von Art. 58 OR darstellen, durchaus in den Anwendungsbereich des Baukredites. Namentlich erstreckt sich gemäss Art. 667 Abs. 1 ZGB i. V. mit Art. 805 Abs. 1 ZGB das Grundpfand soweit in die Tiefe, als für die Ausübung des Grundeigentums ein Interesse besteht. Vgl. dazu auch etwa *BGE* 93 II 170, insbes. S. 175f. Somit kommt grundsätzlich auch für Tiefbauprojekte eine pfandrechtliche Sicherung und damit eine Baukreditfinanzierung in Frage.

60 Zum Werkcharakter vgl. etwa *Brehm*, Art. 58 N 35ff. Wird dagegen eine ganze Fabrikanlage errichtet, gehören m.E. auch die dabei fest installierten Maschinen und Anlagen zur baulichen Substanz.

61 Zum Werkcharakter vgl. *Oftinger/ Stark II*, 19 N 46, S. 192f., 19 N 193, S. 220; *Brehm*, Art. 58 N 30. Dagegen stellt eine ganze Gartenanlage durchaus Bausubstanz dar. Vgl. zur analogen Frage im Zusammenhang mit dem Bauhandwerkerpfandrecht: *Schumacher*, N. 258, S. 59; *Leemann*, Art. 837 N 51; *Schneebeli*, S. 64.

62 Vgl. *Meier-Hayoz*, Allgemeine Bestimmungen, Art. 647c N 12a.

Nicht durchwegs geeignet für die Konkretisierung der Baukreditfinanzierung ist auch der Begriff des Bauwerks i.S. des Baurechts (Art. 675 ZGB und Art. 779 Abs. 1 ZGB), da er Einschränkungen unterworfen ist, die hier nicht massgeblich sind [63]. Zu weit ist auch der Anwendungsbereich von Art. 685 ZGB. Insbesondere dürften etwa die unter diese Bestimmung fallenden Gruben (Kies-, Sand oder Lehmgruben)[64] nur im Zusammenhang mit anderen Bauwerken als Bausubstanz im vorliegend relevanten Sinne gelten. Schliesslich gelten als Bauten im Sinne dieser Bestimmung auch Fahrnisbauten [65], die vorliegend ohnehin gerade auszuschliessen sind.

Als bauliche Substanz im Sinne von Ziffer (1) gelten schliesslich zweifellos die in Art. 6 Abs. 1 lit. a KKG genannten Gebäude. Zu beachten ist indessen, dass die Baukreditfinanzierung keineswegs bloss auf Gebäude beschränkt ist [66].

Auch wenn die zu Art. 667ff. ZGB entwickelte Formel zur Bestimmung der Bausubstanz als genügend erachtet wird, soll das dieser Arbeit zugrundeliegende Anwendungsgebiet des Baukredites anhand einer Aufzählung möglicher Bauwerke konkretisiert werden. Die zitierte Liste findet sich in Art. 7.4 SIA-Ordnung 102 (Ausgabe 1984). Unter dem Vorbehalt, dass eine durch ein privatrechtliches Grundpfand am Baugrundstück gesicherte Finanzierung vorliegt[67], fallen demnach in den Anwendungsbereich des hier zu erörternden Baukredites (soweit es sich nicht um Fahrnisbauten handelt)[68]:

---

63 So ist z.B. gemäss Art. 675 ZGB das Baurecht an einzelnen Stockwerkeinheiten ausgeschlossen. Zu anderen Einschränkungen vgl. namentlich die Diskussion bei *Isler*, S. 31ff.; *Simonius/ Sutter*, 4 N 2, S. 126 (mit weiteren Hinweisen). Davon abgesehen kann indessen durchaus auf die Konkretisierung des Begriffes «Bauwrk» i.S. von Art. 675 ZGB abgestellt werden, vgl. dazu etwa *Meier-Hayoz*, Grundeigentum, Art. 675 N 2; *Haab/ Simonius/ Scherrer/ Zobl*, Art. 674 N 1; *Zobl*, Bauhandwerkerpfandrecht, S. 84.

64 Vgl. dazu *Meier-Hayoz*, Grundeigentum, Art. 685/686 N 64; *Haab/ Simonius/ Scherrer/ Zobl*, Art. 685, 686 N 16.

65 Vgl. dazu etwa *Meier-Hayoz*, Grundeigentum, Art. 685/686 N 65.

66 M.E. sind allerdings unter dem Begriff «Gebäude» im Sinne dieser Bestimmung ohnehin sämtliche Bauwerke zu verstehen. Vgl. dazu hinten S. 73.

67 Zur Baufinanzierung auf öffentlichem Grund vgl. hinten S. 370f.

68 Die zitierte Liste ist exemplarisch und keineswegs vollständig, vgl. dazu Art. 7.3.2 SIA-Ordnung 102 (Ausgabe 1984). In Einzelheiten weicht die nachfolgende Aufzählung ausserdem von der Vorlage ab. Kaum je mit privatrechtlichen Baukrediten finanziert werden dürften schliesslich die auch noch in der Norm aufgeführten öffentlichen Militär- und Schutzanlagen. Unter privatrechtlichen Aspekten vorgenommene Konkretisierungen finden sich auch etwa bei *Meier-Hayoz*, Grundeigentum, Art. 674 N 6, Art. 675 N 2; *Zobl*, Bauhandwerkerpfandrecht, S. 84 (mit weiteren Literaturangaben); *Schumacher*, N 116ff., S. 27, N 258, S. 59; *Leemann*, Art. 837 N 50ff.; *Schneebeli*, S. 63ff.; *Reber*, S. 108ff. Ausführliche Kataloge zur Klassifizierung von Gebäuden wurden ausserdem von den kantonalen Gebäudeversicherungen geschaffen. Als Beispiel sei hier die «Zweckbestimmung der Gebäude» der Gebäudeversicherung des Kantons Zürich (Zürich 1981) genannt. Konkretisierungen finden sich schliesslich auch in den Erlassen zum öffentlichen Baurecht der Kantone. Zu erwähnen sind z.B. § 309 PBG/ZH und § 1 ABV/ZH; vgl. dazu im einzelnen *Mäder*, N 177ff., S. 83ff. Allerdings umfasst der Begriff der Baute im öffentlichen Baurecht - wie bereits erwähnt - auch Fahrnisbauten und ist somit für die vorliegende Diskussion ungeeignet.

Wohnbauten

Einfamilienhäuser, Mehrfamilienhäuser, Terrassenhäuser, Wochenendhäuser, Ferienhäuser,
Alterswohnungen, Alterssiedlungen, Altersheime,
Heimstätten, Kinder- und Jugendheime, Studenten- und Lehrlingswohnheime, Behelfswohnungen.

Bauten für Unterricht, Bildung und Forschung

Kinderhorte, Kindergärten, Primarschulen, Sekundarschulen, Berufsschulen, höhere Fachschulen, Mittelschulen, Gymnasien und Gesamtschulen,
Heilpädagogische und Sonderschulen,
Hochschulen, Universitäten,
Bibliotheken, Archive,
Forschungsinstitute mit oder ohne Laboratorien.

Bauten für Industrie und Gewerbe

Lagerhallen, Mehrstöckige Lagerbauten, Mechanisierte Lager, Kühllager, Silobauten,
Verteilzentralen, Industriehallen, Produktionsbauten, Betriebsgebäude, Gewerbebauten und Werkstätten, Zentralwäschereien,
Laborgebäude.

Bauten für die Land- und Forstwirtschaft

Schuppen, Hütten, Futterlagerhäuser, Treibhäuser, Stallungen, landwirtschaftliche Produktionsanlagen,
Tierheime, Veterinärstationen, Tierspitäler, Schlachthöfe.

Technische Anlagen

Heizzentralen, Fernwärmeanlagen und Kraftwerkbauten, Wasseraufbereitungsanlagen, Kläranlagen, Kehrichtverbrennungsanlagen, Tankanlagen, Fernmeldeeinrichtungen.

Bauten für Handel und Verwaltung

Ladenbauten mit oder ohne Grundausstattung[69], Warenhäuser, Einkaufszentren, Markthallen,
einfache Bürobauten, Bürobauten mit erhöhten Anforderungen, Verwaltungsgebäude, Banken, Rechenzentren.

---

69   Zur Finanzierung der Zugehör mit Baukreditmitteln im besondern vgl. hinten S. 102.

Bauten im Dienste der Fürsorge und Gesundheitspflege

Tagesheime, geschützte Werkstätten,
Arztpraxen, Ärztehäuser, Krankenhäuser, Universitätskliniken, Pflegeheime,
Rehabilitationszentren, Sanatorien,
Heilbäder,
Spezialinstitute.

Kultusbauten

Kirchen, Kapellen, Kirchengemeindehäuser,
Abdankungshallen, Friedhofanlagen, Krematorien,
Klöster.

Bauten für Kultur und Geselligkeit

Ausstellungshallen, Pavillons,
Ortsmuseen, Kunstgalerien, Museen, Kulturzentren, Kleintheater, Konzertbau-
ten, Theaterbauten, Musikpavillons, Kinotheater,
Diskotheken, Saalbauten, Kongresshäuser, Festhallen,
Wohlfahrtshäuser, Klubhäuser,
Radio-, Fernseh- oder Filmstudios.

Bauten für Gastgewerbe und Fremdenverkehr

Restaurationsbetriebe, Hotel- und Motelbauten, Hotel und Motel garni, Kanti-
nen, selbständige Grossküchen, Herbergen, Jugendherbergen, Raststätten,
Cafeterias, Tea-Rooms,
Klubhütten, Berghäuser, Campinganlagen.

Bauten für Freizeit, Sport und Erholung

Turn- und Sporthallen, Mehrzweckhallen, Stadionanlagen, Sportplätze, Tribü-
nenbauten, Garderobengebäude, offene Kunsteisbahnen, Kunsteishallen,
Freibäder, Hallenbäder, Reithallen,
Freizeitzentren, Jugendhäuser,
Pärke, Kinderspielplätze, Zoologische Gärten, botanische Gärten (soweit bauli-
che Anlagen errichtet werden),
Tierhäuser, Gewächshäuser,
Kegel- und Bowlinganlagen,
Bootshäuser,
Schiessanlagen.

Verkehrsanlagen

Eingeschossige Einstellgaragen, Tiefgaragen, oberirdische Parkhäuser, Tankstellen,
Wartehallen mit Diensträumen,
Busbahnhöfe, Bahnhöfe, Bahnbetriebsbauten, Eisenbahn- und Strassenbahndepots,
Seilbahnstationen,
Flughäfen, Hafenanlagen.

In Ergänzung dazu gehören grundsätzlich auch die in Art. 7.6 SIA-Ordnung 103 (Ausgabe 1984) genannten Bauten zum Anwendungsbereich der Baukreditfinanzierung, sofern sie wiederum durch ein privatrechtliches Grundpfand am Baugrundstück gesichert werden und es sich nicht um Fahrnisbauten handelt[70]. Allerdings dürfte einzelnen dieser Bauten kaum je ein Verkehrswert zukommen, so dass sich diese Sicherung und damit eine Finanzierung durch einen Baukredit gar nicht lohnt:

Bauten im Bereich des Wasserbaus

Ufer- und Quaianlagen, Bewässerungs- und Entwässerungsanlagen, Kanäle,
Wasserfassungen, Ausgleichsbecken, Talsperren.

Wasserversorgungen

Gewinnungsanlagen, Speicheranlagen, Verteilanlagen, Sonderbauwerke.

Abwasseranlagen

Kanalisationen, Sonderbauwerke.

Verschiedene Tiefbauten

Hangstabilisierungen, Stütz- und Verkleidungsmauern, Lawinen- und Steinschlaggalerien.

---

70   Bauten, die sowohl in SIA-Ordnung 103 (Ausgabe 1984) und SIA-Ordnung 102 (Ausgabe 1984)
      erwähnt sind, werden hier nicht mehr aufgeführt.

Anlagen zur Abfallbeseitigung

Abfallbeseitigungsanlagen ohne Verbrennung, Abfallbeseitigungsanlagen für Industrieabfälle, die schwierig zu beseitigen sind, Anlagen zur Wiederaufbereitung und Wiederverwertung von Abfällen, Abfalldeponien.

Anlagen zur Energieerzeugung und -verteilung

Elektrische Übertragungs- und Verteilanlagen, Gasversorgung und -verteilung, Anlagen für Alternativenergieerzeugung.

Brücken

Untertagbauten[71]

Tunnel, Stollen, Schächte, Kavernen, unterirdische Spezialbauten wie Untertagspeicher und Lüftungszentralen.

Verkehrs- und Transportanlagen

Strassen und Plätze, Bahnanlagen, Schallschutzbauten[72].

---

71 Vorauszusetzen ist allerdings, dass sich die Substanzveränderung auch auf die Kreditsicherheit auswirkt; vgl. dazu vorne S. 3.

72 Nicht aufgeführt werden in den zitierten Ordnungen die ebenfalls in den Anwendungsbereich der Baukreditfinanzierung gehörenden Parkplätze sowie die bereits erwähnten Gartenanlagen.

III Eignung der in privatrechtlicher Hinsicht verwendeten Begriffe ?

A Eignung des banktechnischen Begriffes ?

Vergleicht man die soeben diskutierten Punkte mit den auch in der privatrechtlichen Diskussion verwendeten Definitionen des banktechnischen Begriffes[73], so zeigt sich, dass von der banktechnischen Begriffsbestimmung drei Punkte auch für eine juristische Begriffsbestimmung geeignet sind, nämlich (1) die Ausgestaltung als Kredit, (2) der Zweck: Finanzierung eines Neu- oder Umbaus und (3) die Sicherung des Kredites durch ein privatrechtliches Grundpfand. Dagegen fehlt namentlich in den zitierten Definitionen von ALBISETTI/ GSELL/ NYFFELER bzw. EMCH/ RENZ/ BÖSCH[74] ein klarer Hinweis auf den für eine juristische Betrachtungsweise entscheidenden Konnex zwischen Kredit und Sicherheit. Nicht ausgegrenzt wird insbesondere auch der Fall, wo mit Hilfe eines Kredites bloss eine Fahrnisbaute finanziert wird[75].

Hinzu kommt, dass die auf den Baufortschritt beschränkte Verfügbarkeit der Kreditmittel bei den meisten banktechnischen Definitionen[76] als begriffswesentliches Merkmal des Baukredites betrachtet wird. Tatsächlich entspricht diese beschränkte Verfügbarkeit der Bankpraxis und unterscheidet das Baukreditgeschäft von anderen Bankgeschäften. In juristischer Hinsicht erscheint das Merkmal jedoch nicht als wesentlich. Die dem Baufortschritt entsprechende Verfügbarkeit ist höchstens eine Folge des erwähnten Konnexes zwischen Kredit und Sicherheit: Erstens dient sie dazu, das Risiko zu vermindern, dass der Kreditnehmer allzuviel Geld bezieht, für das die Bank durch den momentanen Wert des Pfandes gar noch nicht gedeckt ist[77]. Zweitens hat die sukzessive Auszahlung eine Bedeutung als Massnahme zum Schutz gegen Risiken im Zusammenhang mit allfälligen Bauhandwerkerpfandrechten[78]. Keinesfalls ist es jedoch zwingend, dass diese Beschränkung bei einer Baukreditvergabe vereinbart oder bei der Abwicklung auch tatsächlich gehandhabt wird. Der Kreditgeber gefährdet dadurch zwar gegebenenfalls seine Sicherheit. Dies ändert aber nichts daran, dass der von ihm gewährte Kredit unter rechtlichen Aspekten als Baukredit zu gelten hat.

---

73 Vgl. dazu vorne S. 1f.

74 Vgl. dazu vorne S. 1. Zwar wird bei *Albisetti/ Gsell/ Nyffeler* auf S. 119 darauf hingewiesen, dass die Sicherung «durch die Belastung der Bauparzelle» erfolgt. Das Merkmal ist jedoch nicht Bestandteil der Definition und ausserdem juristisch unpräzis. Besser wäre die Verwendung des Begriffes Baugrundstück - da beispielsweise beim Bauen im Baurecht gerade nicht die Bauparzelle belastet wird, vgl. dazu hinten S. 363.

75 Vgl. dazu *Albisetti/ Gsell/ Nyffeler*, S. 118ff.; *Albisetti/ Boemle/ Ehrsam/ Gsell/ Nyffeler/ Rutschi*, S. 134f.; *Kaderli*, S. 269f.; *Emch/ Renz/ Bösch*, S. 350, sowie vorne S. 1.

76 Vgl. dazu namentlich *Albisetti/ Gsell/ Nyffeler*, S. 118; *Albisetti/ Boemle/ Ehrsam/ Gsell/ Nyffeler/ Rutschi*, S. 134; *Kaderli*, S. 270.

77 Vgl. dazu im einzelnen hinten S. 165ff., S. 176.

78 Vgl. dazu hinten S. 285 ff., S. 290.

Dasselbe gilt auch für die Ausgestaltung des Baukredites als Kontokorrentkredit[79]. Ein Kredit weist die vorgenannten Merkmale auch dann auf, wenn er nicht revolvierend ist und somit gerade nicht als Kontokorrentkredit gewährt wird[80]. Insbesondere ist es aber nicht einmal notwendig, dass er in laufender Rechnung (banktechnisch: im Kontokorrent[81]) geführt wird[82]. Schliesslich beschränkt sich der banktechnische Baukreditbegriff auf von Banken gewährte Kredite. Wie bereits ausgeführt wurde, ist dagegen für eine juristische Betrachtung des Baukredites die Branchenzugehörigkeit des Kreditgebers ohne Bedeutung[83]. Aus diesen Gründen erscheint der banktechnische Begriff für die hier vorzunehmende Diskussion nicht als geeignet.

B Eignung des Darlehensbegriffes?

Bestimmende bzw. wesentliche Merkmale des Darlehensbegriffes sind (1) die Hingabe bzw. Überlassung einer Summe Geldes oder einer bestimmten Menge vertretbarer Sachen sowie (2) die Pflicht des Empfängers zur Rückgabe der erhaltenen Menge (vgl. dazu Art. 312 OR). Zwar sind diese Merkmale im Baukreditbegriff mitenthalten[84]. Weder der spezifische Konnex zwischen Kredit und Sicherheit noch die grundpfändliche Sicherung und der bestimmte Zweck der Mittelgewährung sind jedoch bestimmende bzw. wesentliche Merkmale des Darlehensbegriffes. Der Baukreditbegriff ist also weit spezifischer als der Darlehensbegriff[85]. Damit erweist sich der Darlehensbegriff für die vorliegende Diskussion als ungeeignet.

C Weitere Bemerkungen

Die Untersuchung der unter privatrechtlichen Aspekten relevanten Merkmale des Baukredites hat gezeigt, dass auch bei einer Sicherung eines Kredites durch das Baugrundstück nicht in jedem Fall ein Baukredit vorliegen muss.

---

79 Zum Begriff vgl. etwa *Albisetti/ Gsell/ Nyffeler*, S. 65ff.; *Frey*, S. 428ff.; *Emch/ Renz/ Bösch*, S. 244ff.

80 Vgl. dazu im einzelnen hinten S. 57 und S. 88. Zum Unterschied zwischen Krediten, die in laufender Rechnung geführt werden und dem Kontokorrentkredit vgl. namentlich *Frey*, Kontokorrentkredit, S. 428. Vgl. auch *Emch/ Renz/ Bösch*, S. 244. Ohne diese Differenzierung z.B. *Pfister-Ineichen*, S. 41, S. 43, und *Zobl*, Baukreditvertrag, S. 4.

81 Zum Begriff vgl. etwa *Albisetti/ Boemle/ Ehrsam/ Gsell/ Nyffeler/ Rutschi*, S. 426ff.; *Albisetti/ Gsell/ Nyffeler*, S. 23; *Homberger*, S. 9ff.; *Emch/ Renz/ Bösch*, S. 89ff.; *Gonzenbach*, Art. 117 N 4.

82 Bei den Banken ist dies allerdings die Regel. Vgl. dazu im einzelnen hinten S. 129.

83 Vgl. dazu vorne S. 3 sowie hinten S. 357.

84 Vgl. dazu im einzelnen hinten S. 52.

85 Eine andere Frage ist dagegen, ob der Baukreditvertrag noch in den Anwendungsbereich des Darlehensvertragsrechts fällt. Vgl. dazu hinten S. 61ff.

Insbesondere kann etwa eine reine Abbruchfinanzierung nicht mehr als Baukreditfinanzierung gelten[86]. Die Bestimmung eines für die hier vorzunehmende Diskussion geeigneten Begriffes sollte auf diesen Umstand Rücksicht nehmen.

IV Eigener Definitionsvorschlag

Ein Baukreditbegriff, der die vorgenannten Kriterien berücksichtigt, lässt sich etwa wie
folgt umschreiben:

> Unter dem Begriff «Baukredit» ist ein direkt oder indirekt mit einem
> Grundpfand gesicherter Kredit zur Finanzierung eines Bauvorhabens zu
> verstehen, durch welches die Substanz des verpfändeten Grundstücks -
> und damit das Grundpfand selbst - in einer grundsätzlich wertsteigern-
> den Weise verändert werden soll.

§ 3 Weitere Differenzierungen

Die erwähnte Definition ist gedacht für eine Diskussion des Baukredites im Rahmen des
schweizerischen Privatrechts. Will man jedoch die Diskussion über diesen Rahmen aus-
dehnen und berücksichtigt man umgekehrt die Tatsache, dass es bei der Baukreditfinanzierung Unterschiede im Deckungsbereich geben kann, so drängt sich eine Differenzierung
auf.

Folgende Vorschläge sind denkbar: Als Baukredit in einem weiteren Sinne wäre jeder Kredit zu bezeichnen, mit dessen Hilfe ein Neubau bzw. die Änderung einer bestehenden Baute finanziert werden soll. Unter diesen Begriff fallen somit insbesondere auch sämtliche
nicht durch ein Grundpfandrecht gesicherten Kredite, welche für Bauzwecke eingesetzt
werden, und schliesslich die Kredite, mit welchen die Errichtung einer Fahrnisbaute finanziert werden soll. Als Baukredit in einem engeren Sinne wäre ein grundpfändlich gesicherter Kredit zu bezeichnen, mit dessen Hilfe ein Neubau bzw. die Änderung einer bestehenden Baute finanziert wird, die tatsächlich zu einem erhöhten Verkehrswert des verpfändeten Grundstücks und damit zu einer Aufwertung der Kreditsicherheit führen sollen.
Als Baukredit im engsten Sinne schliesslich wäre jener Kredit zu bezeichnen, bei dem das
Grundstück allein keine volle Sicherheit für die Finanzierung eines Neu- oder Umbaues zu
bieten vermag. Die volle Deckung der Kreditlimite bzw. der Kreditforderung wird bei diesem Kredit erst durch den hinzugefügten Mehrwert geschaffen.

---

86   Vgl. dazu vorne S. 5ff.

Nr. 2: Struktur und Umfeld der Baukreditfinanzierung

§ 4 Rechtliche Grundstruktur

Zu unterscheiden sind bei der Baukreditfinanzierung zwei Phasen mit unterschiedlicher rechtlicher Regelung: Die Kreditphase einerseits und die Beendigungsphase [87] andererseits, wobei die eigentliche Baufinanzierung während der Kreditphase stattfindet. Das rechtliche Grundgerüst der Kreditphase ist verhältnismässig einfach: Den Kern der Baukreditfinanzierung bilden die Rechtsbeziehungen zwischen dem Baukreditgeber und dem Baukreditnehmer. Allerdings ist denkbar, dass der Baugrund einem Dritten gehört und somit im Rahmen der Baukreditfinanzierung insbesondere auch Rechtsbeziehungen zu diesem Dritteigentümer bestehen. Weiter sind gegebenenfalls von Bedeutung die rechtlichen Beziehungen der Baukreditparteien zum Architekten[88] bzw. Ingenieur[89] des Bauprojektes, zu einem allenfalls beigezogenen General- bzw. Totalunternehmer[90], zu Bauhandwerkern und Bauunternehmern sowie zu anderen Geldgebern, Zweitbanken, Versicherungsgesellschaften und allenfalls beigezogenen Treuhändern. Nachfolgend sollen die möglichen Rechtsbeziehungen für die Kreditphase in einer schematischen Übersicht dargestellt werden:

---

87 Zur rechtlichen Regelung der Beendigungsphase vgl. hinten S. 377ff.

88 Heute werden unter den in der Praxis mit Architekten geschlossenen Verträgen namentlich folgende Vertragstypen unterschieden: Planungs- bzw. Projektierungsverträge, Verträge über die Vergebung von Arbeiten, Bauleitungsverträge sowie Gesamtverträge, vgl. dazu - nebst vielen anderen - *Gauch*, Architekturvertrag, N 30ff., S. 11ff.; *Zehnder*, N 3ff., S 1ff.; *Trümpy*, S. 33ff., S. 79ff., S. 122ff.; *Schluep*, S. 905f.; *Zindel/ Pulver*, Art. 363 N 17ff. Eine weit gefächerte Aufstellung von Architektenpflichten, wie sie in den genannten Verträgen enthalten sein können, findet sich in SIA-Ordnung 102 (Ausgabe 1984). Die Ausführungen in dieser Arbeit beziehen sich auf die Tätigkeit des Architekten im Rahmen solcher Verträge. Zur Qualifikation der Architektenverträge vgl. auch etwa *BGE* 110 II 380, insbes. S. 382; *BGE* 109 II 462, insbes. S. 464ff.; *BGE* 98 II 305, insbes. S. 311f.

89 Heute wird bei der Tätigkeit des Ingenieurs unterschieden zwischen Projektengineering und Beratungs- und Gutachtenengineering. Die bei der Verwirklichung eines Bauvorhabens massgebliche Tätigkeit des Ingenieurs ist namentlich das Projektengineering, vgl. dazu *Schaub*, S. 1, S. 3ff. Projektengineering und Architektentätigkeit unterscheiden sich im Grundsätzlichen nicht voneinander, vgl. dazu *Schaub*, S. 66. Es kann deshalb sinngemäss auf das bereits zum Architekten Ausgeführte verwiesen werden. Eine ausführliche Beschreibung der in den jeweiligen Verträgen vorsehbaren Ingenieurpflichten findet sich namentlich in SIA-Ordnung 103 (Ausgabe 1984).

90 Zum Begriff des Total- bzw. Generalunternehmers bzw. Total- bzw. Generalunternehmervertrages vgl. etwa - nebst vielen anderen - *Gauch*, Totalunternehmervertrag, S. 39ff.; *Gauch*, Werkvertrag, N 222ff., S. 69ff., N 233ff., S. 71ff. (mit weiteren Literaturangaben); *Gauch*, Bauwerk, S. 66, S. 69f.; *Gauch*, Subunternehmer, S. 153f. (mit weiteren Literaturangaben); *Huber*, Generalunternehmervertrag, N 1, N 9; *Zobl*, Bauhandwerkerpfandrecht, S. 93 (mit weiteren Literaturangaben); *Schluep*, S. 900ff. (mit weiteren Literaturangaben); *Schumacher*, Generalunternehmer, S. 35, S. 40ff.; *Pedrazzini*, S. 507; *Zindel/ Pulver*, Art. 363 N 12ff.; *Siegfried*, S. 29; *BGE* 114 II 53.

Abbildung 1: Rechtsbeziehungen mit (möglicher) Relevanz für die Baukreditfinanzierung

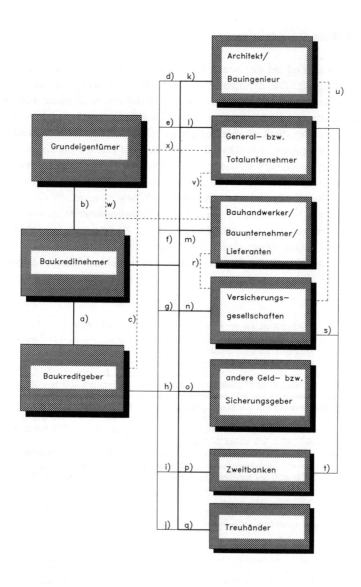

Legende

(a)   Baukreditvertrag, vgl. dazu hinten S. 47ff.; Kontokorrent- und Girovertrag, vgl. dazu hinten S. 129ff.; Vertrag über die grundpfändliche Sicherung, vgl. dazu hinten S. 132ff.; Sicherung der Kreditforderung durch Schadenersatz-, Gewährleistungs- und Versicherungsansprüche des Kreditnehmers, vgl. dazu hinten S. 180f., S. 210, S. 224, S. 231, S. 239, S. 251f., S. 260.

(b)   Im Einzelfall denkbar: Dingliches oder bloss obligatorisches Baurechtsverhältnis und damit verbundene Abreden, vgl. dazu hinten S. 363ff.

(c)   Vertrag über die grundpfändliche Sicherung, vgl. dazu hinten S. 132ff., S. 367.

(d)   Im Einzelfall denkbar: Treuhandvertrag, vgl. dazu hinten S. 28, S. 178f. und S. 351f.; Bestätigung des Handwerkerverzeichnisses, vgl. dazu hinten S. 29 und S. 293; direkte Ansprüche gestützt auf Art. 399 Abs. 3 OR bzw. die zur Substitution entwickelten Grundsätze, vgl. dazu hinten S. 121, S. 181, S. 204ff., S. 215, S. 241, S. 248, S. 259ff. und S. 348.

(e)   Im Einzelfall denkbar: Kontokorrent- und Girovertrag, vgl. dazu hinten S. 28, S. 131 und S. 179; Vereinbarung über die Verwendung der Kreditmittel, vgl. dazu hinten S. 28, S. 237 und S. 295; Zusicherungen betreffend Unterakkordanten, vgl. dazu hinten S. 299f.; direkte Ansprüche gestützt auf Art. 399 Abs. 3 OR bzw. die zur Substitution entwickelten Grundsätze, vgl. dazu hinten S. 121 und S. 241.

(f)   Rechtsbeziehungen im Zusammenhang mit der Eintragung allfälliger Bauhandwerkerpfandrechte, vgl. dazu hinten S. 286ff., mit der Verwertung derselben, vgl. dazu hinten S. 312f., sowie insbesondere im Zusammenhang mit dem Vorrecht gemäss Art. 841 ZGB, vgl. dazu hinten S. 314ff.; im Einzelfall ausserdem denkbar: Haftung gemäss Art. 41ff. OR, vgl. dazu hinten S. 95f., S. 214 und S. 241f.; direkte Ansprüche gestützt auf Art. 399 Abs. 3 OR bzw. die zur Substitution entwickelten Grundsätze, vgl. dazu hinten S. 241; Zusicherungen betreffend Unterakkordanten, vgl. dazu hinten S. 299f.; sonst v.a. indirekte Beziehungen, vgl. dazu etwa hinten S. 203ff., S. 220ff., S. 247ff. und S. 257ff.

(g)   Im Einzelfall denkbar: Erstreckung des Grundpfandrechts auf einzelne Versicherungsansprüche gemäss Art. 57 VVG bzw. Art. 822 ZGB, vgl. dazu hinten S. 138, S. 146, S. 152, S. 222f. und S. 252; vertragliche Erweiterung der Kreditsicherung auf Versicherungsansprüche, vgl. dazu hinten S. 231 und S. 251f.; selbständiger Abschluss von Versicherungen durch den Baukreditgeber, vgl. dazu hinten S. 192, S. 227 und S. 232; Bürgschaften oder Garantien oder andere Sicherheiten als Zusatzsicherheiten für die Baukreditforderung, vgl. dazu hinten S. 155ff.; Zusicherungen betreffend Unterakkordanten, vgl. dazu hinten S. 299f.

(h)   Im Einzelfall denkbar: Konsortialvertrag, vgl. dazu hinten S. 358ff.; Bürgschaften, Garantien und andere Sicherheiten als Zusatzsicherheiten für die Baukreditforderung, vgl. dazu hinten S. 155ff.; Zusicherungen betreffend Unterakkordanten, vgl. dazu hinten S. 299f.

(i)   Im Einzelfall denkbar: Konsortialvertrag, vgl. dazu hinten S. 358ff.; Treueerklärung der Zweitbank, sofern sie das General- bzw. Totalunternehmerkonto führt, vgl. dazu hinten S. 29, S. 179 und S. 238; Bürgschaften, Garantien und andere Sicherheiten als Zusatzsicherheiten für die Baukreditforderung, vgl. dazu hinten S. 155ff.; Zusicherungen betreffend Unterakkordanten, vgl. dazu hinten S. 299f.

(j)   Treuhandvertrag, vgl. dazu hinten S. 174, S. 178f., S. 181, S. 209, S. 236, S. 297f., S. 340 und S. 351f.; Kontokorrent- und Girovertrag, vgl. dazu hinten S. 131.

(k)   Architekten- bzw. Bauingenieurvertrag mit zahlreichen baukreditrelevanten Bestandteilen, vgl. dazu hinten S. 189, S. 239, S. 241, S. 247f, S. 257ff sowie vorne Anm. 88f.; Rechtsbeziehungen im Zusammenhang mit dem Eintrag allfälliger Bauhandwerkerpfandrechte, vgl. dazu hinten S. 286ff., sowie mit der Verwertung derselben, vgl. dazu hinten S. 312f.

(l)   General- bzw. Totalunternehmervertrag mit zahlreichen baukreditrelevanten Bestandteilen, vgl. dazu hinten S. 30, S. 203ff., S. 220ff., S. 239, S. 247f., S. 257f.; Rechtsbeziehungen im Zusammenhang mit dem Eintrag allfälliger Bauhandwerkerpfandrechte, vgl. dazu hinten S. 286ff., sowie mit der Verwertung derselben, vgl. dazu hinten S. 312f.; Zusicherungen betreffend Unterakkordanten im besondern, vgl. dazu hinten S. 299f.

(m)   Werkverträge, Werk- und Warenlieferungsverträge und Kaufverträge mit baukreditrelevanten Bestandteilen, vgl. dazu hinten S. 203f., S. 220ff., S. 247ff., S. 257ff.; Rechtsbeziehungen im Zusammenhang mit dem Eintrag allfälliger Bauhandwerkerpfandrechte, vgl. dazu hinten S. 286ff., sowie mit der Verwertung derselben, vgl. dazu hinten S. 312f.; Zusicherungen betreffend Unterakkordanten, vgl. dazu hinten S. 299f.

(n)   Feuer- und Elementarschaden- bzw. Gebäudeversicherung, vgl. dazu hinten S. 221f.; Bauherren-Haftpflichtversicherung, vgl. dazu hinten S. 252; Bauwesen- bzw. Montageversicherung, vgl. dazu hinten S. 223 und S. 251f.; Versicherung für den Fall einer Einstellung der Bauarbeiten, vgl. dazu hinten S. 192 und S. 230; Zusicherungen betreffend Unterakkordanten, vgl. dazu hinten S. 299f.

(o)   Kredit- , Darlehens- und Pfandverträge im Zusammenhang mit der Restfinanzierung, vgl. dazu hinten S. 33f.

(p)   Kredit-, Darlehens- und Pfandverträge im Zusammenhang mit der Restfinanzierung, vgl. dazu hinten S. 33f.; Baukreditverträge und Kontokorrent- und Giroverträge, vgl. dazu hinten S. 358; Zusicherungen betreffend Unterakkordanten, vgl. dazu hinten S. 299f.

(q)   Treuhandverträge, vgl. dazu hinten S. 178f., S. 181, S. 297f., S. 236, S. 340 und S. 351f.

(r,s)   Betriebs- und Berufshaftpflichtversicherungen, Baugarantieversicherungen sowie Bauwesen- bzw. Montageversicherungen, vgl. dazu hinten S. 212, S. 224, S. 231, S. 239, S. 253 und S. 260.

(t)   Im Einzelfall denkbar: Kontokorrent- und Girovertrag, vgl. dazu hinten S. 238.

(u)   Berufshaftpflichtversicherungen und Bauwesen- bzw. Montageversicherungen, vgl. dazu hinten S. 212, S. 224, S. 231, S. 239, S. 253 und S. 260.

(v)   Pfandrechtsgeschützte Forderungen, die kraft Legalzession oder infolge einer Abtretung auf die zahlende Partei (i.d.R. auf den Baukreditnehmer oder den Baukreditgeber) übergehen, vgl. dazu hinten S. 307ff.

(w,x)   Rechtsbeziehungen im Zusammenhang mit dem Eintrag allfälliger Bauhandwerkerpfandrechte sowie mit der Verwertung derselben, vgl. dazu hinten S. 367f.

§ 5 Internationaler Vergleich

Das der schweizerischen Baufinanzierung zugrundeliegende System (Vorabfinanzierung der Bauarbeiten mittels kurzfristiger, grundpfandgesicherter Kredite bzw. Darlehen und Umwandlung der Schuld in langfristige Darlehen nach Abschluss der Bauarbeiten) ist auch in anderen Ländern, deren Rechtsordnungen mit der unsrigen verwandt sind, üblich[91]. Ähnlichkeiten mit der schweizerischen Baufinanzierung finden sich aber insbesondere auch im amerikanischen System[92].

Im einzelnen weisen die Systeme jedoch nationale Besonderheiten auf. So kennt beispielsweise Frankreich[93] für gewerbsmässig gewährte Baukredite (crédits à la construction) einen strengen Verbraucherschutz, welcher dem Gläubiger weitgehende Aufklärungspflichten gegenüber seiner Kundschaft auferlegt[94]. Eine besondere gesetzliche Regelung hat man auch etwa in Italien für den vor allem von besonderen Hypothekarkreditinstituten gewährten Baukredit (credito edilizio) getroffen[95]. Unter anderem wurden gesetzliche Belastungsgrenzen statuiert. Sodann ist festgelegt worden, dass der Kredit zweckgebunden sei und der Kreditnehmer die Kreditmittel nur für sein Bauvorhaben verwenden darf. Vor allem aber wurde bestimmt, dass Kreditmittel während der Bauarbeiten nur ausbezahlt werden dürfen, wenn der Kreditnehmer vorweg schon 25 % in das Bauvorhaben investiert hat[96].
In der BRD sind verschiedene Finanzierungsformen verbreitet. Insbesondere gibt es Finanzierungsmodelle ohne Zweiteilung zwischen Vorabfinanzierung und langfristigem Darlehen, so dass sich eine Umwandlung erübrigt[97]. Daneben gibt es indessen durchaus sog. Vorschaltfinanzierungen[98]. Dem schweizerischen Baukredit am nächsten kommt der sog. Bauzwischenkredit, den oftmals ein Drittinstitut gewährt. Dieser Kredit kann zwar selbständig durch ein Grundpfand bzw. andere Sicherheiten sichergestellt werden. Wo indessen bereits ein langfristiges Darlehen vereinbart wurde,

---

91   So etwa in Frankreich und Italien, vgl. dazu gerade nachfolgend.

92   Vgl. dazu etwa *Pratt/ Scowcroft*, S. 19; *Mühl*, N 333f., S. 123, N 351ff., S. 126ff. Aufgrund des in den USA bestehenden Baugläubigerschutzes ergeben sich zwischen dem Baukredit und den ihm verwandten building loans ausserdem noch zusätzliche Berührungspunkte. Vgl. dazu etwa den Mustervertrag bei *Mühl*, S. 241ff., der in zahlreichen Punkten Analogien zu den Verträgen schweizerischer Banken aufweist.

93   Zur Baufinanzierung in Frankreich vgl. etwa *Goedecke*, S. 196; dominierend in diesem Geschäft ist namentlich der Crédit Foncier de France und seine Tochtergesellschaft Comptoir des Entrepreneurs, vgl. dazu auch *Servier/ Billy-Loyer/ Ledoux*, S. 1. Frankreich kennt ausserdem einen besonderen Schutz der Bauhandwerker, vgl. dazu etwa *Zobl*, Bauhandwerkerpfandrecht, S. 26, S. 48, S. 59ff.

94   Vgl. dazu *Steiner*, S. 81; *Lancereau/ Schaufelberger*, S. 2ff., insbes. N 13, N 49ff. In der Schweiz gilt demgegenüber das KKG nicht für Baukredite, vgl. hinten S. 73.

95   Vgl. dazu *Istituto per l'Enciclopedia*, Dizionario, S. 468 (mit Hinweisen auf die entsprechenden Gesetzesbestimmungen). Zum credito edilizio im einzelnen vgl. etwa *Istituto per l'Enciclopedia*, Dizionario, S. 468f.; *Steiner*, S. 153. Einen Baugläubigerschutz kennt Italien nicht, vgl. dazu etwa *Zobl*, Bauhandwerkerpfandrecht, S. 26.

96   Vgl. dazu *Istituto per l'Enciclopedia*, Dizionario, S. 468f.; *Steiner*, S. 153.

97   Vgl. dazu etwa *Nürnberger*, S. 337.

98   Vgl. dazu etwa *Nürnberger*, S. 337.

wird der Kredit regelmässig nicht direkt durch ein Grundpfand, sondern vielmehr durch Sicherungszession der Ansprüche aus dem langfristigen Darlehen gesichert[99], [100]. Zu beachten ist schliesslich, dass die Schutzbestimmungen des deutschen Verbraucherkreditgesetzes (VerbrKrG) zumindest teilweise auch im Bereich der Baufinanzierung zur Anwendung kommen.

In der EU wurde das ursprüngliche Ziel, die Rechtsvorschriften im Bereich der Hypothekarkredite und damit auch der Baufinanzierung zu harmonisieren, zurückgestellt[101]. Immerhin existiert ein Vorschlag der Kommission für eine Richtlinie auf dem Gebiet des Hypothekarkredites[102], welche den Banken die Kreditgewährung im grenzüberschreitenden Geschäftsverkehr erleichtern soll. Namentlich sieht der Entwurf vor, dass die Mitgliedstaaten die im Herkunftsland der Kreditinstitute zulässigen Finanzierungstechniken auch in ihrem Gebiet zuzulassen bzw. entsprechende Schranken zu beseitigen haben (Art. 3 und 4). Diese Bestimmungen betreffen Regelungen über die Art und den Umfang der Kredites, die Laufzeit, die Art des Zinses, die Häufigkeit der Zahlungen, den hypothekarisch gesicherten Betrag und den Rang des Grundpfandes[103]. Im übrigen haben sich die Institute jedoch an das Recht des Gastlandes zu halten[104].

Im Bereich des Verbraucherschutzes wurde namentlich etwa die Richtlinie Nr. 87/102 (geändert bzw. ergänzt durch die Richtlinie Nr. 90/88) erlassen. Keine Anwendung findet diese Richtlinie allerdings auf Kredite, welche hauptsächlich zum Erwerb oder zur Beibehaltung von Eigentumsrechten an einem Grundstück oder einem vorhandenen oder noch zu errichtenden Gebäude oder zur Renovierung oder Verbesserung eines Gebäudes gewährt werden (Art. 2 Abs. 1 lit. a der Richtlinie)[105].

---

99 Vgl. dazu *Kiock*, S. 64f.; *Jaschinski*, S. 188ff.; *Goedecke*, S. 86f. Deutschland kennt zwar einen privatrechtlichen Baugläubigerschutz, der jedoch nicht besonders wirksam ist, vgl. dazu etwa *Zobl*, Bauhandwerkerpfandrecht, S. 25, S. 58f.

100 In sämtlichen der genannten Fälle sind die rechtlichen Voraussetzungen für den spezifischen Konnex zwischen Kredit bzw. Darlehen und der entsprechenden grundpfändlichen Sicherheit gegeben, da sich die Pfandrechte auch auf den dem Baugrundstück hinzugefügten Mehrwert beziehen; vgl. dazu etwa für Frankreich Art. 553 und Art. 2133 Code civil; für Italien Art. 934 und Art. 2811 Codice civile; für Deutschland § 94 und § 1120 BGB; für die Verhältnisse in den USA vgl. etwa *Mühl*, N 119ff., S. 55ff., N 146ff., S. 65.

101 Vgl. dazu etwa ABl. Nr. C 362, 19.12.1994, S. 22f.

102 Vgl. dazu ABl. Nr. C 42, 14.02.1985, S. 4ff; *Kommission der Europäischen Gemeinschaften*, Kreditinstitute, S. 263; vgl. dazu auch etwa *Eilmansberger*, S. 691, und *Bellinger*, S. 569f.

103 Vgl. dazu *Bellinger*, S. 569f.

104 Indessen wurde die Weiterbearbeitung dieses Richtlinienvorschlages mittlerweile zurückgestellt, vgl. etwa ABl. Nr. C 234, 12.07.1990, S. 43f.

105 Der Inhalt dieser Richtlinie wurde durch den Erlass des KKG praktisch unverändert ins innerstaatliche schweizerische Recht übernommen. Vgl. dazu auch hinten S. 73.

§ 6 Ablauf der Baukreditfinanzierung (im Modell)[106]

Phase I: Vorbereitungsphase

Der Vertragsverhandlungsphase bei der Baukreditfinanzierung gehen nebst den technischen Vorabklärungen und der Vorbereitung des Bauprojektes meistens verschiedenste finanzielle und wirtschaftliche Vorabklärungen voraus[107]. Praktisch unumgänglich ist das Erstellen einer Kostenplanung, aufgrund welcher sich der Finanzbedarf überhaupt erst ermitteln lässt[108]. Weiter fallen in diese Vorphase die Vornahme von Renditeabschätzungen sowie die Mobilisierung weiterer Geldgeber.

Phase II: Vertragsverhandlungsverhältnis

Gewöhnlich steht am Anfang der Vertragsverhandlungsphase eine Kontaktaufnahme des Baukreditnehmers mit der baukreditgebenden Bank. Nach ersten Vorbesprechungen und dem Entscheid der Bank, das Begehren weiter zu behandeln, sind vom Gesuchsteller in der Regel folgende Unterlagen einzureichen[109]:

- Grundbuchauszug/ Kaufvertrag:

    Die baukreditgebende Bank muss insbesondere über eine Grundstücksbeschreibung mit Flächenangabe verfügen. Ausserdem muss sie sich klar über die Eigentumsverhältnisse sowie über die Grundpfandrechte und Dienstbarkeiten informieren können.

- Situationsplan/ Katasterkopie (Massstab 1:500 mit eingetragenem Bauprojekt):

    Notwendig ist ein klarer Ausweis über die Lage des Grundstücks, über die Form der Bauparzelle und über die nähere Umgebung sowie über die Positionierung der geplanten Baute.

- Baupläne:
    In der Regel sind die Baueingabepläne einzureichen (Grundriss- und Schnittpläne sowie An-

---

106 Der konkrete Ablauf im Einzelfall hängt von den jeweiligen Umständen ab und kann z.t. erheblich von der geschilderten Darstellung abweichen. Namentlich kommt es vor, dass Baukredite schon vor Erwerb des Baugrundstücks oder aber erst nach Beginn der Bauarbeiten zugesprochen werden. Ebenso kann die Projektreife bei Stellung des Kreditbegehrens stark variieren.

107 Vgl. dazu etwa Art. 4.1 und 4.2 SIA-Ordnung 102 (Ausgabe 1984) und Art. 4.1.1 - 4.1.4 SIA-Ordnung 103 (Ausgabe 1984).

108 Vgl. dazu z.B. *Hasselmann*, S. 49ff., insbes. S. 58f.; Art. 4.1.2 und 4.1.4 SIA-Ordnung 102 (Ausgabe 1984); Art. 4.1.2 und 4.1.3 SIA-Ordnung 103 (Ausgabe 1984). Zur Kostenplanung mit Hilfe des BKP vgl. inbes. *Brunner*, S. 13ff. Zur Kostenprognostizierung - insbesondere mit Hilfe der Elementmethode - vgl. auch etwa *Zehnder*, N 51ff., S. 22ff., insbes. N 54ff., S. 23ff.

109 Vgl. dazu *Zobl*, Baukreditvertrag, S. 4; *Pfister-Ineichen*, S. 48; *Albisetti/ Gsell/ Nyffeler*, S. 119f.; *Albisetti/ Boemle/ Ehrsam/ Gsell/ Nyffeler/ Rutschi*, S. 135; *Oetiker*, Kapitel 10.3, S. 2ff.; *Emch/ Renz/ Bösch*, S. 350f.; *Heizmann*, S. 71; *Rossi*, S. 39ff.; *Kaderli*, S. 270f.; *Lautenbach*, S. 7; *Haefliger*, S. 79f.; *Göschke I*, S. 303f.; *Ramseyer*, S. 94; *Gurtner*, S. 93; *Lüscher/ Salathe/ Baeriswyl*, 4 S. 3 ff.

sichten), Massstab 1:100 bzw. 1:200 bei Grossprojekten. Sind Anlagen vorgesehen, die von verschiedenen Berechtigten gemeinsam genutzt werden sollen (z.B. Garagen), so sind auch die Pläne für diese Anlagen einzureichen.

-   Baubewilligungen, zusätzliche für die Realisation des Bauprojektes notwendige Bewilligungen sowie weitere mit der Durchführung der Bauarbeiten zusammenhängende behördliche Verfügungen.

-   Kubische Berechnung (nach SIA-Norm 116).

-   Baubeschrieb:

Der Baubeschrieb soll wesentliche Angaben über das Projekt, insbesondere Angaben über die Konstruktion, die Baustoffe, den Ausbau, Komfort, besondere Installationen und die Energieversorgung der Baute enthalten.

-   Fotos, ev. sogar Modelle.

-   Kostenschätzungen/ Kostenvoranschlag:

Je nach Stand des Projektes lassen sich mehr oder weniger detaillierte Kostenschätzungen bzw. Kostenvoranschläge erstellen. In der Praxis werden insbesondere unterschieden[110]:

-   Grobkostenschätzung des Vorprojektes[111]:
    Kubische Berechnung mit m^3-Preisen oder Flächenberechnung mit m^2-Richtpreisen; neu wurde vom CRB die sog. Elementmethode nach EKG[112] und Baukostendaten[113] eingeführt, die auf Einheitspreisen von kompletten Bauteilen basiert. Genauigkeitsgrad +/- 25%.

-   Kostenschätzung des Bauprojektes[114]:
    Kubische Berechnung mit m^3-Preisen oder Flächenberechnung mit m^2-Richtpreisen; auch hier kann ausserdem nach der Elementmethode vorgegangen werden. Genauigkeitsgrad +/- 20%. .

-   Kostenvoranschlag[115]:
    Aufbau: Früher erfolgte lediglich ein Aufbau nach einzelnen Arbeitsgattungen; heute üblich ist der Aufbau nach BKP[116], NPK Bau[117] und Bauhandbuch[118]; neu bestehen auch Grundlagen für einen Kostenvoranschlag nach der Elementmethode[119]. Genauig-

---

110   Vgl. dazu auch *Oetiker*, Kapitel 10.3, S. 3f.; *Zehnder*, N 47ff., S. 20ff.
111   Vgl. dazu Art. 4.1.4 SIA-Ordnung 102 (Ausgabe 1984); *Meyer*, Blatt F 7 B - 1 (April 1991).
112   Vgl. dazu *CRB*, Elementkostengliederung, sowie hinten S. 113. Vgl. auch *Zehnder*, N 54ff., S. 23ff.
113   Vgl. dazu *CRB*, Baukostendaten.
114   Vgl. dazu Art. 4.2.2 SIA-Ordnung 102 (Ausgabe 1984); *Meyer*, Blatt F 7 B - 1 (April 1991).
115   Vgl. dazu Art. 4.2.5 SIA-Ordnung 102 (Ausgabe 1984); *Meyer*, Blatt F 7 B - 1, 6 und 24 (April 1991).
116   Vgl. dazu *CRB*, Baukostenplan, sowie hinten S. 111.
117   Vgl. dazu *CRB/ VSS/ SIA*, NPK Bau.
118   Vgl. dazu *CRB*, Bauhandbuch.
119   Zu den Vor- und Nachteilen vgl. *Meyer*, Blatt F 7 B - 24 (April 1991); *Zehnder*, N 54ff., S. 23ff.

keitsgrad + /- 10%.

- Revidierter Kostenvoranschlag aufgrund der eingegangenen Angebote[120]

Kostenschätzungen dürften nur im Rahmen der Vorverhandlungen genügen. In der Regel ist für die Kreditzusage ein detaillierter Kostenvoranschlag einzureichen[121]. Sobald jedoch die einzelnen Handwerker und Unternehmer zur Offertstellung eingeladen werden, verlangen die Banken regelmässig eine Aufstellung der Baukosten aufgrund der einzelnen Unternehmerofferten bzw. der bereits abgeschlossenen Bauverträge[122].

- Allfällige Bauverträge:

General- bzw. Totalunternehmungsverträge, Werkverträge, Architekten- und Ingenieurverträge, soweit solche bereits abgeschlossen worden sind.

- Finanzierungsplan:

Der Finanzierungsplan sollte im wesentlichen Aufstellungen über bereits geleistete Zahlungen, die Höhe der für die Baufinanzierung vorgesehenen eigenen Mittel, je nach Fall die geplante Erbringung von Eigenleistungen und deren Anrechnung, Aufstellungen über Darlehen, Beiträge und Subventionen Dritter sowie eine Aufstellung über die gewünschte Bankfinanzierung enthalten. Gewisse Banken erstellen die Finanzierungspläne selbst in Zusammenarbeit mit den Kunden.

- Rentabilitätsberechnungen:

In der Regel einzureichen bei Mehrfamilien- und Geschäftshäusern. Verlangt wird vor allem eine Aufstellung der vorgesehenen Mietzinsen und der mutmasslichen Verwaltungs- und Unterhaltsausgaben.

- Angaben über Einkommens- und Vermögensverhältnisse des Baukreditnehmers

- (Plan-)Bilanz und (Plan-)Erfolgsrechnung:

In der Regel einzureichen bei der Finanzierung von gewerblichen und industriellen Bauvorhaben

Sind diese Unterlagen eingereicht, nehmen die zuständigen Sachbearbeiter und bankinternen Experten eine Projektbewertung und Schätzung sowie gegebenenfalls eine Marktanalyse vor; teilweise werden auch externe Fachleute, namentlich Liegenschaftenschätzer und Baucontroller beigezogen[123].

---

120 Vgl. dazu Art. 4.3.3 SIA-Ordnung 102 (Ausgabe 1984); *Oetiker*, Kapitel 10.3, S. 4.
121 Vgl. dazu *Schumacher*, N 991, S. 286.
122 In diesem Stadium dürften allerdings die Projektausführung und die Kreditzusage bereits nicht mehr zweifelhaft sein, vgl. dazu *Oetiker*, Kapitel 10.3, S. 4.
123 Vgl. dazu *Stettler*, Risikoprämien, S. 52f.; *Albisetti/ Gsell/ Nyffeler*, S. 120; *Albisetti/ Boemle/ Ehrsam/ Gsell/ Nyffeler*, S. 135; *Lautenbach*, S. 7f.

Überprüft wird sodann die Bonität[124] des Gesuchstellers. Häufig beschafft sich die Bank ausserdem Informationen über die für den Bau vorgesehenen Architekten, Ingenieure und General- bzw. Totalunternehmer[125]. Nach Abschluss dieses Verfahrens wird der Belehnungswert[126] festgelegt, der als Grundlage für die Kreditofferte dient[127].

Phase III: Vertragsabschlüsse

Wird das Begehren positiv beurteilt[128], stellt die baukreditgebende Bank brieflich eine auf das konkrete Bauvorhaben zugeschnittene Baukreditofferte[129]. Der Offerte beigelegt werden die Allgemeinen Baukreditbedingungen und allenfalls noch die Allgemeinen Geschäftsbedingungen der Bank sowie die sog. Basisdokumente für eine Kontoeröffnung (Kontoeröffnungsantrag, Unterschriftenkarte)[130]. Soweit der Architekt bzw. Bauingenieur die Verwendung der Baukreditgelder mitüberwachen soll, wird ein entsprechendes Vertragsformular beigelegt[131]. Ebenfalls ein entsprechendes Formular wird beigelegt, sofern sich der General- bzw. Totalunternehmer zur vertragskonformen Mittelverwendung verpflichten soll[132]. Der Baukreditnehmer hat diese Formulare dem Architekten bzw. General- bzw. Totalunternehmer zur Unterschrift vorzulegen. Wird die Kreditofferte vom Kreditnehmer unterschrieben zurückgesandt, erhält dieser in der Regel noch eine Kontoeröffnungs-Bestätigung. Führt der General- bzw. Totalunternehmer sein Konto bei der baukreditgebenden Bank, werden auch ihm die entsprechenden Unterlagen (Kontoeröffnungs-Antrag, Unterschriftenkarte) zur Unterschrift zugesandt.

---

124   D.h. namentlich seine *Kreditwürdigkeit* und seine *Kreditfähigkeit*. Vgl. dazu etwa *Lüscher/ Salathe/ Baeriswyl*, 2 S. 14f.

125   Vgl. dazu *Stettler*, Risikoprämien, S. 52f.; *Lüscher/ Salathe/ Baeriswyl*, 4 S. 3; *Zobl*, Baukreditvertrag, S. 4, Anm. 20; *Rossi*, S. 39; *Ramseyer*, S. 91; *Oetiker*, Kapitel 10.3, S. 5; *Lautenbach*, S. 8f.

126   Zum Belehnungswert im besondern vgl. hinten Anm. 178.

127   *Albisetti/ Gsell/ Nyffeler*, S. 120; *Albisetti/ Boemle/ Ehrsam/ Gsell/ Nyffeler*, S. 135; *Mühl/ Petereit*, N 955, S. 355; *Zobl*, Baukreditvertrag, S. 3; *Pfister-Ineichen*, S. 49; *Haefliger*, S. 79f.

128   In der Regel wird das Folgende vorausgesetzt: (1) Genügende Kreditwürdigkeit des Gesuchstellers, (2) positive Einschätzung der Deckungssituation und (3) Tragbarkeit des Bauvorhabens für den Gesuchsteller. Tragbarkeit ist etwa anzunehmen, wenn der Gesuchsteller kreditfähig ist und/ oder die Rendite des Pfandobjektes Gewähr dafür bietet, dass die Forderung ordentlich verzinst und amortisiert werden kann. Vgl. dazu *Lüscher/ Salathe/ Baeriswyl*, 4 S. 3. Zum konkreten Vorgehen der Banken bei einem ungünstigen Schätzungsresultat vgl. *Lautenbach*, S. 9f.

129   Vgl. dazu etwa *Lautenbach*, S. 63f.; *Pfister-Ineichen*, S. 49.

130   Vgl. dazu auch *Oetiker*, Kapitel 10.3, S. 6; *Zobl*, Baukreditvertrag, S. 4f.; *Pfister-Ineichen*, S. 42, S. 49f.; vgl. auch die Musterofferte und die Musterbedingungen hinten S. 401ff. Zum Ablauf der Kontoeröffnung im einzelnen vgl. etwa *Kleiner*, Bankkonto, S. 273ff.; *Emch/ Renz/ Bösch*, S. 94ff., insbes. S. 96ff. Die Identifikation des Vertragspartners gemäss Art. 2 VSB dürfte beim Baukredit in der Regel keine Probleme bereiten, da der Kreditnehmer bereits aus den Vertragsverhandlungen bekannt ist. Ausserdem dürften die Voraussetzungen von Art. 3 Abs. 1 VSB nur ausnahmsweise vorliegen, sodass das Formular A wohl kaum je ausgefüllt werden muss.

131   Vgl. dazu hinten S. 178.

132   Vgl. dazu hinten S. 237.

Phase IV: Erfüllungsphase

Vor einer Freigabe der Kreditmittel sind die dem Baukreditvertrag entsprechenden Grundpfandrechte zu errichten (sofern sie nicht bereits existieren). In der Regel werden ausserdem vor der Mittelfreigabe oder im Verlauf der Finanzierungsphase verschiedene Nachweise und Unterlagen verlangt[133]:

- Versicherungsnachweis:

  Nachzuweisen ist insbesondere der Abschluss einer Versicherung nach steigendem Wert[134] gegen Beschädigung des Bauobjektes durch Feuer und Elementarereignisse, wie sie in den kantonalen Gebäudeversicherungsgesetzen vorgesehen ist[135].

- Zusage der definitiven Finanzierung:

  Eine solche Zusage wird allerdings nur verlangt, wenn eine Konsolidierung zwischen den Baukreditpartien von vornherein nicht in Frage kommt[136].

- Treueerklärung der kontoführenden Bank:

  Solche Erklärungen werden in der Regel beim Bau mit einem General- bzw. Totalunternehmer verlangt, wenn dieser das Konto nicht bei der baukreditgebenden Bank führt. Gefordert wird gewöhnlich die Erklärung der Bank, dass sie die auf das Konto überwiesenen Mittel nur zweckgebunden verwenden wird (Zahlungen nur für Bauforderungen und nur nach Massgabe des Baufortschrittes)[137].

- Handwerkerverzeichnis[138] bzw. Vergebungsblätter:

  Das Handwerkerverzeichnis bzw. die Vergebungsblätter dienen als Grundlage für die Zahlungskontrolle[139]. Meist stellen die Banken dafür spezielle Formulare zur Verfügung, welche die einzelnen Arbeitsgattungen nach der Systematik des BKP[140] gliedern. In die Verzeichnisse sind die einzelnen für den Bau vorgesehenen Bauhandwerker und Unternehmer sowie die entsprechenden Werksummen (gemäss Voranschlag bzw. gemäss Vertrag) einzutragen. Gelegentlich kommt es vor, dass der bauleitende Architekt bzw. Ingenieur zu bestätigen haben, dass nur die im Bauhandwerkerverzeichnis aufgeführten Handwerker, Unter-

---

133 Vgl. dazu *Zobl*, Baukreditvertrag, S. 5; *Pfister-Ineichen*, S. 50f.; *Albisetti/ Gsell/ Nyffeler*, S. 120f.; *Albisetti/ Boemle/ Ehrsam/ Gsell/ Nyffeler*, S. 136; *Rossi*, S. 41ff.

134 Die Terminologie ist uneinheitlich; oft wird auch der Begriff «Bauzeitversicherung» bzw. «progressive Gebäudeversicherung» verwendet.

135 Vgl. dazu etwa § 15 Gebäudeversicherungsgesetz ZH. Zur Bedeutung dieser Versicherung sowie weiterer Versicherungen des Bauherrn als Schutz gegen Unterdeckungen vgl. hinten S. 221f., S. 223 und S. 251.

136 Vgl. dazu hinten S. 385.

137 Vgl. dazu im einzelnen hinten S. 179 und S. 238.

138 Zur neuesten Praxis gewisser Banken, auf Handwerkerverzeichnisse und damit verbundene Kontrollen zu verzichten, vgl. *Heizmann*, S. 71, sowie hinten Anm. 1623.

139 Vgl. dazu hinten S. 236 sowie Anm. 1632.

140 Vgl. dazu *CRB*, Baukostenplan, sowie hinten S. 110ff.

nehmer und Lieferanten Bauarbeiten oder Materiallieferungen zu den angegebenen Vertrags-
summen übernommen haben[141]. Das Verzeichnis ist in der Regel laufend nachzuführen[142].

-   Bauprogramm :

    Das Bauprogramm erlaubt es der Bank namentlich, Bauverzögerungen bzw. Störungen in der
    Bauentwicklung festzustellen, welche die Kreditdeckung gefährden könnten[143].

-   Zahlungsplan[144]:

    Der Zahlungsplan dient als Grundlage für eine möglichst gleichmässige und dem Baufort-
    schritt entsprechende Auszahlung der vorhandenen Mittel[145].
    Beim Bau mit einem General- bzw. Totalunternehmer werden oft Zahlungspläne im Un-
    ternehmervertrag selbst vereinbart. Sinnvollerweise sind diese auf den geplanten Bau-
    fortschritt bzw. den von der Bank verlangten Zahlungsmodus abzustimmen[146].

Die einzelnen Zahlungsaufträge werden in der Regel mit Hilfe der im Kontokorrentverkehr
üblichen Formulare erteilt[147]. Je nach Einzelfall werden sie von der Bank selbst kontrolliert und nur dann ausgeführt, wenn sie vertragskonform sind, d.h. etwa mit den Belegen über die geleisteten Arbeiten bzw. mit den Zahlungsplänen und Bauhandwerkerver-
zeichnissen übereinstimmen oder zumindest das Visum des bauleitenden Architekten oder
Ingenieurs bzw. eines Treuhänders oder Baucontrollers tragen[148]. Beim Bau mit einem
General- bzw. Totalunternehmer erfolgt eine Überweisung der Kreditmittel auf das Ge-
neral- bzw. Totalunternehmerkonto[149]. Meistens geschieht dies in auf die Zahlungspläne
abgestimmten Tranchen[150].

Die Rückzahlung des Baukredites schliesslich erfolgt im Rahmen der Beendigung der Baukreditfinanzierung[151].

---

141   Vgl. dazu hinten S. 293 und S. 300.
142   Zur Bedeutung der Aktualisierung im besondern vgl. hinten S. 236 und Anm. 1632. Vgl. dazu
      allerdings auch *Heizmann*, S. 71, der den Nutzeffekt eines ständigen - und entsprechend aufwen-
      digen - Nachführens dieser Verzeichnisse in Frage stellt.
143   Vgl. dazu hinten S. 249.
144   Vgl. dazu auch etwa Art. 4.3.4 SIA-Ordnung 102 (Ausgabe 1984); *Hasselmann*, S. 83.
145   Zum Zweck dieser Form der Auszahlung vgl. hinten S. 179, S. 340 und S. 347.
146   Vgl. dazu *VSGU*, Mustervertrag, 2.1.5, *VSGU*, Allgemeine Bedingungen, G. 31., sowie hinten
      S. 179; *Huber*, Generalunternehmervertrag, N 32, N 317ff. Mit den Handwerkern und Unter-
      nehmern werden schliesslich oftmals sog. «feste Zahlungspläne» für Abschlags- bzw. Teilzahlun-
      gen vereinbart, vgl. dazu Art. 144 Abs. 4, Art. 147 SIA-Norm 118 (Ausgabe 1977/1991);
      Gauch/Schumacher, SIA 118, Art. 144 N 25b, Art. 147 N 3.
147   Vgl. dazu *Pfister-Ineichen*, S. 51.
148   Zum Zweck dieser Massnahmen vgl. hinten S. 177ff., S. 296ff., S. 326ff., S. 340ff. und S.
      346f.
149   Vgl. dazu *VSGU*, Allgemeine Bedingungen, G. 31.5; *Huber*, Generalunternehmervertrag, N
      329.
150   Vgl. dazu *Pfister-Ineichen*, S. 52f.
151   Vgl. dazu hinten S. 377ff.

§ 7 Einordnung des Baukredites

I   Vertikale Einordnung

A   *Vorausgehende Finanzierung*

Der Baukredit ist ein kurzfristiger Kredit, der nur für die Phase der Projektrealisation benötigt wird. Ein Bedarf nach Fremdfinanzierung kann jedoch auch vor der Gewährung eines Baukredites bestehen, namentlich zum Kauf des Grundstücks, zu seiner Erschliessung sowie für Vorbereitungs- und Planungsarbeiten[152].

Der Landerwerb im besondern wird durch sog. Landkredite bzw. Landdarlehen[153] finanziert. In der Praxis kommt es durchaus vor, dass die baukreditgebende Bank auch gerade die Mittel für den Landkauf zur Verfügung stellt[154].

Den Kredit zur blossen Erschliessung von Land kann man als Erschliessungskredit[155] bezeichnen und damit zumindest begrifflich vom Baukredit unterscheiden. Soweit jedoch die Erschliessung - wenn auch nicht ausschliesslich - bauliche Arbeiten auf dem Grundstück mit sich bringt, auf dem zur Sicherung des Kredites ein Grundpfand bestellt wurde, liegt nach der dieser Arbeit zugrundegelegten Definition[156] bereits ein Baukredit vor.

Soweit reine Planungs- und Vorbereitungsarbeiten[157] mit Krediten finanziert werden, kann man schliesslich von Planungs- oder Anlaufskrediten[158] sprechen. Wird dafür das untersuchte Grundstück verpfändet, gilt das Folgende: Ist keine konkrete Baurealisation beabsichtigt, liegt nach der Definition, welche dieser Arbeit zugrundegelegt wurde[159], auch kein Baukredit vor. Kann das Resultat dieser Arbeiten allerdings für die Realisierung eines Bauprojektes weiterverwendet werden, so ist durchaus eine Ablösung der entprechenden Kredite durch den Baukredit oder durch das für die längerfristige Finanzierung gewährte Hypothekardarlehen möglich[160].

---

152   Vgl. dazu im einzelnen etwa *Jaschinski*, S. 187f.

153   Zur Qualifikation vgl. hinten S. 81.

154   Vgl. zur kombinierten Finanzierung insbesondere hinten S. 80ff.

155   Vgl. dazu *Jaschinski*, S. 187. Zur Erschliessung im einzelnen, namentlich zur grundsätzlichen Erschliessung durch das Gemeinwesen, zur Finanzierung mit Hilfe von Erschliessungsbeiträgen und zu einem allfälligen Selbsterschliessungsrecht des Bauherrn vgl. etwa *Haller/ Karlen*, N 613ff., S. 146ff.

156   Vgl. dazu vorne S. 18.

157   Zu den Vorabklärungen vgl. insbes. Art. 4.1 SIA-Ordnung 102 (Ausgabe 1984) sowie Art. 4.1.1 - 4.1.3 SIA-Ordnung 103 (Ausgabe 1984).

158   Vgl. dazu *Jaschinski*, S. 188.

159   Vgl. dazu vorne S. 18.

160   Zum Umfang der mit einem Baukredit finanzierbaren Leistungen im besondern vgl. hinten S. 97ff.

B   Auf den Baukredit folgender Finanzierungsbedarf

Der Baukredit ist für die Zeit während des Bauens konzipiert. Ziel ist in jedem Fall seine Amortisation, welche in der Regel durch ein grundpfandgesichertes Darlehen erfolgt[161]. Unabhängig von der Art der grundpfändlichen Sicherung werden diese Darlehen in der Praxis als Hypothekardarlehen bezeichnet[162].

II Horizontale Einordnung

A   Nicht als Baukredite qualifizierbare Formen der Baufinanzierung

Baufinanzierung ist, von der Finanzierung mit Baukrediten abgesehen, auch in anderen Formen möglich. Als mögliche Geldquellen sind insbesondere zu erwähnen:

AA Eigene Mittel/ Eigenkapital[163]

Bauprojekte können auch durch eigene Mittel/ Eigenkapital des Bauherrn finanziert werden. In den Baukreditverträgen wird auch oftmals vorgesehen, dass die Finanzierung teilweise mit solchen Mitteln bestritten werden sollte[164]. Wie diese Abreden im einzelnen zu verstehen sind, beurteilt sich allerdings nach den konkreten Umständen. Grundsätzlich kann jedoch gesagt werden, dass die Mittel für diese Finanzierung nicht notwendigerweise eigene Mittel/ Eigenkapital im bilanztechnischen Sinn sein müssen[165]. Beim privaten Bauherrn spielt dies in der Regel keine Rolle. Die entsprechenden Mittel stammen meistens aus unbelasteten Aktiven (Erspartes, Reinerlös aus Verkäufen eigener Vermögensgegenstände, durch Erbschaft, Schenkungen etc. Erworbenes). Beim unternehmerischen Bauherrn ist dies jedoch bedeutsam:

---

161   Vgl. dazu im einzelnen hinten S. 380ff. und S. 385f.

162   In der vorliegenden Arbeit wird für solche langfristigen Darlehen auch der Begriff «Konsolidierungsdarlehen» verwendet.

163   Die Baufinanzierung durch eigene Mittel/ Eigenkapital ist nebst der Baukreditfinanzierung die verbreitetste Finanzierungsart im Baubereich. Die vollständige Finanzierung von Bauten mit eigenen Mitteln ist vor allem bei kapitalkräftigen Unternehmen und Institutionen verbreitet, bei denen die Anlage ihrer Mittel zum eigentlichen Geschäftsbereich gehört (Banken, Versicherungen). Einen hohen Grad einer Finanzierung mittels eigener Mittel weisen sodann die Pensionskassen und Immobilienfonds auf, vgl. dazu *Kiener*, S. 65, S. 71, S. 84f. Zu möglichen Formen der Eigenmittelfinanzierung vgl. auch etwa *Gurtner*, S. 92.

164   Vgl. dazu auch die gerade nachfolgenden Ausführungen zur Restfinanzierung.

165   Zur Terminologie im einzelnen vgl. etwa *Sigrist*, S. 243f.

Eine Baufinanzierung mit eigenen Mitteln/ Eigenkapital liegt nicht nur dann vor, wenn der eingesetzte Betrag kleiner ist als die Differenz zwischen den Gesamtaktiven und dem Fremdkapital, sondern kann auch dann vorliegen, wenn er diese Differenz übersteigt. Dies ist insbesondere möglich bei einer Finanzierung mit Mitteln, die aus der Liquidation grösserer Aktivposten (namentlich Liegenschaften) oder aus Darlehen oder Krediten stammen, welche ohne besondere Zweckbestimmung oder generell zu Anlagezwecken gewährt wurden. Soweit allerdings der Bauherr beim Entscheid über die Art der Baufinanzierung noch nicht über diese Mittel verfügen kann und durch ihre Beanspruchung neue Verbindlichkeiten begründet, dürfte in der Regel eine Finanzierung durch Fremd- bzw. Drittkapital vorliegen[166, 167].

BB Fremd-/ Drittkapital

(1) Grundpfändlich gesicherte Kredite und Darlehen

Verfügt ein Bauherr über gestreuten Immobilienbesitz, hat er die Möglichkeit, die Baufinanzierung auf einer Liegenschaft unter Ausnutzung des Sicherungspotentials seiner übrigen Liegenschaften zu finanzieren. Die entsprechenden Kredite sind keine Baukredite im Sinne dieser Arbeit, da die damit finanzierten Substanzveränderungen gerade nicht auf dem verpfändeten Grundstück vorgenommen werden[168].

(2) Mittels Wertpapier- und Forderungsverpfändungen gesicherte Kredite und Darlehen[169]

(3) Zessionskredite und -darlehen[170]

(4) Mittels Bürgschaften oder Garantien gesicherte Kredite und Darlehen

---

166 Vgl. dazu gerade nachfolgend.

167 Eigenkapital zur Wohnbaufinanzierung kann insbesondere auch im Rahmen der Zweiten Säule beschafft werden. Möglich ist auch ein Vorbezug der im Rahmen der gebundenen Dritten Säule in Bankstiftung bzw. Versicherungseinrichtung angesparten Vorsorgegelder. Vgl. dazu hinten S. 36.

168 Vgl. dazu die dieser Arbeit zugrundegelegte Definition des Baukreditbegriffes, vorne S. 18.

169 Bei privaten Bauherrn sind insbes. auch Verpfändungen von Ansprüchen aus Lebensversicherungen denkbar (Art. 73 VVG), vgl. dazu etwa *Zobl*, Fahrnispfand, Systematischer Teil N 536ff. (mit weiteren Literaturangaben); *Albisetti/ Gsell/ Nyffeler*, S. 91f. Daneben besteht die Möglichkeit, Ansprüche auf Altersleistungen im Rahmen der Zweiten Säule zu verpfänden. Schliesslich besteht auch die Möglichkeit, durch Verpfändung der Ansprüche auf Altersleistungen im Rahmen der gebundenen Dritten Säule Gelder für die Wohnbaufinanzierung zu mobilisieren. Vgl. dazu hinten S. 36.

170 Denkbar ist insbesondere, dass Ansprüche aus Lebensversicherungen sowie Ansprüche auf Leistungen im Rahmen der Zweiten und Dritten Säule zur Sicherung zediert werden. Vgl. dazu etwa *Zobl*, Fahrnispfand, Systematischer Teil, N 1590f. (mit weiteren Literaturangaben).

(5)   Blankokredite und -darlehen

Grundsätzlich hat der Bauherr die Möglichkeit, zur Finanzierung von Bauvorhaben auch Mittel aus Blankokrediten in Anspruch zu nehmen. Privaten Bauherrn und kleineren Unternehmungen dürften allerdings selten solche Kredite gewährt werden[171]. Bei Grossunternehmen dagegen kann es durchaus vorkommen, dass zumindest ein Teil der für einen Neubau notwendigen Gelder von Banken blanko vorgeschossen wird[172].

(6)   Subventionen[173]

(7)   Vorausleistungen von Käufern

Beim Grundstücksverkauf sind Vorausleistungen der Käufer nicht selten. Solche Zahlungen können auch für die Baufinanzierung vorgesehen werden. Vor allem bei Überbauungen mit beabsichtigter Aufteilung in Stockwerkeigentum oder beim Bau von Einfamilienhaussiedlungen sind solche Finanzierungen sehr verbreitet (sog. Kauf nach Plänen).

Grundsätzlich hängt die rechtliche Beurteilung der im voraus geleisteten Zahlungen von den konkreten Umständen des Einzelfalles ab. In Frage kommt die Qualifikation als Haft- oder Reugeld i.S. von Art. 158 OR[174], als sog. arrha pacto imperfecto data[175], als Teil einer Pränumerandozahlung oder als Darlehen, das mit der Kaufpreisforderung verrechnet werden kann. Soweit allerdings klar ist, dass die entsprechenden Gelder in die Bauarbeiten zu investieren sind, ist m.E. zumindest das Vorliegen von Reugeld bzw. von nicht anrechenbarem Haftgeld zu verneinen. Aus der Sicht des Baukreditgebers sind diese Gelder stets Eigen- oder Drittkapital im vorgenannten Sinn[176].

B   Restfinanzierung

Kreditlimiten werden von den Banken meistens nur bis zu einem bestimmten Prozentsatz[177] des Belehnungswertes[178] eingeräumt. Primär sprechen Sicherheitsüberlegungen

---

171   Allerdings wurde durchaus von der Bankenseite versucht, in diesem Bereich aktiv zu werden. Zu erwähnen ist beispielsweise der Ende der 80er Jahre von der Luzerner Kantonalbank eingeführte «Quick-Hauskredit» zur Finanzierung umweltfreundlicher Umbauten, Erweiterungen und Erneuerungen (Kreditlimite: maximal Fr. 100'000.-- ohne Pfandsicherung).

172   Vgl. dazu etwa *Lang/ Jeker*, S. 369f.

173   Zu den staatlichen Unterstützungsbeiträgen im einzelnen vgl. hinten S. 41ff.

174   Vgl. dazu im einzelnen *Gauch/ Schluep*, N 3975ff., Bd. II, S. 373ff.; *von Tuhr/ Escher*, S. 287ff.; *Bucher*, S. 515ff.; *Keller/ Schöbi*, Bd. I, S. 115ff.; *Ehrat*, Art. 158 N 1ff.

175   Vgl. dazu namentlich *Bucher*, S. 519f.; *von Tuhr/ Escher*, S. 288f.; *Ehrat*, Art. 158 N 10.

176   Zur Einforderung solcher Zahlungen durch die baukreditgebende Bank als Massnahme zum Schutz gegen Unterdeckungsrisiken vgl. hinten S. 266.

177   Üblich sind in der Regel Kreditlimiten in der Höhe von 50 % des Belehnungswertes bei Industrie- und Gewerbebauten (wobei ein Teil der als Zugehör mitverpfändeten Maschinen und Einrichtungen noch hinzugerechnet wird), während bei Wohnbauten die Grenze bei 70-75 % angesetzt wird. Vgl. dazu etwa *Emch/ Renz/ Bösch*, S. 351; *Albisetti/ Gsell/ Nyffeler*, S. 120; *Albisetti/ Boemle/ Ehrsam/ Gsell/ Nyffeler*, S. 135; *Zobl*, Baukreditvertrag, S. 4, Anm. 23; *Pfister-Ineichen*, S. 49; *Mühl/ Petereit*, N 955, S. 355; *Schneebeli*, S. 187; *Lautenbach*, S. 11; *Ram-*

für eine solche Limitierung[179]. Daneben können aber auch gesetzliche Belastungsgrenzen[180] ausschlaggebend sein. Es ist also üblich, dass der Bauherr zur Realisierung seines Vorhabens nebst dem Kredit auch noch über andere Finanzierungsquellen verfügen muss. Diese ergänzende Finanzierung bezeichnet man als Restfinanzierung.

Häufig erfolgt sie in den soeben erörterten Formen: Durch eigene Mittel/ Eigenkapital des Bauherrn, durch Käuferanzahlungen, Subventionen oder durch von dritter Seite (d.h. von Privaten, Banken, Versicherungen, Pensionskassen etc.) gewährte Kredite und Darlehen, welche entweder blanko zugesprochen oder durch Verpfändung von Wertpapieren und Forderungen, Garantien, Bürgschaften oder Sicherungszession von Forderungen gesichert werden[181].

Bevor ein Baukredit gewährt wird, verlangen die Banken in der Regel, dass sich der Baukreditnehmer über eine ausreichende Restfinanzierung ausweisen kann[182].

---

seyer, S. 87; *Studer*, S. 20; *Gurtner*, S. 91. Eine differenzierte Darstellung der in der Praxis üblichen Methoden zur Festlegung der Kreditlimite findet sich bei *Rossi*, S. 45f. Vgl. auch *Hofmann*, S. 98; *Lehner*, S. 135; *Maillefer*, S. 49. In rezessiven Zeiten werden die Sätze indessen oftmals gesenkt, während in Zeiten der Hochkonjunktur sogar jeweils höhere Prozentsätze Verbreitung finden können.

178 Der Belehnungswert lässt sich nach verschiedenen Kriterien ermitteln und sollte immer das Resultat einer Gewichtung solcher Einzelfaktoren sein. Zur Ermittlung des Belehnungswertes in der Praxis vgl. etwa *Stettler*, S. 361f.; *Rheiner*, S. 276f.; *Studer*, S. 17ff.; *Heizmann*, S. 71; *Rossi*, S. 43ff., insbes. S. 45f.; *Emch/ Renz/ Bösch*, S. 345ff.; *Goedecke/ Kerl*, S. 76ff.; *Albisetti/ Gsell/ Nyffeler*, S. 112ff. Auch hier gilt, dass die Bestimmung des Belehnungswertes bis zu einem gewissen Grad auch von der Konjunktur abhängen kann. Bei den heute stagnierenden oder sogar sinkenen Preisen auf dem Liegenschaftsmarkt zeigt sich z.B. die Tendenz, den Belehnungswert bei Renditebauten nur noch nach dem Ertragswert zu bestimmen, vgl. dazu etwa *Stettler*, Risikoprämien, S. 53.

179 Vgl. dazu hinten S. 182 und S. 342. Die Kreditlimite sollte allerdings auch nicht zu knapp sein. Erlaubt der Belehnungswert keine genügend hohe Limite, um die nicht mit dem Eigen- bzw. Drittkapital finanzierten Baukosten - inklusive einer Sicherheitsmarge - zu decken, sollte von einer Kreditgewährung abgesehen werden. Vgl. dazu hinten S. 268ff. und S. 340.

180 Vgl. dazu im einzelnen hinten S. 135f.

181 Als Restfinanzierung besonderer Art werden gelegentlich die Eigenleistungen des Bauherrn betrachtet, für welche dieser keine Gelder aus dem Kredit beziehen kann (in der Regel sind dies eigenhändige Leistungen des privaten Bauherrn). Allerdings erfolgt der Beitrag lediglich durch Naturalleistungen. Die entsprechenden Einsparungen vermindern jedoch den Bedarf an zusätzlichen Mitteln, während die geplante Wertrealisierung dennoch voll stattfindet. Bei dieser wirtschaftlichen Betrachtungsweise erscheint die Bezeichnung somit durchaus gerechtfertigt. Bei fachmännischer Ausführung spricht m.E. auch nichts dagegen, dass hiefür die offiziellen Unternehmerpreise eingesetzt werden. Dies ist vor allem interessant für einen Bauherrn mit wenig eigenen liquiden Mitteln, da er auf diese Weise verhältnismässig rasch zu einem erheblichen Eigenleistungsanteil kommt und dadurch auch eine höhere Finanzierungsleistung der Bank erreichen kann. Zu den Eigenleistungen vgl. ausserdem auch hinten S. 102 sowie CRB, Baukostenplan, Ziff. 55.

182 Vgl. dazu vorne S. 27. Zur Bedeutung einer genügenden Restfinanzierung im besondern vgl. hinten S. 262ff.

§ 8 Besondere Einrichtungen im Baufinanzierungsbereich

I Besondere Formen der Kapitalbeschaffung und Finanzierung

A *Berufliche Vorsorge*

Mit der Revision des OR und des BVG durch das Bundesgesetz über die Wohneigentumsförderung mit Mitteln der beruflichen Vorsorge und der gestützt auf das revidierte BVG
erlassenen WEFV wurden die Möglichkeiten verbessert, Vorsorgemittel zur Baufinanzierung einzusetzen. Insbesondere ist es möglich, durch Vorbezug eines bestimmten Anteils
des Anspruches auf Altersleistungen Eigenkapital zur Finanzierung von selbstbewohntem
Wohneigentum - namentlich auch zur entsprechenden Baufinanzierung - freizusetzen (Art.
30c BVG, Art. 1 Abs. 1 lit. a WEFV, Art. 331e OR). Bei einer Veräusserung der auf
diese Weise finanzierten Häuser oder Wohnungen sind die bezogenen Beträge wieder zurückzuerstatten, sofern kein Ersatzobjekt erworben wird (Art. 30d BVG). Möglich ist
auch, den Anspruch auf Vorsorgleistungen oder einen Betrag bis zur Höhe der Freizügig-
keitsleistung zur Sicherung entsprechender Baukredite zu verpfänden (Art. 30b BVG, Art.
8f. WEFV, Art. 331d OR)[183].
Im weiteren ist auch ein Vorbezug der im Rahmen der gebundenen Dritten Säule in einer
Bankstiftung bzw. Versicherungseinrichtung angesparten Vorsorgegelder möglich (Art. 3
Abs. 3 lit. a BVV 3). Daneben können die Ansprüche auf Altersleistungen zur Sicherung
von Baukrediten verpfändet werden (Art. 4 BVV 3).

B *Bausparen*

Dem Bausparen lag ursprünglich der Selbsthilfegedanke zugrunde. Aufgrund einer grossen
Zahl von Bausparverträgen sollten die Geldmittel aufgebracht werden, welche zur planmäs-
sigen Kredit- und Darlehensgewährung an die einzelnen Bausparer notwendig sind.
Der Hauptvorteil der Einrichtung bestand einerseits darin, dass die Bausparer als Gesamt-
heit das Baugeld selbst aufbrachten, wodurch dieses entsprechend günstig war. Andererseits kamen die einzelnen Bausparer zu einem weitaus früheren Zeitpunkt zu den für den
Bau notwendigen Mitteln, als wenn sie selbst den benötigten Betrag angespart hätten.
Insbesondere erwarb der Bausparer mit dem Abschluss des Bausparvertrages ein Anwart-
schaftsrecht auf ein Darlehen bzw. einen Baukredit gegenüber seiner Kasse[184].

---

183 Die Wohnbaufinanzierung mit Mitteln der beruflichen Vorsorge ist allerdings bislang deutlich
     hinter den Erwartungen zurückgeblieben. Kritisiert wird zudem von den Pensionskassen der
     hohe administrative Aufwand, den die für die Freigabe der Gelder notwendigen Abklärungen
     verursachen (vgl. NZZ Nr. 115 vom 20. Mai 1996, S. 17).
184 Vgl. dazu *Kugelmann*, S. 1ff.; *Kolbeck*, S. 439ff. (mit weiteren Literaturangaben); der Bau
     selbst wird also beim Bausparen - von der Finanzierung mit den angesparten Mitteln abgesehen -
     mit Darlehen bzw. mit Baukrediten finanziert.

Das Bausparwesen stammt ursprünglich aus den angelsächsischen Ländern, hat jedoch v.a. anfangs dieses Jahrhunderts auch auf dem Kontinent Fuss gefasst[185]. Während es heute z.b. in der Bundesrepublik Deutschland noch weit verbreitet ist, sind analoge Institute in der Schweiz verschwunden[186]. Dennoch werden auch hierzulande von verschiedenen Banken Bausparprogramme angeboten, die jedoch mit dem ursprünglichen Selbsthilfegedanken nichts mehr gemeinsam haben. Primär geht es darum, dem Bausparer durch langfristige Bindung einen günstigen Zins für die Spargelder zu gewähren. Oft werden dem Bausparer ausserdem Zinsvergütungen auf die nachmaligen langfristigen Hypotheken garantiert[187].

C Bürgschaftsgenossenschaften

Für die zusätzliche Absicherung der Fremdfinanzierung stehen einem Bauherrn die Leistungen der sog. Hypothekar-Bürgschaftsgenossenschaften offen[188]. Baukredite werden indessen von diesen Genossenschaften in der Regel nicht besichert. Verbürgt wird vielmehr jeweils ein Teil des nachmaligen Konsolidierungsdarlehens. Vor Baubeginn wird dem Bauherrn lediglich eine entsprechende Bürgschaft in Aussicht gestellt. Damit ergibt sich für die Bank und den Baukreditnehmer ein gewisses Konsolidierungsrisiko[189]. Insbesondere muss damit gerechnet werden, dass bei Zusatz- oder Mehrkosten[190] die Bedingungen der Bürgschaftsgenossenschaft nicht mehr erfüllt sind und damit auch die Unterstützung durch diese Institution bei der Konsolidierung entfällt.

Bürgschaftsgenossenschaften wurden hierzulande bereits in den zwanziger Jahren gegründet und sind nach wie vor weit verbreitet. Im Bereich der Wohnbaufinanzierung ist ihre Bedeutung allerdings nach Einführung der Wohnbauförderung gestützt auf das WEG [191] gesunken.

---

185 Vgl. dazu *Lehmann*, S. 185; *Kugelmann*, S. 9ff.; *Kolbeck*, S. 440.
186 Die letzten fünf Bausparkassen wurden zu Beginn der 40er Jahre in Banken umgewandelt und dem Bankengesetz unterstellt, vgl. dazu *Albisetti/ Boemle/ Ehrsam/ Gsell/ Nyffeler*, S. 138.
187 Vgl. dazu *Studer*, S. 35; *Gurtner*, S. 108.
188 Vgl. dazu im einzelnen *Notter*, S. 114ff.
189 Vgl. dazu auch hinten S. 162.
190 Vgl. dazu hinten S. 243ff.
191 Vgl. dazu hinten S. 41.

D Unternehmerkredite

Der Unternehmerkredit für Bauhandwerker und Unternehmer hat vor allem dort eine Bedeutung, wo diese vorleistungspflichtig sind (vgl. dazu etwa Art. 372 OR). Namentlich bei grösseren Projekten kann das notwendige Kapital fehlen, um Lohn- und Materialkosten sowie Kosten für neu anzuschaffende Maschinen und Betriebseinrichtungen bis zur Fälligkeit der Werklohnforderung aus eigener Kraft zu bevorschussen.

Der Unternehmerkredit kann solche Zeitspannen überbrücken. Er ist ein Zessionskredit[192], welcher gegen fiduziarische Abtretung der Werklohnforderung gewährt wird[193]. Dabei wirkt sich die Substanzveränderung auf dem Baugrundstück mittelbar auch auf die Deckung des Kredites aus, da dieser vom Schutz des Kreditnehmers durch allfällige Bauhandwerkerpfandrechte mitprofitiert. Insofern ist der Unternehmerkredit dem Baukredit wesensverwandt.

Heute sind im Baugewerbe allerdings sog. Abschlags- oder Teilzahlungen üblich geworden und in Art. 144ff. SIA-Norm 118 (Ausgabe 1977/1991) auch ausdrücklich vorgesehen[194]. Der Überbrückungsbedarf des Unternehmers wird dadurch entsprechend vermindert.

E Unternehmerische Investitionsfinanzierung

Die Finanzierung von Fabrikbauten und Bürogebäuden stellt einen wichtigen Bestandteil der unternehmerischen Investitionsfinanzierung dar. Sie erfolgt entweder als Eigenfinanzierung oder als Fremdfinanzierung[195].

Die eigenfinanzierte Baufinanzierung ist immer eine Baufinanzierung mit eigenen Mitteln/ Eigenkapital des Unternehmens[196]. Sie erfolgt entweder durch Geldeinlagen der Gesellschafter bzw. mittels Ausgabe von Aktien und anderen Beteiligungspapieren (einbezahltes Eigenkapital) oder durch Selbstfinanzierung (erarbeitetes Eigenkapital)[197].

Häufig ist auch die Ersatzinvestition: Der Erlös aus veräusserten Anlagewerten wird in Neubauten reinvestiert. In diesem Fall liegt wiederum eine Baufinanzierung mit eigenen Mitteln/ Eigenkapital vor.

---

192 Zum Begriff vgl. *Albisetti/ Boemle/ Ehrsam/ Gsell/ Nyffeler/ Rutschi*, S. 713f.

193 Vgl. dazu *Albisetti/ Boemle/ Ehrsam/ Gsell/ Nyffeler/ Rutschi*, S. 650.

194 Vgl. dazu auch *Zobl*, Bauhandwerkerpfandrecht, S. 31; *Gauch/ Schumacher*, SIA 118, Vorbemerkungen und Bemerkungen zu Art. 144-148.

195 Vgl. dazu etwa *Lang/ Jeker*, S. 369f.; *Wuffli*, S. 42f.

196 Die Begriffe «Eigenfinanzierung» und «Finanzierung mit eigenen Mitteln» sind allerdings nicht identisch; namentlich kann die Finanzierung mit eigenen Mittel nach dem dieser Arbeit zugrundegelegten Verständnis auch durch Mittel erfolgen, die nicht mehr eigene Mittel im bilanztechnischen Sinn sind, vgl. dazu vorne S. 32.

197 Vgl. dazu *Albisetti/ Boemle/ Ehrsam/ Gsell/ Nyffeler/ Rutschi*, S. 244; *Lang/ Jeker*, S. 369f.; *Wuffli*, S. 43

Die fremdfinanzierte Baufinanzierung erfolgt - von der Baukreditfinanzierung abgesehen - durch Bevorschussungen der mit dem Unternehmen zusammenarbeitenden Handelsbanken sowie durch Emission von Anleihen, welche teilweise wiederum von den Banken durch mittelfristige Darlehen bevorschusst werden [198].

F Immobilien-Leasing

Dem Immobilien-Leasing über eine neu zu erstellende Baute liegt eine Baufinanzierung durch die Leasinggesellschaft zugrunde[199]. In den überwiegenden Fällen ist allerdings der Leasingnehmer selbst Bauherr[200]. Die Leasinggesellschaft ist dagegen zumindest während der Leasingdauer Eigentümerin des von ihr verleasten Objektes[201]. Die Finanzierung des Baues erfolgt in der Hauptsache aus eigenen liquiden Mitteln der Leasinggesellschaft bzw. in der Form der unternehmerischen Fremdfinanzierung. Denkbar ist aber auch, dass die Leasinggesellschaft selbst Baukredite aufnimmt.

Rechtlich betrachtet liegt somit keine eigene Form der Baufinanzierung vor. Sofern allerdings der Leasingnehmer, der selbst Bauherr war, durch Ausübung eines Kaufrechts die Liegenschaft in sein Eigentum überführt, kann das ganze Geschäft, wirtschaftlich gesehen, durchaus als besonders ausgestaltete Bevorschussung einer Baurealisierung - und damit als eine dem Baukredit verwandte Rechtsfigur - qualifiziert werden[202].

G WIR-Kredite

Die WIR Wirtschaftsring-Genossenschaft gewährt ihren Kunden unter anderem auch Baukredite in Form von WIR-Krediten in der Höhe von jeweils 10% - 20% der budgetierten Gesamtkosten eines Bauobjektes (ohne Land). Die Kredite werden in der Form von WIR-Guthaben erteilt, welche mit den Guthaben der am Bau beteiligten Handwerker und Unternehmer verrechnet werden. Die sog. Kreditkommission (= Zins plus Kommission) ist in der Regel erheblich tiefer als bei von den Banken gewährten Baukrediten. Häufig erfolgt sodann eine Konsolidierung durch ein grundpfandrechtlich gesichertes WIR-Darlehen («WIR-Hypothek»), welches vollständig durch WIR-Verrechnungen amortisiert werden kann. Der Zins für solche Darlehen ist wiederum deutlich tiefer als bei vergleichbaren Bankdarlehen.

---

198   Vgl. dazu *Lang/ Jeker*, S. 369f.
199   Vgl. dazu etwa *Oetiker*, Kapitel 10.1.7, S. 2ff.; *Wulkan*, S. 17ff.; *Hess*, S. 11.
200   Vgl. dazu *Hess*, S. 30f.
201   *Wulkan*, S. 17; *Hess*, S. 260f.
202   Zur Qualifikation des Immobilien-Leasingvertrages im besondern vgl. *Wulkan*, S. 93ff. (mit weiteren Literaturangaben); *Hess*, S. 95ff., insbes. S. 206ff. (mit weiteren Literaturangaben).

H   Baufinanzierung mittels Anleihen

Baufinanzierung mittels Anleihen wird z.B. im gemeinnützigen Wohnungsbau betrieben. Zu erwähnen ist insbesondere die am 11. Dezember 1990 in Olten gegründete Emissionszentrale für gemeinnützige Wohnbauträger EGW[203]. Die entsprechenden Anleihen werden von der EGW zwar im eigenen Namen, jedoch für Rechnung der Wohnbauträger aufgenommen, die sich jeweils mit einer bestimmten Quote an den einzelnen Anleihen beteiligen. Da das Geld allerdings erst zur Verfügung steht, wenn eine Anleihe zustandegekommen ist, und die bezogene Quote von Anfang an voll verzinst werden muss, wird nebst der Beteiligung an den Anleihen in der Regel ein Baukredit aufgenommen, der dann jeweils mit Hilfe der eingehenden Quoten teilkonsolidiert wird. Gesichert werden die Anleihen durch Bundesbürgschaften gemäss WEG[204].

---

203   Vgl. dazu im einzelnen *Gurtner*, S. 111 ff.
204   Vgl. dazu gerade nachfolgend.

II Förderungs- und Unterstützungsmassnahmen

A *Wohnbau- und Wohneigentumsförderung durch die öffentliche Hand*

AA Bundesebene

Aufgrund des WEG und der gestützt darauf erlassenen Verordnung zum WEG gewährt der Bund verschiedene Beihilfen beim Bau bzw. der Erneuerung von Wohnungen - einerseits zur Verbilligung der Mietzinse, andererseits zur Förderung des Erwerbs von Wohungs- und Hauseigentum (Art. 35 und Art. 43 WEG, Art. 35 der Verordnung). Die Unterstützung erfolgt unter anderem dadurch, dass der Bund grundpfändlich sicherzustellende Darlehen und Vorschüsse vermittelt, verbürgt oder selbst gewährt (Art. 36f. und Art. 48 Abs. 1 WEG) oder nicht rückzahlbare Zuschüsse ausrichtet (Art. 42 Abs. 1 und Art. 48 Abs. 2 WEG).

Insbesondere hat der Bund grundsätzlich die Möglichkeit, auch Baukredite zu verbürgen oder selbständig zu gewähren (Art. 20 der Verordnung). Die entsprechenden Rechtsverhältnisse werden durch öffentlich-rechtliche Verträge begründet (Art. 56 Abs. 2 WEG). Soweit jedoch das Gesetz und die Verordnung Rechtsfragen offen lassen, finden ergänzend zivilrechtliche Bestimmungen Anwendung (Art. 60 WEG)[205].

Besondere Bedeutung kommt der Wohnbau- bzw. Wohneigentumsförderung nach WEG indessen vor allem im Rahmen der Konsolidierung zu. Insbesondere können mit Hilfe dieser Förderung die durch das Konsolidierungsdarlehen verursachten Anfangsbelastungen reduziert werden. Da diese vor Baubeginn zunächst provisorisch in Aussicht gestellte Förderung nur bei Einhaltung bestimmter Limiten gewährt wird, ergibt sich für die Bank und den Baukreditnehmer ein gewisses Konsolidierungsrisiko[206]. Insbesondere muss damit gerechnet werden, dass diese Limiten bei Zusatz- oder Mehrkosten[207] nicht eingehalten werden können und damit auch die entsprechende Unterstützung bei der Konsolidierung des Kredites entfällt[208].

BB Kantonale und kommunale Förderung

Wohnbau- und Wohneigentumsförderung wird auch auf kantonaler und kommunaler Ebene betrieben. Als Beispiel sei hier das zürcherische Gesetz über die Förderung des Wohnungsbaus und des Wohneigentums und die gestützt darauf erlassene Wohnbauförderungsverordnung erwähnt:

---

205 Die Ausführungen dieser Arbeit betreffen insofern also auch die vom Bund gewährten Baukredite.

206 Vgl. dazu auch hinten S. 162.

207 Vgl. dazu hinten S. 243ff.

208 Zur den Risiken dieser Förderung bei den veränderten Verhältnissen auf dem Immobilienmarkt in den neunziger Jahren vgl. etwa FACTS, Nr. 25, 20. Juni 1996, S. 36ff.

Um den Bau und die Sanierung von Wohnungen mit günstigen Mieten zu fördern, sieht das Gesetz insbesondere die Gewährung grundpfandgesicherter Darlehen durch die öffentliche Hand vor, wobei diese entweder unverzinslich sind oder zu einem günstigen Zins gewährt werden (§ 3 des Gesetzes und § 7ff. der Verordnung). Zur Förderung des Wohneigentums ist für den Bau und die Sanierung von Wohnungen die Gewährung von Darlehen bzw. von Beiträgen und Bürgschaften durch die öffentliche Hand vorgesehen (§ 4 des Gesetzes und 12ff. der Verordnung). Die Bürgschaften werden in der Form der einfachen Bürgschaft gemäss Art. 495 OR gewährt (§ 14 Abs. 2 der Verordnung). Die Darlehen werden wie beim Bund in einem öffentlich-rechtlichen Vertrag geregelt (§ 74 Abs. 2 der Verordnung). Grundsätzlich werden sie erst aufgrund der Bauabrechnung, d.h. also nach Abschluss der Bauarbeiten ausbezahlt (§ 75 Abs. 2 und 4 i.V. mit § 70 und § 74 der Verordnung). Allerdings können nach Vollendung des Rohbaues maximal 80% des Darlehensbetrages vorzeitig bezogen werden (§ 76 der Verordnung)[209].

Die Gemeinden haben grundsätzlich die Kompetenz, eigene Ausführungsvorschriften zur Wohnbauförderung zu erlassen. Fehlen solche, findet die kantonale Verordnung auch auf die Gemeindeleistungen Anwendung (§ 89 der Verordnung).

B   HBW / CRCI

Die Hypothekar-Bürgschaftsgenossenschaft für Wohneigentumsförderung (HBW) und die Coopérative Romande de Cautionnement Immobilier (CRCI) wurden 1992 unter Mitwirkung des Bundesamtes für Wohnungswesen mit dem Ziel gegründet, die Wohneigentumsförderung auf eine breitere Basis zu stellen und gleichsam zu «privatisieren»[210]. Die HBW und die CRCI besichern nicht unmittelbar Baukredite, sondern ermöglichen etwa einem Bauherrn, die Anfangsbelastungen des Konsolidierungsdarlehens zu reduzieren, wobei namentlich entsprechende Vergünstigungen bis zu einem gewissen Mass auch noch bei Anlagekosten möglich sind, welche über die Limiten des WEG hinausgehen. Der Bund hat sich massgeblich am Genossenschaftskapital der HBW bzw. CRCI beteiligt und deckt die von diesen Genossenschaften eingegangenen Verbindlichkeiten durch Rückbürgschaft zusätzlich ab[211].

Auch bei dieser Förderungsmassnahme besteht für die Bank und den Kreditnehmer ein gewisses Konsolidierungsrisiko[212]. Insbesondere muss damit gerechnet werden, dass die Limiten der HBW/ CRCI bei Zusatz- oder Mehrkosten[213] gegebenenfalls nicht mehr eingehalten werden können und damit die entsprechende Unterstützung bei der Konsolidierung entfallen kann.

---

209   Auch wenn die Fälligkeit des Betrages nicht von vornherein feststeht, dürfte kaum eine für den Baukredit typische Pflicht zur ständigen Leistungsbereitschaft anzunehmen sein. Vielmehr liegt wohl regelmässig ein Darlehen vor. Vgl. dazu hinten S. 51.

210   Die HBW und CRCI sind im Grunde öffentlich unterstützte Sonderformen der bereits vorne S. 37 erwähnten Bürgschaftsgenossenschaften.

211   Vgl. dazu insbesondere etwa *Hegetschweiler*, S. 117ff.; *Gurtner*, WEG, S. 111.

212   Vgl. dazu auch hinten S. 162.

213   Vgl. dazu hinten S. 243ff.

C Bauförderung im landwirtschaftlichen Bereich

AA Bundesebene sowie Kombination von Bundeshilfe und kantonaler Hilfe

Gemäss dem LG und der gestützt darauf erlassenen Bodenverbesserungs-Verordnung unterstützt der Bund durch Beiträge die Errichtung oder Sanierung landwirtschaftlicher Hochbauten. Unterstützt werden «die Erstellung von Siedlungen im Zusammenhang mit Güterzusammenlegungen, anderen Bodenverbesserungen und Arrondierungen», «die bessere Erschliessung von abgelegenem Land durch Erstellung zweckentsprechender Gebäude» sowie «die bauliche Sanierung abgelegener Siedlungen, wenn die Eigentümer dazu nicht imstande sind» (Art. 92 LG). Weiter präzisiert werden die beitragsberechtigten Hochbauten ausserdem in Art. 29 der Verordnung.

Gestützt auf das IBG und die dazu erlassene IBV gewähren ausserdem der Bund und die Kantone (letztere als unmittelbar gegenüber den Begünstigten auftretende Vertragspartner, vgl. dazu Art. 1 Abs. 1, Art. 4, Art. 5 und Art. 7f. IBG) Körperschaften und Anstalten des privaten oder öffentlichen Rechts (Art. 9 IBG) sowie natürlichen Personen (Art. 13 IBG) finanzielle Unterstützung durch zinsgünstige Darlehen oder Verbürgung von Investitionskrediten (Art. 1 Abs. 1, Art. 3ff. IBG)[214]. Begünstigt werden unter anderem die Erstellung bzw. Sanierung landwirtschaftlicher Wohn- und Ökonomiegebäude bzw. anderer landwirtschaftlicher Hochbauten sowie Bauten, welche Produzenten in gemeinsamer Selbsthilfe zur Rationalisierung ihrer Betriebe oder zur verbesserten Verarbeitung oder Lagerung ihrer Produkte errichten (Art. 10 Abs. 1 lit. a und Art. 14 Abs. 1 lit. a IBG). Leistungen an natürlichen Personen sind wenn möglich gegen Realsicherheiten zu gewähren (Art. 19 Abs. 1 IBG)[215]. Die entsprechenden Verträge und Sicherheiten richten sich in jedem Fall nach den Bestimmungen des Privatrechts (Art. 41 IBG)[216, 217].

---

214 Die Hilfe wird allerdings nur gewährt, falls nicht schon gestützt auf andere Bundesgesetze zinsvergünstigte Darlehen gewährt werden. Darlehen zur Förderung des Wohnungsbaues sind davon jedoch ausgenommen. Vgl. dazu Art. 3 Abs. 1 lit. d IBG.

215 Investitionskredite an natürliche Personen werden ausserdem erst gewährt, nachdem der Gesuchsteller bereits sog. Normalkredite bei anderen Geldgebern aufgenommen hat (Art. 16 IBV). In jedem Fall sind in zumutbarer Weise eigene Mittel einzusetzen (Art. 3 Abs. 1 lit. a IBG).

216 Je nachdem, wie die Leistungen sichergestellt und die Mittel zur Verfügung gestellt werden, können die entsprechenden Investitionskredite Baukredite im Sinne dieser Arbeit sein. Die vorliegenden Ausführungen beziehen sich somit auch auf solche Kredite. Aus dem letzten Satz von Art. 10 Abs. 1 lit. a IBG lässt sich allerdings schliessen, dass die Gewährung der Investitionskredite als Baukredite nicht dem Normalfall entsprechen soll.

217 Gestützt auf das WaG und die WaV kann der Bund auch zur Förderung der Waldwirtschaft und des Waldschutzes Baukredite gewähren (Art. 40 Abs. 1 lit. a WaG und Art. 63 Abs. 1 lit. a WaV).

BB   Kantonale Unterstützung

Unterstützung wird sodann auch auf kantonaler Ebene gewährt. Als Beispiel sei das Landwirtschaftsgesetz ZH erwähnt, wonach der Kanton gemäss den §§ 123ff. wiederum Beiträge für landwirtschaftliche Hochbauten ausrichten kann.

D *Bauförderung in Bergregionen*

AA   Bundesebene

Gemäss dem Bundesgesetz über die Verbesserung der Wohnverhältnisse in Berggebieten
und der dazu erlassenen Verordnung über die Verbesserung der Wohnverhältnisse in
Berggebieten hat der Bund - nebst den Kompetenzen zur allgemeinen Wohnbauförderung -
die Kompetenz, den Bau und die Sanierung von Wohnungen in Bergregionen durch Beiträge zu unterstützen. Gestützt auf das Bundesgesetz über Investitionshilfe für Berggebiete
und die dazu erlassene Verordnung über Investitionshilfe für Berggebiete unterstützt der
Bund unter anderem auch Private bei der Realisierung von Infrastrukturanlagen[218] durch
Gewährung, Vermittlung oder Verbürgung von Darlehen und gegebenenfalls durch Übernahme der Zinskosten (Art. 16 des Gesetzes). Die entsprechenden Rechtsverhältnisse werden wiederum durch öffentlich-rechtliche Verträge begründet. Gemäss dem LG kann der
Bund ausserdem in Berggebieten Beiträge zur Erstellung und Sanierung von Alpställen sowie zum Umbau unzweckmässiger Ställe leisten (Art. 94 LG). Schliesslich sieht das IBG
die Gewährung von Baukrediten durch die öffentliche Hand für Projekte in Berggebieten
vor (Art. 10 Abs. 1 lit. a)[219].

Gestützt auf das Bundesgesetz über die Gewährung von Bürgschaften und Zinskostenbeiträgen in Berggebieten und die entsprechende Verordnung leistet der Bund zudem Beiträge
an die Schweizerische Bürgschaftsgenossenschaft für das Gewerbe, soweit diese Fremd-
mittel für Investitionen in Klein- und Mittelbetriebe in Berggebieten verbürgt. Zudem leistet der Bund Zinskostenbeiträge für entsprechend verbürgte Kredite.

---

218   Dazu gehören gemäss Art. 2 Abs. 1 der zitierten Verordnung: Verkehrserschliessung, öf-
        fentliche Versorgung, Entsorgung, schulische Anlagen, Anlagen des Gesundheitswesens, Anla-
        gen für die Pflege der Kultur, Sport- und Erholungsanlagen, Einrichtungen zur Sicherstellung
        der Versorgung mit Gütern des täglichen Bedarfs, Bauten zum Schutz vor Elementarschäden.
219   Gemäss Art. 41 IBG sind die aufgrund dieses Gesetzes gewährten Kredite den Bestimmungen
        des Privatrechts unterworfen. Die vorliegenden Ausführungen zum privatrechtlichen Baukredit
        gelten also auch für diese Kredite.

BB Kantonale Förderungsmassnahmen

Bauförderung in Bergregionen existiert auch auf kantonaler Ebene. Als Beispiel sei das Landwirtschaftsgesetz ZH erwähnt, das unter anderem für die Erstellung und Verbesserung landwirtschaftlicher Hochbauten und die Sanierung landwirtschaftlicher Wohngebäude in Berggebieten staatliche Zusatzbeiträge vorsieht (§ 134 des Gesetzes).

E *Förderung der Hotellerie und der Kurorte*

Gestützt auf das Bundesgesetz über die Förderung des Hotel- und Kurortskredites und die entsprechende Verordnung wurde die Schweizerische Gesellschaft für Hotelkredit errichtet, welche die Erneuerung oder Neuerrichtung von Hotels und Kurortseinrichtungen in Fremdenverkehrsgebieten, Berggebieten und Badekurorten unterstützt. Die Förderung geschieht entweder durch Bürgschaften oder die Gewährung von verzinslichen Darlehen. Letztere werden in der Regel durch Grundpfandrechte gesichert (Art. 9 des Gesetzes). Der Bund stellt der Gesellschaft unverzinsliche Darlehen zur Verfügung bzw. leistet für die Bürgschaften Garantien bis zu 75 % des Bürgschaftsverlustes (Art. 15 und 16 des Gesetzes).

F *Natur- und Heimatschutz*

AA Bundesebene

Gestützt auf Art. 13 NHG bzw. Art. 4ff. NHV kann der Bund an die Kosten der Erhaltung von schützenswerten Landschaften, Ortsbildern, geschichtlichen Stätten, Natur- und Kulturdenkmälern Beiträge leisten. In der Regel werden die Beiträge jedoch erst nach Abschluss der Bauarbeiten ausbezahlt, wobei Ausnahmen möglich sind (Art. 10 NHV).

BB Kantonale und kommunale Unterstützung

Finanzielle Unterstützung im Bereich des Natur- und Heimatschutzes wird insbesondere auch auf kantonaler und kommunaler Ebene gewährt. Als Rechtsgrundlage für kantonale Unterstützungen sei hier die Regelung in § 217 lit. a PBG/ZH sowie in § 2ff. und § 9f. der Verordnung über Staatsbeiträge für den Natur- und Heimatschutz und für kommunale Erholungsgebiete erwähnt. Nach diesen Bestimmungen können Subventionen gewährt werden für Massnahmen zur Schaffung, Erhaltung, Erschliessung, Gestaltung, Pflege oder den Unterhalt von Objekten des Natur- und Heimatschutzes.

Nr. 3: Geschichte und wirtschaftliche Bedeutung

Entsprechend der allgemeinen Entwicklung der modernen Kreditwirtschaft[220] ist auch in der Schweiz die institutionalisierte Baufinanzierung noch verhältnismässig jung. Der Geldverleih und damit auch der Geldverleih für die Baufinanzierung erfolgte lange Zeit durch die Städte und Stände sowie durch Zünfte, kirchliche Institutionen und finanzkräftige Privatleute. Im Verlauf des 18. Jahrhunderts entfalteten zwar gewisse branchenorientierte Institutionen, vor allem aber zahlreiche Privatbankiers ihre Aktivitäten, die sich allerdings, wie im übrigen Europa, vornehmlich dem Geldverkehr und dem Kreditgeschäft in Handel und Gewerbe widmeten[221]. Erst nachdem die Industrialisierung sowie das gesteigerte Bevölkerungswachstum einen erhöhten Bedarf an Investitionskrediten und namentlich auch an Baugeld nach sich zogen, wandten sich die Banken zunehmend diesem Geschäftsbereich zu. Insbesondere kam es auch hierzulande zur Gründung von Instituten, die sich ausschliesslich dem Hypothekarkreditgeschäft widmeten[222]. Führend in der Baufinanzierung wurden aber vor allem die ebenfalls in dieser Zeit gegründeten Kantonalbanken[223]. Daneben sind, namentlich nach dem 2. Weltkrieg, auch die Grossbanken zunehmend in diesem Geschäftsbereich aktiv geworden[224]. In bedeutendem Umfang sind sodann etwa die Raiffeisenbanken in der Baufinanzierung tätig. Demgegenüber engagierten sich Versicherungsgesellschaften und Pensionskassen stets nur am Rande im Baukreditgeschäft[225].

Trotz der in den neunziger Jahren aufgetretenen Dämpfung der Bautätigkeit ist der Baukredit nach wie vor ein bedeutender wirtschaftlicher Faktor[226]. So lag 1995 die Summe der beanspruchten Kredite während des ganzen Jahres über SFr. 15 Milliarden, die Summe der bewilligten Kredite sogar stets über SFr. 27 Milliarden. Im Spitzenjahr 1991 lag die Summe der beanspruchten Kredite über SFr. 21,5 Milliarden, die Summe der bewilligten Kredite sogar über SFr. 38 Milliarden[227]. Zum Vergleich: im Jahr 1995 betrug der Gesamtwert der von der Schweiz ausgeführten Industrieprodukte rund SFr. 92 Milliarden, im Jahr 1991 rund SFr. 82 Milliarden[228].

---

220   Vgl. dazu *Schubäus*, S. 16f., S. 26f.; *Mast*, S. 26ff.
221   Vgl. dazu *Püntener*, S. 12ff., S. 30; *Emch/ Renz/ Bösch*, S. 29.
222   Vgl. dazu *Rheiner*, S. 261f.; *Morgenthaler*, S. 3ff.; *Püntener*, S. 30.
223   Vgl. dazu *Püntener*, S. 22ff., S. 30ff.; *Morgenthaler*, S. 3ff.
224   Vgl. dazu etwa *Gurtner*, S. 98. Zum anfänglich eher zurückhaltenden Engagement der Grossbanken im Hypothekargeschäft vgl. *Püntener*, S. 15ff., S. 31ff.
225   Vgl. dazu *Kiener*, S. 49ff. Zu den möglichen Kreditgebern im besondern vgl. hinten S. 357.
226   Vgl. dazu *Zobl*, Baukreditvertrag, S. 3.
227   Vgl. dazu *Schweizerische Nationalbank*, Monatsbericht November 1996, S. 43.
228   Vgl. dazu *Schweizerische Nationalbank*, Monatsbericht November 1996, S. 105.

Teil 2 : Vertragsrechtlicher Teil

Nr. 1: Baukreditvertrag

1A   Formelle Betrachtung

§ 9 Verkehrstypizität des Baukreditvertrages

Voraussetzung für die rechtliche Würdigung eines Vertrages ist die Klärung der Frage, ob sich dieser als eigentlicher Verkehrstyp etabliert hat oder ob in der Praxis nicht lediglich eine Fülle singulärer Erscheinungen vorliegt, über die jeweils nur im Einzelfall verbindliche Äusserungen gemacht werden können[229]. Kennzeichen für die «Verdichtung»[230] einer Vertragsgruppe zu einem Verkehrstyp ist primär das häufige Auftreten solcher Verträge mit vergleichbaren Merkmalen in einem gleichen oder ähnlichen Anwendungsgebiet. Weitere Indizien sind insbesondere auch die eigene Bezeichnung, Standardisierungen in der Praxis (Gebrauch von Formularen und allgemeinen Vertragsbedingungen) sowie die rechtswissenschaftliche Auseinandersetzung mit dieser Vertragsart[231]. Die erwähnten Kennzeichen sind bei den Baukreditverträgen vorhanden: Die Zahl der jährlich geschlossenen Verträge ist beträchtlich[232]. Es existiert eine eigene Bezeichnung, und in der Praxis sind viele Baukreditgeber, die dieses Geschäft gewerbsmässig betreiben, dazu übergegangen, ihre Verträge zu standardisieren und beim Vertragsschluss vorgedruckte Allgemeine Baukreditbedingungen zu verwenden[233]. Insbesondere haben die Baukreditverträge einen festen Platz innerhalb der hierzulande vor allem von Bankinstituten abgeschlossenen Verträge. Ebenso hat sich die Rechts- und Bankwissenschaft bereits verschiedentlich mit Baukreditverträgen oder zumindest mit deren Gegenstand befasst[234]. Aus diesen Gründen kann zweifelsfrei davon ausgegangen werden, dass sich bei diesen Verträgen im heutigen Wirtschaftsgefüge eine Verdichtung zu einem Verkehrstyp ergeben hat. Ziel der folgenden Analyse ist somit eine rechtliche Erfassung des den einzelnen Baukreditverträgen zugrundeliegenden Verkehrstyps.

---

229 Vgl. dazu *Schluep*, S. 798ff. Diese Frage ist m.E. vor jeder rechtlichen Behandlung eines neu auftretenden Vertrages zu beantworten. Bejaht man das Vorliegen eines Verkehrstyps, präjudiziert dies jedoch noch nicht dessen Qualifikation. Ein Vertrag, der sich neu als Verkehrstyp etabliert hat, kann sich bei der rechtlichen Würdigung auch als besonderer Anwendungsfall eines Nominatvertrages entpuppen.

230 Vgl. zu dieser Terminologie namentlich *Schluep*, S. 798; *Schluep/Amstutz*, N 68, N 79.

231 Vgl. dazu *Schluep*, S. 799.

232 Zum durchschnittlichen Gesamtbetrag der in der Schweiz bewilligten Baukredite vgl. gerade die vorgehenden Angaben.

233 Vgl. dazu vorne S. 28 sowie hinten S. 84f.

234 Vgl. dazu namentlich die vorne in Anm. 2ff. zitierte Literatur.

§ 10 Verkehrstypbestimmende bzw. verkehrstypwesentliche Merkmale

Die rechtliche Würdigung eines als Verkehrstyp etablierten Vertrages hat sich an den charakteristischen Merkmalen dieses wiederholt auftretenden bzw. typisierten Vertrages zu orientieren. Der Einfachheit halber wird für diese Merkmale in der vorliegenden Arbeit der Begriff «verkehrstypbestimmende» bzw. «verkehrstypwesentliche Merkmale» verwendet. Diese Begriffe sind zu unterscheiden vom in der Literatur verwendeten Begriffe der «typbestimmenden» bzw. «typwesentlichen» Merkmale, welche Begriffe lediglich die betreffenden Elemente eines gesetzlich geregelten Vertragstyps kennzeichnen[235]. Die verkehrstypbestimmenden bzw. verkehrstypwesentlichen Merkmale sind die entscheidenden Elemente, mit deren Hilfe insbesondere die Subsumierbarkeit dieses Vertrages unter eine Legaldefinition geprüft werden kann, die aber auch noch in anderer Hinsicht für die Qualifikation bedeutsam sind[236].

Zur Ermittlung dieser Merkmale beim Baukreditvertrag kann insbesondere von der Definition des Baukredites ausgegangen werden, die dieser Arbeit zugrundegelegt wurde[237] und die folgende Elemente aufweist:

(1)   Einräumung eines Kredites,

(2)   Sicherung der Kreditforderung durch das Baugrundstück,

(3)   Spezifischer Kreditzweck: Finanzierung eines Bauvorhabens, durch welches die Substanz des verpfändeten Grundstücks in einer grundsätzlich wertsteigernden Weise verändert werden soll.

---

235   Vgl. dazu *Gauch/ Schluep*, Klarstellung, S. 232; *Schmid*, N 411, S. 116. «Typbestimmend» bzw. «typwesentlich» leiten diese Autoren vom Begriff des gesetzlichen Vertragstyps ab. «Verkehrstypbestimmend» bzw. «verkehrtypwesentlich» im hier verstandenen Sinne sind dagegen die typisierenden Merkmale eines jeweils erst zu qualifizierenden Verkehrstyps.
        In jedem Fall sind diese Merkmale aber - wie auch die typbestimmenden bzw. typwesentlichen Merkmale der gesetzlich geregelten Verträge - von den objektiv wesentlichen Vertragspunkten zu unterscheiden, deren Vereinbarung für das Zustandekommen eines Vertrages überhaupt notwendig ist, vgl. dazu etwa *Gauch/ Schluep*, N 339f., Bd. I, S. 58; *Gauch/ Schluep*, Klarstellung, S. 231f.; *Schönenberger/ Jäggi*, Art. 2 N 3; *Schmid*, N 408ff., S. 115f., N 560f., S. 157f.; *Guhl/ Merz/ Koller*, S. 100; *Bucher*, S. 117ff.; *Hess*, S. 98. Nicht unterschieden wird zwischen typwesentlichen Merkmalen und den objektiv wesentlichen Vertragspunkten offenbar bei *von Tuhr/ Peter*, S. 155; *Keller/ Schöbi*, Bd. I, S. 53; *Kramer/ Schmidlin*, Art. 2 N 7.
236   Vgl. dazu hinten S. 57. und S. 68ff.
237   Vgl. dazu vorne S. 18.

I Merkmal Nr. 1: Einräumung eines Kredites

A Grundsatz

Das verkehrstypwesentliche Merkmal «Einräumung eines Kredites» ist für eine rechtliche Würdigung des Vertrages zu unbestimmt. Zu klären bleibt, ob sich dieses Merkmal in weitere Teilmerkmale aufgliedern lässt, d.h. welche privatrechtlich relevanten Merkmale die Kreditgewährung beim Baukredit aufweist. Zu prüfen ist dabei zunächst, ob auf einen allgemeinen rechtlichen Kreditbegriff zurückgegriffen werden kann[238].

B Zum privatrechtlichen Kreditbegriff

AA Gesetzlich spezifizierter Kreditbegriff

Ein gesetzlich spezifizierter Kreditbegriff findet sich etwa in Art. 1 KKG[239], wonach ein «Kredit in Form eines Zahlungsaufschubes, eines Darlehens oder einer ähnlichen Finanzierungshilfe» gewährt werden kann. Sodann erwähnt dieses Gesetz den Überziehungskredit auf laufendem Konto (Art. 6 Abs. 2 und 10 KKG). Weitere Merkmale finden sich sodann in den einzelnen Rechtsfolgebestimmungen des KKG (so namentlich etwa die Rückzahlungspflicht, vgl. Art. 8 und 12 KKG)[240].

BB Unterschiedliche Auffassungen in der Literatur

Die Bestimmung eines juristischen Kreditbegriffes ist in der Literatur recht unterschiedlich: Nach AESCHLIMANN beispielsweise, dessen Definition aus dem Jahre 1925 stammt, ist ein Kreditgeschäft im rechtlichen Sinne - sprachlich wohl etwas veraltet - ein Vertrag «lautend auf Anschaffung von Werten oder Wertversprechen, deren Ausgleichswert dem Anschaffenden erst nach Aufschub zufliessen soll, wobei die Dauer des Aufschubes den Ausgleichswert mitbestimmt»[241]. Etwas später, im Jahre 1938, definierte KADERLI den Kredit im juristischen Sinne als «vertragliche Zusicherung der Bank (Kreditgeber) an eine Person (Kreditnehmer, Kreditierter), diese bis zu einem zahlenmässig umschriebenen Be-

---

238 Zum wirtschaftlichen Kreditbegriff vgl. etwa *Bieri*, S. 3f.; *Affentranger-Brunner*, S. 18f.; *Maurenbrecher*, S. 77f.; zum banktechnischen Kreditbegriff vgl. etwa *Albisetti/ Gsell/ Nyffeler*, S. 57. Zur unterschiedlichen Verwendung des Kreditbegriffes vgl. auch etwa *Schär*, S. 1; *Frey*, S. 105; *Aeschlimann*, S. 8f.; *Emch/ Renz/ Bösch*, S. 223f.

239 Vgl. dazu allerdings *Koller-Tummer*, Kommentar, Art. 1 N 2, wonach diese Spezifikation gerade nicht als rechtlicher Kreditbegriff zu verstehen sei.

240 Im OR wird der privatrechtliche Kredit zwar auch erwähnt, so etwa Art. 408 OR, jedoch nicht weiter spezifiziert. Auch etwa im NBG, im Bankengesetz, in der Bankenverordnung, im IBG, in der IBV und im Bundesgesetz über die Förderung des Hotel- und Kurortskredites werden ebenfalls privatrechtliche Kredite erwähnt, jedoch nicht weiter spezifiziert oder mit dem Darlehen gleichgesetzt. Zur Uneinheitlichkeit der gesetzlichen Kreditbegriffe in Deutschland und Frankreich vgl. namentlich *Stauder*, S. 26f.

241 Vgl. dazu *Aeschlimann*, S. 9.

trage, während einer gewöhnlich zeitlich nicht festgelegten Dauer (jederzeit abrufbar oder
dann auf kurze Kündigungsfrist gestellt), unter bestimmten Bedingungen (entsprechend der
Kreditform) auf deren Verlangen fortlaufend zu kreditieren, d.h. selbst Leistungen zu erbringen oder ihren Kredit zu deren Gunsten durch Verpflichtungsübernahmen zu verwenden»[242]. Eine privatrechtliche Definition des Kredites findet sich sodann bei BIERI, für
den ein Kredit im rechtlichen Sinne eine «bedingte oder unbedingte, erbrachte oder zukünf-
tig einem Dritten zu erbringende Leistung des Kreditgebers ist, in der Regel auf der
Grundlage der Bonität des Kreditnehmers oder einer entsprechenden Sicherheit. Dieser
Leistung steht der Anspruch auf Rückzahlung und in der Regel auf Entgelt gegenüber».
Insbesondere rechnet BIERI auch das Darlehen zu den Krediten[243]. Ebenfalls eine Kredit-
definition findet sich bei TREPP. Er definiert den Kredit als eine «befristete Bereitstellung
und Inanspruchnahme von Kaufkraft». Auch er ordnet das Darlehen den Krediten zu[244].
Im Rahmen der rechtlichen Würdigung des Baukreditvertrages weist ZOBL auf den klaren
Unterschied zwischen Kredit und Darlehen hin. Entscheidendes Merkmal ist nach seiner
Auffassung, dass beim Kredit gerade nicht bloss eine einmalige Hingabe der Valuta vorgesehen sei[245]. MAURENBRECHER unterscheidet zwar zwischen Kredit und Darlehen, geht
jedoch davon aus, dass das Darlehen durchaus unter den rechtlichen Kreditbegriff falle -
dass mithin der rechtliche Kreditbegriff als Oberbegriff zu verstehen sei[246].
Im Zusammenhang mit der Würdigung der Kredit- bzw. Krediteröffnungsverträge unterscheiden schliesslich verschiedene Autoren zwischen diesen Verträgen und dem Darlehensvertrag, ohne allerdings den Kreditbegriff selbst weiter zu definieren[247].

CC Eigene Stellungnahme

Offenkundig ist, dass mit einem Kredit dem Berechtigten Kaufkraft zur Verfügung gestellt
bzw. überlassen werden soll, welches Merkmal auch für eine juristische Diskussion des
Kreditbegriffes geeignet ist. Wie indessen der rechtliche Kreditbegriff in den dargelegten
Beispielen weiter eingegrenzt wird, dürfte in erster Linie durch den Zweck der jeweiligen
Begriffsbestimmung begründet sein. So ist etwa die Umschreibung des Kredites in Art. 1

242 Vgl. dazu *Kaderli*, Bankkredit, S. 5.
243 Vgl. dazu *Bieri*, S. 7, S. 10f.
244 Vgl. dazu *Trepp*, S. 39f., S. 56, S. 113, der diese Definition im Rahmen der rechtlichen Ab-
     grenzung des Kreditbegriffes verwendet. Demgegenüber verstehen etwa *Affentranger-Brunner*,
     S. 18f., und *Maurenbrecher*, S. 77f., diese Definition lediglich als wirtschaftliche Begriffs-
     bestimmung; vgl. auch *Schärer*, Art. 312, N 24. Soweit diese Begriffsbestimmung indessen in
     Rechte («Recht auf Inanspruchnahme») und Pflichten («Pflicht zur befristeten Bereitstellung») der
     beteiligten Parteien aufgegliedert wird, ist sie durchaus auch für eine juristische Diskussion ge-
     eignet.
245 Vgl. dazu *Zobl*, Baukreditvertrag, S. 4.
246 Vgl. dazu *Mauerenbrecher*, S. 76, Anm. 170.
247 Vgl. dazu etwa *Christ*, S. 265; *Honsell*, S. 235f., der allerdings dazu neigt, ein Darlehen an-
     zunehmen; *Guhl/ Merz/ Koller*, S. 426. *Schärer*, Art. 312 N 24, N 28, unterscheidet zwar zwi-
     schen Kredit und Darlehen, geht aber davon aus, dass im Rahmen eines Kreditverhältnisses
     Darlehensverträge abgeschlossen werden.

KKG - im Interesse des Konsumentenschutzes - bewusst weit gefasst. Ebenso fassen etwa BIERI, TREPP und MAURENBRECHER den juristischen Kreditbegriff weit, damit sich ein möglichst umfassender Bereich entsprechender Bankgeschäfte darunter subsumieren lässt. ZOBL und KADERLI beschränken umgekehrt den Kreditbegriff in erster Linie auf den Anwendungsbereich der klassischen Krediteröffnungsverträge, um gerade eine Abgrenzung vom Darlehen vorzunehmen. Wie der rechtliche Kreditbegriff gefasst wird, ist damit letztlich reine Konvention bzw. - von den Zielsetzungen der jeweiligen Diskussion abhägige - Definitionssache (insbesondere ist auch etwa der Gesetzgeber keineswegs daran gehindert, den Kreditbegriff für einen vom KKG abweichenden Zweck wieder anders zu bestimmen). Da mithin ein etablierter privatrechtlicher Kreditbegriff fehlt, rechtfertigt es sich, unmittelbar auf juristisch fassbare Merkmale der Kreditgewährung beim Baukredit abzustellen.

C Rechtlich relevante Teilmerkmale des Baukredites im allgemeinen

Der zum Verkehrstyp verdichtete Baukredit zeichnet sich dadurch aus, dass der Kreditgeber dem Kreditnehmer über einen längeren Zeitraum Kreditmittel zur Verfügung zu stellen hat, wobei Höhe bzw. Zeitpunkt der einzelnen Zahlungen nicht von vornherein definitiv feststehen, sondern zumindest von den Eventualitäten des Bauvorganges abhängig sind. Entscheidendes Merkmal dieses Kredites ist somit die zeitliche Komponente. Der Kreditgeber muss sich für eine bestimmte Zeit leistungsbereit halten und kann also z.B. nicht einfach auf einen von vornherein bestimmten Zeitpunkt hin für genügend Liquidität sorgen[248]. Darin liegt eine spezifische, auch juristisch fassbare Pflicht des Kreditgebers. Umschreiben liesse sich das Merkmal mit der von GUGGENHEIM und STAUDER[249] im Zusammenhang mit der Diskussion der Krediteröffnungsverträge verwendeten Formel als «Pflicht des Kreditgebers zur ständigen Leistungsbereitschaft».

---

248 Anders müssten die Verhältnisse gegebenenfalls dann beurteilt werden, wenn ein für den Bezug der Kreditmittel verbindlicher Zahlungsplan besteht, der von vornherein die Höhe und das Auszahlungsdatum sämtlicher Kredittranchen festsetzt und keine über die Summe dieser Einzelbeträge hinausgehende Zahlungen zulässt. Solche Verhältnisse entsprechen indessen nicht der typischen Baukreditfinanzierung.

249 Vgl. dazu *Guggenheim*, S. 99f., der in dieser Pflicht das entscheidende Merkmal des Krediteröffnungsvertrages erblickt; *Stauder*, S. 60, wonach die Verplichtung des Kreditgebers nicht nur die eines "dare", sondern auch eines "facere" sei, d.h. darin bestehe, sich ständig leistungsbereit zu halten; *Affentranger-Brunner*, S. 47. Vgl. auch *Zobl*, Baukreditvertrag, S. 4; *Pfister-Ineichen*, S. 42. Demgegenüber misst *Maurenbrecher*, S. 83, Anm. 200, dieser Pflicht keine selbständige Bedeutung zu, da sich gleichsam eine Haftung erst ergebe, wenn die Bank nicht valutiert. Der Autor verkennt m.E., dass - wie hinten S. 92 dargelegt wird - die Verletzung der Pflicht zur ständigen Leistungsbereitschaft durchaus einen eigenen Haftungstatbestand begründet. Aus dem Umstand, dass ein *Schaden* oftmals nur entsteht, wenn auf Abruf hin nicht valutiert wird, kann jedenfalls nicht zurückgeschlossen werden, dass keine eigenständige Leistungspflicht vorliege. Die betreffende Pflicht kann in der Praxis auch sehr bedeutsam sein. Insbesondere kann es für die Bonität eines Kreditnehmers und damit für seine wirtschaftliche Aktionsfähigkeit entscheidend sein, dass seine Bank ständig Gewähr dafür bietet, auf Abruf entsprechend zu valutieren, auch wenn im Moment gar keine Mittel beansprucht werden.

D   Rechtlich relevante Teilmerkmale des Baukredites als Geld- bzw. Kapitalkredit im besondern

Banktechnisch werden die Kredite eingeteilt in verschiedene Kreditarten. Üblich ist insbesondere die Einteilung in Geld- oder Kapitalkredite (falls die Kreditgewährung zu einer Hingabe von Geld führt) bzw. in Verpflichtungskredite (soweit die Bank Verpflichtungen zugunsten eines Dritten eingeht)[250]. Dieser Unterteilung entsprechend ergeben sich auch in juristischer Hinsicht unterschiedliche Merkmale.

Der Baukredit gehört zur Gruppe der Geld- oder Kapitalkredite. Zu prüfen bleibt somit, welche rechtlich relevanten Merkmale ein dieser Kreditgruppe zugehörender Kredit zusätzlich aufweist:

AA   Übereignungs- bzw. Überlassungspflicht und Rückzahlungspflicht

Im Gegensatz zu den Verpflichtungskrediten hat der Geld- bzw. Kapitalkredit die Pflicht des Kreditgebers zur Übereignung der versprochenen Gelder sowie zu deren Überlassung bis zum Rückgabedatum zum Gegenstand. Sodann besteht eine Pflicht des Kreditnehmers zur Rückerstattung der beanspruchten Beträge[251].

BB   Zins- bzw. Kommissionszahlungspflicht?

Kein typbestimmendes bzw. typwesentliches Merkmal ist m.E. die Pflicht des Baukreditnehmers zur Bezahlung eines Zinses und einer allfälligen Kreditkommission. Es ist durchaus denkbar, dass einem Kreditnehmer zur Realisierung eines Bauprojektes ein durch das Baugrundstück gesicherter, jedoch unentgeltlicher Kredit eingeräumt wird. Der entsprechende Vertrag muss dennoch als Baukreditvertrag gelten können[252].

---

250   Vgl. dazu etwa *Albisetti/ Gsell/ Nyffeler*, S. 76; *Schär*, S. 7ff.

251   Insoweit decken sich somit die rechtlich relevanten Teilmerkmale des Baukredites mit denjenigen des Darlehens, vgl. dazu vorne S. 17.

252   Auch insoweit deckt sich somit die rechtliche relevanten Teilmerkmale des Baukredites mit denjengen des Darlehens.

II Merkmal Nr. 2: Sicherung der Kreditforderung durch das Baugrundstück

Der Baukreditvertrag muss in jedem Fall vorsehen, dass die Kreditforderung durch das Baugrundstück zu sichern ist[253]. Kreditverträge, welche die Sicherung offen lassen, unterscheiden sich nicht mehr signifikant von anderen Kreditverträgen. Insbesondere ist nicht mehr gewährleistet, dass sich der für den Baukredit spezifische Konnex zwischen Kredit und Sicherheit[254] ergibt.

III Merkmal Nr. 3: Spezifischer Kreditzweck

Der geschilderte spezifische Kreditzweck[255] lässt sich in die folgenden zwei Teilmerkmale aufgliedern:

A Zweckbestimmung der Kreditmittel

Die Zweckbestimmung begrenzt den Bereich der Kosten, welche aus Kreditmitteln bestritten werden können und spezifiziert damit die Übereignungspflicht und die Zweckbindung. Ohne eine solche Bestimmung wäre dieser Bereich beliebig. Insbesondere könnte der Kredit auch für Kosten beansprucht werden, welche keine Verbindung zum Bauprojekt und damit zur Kreditsicherheit haben. Ein solcher Kredit würde aber nicht den für den Baukredit spezifischen Konnex zwischen Kredit und Sicherheit[256] aufweisen.

B Zweckbindung der Kreditmittel

Die Zweckbindung verpflichtet den Kreditnehmer zu einer der Zweckbestimmung entsprechenden Mittelverwendung. Hätte es dieser in der Hand, frei über die Kreditmittel zu verfügen, wäre der spezifische Konnex zwischen Kredit und Sicherheit[257] nicht mehr gewährleistet und das entsprechende Geschäft würde sich praktisch nicht mehr von einem anderen Grundkreditgeschäft unterscheiden[258].

---

253 Zur konkreten Ausgestaltung der entsprechenden Vertragsklausel vgl. hinten S. 118.
254 Vgl. dazu vorne S. 3.
255 Vgl. dazu vorne S. 49.
256 Vgl. dazu vorne S. 3.
257 Vgl. dazu vorne S. 3.
258 Zur Zweckbindung beim Baukredit auch etwa Zobl, Baukreditvertrag, S. 5; Pfister Ineichen, S. 42; Albisetti/ Gsell/ Nyffeler, S. 119; Albisetti/ Boemle/ Ehrsam/ Gsell/ Nyffeler/ Rutschi, S. 135; Mühl/ Petereit, N 952, S. 354.

IV Zusammenfassung: Gesamtübersicht über die verkehrstypbestimmenden bzw.
   verkehrstypwesentlichen Merkmale des Baukreditvertrages

Aufgrund der vorgängigen Ausführungen ergeben sich somit die folgenden verkehrstypbestimmenden bzw. verkehrstypwesentlichen Merkmale des Baukreditvertrages:

(1)   Einräumung eines Kredites

      (1.1.)   Pflicht des Kreditgebers zur Übereignung bzw. Überlassung der Valuta (im Rah-
               men der Zweckbestimmung).
      (1.2.)   Pflicht des Kreditgebers zur ständigen Leistungsbereitschaft.
      (1.3.)   Pflicht des Kreditnehmers zur Rückerstattung der bezogenen Beträge.

(2)   Zweckbindung
      Pflicht des Kreditnehmers, die Kreditmittel der Zweckbestimmung entsprechend zu verwen-
      den (Pflicht zur vertragskonformen Mittelverwendung).

(3)   Grundpfändliche Sicherung
      Nicht notwendig, aber denkbar ist, dass diesbezüglich eine eigenständige Leistungspflicht des
      Kreditnehmers vereinbart wird. In der Regel wird jedoch lediglich die Pflicht zur Freigabe
      der Kreditmittel von einer entsprechenden Bedingung abhängig gemacht[259].

(4)   Zweckbestimmung
      Dieses Merkmal spezifiziert lediglich andere Vertragspflichten, begründet jedoch keine ei-
      genständige Leistungspflicht der Vertragsparteien.

Hauptpflichten[260] sind unzweifelhaft die Pflicht des Kreditgebers zur Übereignung bzw. Überlassung der Valuta und dessen Pflicht zur ständigen Leistungsbereitschaft sowie die Pflicht des Kreditnehmers zur Rückerstattung der bezogenen Beträge. Demgegenüber dürfte die Pflicht zur vertragskonformen Mittelverwendung typischerweise bloss eine Nebenpflicht sein[261]. Indessen sind durchaus Fälle denkbar, wo diese Pflicht als Hauptpflicht neben die übrigen Hauptpflichten tritt[262]. Sofern schliesslich die grundpfändliche Sicherung überhaupt Gegenstand einer eigenständigen Ver-
tragspflicht gemacht wird, dürfte regelmässig bloss eine Nebenpflicht vorliegen[263].

---

259   Vgl. dazu hinten S. 118.
260   Zur Bestimmung des Haupt- oder Nebenpflichtcharakters vgl. etwa *Wiegand*, OR-Kommentar,
      Art. 97, N 32ff.; *Schluep*, S. 774.
261   Vgl. auch etwa *Maurenbrecher*, S. 52, Anm. 30, und S. 72f., Anm. 143f.; *Schärer*, Art. 312 N
      18. Nach *Zobl*, Baukreditvertrag, S. 5, gehört die Vereinbarung dieser Pflicht immerhin zu den
      Hauptpunkten des Baukreditvertrages.
262   Dies wäre etwa der Fall, wo die Verwendung der Kreditmittel mit einem klaren, im primären
      Interesse des Kreditgebers liegenden Auftrag verbunden wird.
263   Vgl. dazu *Maurenbrecher*, S. 70f.

§ 11 Qualifikationen

I Qualifikation Nr. 1: Grundsatzfragen

Der Baukredit ist ein Vertrag über einen privatrechtlichen Kredit. Im KKG werden solche Verträge ohne weiteres als Kreditverträge bezeichnet (vgl. etwa Art. 1, 6, 8ff., 13, 16, 19 KKG). Die spezifische rechtliche Ausgestaltung der Kreditverhältnisse wird im zitierten Erlass indessen nicht näher konkretisiert. Die Literatur hat sich demgegenüber eingehend mit den Merkmalen dieser Rechtsverhältnisse auseinandergesetzt. Allerdings bestehen darüber zum Teil sehr stark voneinander abweichende Auffassungen:

A Kredit- oder Krediteröffnungsvertrag?

AA Unterschiedliche Auffassungen betreffend den Unterschied zwischen Kredit- und Krediteröffnungsvertrag im besondern

Die überwiegende Anzahl der Autoren, welche sich mit Verträgen über Kreditgeschäfte beschäftigen, bezeichnen diese Verträge als Krediteröffnungsverträge und gehen auf den Begriff des Kreditvertrages gar nicht ein[264]. Andere Autoren verwenden den Begriff Kreditvertrag und Krediteröffnungsvertrag synonym[265]. Einzelne Autoren verwenden zwar beide Begriffe, bleiben aber unklar darüber, ob sie sie als gleichbedeutend betrachten[266]. Klar zwischen Kreditvertrag und Krediteröffnungsvertrag unterscheidet dagegen KLEYLING: Nach seiner Auffassung ist der Kreditvertrag ein Vertrag, durch welchen sich der Kreditgeber «zur Gewährung eines Kredites an den Kreditnehmer und dieser zur Rückzahlung desselben in gleicher Menge und Güte» verpflichte. Der Krediteröffnungsvertrag unterscheide sich aber vom Kreditvertrag dadurch, dass dem Kreditnehmer ein «einseitiges subjektives Recht (Gestaltungsrecht)» eingeräumt wird, das ihn berechtige, «den zur Verfügung gestellten Kredit grundsätzlich nach seinem Belieben auszunützen»[267]. BIERI charakterisiert den Kreditvertrag als Vertrag über ein Einzelkreditgeschäft, während der Krediteröffnungsvertrag «eine Folge von Kreditgeschäften der gleichen Rechtsform zum Ziel hat»[268]. Analog grenzt auch etwa AFFENTRANGER-BRUNNER den Kreditvertrag vom

---

264 Vgl. dazu etwa *Guggenheim*, S. 95ff.; *Guhl/ Merz/ Koller*, S. 426; *Becker*, Art. 312 N 1.; *Frey*, S. 108, hält immerhin fest, dass bei einer bloss einmaligen Leistung der Bank kein Krediteröffnungsvertrag notwendig sei; analog *Albisetti/ Gsell/ Nyffeler*, S. 61; vgl. ausserdem *Kleyling*, S. 10, Anm. 6, wo insbes. auch auf den Umgang des Bundesgerichtes mit den entsprechenden Begriffen verwiesen wird.

265 Vgl. dazu etwa *Kaderli*, Bankkredit, S. 6; *Christ*, S. 264; *Stauder*, S. 24; *Kleiner*, Kreditvertrag, S. 446; *Pfister-Ineichen*, S. 43; *Schärer*, Art. 312 N 27.

266 So etwa *Aeschlimann*, S. 29f.; *Oser/ Schönenberger*, Art. 312 N 22.

267 Vgl. dazu *Kleyling*, S. 11f. (mit weiteren Literaturangaben). Vgl. ausserdem auch *Mühl/ Petereit*, N 2, S. 2f.

268 Vgl. dazu *Bieri*, S. 30f.

Krediteröffnungvertrag ab[269]. Nach EMCH/ RENZ/ BÖSCH fallen demgegenüber unter den Oberbegriff «Kreditvertrag» sämtliche Verträge, welche einen Kredit zum Gegenstand haben. Der Krediteröffnungsvertrag ist nach dieser Ansicht ein besonderer Anwendungsfall des Kreditvertrages[270].

BB   Unterschiedliche Auffassungen über den Begriff des Krediteröffnungsvertrages im besondern

In der Literatur finden sich mannigfache Definitionen des Krediteröffnungsvertrages. Namentlich STAUDER geht ausführlich auf die verschiedenen Varianten und die entsprechenden Unterschiede ein[271]. Uneinigkeit herrscht nicht nur über die Frage, ob Krediteröffnungsverträge ausschliesslich Geld- bzw. Kapitalkredite oder aber auch Akzept- und Avalkredite, Dokumentenakkreditive und Kreditbriefe zum Gegenstand haben können[272], sondern auch über die spezifischen Merkmale des Krediteröffnungsvertrages. Als Beispiele solcher in der Literatur geltend gemachter Merkmale seien etwa erwähnt: Das bereits vorne genannte[273] - und besonders von KLEYLING hervorgehobene - einseitige subjektive Recht (Gestaltungsrecht) des Kreditnehmers, der nach seinem Gutdünken einzelne Kredittranchen abrufen kann[274]. STAUDER spricht in diesem Zusammenhang von einer «im Belieben des Kreditnehmers stehenden, sukzessiven Inanspruchnahme des Kredits»[275]. Für BIERI ist kennzeichnendes Merkmal die Kreditlimite[276]. Analog ist auch etwa der Standpunkt von AFFENTRANGER-BRUNNER[277]. Insbesondere sehen aber einzelne Autoren das spezifische Merkmal des Krediteröffnungsvertrages im revolvierenden Moment[278], was andere Autoren gerade ablehnen[279]. Uneinigkeit herrscht sodann auch über die Frage, ob Zins- und Kommissionspflichten notwendigerweise zum Krediteröffnungsvertrag gehören[280].

---

269   Vgl. dazu *Affentranger-Brunner*, S. 20.
270   Vgl. *Emch/ Renz/ Bösch*, S. 227f..
271   Vgl. dazu *Stauder*, S. 29ff.
272   Vgl. dazu *Stauder*, S. 30f.; *Guggenheim*, S. 98f. Zu den genannten Kreditarten und Kreditformen vgl. etwa *Schär*, S. 7ff.; *Frey*, S. 106.
273   Vgl. vorne S. 55.
274   Vgl. dazu *Kleyling*, S. 12. Vgl. ausserdem auch *Mühl/ Petereit*, N 2, S. 2f.
275   *Stauder*, S. 31; vgl. dazu auch etwa *Frey*, S. 108; *Albisetti/ Gsell/ Nyffeler*, S. 62; *Kleiner*, Kreditvertrag, S. 446; *Emch/ Renz/ Bösch*, S. 228.
276   Vgl. dazu *Bieri*, S. 30ff.; nach *Bieris* Ansicht ermöglicht die Kreditlimite erst das erwähnte Gestaltungsrecht des Kreditnehmers. Vgl. auch *Schärer*, Art. 312 N 28.
277   Vgl. *Affentranger-Brunner*, S. 20, S. 23ff.
278   Vgl. dazu etwa *Aeschlimann*, S. 21, S. 31; *Christ*, S. 264f.; *Kaderli*, Bankkredit, S. 6; *Affentranger-Brunner*, S. 20, S. 25f.; *Schärer*, Art. 312 N 28; *Maurenbrecher*, S. 79; weitere Autoren, welche diese Auffassung teilen, sind insbes. zitiert bei *Stauder*, S. 32. Zum Begriff des revolvierenden bzw. nicht revolvierenden Kredites vgl. etwa *Albisetti/ Gsell/ Nyffeler*, S. 76; *Frey*, S. 105; *Emch/ Renz/ Bösch*, S. 256, wo allerdings das Recht zur zeitweiligen Rückzahlung nicht ausdrücklich erwähnt wird.
279   Vgl. dazu *Stauder*, S. 32 (mit weiteren Literaturangaben).
280   Vgl. dazu *Stauder*, S. 33 (mit weiteren Literaturangaben); *Affentranger-Brunner*, S. 27f.

CC Eigene Stellungnahme

Die uneinheitlichen Begriffe helfen wiederum für die vorliegende Diskussion nicht weiter. Namentlich besteht kein Anlass, an dieser Stelle einzelnen dieser Definitionen den Vorzug zu geben. Immerhin kann etwa festgehalten werden, dass ein Vertrag, der die dargelegten verkehrstypwesentlichen Merkmale des Baukreditvertrages[281] aufweist, den umfassenderen Umschreibungen des Kreditvertrages genügen dürfte, jedoch nicht mehr unter die restriktiveren Definitionen fällt, welche den Kreditvertrag nur als Vertrag über ein Einzelgeschäft charakterisieren. Mit Bezug auf die unterschiedlichen Definitionen des Krediteröffnungsvertrages gilt demgegenüber das Folgende: Der Baukredit kann zwar durchaus in einer Weise gewährt werden, dass die verschiedenen, als spezifische Merkmale des Krediteröffnungsvertrages bezeichneten Merkmale erfüllt sind. Umgekehrt kann jedoch ein Vertrag die baukreditspezifischen Merkmale aufweisen, ohne dass der Kredit revolvierend ist oder dem Kreditnehmer ein freies Abrufrecht eingeräumt wird[282]. Ebensowenig ist es notwendig, dass eine Zins- bzw. Kommissionszahlungspflicht besteht.

Allerdings dürften die in der Praxis geschlossenen Baukreditverträge regelmässig derart ausgestaltet sein, dass sie zumindest nach einem Teil der zitierten Definitionen als Krediteröffnungsverträge zu gelten haben[283].

B Ein- oder Mehrstufenvertrag?

AA Unterschiedliche Auffassungen über die Vertragsstruktur beim Kreditgeschäft

In der Diskussion des Krediteröffnungsvertrages zeigen sich nicht nur unterschiedliche Auffassungen über den entsprechenden Vertragsbegriff. Uneinheitlich sind insbesondere auch die Meinungen über die vertraglichen Strukturen der Kreditgewährung. So wird der Krediteröffnungsvertrag entweder verstanden als

---

281 Vgl. dazu vorne S. 49ff.

282 Ein Baukreditvertrag ohne freies Abrufrecht des Kreditnehmers ist z.B. denkbar, wenn im Rahmen der Zahlungskontrolle ein Treuhänder eingeschaltet wird oder wenn einzelne Zahlungsanweisungen vom Architekten zu visieren sind. Vgl. dazu im einzelnen hinten S. 177ff. und S. 297ff.

283 *Ramseyer*, S. 96, und *Haefliger*, S. 74, qualifizieren den Baukreditvertrag denn auch ausdrücklich als Krediteröffnungsvertrag; vgl. ausserdem auch *Lautenbach*, S. 12, S. 64ff.; *Rossi*, S. 46ff.; BGE 104 II 28; BGE 53 II 467; ZR 39 Nr. 139, S. 344ff.

- Mehrstufenvertrag[284], namentlich als Vorvertrag[285], Optionsvertrag oder Grund- bzw. Rahmenvertrag[286].

oder aber als

- Einstufenvertrag[287], insbesondere auch als bedingter Vertrag oder als Rahmenverpflichtungsvertrag[288, 289].

Namentlich GUGGENHEIM[290] und STAUDER[291] weisen darauf hin, dass es beim Abschluss eines Krediteröffnungsvertrages nicht Absicht der Parteien sein kann, nebst diesem Vertrag noch weitere Verpflichtungsverträge abzuschliessen, welche den Rechtsgrund der eigentlichen Hingabe der Valuta bilden. Sie plädieren also beide für die Einstufigkeit des Krediteröffnungsvertrages[292]. Vor allem GUGGENHEIM scheidet mit dieser Begründung auch einen bedingten Vertrag oder einen Rahmenvertrag aus und sieht den Krediteröffnungsvertrag als Einstufenvertrag sui generis[293].

BB   Eigene Stellungnahme

Der Argumentation GUGGENHEIMS und STAUDERS ist aus pragmatischen und sich aus der Praxis ergebenden, logischen Gründen beizupflichten. Die Annahme der Mehrstufigkeit bzw. die Auslegung des Vertrages als Vor- bzw. Rahmenvertrag erscheint unnötig konstruiert und wertet den Krediteröffnungsvertrag in einer Weise ab, die seiner praktischen Bedeutung und Handhabung klar widerspricht. Insbesondere

---

284   Vgl. dazu namentlich *Stauder*, S. 64ff.; *Guggenheim*, S. 99f.; *Mühl/ Petereit*, N 3, S. 3f. (je mit weiteren Literaturangaben).

285   Vgl. dazu etwa *Oser/ Schönenberger*, Art. 312 N 22; *Becker*, Art. 22 N 4; *Guhl/ Merz/ Koller*, S. 426; *Frey*, S. 107; *Ramseyer*, S. 96, qualifiziert den Baukreditvertrag sogar ausdrücklich als Vorvertrag zu einem Darlehen.

286   Vgl. dazu etwa *Aeschlimann*, S. 23f.; *Christ*, S. 265; *Schärer*, Art. 312 N 28; *Maurenbrecher*, S. 85f.

287   Vgl. dazu *Stauder*, S. 70ff., insbes. S. 83ff. (mit weiteren ausführlichen Literaturangaben); *Guggenheim*, S. 100f.; *Mühl/ Petereit*, N 3, S. 3f.; *Affentranger-Brunner*, S. 46; für die Annahme eines Einstufenvertrages offenbar auch *Becker*, Art. 312 N 10.

288   Vgl. dazu auch etwa *Christ*, S. 265.

289   Daneben wird der Krediteröffnungsvertrag auch etwa verstanden als Darlehensvertrag (vgl. z.B. *Homberger*, S. 48, der allerdings nur den Kontokorrentkredit entsprechend qualifiziert), als darlehensähnlicher Vertrag (vgl. z.B. *Guhl/ Merz/ Koller*, S. 426; *Honsell*, S. 236) oder als bedingter Darlehensvertrag (auf entsprechende Autoren wird namentlich bei *Stauder*, S. 59ff., und *Guggenheim*, S. 99, hingewiesen). Zur Prüfung der Frage, ob der Baukreditvertrag als Darlehen qualifiziert werden kann, vgl. hinten S. 61.

290   *Guggenheim*, S. 100.

291   *Stauder*, S. 70ff., insbes. S. 83ff.

292   Ebenso *Bieri*, S. 31.

293   Vgl. dazu *Guggenheim*, S. 100. *Stauder* lehnt zwar ebenfalls einen bedingten Vertrag bzw. einen Rahmenvertrag ab, geht jedoch nicht so weit, einen selbständigen Vertrag sui generis anzunehmen. Vielmehr kommt er zum Schluss, dass es einen einheitlichen Krediteröffnungsvertrag gar nicht gibt, vgl. dazu *Stauder*, S. 71, S. 73f., S. 84.

- wird das ganze Kreditgeschäft in der Regel bereits im Krediteröffnungsvertrag umfassend geregelt,

- treten die Parteien nach Abschluss des Krediteröffnungsvertrages für den Abruf der einzelnen Leistungen nur noch in einer ganz knappen Weise in Kontakt zueinander (Mitteilung von zu leistenden Zahlungen in knappster Form, Zustellung von zu diskontierenden Wechseln),

- ist beim Akzept-Kredit eine spätere direkte Kontaktnahme zwischen den Parteien sogar überflüssig.

Es wäre strukturwidrig, den Abschluss der entscheidenden Verträge in diesen knappen Kontaktnahmen zu sehen. Die Kontaktnahmen sind auch in dieser Knappheit erst möglich, weil das Verhältnis eben bereits im Krediteröffnungsvertrag umfassend geregelt wurde. Soweit deshalb ein Baukredit in einem konkreten Fall in der Form eines Krediteröffnungsvertrages gewährt wird, ist somit von einem einzigen, einstufigen Vertrag auszugehen. Aber auch wenn in einem konkreten Fall ein Baukreditvertrag - zumindest nach einem Teil der dargelegten Definitonenen - nicht als Krediteröffnungsvertrag qualifiziert werden kann, ist dieser Vertrag m.E. in jedem Fall als Einstufenvertrag zu verstehen. Was in dieser Hinsicht für den komplexen Krediteröffnungsvertrag gilt, muss um so eher für einen Vertrag gelten, bei dem einzelne Merkmale des Krediteröffnungsvertrages fehlen. Diese Schlüsse wirken sich auch auf das weitere Vorgehen in dieser Arbeit aus: Gegenstand der nachfolgenden Untersuchungen ist einzig der Baukreditvertrag als einstufiger Vertrag, der die auf den Baukredit bezogenen Rechte und Pflichten der Parteien umfassend und abschliessend regelt.

II Qualifikation Nr. 2: Nominatvertrag oder Innominatvertrag ?

A *Vorbemerkungen*

Der Baukreditvertrag wird in keinem privatrechlichen Gesetz besonders geregelt[294]. Trotzdem kann er als Nominatvertrag gelten, sofern sich zeigt, dass er durch seine Merkmale einem gesetzlich geregelten Vertrag entspricht. Während früher für diese Zuordnung einzig auf die Deckungsgleichkeit der Vertragsmerkmale abgestellt wurde (sog. klassenlogische Konzeption)[295], wird heute vermehrt eine Methode angewandt, die auf Vorarbeiten von SCHLUEP[296] zurückgeht und die insbesondere der modernen typologischen Betrachtungsweise des besonderen Schuldrechts[297] Rechnung trägt[298]. Nach dieser Konzeption wird namentlich versucht, denjenigen Bereich zu bestimmen, welcher gerade noch vom in Frage kommenden, gesetzlich geregelten Vertragstyp gedeckt wird, bzw. es wird geprüft, ob die Individualisierung des zu qualifizierenden Vertrages den gesetzlichen Typ nicht sprengt. Konkret geschieht dies dadurch, dass die gesetzlichen Rechtsfolgebestimmungen eines Nominatvertagstyps dahingehend überprüft werden, ob sie beim zu qualifizierenden Vertrag auch zu sachlich angemessenen Resultaten führen. Ergibt die Wertung eine Unangemessenheit der konkreten Rechtsfolgen, liegt trotz grundsätzlicher Subsumierbarkeit gemäss der klassenlogischen Konzeption kein typischer Nominatvertrag und somit ein Innominatvertrag vor.

Unabhängig von der gewählten Konzeption bleibt es aber in jedem Fall unumgänglich, die grundsätzliche Subsumierbarkeit eines Vertrages unter die Legaldefinition gesetzlich geregelter Verträge zu prüfen. Wie bereits ausgeführt wurde, ist m.E. beim zum Verkehrstypus verdichteten Vertrag diese Beurteilung anhand seiner verkehrstypwesentlichen Vertragsmerkmale vorzunehmen[299]. Soweit Abweichungen von der Legaldefinition vorliegen, ist indessen zu beachten, dass blosse Nebenpflichten[300] oder andere Merkmale des zu prüfenden Vertrages, welche zwar verkehrstypwesentlich sind, die jedoch die weiter gefassten Merkmale der Legaldefinition lediglich einschränken bzw. spezifizieren (z.B. Einschränkungen des personellen oder sachlichen Anwendungsbereiches, besondere Bedingungen, welche für die Hauptpflichten gelten), eine Subsumierbarkeit in der Regel nicht auszuschliessen vermögen.

---

294   Immerhin wird der Vertrag - allerdings ohne entsprechende Bezeichnung - in Art. 6 Abs. 1 lit. a KKG umschrieben, vgl. schon vorne S. 2 und hinten S. 73. Der Begriff «Baukredit» wird sodann in schweizerischen Gesetzen bzw. Verordnungen erwähnt, vgl. dazu vorne Anm. 16.

295   Vgl. dazu etwa *Meier-Hayoz*, Verträge I, S. 1.

296   Vgl. dazu *Schluep*, S. 770f., S. 805ff., insbes. S. 810, sowie die kritische Würdigung dieser Methode bei *Hess*, S. 96ff.

297   Vgl. dazu *Schluep*, S. 770f., S. 790ff. (mit weiteren Literaturangaben); ausführlich dazu namentlich der bei *Schluep* a.a.O. zitierte *Leenen*, S. 118ff. (mit weiteren Literaturangaben).

298   Anwendungsbeispiele dieser Methode finden sich etwa bei *Schaub*, S. 82ff., sowie bei *Hess*, S. 99ff.

299   Vgl. dazu vorne S. 48.

300   Zur fehlenden Bedeutung der Nebenpflichten für die Qualifikation vgl. auch etwa *Schluep*, S. 774; *Schluep/Amstutz*, N 5, N 7.

B Überprüfung Nr. 1: Subsumierbarkeit des Baukreditvertrages unter die Legaldefinition des Darlehensvertrages ?[301]

Ein Vergleich des Baukreditvertrages mit der Legaldefinition des Darlehensvertrages gemäss Art. 312ff. OR zeigt durchaus eine Kongruenz einzelner für die entsprechende Prüfung massgeblicher Merkmale (Pflicht zur Übereignung bzw. Überlassung der Valuta und Rückzahlungspflicht). Zusätzlich weist der Baukreditvertrag jedoch noch eine Reihe weiterer, verkehrstypwesentlicher Merkmale auf, die beim Darlehensvertrag nicht vorausgesetzt werden. Die verkehrstypwesentliche Zweckbestimmung spezifiziert indessen lediglich andere Vertragspflichten und hat somit für die Frage nach der Subsumierbarkeit keine selbständige Bedeutung. Die verkehrstypwesentliche grundpfändliche Sicherung des Baukredites begründet höchstens eine Nebenpflicht des Kreditnehmers[302] oder stellt einer besondere Vertragsbedingung dar, welche für die Subsumierbarkeit ebenfalls keine Bedeutung hat. Weder die Zweckbestimmung noch die grundpfändliche Sicherung schliessen somit eine Subsumierbarkeit des Baukreditvertrages unter die Legaldefinition des Darlehensvertrages aus. Soweit demgegenüber die Pflicht des Kreditnehmers zur vertragskonformen Mittelverwendung als Hauptpflicht zu qualifizieren wäre[303], müsste eine Subsumierbarkeit verneint werden[304]. Indessen dürfte diese Pflicht typischerweise lediglich eine Nebenpflicht sein und damit eine Subsumierbarkeit ebenfalls nicht ausschliessen[305]. Indessen ist die Pflicht des zur Übereignung bzw. Überlassung der Valuta berufenen Vertragspartners zur ständigen Leistungsbereitschaft typischerweise als Hauptpflicht zu qualifizieren[306], welche eine Subsumierbarkeit ausschliesst. Namentlich das darin enthaltene zeitliche Element begründet Rechte und Pflichten der Parteien, welche m.E. deutlich über den Rahmen der Legaldefinition des Darlehensvertrages hinausgehen[307].

---

301 Vgl. dazu auch *Lautenbach*, S. 4, S. 12, S. 64f., der den Baukreditvertrag als besondere Form des Darlehensvertrages qualifiziert; *Ramseyer*, S. 96, der den Baukreditvertrag als Vorvertrag zu einem Darlehen sieht; *Rossi*, S. 36ff., der im Zusammenhang mit dem Baukredit von «mutuo» (= Darlehen) und «mutuatario» (= Darlehensnehmer) spricht. Als Darlehen wird der Baukredit auch etwa bezeichnet in *BGE* 119 III 105 («prêt»); *BGE* 80 II 22; *ZR* 83 Nr. 11, S. 30ff., insbes. S. 32; *ZBGR* 77 (1996), S. 269; *ZR* 12 Nr. 200, S. 320ff., insbes. S. 322.

302 Vgl. dazu vorne S. 54.

303 Vgl. dazu vorne S. 54.

304 Anzunehmen wäre ein gemischter Vertrag, vgl. dazu hinten S. 68.

305 Vgl. dazu etwa *Maurenbrecher*, S. 52, Anm. 30, der unter Hinweis auf das partiarische Darlehen bezweifelt, dass die Zweckbindung die Qualifikation eines Vertrages als Darlehensvertrag ausschliesst.

306 Vgl. dazu vorne S. 54.

307 Vgl. dazu - mit Bezug auf den Krediteröffnungsvertrag - *Guggenheim*, S. 99f., welcher in der Pflicht des Kreditgebers, sich ständig leistungsbereit zu halten, den entscheidenden Unterschied zum Darlehensvertrag sieht; ebenso *Affentranger-Brunner*, S. 47. Zur Abgrenzung des Krediteröffnungsvertrages vom Darlehensvertrag vgl. auch etwa *Aeschlimann*, S. 22ff.; *Bieri*, S. 33. Für eine Gleichsetzung des Darlehens Krediteröffnungsvertrages und des Darlehensvertrages ist demgegenüber *Stauder*, S. 84. Zum Unterschied zwischen dem Baukreditvertrag und dem Darlehensvertrag vgl. auch etwa *Zobl*, Baukreditvertrag, S. 4; *Pfister-Ineichen*, S. 41f.

*C   Überprüfung Nr. 2: Korrektur gemäss typologischer Konzeption für den Fall, dass eine
Subsumierbarkeit zu bejahen wäre ?*

Da der Baukreditvertrag schon gar nicht unter die Legaldefinition des Darlehensvertrages
fällt, erübrigt es sich auch, nach der typologischen Konzeption zu prüfen, ob die Rechtsfolgebestimmungen des Darlehensrechts der spezifischen Beschaffenheit des Baukreditvertrages sachlich angemessen sind.

Wie gezeigt wurde, besteht jedoch bei einzelnen Autoren die Tendenz, die Kredit- bzw.
Krediteröffnungsverträge als Darlehensverträge zu betrachten[308]. Aus diesem Grund ist es
dennoch gerechtfertigt, zu prüfen, ob auch im Fall einer Subsumierbarkeit des Baukreditvertrages unter die Darlehensdefinition nicht ohnehin nach der typologischen Konzeption eine Korrektur vorgenommen werden müsste.

Als zu überprüfende Rechtsfolgebereiche kommen insbesondere in Frage:

(1)   Regelung der Zinsen (Art. 313 und 314 OR).
        Die in Art. 313 und Art. 314 OR getroffenen, dispositiven Regelungen erscheinen auch
        für den Baukreditvertrag angemessen. In der Praxis werden allerdings meistens Zinsen
        und ein bestimmter Zinsfuss vereinbart[309].

(2)   Annahmepflicht sowie Verjährung des Anspruches auf Annahme bzw. Übereignung (Art.
        315 OR).
        Weder die Verjährungsfristen noch die dem Art. 315 OR zugrundeliegende Annahme-
        pflicht[310] erscheinen als unangemessen[311].

(3)   Zahlungsunfähigkeit des Kreditnehmers (Art. 316 OR).
        Das Recht des Kreditgebers, bei Zahlungsunfähigkeit des Kreditnehmers die Auszahlung
        der Mittel zu verweigern, führt auch beim Baukreditvertrag nicht zu unangemessenen
        Rechtsfolgen[312].

(4)   Zeit der Rückzahlung (Art. 318 OR).
        Die dispositive Regelung der Rückzahlung gemäss Art. 318 OR ist mit den Parteiinter-
        essen beim Baukreditvertrag zu vereinbaren[313].

---

308   Vgl. dazu vorne Anm. 289.
309   Vgl. dazu im einzelnen hinten S. 125f.
310   Die Annahmepflicht verträgt sich jedoch nicht mit gewissen Definitionen des Krediter-
      öffnungsvertrages. Vgl. dazu insbes. vorne S. 56 und hinten S. 119.
311   Zur Begründung des hier vorweggenommenen Resultates sei auf die weiter hinten folgende Prü-
      fung dieser Punkte verwiesen. Vgl. dazu hinten S. 91, S. 119ff. und S. 124.
312   Zur Begründung des hier vorweggenommenen Resultates sei auf die weiter hinten erfolgende
      Prüfung dieses Punktes verwiesen. Vgl. dazu hinten S. 90.
313   Zur Begründung des hier vorweggenommenen Resultates sei auf die weiter hinten erfolgende
      Prüfung dieses Punktes verwiesen. Vgl. dazu hinten S. 122.

(5) Ständige Leistungsbereitschaft.
Das Darlehensrecht enthält keine Bestimmungen über die Pflicht des Kreditgebers zur ständigen Leistungsbereitschaft. Mangels Abrede hätte der Kreditnehmer somit keine Handhabe, bei einer Pflichtverletzung des Kreditgebers entsprechende Rechte geltend zu machen, d.h. namentlich etwa Realvollstreckung zu verlangen oder Schadenersatzansprüche geltend zu machen[314]. In diesem Punkt ist also das Darlehensrecht den Verhältnissen beim Baukreditvertrag sachlich nicht angemessen.

(6) Pflicht zur vertragskonformen Mittelverwendung.
Das Darlehensrecht kennt keine Pflicht zur vertragskonformen Mittelverwendung. Mangels Abrede hätte der Kreditgeber somit keine Handhabe, bei einer entsprechenden Pflichtverletzung des Kreditgebers entsprechende Rechte geltend zu machen und namentlich etwa Realvollstreckung zu verlangen oder Schadenersatzansprüche geltend zu machen[315]. Da die betreffende Pflicht indessen typischerweise als blosse Nebenpflicht gelten dürfte[316], besteht kein Anlass zu einer entsprechenden typologischen Korrektur. Anderes müsste lediglich etwa gelten, wenn diese Pflicht in einem konkreten Fall derart zentral ist, dass sie als Hauptpflicht neben die anderen Vertragspflichten tritt.

Zusammenfassend kann somit festgestellt werden, dass das Darlehensrecht des OR auch beim Baukreditvertrag weitgehend zu angemessenen Ergebnissen führen würde, dass es aber dennoch einen Punkt gibt, wo dieses Recht nicht mehr zu befriedigenden Resultaten führt. Schon ein unangemessenes Resultat in einem einzigen Bereich muss aber bei einer konsequenten Anwendung des typologischen Konzepts zur Folge haben, dass der zu qualifizierende Vertrag vom Nominatvertrag zu unterscheiden ist. Selbst bei einer grundsätzlichen Subsumierbarkeit unter den Darlehensvertrag wäre somit der Baukreditvertrag nicht als entsprechend gesetzlich geregelter Vertrag zu qualifizieren.

---

314 Vgl. dazu im einzelnen hinten S. 92.
315 Vgl. dazu hinten S. 93. Dass beim Baukreditvertrag in der Praxis eine Realvollstreckung kaum in Frage kommt, ist für die Qualifikation ohne Bedeutung. Ebensowenig, dass die Geltendmachung von Schadenersatzansprüchen gegenüber dem Kreditnehmer oftmals nicht viel bringen dürfte. Zudem ist immerhin denkbar, dass der Baukreditgeber entsprechende Schadenersatzansprüche gegenüber Dritten geltend machen kann, vgl. dazu hinten S. 239.
316 Vgl. dazu vorne S. 54.

D   Überprüfung Nr. 3: Subsumierbarkeit des Baukreditvertrages unter die Legaldefinition
des Konsumkreditvertrages ?

Wie bereits ausgeführt wurde[317], ist die Definition des Konsumkreditvertrages in Art. 1
KKG - im Interesse des Konsumentenschutzes - weit gefasst. Grundsätzlich ergibt sich
deshalb eine Kongruenz der für die entsprechende Prüfung massgeblichen Merkmale des
Baukreditvertrages und der Merkmale des Konsumkreditvertrages gemäss der gesetzlichen
Definition. Namentlich entspricht die Übernahme der Pflicht zur Übereignung bzw. Überlassung der Valuta dem Versprechen, eine «ähnlichen Finanzierungshilfe» im Sinne von
Art. 1 KKG zu gewähren. Dies gilt jedoch auch hinsichtlich der Pflicht zur ständigen Leistungsbereitschaft. Auch die Rückzahlungspflicht wird grundsätzlich von dieser Definition
erfasst. Und selbst für den Fall, dass die Pflicht zur vertragskonformen Mittelverwendung
als Hauptpflicht zu qualifizieren wäre, ist eine Subsumption unter diese weit gefasste Definition nicht auszuschliessen. Damit fällt der Baukreditvertrag - soweit der Kreditnehmer
eine natürliche Person ist und der Kredit nicht beruflichen oder gewerblichen Zwecken
dient (Art. 3 KKG) - in jedem Fall unter die Legaldefinition von Art. 1 KKG.

Grundsätzlich könnte damit angenommen werden, dass der Baukreditvertrag - soweit die
übrigen Voraussetzungen erfüllt sind - als Konsumkreditvertrag und damit als Nominatvertrag zu qualifizieren wäre. Indessen ist fraglich, ob das KKG überhaupt im herkömmlichen
Sinne einen neuen Nominatvertrag im schweizerischen Recht einführt. Überzeugender erscheint vielmehr die Annahme, dass der Konsumkreditvertrag als Konsumentenvertrag innerhalb der schweizerischen Vertragsrechtsordnung eine eigene Stellung einnimmt und das
bisherige System (Allgemeiner Teil des OR - Nominatverträge - Innominatverträge) gleichsam überlagert[318]. Namentlich kommen aufgrund des ausgedehnten Anwendungsbereiches
des KKG die Bestimmungen dieses Gesetzes bei einer Vielzahl von Vertragstypen zur Anwendung - d.h. durchaus auch gerade bei Innominatverträgen im herkömmlichen Sinn[319].

---

317   Vgl. vorne S. 50f.
318   Vgl. dazu ausführlich *Koller-Tummler*, S. 83f. und S. 211f.; *Koller-Tummler*, Kommentar, Art.
      1 N 1; *Wiegand*, Konsumkredit, S. 39. Indessen ist es möglich, dass durch eine - im Interesse
      des Verbraucherschutzes - vorgenommene Kodifizierung ein einzelner bisher innominater Ver-
      tragstypus bei genügend enger Umschreibung zum Nominatvertrag wird. Dies kann etwa ange-
      nommen werden beim vom Bundesgesetz über Pauschalreisen erfassten Reiseveranstaltungsver-
      trag.
319   Dogmatisch konsequenter ist m.E. in dieser Hinsicht das deutsche VerbrKrG, welches nicht
      einen Verbraucherkreditvertrag definiert, sondern lediglich eine Definition des Kredit- und Kre-
      ditvermittlungsvertrages ins Gesetz aufnimmt und bestimmt, für welche Kredit- bzw. Kreditver-
      mittlungsverträge dieses Gesetz zur Anwendung kommt (§ 1 VerbrKrG).

E   Überprüfung Nr. 4: Korrektur gemäss typologischer Konzeption ?

Fraglich ist zudem, ob selbst für den Fall, dass der Konsumkreditvertrag als neuer Nominatvertrag zu qualifizieren wäre, die typologische Konzeption nicht zu einer entsprechenden Korrektur führen müsste. Gerade die Einschränkung des Geltungsbereiches des KKG in Art. 6 dieses Gesetzes hat ja den Zweck, denjenigen Vertragstypus näher zu bestimmen, für den die Rechtsfolgebestimmungen des Gesetzes überhaupt gelten sollen, und namentlich diejenigen Verträge, für welche diese Rechtsfolgebestimmungen schon nach der ausdrücklichen Festlegung des Gesetzgebers unangemessen wären, von diesem Typus abzugrenzen. Da der Baukreditvertrag nach der in dieser Arbeit vertretenen Auffassung[320] bereits durch Art. 6 Abs. 1 lit. a KKG vollständig vom Geltungsbereich dieses Gesetzes ausgenommen wird, würde er nach dieser Betrachtungsweise auch nicht dem vom Gesetzgeber als Nominatvertrag mit entsprechenden Rechtsfolgebestimmungen versehenen Vertragstypus entsprechen. Indessen liesse sich mit guten Gründen auch die Auffassung vertreten, dass der Ausschluss von Baukrediten - genauso wie etwa die summenmässige Beschränkung des Anwendungsbereiches des KKG[321] - lediglich eine gleichsam politisch bedingte Variable ist[322], die keinen Einfluss auf die grundsätzliche Typisierung des Konsumkreditvertrages hat.

F   Überprüfung Nr. 5: Subsumierbarkeit des Baukreditvertrages unter die Legaldefinition des Auftrages ?

Es zeigt sich zwar, dass das für den Auftrag i. S. von Art. 394ff. OR entscheidende Merkmal (Übernahme einer Geschäftsbesorgung oder Dienstleistung durch den Beauftragten im Interesse und nach dem Willen des Auftraggebers) im Baukreditvertrag mitenthalten ist (Pflicht des Kreditgebers zur ständigen Leistungsbereitschaft, die als Pflicht zu einer Dienstleistung qualifiziert werden kann). Soweit die Pflicht des Kreditnehmers zur vertragskonformen Mittelverwendung als Hauptpflicht zu qualifizieren wäre, könnte zudem auch dieses Vertragsmerkmal für den Auftragcharakter des Baukreditvertrages sprechen, übernimmt doch der Kreditnehmer dadurch eine (unentgeltliche) Geschäftsbesorgung im Interesse des Kreditgebers[323].

---

320   Vgl. dazu hinten S. 73.

321   Zur Zeit ist das KKG gemäss Art. 6 lit. f nur auf Kredite von weniger als Fr. 40'000.-- anwendbar. Indessen liegt bereits ein verwaltungsinterner Entwurf für ein neues Konsumkreditgesetz vor, welches Kredite von mehr als Fr. 40'000.-- erfasst, vgl. Tages Anzeiger vom 22./ 23. Juni 1996, S. 9; *Koller-Tummler*, Kommentar, Art. 6 N 10.

322   So kennt denn etwa, wie vorne auf S. 23f. ausgeführt wurde, z.B. Frankreich auch im Bereich der Baukredite einen ausgedehnten Konsumentenschutz, und in Deutschland kommen die Schutzbestimmungen des VerbrKrG zumindest teilweise auch im Bereich der Baufinanzierung zur Anwendung.

323   Vgl. dazu hinten S. 233ff., wo sich zeigt, dass die zweckgemässe Mittelverwendung namentlich im Interesse der Bank liegt. Vgl. auch etwa *BGE* 120 IV 122.

Der Baukreditvertrag weist jedoch noch weitere Hauptpflichten auf, die in der Legaldefinition des Auftrages fehlen (die Pflicht zur Übereignung der Valuta sowie die Rückzahlungspflicht). Eine Subsumierbarkeit ist somit ausgeschlossen. Auch nach der typologischen Methode müsste m.E. eine allfällige Subsumierbarkeit korrigiert werden: Unangemessen wäre sowohl für die Pflicht zur ständigen Leistungsbereitschaft[324] wie auch für die Pflicht zur vertragskonformen Mittelverwendung[325] die unabdingbare, jederzeitige Kündigungsmöglichkeit gemäss Art. 404 OR[326]. Unangemessen erschiene ausserdem für die Pflicht zur dauernden Leistungsbereitschaft das Weisungsrecht gemäss Art. 397 OR und für die Pflicht zur vertragskonformen Mittelverwendung die Pflicht zum Verwendungsersatz gemäss Art. 402 OR.

G   Überprüfung Nr. 6: Subsumierbarkeit unter weitere Legaldefinitionen ?

Zu überlegen wäre ferner, ob der Baukreditvertrag nicht als einfache Gesellschaft i.S. von Art. 530ff. OR qualifiziert werden könnte, haben doch sowohl Kreditnehmer wie auch Kreditgeber - ein zwar verschieden motiviertes - Interesse an der Verwirklichung des Bauvorhabens. Unmittelbarer Zweck des Baukreditvertrages ist allerdings nicht die Realisierung dieses Vorhabens, sondern lediglich dessen Finanzierung. Ein Vergleich der relevanten Merkmale ergibt zudem das Folgende: Entscheidendes Merkmal der einfachen Gesellschaft ist der Umstand, dass jeder Vertragspartner Leistungen im Hinblick auf einen gemeinsamen Zweck erbringt (Art. 530 OR)[327]. Dem Kreditzweck (Finanzierung des Bauprojektes) dienen jedoch beim Baukreditvertrag nur die Leistungen des Kreditgebers. Die Vertragsleistungen des Kreditnehmers dienen dazu, den Kreditgeber schadlos zu halten bzw. - soweit die betreffende Pflicht für die Subsumierbarkeit überhaupt relevant ist - seine Sicherheit nicht zu gefährden (Rückzahlung der Kreditmittel bzw. dem Vertrag entsprechende Mittelverwendung)[328]. Die Leistungen dienen also nicht einem gemeinsamen Zweck.

---

324   Insbesondere sollte durchaus die Möglichkeit bestehen, längere Kündigungsfristen zu vereinbaren, vgl. dazu hinten S. 128.

325   Diese Pflicht macht nur einen Sinn, wenn sie während der ganzen Zeit der Baukreditfinanzierung einzuhalten ist. Vgl. dazu etwa hinten S. 233ff.

326   Mit Bezug auf den Beauftragten spricht man vom Kündigungsrecht, mit Bezug auf den Auftraggeber vom Widerrufsrecht. Die beiden Rechte entsprechen sich indessen im Ergebnis vollumfänglich, vgl. dazu *BGE* 98 II 305, insbes S. 308f.; *Gautschi*, Auftrag, Art. 404 N 15a ff.; *Fellmann*, Art. 404 N 8, N 11ff.; *Weber*, OR-Kommentar, Art. 404 N 8. Zum zwingenden Charakter von Art. 404 OR und zur Kontroverse darüber vgl. *BGE* 115 II 464, insbes. S. 466ff.; *BGE* 109 II 462, insbes. S. 467; *BGE* 106 II 157, insbes. S. 159f.; *BGE* 98 II 305, insbes. S. 307f.; *Fellmann*, Vorbemerkungen zu den Art. 394-406 N 121ff.; *Weber*, OR-Kommentar, Art. 404 N 9ff. (je mit zahlreichen weiteren Hinweisen).

327   Vgl. dazu im einzelnen etwa *Guhl/ Kummer/ Druey*, S. 585ff.; *Meier-Hayoz/ Forstmoser*, 8 N 16ff., S. 198f.; *Siegwart*, Art. 530 N 18ff.

328   Zu den möglichen Gefährdungen der Kreditsicherheit vgl. insbes. hinten S. 161ff.

Krediteröffnungsverträge wurden auch schon als Kaufverträge qualifiziert. Allerdings ging es in diesen Fällen namentlich um Diskontkredite und Forfaitgeschäfte[329]. Beim Baukreditvertrag dagegen erscheint eine Subsumption unter die Legaldefinition des Kaufvertrages gemäss Art. 184 OR ausgeschlossen. Insbesondere ist m.E. der Preis beim Baukredit gerade nicht verkehrstypbestimmend. Ebenso ist die Rückzahlungspflicht des Kreditnehmers ein dem Kaufvertrag fremdes Merkmal. Diese Pflicht spricht im übrigen auch gegen die Annahme eines Schenkungsvertrages i.S. von Art. 239 ff. OR beim unentgeltlichen Baukredit.

Eine Miete i.S. von Art. 253ff. OR bzw. eine Pacht i.S. von Art. 275 liegen nicht vor, da beim Baukreditvertrag die Kreditmittel übereignet werden, was den erwähnten Verträgen fremd ist.

H Schlussfolgerung

Der Baukreditvertrag fällt nach den vorgehenden Ausführungen nicht in den Anwendungsbereich eines Nominat-Vertragstyps. Damit gehört er zur Gruppe der sog. Innominatverträge[330].

---

329 Vgl. dazu *Guggenheim*, S. 97f.; *Stauder*, S. 36f., S. 84; vgl. auch *Schärer*, Art. 312 N 29, N 47.

330 So auch *Zobl*, Baukreditvertrag, S. 4; *Haefliger*, S. 74f. Soweit davon ausgegangen wird, dass der Konsumkreditvertrag als neuer Nominatvertrag zu qualifizieren ist, wäre immerhin denkbar, dass ein Teil der Baukreditverträge als Nominatverträge zu gelten hätten, vgl. dazu vorne S. 64f. Solange die Bestimmungen des KKG auf solche Verträge keine Anwendung finden, ist damit jedoch nicht viel gewonnen, vgl. dazu hinten S. 73.

III Qualifikation Nr. 3: Gemischter Vertrag oder Vertrag sui iuris ?

A   Vorbemerkungen

Unter den gesetzlich nicht geregelten Verträgen wird namentlich unterschieden zwischen gemischten Verträgen und Verträgen sui iuris. Über die Unterscheidung dieser beiden Begriffe war man sich vor allem in der früheren Diskussion nicht einig. Insbesondere war umstritten, ob als gemischt nur solche Verträge gelten sollen, welche vollständig Merkmale gesetzlich geregelter Verträge enthalten, oder ob auch Verträge mit Merkmalen dazugehören, die in keinem gesetzlich geordneten Vertrag vorkommen[331]. Heute löst man das Problem mit einer weiteren Differenzierung. So liegt etwa nach SCHLUEP ein gemischter Vertrag in einem engeren Sinn vor, sofern zumindest ein Teil seiner Elemente gesetzlich geregelten Verträgen entstammt. Ein gemischter Vertrag im engsten Sinn dagegen weist ausschliesslich Merkmale anderer Nominatsverträge auf[332]. Umgekehrt spricht man von einem Vertrag sui iuris im engsten Sinn, sofern er vollständig eigenständige Merkmale aufweist[333].

Da sich der gemischte Vertrag und der Vertrag sui iuris aber in jedem Fall durch den Eigenständigkeitscharakter der Vertragsmerkmale unterscheiden, sind für die entsprechende Qualifikation eines Vertrages stets dessen Merkmale auf ihre Eigenständigkeit hin zu überprüfen. Entscheidendes Unterscheidungskriterium sind die den Vertrag charakterisierenden Hauptpflichten[334].

B   Eigenständigkeitscharakter der den Baukreditvertrag charakterisierenden Hauptpflichten

Eine Überprüfung der für die Qualifikation massgeblichen Hauptpflichten des Baukreditvertrages ergibt das Folgende:

---

331   Vgl. dazu etwa *Weiss*, S. 10ff., und *Metzger-Wüest*, S. 58ff. (je mit ausführlichen Literaturangaben).

332   Vgl. dazu *Schluep*, S. 772f. *Meier-Hayoz*, Verträge II, S. 1, unterscheidet in diesen Fällen zwischen gemischten Verträgen im weiteren Sinne und gemischten Verträgen im engeren Sinne.

333   Vgl. dazu *Schluep*, S. 776. Zur «inneren Einheit» als kennzeichnendem Merkmal der Verträge eigener Art vgl. *Schluep/Amstutz*, N 9.

334   Vgl. dazu *Schluep*, S. 373f.

(1) Pflicht des Kreditgebers zur Übereignung bzw. Überlassung der Valuta: Diese Pflicht entstammt dem Darlehensvertrag.

(2) Pflicht des Kreditgebers zur Rückerstattung der bezogenen Beträge: Auch diese Pflicht entstammt dem Darlehensvertrag.

(3) Pflicht des Kreditgebers zur ständigen Leistungsbereitschaft: Diese Pflicht ist zwar nach klassenlogischem Ansatz dem Auftragsrecht zuzuordnen, muss jedoch nach typologischen Gesichtspunkten bereits als eigenständig qualifiziert werden[335].

Sofern zudem in einem konkreten Fall die Pflicht zur vertragskonformen Mittelverwendung als Hauptpflicht zu betrachten wäre, gilt das Folgende: Diese Pflicht ist zwar nach klassenlogischem Ansatz dem Auftragsrecht zuzuordnen, muss jedoch nach typologischen Gesichtspunkten ebenfalls als eigenständig qualifiziert werden[336].

C Schlussfolgerung

Der Baukreditvertrag enthält in jedem Fall sowohl eigenständige Merkmale als auch Merkmale gesetzlich geregelter Verträge. Er ist somit weder ein gemischter Vertrag im engsten Sinn noch ein Vertrag sui iuris im engsten Sinn. Nach SCHLUEPS Terminologie[337] ist er aber immerhin als gemischter Vertrag in einem engeren Sinn zu qualifizieren.

---

335 Vgl. dazu vorne S. 66. Das Merkmal kann insbes. deswegen nicht dem Auftragsrecht zugeordnet werden, da die jederzeitige Kündbarkeit sowie das Weisungsrecht des Auftraggebers den Verhältnissen beim Kredit nicht angemessen sind.

336 Vgl. dazu vorne S. 66. Das Merkmal kann insbes. deswegen nicht dem Auftragsrecht zugeordnet werden, da die jederzeitige Kündbarkeit des Auftrages der Pflicht zur vertragskonformen Mittelverwendung nicht angemessen ist. Unangemessen erscheint ausserdem die Pflicht zum Verwendungsersatz gemäss Art. 402 OR.

337 Vgl. dazu *Schluep*, S. 772.

IV Qualifikation Nr. 4: Art der Mischform

Innerhalb der Mischverträge lassen sich etwa folgende Gruppen unterscheiden: (1) Kombinationsverträge (Zwillingsverträge, gekoppelte Verträge), bei denen eine Partei zu mehreren, verschiedenen Vetragstypen entnommenen Hauptleistungen verpflichtet wird, (2) Doppeltypische Verträge (Zwitterverträge, Verträge mit Doppelnatur), wo die Parteien zum Austausch von Hauptleistungen aus verschiedenen Vertragstypen verpflichtet werden, und (3) Verträge mit Typenverschmelzung, wo Parteien zu einzelnen Hauptleistungen mit Elementen aus verschiedenen Vertragstypen verpflichtet werden[338, 339].

Mit Bezug auf die Pflicht des Kreditgebers zur Übereignung der Valuta und zur ständigen Leistungsbereitschaft ist der Baukreditvertrag ein Kombinationsvertrag. Allerdings entstammt bei dieser Kombination nur ein Merkmal einem gesetzlich geregelten Vertrag. Soweit zudem die Pflicht zur vertragskonformen Mittelverwendung in einem konkreten Fall als Hauptpflicht zu qualifizieren wäre, ergäbe sich auf der Kreditnehmerseite eine zweite Kombination zwischen dieser Pflicht und der Pflicht zur Rückzahlung der Kreditmittel.

---

338 Vgl. dazu *Schluep*, S. 775; *Schluep/ Amstutz*, N 8; *Meier-Hayoz*, Verträge II, S. 3f.; *Weiss*, S. 45ff., mit Hinweisen auf verschiedene andere Systematisierungen.

339 *Meier-Hayoz*, Verträge II, S. 3, führt als besondere Gruppe insbes. auch noch Verträge mit artfremder Nebenleistung auf; nach *Schluep*, S. 773f., sind solche Verträge jedoch keine gemischten Verträge mehr.

V Weitere Qualifikationen

A *Einfacher Schuldvertrag oder Dauervertrag ?*

Der einfache Schuldvertrag hat eine Schuld zum Gegenstand, welche mit ihrer Erfüllung erlischt. Demgegenüber hat der Dauervertrag eine Dauerschuld zum Gegenstand, mit deren Erfüllung so lange fortzufahren ist, bis die Schuld erlischt[340]. Zu verlangen ist allerdings, dass sich diese Schuld auf die typische Hauptpflicht des Vertrages bezieht[341]. Dauerschulden beim Baukreditvertrag sind die Pflicht des Kreditgebers zur ständigen Leistungsbereitschaft sowie die Pflicht zur Überlassung der übereigneten Valuta[342]. Beide Pflichten sind verkerstypwesentliche Hauptpflichten des Baukreditgebers. Eine Qualifikation des Baukreditvertrages als Dauervertrag ist somit gerechtfertigt[343].

B *Vollkommen oder unvollkommen zweiseitiger Schuldvertrag ?*

Beim zweiseitigen Schuldvertrag werden beide Parteien zu mindestens einer Leistung verpflichtet. Vollkommen zweiseitig ist ein solcher Vertrag, wenn die zwei Leistungen im Austauschverhältnis zueinander stehen. Unvollkommen zweiseitig ist der Vertrag, wenn kein solches Austauschverhältnis vorliegt[344]. Beim Baukreditvertrag gilt diesbezüglich das Folgende:

Liegt ein entgeltlicher Baukreditvertrag vor, welcher den Kreditnehmer zins- und kommissionspflichtig werden lässt, stehen die Pflicht des Kreditgebers, die Mittel für eine bestimmte Zeit dem Kreditnehmer zu übereignen[345] und zu überlassen, und die Zins- und Kommissionspflicht des Kreditnehmers in einem Austauschverhältnis zueinander[346].

---

340 Vgl. dazu im einzelnen *Gauch*, Dauerverträge, S. 5ff.; *Gauch/ Schluep*, N 94f., Bd. I, S. 17, N 263, Bd. I, S. 258; *von Tuhr/ Escher*, S. 45; *Bucher*, S. 102; *Keller/ Schöbi*, Bd. I, S. 305.

341 Vgl. dazu namentlich *Gauch*, Dauerverträge, S. 5f.

342 Zur dauernden Belassungspflicht im besondern vgl. etwa *Gauch*, Dauerverträge, S. 10. Keine Dauerschuld ist die Pflicht des Kreditnehmers, die bezogenen Kreditmittel zurückzuzahlen. Diese Schuld erlischt mit ihrer Erfüllung. Ebenso keine Dauerschuld ist m.E. die - ohnehin in der Regel nur eine Nebenpflicht darstellende - Pflicht des Kreditnehmers, die Mittel vertragskonform zu verwenden. Mit der vertragskonformen Verwendung der jeweiligen Kredittranche ist die entsprechende Pflicht erfüllt. Ohne Bedeutung ist, dass sich diese Pflicht bei jeder Auszahlung einer Kredittranche wiederholt.

343 Zur Qualifikation des Krediteröffnungsvertrag als Dauerschuldvertrag vgl. *Bieri*, S. 33.

344 Vgl. dazu *Gauch/ Schluep*, N 257f., Bd. I, S. 41; *Guhl/ Merz/ Koller*, S. 20ff.; *von Tuhr/ Peter*, S. 149f.; *Keller/ Schöbi*, Bd. I, S. 11; *Bucher*, S. 100.

345 Vgl. dazu etwa *Maurenbrecher*, S. 67ff. (mit weiteren Hinweisen).

346 Vgl. dazu - allerdings bezogen auf das entgeltliche Darlehen: *Gauch/ Schraner*, Art. 82 N 73; *Gauch/ Schluep*, N 257, Bd. I, S. 41; *Weber*, Art. 82 N 59; *Schärer*, Art. 312 N 1; *Guhl/ Merz/ Koller*, S. 422f., S. 425; *Keller/ Schöbi*, Bd. I, S. 11; *Oser/ Schönenberger*, Art. 312 N 14.; *Leu*, Art. 82 N 4; *Maurenbrecher*, S. 67ff.

Insoweit ist der Baukreditvertrag somit ein vollkommen zweiseitiger Vertrag. Der unentgeltliche Baukreditvertrag ist demgegenüber ein unvollkommen zweiseitiger Vertrag[347]. Grundsätzlich besteht auch die Möglichkeit, dass einzelne Nebenpflichten in das Synallagma miteinbezogen werden können[348].

C Vertrag zugunsten Dritter ?

Aus dem Umstand, dass in den Baukreditformularen regelmässig statuiert wird, dass die Baugelder ausschliesslich für die Forderungen der Bauhandwerker zu verwenden seien, folgern LAUTENBACH und VON ARX, dass der Baukreditvertrag zumindest als unechter Vertrag zugunsten Dritter zu qualifizieren sei[349]. De lege ferenda postuliert VON ARX sogar, dass für eine Optimierung des Baugläubigerschutzes der Baukreditvertrag im Gesetz als echter Vertrag zugunsten Dritter geregelt werden soll[350].

Dazu gilt m.E. das Folgende: Was die Leistungspflicht des Kreditgebers betrifft, so ist kein - echter oder unechter - Vertrag zugunsten Dritter anzunehmen[351]. Eine Pflicht des Baukreditgebers, die Kreditmittel einzelnen Bauhandwerkern und Bauunternehmern zu überweisen, ergibt sich jedenfalls nicht aus dem typischen Inhalt des Baukreditvertrages, sondern lediglich aufgrund der im Rahmen des Kontokorrent- bzw. Giroverhältnisses[352] erteilten Anweisungen. Indessen ist es den Parteien unbenommen, den Baukreditvertrag im Einzelfall als Vertrag zugunsten Dritter auszugestalten.

Mit Bezug auf die Pflicht des Kreditnehmers, die Mittel vertragskonform zu verwenden, weist der Baukreditvertrag indessen duchaus Merkmale eines Vertrages zugunsten Dritter auf. Ein echter Vertrag zugunsten der Baugläubiger entspricht jedoch nicht dem typischen Inhalt des Baukreditvertrages. Damit könnte höchstens ein unechter Vertrag zugunsten Dritter angenommen werden. Indessen ist es den Parteien unbenommen, einen echten Vertrag zugunsten Dritter zu vereinbaren.

---

347 Vgl. dazu *Gauch/ Schluep*, N 258, Bd. I, S. 41; *Guhl/ Merz/ Koller*, S. 423; *Christ*, S. 242; *Maurenbrecher*, S. 62.

348 Zum Miteinbezug von Nebenpflichten in das Synallagma vgl. etwa *Leu*, Art. 82 N 6 (mit weiteren Hinweisen); *Maurenbrecher*, S. 69ff. (mit weiteren Hinweisen), S. 72f. Anm. 143, welcher Autor davon ausgeht, dass die Pflicht zur vertragskonformen Mittelverwendung ins Synallagma miteinzubeziehen sei.

349 *Lautenbach*, S. 67; *von Arx*, S. 141f., S. 146.

350 *Von Arx*, S. 148.

351 Vgl. dazu etwa *Gauch/ Schluep*, N 4010ff., Bd. II, S. 379ff.; *Guhl/ Merz/ Koller*, S. 164ff.; *Bucher*, S. 473ff.; *Gonzenbach*, Art. 112 N 1ff.; zu einer abweichenden Terminologie vgl. etwa *von Tuhr/ Escher*, S. 236f.; *Bucher*, S. 476.

352 Vgl. dazu im einzelnen hinten S. 129ff.

§ 12 Anwendbares Recht[353]

I Grundlagen

Wie ausgeführt wurde[354], ist der Baukreditvertrag ein gemischter Innominatvertrag.

Unabhängig davon, ob der Vertrag nicht doch im Sinne des KKG als Nominatvertrag zu gelten hätte, kommt dieses Gesetz - auch bei Baukrediten, welche aufgrund der Höhe des Kreditbetrages unter das KKG fallen würden - gestützt auf Art. 6 Abs. 1 lit. a KKG nicht zur Anwendung. Dem Wortlaut dieser Bestimmung entsprechend werden zwar nur Kredite zum Erwerb bzw. zur Errichtung oder zur Renovation oder Verbesserung von *Gebäuden* von der Anwendung des KKG ausgenommen. Indessen dürfte m.E. der Gebäudebegriff im Sinne dieser Bestimmung weit auszulegen sein [355] und namentlich generell Bauwerke umfassen [356].

Zur Bestimmung des anwendbaren Rechts bei gemischten Innominatverträgen finden sich in der Literatur verschiedene Methoden und Theorien. Bekannt ist etwa die Theorie der analogen Rechtsanwendung, wonach bei gemischten Innominatverträgen sinngemäss diejenigen Normen zur Anwendung kommen, die für die darin enthaltenen Nominatverträge gelten. Gemäss der sog. Absorbtionstheorie dagegen ist nur das Recht des bei der Mischung dominierenden Nominattyps anzuwenden. Gemäss der Kombinationstheorie wird der Vertrag in seine Tatbestandselemente zergliedert und jedem dieser Elemente die seiner Herkunft entsprechende Rechtsfolge zugewiesen[357]. Eine der Grundkonzeption des

---

353 Die Frage nach dem auf einen Vertrag anwendbaren Recht stellt sich namentlich dann, wenn entsprechende Abreden fehlen und der Vertrag in dieser Hinsicht ergänzt werden muss, oder wenn die Verletzung zwingender gesetzlicher Normen in Frage steht. Zur entsprechenden Vertragsergänzung im besondern vgl. etwa *Gauch/ Schluep*, N 1249ff., Bd. I, S. 238f.; *von Tuhr/ Peter*, S. 291; *Keller/ Schöbi*, Bd. I, S. 136ff.; *Bucher*, S. 186ff.; *Schluep/ Amstutz*, N 42ff. Grundsätzlich ist bei einem zum Verkehrstyp verdichteten Innominatvertrag eine generelle Aussage über die im Falle fehlender vertraglicher Regelungen anwendbaren Normen genauso gerechtfertigt wie über das subsidiäre Recht bei den Nominatverträgen, vgl. dazu *Meier-Hayoz*, Verträge I, S. 4; *Schluep/ Amstutz*, N 42, N 63, N 68.

354 Vgl. vorne S. 64ff.

355 Unbestimmt ist diesbezüglich allerdings etwa *Koller-Tummler*, Kommentar, N 2. Auch der Botschaft I über die Anpassung des Bundesrechts an das EWR-Recht vom 27. Mai 1992 sind darüber darüber keine Hinweise zu entnehmen (S. 157ff.). Ebensowenig enthalten etwa die Präambel der Richtlinien Nr. 87/102 bzw. 90/88 entsprechende Anhaltspunkte.

356 Zudem liesse sich - wenn auch mit Vorbehalten - argumentieren, dass Baukreditverträge definitionsgemäss die Finanzierung von grundsätzlich werterhöhenden Substanzveränderungen bezwecken und in diesem Sinne - namentlich gestützt auf das Akzessionsprinzip - dem ebenfalls in Art. 6 Abs. 1 lit. a KKG aufgeführten Erwerb (bzw. der Beibehaltung) von Eigentumsrechten an Grundstücken dienen. Soweit dennoch nicht alle Baukreditverträge unter Art. 6 Abs. 1 lit. a KKG fallen würden, kommt ohnehin subsidiär Art. 6 Abs. 3 KKG zur Anwendung, d.h. Art. 8, 10 und 12-15 KKG gelten nicht für diese Verträge. Dass solche Verträge unter Art. 9 KKG (Verträge zur Finanzierung des Erwerbs von Waren oder Dienstleistungen) fallen, dürfte m.E. zumindest bei typischen Baukreditverträgen kaum je der Fall sein.

357 Vgl. dazu *Meier-Hayoz*, Verträge II, S. 4ff.; *Metzger-Wüest*, S. 63ff.; *Schluep*, S. 800ff.; *Schluep/ Amstutz*, N 13ff.

schweizerischen Zivilrechts entsprechende Methode wurde von MEIER-HAYOZ[358] entwickelt. Danach kommen primär die Bestimmungen des allgemeinen Teils des Obligationenrechts, bzw., gemäss Art. 1 Abs. 2 ZGB, gewohnheitsrechtliche Normen zur Anwendung. Kommt der Richter allerdings zum Schluss, dass eine spezielle Norm aufgestellt
werden muss, kann er gemäss Art. 1 Abs. 2 und 3 ZGB - gleichsam modo legislatoris - besonderes Vertragstypenrecht bilden[359]. Diese Methode macht es möglich, für die unter-
schiedlichsten Verkehrstypen angemessene Normen zu finden. Insbesondere ist sie aber der
zu stereotyp erscheinenden Absorptionstheorie bzw. Kombinationstheorie vorzuziehen. Die
Theorie der analogen Rechtsanwendung dagegen widerspricht dem genannten Konzept
insoweit nicht, als auch bei einer Rechtsfindung modo legislatoris - allerdings nicht ausschliesslich - gesetzliche Normen analog anzuwenden sind [360]. Nachfolgend soll deshalb
von der von MEIER-HAYOZ entwickelten Methode ausgegangen werden.

II Bemerkungen zur Anwendung des allgemeinen Teils des OR im besondern[361]

Bei der Anwendung des allgemeinen Teils des OR ist insbesondere zu beachten, dass der
entgeltliche Baukreditvertrag ein synallagmatischer Vertrag ist, wobei sich das Synallagma
auf die Übereignung bzw. Überlassung der Kreditmittel bzw. die Zins- und Kommissionszahlungspflicht bezieht. Zu beachten ist sodann, dass einzelne Nebenpflichten ins Synallagma miteinbezogen sein können [362].

III Bemerkungen zur Beiziehung gewohnheitsrechtlicher Normen im besondern

Gewohnheitsrechtliche Normen setzen nach herrschender Auffassung voraus, dass sie einer an-
dauernden Übung entspringen und ausserdem auf der Überzeugung aller Beteiligten gründen, dass
diese Normen auch tatsächlich rechtsverbindlich sind (opinio necessitatis). Insbesondere muss es
sich aber bei der gewohnheitsrechtlichen Übung i.S. von Art. 1 Abs. 2 ZGB um eine gesamt-
schweizerische Übung handeln. Aufgrund dieser strengen Anforderungen hat das Gewohnheitsrecht
im heutigen schweizerischen Zivilrecht praktisch keine Bedeutung[363]. Im Zusammenhang mit dem
Baukreditvertrag sind denn auch keine solchen Normen ersichtlich.

---

358 Vgl. dazu *Meier-Hayoz*, Verträge I, S. 6ff.
359 Vgl. dazu auch *Schluep*, S. 780ff., S. 798ff., S. 802f., der diese von ihm als Kreationstheorie
     bezeichnete Konzeption bei zu Verkehrstypen verdichteten Verträgen selbst anwendet, bei sin-
     gulären Typenverfremdungen jedoch eine Vertragsergänzung nach Vertrauensprinzip fordert.
     Vgl. auch *Schluep/ Amstutz*, N 17, N 59, N 62ff.
360 Vgl. dazu *Meier-Hayoz*, Verträge II, S. 5; *Meier-Hayoz*, Einleitung, Art. 1 N 346ff.; *Schluep*,
     S. 802; *Schluep/ Amstutz*, N 58, N 67.
361 Zur Anwendbarkeit von Normen des allgemeinen Teils des Obligationenrechts beim Baukre-
     ditvertrag vgl. auch etwa *Rossi*, S. 56; *Haefliger*, S. 75.
362 Vgl. dazu vorne S. 72.
363 Vgl. dazu *Meier-Hayoz*, Einleitung, Art. 1 N 233 ff., N 242; *Tuor/ Schnyder/ Schmid*, S. 38ff.

IV Bemerkungen zur Rechtsfindung modo legislatoris im besondern

A Grundsatz

Die Regelbildung modo legislatoris hat gemäss MEIER-HAYOZ in einer Abwägung und kritischen Würdigung der vertragstypischen Interessenlage zu erfolgen. Das bereits vorhandene Gesetzesrecht spielt dabei insoweit eine Rolle, als das neu geschaffene Recht nicht im Widerspruch zum bestehenden Recht stehen sollte. Insbesondere muss aber bestehendes Recht soweit als möglich beigezogen und die neue Regel durch Analogieschlüsse gefunden werden[364]. Die Regelbildung sollte namentlich mit Rücksicht auf Rechtsprechung und bewährte Lehre erfolgen (Art. 1 Abs. 3 ZGB)[365].

B Rechtsprechung und Lehre

Was die Rechtsprechung betrifft: Soweit sich das Bundesgericht mit Baukrediten auseinandergesetzt hat, fehlt es an Äusserungen zum anwendbaren Recht[366]. Selbst in denjenigen Entscheiden, wo der Baukreditvertrag als Krediteröffnungsvertrag oder als Darlehen bezeichnet wird, kommt es nicht zu einer auf den Baukreditvertrag bezogenen Rechtsanwendung[367]. Immerhin ist aus der kantonalen Rechtsprechung der in ZR 12 Nr. 200, S. 320ff., zitierte Entscheid zu erwähnen, bei dem allerdings lediglich die allgemeinen Regeln des (alten) Obligationenrechts auf den Baukreditvertrag angewandt wurden.

Was die Lehre betrifft: Direkte Auseinandersetzungen mit dem auf den Baukreditvertrag anwendbaren Recht sind spärlich. ZOBL, der den Baukreditvertrag als Innominatkontrakt qualifiziert, zieht nebst einer analogen Anwendung des Darlehensrechts (Art. 312ff. OR) zusätzlich eine Anwendung der Bestimmungen über den einfachen Auftrag (Art. 394ff. OR) sowie über die Anweisung (Art. 466ff. OR) in Betracht[368].

---

364 Vgl. dazu *Meier-Hayoz*, Einleitung, Art. 1 N 319ff., N 345ff.

365 Vgl. dazu ausführlich *Meier-Hayoz*, Einleitung, Art. 1 N 428ff., N 474ff.

366 Vgl. etwa *BGE* 115 II 136; *BGE* 112 II 493; *BGE* 110 II 37; *BGE* 108 II 47; *BGE* 105 IV 242; *BGE* 102 II 1; *BGE* 101 Ia 26 und 77; *BGE* 101 IV 53; *BGE* 96 II 126; *BGE* 90 II 15; *BGE* 86 II 145; *BGE* 85 III 101; *BGE* 83 II 284; *BGE* 76 II 134; *BGE* 67 II 106; *BGE* 51 II 122; *BGE* 43 II 606.

367 Vgl. dazu etwa *BGE* 119 III 105; *BGE* 104 III 28; *BGE* 80 II 22; *BGE* 53 II 467; *ZBGR* 77 (1996), S. 268f.

368 Vgl. dazu *Zobl*, Baukreditvertrag, S. 4.

Nach HAEFLIGER, der den Baukreditvertrag ebenfalls als Innominatkontrakt qualifiziert, sind einzelne Bestimmungen des Darlehensrechts analog anwendbar (Art. 314 OR, Art. 316 OR, Art. 317 OR und Art. 318 OR), während er z.B. Art. 313 OR ausdrücklich ausschliesst[369]. RAMSEYER, der den Baukreditvertrag als Vorvertrag zu einem Darlehen betrachtet, plädiert lediglich für eine analoge Anwendung von Art. 316 OR, während er die Anwendung von Art. 315 OR ausschliesst[370]. LAUTENBACH äussert sich nur über Art. 316 OR und stimmt ebenfalls für dessen analoge Anwendung[371]. ROSSI schliesslich macht nur Ausführungen über die Anwendung von Bestimmungen des allgemeinen Teils des OR[372].

Zahlreicher als die entsprechenden Äusserungen zum Baukreditvertrag sind die Stellungnahmen der Lehre zum anwendbaren Recht beim Krediteröffnungsvertrag[373]. Da in der vorliegenden Arbeit von der Einstufigkeit dieses Vertrages ausgegangen wird, soll hier jedoch auf Meinungen, die auf anderen Modellen beruhen, nicht weiter eingegangen werden[374]. Zu erwähnen ist dagegen der Standpunkt GUGGENHEIMS, wonach beim Krediteröffnungsvertrag zumindest die technischen Bestimmungen des Darlehensrechts (Art. 316-318 OR) analog zur Anwendung gebracht werden können. Offen bleibt allerdings die Frage, ob z.B. auch Art. 315 OR analog anzuwenden sei[375]. Nach AFFENTRANGER-BRUNNER ist in jedem Fall das Darlehensrecht analog anwendbar[376]. STAUDER kommt zum Schluss, dass der Darlehens-Krediteröffnungsvertrag ein Darlehensvertrag sei und postuliert dadurch die unmittelbare Anwendung des Darlehensrechts[377]. Letzeres ist auch im Sinne derjenigen Autoren, welche ohne Prüfung vertraglicher Strukturen den Krediteröffnungsvertrag als Darlehensvertrag qualifizieren[378].

C Eigene Stellungnahme

Eine direkte Anwendung des Darlehensrechts ist auszuschliessen, da der Baukreditvertrag kein Darlehensvertrag ist. Einer sinngemässen Anwendung einzelner Normen des Darlehensrechts steht dagegen nichts im Wege[379], da der Baukreditvertrag und der Darlehensvertrag eng miteinander verwandt sind und diese Verträge insbesondere Hauptpflichten aufweisen, die sogar kongruent sind.

---

369 Vgl. dazu *Haefliger*, S. 75. Ausgeschlossen wird ferner eine Anwendbarkeit von Art. 83 OR sowie der Art. 107 - 109 OR.
370 Vgl. dazu *Ramseyer*, S. 97f.
371 *Lautenbach*, S. 64ff.
372 *Rossi*, S. 56.
373 Vgl. dazu etwa die bei *Stauder*, S. 34ff., S. 56ff., zitierten Standpunkte.
374 Vgl. dazu vorne S. 57ff.
375 Vgl. dazu *Guggenheim*, S. 101.
376 Vgl. *Affentranger-Brunner*, S. 47f.
377 Vgl. dazu *Stauder*, S. 84, S. 89, S. 98, S. 105f., S. 110.
378 Vgl. dazu vorne Anm. 289; *Honsell*, S. 235f.
379 Zur entsprechenden Anwendbarkeit einzelner Normen des Darlehensrechts im besondern vgl. hinten S. 119ff.

Wie bereits gezeigt wurde[380], führen die Rechtsfolgebestimmungen des Darlehensrechts beim Baukreditvertrag auch weitgehend zu sachlich angemessenen Resultaten. Mit Bezug auf die Pflicht des Kreditgebers zur ständigen Leistungsbereitschaft können auch einzelne auftragsrechtliche Normen analog zur Anwendung gebracht werden (Art. 394ff. OR)[381]. Sinngemäss dasselbe gilt hinsichtlich der Pflicht zur vertragskonformen Mittelverwendung. M.E. muss dies unabhängig davon gelten, ob diese Pflicht bloss als Nebenpflicht zu gelten hat[382] oder in einem konkreten Fall sogar als Hauptpflicht neben die übrigen Hauptpflichten tritt.

Wenig Sinn macht dagegen m.E. die Beiziehung des Kauf-, Miet-, oder Schenkungsrechts, da die Merkmale der entsprechenden Verträge zu wenig Deckungsgleichheit mit dem Baukreditvertrag aufweisen oder immer auch schon beim Darlehen vorliegen (so etwa die entgeltliche bzw. unentgeltliche Hingabe bzw. Zurverfügungstellung von Werten). Soweit es um die Beurteilung von Fragen geht, die sich spezifisch auf die Eigenschaft des Baukreditvertrages als Dauervertrag beziehen, können schliesslich Normen beigezogen werden, die für andere Dauerverträge gelten[383].

V Sonderproblem: Vertragsverhandlungsverhältnis

Sobald ein Kreditnehmer mit der Bank unter dem Hinweis Kontakt aufnimmt, dass er einen Baukredit aufnehmen möchte, entsteht zwischen den Parteien ein sog. Vertragsverhandlungsverhältnis. Dieses Verhältnis verpflichtet die Parteien zu einem Verhalten nach Treu und Glauben, woraus verschiedene konkrete Einzelpflichten resultieren[384]. Insbesondere ist der Kreditnehmer zur wahrheitsgemässen Auskunft gegenüber der Bank verpflichtet. Die von ihm eingereichten Unterlagen dürfen keine Angaben enthalten, von denen er weiss oder annehmen muss, dass sie nicht korrekt sind. Vor der Offertstellung veranlassen die Banken ausserdem eine Schätzung des Baugrundstücks bzw. eine Projektbegutachtung und legen den Belehnungswert fest[385]. Soweit der Baukreditnehmer bei diesen Verfahren mitzuwirken hat, ist er zu wahrheitsgetreuer Auskunft verpflichtet.

---

380 Vgl. dazu vorne S. 62f.
381 Auszuschliessen ist allerdings ohne besondere Vereinbarung die Anwendbarkeit von Art. 404 OR und Art. 397 OR. Ebenso wird kein Verwendungsersatz i.S. von Art. 402 OR geschuldet sein. Vgl. dazu schon vorne S. 66.
382 Zum auf Nebenpflichten eines Innominatvertrages anwendbaren Recht vgl. etwa *Schluep/ Amstutz*, N 422.
383 Vgl. dazu etwa hinten S. 124.
384 Vgl. dazu *Gauch/ Schluep*, N 946ff., Bd. I, S. 175ff.; *Bucher*, Kommentar, Art. 1 N 78ff.; *Guhl/ Merz/ Koller*, S. 98; *von Tuhr/ Peter*, S. 192f.; *Keller/ Schöbi*, Bd. I, S. 39ff.
385 Vgl. dazu vorne S. 27f.

Eine Verletzung dieser Pflichten lässt den Baukreditnehmer aus culpa in contrahendo haften[386], sofern der Bank daraus ein Schaden entsteht[387].

VI Baukreditvertrag und internationales Privatrecht

Der Baukreditvertrag hat zwar definitionsgemäss einen Bezug zu einem Grundstück. Gegenstand des Vertrages ist jedoch nicht das Grundstück selbst. Der Vertrag ist somit kein Vertrag über ein Grundstück bzw. dessen Gebrauch im Sinne von Art. 119 IPRG[388]. Damit beurteilt sich das anwendbare Recht nicht nach dieser Norm, sondern nach den allgemeinen für Verträge geltenden Bestimmungen. Der Baukreditvertrag untersteht deshalb gemäss Art. 116 IPRG primär dem von den Parteien gewählten Recht. Liegt keine Rechtswahl vor, so bestimmt sich das anwendbare Recht nach Art. 117 IPRG. Die charakteristische Leistung des Vertrages ist das Zurverfügungstellen der Kreditmittel bzw. die dauernde Leistungsbereitschaft des Kreditgebers (vgl. auch Art. 117 Abs. 3 lit. b IPRG)[389]. Nach der Vermutung von Art. 117 Abs. 2 IPRG[390] ist somit für den Baukreditvertrag das Recht des Staates anwendbar, wo die baukreditgebende Partei ihren gewöhnlichen Aufenthalt bzw. ihre Niederlassung hat. Zur Formgültigkeit vgl. gerade nachfolgend.

Soweit der Baukreditvertrag als «Vertrag mit einem Konsumenten» im Sinne von Art. 120 IPRG zu gelten hat[391], kommt unter den Bedingungen von Art. 120 Abs. 1 lit. a - c IPRG das Recht des Staates zur Anwendung, in welchem der Baukreditnehmer seinen gewöhnlichen Aufenthalt hat.

---

386 *Gauch/ Schluep*, N 962aff., Bd. I., S. 177ff.; *Guhl/ Merz/ Koller*, S. 98f.; *von Tuhr/ Peter*, S. 192f.; *Keller/ Schöbi*, Bd. I, S. 39ff.; *Bucher*, S. 281ff.

387 Zu beachten gilt jedoch, dass diese Haftung in der Praxis oft nicht sehr viel nützen dürfte, da ein Schaden in der Regel nur dann entsteht, wenn der Kreditnehmer selbst nicht mehr zahlungsfähig ist und den Kredit und die Zinsen nicht mehr zurückzahlen kann. Vgl. dazu auch etwa S. 93.

388 Vgl. dazu *Kneller*, Art. 119 N 5; vgl. auch - mit Bezug auf die Verhältnisse in Deutschland: *von Bar*, N 516, der allerdings auf eine anderslautende Gerichtspraxis hinweist; a.M. demgegenüber *Keller/ Kren Kostkiewicz*, Art. 117 N 58, welche auf *Schnitzer*, S. 707, verweisen. Zu beachten ist, dass aus den Ausführungen auf S. 73 zur Anwendbarkeit von Art. 6 Abs. 1 lit. a KKG nichts anders folgt. Diese Bestimmung bezieht sich lediglich auf Finanzierungsgeschäfte, nicht aber auf die dinglich wirkenden Geschäfte selbst.

389 Vgl. *Keller/ Kren Kostkiewicz*, Art. 117 N 56f.; *Amstutz/ Vogt/ Wang*, Art. 117 N 27, N 30.

390 Zu dieser Vermutung sowie zur Möglichkeit einer anderen Anknüpfung vgl. etwa *Keller/ Kren Kostkiewicz*, Art. 117 N 20ff., N 34ff., N 56f.; *Amstutz/ Vogt/ Wang*, Art. 117 N 10 ff.; *Schnyder*, S. 108.

391 Vgl. dazu auch vorne S. 64f. und S. 73. Zum Anwendungsbereich von Art. 120 IPRG vgl. etwa *Brunner*, Art. 120 N 24ff.; *Keller/ Kren Kostkiewicz*, Art. 120 N 14ff.; zur Anwendbarkeit von Art. 120 IRG bei Kreditverträgen vgl. etwa *Amstutz/ Vogt/ Wang*, Art. 117 N 30. *Keller/ Kren Kostkiewicz*, welche den Baukreditvertrag als Vertrag über ein Grundstück i.S. von Art. 119 IPRG qualifizieren, lehnen indessen die Anwendbarkeit der Spezialregel von Art. 120 IPRG für solche Verträge ab (Art. 117 N 58, Art. 119 N 13).

§ 13 Vertragsabschluss: Form und Fristen

Für die Formgültigkeit gilt nach schweizerischem internationalem Privatrecht Art. 124 IPRG, d.h. der Vertrag ist formgültig, wenn er dem auf den Vertrag anwendbaren Recht oder dem Recht am Abschlussort entspricht (Abs. 1). Soweit sich die Parteien im Zeitpunkt des Vertragsschlusses in verschiedenen Staaten befinden, genügt es, wenn die Form dem Recht eines dieser Staaten entspricht (Abs. 2). Vorbehalten bleiben indessen Formvorschriften, welche das Vertragsstatut zum Schutz einer Partei vorschreibt (Abs. 3)[392].

Nach materiellem schweizerischem Recht unterliegt der Baukreditvertrag keinen gesetzlichen Formvorschriften. Grundsätzlich steht es somit den Parteien frei, die Form des Vertrages selbst zu bestimmen (Art. 11 OR). Wie vorne gezeigt wurde[393], wird in der Praxis der Baukreditvertrag häufig dadurch abgeschlossen, dass die Bank dem Kreditgeber eine briefliche Offerte zukommen lässt und der Kreditnehmer ein unterzeichnetes Exemplar zurückschickt.

Üblich ist somit eine konkludente Wahl der Schriftform[394] i.S. von Art. 16 Abs. 2 OR (einfache Schriftlichkeit), und es gelten für die Erfüllung der Formvorschriften die Art. 13ff. OR.

Die Offerte ist oftmals ausdrücklich befristet. Nach Ablauf dieser Frist wird der Baukreditgeber gemäss Art. 3 Abs. 3 OR wieder frei. Fehlt eine ausdrückliche Befristung, greift Art. 5 Abs. 1 OR Platz: Die Bindungswirkung der Offerte erlischt, wenn innert der Frist, während der eine Antwort zu erwarten ist, keine Annahme erfolgt[395].

---

392 Vgl. zum Ganzen etwa *Keller/ Girsberger*, Art. 124 und 119 Abs. 3, N 12ff.; *Kneller*, Art. 124 N 12ff.; *Schnyder*, S. 113f.

393 Vgl. dazu vorne S. 28.

394 Vgl. dazu *Pfister-Ineichen*, S. 49. Zur konkludent gewählten Schriftform im besondern vgl. etwa *Gauch/ Schluep*, N. 600, Bd. I, S. 103; *Kramer/ Schmidlin*, Art. 16 N 15; *Schönenberger/ Jäggi*, Art. 16 N 7; *von Tuhr/ Peter*, S. 244f.; *Bucher*, S. 174, Anm. 57.; *Schwenzer*, Art. 16 N 5.

395 Allerdings kann gemäss Art. 5 Abs. 3 OR bei verspätetem Eintreffen einer rechtzeitig abgesandten Annahmeerklärung dennoch eine Bindungswirkung erfolgen, sofern der Kreditgeber keine entsprechende Anzeige macht. Dies gilt auch für den Fall einer befristeten Offerte (analoge Anwendung von Art. 5 Abs. 3 OR), vgl. dazu *Gauch/ Schluep*, N 419, Bd. I, S. 71; *Schönenberger/ Jäggi*, Art. 3 N 93, Art. 5 N 35ff.; *Kramer/ Schmidlin*, Art. 3 N 87.

§ 14 Vertragstechnische Fragen

I Kombination von Baufinanzierung und Landfinanzierung

A Erscheinungsformen

In der Praxis kommt es durchaus vor, dass dieselbe Bank, welche den Baukredit gewährt, auch den Erwerb des Landes mitfinanziert[396]. Dies geschieht allerdings in verschiedenen Varianten: Ist zur Zeit des Landerwerbes die Ausführung des Bauprojektes noch nicht absehbar, wird nur der Landerwerb allein mittels eines sog. Landkredites bzw. Landdarlehens finanziert. Der später gewährte Baukredit ist in diesem Fall unabhängig von der Landfinanzierung und berührt diese nur insofern, als für die Landfinanzierung in der Regel bereits eine Belastung auf das Grundstück gelegt wird und die auf dem Grundstück lastenden Sicherheiten somit nicht ausschliesslich für die Baukreditforderung haften. Soweit dagegen die Verwirklichung des Bauprojektes unmittelbar nach dem Landerwerb in Angriff genommen werden kann, wird dem Kreditnehmer die Land- und Baufinanzierung in einem Akt zugesichert[397].

B Kombination uno actu im besondern

AA Verkehrstypizität[398]

Für die kombinierte Finanzierung besteht in der Praxis keine besondere Vertragsart. Die entsprechenden Verträge werden in der Regel auch nur als Baukreditverträge bezeichnet. Oftmals wird die Landfinanzierung denn auch bloss in einer Zusatzklausel zum Baukreditvertrag geregelt. Von einer Verdichtung der entsprechenden Verträge zu einem selbständigen Verkehrstypus kann deshalb m.E. nicht gesprochen werden.

---

396 Zur Ablösung vorbestehender Landgeldhypotheken aus Mitteln des Baukredites, vgl. etwa *Lautenbach*, S. 17f. Insbes. soll diese Massnahme eine Sicherung des Baukredites im 1. Rang ermöglichen.

397 Als Richtwert wird z.B. von der Zürcher Kantonalbank gemäss einer mündlichen Auskunft eine halb- bis ganzjährige Frist genommen. Kann innerhalb dieser Frist seit dem Landerwerb mit dem Baubeginn gerechnet werden, erfolgt eine kombinierte Land- und Baufinanzierung.

398 Zur Verdichtung eines Vertrages zum Verkehrstypus und den dafür notwendigen Voraussetzungen vgl. schon vorne S. 47 sowie insbes. *Schluep*, S. 798ff.; *Schluep/Amstutz*, N 68, N 79.

BB Bemerkungen zur Qualifikation

Die Zweckbindung bei einem zur Landfinanzierung abgeschlossenen Vertrag dürfte wie beim Baukredit in der Regel lediglich eine Nebenpflicht umfassen. Hinzu kommt, dass die Landfinanzierung gewöhnlich durch die einmalige Hingabe eines fest bestimmten Betrages erfolgt. Damit besteht keine Pflicht des Geldgebers, sich über einen bestimmten Zeitraum für Zahlungen bereit zu halten, deren Höhe bzw. Zeitpunkt nicht von vornherein definitiv feststehen (Pflicht zur ständigen Leistungsbereitschft). Der betreffende Vertrag ist deshalb ein Darlehensvertrag i.S. von Art. 312ff. OR.

Auch wenn die Landfinanzierung oftmals nur in einer Zusatzklausel zum Baukreditvertrag geregelt wird, liegt grundsätzlich die Verknüpfung zweier Verträge vor. Massgeblich für die Qualifikation einer solchen Kombination ist in jedem Fall der konkrete Parteiwille. Immerhin sind - auch wenn sich kein entsprechender Verkehrstypus herausgebildet hat - durchaus generelle Aussagen über solche Verknüpfungen möglich. So dürfte es beispielsweise für die Mehrheit der Fälle zutreffen, dass die Bau- und die Landfinanzierung gegenseitig voneinander abhängig sind. Insbesondere wird der Baukreditvertrag für den Kreditnehmer seinen Sinn verlieren, wenn das Baugrundstück infolge fehlender Mittel gar nicht erworben werden kann. Umgekehrt wird sich die Bank nur für den Baukredit verpflichten wollen, wenn das Baugrundstück auch mit den von ihr zur Verfügung gestellten Geldern gekauft wird. In den meisten Fällen dürfte deshalb zumindest eine sog. Vertragsverbindung im eigentlichen Sinn (d.h. ein zusammengesetzter oder kombinierter Vertrag)[399] vorliegen[400]. Die Verknüpfung der beiden Verträge basiert in diesem Fall auf einem Koppelungsvertrag[401]. Dieser kann etwa den Inhalt haben, dass die erfolgreiche Abwicklung des Vertrages über den Landkredit bzw. das Landdarlehen (namentlich die Auszahlung der entsprechenden Valuta und die vertragsgemässe Verwendung der Gelder zum Kauf des Landes) Voraussetzung ist für die Gültigkeit des baukreditvertraglichen Teiles der Vereinbarung. Die entsprechende Bedingung wäre in diesem Fall eine suspensive Bedingung i.S. von Art. 151 OR.

---

399 Grundsätzlich kann die Verknüpfung zweier Verträge wie folgt qualifiziert werden: (1) als rein äusserliche Vertragsverbindung, (2) als sog. Vertragsverbindung im eigentlichen Sinne oder (3) als gemischter Vertrag. Vgl. dazu ausführlich *Metzger-Wüest*, S. 42ff. (mit weiteren Literaturangaben); *Weiss*, S. 29ff.; *Meier-Hayoz*, Verträge II, S. 2; *Schluep*, S. 776f. Eine Vertragsverbindung im eigentlichen Sinn liegt nach *Metzger-Wüest* dann vor, wenn die beiden Verträge in einer Weise in gegenseitige «Abhängigkeit gebracht werden, dass sie miteinander sozusagen stehen und fallen sollen». Vgl. dazu *Metzger-Wüest*, S. 44 (mit weiteren Literaturangaben); vgl. auch *Weiss*, S. 34 (mit weiteren Literaturangaben).

400 Vgl. dazu die ähnliche Argumentation für die entsprechende Qualifikation des Liegenschaftsabtretungs- und Verpfründungsvertrages bei *Metzger-Wüest*, S. 43.

401 In der Regel handelt es sich dabei um einen Vertrag sui iuris. Vgl. dazu *Schluep*, S. 777.

Ein gemischter Vertrag[402] dürfte dagegen nur ausnahmsweise vorliegen. Indizien dafür wären, nebst dem wirtschaftlichen Zusammenhang der einzelnen Verträge, die synallagmatische Abhängigkeit der einzelnen Obligationen voneinander, die Einheitlichkeit des Entgeltes für mehrere verschiedenartige Hauptleistungen sowie die besondere Benennung des Geschäftes durch die Parteien[403]. Wie bereits ausgeführt wurde, fehlt es bei der kombinierten Land- und Baufinanzierung an einer eigenen Bezeichnung der entsprechenden Verträge[404]. Namentlich dort, wo für das Landdarlehen eine separate Regelung für den Zins bzw. die Kommission (welche sinnvollerweise beim Landdarlehen entfällt) vereinbart wird, fehlt es ausserdem an einem einheitlichen Entgelt. Sodann stehen die kombinierten Obligationen höchstens in einem beschränkten Umfang in einem synallagmatischen Verhältnis zueinander (immerhin ist z.b. denkbar, dass die Leistung des Zinses für das Landdarlehen in einem Synallagma zur Pflicht zur Freigabe der Baukreditmittel steht).

CC Bemerkungen zum anwendbaren Recht

Soweit eine Vertragsverbindung im eigentlichen Sinn vorliegt, kommt je für die Seite der Land- und die Seite der Baufinanzierung das entsprechende Recht zur Anwendung[405]. Was die Baufinanzierungsseite betrifft, so kann insbesondere auf das bereits weiter vorne Ausgeführte verwiesen werden[406]. Für den Koppelungsvertrag dürften die Regeln des allgemeinen Teils des OR genügen (Art. 151ff. OR).

---

402 Vgl. dazu auch schon vorne S. 68.
403 Vgl. dazu namentlich *Metzger-Wüest*, S. 46ff., wo diese Kriterien nach ausführlicher Auseinandersetzung mit der Literatur und der Praxis des Bundesgerichtes herausgearbeitet werden.
404 Vgl. dazu vorne S. 80.
405 Vgl. dazu *Metzger-Wüest*, S. 44. Insbes. dürften sich auch die Abreden, die konkret der Vermeidung von Unterdeckungen bzw. einer Anfechtung i.S. von Art. 841 ZGB dienen, nicht auf den für den Landerwerb bestimmten Teil der gewährten Summe beziehen. Zu diesen Abreden im Überblick vgl. hinten S. 281f. und S. 349.
406 Vgl. dazu vorne S. 73. Für die Landfinanzierung dürfte - wie bereits ausgeführt wurde - unmittelbar Darlehensrecht zur Anwendung kommen.

II Allgemeine Kredit- und Geschäftsbedingungen[407]

A Übernahme

Grundsätzlich gilt, dass Allgemeine Geschäftsbedingungen bzw. Allgemeine Baukreditbedingungen[408] nur insoweit verbindlich sind, als sie von den Parteien übernommen wurden. In der Regel erfolgt eine solche Übernahme beim Baukredit dadurch, dass die briefliche Offerte der Bank eine entsprechende Verweisung enthält und der Kreditnehmer diese unterzeichnet. In solchen Fällen liegt eine ausdrückliche Annahme vor[409]. Gewisse Banken senden dem Baukreditnehmer sogar zwei Exemplare ihrer Allgemeinen Geschäftsbedingungen bzw. Allgemeinen Baukreditbedingungen zu, wobei je ein Exemplar vom Baukreditnehmer zu unterzeichnen und der Bank zu retournieren ist. Eine neue Vereinbarung wird dadurch jedoch nicht abgeschlossen. Vielmehr bestätigt der Baukreditnehmer lediglich die entsprechende Übernahme und schafft somit eine für den Kreditgeber günstigere Beweislage.

Gewisse Banken unterlassen allerdings in ihrer Offerte eine entsprechende Verweisung und verzichten auch auf eine Unterschrift auf den Bedingungen selbst. Dazu gilt das Folgende: Die Übernahme Allgemeiner Geschäftsbedingungen bzw. Allgemeiner Baukreditbedingungen kann zwar durchaus auch stillschweigend erfolgen. Allerdings ist dafür zu verlangen, dass der Kreditnehmer mit der Verwendung solcher Bedingungen im konkreten Fall zu rechnen hat und die Bank nach Treu und Glauben annehmen darf, dass jener damit einverstanden sei[410]. Konkret trifft dies beispielsweise zu, wenn dem Kreditnehmer solche Bedingungen anlässlich der Vertragsverhandlungen übergeben werden[411]. M.E. muss dies auch dann gelten, wenn die entsprechenden Bedingungen der brieflichen Offerte der Bank beiliegen und der Kreditnehmer, der die Baukreditofferte akzeptiert und unterschrieben zurückschickt, keine Einwände erhebt. Liegen die Bedingungen der Offerte jedoch nicht bei, darf eine Übernahme nicht mehr ohne weiteres angenommen werden.

---

407 Weiterführende Literatur zu diesem Thema ist insbes. zitiert bei *Bucher,* S. 151; *Bucher,* Kommentar, Art. 1 vor N 47; *Koller,* OR, S. 356; *Kramer/ Schmidlin,* Art. 1 N 173; *Schönenberger/ Jäggi,* Art. 1 N 427; *Baudenbacher,* S. 25ff.; *Guggenheim,* S. 37ff.; *Mühl/ Petereit,* vor N 5, S. 4.

408 Nebst den Allgemeinen Geschäftsbedingungen verwenden die Banken beim Baukredit häufig auch Allgemeine Baukreditbedingungen, vgl. dazu vorne S. 28 sowie *Pfister-Ineichen,* S. 42, S. 49f.; vgl. auch die Musterbedingungen hinten S. 405 sowie etwa die Musterbedingungen bei *Rossi,* Annesso 1.

409 Vgl. dazu etwa *Guggenheim,* S. 38; *Bucher,* S. 154; *Bucher,* Kommentar, Art. 1 N 52; *Koller,* OR, N 1555, S. 359f.; *Forstmoser,* S. 35; *Giger,* AGB, S. 64f.; *Baudenbacher,* S. 268; *Schönenberger/ Jäggi,* Art. 1 N 451ff.; *Kramer/ Schmidlin,* Art. 1 N 188; *Zobl,* Fahrnispfand, Art. 884 N 424.

410 Vgl. dazu etwa (z.T. mit zahlreichen weiteren Literaturangaben) *Forstmoser,* S. 35f.; *Schönenberger/ Jäggi,* Art. 1 N 455ff.; *Kramer/ Schmidlin,* Art. 1 N 192ff.; *Zobl,* Fahrnispfand, Art. 884 N 425; *Bucher,* S. 154; *Bucher,* Kommentar, Art. 1 N 52; *Koller,* OR, N 1558, S. 360; *Giger,* AGB, S. 69ff.; *BGE* 77 II 154, insbes S. 156.

411 Vgl. dazu etwa *Forstmoser,* S. 36.

Immerhin ist zwischen den Allgemeinen Geschäftsbedingungen, welche die Bank für jedes Geschäft verwendet und den Allgemeinen Baukreditbedingungen zu unterscheiden: Während die Kundschaft der Bank mit der Verwendung Allgemeiner Geschäftsbedingungen zu rechnen hat und in der Regel auch damit einverstanden ist, kann dies m.E. bei den Allgemeinen Baukreditbedingungen nicht vorausgesetzt werden. Für diese ist also ein strengerer Massstab anzusetzen.

B   Bezeichnung

Unerheblich ist die Bezeichnung (Art. 18 OR). Allgemeine Baukreditbedingungen bzw. Allgemeine Geschäftsbedingungen können auch vorliegen, wenn sie nicht als solche gekennzeichnet sind. In der Praxis kommt es z.b. vor, dass einzelne Banken den Kreditnehmer nebst der brieflichen Vertragsofferte einen sog. «Kreditvertrag» unterzeichnen lassen, ein Formular, in welches die Kreditsumme eingetragen wird und das verschiedene Bestimmungen über Fälligkeit, Zins, Gerichtsstand sowie die Übernahme der Allgemeinen Geschäftsbedingungen der Bank enthält. Mit der Unterzeichnung dieses Formulares wird nicht ein zusätzlicher Vertrag abgeschlossen. Vielmehr sind auch in diesem Formular allgemeine Kreditbedingungen enthalten, die wie die Allgemeinen Geschäftsbedingungen Bestandteil des Baukreditvertrages werden.

C   Rangfolge

Für den Fall, dass sowohl Allgemeine Geschäftsbedingungen als auch Allgemeine Baukreditbedingungen verwendet werden, stellt sich die Frage nach dem Verhältnis dieser Komplexe zueinander. Grundsätzlich gilt zwar, dass eine einheitliche Auslegung Allgemeiner Geschäftsbedingungen abzulehnen ist[412]. Dies erlaubt jedoch m.E. - namentlich für typische Sachverhalte - durchaus die Entwicklung genereller Auslegungsgrundsätze, die allerdings stets die Möglichkeit einer davon abweichenden, den konkreten Umständen angemessenen Auslegung offen lassen müssen.

---

412   Vgl. dazu etwa *Forstmoser*, S. 49ff.; *Kramer/ Schmidlin*, Art. 1 N 218ff.; *Schönenberger/ Jäggi*, Art. 1 N 490; *Baudenbacher*, S. 275f.; *Gauch/ Schluep*, N 1240f., Bd. I, S. 235; *Bucher*, S. 159; *Koller*, OR, N 1609, S. 373f.; *Mühl/ Petereit*, N 6, S. 5f.

Tatsächlich dürfte beim Baukreditvertrag den Allgemeinen Baukreditbedingungen grundsätzlich ein grösseres Gewicht zukommen als den für sämtliche Geschäfte der Bank geschaffenen Allgemenen Geschäftsbedingungen, wurden sie doch konkret auf dieses Geschäft zugeschnitten. Sie regeln Fragen, die bei der Formulierung der Allgemeinen Geschäftsbedingungen noch gar nicht bedacht wurden bzw. bedacht werden konnten. Sie sind gleichsam eine auf einen konkreten Geschäftsbreich zugeschnittene Individualisierung und liegen der individuellen Parteiabrede auch weitaus näher als die generellen Bedingungen. Soweit nicht besondere Umstände vorliegen, die eine andere Auslegung rechtfertigen, darf somit davon ausgegangen werden, dass die Allgemeinen Baukreditbedingungen, welche als Sonderbestimmungen zu den Allgemeinen Geschäftsbedingungen formuliert wurden, diesen vorgehen.

In jedem Fall gehen aber individuelle, von den Parteien getroffene Abreden den Allgemeinen Geschäftsbedingungen und den Allgemeinen Baukreditbedingungen vor[413].

D   Art. 8 UWG

Es versteht sich von selbst, dass Art. 8 UWG (Verbot missbräuchlicher Geschäftsbedingungen) sowohl für die Allgemeinen Geschäftsbedingungen wie auch für die Allgemeinen Baukreditbedingungen gilt[414].

---

413   Vgl. dazu etwa *BGE* 81 II 346, insbes. S. 350; *BGE* 73 II 218, insbes. S. 225; *BGE* 70 II 212, insbes. S. 214; *Forstmoser*, S. 44; *Giger*, AGB, S. 77f.; *Schönenberger/ Jäggi*, Art. 1 N 491ff.; *Kramer/ Schmidlin*, Art. 1 N 210ff.; *Koller*, OR, N 1594ff., S. 368f.; *Bucher*, Kommentar, Art. 1 N 54 (je mit weiteren Literaturangaben bzw. Verweisungen auf die bundesgerichtliche Praxis).
414   Zu den Rechtsfolgen bei einem Verstoss gegen Art. 8 UWG im einzelnen vgl. etwa *Gauch/ Schluep*, N 1156f., Bd. I, S. 214; *Bucher*, Kommentar, Art. 1 N 55; *Koller*, OR, N 1613ff., S. 375f.; *Guhl/ Merz/ Koller*, S. 112.

1B Materielle Betrachtung: Inhalt des Baukreditvertrages

Bei der generellen Beurteilung eines als Verkehrstyp etablierten Vertrages sind sinnvollerweise zunächst die verkehrstypbestimmenden bzw. verkehrstypwesentlichen Vertragsmerkmale[415] zu behandeln[416].
Im weiteren gilt, dass sich für den als Verkehrstyp etablierten Baukreditvertrag gleichsam
modo legislatoris ein Typenrecht bilden lässt, das für die jeweilige Vertragsergänzung beigezogen werden kann [417].
Schliesslich können die Parteien einen beliebigen weiteren Vertragsinhalt vereinbaren, wobei einzelne Punkte regelmässig bzw. besonders häufig vereinbart werden und sich damit
ebenfalls als Untersuchungsgegenstand eignen.
Dem entsprechend sollen somit nachfolgend erörtert werden:

Verkehrstypbestimmende bzw. verkehrstypwesentliche Merkmale, die in jedem Fall Vertragspflichten umfassen

(1)   Pflicht des Kreditgebers zur Übereignung bzw. Überlassung der Kreditmittel
(2)   Pflicht des Kreditgebers zur ständigen Leistungsbereitschaft
(3)   Pflicht des Kreditnehmers zur vertragskonformen Mittelverwendung
(4)   Pflicht des Kreditnehmers zur Rückzahlung der bezogenen Kreditmittel

Weitere verkehrstypbestimmende bzw. verkehrstypwesentliche Punkte

(5)   Zweckbestimmung der Kreditmittel
(6)   Grundpfändliche Sicherung der Kreditforderung

---

415   Wie bereits dargelegt wurde, betreffen diese Merkmale nur teilweise (zwingend) entsprechende
      Pflichten der Vertragsparteien. Zudem ist nicht einmal zwingend, dass es sich bei den betreffen-
      den Pflichten stets um Hauptpflichten handelt .
416   Vgl. dazu vorne S. 54. Inwieweit diese Merkmale auch objektiv wesentlich sind, d.h. den unent-
      behrlichen Geschäftskern ausmachen, der gerade noch genügt, um ein sinnvolles Ganzes darzu-
      stellen (vgl. dazu *Gauch/ Schluep*, N 332ff., Bd. I, S. 56ff.), kann offen bleiben. Namentlich
      sind durchaus Verträge denkbar, welche - da sie nur einen Teil der verkehrstypbestimmenden
      bzw. verkehrstypwesentlichen Merkmale des Baukreditvertrages aufweisen - nicht mehr als
      Baukreditverträge qualifiziert werden können, jedoch ohne Zweifel gültige und funktionsfähige
      Vertragsgebilde darstellen. Es lässt sich zudem auch nicht generell sagen, wann ein Vertrag,
      welcher nicht alle verkehrstypbestimmenden bzw. verkehrstypwesentlichen Merkmale des Bau-
      kreditvertrages aufweist, doch noch als Baukreditvertrag zu qualifizieren wäre. Eine ent-
      sprechende Qualifikation könnte nur im im Einzelfall aufgrund einer konkreten Wertung vorge-
      nommen werden.
417   Vgl. dazu insbesondere vorne Anm. 353.

Weitere Punkte

(7) Im Rahmen der Rechtsanwendung modo legislatoris
     sich ergebende Vertragspunkte,

d.h. Vertragspunkte, die auf dem für den entsprechenden Verkehrstyp geltenden Recht basieren[418].

(8) Weitere mögliche Vertragspunkte

Auf diese diese Punkte soll jedoch vorerst nur beschränkt eingegangen werden. Sie sollen vielmehr im Zusammenhang mit der Behandlung der baukreditspezifischen Problemstellungen erörtert werden[419].

---

418 Vgl. dazu hinten S. 119 und vorne S. 73ff.
419 Vgl. dazu im einzelnen hinten S. 161ff.

§ 15 Verkehrstypbestimmende bzw. verkehrstypwesentliche Vertragspflichten

I   Pflichten des Kreditgebers

A   *Übereignungspflicht*

AA   Grundsatz

Die Übereignungspflicht bedeutet, dass der Kreditgeber im Rahmen der Zweckbestimmung die Anweisungen zur Bezahlung der einzelnen Baugläubiger auszuführen oder einzelne Zahlungen selbständig aufgrund der vereinbarten Zahlungspläne vorzunehmen hat. Nach oben wird sie begrenzt durch die jeweils vereinbarte Kreditlimite[420].

Der Kreditnehmer kann die Erfüllung der entsprechenden Leistungspflicht gerichtlich geltend machen und insbesondere auf dem Vollstreckungsweg durchsetzen. Da der Baukreditvertrag in der Regel die Kreditsumme spezifiziert, ist er - sofern er vom Kreditgeber unterzeichnet ist - auch ein Titel zur Erlangung der provisorischen Rechtsöffnung i.S. von Art. 82 SchKG[421]. Enthält der Vertrag allerdings Bedingungen (z.B. die Bedingung der grundpfändlichen Sicherung der Kreditforderung)[422], wird Rechtsöffnung nur erteilt, wenn die Erfüllung der Bedingung nachgewiesen wird[423].

BB   Revolvierender Charakter der Übereignungspflicht ?

Grundsätzlich kann der Baukredit, wie gezeigt wurde[424], als nicht revolvierender Kredit gewährt werden. Den praktischen Bedürfnissen des Verkehrs dürfte allerdings der revolvierende Charakter angemessener sein. Insbesondere kann es zu Rückflüssen von Geldern kommen, die mit dem Bauverlauf, der geplanten Veräusserung und besonderen, dem Projekt entsprechenden Finanzierungsformen zusammenhängen. In diesem Fall ist es aber im Interesse beider Parteien, dass später diese Mittel wieder beansprucht werden können und somit ein vorübergehender Rückfluss die Gesamtlimite nicht verkürzt.

---

420   Wird keine Limite vereinbart, ergibt sich die entsprechende Grenze m.E. aus der Zweckbestimmung, d.h. der Kreditgeber hat nie mehr Mittel zur Verfügung zu stellen, als für die Errichtung der geplanten Baute aufzuwenden sind.

421   Vgl. dazu *Panchaud/ Caprez*, 77 N 26, S. 200 (für das Darlehen); *Fritzsche/ Walder I*, 20 N 4ff., S. 259ff.

422   Vgl. dazu hinten S. 118.

423   Vgl. dazu *Panchaud/ Caprez*, 16 N 1, S. 35; *Fritzsche/ Walder I*, 20 N 8, S. 261.

424   Vgl. dazu vorne S. 57.

Anders ist die Situation jedoch bei Rückflüssen, die sich nicht aus dem Bauverlauf ergeben. Aufgrund des spezifischen Kreditzwecks sind solche Rückflüsse beim Baukredit atypisch. Vielmehr ist bei diesem Kreditgeschäft - im Gegensatz zu den für revolvierende Kredite typischen Verhältnissen - lediglich ein sukzessiver Mittelbedarf die Regel. Vor allem aber könnten bei einem vollumfänglich revolvierenden Kredit die geschäftlichen Interessen des Baukreditgebers tangiert werden. So hätte es der Kreditnehmer bei einem entgeltlichen Kredit in der Hand, von einem günstigeren Konkurrenzangebot zu profitieren und den Baukredit kurzfristig zurückzuzahlen und ihn dann später gegebenenfalls wieder voll zu beanspruchen. Dem Kreditgeber erwächst dagegen vor und während der Kreditgewährung oftmals ein erheblicher administrativer Aufwand (Vorabklärungen, Zahlungskontrolle). Dieser Aufwand rechtfertigt sich im Hinblick auf die geplante Benutzung des Kredites und wäre ohne eine solche sinnlos. Könnte der Kreditnehmer ohne weiteres die Kreditmittel in der geschilderten Weise zurückzahlen, wäre das Geschäft für die Bank schnell einmal defizitär[425].

Diese Erwägungen sprechen m.E dafür, dass der Baukredit grundsätzlich nur beschränkt revolvierend sein kann. Soll er vollumfänglich revolvierend sein, müsste dies ausdrücklich vereinbart werden[426].

CC   Recht zur Leistungsverweigerung

Trotz gültigem Baukreditvertrag ist der Kreditgeber nicht vorbehaltlos an die Übereignungspflicht gebunden. Ein Recht zur Leistungsverweigerung kann sich namentlich aus folgenden Gründen ergeben:

AAA   Zweckwidrige Zahlungsbegehren

Da die Übereignungspflicht durch die Zweckbestimmung spezifiziert wird, muss der Kreditgeber nur denjenigen Zahlungsbegehren nachkommen, die dem Vertragszweck entsprechen.

---

425   Vgl. dazu insbes. auch die Ausführungen zur Annahmepflicht, hinten S. 119ff. *Rheiner*, S. 273, geht allerdings durchaus von solchen Rückflüssen aus, beklagt jedoch den entsprechenden Zinsausfall. Vgl. ausserdem auch etwa *BGE* 108 II 47, insbes. S. 148, wo das Baukreditverhältnis als wechselndes Kreditverhältnis bezeichnet wird.

426   Soweit allerdings eine sog. Bereitstellungskommission vereinbart wird, spricht nichts gegen die Annahme, dass der Kredit vollumfänglich revolvierend sein soll, entschädigt diese Kommission doch die Bank für den Fall, dass der Kredit nicht beansprucht wird. Vgl. dazu etwa *Emch/ Renz/ Bösch*, S. 228; *Albisetti/ Gsell/ Nyffeler*, S. 62. Eine solche Kommission ist jedoch nicht vertragstypisches Merkmal und somit auch nicht eo ipso geschuldet.

BBB   Besondere Abreden

In der Praxis findet sich regelmässig die Klausel, wonach die Bank nur an die Kreditzusicherung gebunden sei, wenn die Vertragspflichten eingehalten werden[427]. Dabei handelt es sich um eine auflösende Bedingung i.S. von Art. 154 OR. Zudem werden häufig aufschiebende Bedingungen i.S. von Art. 151 OR vereinbart[428, 429].

CCC   Art. 82 OR bzw. Art. 102ff. OR

Art. 82 OR gilt nur bei Pflichten, die in einem synallagmatischen Verhältnis zueinander stehen[430]. Ein Synallagma besteht beim entgeltlichen Baukredit zwischen der Übereignungs- und Überlassungspflicht einerseits und Zins- und Kommissionszahlungspflicht andererseits. Wird der Zins bzw. die Kommission für früher gewährte Kredittranchen nicht bezahlt, kann die Bank gestützt auf Art. 82 OR die Überlassung und damit auch die Freigabe weiterer Kreditmittel zu verweigern[431]. Ebenso erscheint es gerechtfertigt, dass der Kreditgeber bei entsprechendem Verzug des Kreditnehmers die Möglichkeit haben soll, nach Art. 107ff. OR vorzugehen und insbesondere vom ganzen Vertrag zurückzutreten[432]. Allerdings dürften die entsprechenden Fälle in der Praxis ohnehin nur selten eintreten, weil Zinsen und Kommissionen in der Regel der Baukreditforderung zugeschlagen werden und erst im Rahmen der Beendigung des ganzen Kreditverhältnisses zu bezahlen sind.

DDD   Zahlungsunfähigkeit des Kreditnehmers

Bei einer Zahlungsunfähigkeit des Kreditnehmers ist der kreditgebenden Partei nicht zuzumuten, Mittel freizugeben, von denen angesichts dieser Zahlungsunfähigkeit ungewiss ist, ob sie jemals zurückbezahlt werden oder ob sie sich zumindest in Haftungssubstrat für die Kreditforderung umwandeln. Insbesondere dürfte es fraglich sein, ob das Bauprojekt über-

---

427   Vgl. dazu etwa hinten S. 182.

428   Am häufigsten ist namentlich die Abrede, dass eine Zahlungspflicht nur besteht, wenn der Bank vom Architekten oder einem Treuhänder visierte Zahlungsaufträge vorgelegt werden, vgl. dazu insbes. hinten S. 177f. Ebenso sind die Kreditmittel in der Regel erst freizugeben, wenn die grundpfändliche Sicherung gewährleistet ist, vgl. dazu hinten S. 118.

429   Soweit der Eintritt dieser Bedingungen vom Willen des Kreditnehmers abhängt, liegen sog. Potestativbedingungen vor, vgl. dazu *Gauch/ Schluep*, N 4099f., Bd. II, S. 396f.; *Guhl/ Merz/ Koller*, S. 54.; *von Tuhr/ Escher*, S. 257f.; *Bucher*, S. 507; *Keller/ Schöbi*, Bd. I, S. 105; *Ehrat*, Vorbemerkungen zu Art. 151-157, N 8.

430   Vgl. dazu *Gauch/ Schraner*, Art. 82 N 19ff.; *Gauch/ Schluep*, N 2220ff., Bd. II, S. 30ff.; *Weber*, Art. 82 N 23; *von Tuhr/ Escher*, S. 57; *Keller/ Schöbi*, Bd. I, S. 220; *Bucher*, S. 309f.; *Leu*, Art. 82 N 5. Vgl. auch etwa *BGE* 111 II 463, insbes. S. 466.

431   Vgl. dazu etwa *Weber*, Art. 82 N 83ff., N 90; *Maurenbrecher*, S. 195. Dies ist allerdings umstritten, vgl. dazu etwa *Gauch/ Schluep*, N 2242, Bd. II, S. 33.

432   Vgl. dazu (allerdings bezogen auf das Darlehen) *Guhl/ Merz/ Koller*, S. 425; *Honsell*, S. 238; *Christ*, S. 256f.; *von Büren*, S. 116; *Bieri*, S. 58; *Schärer*, Art. 313 N 8; *Oser/ Schönenberger*, Art. 318 N 7 (am Ende); *BGE* 100 II 345, insbes. S. 350.

haupt unter der Regie eines zahlungsunfähigen Kreditnehmers vollendet und damit nebst dem Zweck der Kreditgewährung auch eine entsprechende Kreditdeckung erreicht werden kann[433]. Doch selbst bei einer Bauvollendung und einer entsprechenden Deckung der Kreditforderung könnte der Kreditgeber nur auf dem Weg der Zwangsvollstreckung - d.h. mit entsprechendem Aufwand - zu seinem Recht kommen. Unter solchen Umständen kann nicht von ihm verlangt werden, sich weiter zu engagieren. Die sinngemässe Anwendung von Art. 316 OR ist also in jedem Fall zuzulassen[434].

EEE   Verjährung

Die Verjährung der einzelnen Kredittranchen richtet sich m.E. sinngemäss nach Art. 315 OR. Damit die Verjährungsfrist zu laufen beginnt, ist in jedem Fall vorauszusetzen, dass der Kreditnehmer die entsprechenden Tranchen auch abgerufen und den Kreditgeber in Verzug gesetzt hat[435].

DD Haftungsfragen

Weigert sich der Baukreditgeber ungerechtfertigt, einzelne Auszahlungen bzw. Überweisungen vorzunehmen, stellt sich die Frage nach der Haftung für allfällige beim Kreditnehmer entstandene Schäden[436]. Das Problem stellt sich allerdings nur, wenn keine fristlose Kündigung des Kredites möglich ist bzw. wenn eine solche Kündigung rechtsmissbräuchlich ist[437] oder gar nicht vorgenommen wurde. In diesen Fällen haftet der Kreditgeber m.E. gemäss Art. 312 OR (analoge Anwendung) i.V. mit Art. 97ff. OR vollumfänglich für den von ihm verursachten Schaden. Dieser entspricht der Differenz zwischen dem hypothetischen Vermögensstand des Kreditnehmers, falls dieser das Geld bis zum Ablauf der Kündigungsfrist vertragskonform erhalten hätte, und dem effektivem Vermögensstand zu diesem Zeitpunkt[438].

---

433 Oftmals kann allerdings eine freiwillige Finanzierung der Bauvollendung durch die Bank deren Verlustrisiko verringern, vgl. dazu hinten S. 174, S. 217f., S. 234 und S. 244.

434 Vgl. dazu auch etwa *Bieri*, S. 59; *Schärer*, Art. 316 N 8.

435 Vgl. dazu etwa *Schärer*, Art. 315 N 4.

436 Denkbar ist sogar, dass die baukreditgebende Bank die Kreditmittel zweckwidrig verwendet, vgl. dazu etwa den bei *Schumacher*, N 485, S. 133, zitierten Fall.

437 Vgl. dazu im einzelnen hinten S. 127.

438 Zu den möglichen Ansätzen einer Schadensberechnung vgl. *ZR* 12 Nr. 200, S. 322. In diesem Entscheid wurde allerdings - m.E. nicht stichhaltig - die Haftung der baukreditgebenden Bank für eine Konkursfolge mangels Voraussehbarkeit verneint. Zum Schaden i.S. von Art. 97 OR im besondern vgl. etwa *Gauch/ Schluep*, N 2622ff., Bd. II, S. 102ff. (mit zahlreichen weiteren Hinweisen).

B Überlassungspflicht

Die Überlassungspflicht bedeutet, dass die Kreditmittel bis zum ordentlichen Rückgabedatum (Ablauf einer vertraglichen Frist, Fälligkeit infolge Kündigung) dem Kreditnehmer zu belassen sind[439]. Sie wird also namentlich bestimmt durch die Regelungen über die Beendigung des Vertragsverhältnisses und die Rückzahlungspflicht des Kreditnehmers. Es kann hier deshalb auf die entsprechenden Ausführungen zu diesen Punkten verwiesen werden[440]. Zu beachten ist ausserdem, dass der Kreditgeber nach Art. 107ff. OR vorgehen und gegebenenfalls die Kreditmittel wieder zurückfordern kann, wenn der Kreditnehmer mit der Zahlung von Zinsen und Kommissionen i.S. von Art. 102 ff. OR in Verzug gerät[441].

C Pflicht zur ständigen Leistungsbereitschaft

Die Pflicht zur ständigen Leistungsbereitschaft verpflichtet den Kreditgeber, das in seinen Möglichkeiten Stehende zu unternehmen, um dem zu erwartenden Liquiditätsbedarf auch tatsächlich entsprechen zu können. Die Leistungsbereitschaft muss während des für die Finanzierung des Bauprojektes vorgesehenen Zeitraumes, mindestens aber während der Länge der jeweiligen Kündigungsfristen[442] vorhanden sein[443].

Zeigt sich, dass der Kreditgeber dieser Pflicht nicht nachkommt, ist grundsätzlich denkbar, dass Realvollstreckung verlangt wird, was indessen in der Praxis kaum je vorkommen dürfte. Denkbar ist jedoch, dass der Kreditnehmer in einem solchen Fall unverzüglich vom Vertrag zurücktreten kann[444]. Erleidet der Kreditnehmer infolge der Pflichtverletzung einen Schaden, besteht zwar grundsätzlich eine Haftung des Kreditgebers, die sich sinngemäss nach Art. 398 OR beurteilt[445]. Ein solche Haftung ergibt sich aber oftmals erst dann, wenn der Kreditgeber auf Abruf nicht valutiert[446]. In diesem Fall ist aber auch die Übereignungspflicht verletzt und der Kreditnehmer wird sich im Streitfall schon aus beweistechnischen Gründen vornehmlich auf die Verletzung dieser Pflicht berufen.

---

439 Vgl. dazu etwa *Gauch*, Dauerverträge, S. 11; *Maurenbrecher*, S. 140ff.; *Aeschlimann*, S. 30.
440 Vgl. dazu hinten S. 122ff. und S. 127f.
441 Vgl. dazu vorne S. 90.
442 Vgl. dazu hinten S. 122ff. und S. 127f.
443 Zur Bedeutung der Pflicht zur ständigen Leistungsbereitschaft vgl. insbesondere auch schon vorne S. 51f.
444 Vgl. dazu auch hinten S. 123f.
445 Zur analogen Anwendung von Auftragsrecht bei der Pflicht zur ständigen Leistungsbereitschaft vgl. vorne S. 77.
446 Denkbar ist immerhin, dass bei einer entsprechenden Pflichtverletzung der baukreditgebenden Bank die Bonität des Kreditnehmers schlecht eingeschätzt wird und dadurch - zum Schaden des Kreditnehmers - Vertragsabschlüsse nicht zustandekommen. Der Kreditnehmer kann also durchaus einen Schaden erleiden, ohne dass überhaupt Kreditmittel abgerufen werden. In diesem Sinne zu eng ist deshalb noch die 1. Auflage dieses Buches, sowie - darauf Bezug nehmend - *Maurenbrecher*, S. 83, Anm. 200.

II Pflichten des Kreditnehmers

A Pflicht zur vertragskonformen Mittelverwendung

AA Grundsatz

Die Pflicht zur vertragskonformen Mittelverwendung (=Zweckbindung) verpflichtet den Kreditnehmer, die vom Baukreditgeber zur Verfügung gestellten Mittel im Rahmen der Zweckbestimmung des Baukreditvertrages zu verwenden[447]. Wie bereits ausgeführt wurde, ist diese Pflicht in der Regel bloss eine Nebenpflicht. Grundsätzlich kann sie als selbständig einklagbare Nebenpflicht[448] ausgestaltet werden. Insbesondere kann sich der Kreditgeber aber auch weigern, nicht der Zweckbestimmung entsprechenden Zahlungsbegehren nachzukommen[449]. Häufig erfährt der Kreditgeber jedoch erst im nachhinein von einer zweckwidrigen Verwendung der Kreditmittel. Dann sind seine rechtlichen Möglichkeiten aber bereits stark eingeschränkt. Zwar haftet der Kreditnehmer grundsätzlich, wenn er die Kreditmittel nicht vertragskonform verwendet, wobei diese Haftung sinngemäss nach Art. 398 OR zu beurteilen ist[450]. Voraussetzung für eine Haftung ist jedoch, dass dem Kreditgeber ein Schaden entstanden ist. Ein solcher liegt aber noch nicht vor, wenn es zur Unterdeckung der Kreditforderung kommt[451], sondern erst dann, wenn definitiv feststeht, dass der Kreditgeber nicht mehr alle von ihm zur Verfügung gestellten Gelder (inklusive Zins) zurückerhält. Dies trifft in der Regel dann zu, wenn der Kreditnehmer zahlungsunfähig ist (und sich auch die Kreditsicherheiten als ungenügend erweisen), so dass dieser auch den entsprechenden Schadenersatz nicht bezahlen kann. Ein Vorgehen gestützt auf die Haftpflicht des Kreditnehmers ergibt somit wenig Sinn. Immerhin ist denkbar, dass entsprechende Ansprüche gegen Dritte geltend gemacht werden können[452].

---

447 Die Pflicht zur vertragskonformen Mittelverwendung schliesst m.E. auch aus, dass die Ansprüche auf Übereignung der Kreditmittel abgetreten werden können, sofern der Zessionar keine Gewähr für die vertragskonforme Verwendung dieser Mittel bietet (Ausschluss einer Abtretung aufgrund der Natur des Rechtsverhältnisses, 164 Abs. 1 OR). Vgl. dazu auch *von Büren*, S. 112, Anm. 155; *Stauder*, S. 133 (bezogen auf analoge Verhältnisse in der BRD).

448 Ob die Pflicht eine selbständig einklagbare oder nicht einklagbare Nebenpflicht darstellt, hängt von der konkreten Ausgestaltung ab. Zu den unterschiedlichen Auffassungen über die Beschaffenheit der Pflicht zur vertragskonformen Mittelverwendung vgl. etwa *Schärer*, Art. 312 N 18; *Maurenbrecher*, S. 52 Anm. 30, S. 73 Anm. 143.

449 Vgl. dazu vorne S. 89.

450 Zur analogen Anwendung von Auftragsrecht bei der Pflicht zur vertragskonformen Mittelverwendung vgl. vorne S. 77.

451 Vgl. dazu im einzelnen hinten S. 171ff. Allerdings könnte schon die entsprechende Beeinträchtigung der Kreditdeckung als Minderwert der Kreditforderung und somit als Schaden des Kreditgebers gedeutet werden. Ist der Kreditnehmer jedoch genügend solvent, besteht m.E. kein Anlass, einen solchen Minderwert anzunehmen.

452 Insbesondere kann sich der Kreditgeber gestützt auf substitutionsrechtliche Grundsätze an Dritte halten, welche beim Einsatz der Kreditmittel mitwirken, vgl. dazu hinten S. 239 und S. 241. Zur Haftung Dritter vgl. auch gerade nachfolgend S. 95.

BB   Strafrechtliche Aspekte

Unter strafrechtlichen Aspekten kommen bei einer Verletzung der Pflicht zur vertragskonformen Mittelverwendung grundsätzlich die Tatbestände der Veruntreuung gemäss Art.
138 StGB, der ungetreuen Geschäftsbesorgung gemäss Art. 158 StGB oder des Betruges
gemäss Art. 146 StGB in Frage.
Was die Veruntreuung betrifft, so gilt das Folgende: Anvertraut im Sinne von Art. 138
Ziff. 1 Abs. 2 StGB sind Gelder - und damit auch Kreditmittel - dann, wenn der Empfän-
ger verpflichtet ist, deren Wert dem Treugeber ständig zu erhalten. Lehre und Rechtsprechung gingen grundsätzlich davon aus, dass diese Voraussetzung beim Darlehen und damit
auch beim Kredit fehlt, unabhängig davon, ob die Mittel zu bestimmten Zwecken gewährt
und der Geldgeber am Gewinn beteiligt werde[453]. In BGE 120 IV 117 hat indessen das
Bundesgericht entschieden, dass eine solche Werterhaltungspflicht auch beim Darlehen bestehen könne, sofern dieses zu einem bestimmten Zweck gewährt worden sei. Zu beurteilen war die zweckwidrige Verwendung von Darlehensgeldern, welche für den Kauf einer
Liegenschaft gewährt wurden. Die Festlegung des Verwendungszweckes war nach Ausführungen des Bundesgerichtes entscheidend für die Begrenzung des Verlustrisikos des Darlehensgebers. Diese Konstellation entspricht auch den typischen Verhältnissen beim Baukredit. Insbesondere ist es aufgrund des spezifischen Konnexes zwischen Kredit und Sicherheit für die Kreditsicherung gerade entscheidend, dass die Kreditmittel in das Bauvorhaben
investiert werden. Gemäss dieser neuen bundesgerichtlichen Praxis kann somit die
zweckwidrige Verwendung von Baukreditmitteln grundsätzlich den Tatbestand der Veruntreuung erfüllen[454].
Was die ungetreue Geschäftsbesorgung betrifft, so gilt das Folgende: Der Tatbestand verlangt die Pflicht, das Vermögen eines andern zu verwalten. Grundsätzlich fehlt es beim
Baukredit an dieser Konstellation. Insbesondere stellt die Pflicht zur vertragskonformen
Mittelverwendung im Regelfall lediglich eine Pflicht zur Weiterleitung der betreffenden
Mittel dar. Eine solche Pflicht gilt indessen nicht als Vermögensverwaltungspflicht im Sin-
ne des genannten Tatbestandes[455].

---

453   Vgl. dazu *Rehberg*, Strafrecht III (5. A. Zürich 1990), S. 97; *BGE* 86 IV 167 (zweckwidrige
      Verwendung von Geldern, welche zur Bezahlung von Alimenten zur Verfügung gestellt wur-
      den); vgl. auch die weiteren Angaben in *BGE* 120 IV 120.
454   Vgl. dazu auch etwa *Schärer*, Art. 312 N 18; *Stratenwerth*, 13 N 56, S. 264. Zu beachten ist,
      dass eine Strafbarkeit in jedem Fall die Absicht der unrechtmässigen Bereicherung voraussetzt
      (vgl. dazu *Rehberg/ Schmid* S. 98), dass mithin gerade ein Vorteil auf Kosten der Bank gesucht
      bzw. die Rückerstattung der Kreditmittel aufs Spiel gesetzt werden muss. Zumindest diese Be-
      dingung dürfte verhindern, dass die neue Praxis zu einer unzumutbaren strafrechtlichen "Über-
      schattung" des Baukreditgeschäftes führt.
455   Vgl. dazu *Stratenwerth*, 19 N 7, S. 384.

Immerhin ist denkbar, dass in einem konkreten Fall, wo die Pflicht zur vertragskonformen Mittelverwendung als Hauptpflicht neben die anderen Vertragsflichten tritt, eine entsprechende Vermögensverwaltungspflicht zu bejahen wäre. Dies entspricht jedoch nicht den für den Baukredit typischen Verhältnissen.

Was den Betrug betrifft, so gilt schliesslich das Folgende: Grundsätzlich kann kann die vertragswidrige Verwendung der Kreditmittel diesen Tatbestand erfüllen. Vorauszusetzen ist jedoch, dass der Kreditnehmer von Anfang an beabsichtigt, die Kreditmittel zweckwidrig zu verwenden und er damit rechnen muss, dass er die entsprechende Forderung nicht mehr zurückzahlen kann. Das Verschweigen dieser Umstände ist im Lichte der bundesgerichtlichen Rechtssprechung als arglistige Irreführung i.S. des Betrugtatbestandes zu werten[456]. Durch die Freigabe der Kreditmittel erleidet der Kreditgeber auch einen Schaden im strafrechtlichen Sinne, erwirbt er doch trotz grundpfändlicher Sicherung eine Kreditforderung, die erheblich gefährdet und infolgedessen in ihrem Wert wesentlich herabgesetzt ist[457].

CC Rolle des begünstigten Dritten

Will man den durch die Verletzung der Pflicht zur vertragskonformen Mittelverwendung begünstigten Dritten belangen, so gilt das Folgende: Haftpflichtrechtliche Ansprüche können sich höchstens auf ausservertragliche Grundlagen stützen. Zu beachten ist, dass ein Verlust des Kreditgebers nach haftpflichtrechtlicher Terminologie ein reiner Vermögensschaden ist [458] (d.h. kein Sach- bzw. Personenschaden). Ein solcher Schaden ist nur dann widerrechtlich im Sinne von Art. 41 Abs. 1 OR verursacht und führt zu einer entsprechenden Haftung des Dritten, wenn sein Verhalten gegen eine Norm verstösst, welche gerade den Schutz des Vermögens gegen Schädigungen dieser Art bezweckt[459].

---

456 Vgl. dazu *Rehberg/ Schmid*, S. 167, sowie die dort zitierten Entscheide: *BGE 73 IV 225*, insbes. S. 226; *BGE 76 IV 102*, insbes. S. 105; *BGE 86 IV 205*; *SJZ 66*, S. 152f. Vgl. auch *BGE 120 IV 118f.*

457 Vgl. dazu *Stratenwerth*, 15 N 48, S. 333, sowie etwa *BGE 82 IV 89*, insbes. S. 90f.; *BGE 102 IV 84*, insbes. S. 88. Ein Betrug liegt namentlich auch dann vor, wenn ein Baugläubiger, z.B. ein General- bzw. Totalunternehmer, beabsichtigt, seine Unterakkordanten nicht zu bezahlen, dennoch aber den gesamten Rechnungsbetrag bezieht. Vgl. dazu etwa *Zobl*, Bauhandwerkerpfandrecht, S. 100f.; *Schumacher*, N 491, S. 135; *Reber*, S. 107, sowie die von diesen Autoren zitierten *BGE 105 IV 102*.

458 Man spricht auch von «sonstigem» oder «übrigem» Schaden bzw. Vermögensschaden im engern Sinn, vgl. dazu *Rey*, Haftpflichtrecht, N 329, S. 67; *Stark*, N 153f., S. 40; *Oftinger/ Stark II*, 16 N 18, S. 7; *Oftinger/ Stark I*, 2 N 60, S. 89; *Keller/ Gabi-Bolliger*, S. 13; *Schnyder*, OR-Kommentar, Art. 41 N 10, N 13.

459 Vgl. dazu etwa *BGE 112 II 118*, insbes. S. 125; *BGE 102 II 85*, insbes. S. 88; *BGE 101 Ib 252*, insbes. S. 255; *Rey*, Haftpflichtrecht, N 695ff., S. 137ff.; *Stark*, N 264, S. 61 und N 268, S. 62; *Oftinger/ Stark II*, 16 N 94ff., S. 33ff., insbes. N 100f., S. 35f.; *Drehm*, Art. 41 N 9ff.; *Keller/ Gabi-Bolliger*, S. 44f., mit besonderem Grundschutznormen-Konzept; *Schnyder*, OR-Kommentar, Art. 41 N 32ff.

Da, wie gezeigt wurde, die zweckwidrige Mittelverwendung den Tatbestand einer Veruntreuung erfüllen kann, ist immerhin denkbar, dass der Dritte infolge Anstiftung (Art. 24 StGB) oder Gehilfenschaft (Art. 25 StGB) ins Recht gefasst werden kann und demgemäss auch haftet. Beim Betrug ist ebenfalls denkbar, dass der Dritte als Anstifter oder Gehilfe oder sogar als Mittäter ins Recht gefasst werden kann und deshalb ebenfalls haftet. Liegt eine Verleitung zum Vertragsbruch vor, kann dies gegebenenfalls eine Haftung nach Art. 41 Abs. 2 OR auslösen. Doch wird hier vorausgesetzt, dass dies unter besonders anstössigen Umständen oder einzig deshalb geschieht, weil man jemanden schädigen will[460]. Denkbar ist schliesslich auch noch eine Anfechtung der vertragswidrigen Transaktion nach Art. 285ff. SchKG, sofern die dafür notwendigen Voraussetzungen gegeben sind.

B   Pflicht zur Rückzahlung der bezogenen Kreditmittel

Die Pflicht zur Rückzahlung der bezogenen Kreditmittel steht in der Regel unter dem Vorbehalt einer Kündigung, des Ablaufs einer Frist oder des Eintritts einer entsprechenden Vertragsbedingung. Sind die jeweiligen Voraussetzungen erfüllt, kann der entsprechende Anspruch vom Kreditgeber gerichtlich eingeklagt und auf dem Vollstreckungsweg durchgesetzt werden[461]. Bei der Konsolidierung des Baukredites wird die bestehende Schuld allerdings in der Regel nicht zurückbezahlt, sondern durch eine neue Schuld abgelöst bzw. in eine andere Schuld umgewandelt[462].

Für die Verjährung kommen m.E. die Bestimmungen des allgemeinen Teils des OR zur Anwendung (Art. 127ff. OR). Die mittels Grundpfandverschreibung[463] gesicherte Baukreditforderung unterliegt allerdings keiner Verjährung (Art. 807 ZGB). Wurde dagegen lediglich ein Grundpfandtitel zu Faustpfand genommen[464], gilt gemäss Art. 140 OR die zehnjährige Verjährungsfrist nach Art. 127 OR. Dasselbe gilt sinngemäss bei einer Sicherung der Baukreditforderung mittels Sicherungsübereignung eines Schuldbriefes[465]. Die Verjährungsfrist beginnt in demjenigen Zeitpunkt, wo die Rückzahlung erstmals hätte verlangt werden können (Art. 130 und Art. 131 OR). Allerdings hindert der Eintritt der Verjährung den Baukreditgeber nicht an der Geltendmachung des Pfandrechts (Art. 140 OR).

---

460   Vgl dazu *Rey*, Haftpflichtrecht, N 799f., S. 158f.; *Stark*, N 281, S. 64; *Oftinger/ Stark II*, 16 N 202ff., S. 65f., 16 N 213, S. 67; *Brehm*, Art. 41 N 239ff.; *Schnyder*, OR-Kommentar, Art. 41 N 40ff.

461   Zu den konkreten Voraussetzungen für die Erteilung der provisorischen Rechtsöffnung i.S. von Art. 82 SchKG bei Darlehen und Krediten vgl. etwa *Panchaud/ Caprez*, 78 N 1ff., S. 201f., 79 N 1ff., S. 202f.; beim Kontokorrent im besondern: 84 N 1ff., S. 208f. Vgl. dazu auch *Fritzsche/ Walder I*, 20 N 9, S. 261f.

462   Vgl. dazu hinten S. 380f.

463   Vgl. dazu hinten S. 134ff.

464   Vgl. dazu hinten S. 140ff.

465   Vgl. dazu hinten S. 148ff.

§ 16 Weitere verkehrstypbestimmende bzw. verkehrstypwesentliche Vertragspunkte

I Zweckbestimmung der Kreditmittel

Die Zweckbestimmung begründet - wie bereits ausgeführt wurde - keine eigenständige Leistungspflicht. Sie spezifiziert vielmehr die Übereignungspflicht des Kreditgebers bzw. legt fest, welche Verwendung der Kreditmittel durch den Kreditnehmer noch als vertragskonform gilt (Spezifikation der Zweckbindung). Der Umfang der Zweckbestimmung kann durch Parteivereinbarung festgelegt werden. Allerdings ergibt sich auch aus dem Baukreditvertragsrecht ein Bereich der typischerweise zur Baukreditfinanzierung gehörenden Kosten. Dieser Bereich ist - im Rahmen der Vertragsergänzung - namentlich dann massgebend, wenn die Parteien keine entsprechende Abrede getroffen haben[466].

A Verhältnis zwischen konkret vereinbarter und vertragstypischer Zweckbestimmung im allgemeinen

Grundsätzlich ist es den Parteien überlassen, wie weit sie die Zweckbestimmung des Kredites fassen möchten. Insbesondere können die Parteien die Verwendung der Kreditmittel auf einen eng begrenzten Bereich beschränken. Umgekehrt können sie die Kreditmittel auch für Kosten vorsehen, welche ganz oder teilweise gar nicht mehr in den Bereich der vertragstypischen Zweckbestimmung fallen. Zu beachten ist indessen, dass bei einer Ausdehnung des Kreditzweckes auf untypische Kosten gegebenenfalls der Konnex zwischen Kredit und Sicherheit[467] nicht mehr ausreichend gewährleistet bleibt. Dies kann entweder bedingen, dass von Anfang an entsprechende Zusatzsicherheiten zu verlangen sind, oder aber zur Folge haben, dass ein Teil der Kreditforderung ungedeckt bleibt[468]. Sodann gilt, dass sich für den Fall, dass einzelne Baugläubiger unbezahlt bleiben, bei einer Verwendung von Kreditmitteln für nicht vertragstypische Kosten das Risiko einer Anfechtbarkeit i.S. von Art. 841 ZGB erhöht[469].

---

466 Vgl. dazu insbesondere vorne Anm. 353.

467 Vgl. dazu vorne S. 3ff.

468 Es kann also eine analoge Situation entstehen, wie bei einer zweckwidrigen Verwendung der Kreditmittel, vgl. dazu hinten S. 233ff. Zu beachten ist allerdings, dass im Falle von Zusatz- bzw. Mehrkosten Unterdeckungen auch dann entstehen können, wenn vertragstypische Kosten bezahlt werden. Hinzu kommt, dass zahlreiche vertragstypische Kosten gar nicht unmittelbar wertvermehrende Leistungen betreffen. Entscheidend ist indessen, dass solche Kosten - im Gegensatz zu typfremden Kosten - grundsätzlich geeignet sind, die Kreditdeckung zu fördern oder dass sie zumindest mit deckungsfördernden Aktivitäten zusammenhängen oder diese überhaupt erst ermöglichen. Nicht vertragstypischen Kosten fehlt dieses Merkmal in der Regel von vornherein.

469 Vgl. dazu im einzelnen hinten S. 314ff. Zur Frage, wann eine Verwendung von Kreditmitteln als zweckwidrig im Sinne von Art. 841 ZGB zu gelten hat, vgl. insbesondere hinten S. 323ff.

Soweit den vereinbarten Abweichungen von der vertragstypischen Zweckbestimmung lediglich eine untergeordnete Bedeutung zukommt, dürfte nur gerade eine Beimischung[470] typfremder Merkmale vorliegen, welche an der grundsätzlichen Qualifikation des betreffenden Vertrages als Baukreditvertrag und am in erster Linie auf diesen Vertrag anwendbaren Recht nichts ändert[471]. Kommt demgegenüber einer bestimmten, nicht mehr zur Baufinanzierung gehörenden Kostenkategorie eine besondere Bedeutung zu, und werden namentlich für die Finanzierung dieser Kosten abweichende Bestimmungen getroffen, ist - wie etwa die kombinierte Land- und Baufinanzierung[472] zeigt - denkbar, dass die Verknüpfung zweier Verträge vorliegt, die je nach Intensität des Zusammenhanges als bloss äusserliche Vertragsverbindung, als Vertragsverbindung im eigentlichen Sinn oder als gemischter Vertrag zu qualifizieren ist[473].

B   Einzelfragen betreffend den von den Parteien vereinbarten Umfang der Zweckbestimmung im besondern

AA   Durch ausdrückliche Parteivereinbarung festgelegter Umfang

Auch wenn die Parteien durchaus nur eine Mittelverwendung im Bereich der vertragstypischen Zweckbestimmung vorsehen wollen, stellt sich in der Praxis namentlich das Problem der Konkretisierung, da sich bei der Errichtung bzw. Modifikation einer Baute eine Fülle verschiedener Kosten ergeben kann, die erst nach Abschluss der Bauarbeiten definitiv feststehen. Denkbar ist immerhin, dass eine detaillierte Aufstellung der Kosten, die mit Baukreditmitteln bestritten werden können, in einen Anhang zum Baukreditvertrag aufgenommen wird. Ebenso können die Parteien beispielsweise festlegen, dass lediglich die gemäss Kostenvoranschlag zu erwartenden Kosten oder sogar lediglich die Kosten für die in einem Handwerkerverzeichnis aufgeführten Handwerker und Unternehmer aus Kreditmitteln bestritten werden dürfen.

---

470   Vgl. zu diesem Begriff auch etwa *Schluep*, S. 774; *Schluep/ Amstutz*, N 7, wo der Begriff indessen im Zusammenhang mit nominaten Vertragstypen verwendet wird.

471   Fehlt umgekehrt jegliche Übereinstimmung, wie z.B. bei der Finanzierung einer Fahrnisbaute oder bei der Finanzierung blosser Unterhaltsarbeiten, liegt gar kein Baukreditvertrag mehr vor.

472   Vgl. dazu vorne S. 80ff.

473   Vgl. dazu vorne Anm. 399.

Möglich ist ausserdem, dass bereits feste Beträge für die einzelnen Kostenstellen festgelegt werden. In diesem Fall dürfen Zusatz- oder Mehrkosten[474] bereits nicht mehr mit Baukreditmitteln bezahlt werden. Denkbar ist schliesslich auch, dass die Parteien pauschal auf den Baukostenplan (BKP)[475] oder die Elementkostengliederung (EKG)[476] verweisen [477].

BB Durch Auslegung zu ermittelnder Umfang

Die in der Praxis geschlossenen Baukreditverträge gehen oft nur sehr allgemein auf die Zweckbestimmung ein. Üblich ist z.b. die Formulierung, dass die Kreditmittel ausschliesslich für das im Baukreditvertrag bezeichnete Bauprojekt zu verwenden seien. Geht es in einem konkreten Fall um die Frage, ob eine bestimmte Zahlung noch dem Kreditzweck entspreche, ist die Antwort bei derart pauschalen Formulierungen mittels Auslegung zu ermitteln. Allerdings dürfte sich dabei ein bis ins Detail gehender Wille der Parteien kaum feststellen lassen. In solchen Fällen muss man sich deshalb der sog. objektivierten Auslegung bedienen. Diese hat zu ermitteln, «was die Parteien unter den gegebenen Umständen als vernünftige und korrekte Vertragspartner durch Verwendung der auszulegenden Worte gewollt haben würden»[478]. Die Ermittlung dieses objektiven Sinnes ist eine Rechtsfrage[479], die allerdings unter Anwendung des Vertrauensprinzips jeweils auf den konkreten Fall bezogen zu beantworten ist und hier nicht generell beurteilt werden kann. Dennoch sind für diese Auslegung grundsätzliche Äusserungen möglich. So kann m.E. allein die Tatsache, dass dem Baukreditvertrag ein Kostenvoranschlag zugrundegelegt wird, noch nicht die Annahme rechtfertigen, dass Baukreditmittel nur für im Kostenvoranschlag aufgeführte Kosten aufgewendet werden dürfen. Oft sind beim Abschluss des Baukreditvertrages die meisten Bauverträge noch gar nicht abgeschlossen. Der Kostenvoranschlag ist also zu diesem Zeitpunkt noch nicht definitiv und kann somit auch den Kreditumfang nicht abschliessend bestimmen[480]. Nach der allgemeinen Lebenserfahrung haben die Parteien bei einem Bau ausserdem durchaus mit Zusatz- oder Mehrkosten zu rechnen[481].

---

474 Zu Zusatz- und Mehrkosten im einzelnen vgl. hinten S. 243ff. und S. 255ff.

475 Vgl. dazu *CRB*, Baukostenplan, sowie eingehend hinten S. 110ff.

476 Vgl. dazu *CRB*, Elementkostengliederung, sowie eingehend hinten S. 113ff.

477 Zur Überprüfung der Frage, inwieweit sich eine entsprechende Verweisung mit der vertragstypischen Zweckbestimmung deckt, vgl. hinten S. 117.

478 *Gauch/ Schluep*, N 1201, Bd. I, S. 228; vgl. auch *Merz*, Art. 2 N 123ff.

479 Vgl. dazu *Gauch/ Schluep*, N 1201, Bd. I, S. 228f.; *BGE* 107 II 161, insbes. S. 163; *BGE* 113 II 49, insbes. S. 50.

480 Zur Nachkorrektur des Kostenvoranschlages aufgrund der sukzessive eintreffenden Bauofferten vgl. Art. 4.3.3 SIA-Ordnung 102 (Ausgabe 1984) sowie Art. 4.1.5 SIA-Ordnung 103 (Ausgabe 1984); vgl. dazu auch *Schumacher*, N 992, S. 286.

481 Indessen kann bereits in den Kostenvoranschlägen ein bestimmter Betrag für Unvorhergesehenes berücksichtigt sein, so dass dieses Argument insoweit nicht verfängt. Zu den Ursachen von Zusatz- und Mehrkosten im einzelnen vgl. etwa hinten S. 243f. und S. 255.

Sinngemäss dasselbe gilt auch für die von den Banken eingeforderten Handwerkerverzeichnisse bzw. Vergebungsblätter, die bei Abschluss des Baukreditvertrages ohnehin kaum je vollständig vorliegen.

Ebensowenig kann schliesslich allein aus der Tatsache, dass beim in Frage stehenden Bauprojekt mit dem Baukostenplan (BKP)[482] bzw. der Elementkostengliederung (EKG)[483] gearbeitet wird, geschlossen werden, dass die Verwendung des Baukredites auf die in diesen Instrumenten genannten Leistungen beschränkt sein soll.

Umgekehrt dürften die Parteien auch bei einer pauschal gehaltenen Umschreibung der Zweckbestimmung kaum je beabsichtigen, dass Kreditmittel auch für Kosten verwendet werden können, welche nicht mehr in den Bereich der vertragstypischen Zweckbestimmung fallen. Ohne besondere Umstände besteht auch kein Anlass, von der vertragstypischen Zweckbestimmung abzuweichen. In den meisten Fällen dürfte somit eine objektivierte Auslegung ergeben, dass die pauschal vereinbarte Zweckbestimmung der vertragstypischen Zweckbestimmung entspricht.

C Konkretisierung der vertragstypischen Zweckbestimmung im besondern

AA Grundsatz

Mangels Gewohnheitsrechts bzw. entsprechender Normen im allgemeinen Teil des OR ist der Bereich der für den Baukreditvertrag typischen Zweckbestimmung durch eine Regelbildung modo legislatoris[484] festzulegen. Massgeblich bei einer solchen Regelbildung soll - wie weiter vorne ausgeführt wurde - unter anderem die sinngemässe Beiziehung von Normen des gesetzten Rechts sein[485]. Zu beachten ist dabei, dass die Festlegung der vertragstypischen Zweckbestimmung eine Verwandtschaft mit anderen, vom Gesetzgeber bereits geregelten Problemstellungen aufweist: Es geht um die Konkretisierung eines durch einen Zweck begrenzten Bereichs. Eine solche Konkretisierung wurde namentlich in Art. 55 ZGB i.V. mit Art. 564 OR, Art. 718a OR und Art. 899 OR sowie in Art. 459 OR vorgenommen. Die diesen Normen gemeinsame Regel geht dahin, dass der entsprechende Bereich so weit gefasst wird, wie es der fragliche Zweck «mit sich bringen kann» Diese Lösung kann m.E. bei der hier vorliegenden Problematik sinngemäss übernommen werden. Als entsprechende Regel ist somit etwa denkbar:

482 Vgl. dazu *CRB*, Baukostenplan, sowie eingehend hinten S. 110ff.
483 Vgl. dazu *CRB*, Elementkostengliederung, sowie eingehend hinten S. 113ff.
484 Vgl. dazu vorne S. 73ff.
485 Vgl. dazu vorne S. 75.

Der vertragstypischen Zweckbestimmung entsprechen diejenigen Kosten, welche die Realisierung eines mit einem Baukredit[486] finanzierten Bauvorhabens[487] mit sich bringen *kann*.

Damit ergibt sich, dass nicht nur Leistungen entschädigt werden dürfen, die unmittelbar zu einer Substanzveränderung am verpfändeten Grundstück führen[488]. Vielmehr erfasst diese Regel auch Kosten, welche sich beispielsweise schon vor Beginn der Bauarbeiten ergeben (namentlich Kosten für die Entwicklung des Bauprojektes sowie Vorbereitungs-, Verfahrens- und Verwaltungskosten). Auch Kostenvoranschläge haben somit keine bindende Wirkung. Insbesondere gehören Zusatz- oder Mehrkosten[489] durchaus zu den typischerweise vom Vertragszweck erfassten Kosten. Dagegen gehören Kosten, welche nach Abschluss der Bauarbeiten anfallen und bereits klar zu den gewöhnlichen Nutzungs-, Verwaltungs- und Unterhaltskosten einer Liegenschaft zählen, nicht mehr dazu. Klar nicht dazu gehören ausserdem die Kosten für den Landerwerb. Diese Kosten werden im Falle der Fremdfinanzierung mit Hilfe sog. Landkredite bzw. Landdarlehen[490] bestritten, die vom Baukredit zu unterscheiden sind[491]. Im einzelnen lassen sich die Kosten, die nach der hier entwickelten Regel zur vertragstypischen Zweckbestimmung zu rechnen sind, wie folgt konkretisieren:

BB Einzelne Kosten

AAA Kosten für substanzverändernde Leistungen

Der weitaus grösste Teil der Kosten, welche die erwähnte Regel erfüllen, sind Kosten für Leistungen, die eine Substanzveränderung auf dem Baugrundstück bzw. am entsprechenden Gebäude mit sich bringen[492] (plus Kosten für die entsprechende Mehrwertsteuer[493]

---

486 Vgl. dazu die Definition vorne S. 18.

487 Zur Konkretisierung dieses Begriffes und zu möglichen Abgrenzungskriterien vgl. insbesondere vorne S. 8ff. Damit überhaupt ein Baukredit vorliegt, muss das Vorhaben in jedem Fall die dort genannten Voraussetzungen erfüllen.

488 Vgl. dazu allerdings etwa *Albisetti/ Gsell/ Nyffeler*, S. 119, sowie *Albisetti/ Boemle/ Ehrsam/ Gsell/ Nyffeler/ Rutschi*, S. 135, wo festgehalten wird, dass der Baukredit ausschliesslich zur Bezahlung der Bauhandwerker und der Lieferanten von Baumaterialien verwendet werden darf. Diese Beschränkung ist abzulehnen. Vgl. dazu immerhin hinten S. 187 und S. 292 sowie *Schumacher*, S. 315, Ziff. 3.1 und N 966, S. 283, wo eine solche Beschränkung als Schutzmassnahme gegen allfällige Bauhandwerkerpfandrechte empfohlen wird.

489 Vgl. dazu im einzelnen hinten S. 243ff. und S. 255ff.

490 Vgl. dazu vorne S. 31.

491 Zur kombinierten Land- und Baufinanzierung uno actu vgl. vorne S. 80ff.

492 Die meisten dieser Leistungen führen - unter dem Vorbehalt, dass das Bauvorhaben vollendet wird - unmittelbar zu einer Wertvermehrung des Baugrundstücks. Zum Begriff der wertvermehrenden Arbeiten im Zusammenhang mit dem Bauhandwerkerpfandrecht vgl. etwa *Schumacher*, N 257ff., S. 58 ff.

493 Insbes. unterliegen Bauarbeiten gemäss Art. 4 lit. a, Art. 5 Abs. 2 lit. a, Abs. 3 und 4 MWSTV der Mehrwertsteuer.

sowie weitere, im jeweiligen Preis inbegriffene Abgaben für diese Leistungen). Sie bilden gleichsam den Kernbereich der Baukreditfinanzierung. Zu den entsprechenden Leistungen gehören einerseits die Bauarbeiten, andererseits aber auch sämtliche Lieferungen des für den Bau verwendeten Materials.

Als Bauarbeiten in diesem Sinne sind sämtliche Arbeiten zu betrachten, welche das Baugrundstück bzw. das Bauobjekt im Hinblick auf das Bauziel verändern. Insbesondere gehören dazu auch Rodungsarbeiten, Abbrucharbeiten und Demontagen, Erdbewegungen und Erschliessungsarbeiten sowie andere Vorbereitungsarbeiten auf dem Grundstück. Sodann gehören dazu die Baugrubenarbeiten, die Erstellung des Rohbaus inklusive Bedachung, Errichtung von Elektroanlagen, Heizung, Lüftung, Klimaanlagen, Sanitäranlagen, Aufzügen und ähnlichen Anlagen, Maler- und Gipserarbeiten, Metallarbeiten, Verglasungen, Boden- und Deckenverkleidungen sowie weitere Ausbauarbeiten. Schliesslich gehören dazu Arbeiten für Betriebseinrichtungen und zur Ausstattung des Gebäudes, Umgebungsarbeiten sowie andere Abschlussarbeiten bis zur Bauvollendung.

Die Materialkosten umfassen nicht nur Kosten für Material, das durch Einbau Bestandteil des Bodens bzw. des Gebäudes wird (Art. 642 ZGB), sondern auch Kosten für Material, das bloss als Zugehör zu gelten hat (Art. 644 ZGB)[494]. Allerdings muss hier unterschieden werden. Kosten für Zugehör, die bereits im Rahmen einer spezifischen, grundsätzlich jedoch austauschbaren Nutzung des Objektes in dieses eingebracht wird, sind nicht mehr zu den vertragstypischen Kosten zu rechnen.

Vertragstypisch sind sodann etwa die Kosten für Reparaturen beschädigter Lieferungen bzw. die Kosten für die Wiederbeschaffung gestohlener Ware, sofern sie nicht auf Dritte abgewälzt werden können.

Eigenleistungen des Bauherrn können m.E. dann zu vertragstypischen Kosten führen und somit aus Kreditmitteln bezahlt werden, wenn sie von einem unternehmerischen Bauherrn erbracht werden, während Kosten für Leistungen eines privaten Bauherrn nur dann vertragskonform sind, wenn der Baukreditvertrag eine entsprechende Abrede enthält[495].

---

494 Namentlich erstreckt sich gemäss Art. 805 ZGB das Pfandrecht der Baukreditforderung auch auf die im Rahmen der Bauarbeiten neu zum Baugrundstück hinzukommende Zugehör, vgl. dazu *Leemann*, Art. 805 N 22; *Tuor/ Schnyder/ Schmid*, S. 814. Vgl. dazu auch etwa *BGE* 104 III 28.

495 Eigenleistungen des Bauherrn werden in gewissen Fällen als besondere Art der Restfinanzierung betrachtet, vgl. dazu vorne Anm. 181.

BBB   Weitere Kosten

Weitere Kosten, die unter die vertragstypische Zweckbestimmung fallen, sind entweder
Kosten für Leistungen, welche mittelbar zur Substanzveränderung auf dem Grundstück beitragen, indem sie z.b. überhaupt erst die Voraussetzungen für die Bauarbeiten schaffen
oder diese fördern. Oder sie sind eine Folge oder Begleiterscheinung der Substanzveränderung[496]. Im einzelnen gehören zu diesen Kosten (jeweils inklusive Kosten für die entsprechende Mehrwertsteuer[497]) [498]:

AAAA   **Kosten für Architekten- und Ingenieurleistungen[499]**
           sowie weitere Honorare[500]

Dazu gehören etwa die Kosten für Architekten, Innenarchitekten und Gartenarchitekten,
Bauingenieure, Umweltschutzexperten[501] und Spezialingenieure für Elektrizitätsanlagen,
Beleuchtung, Heizung, Lüftung, Klima, Kälte, Sanitär, Bauakustik und Bauphysik, Geo-
meter, Geologen, Geotechniker, künstlerische Berater etc.[502], inklusive Spesen und weitere periphere Kosten (Reisespesen, Plankopien, Druckkosten etc.).
Soweit es sich dabei um Leistungen handelt, die vor Baubeginn erbracht werden, ist zu
verlangen, dass die Substanzveränderung auf dem Baugrundstück auch tatsächlich beabsichtigt sein muss. Soll mit einem Kredit lediglich eine Planung oder Vorabklärung finanziert werden, die nicht unmittelbar auf eine Bauausführung abzielt (weil man beispielsweise grundsätzlich die Nutzungsmöglichkeiten für ein bestimmtes Grundstück studieren
möchte), so fehlt es am erwähnten Konnex zwischen dem Kredit und seiner Sicherheit[503]

---

496   Die entsprechenden Forderungen sind in der Regel auch nicht durch allfällige Bauhandwerker-
      pfandrechte geschützt. Zum Kriterium der Substanzveränderung als Voraussetzung für den Bau-
      gläubigerschutz vgl. etwa *Zobl*, Bauhandwerkerpfandrecht, S. 86. Eine Ausnahme stellen aller-
      dings gewisse periphere Bauleistungen dar, für welche in der Praxis der pfandrechtliche Schutz
      gewährt wird, obwohl sie keine direkte Substanzveränderung bewirken, vgl. dazu etwa *Schuma-
      cher*, N. 260ff., S. 59.
497   Insbes. unterliegen auch Dienstleistungen (z.B. von Architekten und Ingenieuren) gemäss Art. 4
      lit. b und Art. 6 MWSTV der Mehrwertsteuer. Zu übergangsrechtlichen Problemen aufgrund
      der Einführung der Mehrwertsteuer vgl. etwa *Egli*, N 903, S. 301, Anm. 190b, S. 342.
498   Die nachfolgende Systematik orientiert sich im wesentlichen an der Aufteilung bei *Goedecke*, S.
      78ff.
499   Nach BKP gehören diese Kosten zu den Baukosten, vgl. dazu *CRB*, Baukostenplan, Ziff. 29;
      Goedecke zählt sie zu den Baunebenkosten, vgl. dazu *Goedecke*, S. 77ff.
500   Soweit diese Kosten im Rahmen eines Quartierplan- oder Landumlegungsverfahrens anfallen,
      gilt das zur externen Erschliessung (S. 104) bzw. den Verfahrenskosten Ausgeführte (S. 106).
501   Zu denken ist etwa an das Honorar für die Erstellung des für eine Umweltverträglichkeitsprü-
      fung notwendigen Berichtes.
502   Vgl. dazu insbes. etwa *Schumacher*, N 180, S. 40. Nach schweizerischer Praxis sind diese Lei-
      stungen nicht durch Bauhandwerkerpfandrechte geschützt, vgl. dazu etwa *Schumacher*, N
      180ff , S 40ff ; *Zobl*, Bauhandwerkerpfandrecht, S 89f (mit ausführlichen Literaturangaben);
      Tuor/ Schnyder/ Schmid, S. 849; *Leemann*, Art. 837 N 42.
503   Vgl. dazu im einzelnen vorne S. 3ff.

und es liegt kein Baukredit vor[504]. Werden allerdings solche Vorarbeiten im Nachhinein für ein konkretes Bauprojekt mitbenutzt, gehören die entsprechenden Kosten zum vertragstypischen Zweck eines für dieses Projekt gewährten Baukredites[505]. Weitere Honorare sind insbesondere Honorare für die rechtliche Betreuung im Baubewilligungsverfahren sowie in weiteren mit der Baurealisierung zusammenhängenden Verfahren.

BBBB   Kosten für mit dem Bau zusammenhängende Leistungen oder Materiallieferungen, welche keine unmittelbaren Folgen auf die Bausubstanz haben

Hiezu gehören Kosten für die Bauheizung, Baureinigung und Bauaustrocknung sowie Kosten für die Baugrubensicherung, Kosten für die Bewachung der Baustelle, Transportkosten, Kosten für verbrauchbares Baumaterial (Bauholz für Betonverschalungen, Abdeckungsmaterialien und andere durch den Bau sich verschleissende Materialien) und Betriebsstoffe, Kosten für die Aufstellung, Miete, Wartung, Versicherung und den Abbruch von Maschinen, Kosten für Bauausrüstungen und die Baustelleninfrastruktur (Wasser-, Strom-, Gas-, Druckluft und Telefonleitungen, inkl. Abgaben für den Bezug entsprechender Leistungen), Kosten für die Baustelleninstallationen (Bauzäune, Rampen, Gerüste, Planen und Schutzvorrichtungen für die gesamte Baustelle, Schilder und Hinweistafeln und Signalanlagen) und die Bauräumlichkeiten (Umkleideräume, Büros, Arbeitsräume, Kantine)[506] sowie Kosten für die Entsorgung von Bauschutt und Abfällen, sofern diese separat anfallen und die entsprechenden Leistungen nicht schon ohnehin zur Gesamtleistung eines Bauhandwerkers oder Bauunternehmers gehören und somit im Werkpreis inbegriffen sind[507].

Weiter gehören Erschliessungskosten für Anlagen dazu, die nicht dem Baugrundstück zufallen, insbesondere Entschädigungen oder öffentliche Abgaben für die Erstellung von Zufahrtstrassen oder Gleisanlagen bis zum Baugrundstück, für Strom-, Gas- und Wasseranschlüsse, für PTT-Anschlüsse und Anschlüsse an andere Kommunikationssysteme sowie für Anschlüsse an die Abwasserentsorgung und andere Entsorgungssysteme[508], sofern diese Kosten beim Baukreditnehmer anfallen (d.h. insbesondere nicht schon im Landpreis inbegriffen sind) und mit dem Bauvorhaben zusammenhängen.

---

504 Vgl. dazu auch *Jaschinski*, S. 187f., der solche Kosten dem Anwendungsbereich der Vorfinanzierungskredite («Anlaufskredite») zurechnet.

505 Vgl. dazu auch vorne S. 31. Insbesondere gilt dies auch etwa für die Kosten, welche die Erstellung des für eine Umweltverträglichkeitsprüfung notwendigen Berichtes verursacht.

506 Zur Spezifizierung des Begriffes «Baustelleneinrichtungen» vgl. auch etwa Art. 123 SIA-Norm 118 (Ausgabe 1977/1991); *Gauch/ Prader*, SIA 118, Art. 123 N 1ff.

507 Soweit solche Gesamtleistungen vorliegen, besteht auch ein Schutz durch Bauhandwerkerpfandrechte, vgl. dazu etwa *Schumacher*, N 190ff., S. 43 ff.; *Zobl*, Bauhandwerkerpfandrecht, S. 92. Vgl. dazu auch Art. 43 und 123 SIA-Norm 118 (Ausgabe 1977/1991).

508 Vgl. dazu auch hinten S. 375f.

CCCC   Ersatzabgaben, Abfindungen und Kosten für den Erwerb von Rechten

Hiezu gehören die Kosten für den Erwerb von Servituten (Wegrechten, Näherbaurechten, Durchleitungsrechten), Sondernutzungskonzessionen und anderen Rechten, welche dem Bauvorhaben dienen. Ebenso sind dazu die Kosten für die Ablösung von Servituten und anderen Rechten zu rechnen, welche dem Bau entgegenstehen. Weiter gehören dazu auch Entschädigungen für Mieter (Mietzinsreduktionen bzw. Entschädigungen für den vorzeitigen Auszug aus dem Mietobjekt) und vom Bau betroffene Nachbarn, die Kosten für die Benutzung von Nachbargrundstücken oder öffentlichem Grund sowie Ersatzabgaben (z.b. für den Fall, dass nicht die vorgeschriebene Anzahl Parkplätze[509] bzw. Schutzräume[510] realisiert werden kann). Schliesslich sind m.E. auch die Kosten zur Vermeidung oder Ablösung von Bauhandwerkerpfandrechten zu diesen Kosten zu rechnen, sofern diese mit dem aktuellen Bau zusammenhängen[511].

DDDD   Verwaltungskosten

Dazu gehören die Kosten für sämtliche mit der Bauvorbereitung und Baudurchführung zusammenhängenden Verwaltungsleistungen, wie beispielsweise für das Beschaffen von für den Bau notwendigen Unterlagen, für Kalkulationen und Vorstudien, für die Aufstellung der Finanzierungs- und Zahlungspläne, für die gesamte Bauadministration sowie später für das Erstellen der Schlussabrechnung und der Rentabilitätsberechnung[512]. Ebenso gehören dazu Kosten für Umtriebe im Zusammenhang mit dem Baubewilligungsverfahren sowie weiterer Verfahren, welche die Realisierung des Projektes mit sich bringt. In der Regel sind diese Kosten Personal-, Sach- und Gemeinkosten eines unternehmerischen Bauherrn bzw. Spesen des privaten Bauherrn (Telefon, Reisespesen etc.) sowie Kosten, welche diesem bei Vergabe der entsprechenden Arbeiten an Dritte (z.B. an einen Treuhänder) entstehen[513]. Eine Entschädigung für die persönlich erbrachten Leistungen eines privaten Bauherrn ist dagegen m.E. nur dann vertragskonform, wenn dies von den Parteien ausdrücklich vereinbart wird[514].

---

509 Vgl. dazu etwa § 246 PGB/ZH. Soweit dem Bauherrn allerdings Frist zur Realerfüllung angesetzt wird, werden die entsprechenden Beträge in der Regel erst lange nach Abschluss der Bauarbeiten und Konsolidierung des Baukredites fällig.

510 Vgl. dazu Art. 2 Abs. 2 und 3 BMG und Art. 6 BMV.

511 Vgl. dazu im einzelnen hinten S. 306ff. Sinngemäss dasselbe gilt auch für die Vermeidung bzw. Ablösung anderer gesetzlicher Pfandrechte, die mit dem in Frage stehenden Bau zusammenhängen, vgl. dazu hinten Anm. 802.

512 Vgl. dazu *Goedecke*, S. 79.

513 Vgl. dazu *Goedecke*, S. 79. Soweit die genannten Leistungen allerdings vom Architekten, Ingenieur oder Rechtsberater erbracht werden, fallen die entsprechenden Kosten unter die bereits erwähnten Honorare.

514 Zur Eigenleistung als besonderer Form der Restfinanzierung im besondern vgl. vorne Anm. 181.

GOEDECKE zählt zu diesen Kosten auch die Kosten für die Grundstückbeschaffung (z.B. Mäklergebühren, Insertionskosten) sowie die Kosten für die erstmalige Vermietung des neu erstellten Gebäudes[515]. Diese Kosten gehören jedoch m.E. klar nicht mehr in den hier definierten Bereich der Zweckbestimmung, da sie nicht mit der Baurealisation zusammenhängen. Ebensowenig gehören allfällige Kosten für den Verkauf des neu erstellten oder umgebauten Objektes dazu. Den Parteien steht es allerdings frei, ausdrücklich zu vereinbaren, dass der entsprechende Kredit auch für diese Kosten eingesetzt werden darf.

EEEE   Verfahrenskosten

Dazu gehören die Verfahrenskosten, die im Rahmen des Baubewilligungsverfahrens sowie weiterer Bewilligungsverfahren fällig werden, Baupolizeigebühren, Abnahmegebühren sowie Beurkundungs- und Registergebühren. Weitere Gerichts- bzw. Verfahrenskosten können m.E. dann zum hier definierten Bereich der Zweckbestimmung gerechnet werden, wenn die entsprechenden Verfahren mit dem Bau zusammenhängen und deren Durchführung nach Treu und Glauben gerechtfertigt ist. Gerade bei Prozessen über Bauhandwerkerpfandrechte[516] sowie bei Auseinandersetzungen über Gewährleistungsfragen muss aber damit gerechnet werden, dass die Verfahren oft weit über den Abschluss der Bauarbeiten hinaus andauern. Häufig ist der Baukredit zu diesem Zeitpunkt bereits konsolidiert, so dass sich die Frage nach der Vertragskonformität der entsprechenden Kosten gar nicht mehr stellt.

Verfahren, welche der Bauherr im Interesse des eigenen Grundstücks gegenüber Dritten anstrengt, können zwar einen Einfluss auf den Wert des Grundstücks haben. Soweit sie jedoch vom Bau und der damit verbundenen Substanzveränderung unabhängig sind, fallen sie nicht in den typischen Bereich der Baukreditfinanzierung.

Nicht zur vertragstypischen Zweckbestimmung gehören auch die Beurkundungs- und Grundbuchkosten, welche im Rahmen des Grundstückerwerbes anfallen, da sie nicht mit der Baurealisation zusammenhängen. Demgegenüber gehören Kosten eines Quartierplan- oder Landumlegungsverfahrens zu den vertragstypischen Kosten, sofern diese Kosten beim Baukreditnehmer anfallen (d.h. insbesondere nicht schon im Landpreis inbegriffen sind) und mit dem Bauvorhaben zusammenhängen.

---

515   Vgl. dazu *Goedecke*, S. 79.
516   Zu den entsprechenden Verfahren im besondern vgl. hinten S. 286.

FFFF **Kosten für die Beschaffung der Finanzierungsmittel, Finanzierungskosten, Baurechtszinsen sowie die Steuerbelastungen des Baugrundstücks während der Bauzeit**

Zu den Kosten für die Beschaffung der Finanzierungsmittel gehören beispielsweise die Beurkundungs- und Grundbuchkosten im Zusammenhang mit der grundpfändlichen Sicherung des Baukredites[517], allfällige Mäklerprovisionen, welche für die Beschaffung des Baukredites aufgebracht werden mussten, sowie Spesenvergütungen, Kommissionen und Zuschläge, die im Zusammenhang mit der Baukreditvergabe zu leisten sind[518]. Finanzierungskosten, die zum hier definierten Bereich der Zweckbestimmung gehören, sind insbesondere Baukreditzinsen[519], Kredit- und Bereitstellungskommissionen, die bis zur Vollendung der Bauarbeiten anfallen, sowie Spesen und Gebühren, die dem Kreditnehmer im Rahmen des Zahlungsverkehrs bzw. des Kontokorrent- und Giroverhältnisses belastet werden. Ebenso gehören zum hier definierten Bereich der Zweckbestimmung die Kosten für allfällige Bürgschaften und Bankgarantien, die als Zusatzsicherung oder zur Sicherung der Restfinanzierung gewährt wurden. Ebenso gehören die Drittkapitalzinsen dazu.

Nach GOEDECKE kann auch der Zinsersatz für bereits geleistete Tilgungszahlungen den Baunebenkosten hinzugerechnet werden[520]. M.E. gehört ein solcher Zinsersatz jedoch nicht typischerweise zur Baukreditfinanzierung. Es ist den Parteien allerdings freigestellt, eine davon abweichende Regelung zu treffen. Nicht zum hier definierten Bereich kann m.e. auch ein allfälliger Zins für das in den Bau investierte Eigenkapital des Bauherrn gerechnet werden. Zwar können die Parteien durchaus vereinbaren, dass dem Kreditnehmer ein entsprechender Zins vergütet werden soll, doch erscheint dies nicht sehr sinnvoll und ist ausserdem unökonomisch, da der aus Kreditmitteln finanzierte Eigenkapitalzins entsprechend mehr Baukreditzinsen verursachen würde. Wo allerdings den eingesetzten liquiden Mitteln des Bauherrn Zinsverpflichtungen für entsprechende Schulden bei Dritten gegenüberstehen, liegt wirtschaftlich gesehen eine Fremdfinanzierung vor[521]. In einem solchen Fall gehört der Zins für die entsprechenden Verbindlichkeiten zum hier definierten Bereich der Zweckbestimmung.

---

517 Vgl. dazu hinten S. 132ff.

518 Zu möglichen Kreditbeschaffungskosten in der BRD vgl. etwa *Goedecke*, S. 80 ff.

519 Baukreditzinsen werden von den einzelnen Steuerordnungen unterschiedlich behandelt. Je nach Kanton können diese Zinsen vom steuerbaren Einkommen abgezogen oder aber als Anlagekosten bei der Berechnung der Grundstückgewinnsteuer geltend gemacht werden. Bei der direkten Bundessteuer können Baukreditzinsen von Privatpersonen nicht vom Einkommen abgezogen werden, obwohl es beim Bund keine Grundstückgewinnsteuer gibt. Im Kanton Zürich können demgegenüber Baukreditzinsen auf Liegenschaften des Privatvermögens vom steuerbaren Einkommen abgezogen werden; sie gelten jedoch nicht als wertvermehrende Aufwendungen und fallen deshalb bei der Ermittlung des Grundstückgewinnes ausser Betracht. Bei Geschäftsliegenschaften ist die Situation gerade umgekehrt. Vgl. zum Ganzen ausführlich *Fischer*, S. 5f.

520 Vgl. dazu *Goedecke*, S. 86.

521 Im Sinne der Baukreditfinanzierung kann allerdings in solchen Fällen durchaus eine Finanzierung mit eigenen Mitteln/ Eigenkapital vorliegen. Vgl. dazu vorne S. 32.

Zinsen, die für allfällige Landkredite bzw. Landdarlehen[522] aufgebracht werden müssen, gehören insoweit dazu, als die Bautätigkeit eine anderweitige Nutzung des Baugrundstücks bzw. des bereits bestehenden Gebäudes ausschliesst. Dasselbe gilt für vorbestehende Darlehen, sofern sie durch das Baugrundstück gesichert sind und die entsprechenden Mittel in dieses Grundstück investiert wurden (z.b. Hypothekardarlehen, mit welchen man frühere Baukredite abgelöst hat). Bei einem Neubau auf einem unbebauten Grundstück sind dies die vollen Zinsen ab Baubeginn. Im Falle eines Umbaues sind dabei Mietzinseinnahmen, welche während der Bauarbeiten noch anfallen, anzurechnen. Der massgebliche Zeitraum erstreckt sich vom Baubeginn bis zur Bauvollendung. Der Mietzinsausfall selbst, der sich während der Bauzeit ergibt, gehört dagegen m.E. nicht mehr zu den vertragstypischen Kosten. Soweit der Ausfall indessen einer Drittpartei zu vergüten ist, gehört der betreffende Aufwand zur Zweckbestimmung.

Zu den Steuern gehört insbesondere eine allenfalls geschuldete Liegenschaftensteuer. Da sie einen Aufwand darstellt, dem in der Bauzeit kein entsprechender Nutzen entgegensteht, gehört auch sie vom Baubeginn an bis zur Bauvollendung zum hier definierten Bereich der Zweckbestimmung. Sinngemäss dasselbe gilt m.e. für einen dem Grundstückswert entsprechenden Anteil an der Vermögenssteuer. Mietzinseinnahmen, die während eines Umbaues anfallen, sind allerdings wiederum anzurechnen.

Schliesslich gehören zum hier definierten Bereich allfällige Baurechtszinsen für den Zeitraum ab Baubeginn bis zur Bauvollendung.

Nicht zur Baukreditfinanzierung gehören die Kosten für die Beschaffung der Mittel zur Konsolidierung des Baukredites[523] sowie mit der Sicherung dieser Mittel zusammenhängende Beurkundungs- und Grundbuchkosten.

GGGG   Sonstige Baunebenkosten bei Vorbereitung und Durchführung des Bauvorhabens

Hiezu gehören Kosten für Wettbewerbe (Architektur- und Ingenieurwettbewerbe sowie Wettbewerbe für Umgebungsgestaltung), für Baureklame sowie Kosten für Grundsteinlegung, Aufrichte und Einweihung.

---

522 Vgl. dazu vorne S. 31.
523 Vgl. dazu insbes. hinten S. 377ff.

Weiter gehören dazu sämtliche Versicherungskosten, welche dem Bauherrn im Zusammenhang mit der Bautätigkeit erwachsen (insbesondere Kosten für die Feuer- und Elementarschaden- bzw. Gebäudeversicherung, für die Bauwesen- und Montageversicherung und für die Bauherren-Haftpflichtversicherung)[524] sowie die entsprechenden Selbstbehalte. Ebenso gehören dazu sämtliche Schadenersatzleistungen des Bauherrn, sofern die entsprechenden Ansprüche auf die Bautätigkeit zurückzuführen sind.

Schliesslich sind dazu auch die Kosten für Parteientschädigungen zu rechnen, die im Rahmen des Baubewilligungsverfahrens sowie weiterer mit der Baurealisierung zusammenhängender Verfahren anfallen.

CC Alternative Kriterien

AAA Rechtsgrundlage als Kriterium?

Die Rechtsgrundlage der einzelnen Kosten eignet sich nicht als Kriterium für die Umschreibung der Zweckbestimmung: Die entsprechenden Kosten können auf privatrechtlicher wie auf öffentlichrechtlicher sowie auf vertraglicher und ausservertraglicher Grundlage basieren. Analog dazu spielt auch beim Baugläubigerschutz nicht die Vertragsart, auf welcher die Bauleistung basiert, sondern die Art der Bauleistung die entscheidende Rolle[525].

BBB Kostenursache als Kriterium?

Ebensowenig sind die einzelnen Kostenelemente (Löhne, Material, Spesen, Gewinn) entscheidend. Wesentlich ist allein, dass die Zahlungen nach bauüblichen Massstäben als Gegenwert für die in Rechnung gestellten, substanzverändernden oder mit der Substanzveränderung zusammenhängenden Leistungen verstanden werden dürfen und müssen. Krasse Überforderungen, welche in keinem sinnvollen Verhältnis zur in Rechnung gestellten Leistung stehen, insbesondere aber Mischgeschäfte, durch welche nicht mehr bloss Bauleistungen entschädigt werden, gehören ohne besondere Parteiabrede nicht mehr vollumfänglich in den von der Zweckbestimmung vorgegebenen Bereich.

---

524 Vgl. dazu auch *Goedecke*, S. 87f. Zur Bedeutung dieser Versicherungen für die Kreditdeckung im besondern vgl. hinten S. 221ff., S. 230 und S. 251.

525 Vgl. dazu *Zobl*, Bauhandwerkerpfandrecht, S. 95; vgl. allerdings *Schumacher*, N 152ff., S. 36ff., wo die Prüfung der Pfandberechtigung unter vertraglichen Aspekten erfolgt.

D   Vergleich mit den in der Praxis üblichen Methoden der Baukostenerfassung

AA   Baukostenerfassung nach BKP

Die in der Praxis am weitesten verbreitete Methode der Baukostenerfassung richtet sich nach der Systematik des Baukostenplans (BKP) der Schweizerischen Zentralstelle für Baurationalisierung (CRB)[526]. Oft wird der BKP der gesamten Baukalkulation, der Berechnung von Offerten und Kostenvoranschlägen, Variantenvergleichen, den Bauverträgen, der Überwachung der Bauarbeiten und des Kostenflusses sowie der Bauabrechnung zugrundegelegt. Der BKP ist ausserdem abgestimmt auf den sog. Normpositionen-Katalog NPK Bau[527], einem weiteren in der Praxis häufig verwendeten Arbeitsinstrument, mit dessen Hilfe der gesamte Leistungsbeschrieb für ein Bauprojekt erstellt und die einzelnen Ausschreibungen vorgenommen werden können, dem Bauhandbuch (Aufstellung von Standardpositionen für die einzelnen Arbeitsgattungen mit Richtpreisen der Fachverbände)[528] sowie mit weiteren in der Bauwirtschaft verbreiteten Standardisierungen. Auch bei der Erstellung der beim Baukredit verwendeten Handwerkerverzeichnisse, Vergebungsblätter und Zahlungspläne wird oftmals mit der Systematisierung des BKP gearbeitet.

Der BKP setzt sich aus einzelnen Arbeitsgattungen zusammen und ist insbesondere hierarchisch gegliedert in sog. Hauptgruppen, Gruppen, Untergruppen und Gattungen, wobei jedem einzelnen Gliederungsbegriff eine BKP-Nummer zugeordnet ist. Er weist insbesondere folgende Hauptgruppen und Gruppen auf:

---

526   Vgl. dazu *CRB*, Baukostenplan. Dieses Instrument ist namentlich für den Hochbau konzipiert worden.
527   Vgl. dazu *CRB/ VSS/ SIA*, NPK Bau.
528   Vgl. dazu *CRB*, Bauhandbuch.

0 Grundstück

00	Vorstudien
01	Grundstück- resp. Baurechterwerb
02	Nebenkosten zu Grundstück resp. Baurechterwerb
03	Abfindungen, Servitute, Beiträge
04	Finanzierung vor Baubeginn
05	Erschliessung durch Leitungen (ausserhalb Grundstück)
06	Erschliessung durch Verkehrsanlagen (ausserhalb Grundstück)
07	Reserve
08	Reserve
09	Honorare

1 Vorbereitungsarbeiten

10	Bestandesaufnahmen, Baugrunduntersuchungen
11	Räumungen, Terrainvorbereitungen
12	Sicherungen, Provisorien
13	Gemeinsame Baustelleneinrichtung
14	Anpassungen an bestehende Bauten
15	Anpassungen an bestehende Erschliessungsleitungen
16	Anpassungen an bestehenden Verkehrsanlagen
17	Spezielle Fundationen, Baugrubensicherung, Grundwasserabdichtung
18	Reserve
19	Honorare

2 Gebäude

20	Baugrube
21	Rohbau 1
22	Rohbau 2
23	Elektroanlagen
24	Heizungs-, Lüftungs-, Klimaanlagen
25	Sanitäranlagen
26	Transportanlagen
27	Ausbau 1
28	Ausbau 2
29	Honorare

3 Betriebseinrichtungen

30	Baugrube
31	Rohbau 1
32	Rohbau 2
33	Elektroanlagen
34	Heizungs-, Lüftungs-, Klima- und Kälteanlagen
35	Sanitäranlagen
36	Transportanlagen, Lageranlagen
37	Ausbau 1
38	Ausbau 2
39	Honorare

4   Umgebung

40	Terraingestaltung
41	Roh- und Ausbauarbeiten
42	Gartenanlagen
43	Reserve
44	Installationen
45	Erschliessung durch Leitungen (innerhalb Grundstück)
46	Kleinere Trassenbauten
47	Kleinere Kunstbauten
48	Kleinere Untertagbauten
49	Honorare

5   Baunebenkosten und Übergangskonten

50	Wettbewerbskosten
51	Bewilligungen, Gebühren
52	Muster, Modelle, Vervielfältigungen, Dokumentation
53	Versicherungen
54	Finanzierung ab Baubeginn
55	Bauherrenleistungen
56	Übrige Baunebenkosten
57	Mehrwertsteuer
58	Übergangskonten für Rückstellungen und Reserven
59	Übergangskonten für Honorare

6   Reserve

7   Reserve

8   Reserve

9   Ausstattung

90   Möbel
91   Beleuchtungskörper
92   Textilien
93   Geräte, Apparate
94   Kleininventar
95   Reserve
96   Transportmittel
97   Verbrauchsmaterial
98   Künstlerischer Schmuck
99   Honorare

BB   Baukostenerfassung nach der Elementmethode

Zusätzlich wurden vom CRB die Grundlagen für die Anwendung der aus dem angelsächsischen Raum stammenden Elementmethode entwickelt, insbesondere die sog. Elementkostengliederung (EKG)[529] und die sog. Baukostendaten[530]. Diese Methode kann
sowohl für die Kostenüberwachung als auch für die Kostengrobschätzungen in der Vor-
projektphase, für die Kostenschätzung in der frühen Projektphase sowie für die Kostenbe-
rechnungen in der Bauprojektphase eingesetzt werden[531].
Die EKG ist nicht wie der BKP und der NPK nach Arbeitsgattungen, sondern primär nach
bei allen Bauwerksarten möglichen Kostenelementen aufgegliedert[532]. Im einzelnen werden folgende Elemente unterschieden:

529   Vgl. dazu *CRB*, Elementkostengliederung.
530   Vgl. dazu *CRB*, Baukostendaten.
531   Vgl. dazu *Goeggel*, S. 14; *Zehnder*, N 54ff., S. 23ff.; zu den Vor- und Nachteilen vgl. insbes.
      auch *Meyer*, Blatt F 7 B - 6, 24 (April 1991).
532   Im Gegensatz zum BKP ist die Gliederung nicht nur beim Hochbau, sondern auch beim Tras-
      sen-, Kunst- und Untertagebau sowie bei Renovationen und Sanierungen verwendbar.

A   Grundstück

AO Erwerb und Nebenkosten; A1 Ver- und Entsorgung des Grundstücks; A2 Erschliessung des Grundstücks durch Verkehrsanlagen; A3 Finanzierung vor Baubeginn; A4 Betriebsaufwand und -ertrag; A5 Bestandesaufnahmen.

B   Bauvorbereitung

BO Gemeinsame Baustelleneinrichtungen; B1 Rodungen, Abbrüche, Demontagen; B2 Definitive Anpassung bestehender Bauwerke; B3 Definitive Anpassungen bei Umgebung und Erschliessung; B4 Provisorische Bauwerke; B5 Provisorische Anpassungen bestehender Bauwerke; B6 Provisorische Anpassungen bei Umgebung und Erschliessung; B7 Provisorische Massnahmen Baugrube; B8 Spezialfundation und spezielle Bauvorbereitungen.

C   Allgemeines zu Rohbau Gebäude

CO Allgemeine Baustelleneinrichtungen; C1 Fassadengerüste; C2 Übrige Gerüste.

D   Rohbau Gebäude bis Oberkante Bodenplatte

DO Baugrubenaushub; D1 Hinterfüllungen; D2 Fundamente und Bodenplatten; D3 Kanalisationen im Gebäude.

E   Rohbau Gebäude oberhalb Bodenplatte

EO Decken, Treppen und Balkone; E1 Dächer; E2 Stützen; E3 Aussenwände zu Untergeschossen; E4 Aussenwände zu Erd- und Obergeschossen; E5 Fenster, Aussentüren und -tore; E6 Innenwände (Rohbau); E7 Ergänzende Leistungen.

F   Erd- und Unterbau

FO Allgemeine Baustelleneinrichtungen; F1 Aushub und Abtrag; F2 Baugruben- und Böschungssicherungen, Spriessungen; F3 Sickerpackungen und Filterschichten; F4 Drainagen; F5 Schüttungen und Auffüllungen; F6 Kulturerdarbeiten und Begrünungen; F7 Transporte.

G   Vortrieb

GO Allgemeine Baustelleneinrichtungen; G1 Ausbruch, Aushub und Abtrag; G2 Sicherungen; G3 Spezialmassnahmen im Vortrieb; G4 Transporte.

H   Tragkonstruktionen Kunst- und Untertagbau

HO Allgemeine Baustelleneinrichtungen; H1 Gerüste; H2 Fundamente und Bodenplatten; H3 Stützen, Pfeiler und Türme; H4 Träger, Bogen und Seilkonstruktionen; H5 Wände und Mauern; H6 Decken, Platten, Treppen und Konsolen; H7 Lager, Gelenke und Fugen; H8 Stege.

I   Installationen und Transportanlagen

I0 Starkstromanlagen; I1 Telekommunikations- und Sicherheitsanlagen; I3 Heizungsanlagen; I4 Lufttechnische Anlagen; I5 Wasser- und Abwasseranlagen; I6 Spezielle Anlagen; I7 Transportanlagen.

J   frei

K   Entwässerungs-, Transport- und Werkleitungen

K0 Allgemeine Baustelleneinrichtungen und Wasserhaltung; K1 Grabenaushub und Grabenspriessung; K2 Rohrleitungen und Rinnen; K3 Kanäle; K4 Kabelrohre; K5 Schächte; K6 Spezialbauwerke; K7 Grabenauffüllung; K8 Oberirdische Leitungen.

L   Verkleidung und Gewölbe Untertagbau

L0 Allgemeine Baustelleneinrichtungen; L1 Gerüste; L2 Sohlen; L3 Entwässerungen und Wasserableitungen; L4 Konstruktive Einbauten; L5 Verkleidungen; L6 Zwischendecken und Böden.

M   Ausbau Gebäude

M0 Allgemeine Ausbauarbeiten Gebäude; M1 Trennwände und Innentüren; M2 Schutzelemente; M3 Bodenbeläge; M4 Wandverkleidungen; M5 Deckenverkleidungen; M6 Einbauten und Grünanlagen (Gebäude); M7 Klein- und Haushaltsküchen; M8 Ergänzende Leistungen.

N   Oberbau

N0 Allgemeine Baustelleneinrichtungen; N1 Übergangs- und Fundationsschichten; N2 Entwässerungen; N3 Abdichtungen; N4 Abschlüsse; N5 Beläge; N6 Gleise.

O   Ausbau Tiefbau

O0 Allgemeine Ausbauarbeiten Tiefbau; O1 Leitschranken und Geländer; O2 Verkehrssignalisierung; O3 Markierung; O4 Beleuchtungsanlagen; O5 Lärmschutzanlagen; O6 Bepflanzungen; O7 Einfriedungen (Tiefbau); O8 Einbauten.

P   Bauliche Betriebseinrichtungen

P0 Allgemeine Baustelleneinrichtungen; P1 Starkstromanlagen; P2 Telekommunikations- und Sicherheitsanlagen; P3 Heizungsanlagen; P4 Lufttechnische Anlagen; P5 Wasser- und Abwasseranlagen; P6 Spezielle Anlagen; P7 Transportanlagen; P8 Ergänzende Leistungen.

Q   Betriebsausrüstung

Q0 Apparate; Q1 Feste Ausrüstung; Q2 Produktionsanlagen; Q3 Spezielle Inbetriebsetzung; Q4 Energieversorgung; Q5 Steuerungs- und Sicherheitsanlagen; Q6 Transportmittel.

R   Ausstattungen

R0 Allgemeine Möbel; R1 Nutzungsspezifische Möbel; R2 Geräte; R3 Beleuchtungskörper; R4 Beschilderung; R5 Kleininventar; R6 Textilien; R7 Verbrauchsmaterial; R8 Künstlerischer Schmuck.

S   frei

T   Umgebung

T0 Allgemeine Baustelleneinrichtungen und Gerüste; T1 Terraingestaltung; T2 Umgebungsbauwerke; T3 Ver- und Entsorgungsleitungen im Grundstück; T4 Grünflächen; T5 Hartflächen; T6 Einfriedungen (Umgebung); T7 Elektro- und Wasserinstallationen; T8 Ausstattung und Geräte.

U   **frei**

V   **Baunebenkosten**

V0 Allgemene Baunebenkosten; V1 Wettbewerbe; V2 Bewilligungen und Gebühren; V3 Ver-
gütungen an Dritte; V4 Finanzierung ab Baubeginn; V5 Bauherrenleistungen; V6 Vermessung und
Vermarchung; V7 Kunst am Bau.

W   **Honorare**

W0 Honorare Grundstückserwerb; W1 Honorare Bauvorbereitung; W2 Honorare Bauwerk; W3 Ho-
norare Betriebseinrichtung; W4 Honorare Betriebsausrüstung; W5 Honorare Ausstattung; W6 Ho-
norare Umgebung.

X   **Übergangskonten und Unvorhergesehenes**

X0 Rückstellungen; X1 Teuerung; X2 Unvorhergesehenes.

Y   **frei**

Z   **Mehrwertsteuer**

Z0 Grundstückserwerb; Z1 Bauvorbereitung; Z2 Gebäude/Bauwerk; Z3 Betriebsausrüstung; Z4
Ausstattung; Z5 Umgebung; Z6 Baunebenkosten; Z7 Honorare; Z8 Übergangskonten und Unvorhergesehenes.

CC Vergleich

Die Aufstellungen zeigen, dass der Baukostenplan bzw. die Elementkostengliederung in weiten Teilen mit den gerade davor aufgeführten Konkretisierungen der vertragstypischen Kosten übereinstimmen. Dennoch zeigt sich, dass es Abweichungen gibt. Wesentliche Untergruppen bzw. Elemente vor allem in der Gruppe 0 des BKP bzw. in den Elementgruppen A und z.t. W der EKG gehören klar nicht zur Baukreditfinanzierung (insbesondere alle mit dem Grundstückserwerb zusammenhängenden Kosten)[533]. Ebenso entsprechen einzelne Untergruppen bzw. Elemente in der Gruppe 9 des BKP bzw. in der Elementgruppe Q, R und z.t. W der EKG (Kosten für Ausstattungen) nur dann der vertragstypischen Zweckbestimmung, sofern die entsprechenden Gegenstände und Leistungen zur Bauvollendung beitragen und nicht bloss der persönlichen, vom Bestimmungszweck des Gebäudes unabhängigen Nutzung des Bauobjektes dienen. Grünflächen und Bepflanzungen (O6 und T4 EKG) gehören dagegen zur Baukreditfinanzierung, soweit die entsprechenden Arbeiten im Rahmen einer ganzen Baurealisation erfolgen. Im BKP findet sich allerdings in der Gruppe «Gartenanlagen» (Ziff. 42) die Untergruppe «Ausstattung, Geräte» (Ziff. 423). Hier gelten dieselben Einschränkungen wie generell bei der Ausstattung. In der Gruppe «Finanzierung ab Baubeginn» (Ziff. 54) findet sich sodann die Untergruppe «Eigenkapitalzinsen» (Ziff. 544). Diese Zinsen gehören aber, wie bereits ausgeführt wurde[534], nicht zur vertragstypischen Zweckbestimmung.

Vorzubehalten sind schliesslich in jedem Fall die im BKP nicht näher spezifizierten Gruppen «Reserve» und Untergruppen «Übriges» sowie die freien Elementgruppen der EKG, die im konkreten Fall weitere Abweichungen vorsehen können.

Soweit die Parteien pauschal auf den BKP oder die EKG verweisen, liegt damit zwar in den genannten Teilbereichen eine Erweiterung der vom Typenrecht vorgegebenen Zweckbestimmung vor. Indessen kann sich ohnehin im Einzelfall ergeben, dass trotz pauschaler Verweisung auf diese Aufstellungen die Vertragsauslegung aufgrund der konkreten Umstände zu einer entsprechenden Korrektur führen muss und gerade etwa die Landfinanzierung bzw. die Eigenkapitalzinsen nicht vom entsprechenden Vertragszweck erfasst werden.

Von den dargelegten Abweichungen abgesehen erweisen sich jedenfalls sowohl der BKP wie auch die EKG grundsätzlich als geeignet, um die Zweckbestimmung eines Baukreditvertrages zu konkretisieren.

---

533 Zur kombinierten Finanzierung von Landerwerb und Baurealisation uno actu im besondern vgl. vorne S. 80ff.

534 Vgl. dazu vorne S. 107

II Grundpfändliche Sicherung

Das verkehrstypwesentliche Merkmal der grundpfändlichen Sicherung lässt den Parteien, was die konkrete Ausgestaltung betrifft, eine gewisse Handlungsfreiheit. So ist - wie bereits ausgeführt wurde[535] - durchaus etwa denkbar, dass dem Kreditnehmer im Baukreditvertrag eine Pflicht zur Sicherstellung auferlegt wird und insbesondere entsprechende Vorverträge abgeschlossen werden. Möglich ist auch etwa, dass bereits mit dem Baukreditvertrag uno actu verbindliche Sicherungsabreden getroffen werden. Verbindlich bzw. vollstreckbar sind solche Abreden indessen nur dort, wo für den Sicherungsvertrag bzw. entsprechende Vorverträge die Schriftform genügt[536].

Das Merkmal ist jedoch auch schon dann erfüllt, wenn die Pflicht zur Freigabe der Kreditmittel von einer entsprechenden Sicherung der Kreditforderung abhängig gemacht wird, namentlich durch eine Suspensivbedingung i.S. von Art. 151 OR[537]. Insbesondere besteht dadurch bereits eine ausreichende Grundlage für den spezifischen Konnex zwischen Kredit und Sicherheit[538], hat es der Kreditgeber doch in der Hand, die Kreditforderung gar nicht entstehen zu lassen, sofern sie nicht entsprechend gedeckt ist.

Tatsächlich wird diese zweite Variante in der Praxis vorgezogen. Üblich ist etwa die Formulierung, dass die Mittel nur freizugeben sind, wenn das entsprechende Grundpfand errichtet worden ist. Häufig ist aber auch ein blosser Hinweis auf die Art und die Höhe der Kreditsicherung, der jedoch in der Regel durchaus als Suspensivbedingung im genannten Sinn ausgelegt werden kann[539]. Um allfälligen Zweifeln vorzubeugen, wäre es allerdings besser, die geschilderte Abhängigkeit klar zum Ausdruck zu bringen.

Wird über die grundpfändliche Sicherung überhaupt keine Vereinbarung getroffen, liegt gar kein Baukreditvertrag vor. Entschliessen sich die Parteien im nachhinein dennoch zur Sicherung der Kreditforderung durch ein entsprechendes Grundpfand, ist dies m.E. eine stillschweigende Vertragsänderung, was gestützt auf Art. 12 OR - e contrario - formlos möglich ist[540]. Der Vertrag wird dadurch nachträglich zum Baukreditvertrag.

Keine Rolle spielt es in jedem Fall, ob die Parteien im Baukreditvertrag eine direkte oder bloss eine indirekte Sicherung des Kredites vorsehen[541].

---

535 Vgl. dazu vorne S. 54.

536 Zur Sicherung des Baukredites und den Formvorschriften im einzelnen vgl. hinten S. 132ff.

537 Vgl. dazu *Zobl*, Baukreditvertrag, S. 4.

538 Vgl. dazu vorne S. 3.

539 Ansonsten dürfte ein solcher Hinweis gar keinen Sinn haben. Vgl. dazu auch etwa *Zobl*, Baukreditvertrag, S. 4.

540 Vgl. dazu *Gauch/ Schluep*, N 611, Bd. I, S. 105; *Guhl/ Merz/ Koller*, S. 113; *von Tuhr/ Peter*, S. 245.

541 Zur Bedeutung dieser Begriffe vgl. insbes. *Zobl*, Fahrnispfand, Systematischer Teil N 531; *Zobl*, Eigentümerschuldbrief, S. 199; *Stettler*, S. 359; *Oetiker*, Kapitel 10.1, S. 4; *Rheiner*, S. 268f.; *Emch/ Renz/ Bösch*, S. 341, sowie hinten S. 132f.

§ 17 Einzelne aus dem modo legislatoris zu bildenden Recht sich ergebende Vertragspunkte

Zur Bildung von Vertragstypenrecht kann beim Baukredit, wie vorne gezeigt wurde[542], das Recht einzelner Nominatverträge, insbesondere Darlehens- und Auftragsrecht, sinngemäss beigezogen werden. Daraus ergeben sich verschiedene Vertragspunkte, die zum Inhalt jedes Baukreditvertrages gehören, sofern die Parteien nicht eine davon abweichende Regelung getroffen haben[543]. Nachfolgend sollen einzelne solcher Punkte genauer erörtert werden.

I Auf die Zeit der Vertragsdauer bezogene Punkte

A *Zinsvorschriften*

Unproblematisch erscheint die analoge Anwendung von Art. 313 OR und Art. 314 OR.

B *Annahmepflicht*

Namentlich bei Kreditgeschäften, bei denen es im Belieben des Kreditnehmers steht, wann und ob er überhaupt einzelne Kredittranchen abrufen will[544], versteht es sich von selbst, dass die darlehensrechtliche Annahmepflicht (vgl. Art. 315 OR)[545] gerade nicht besteht. Beim Baukredit dagegen liegen m.E. besondere Verhältnisse vor. Zwar kann auch dieser Kredit durchaus als frei abrufbarer Kredit gewährt werden. Schweigen sich die Parteien jedoch über diesen Punkt aus, ist das Folgende zu bedenken: Durch die Zweckbestimmung des Kredites ist zu erwarten, dass beim Bau des Hauses auch effektiv Mittel beansprucht werden. Es geht also nicht um einen völlig ungewissen Bedarf. Hinzu kommt, dass der Kreditnehmer im Falle der tatsächlichen Baurealisierung gar kein Interesse daran hat, den Kredit nicht zu beanspruchen, es sei denn, die Mittel stünden ihm günstiger von dritter Seite zur Verfügung. Demgegenüber betreibt der Baukreditgeber schon vor der Kreditbenutzung in der Regel einen nicht unerheblichen administrativen Aufwand (Vorabklärungen in der Vertragsverhandlungsphase sowie die Vorbereitung der Kreditkontrolle). Dieser Aufwand erfolgt im Hinblick auf die spätere Benutzung des Kredites und wäre ohne eine solche sinnlos. Verursacht der Kreditnehmer aber diesen Aufwand und wendet er sich im

---

542   Vgl. dazu vorne S. 75ff.

543   Vgl. dazu insbesondere vorne Anm. 353.

544   Von gewissen Autoren wird dieses Merkmal sogar als spezifisches Kennzeichen des Krediteröffnungsvertrages betrachtet, vgl. dazu *Kleyling*, S. 12; *Stauder*, S. 31; *Bieri*, S. 32; *Schärer*, Art. 312 N 28; vgl. insbes. auch vorne S. 56.

545   Vgl. dazu auch etwa *Guggenheim*, S. 101. Zur Annahmepflicht beim Darlehen vgl. etwa *Oser/ Schönenberger*, Art. 312 N 14, Art. 315 N 2; *Honsell*, S. 236; *Christ*, S. 241; *Schärer*, Art. 315 N 3. Vgl. insbesondere auch die kritischen Ausführungen bei *Maurenbrecher*, S. 147ff.

Anschluss daran aus rein preislichen Überlegungen einem anderen Geldgeber zu, so ist eine solche Abkehr treuwidrig und verdient keinen Schutz. Diese Gründe rechtfertigen es m.E., auch beim Baukredit eine Annahmepflicht zu bejahen. Die Bank kann somit grundsätzlich die Annahme desjenigen Kreditbetrages verlangen, der bei einer Baurealisation effektiv abgerufen werden müsste[546]. Zu beachten ist allerdings, dass eine Annahmepflicht wenig Sinn macht, wenn die Kreditmittel jederzeit zurückbezahlt werden können. Beim Darlehen ist dies namentlich dort der Fall, wo kein Zins geschuldet ist[547]. Sinngemäss muss dies auch beim Baukredit gelten. Beim kostenlosen Kredit oder bei einer ausdrücklich vereinbarten, jederzeitigen Rückzahlbarkeit ist eine Annahmepflicht also zu verneinen. Zu verneinen ist sie ausserdem, soweit der Baukredit revolvierend ist - bzw. dann, wenn eine sog. Bereitstellungskommission vereinbart wird[548].

Wird das Bauvorhaben realisiert und nimmt der Kreditnehmer - trotz Annahmepflicht - die entsprechenden, von der Bank gehörig angebotenen Mittel nicht an oder weigert er sich, den Kreditgeber zur Zahlung fälliger Bauforderungen anzuweisen, für deren Tilgung Kreditmittel vorgesehen waren, kommt er in Gläubigerverzug. Grundsätzlich hat der Kreditgeber deshalb das Recht, das Geld[549] i.S. von Art. 92 OR zu hinterlegen[550] und den entsprechenden Zins bzw. allfällige Kommissionen vom Kreditnehmer einzufordern[551, 552]. Der Anspruch auf Annahme der Valuta verjährt jedoch gemäss Art. 315 OR innert sechs Monaten vom Verzug an gerechnet. Daraus folgt m.E., dass ab Eintritt des Verzuges auch der Zins pro Tranche nur jeweils für höchstens sechs Monate gefordert werden kann. Bestehen kürzere Rückzahlungsfristen[553], reduziert sich ausserdem die Zinszahlungpflicht entsprechend.

---

546   A.M. *Ramseyer*, S. 97; *Lautenbach*, S. 12, S. 66. Soweit allerdings der von *Lautenbach* erwähnte «Kreditpreis» zu zahlen ist, entfällt die Annahmepflicht auch nach der hier vertretenen Auffassung. Es gilt sinngemäss dasselbe wie bei der Vereinbarung einer Bereitstellungskommission. Vgl. dazu gerade nachfolgend.

547   Vgl. dazu *Guhl/ Merz/ Koller*, S. 425f., die allerdings eine freie Rückzahlbarkeit auch dann vorsehen, wenn der Darlehensvertrag nichts über «Fälligkeitstermine und Kündigungsfristen» sagt. *Von Büren*, S. 116f., geht dagegen davon aus, dass jedes Darlehen jederzeit zurückbezahlt werden kann, vom unverzinslichen Darlehen abgesehen jedoch eine Verzinsungspflicht weitersteht. Ähnlich *Christ*, S. 242. Vgl. auch etwa *Oser/ Schönenberger*, Art. 315 N 2, *Honsell*, S. 236, und *Schärer*, Art. 315 N 3, welche davon ausgehen, dass der Anspruch auf Annahme eines Darlehens ohnehin nur durch dessen Verzinslichkeit gerechtfertigt ist.

548   Vgl. dazu vorne S. 88ff., insbes. auch Anm. 426. Typischerweise ist der Baukredit m.E. nur beschränkt revolvierend.

549   Zur Hinterlegung von Geld beim Gläubigerverzug vgl. etwa *Gauch/ Schluep*, N 2510, Bd. II, S. 78; *Guhl/ Merz/ Koller*, S. 242; *von Tuhr/ Escher*, S. 77; *Bucher*, S. 322f.

550   Vgl. dazu auch etwa *Maurenbrecher*, S. 155ff., der den Vergütungsanspruch auch ohne Hinterlegung bejaht. Allerdings bleibt in diesem Fall die entsprechende Valutierungspflicht des Kreditgebers bestehen, sofern dieser nicht vom Vertrag zurücktritt.

551   Umstritten ist, ob sich der Kreditgeber den Zins, den er bei einer anderweitigen Anlage des Geldes erlangt hätte, anrechnen lassen muss. Für eine Anrechnungspflicht ist etwa *Honsell*, S. 236; *von Büren*, S. 113, Anm. 160. Gegen eine solche Pflicht ist etwa *Christen*, S. 242; *Maurenbrecher*, S. 166ff.

552   Zu den Zinsen und Kommissionen beim Baukredit vgl. hinten S. 125f.

553   Vgl. dazu gerade anschliessend sowie hinten S. 127.

C Spezifizierung der Pflicht zur vertragskonformen Mittelverwendung

Zur Spezifizierung der Pflicht zur vertragskonformen Mittelverwendung kann m.E. durchaus Art. 397 OR analog beigezogen werden.

D Haftung

Wie bereits ausgeführt wurde[554], ist für die Pflicht des Kreditgebers zur dauernden Leistungsbereitschaft Art. 398 OR sinngemäss anwendbar. Ebenso kann Art. 403 OR sinngemäss angewandt werden.

Ebenfalls dargelegt wurde bereits die Anwendbarkeit von Art. 398 OR bei einer pflichtwidrigen Verwendung der Kreditmittel[555]. Soweit der Kreditnehmer die Abwicklung der Zahlungen an Dritte weiterdelegiert (namentlich an den bauleitenden Architekten bzw. Bauingenieur, an einen Treuhänder bzw. Baucontroller oder an den General- bzw. Totalunternehmer), erscheint es ausserdem gerechtfertigt, gegebenenfalls Art. 399 Abs. 3 OR bzw. die zur Haftung des Substituten[556] entwickelten Grundsätze beizuziehen[557]. Ebenso kann Art. 403 OR sinngemäss angewandt werden.

---

554 Vgl. dazu vorne S. 92.

555 Vgl. dazu vorne S. 77 und S. 93.

556 Zum Begriff der Substitution und zur Abgrenzung gegen den blossen Beizug von Hilfspersonen vgl. namentlich *Fellmann*, Art. 398 N 535ff.; *Weber*, OR-Kommentar, Art. 398 N 3. Entscheidend ist etwa die technische, die wirtschaftliche bzw. rechtliche Selbständigkeit sowie das selbständige Handeln des Substituten. Diese Voraussetzungen können m.E. bei der Übertragung der Zahlungsabwicklung auf einen Dritten durchaus erfüllt sein.

557 Insbesondere kann die Bank in denjenigen Fällen, wo eine Substitution vorliegt, ihre Schadenersatzansprüche unmittelbar gegenüber den beigezogenen Dritten geltend machen; vgl. dazu ausführlich Pra 85 Nr. 169. Zwar gibt Art. 399 Abs. 3 OR gemäss dem Wortlaut der Bestimmung dem Hauptauftraggeber lediglich das Recht, die Schadenersatzansprüche des Beauftragten gegen den Unterbeauftragten geltend zu machen. Allerdings wird in der Lehre die Ansicht vertreten, dass dem Beauftragten ein Anspruch auf Liquidation des Drittschadens - d.h. also des Schadens des Hauptauftraggebers - zustehe, den der Hauptauftraggeber gestützt auf die zitierte Norm unmittelbar geltend machen könne. Vgl. dazu etwa *Fellmann*, Art 398 N 605, N 620. In diesem Sinne auch etwa *Oser/ Schönenberger*, Art. 399 N 15, welche die Ersatzsumme, die der Substitut dem Beauftragten schuldet, nach dem Verhältnis beim Hauptauftraggeber bemessen. Vgl. auch *von Büren*, S. 132. Demgegenüber wird auch angenommen, dass bei der Substitution ein Vertrag mit Schutzwirkung für Dritte bzw. ein Vertrag zugunsten Dritter i.S. von Art. 112 OR oder eine Geschäftsführung ohne Auftrag i.S. von Art. 419ff. OR vorliege. Auch in diesem Fall bestehen direkte Schadenersatzansprüche des Hauptauftraggebers. Grundlage ist allerdings nicht mehr Art. 399 OR. Vgl. dazu etwa *Fellmann*, Art. 398 N 616ff.; *Weber*, OR-Kommentar, Art. 399 N 6; *Gauch/ Schluep*, N 4042ff., Bd. II, S. 384ff.; *Gautschi*, Auftrag, Art. 399 N 10 (wobei dort m.E. nicht vollends klar bleibt, ob nicht doch Art. 399 Abs. 3 OR als Anspruchsgrundlage dient).

E Zahlungsunfähigkeit des Kreditnehmers

Sinngemäss anwendbar ist, wie bereits gezeigt wurde, Art. 316 OR[558].

II Auf die Beendigung bezogene Punkte

A Ordentliche Beendigung

AA Kündigung

Zu prüfen ist insbesondere, ob die Kündigungsfrist des Art. 318 OR den Verhältnissen beim Baukredit angemessen ist. Wird der Baukredit z.B. gekündigt, während die Bauarbeiten gerade voll im Gang sind und ein erheblicher Mittelbedarf besteht, kann dies den Kreditnehmer in ernsthafte Schwierigkeiten bringen. Insbesondere bringt die Gewährung eines Baukredites, wie gezeigt wurde, erhebliche Vorbereitungsarbeiten mit sich, und es dürfte nicht so leicht sein, für ein angefangenes Bauprojekt noch einen anderen Geldgeber zu finden, der bereit ist, sich in das ganze Projekt einzuarbeiten. Allerdings können sich analoge Schwierigkeiten auch bei anderen Darlehen und Krediten ergeben, ohne dass für die entsprechenden Verträge von Rechts wegen andere Kündigungsfristen gelten. Die Risiken bei einer bloss sechswöchigen Kündigungsfrist sind also nicht baukreditspezifisch, so dass sich eine Verlängerung der Frist nicht rechtfertigt. Umgekehrt ergeben sich aber auch keine baukreditspezifischen Besonderheiten, welche eine kürzere Frist rechtfertigen würden. Die Frist des Art. 318 OR ist also auch beim Baukreditvertrag als massgeblich zu betrachten[559].

---

558 Vgl. dazu vorne S. 90. Vgl. dazu auch etwa *BGE* 100 II 345, insbes. S. 350f., wonach sich aus Art. 315 OR kein Rückforderungsrecht des Darlehensgebers ableiten lässt.

559 A.M. *Zobl*, Baukreditvertrag, S. 5, und *Pfister-Ineichen*, S. 51, die davon ausgehen, dass der Baukredit als Kontokorrentkredit jederzeit fällig gestellt werden kann. Nach der hier vertretenen Auffassung muss ein solches Kündigungsrecht jedoch zumindest stillschweigend vereinbart werden.

BB Rückzahlbarkeit

Soweit der Baukredit revolvierend ist[560], kann der Kreditnehmer bezogene Mittel auch jederzeit ersatzlos zurückerstatten. Was den nicht revolvierenden Bereich betrifft, so kann sinngemäss auf das Darlehensrecht verwiesen werden: Der Kreditnehmer kann durchaus bezogene Mittel vorzeitig zurückzahlen, schuldet dem Kreditgeber jedoch Zinsen und Kommissionen bis zum Ablauf der ordentlichen Kündigungsfrist [561].

B Ausserordentliche Beendigung

Gemäss bundesgerichtlicher Praxis und einem Teil der Lehre können Darlehensverträge nicht aus wichtigem Grund aufgelöst werden, sofern diesbezüglich keine besonderen Vereinbarungen getroffen wurden[562]. Demgegenüber nimmt namentlich GAUCH eine echte Lücke im Gesetz an[563]. Insbesondere führt er aus, dass das Gesetz die Auflösung aus wichtigem Grund bei gewissen Dauerverträgen zulasse, sich das Darlehen aber in dieser Frage nicht entscheidend von diesen Verträgen unterscheide. Dies führe aber zu einer «Anerkennung 'wichtiger Gründe' als Beendigungsgründe»[564].

Die Argumentation GAUCHS kann m.E. auch für die im Gesetz nicht geregelten Dauerverträge und somit auch für den Baukreditvertrag übernommen werden. Namentlich ergibt aber eine für die Regelfindung modo legislatoris vorzunehmende Würdigung der Interessenlage[565] das Folgende: Beim Kredit muss nicht nur für den Abschluss des entsprechenden Vertrages, sondern auch für die reibungslose Abwicklung des ganzen Geschäftes während der Kreditlaufzeit ein gegenseitiges Vertrauen der Parteien vorhanden sein. Eine Störung dieses Vertrauensverhältnisses kann eine weitere Zusammenarbeit unzumutbar erscheinen lassen, was ohne die Möglichkeit einer Auflösung des Vertrages aus wichtigem Grund zu stossenden Ergebnissen führen kann [566].

---

560 Vgl. dazu vorne S. 88f.

561 Vgl. dazu *Christ*, S. 255; *von Büren*, S. 116f.; *Schärer*, Art. 312 N 13, Art. 318 N 6. Vgl. auch *Guhl/ Merz/ Koller*, S. 425f., wo unterschieden wird zwischen Verträgen, die ausdrücklich vereinbarte Fälligkeitstermine und Kündigungsfristen enthalten, und solchen ohne entsprechende Vereinbarungen. Die unterschiedliche Behandlung solcher Verträge ist jedoch m.E. nicht gerechtfertigt.

562 Vgl. dazu namentlich BGE 100 II 345, insbes. S. 349. Eine Auflösung wird nur dann als zulässig erachtet, wenn «die Verhältnisse von Leistung und Gegenleistung infolge ausserordentlicher Änderung der Umstände so gestört sind, dass die sich aus dem Vertrag ergebende Risikoverteilung für die eine Partei nicht mehr tragbar und das Festhalten der Gegenpartei an ihrem Anspruch nach den gesamten Umständen missbräuchlich ist». Vgl. auch *Christ*, S. 257; *Honsell*, S. 239; *Schärer*, Art. 318 N 24ff. Zur Zulässigkeit solcher Vereinbarungen vgl. etwa *Schärer*, Art. 318 N 16.

563 Vgl. dazu *Gauch*, Dauerverträge, S. 194.

564 Vgl. dazu *Gauch*, Dauerverträge, S. 189ff., S. 194; ebenso *Bieri*, S. 58; *Schärer*, Art. 318 N 25; *Maurenbrecher*, S. 235ff.

565 Vgl. dazu im einzelnen vorne S. 75.

566 Vgl. dazu *Bieri*, S. 58.

Beim Baukredit kommt diesem gegenseitigen Vertrauen eine besondere Bedeutung zu: Insbesondere ist die Bank zur Wahrung der Kreditsicherung darauf angewiesen, dass der Bau auch tatsächlich ausgeführt[567] und dass die Kreditmittel vertragsgemäss für den Bau verwendet werden[568]. Kann die Bank nicht mehr darauf vertrauen, dass dies geschieht, und wird sie insbesondere auch an der Ausübung ihrer Informations- und Kontrollrechte[569] gehindert, kann eine weitere Bindung an den Kreditvertrag ihre Ansprüche massiv gefährden und deshalb unzumutbar werden. Umgekehrt muss der Kreditnehmer darauf vertrauen können, dass ihm die Kreditmittel in der vorgesehenen Weise über die ganze Zeit der Bautätigkeit zur Verfügung gestellt werden und er die Baugläubiger fristgemäss befriedigen kann. Ist dieses Vertrauen erschüttert, kann es für den Kreditnehmer unzumutbar werden, weiterhin mit dieser Bank zusammenzuarbeiten und insbesondere keine Möglichkeit zu haben, sich durch Rückzahlung der Kreditmittel und Übertragung des ganzen Geschäftes auf eine andere Bank dieser für ihn riskanten Situation zu entledigen. Zwar ist diese Unzumutbarkeit in analogen Fällen auch bei anderen Krediten gegeben. Spezifisch beim Baukredit ist jedoch die Bindung des Grundstückswertes, die den Kreditnehmer daran hindert, im Falle unzumutbarer Verhältnisse sein Grundstück ohne weiteres einem anderen Geldgeber zu verpfänden, um damit einen entsprechenden Kredit zu erhalten.

Aus diesen Überlegungen erscheint die grundsätzliche Zulassung einer Vertragsauflösung bzw. Rückzahlbarkeit des Kredites aus wichtigem Grund[570] den Verhältnissen beim Baukredit angemessener als deren Verbot[571].

C Verjährung

Wie bereits ausgeführt wurde, kann Art. 315 OR, bezogen auf die einzelnen Kredittranchen, sinngemäss angewandt werden[572].

---

567 Vgl. dazu insbes. hinten S. 172ff., S. 217ff., S. 229f., S. 233ff. und S. 244ff.

568 Vgl. dazu insbes. hinten S. 233ff.

569 Vgl. dazu hinten S. 177, S. 209, S. 221, S. 236, S. 251, S. 290, S. 296ff. und S. 327.

570 Zur vorzeitigen Rückzahlbarkeit für den Fall, dass die vereinbarte Verwendung der Darlehenssumme unmöglich geworden ist, vgl. etwa *Schärer*, Art. 318 N 26.

571 Nach *Schärer*, Art. 318 N 26, sind allerdings zumindest beim Darlehen für die Annahme einer Unzumutbarkeit strengere Massstäbe anzusetzen als bei anderen Dauerverträgen, da die Verpflichtungen «weder die Person als solche (...) noch ein ganzes Vermögen (...) betreffen». Ausserdem komme «der durch das Darlehen verschaffte Wertgebrauch nicht dem Borger als Person zu». Die gegenseitige Verflechtung der Parteien ist jedoch m.E. beim Baukreditvertrag enger als bei einem gewöhnlichen Darlehen. Insbesondere ist die Kreditsicherheit in erheblichem Ausmass vom Verhalten des Kreditnehmers abhängig. Umgekehrt kann der «Wertgebrauch» beim Baukredit durchaus eine persönliche Komponente haben, soweit das Bauergebnis mit der Existenz des Kreditnehmers eng verknüpft ist (z.B. bei der Errichtung eines Wohn- oder Geschäftshauses für den Eigengebrauch).

572 Vgl. dazu vorne S. 91.

§ 18 Weitere in der Praxis übliche und auf besonderer Parteivereinbarung basierende Vertragspunkte

I Grundsatz

Grundsätzlich steht es den Parteien frei, innerhalb des von Art. 19 OR statuierten Rahmens irgendwelche Punkte zu vereinbaren. Verbreitet sind insbesondere Vereinbarungen über die Zins- und Kommissionszahlungspflicht sowie die Kündigung bzw. Rückzahlbarkeit des Kredites. Auf diese Punkte soll nachfolgend noch ausführlicher eingegangen werden. Die restlichen, regelmässig in der Praxis vereinbarten Punkte betreffen vor allem den Schutz vor allfälligen Unterdeckungen bzw. Gefährdungen der Kreditforderung durch Bauhandwerkerpfandrechte. Auf diese Punkte soll im einzelnen bei der Behandlung der genannten Themenkomplexe eingegangen werden[573].

II Auf die Zeit der Vertragsdauer bezogene Punkte

A Zins- und Kommissionszahlungspflicht

Die Pflicht des Kreditnehmers zur Bezahlung eines Baukreditzinses ist m.E. kein verkehrstypbestimmendes bzw. verkehrtypwesentliches Merkmal des Baukreditvertrages[574]. Allerdings wird sie regelmässig vereinbart und ist für die Banken auch eine entscheidende Voraussetzung für den Vertragsabschluss[575]. Zusätzlich zum Zins wird in der Praxis sodann häufig noch eine sog. Kreditkommission vereinbart[576].

Der Zinssatz hängt, von den Marktverhältnissen abgesehen, auch von der Ausgestaltung der Sicherung ab. Er entspricht in der Regel dem Satz für I. Hypotheken[577], dürfte aber insbesondere dann höher sein, falls der Kredit nur durch ein nachrangiges Pfandrecht gesichert werden kann. Angesichts der veränderten Verhältnisse auf dem Immobilienmarkt (Überkapazitäten, Leerstände) zeigt sich zudem die Tendenz, bei der Zinsgestaltung vermehrt auch die Risiken des jeweiligen Bauvorhabens mitzuberücksichtigen (risikoadäquate

---

573 Vgl. dazu hinten S. 164ff. und S. 285ff.

574 Allerdings gibt es durchaus Autoren, welche die Zinszahlungspflicht als spezifisches Merkmal des Krediteröffnungsvertrages betrachten, vgl. dazu *Stauder*, S. 33; *Affentranger-Brunner*, S. 27f.

575 In diesen Fällen ist sie somit zumindest ein sog. subjektiv wesentliches Vertragsmerkmal, vgl. dazu etwa *Gauch/ Schluep*, N 341f., Bd. I, S. 58f.; *Guhl/ Merz/ Koller*, S. 100; *Bucher*, S. 117ff.; *Keller/ Schöbi*, Bd. I, S. 54f. Vgl. zudem die instruktiven Ausführungen bei *Maurenbrecher*, S. 66f., S. 117ff., der m.E. zu Recht auf die unbefriedigende Qualifikation der Zinsleistungspflicht hinweist.

576 Vgl. dazu *Zobl*, Baukreditvertrag, S. 5, Anm. 26; *Albisetti/ Boemle/ Ehrsam/ Gsell/ Nyffeler/ Rutschi*, S. 135; *Rheiner*, S. 273. Zum früher verrechneten Kreditpreis vgl. etwa *Lautenbach*, S. 13. Zu weiteren möglichen Zuschlägen vgl. etwa *Maurenbrecher*, S. 95.

577 *Zobl*, Baukreditvertrag, S. 5, Anm. 26; *Albisetti/ Boemle/ Ehrsam/ Gsell/ Nyffeler/ Rutschi*, S. 135.

Konditionengestaltung)[578]. Häufig setzen die Banken in ihrer Offerte den derzeit gültigen Zinssatz ein und fügen die Klausel hinzu, wonach der Zinssatz unter Voranzeige den veränderten Bedingungen auf dem Geld- und Kapitalmarkt angepasst werde. Entsprechende Klauseln finden sich gelegentlich auch in den Allgemeinen Geschäftsbedingungen der Banken. Dem Kreditgeber wird dadurch ein änderndes Gestaltungsrecht eingeräumt, welches ihm ermöglicht, durch einseitige Willenserklärung die Rechtsstellung des Kreditnehmers zu verändern.

Die Kreditkommission beträgt in der Regel 1/4 % pro Quartal[579].

Soweit die Zinsen durch ein direktes Grundpfand gesichert werden, unterliegen sie keiner Verjährung (Art. 807 ZGB). Andernfalls verjähren sie innert 5 Jahren ab Fälligkeit (Art. 128 Ziff. 1 und Art. 130 Abs. 1 OR). Mit Bezug auf die Kreditkommission dürfte sinngemäss dasselbe gelten[580].

Im übrigen sind auch die weiteren für Kredite und Darlehen erlassenen Zinsvorschriften, insbesondere die gestützt auf Art. 73 Abs. 2 OR bzw. Art. 795 Abs. 2 ZGB erlassenen Höchstzinsvorschriften anwendbar. Ebenso spricht nichts dagegen, die Zinsvorschriften des Art. 314 OR, namentlich die Bestimmungen in Art. 314 Abs 3 OR sinngemäss anzuwenden. Dies ist insofern von Bedeutung, als die Zinsen und Kommissionen während der Bauzeit häufig dem Kredit belastet und erst mit der gesamten Kreditforderung zurückerstattet werden. Zinseszinsen dürften in diesen Fällen durchaus zulässig sein - zumindest, soweit der Kredit im Kontokorrent[581] abgewickelt wird[582].

Sollen die Zinsen und Kommissionen fortlaufend bezahlt werden und kommt der Schuldner i.S. von Art. 102 ff. OR in Verzug, hat der Kreditgeber grundsätzlich die Möglichkeit, nach Art. 107ff. OR vorzugehen und insbesondere vom ganzen Vertrag zurückzutreten[583].

---

578   Zur Tendenz der Banken, höhere Risiken einer Baufinanzierung auch mit entsprechenden Risikoprämien zu belasten, vgl. *Stettler*, Risikoprämien, S. 53.

579   *Zobl*, Baukreditvertrag, S. 5, Anm. 26; *Albisetti/ Boemle/ Ehrsam/ Gsell/ Nyffeler/ Rutschi*, S. 135. Zur Kommission vgl. auch etwa *Rheiner*, S. 273.

580   Zu beachten ist allerdings, dass das Bundesgericht die Kreditkommission nicht als Zins im Sinne von Art. 818 Abs. 1 Ziff. 3 ZGB anerkannt hat (vgl. *ZBGR* 77 [1996], S. 268).

581   Vgl. dazu hinten S. 129ff. Zum Begriff des kaufmännischen Verkehrs i.S. von Art. 314 Abs. 3 OR vgl. etwa *Schärer*, Art. 313 N 3 i.V. mit Art. 314 N 7.

582   Zur Zinszahlungspflicht im Zusammenhang mit der Annahmepflicht vgl. vorne S. 120f. Zum Verhältnis der Zinszahlungspflicht zur Übereignungs- bzw. Überlassungspflicht des Kreditgebers vgl. vorne S. 90 und S. 92.

583   Vgl. dazu schon vorne S. 90 und S. 92. Vgl. dazu auch etwa (allerdings bezogen auf das Darlehen) *Guhl/ Merz/ Koller*, S. 425; *Honsell*, S. 238; *Christ*, S. 256f.; *von Büren*, S. 116; *Bieri*, S. 58; *Schärer*, Art. 313 N 8; *Oser/ Schönenberger*, Art. 318 N 7 (am Ende); *BGE* 100 II 345, insbes. S. 350.

III Auf die Beendigung bezogene Punkte

A   Fristlose Kündigung durch den Kreditgeber

Das vor allem in den Allgemeinen Geschäftsbedingungen der Banken enthaltene fristlose Kündigungsrecht für Kredite und Darlehen wird grundsätzlich als gültig erachtet [584]. GUGGENHEIM und BIERI weisen immerhin darauf hin, dass die fristlose Kündigung unter dem Vorbehalt von Art 2 Abs. 2 ZGB steht[585]. Dies gilt m.E. sinngemäss auch für den Baukreditvertrag. Grundsätzlich ist also die Vereinbarung eines fristlosen Kündigungsrechtes verbindlich[586]. Allerdings ist ein besonderes Augenmerk auf allfällige Rechtsmissbrauchtatbestände zu richten. So ist insbesondere zu berücksichtigen, dass dem Kreditgeber von Anfang klar ist, dass ein ganz bestimmtes Projekt finanziert werden soll. Durch die Gewährung des Kredites stimmt er in gewissem Sinne diesem Projekt zu (das er vorgängig sogar eingehend prüfen konnte) und signalisiert dadurch insbesondere, dass er mit seinem Beitrag die Realisierung des Projektes unterstützen will. Die fristlose Kündigung, welche das Projekt gefährden könnte und die ohne besondere Gründe erfolgt, steht im Widerspruch zu dieser anfänglichen Haltung. Sie kann somit m.E. in gewissen Fällen als «venire contra factum proprium» gedeutet werden[587]. Zumindest dürfte das Risiko des Kreditnehmers, dass er nicht genügend schnell eine Ersatzfinanzierung findet und dass dadurch das ganze Bauprojekt mit entsprechender Schadenfolge scheitert, einem oftmals nur geringfügigen Interesse des Kreditgebers an einer sofortigen Kündigung gegenüberstehen. Es kann also gegebenenfalls ein krasses Missverhältnis der Interessen vorliegen, was wiederum Art. 2 Abs. 2 ZGB Platz greifen lässt[588].

B   Fristlose Rückzahlbarkeit durch den Kreditnehmer

Die ausdrückliche Vereinbarung einer jederzeitigen Rückzahlungsmöglichkeit ohne Pflicht zur Zahlung eines entsprechenden Zins- bzw. Kommissionsersatzes ist m.E. in jedem Fall zuzulassen. Soweit der Baukredit revolvierend ist[589], ist die jederzeitige Rückzahlungsmöglichkeit sogar eo ipso gegeben.

---

584   Vgl. dazu etwa *Guggenheim*, S. 102; *Guhl/ Merz/ Koller*, S. 426f.; *Bieri*, S. 55ff.; *Schärer*, Art. 318 N 9; *BGE* 70 II 212, insbes. S. 213f.
585   Vgl. dazu *Guggenheim*, S. 102; *Bieri*, S. 56f.
586   Vgl. dazu auch *Zobl*, Baukreditvertrag, S. 5.
587   Vgl. dazu inshes. *Merz*, Art. 2 N 400ff., S. 333ff
588   Vgl. dazu insbes. *Merz*, Art. 2 N 371ff., S. 325ff.
589   Vgl. dazu vorne S. 88f.

C Längerfristige Kündigung bzw. Rückzahlbarkeit

Die Vereinbarung längerer Fristen für eine Kündigung bzw. Rückzahlbarkeit des Baukredites ist im Rahmen von Art. 27 Abs. 2 ZGB zulässig und verbindlich[590]. Entsprechende Vereinbarungen müssen nicht unbedingt ausdrücklich getroffen werden, sondern können sich durchaus auch aus den Umständen ergeben[591]. Sinnvoll erscheint es namentlich, den Baukredit bis zur Beendigug der Bauarbeiten fest abzuschliessen[592].

Gerade bei längerfristigen Baukreditverträgen sollte den Parteien jedoch das Recht zustehen, den Kredit aus wichtigen Gründen, welche eine Weiterführung des Kreditverhältnisses als unzumutbar erscheinen lassen, zu kündigen bzw. zurückzuzahlen[593].

---

590   Zu einzelnen Beschränkungen vgl. etwa *Schärer*, Art. 318 N 11f. (mit weiteren Hinweisen).
591   Die Indizien müssen m.E. allerdings recht klar sein. Zur Annahme eines bis zur Konsolidierung fest abgeschlossenen Baukreditvertrages genügt es also z.b. nicht, wenn im Vertrag bloss auf die Konsolidierung Bezug genommen wird oder einzelne Konsolidierungsmodalitäten festgelegt werden. Ebenso genügt es nicht, wenn bereits eine im auf die einzelnen Bauetappen bezogener Auszahlungsmodus bis hin zur Bauvollendung festgelegt wird.
592   Kürzere Kündigungsfristen senken allerdings die mit der Kreditgewährung verbundenen Risiken der Bank, vgl. dazu hinten S. 181f., S. 231 und S. 303.
593   Vgl. dazu insbes. vorne S. 123f.

Nr. 2: Kontokorrent- und Giroverhältnis

§ 19 Zur bankmässigen Abwicklung des Baukredites im allgemeinen

Von den Banken gewährte Baukredite werden praktisch immer[594] in laufender Rechnung (banktechnisch: im Kontokorrent[595]) geführt. Dies entspricht generell der Handhabung von Krediten im Bankverkehr und hat sich bei der Administration der fortwährend wechselnden Kredit- und Zinsforderungen bewährt. Insbesondere können dadurch aber auch allfällige Rückflüsse[596] sowie die Einzahlung von Eigenmitteln und Drittkapital in einer praktischen Weise erfasst werden[597].

Den Zahlungsverkehr wickeln die Banken ebenfalls aus praktischen Gründen in der Regel bargeldlos im sog. Giroverkehr ab, indem die einzelnen Beträge anderen Konten bei derselben Bank oder bei Drittinstituten (Bank, Post) gutgeschrieben werden. Existiert ein Treuhandkonto[598] bzw. ein General- oder Totalunternehmerkonto[599], werden auf diese Konten Pauschalbeträge überwiesen.

§ 20 Kontokorrent- und Giroverträge im besondern

I Vertragsstruktur

Basis des Kontokorrents ist in der Regel ein sog. Kontokorrentvertrag[600]. Grundlage der Giroüberweisungen ist der Girovertrag.

---

594 Vgl. dazu etwa *Oetiker*, Kapitel 10.3, S. 1; *Zobl*, Baukreditvertrag, S. 3f.; *Studer*, S. 16; *Pfister-Ineichen*, S. 43.

595 Zum Begriff vgl. etwa *Albisetti/ Boemle/ Ehrsam/ Gsell/ Nyffeler/ Rutschi*, S. 426ff.; *Albisetti/ Gsell/ Nyffeler*, S. 23; *Homberger*, S. 9ff.; *Emch/ Renz/ Bösch*, S. 89ff.; *Gonzenbach*, Art. 117 N 4.

596 Vgl. dazu vorne S. 88f. Der Baukredit kann indessen durchaus auch nicht revolvierend gewährt werden und ist sogar typischerweise nur beschränkt revolvierend. Dies ist insbesondere auch bei der Terminologie zu beachten: Soweit der Kredit nicht revolvierend ist, kann er, auch wenn er in laufender Rechnung geführt wird, nicht als Kontokorrentkredit bezeichnet werden. Vgl. dazu namentlich *Frey*, Kontokorrentkredit, S. 428. Zum Begriff des Kontokorrentkredites vgl. auch etwa *Albisetti/ Gsell/ Nyffeler*, S. 65ff.; *Emch/ Renz/ Bösch*, S. 244ff.

597 Vgl. dazu hinten S. 265ff. Allfällige Spesenvergütungen und Gebühren, die der Kreditnehmer im Rahmen des Zahlungsverkehrs zu leisten hat, können direkt aus Baukreditmitteln beglichen und somit dem Baukreditkonto belastet werden. Vgl. dazu vorne S. 107.

598 Vgl. dazu hinten S. 179.

599 Vgl. dazu hinten S. 179.

600 Zur Diskussion der Frage, ob in jedem Fall, wo eine laufende Rechnung geführt wird, auch ein Kontokorrentvertrag vorliege, vgl. etwa *Kleiner*, AGB, S. 81f.; *Guggenheim*, S. 227; *Homberger*, S. 20ff.; *Gonzenbach*, Art. 117 N 3. Tatsächlich kann man sich fragen, ob in denjenigen Fällen bzw. in demjenigen Bereich, wo der Baukredit nicht revolvierend ist (vgl. dazu vorne S. 88f.), überhaupt ein Kontokorrentvertrag vorliegt bzw. notwendig ist. Abzulehnen ist allerdings die Ansicht *Lautenbachs*, der generell das Vorliegen eines Kontokorrentvertrages beim Baukredit verneint, vgl. dazu *Lautenbach*, S. 13.

Zwar sind beides selbständige Verträge[601]. In der Praxis werden sie jedoch häufig uno actu abgeschlossen und stehen in der Regel in einem engen inneren Zusammenhang[602], so dass oft nicht mehr bloss eine rein äusserliche Vertragsverbindung, sondern bereits eine sog. Vertragsverbindung im eigentlichen Sinn[603] vorliegt[604].

In jedem Fall voneinander zu unterscheiden sind die Kontokorrent- und Giroverträge einerseits und der Baukreditvertrag andererseits[605].

II   Rechtliche Würdigung (Kurzübersicht)

A   Qualifikation und anwendbares Recht

Für die die Qualifikation von Kontokorrent[606]- und Giroverträgen[607] und das dafür anwendbare Recht sei auf die Spezialliteratur zu diesem auch zahlreiche andere Bankgeschäfte betreffenden Themenkomplex verwiesen[608].

---

601   Vgl. dazu *Guggenheim*, S. 232, Anm. 1; *Kleiner*, AGB, S. 91; *Kleiner*, Bankkonto, S. 279; *Schulthess*, S. 110f.

602   Vgl. dazu *Kleiner*, AGB, S. 79, S. 91; *Schulthess*, S. 113; *Guggenheim*, S. 232.

603   Vgl. dazu vorne Anm. 399 sowie *Metzger-Wüest*, S. 42ff. (mit weiteren Literaturangaben); *Weiss*, S. 291ff.; *Meier-Hayoz*, Verträge II, S. 2; *Schluep*, S. 776f.

604   Vgl. dazu *Kleiner*, Bankkonto, S. 278f., S. 283.

605   Vgl. dazu ausdrücklich *Zobl*, Baukreditvertrag, S. 4; *Rossi*, S. 47.

606   Der Kontokorrentvertrag regelt die Behandlung der gegenseitigen Forderungen zwischen den Parteien. Während einer bestimmten Rechnungsperiode oder bis zu einer bestimmten Höhe sollen diese gestundet bzw. gegenseitig abgerechnet werden. Als effektive Forderung soll der Schlussaldo aufrechterhalten bleiben. Vgl. dazu etwa *Guggenheim*, S. 226; *Kleiner*, AGB, S. 79f.; *Kleiner*, Bankkonto, S. 275ff.; *Oser/ Schönenberger*, Art. 117 N 2f.; *Schläpfer*, S. 15f.; *Homberger*, S. 19f.; *Gonzenbach*, Art. 117 N 3; *Pfister-Ineichen*, S. 43.

607   Der Girovertrag regelt den Zahlungsverkehr, der über ein Konto abgewickelt werden soll. Dem Girovertrag zufolge werden Zahlungen nicht durch Barzahlung, sondern durch Buchungsvorgänge auf Bankkonten erledigt. Vgl. dazu etwa *Guggenheim*, S. 232; *Schulthess*, S. 47f.; *Kleiner*, AGB, S. 18f., S. 40ff.; *Kleiner*, Bankkonto, S. 278ff.; *Pfister-Ineichen*, S. 43.

608   Nach *Guggenheim* ist der Kontokorrentvertrag insbes. ein Innominatkontrakt, der Elemente eines Stundungsvertrages sowie eines Verrechnungsvertrages enthält. Die Anerkennung der Richtigbefundanzeige ist ausserdem ein Schuldbekenntnis i.S. von Art. 17 OR. Bei Saldoanerkennung liegt eine Neuerung vor (Art 117 Abs. 2 OR). Vgl. dazu *Guggenheim*, S. 226f. Für weitere Qualifikationen vgl. etwa *Kleiner*, AGB, S. 80ff.; *Kleiner*, Bankkonto, 277f.; *Homberger*, S. 16ff. Der Girovertrag ist nach *Guggenheim* als Dauerauftrag zu qualifizieren, wobei die einzelnen Vergütungsaufträge Weisungen im Rahmen dieses Dauerauftrages darstellen. Anwendbar ist nebst dem allgemeinen Teil des OR Auftragsrecht (Art. 394ff. OR) und zumindest sinngemäss Anweisungsrecht (Art. 466ff. OR). Vgl. dazu *Guggenheim* S. 234. Für weitere Qualifikationen vgl. etwa *Kleiner*, AGB, S. 20ff.; *Kleiner*, Bankkonto, S. 278f.; *Schulthess*, S. 92ff.

Für internationale Verhältnisse sei immerhin festgehalten, dass sich mangels einer Rechtswahl (Art. 116 IPRG) das anwendbare Recht nach Art. 117 IPRG bestimmt. Die charakteristischen Leistungen beim Kontokorrent- bzw. Girovertrag sind die Bankdienstleistungen. Nach der Vermutung von Art. 117 Abs. 2 i.V. mit Art. 117 Abs. 3 lit. c IPRG kommt somit das Recht des Staates zur Anwendung, wo die entsprechende Bank ihren gewöhnlichen Aufenthalt bzw. ihre Niederlassung hat[609].

B Parteien

Parteien des Kontokorrent- bzw. Girovertrages sind grundsätzlich dieselben wie beim Baukreditvertrag. Wird für einen Treuhänder bzw. einen General- bzw. Totalunternehmer ein eigenes Konto eröffnet, sind mit diesen Parteien gesonderte Verträge abzuschliessen.

C Form

Für die Formgültigkeit gilt internationalprivatrechtlich Art. 124 IPRG[610]. Nach materiellem schweizerischem Recht bestehen weder für den Kontokorrent- noch für den Girovertrag gesetzliche Formvorschriften. In der Praxis werden die entsprechenden Vereinbarungen zum Teil bloss mündlich oder konkludent geschlossen[611], zum Teil kommen sie jedoch auch durch den Austausch unterzeichneter Formulare, also schriftlich zustande. In diesem letzten Fall liegt eine konkludente Wahl der Schriftform[612] i.S. von Art. 16 Abs. 2 OR vor (einfache Schriftlichkeit) und es gelten für die Erfüllung der Formvorschriften die Art. 13 bis Art. 15 OR.

D Verhältnis zum Baukreditvertrag[613]

Soweit in einem Konflikt die Auslegung einen Widerspruch zwischen dem Kontokorrent- und Girovertrag und dem Baukreditvertrag ergibt, muss das Problem auf dem Wege der Vertragsergänzung[614] gelöst werden. Ob einer der beiden Verträge den Vorrang hat oder ob die sich widersprechenden Punkte einer neu zu formulierenden Regelung zu weichen haben, entscheidet sich dabei im Einzelfall und kann hier nicht generell beantwortet werden.

---

609 Vgl. *Keller/ Kren Kostkiewicz*, Art. 117 N 67, N 70f.; *Amstutz/ Vogt/ Wang*, Art. 117 N 40.

610 Vgl. dazu etwa *Keller/ Girsberger*, Art. 124 und 119 Abs. 3, N 12ff.; *Kneller*, Art. 124 N 12ff.; *Schnyder*, S. 113f.

611 Vgl. dazu etwa *Guggenheim*, S. 232; *Kleiner*, AGB, S. 79.

612 Vgl. dazu *Gauch/ Schluep*, N. 600, Bd. I, S. 103; *von Tuhr/ Peter*, S. 244f.; *Bucher*, S. 174, Anm. 57.; *Schwenzer*, Art. 16 N 5.

613 Zum Verhältnis zwischen Krediteröffnungsvertrag und Kontokorrentvertrag im besondern vgl. auch die Ausführungen bei *Homberger*, S. 44ff.

614 Vgl. dazu etwa *Gauch/ Schluep*, N 1256ff., Bd. I, S. 239ff.; *von Tuhr/ Peter*, S. 233ff.; *Keller/ Schöbi*, Bd. I, S. 136ff.; *Bucher*, S. 186ff.; *Wiegand*, OR-Kommentar, Art. 18 N 61ff.

Teil 3: Sicherungsrechtlicher Teil

Nr. 1: In der Praxis übliche Grundsicherheiten

§ 21 Übersicht

Die grundpfändliche Sicherung ist für den Baukredit, wie bereits gezeigt wurde[615], begriffsnotwendig, wobei die Sicherung direkt, d.h. durch unmittelbare Errichtung eines Pfandrechtes, oder indirekt[616] durch Verpfändung oder Sicherungsübereignung von Grundpfandtiteln erfolgen kann. Häufig ist eine Sicherung des Baukredites durch ein Grundpfand im ersten Rang[617]. Möglich ist allerdings durchaus auch eine Sicherung in verschiedenen Rängen[618].

Bei der direkten Sicherung kommt praktisch nur die Form der Grundpfandverschreibung in Frage: Sowohl Schuldbrief als auch Gült werden stets für einen bestimmten Forderungsbetrag errichtet. Die Baukreditforderung ist jedoch bis zum Abschluss der Bauarbeiten kaum je konstant[619] und damit für eine Verurkundung zu einem fixen Betrag, wie dies für den Schuldbrief oder die Gült verlangt wird, ungeeignet.

Zwar ist durchaus denkbar, dass ein Grundeigetümer zugunsten des Baukreditgebers einen Schuldbrief (etwa in der Höhe der Baukreditlimite oder in einem etwas erhöhten Umfang) als direktes Grundpfand errichtet, die Parteien jedoch intern vereinbaren, dass der Gläubiger das Pfandrecht nur bis zum effektiv geschuldeten Betrag geltend machen kann. Insbesondere bestünde in diesem Fall - aufgrund der novierenden Wirkung der Schuldbrieferrichtung (Art. 855 ZGB) - nebst der Schuldbriefforderung nicht noch eine selbständige Kreditforderung. Dies ist jedoch beim Baukredit höchst unpraktisch und in der Regel gerade nicht zu vermuten [620, 621].

---

615 Vgl. dazu vorne S. 7 und S. 18.

616 Vgl. zu dieser Terminologie insbes. *Zobl*, Fahrnispfand, Systematischer Teil N 531; *Zobl*, Eigentümerschuldbrief, S. 199; *Moser*, S. 2f.; *Pfister-Ineichen*, S. 45ff.; *Rubin*, S. 20f.; *Bär*, S. 106ff.; *Stettler*, S. 359; *Oetiker*, Kapitel 10.1, S. 4; *Rheiner* S. 268f.; *Emch/ Renz/ Bösch*, S. 341; *Albisetti/ Gsell/ Nyffeler*, S. 85; *Jent-Sörensen*, S. 89f..

617 Zu besonderen Fragen betreffend den Rang des Baukredites, namentlich bei vorbestehenden Pfandrechten, vgl. etwa *Lehner*, S. 134f.; *Lautenbach*, S. 17f.

618 Vgl. dazu etwa den *BGE* 115 II 136 zugrundeliegenden Sachverhalt. Eine Sicherung in verschiedenen Rängen kommt insbes. auch vor bei von mehreren Banken gewährten Krediten. Zur Kreditgewährung durch mehrere Baukreditgeber im besondern vgl. hinten S. 358ff.

619 Vgl. dazu ausführlich hinten S. 164ff.

620 Vgl. dazu *Zobl*, Sicherungsübereignung, S. 286; *Bär*, S. 121; *Vollenweider*, S. 118; *Jent-Sörensen*, S. 91ff.; *Staehelin*, S. 1257, S. 1259. Demgegenüber ging das Bundesgericht in *BGE* 119 III 105 im Falle einer blossen Verpfändung eines Schuldbriefes davon aus, dass gegebenenfalls eine Novation im Sinne von Art. 855 ZGB vorliegen könne (vgl. dazu die kritische Analyse von *Jent-Sörensen*, S. 87ff., welche mit überzeugenden Argumenten für diesen Fall eine Novation a priori ausschliesst). Angesichts der Unsicherheiten, welche im genannten Bundesgerichtsentscheid zum Ausdruck kamen, ist dem Kreditgeber nahezulegen, die beabsichtigte Ausgestaltung der Sicherung und damit insbesondere den Ausschluss der Novation deutlich festzuhalten.

621 Zu beachten ist auch etwa, dass nach bundesgerichtlicher Rechtsprechung die Kreditkommission bei einem direkten Grundpfand gar nicht gesichert wäre, vgl. dazu *ZBGR* 77 (1996), S. 268.

Die Grundpfandverschreibung eigent sich dagegen zur Sicherung beliebiger Forderungen, insbesondere auch zur Sicherung von Forderungen mit unbestimmtem und wechselndem Betrag (Art. 824f. ZGB). Bei der Gült kommt ausserdem hinzu, dass für die ganze Schweiz strenge Belastungsgrenzen bestehen (Art. 848 ZGB) und sie für Industriebauten überhaupt unzulässig ist (Art. 847 Abs. 2 ZGB - e contrario)[622]. Vollends im Widerspruch zu den Bedürfnissen beim Baukredit steht schliesslich der Umstand, dass der Gültgläubiger die Gültforderung während der ersten fünfzehn Jahre nicht kündigen kann (Art. 850 Abs. 2 ZGB)[623].

Die indirekte Sicherung erfolgt demgegenüber mit Hilfe von Schuldbriefen[624]. Allerdings bestehen vereinzelt kantonale Vorschriften, welche die Verwendung von Schuldbriefen zur Sicherung von Forderungen - und damit insbesondere auch die indirekte Sicherung - unattraktiv erscheinen lassen (Höchstzinsfuss, umständliches Verfahren bei der Errichtung, tiefe Belastungsgrenze, Einschränkung der Kündbarkeit)[625, 626]. Die indirekte Sicherung hat sich deshalb vor allem dort durchgesetzt, wo für diese Titel keine besonderen kantonalen Erschwernisse bestehen[627]. Im einzelnen ergibt sich zu den in der Praxis üblichen Sicherungsformen das Folgende:

---

622 Vgl. dazu *Tuor/ Schnyder/ Schmid*, S. 871; *Leemann*, Art. 847 N 9; *Wieland*, Art. 847 N 5; *Simonius/ Sutter*, 10 N 14, S. 287; *Pfister-Ineichen*, S. 45.

623 Beim Schuldbrief können demgegenüber die Parteien die Kündigungsfrist selbst festlegen. Allerdings sind hier kantonale Einschränkungen möglich. Vgl. dazu gerade nachfolgend.

624 Vgl. dazu etwa *Bär*, S. 107ff.; *Zobl*, Baukreditvertrag, S. 6; *Zobl*, Sicherungsübereignung, S. 282f.; *Moser*, S. 2; *Schär*, S. 132. Entgegen den Ausführungen bei *Pfister-Ineichen*, S. 46, handelt es sich dabei allerdings nicht immer um Eigentümerschuldbriefe, vgl. dazu *Moser*, S. 63.

625 Vgl. dazu etwa *Vollenweider*, S. 31f.; *Steinauer*, N 2945ff., S. 249f.; *Rubin*, S. 21f.; *Simonius/ Sutter*, 9 N 58, S. 268, Anm. 103; *Emch/ Renz/ Bösch*, S. 351; *Mühl/ Petereit*, N 825, S. 305; *Riemer*, 23 N 67; zur Regelung um 1925 vgl. etwa *Leemann*, Art. 843 N 4ff.

626 Im Kanton Zürich beispielsweise wurden lediglich Vorschriften über die Zinstage und die maximalen Kündigungsfristen erlassen, vgl. dazu § 200f. EGZGB/ZH. Diese Vorschriften dürften sich kaum hinderlich auf die Verwendung von Schuldbriefen zur Sicherung von Baukrediten auswirken.

627 Vgl. dazu *Vollenweider*, S. 31f.; *Emch/ Renz/ Bösch*, S. 351; *Mühl/ Petereit*, N 954, S. 354; *Studer*, S. 17; *Rheiner*, S. 272. Zu den Gründen für die Wahl der indirekten Sicherung vgl. namentlich etwa *Moser*, S. 4ff.; *Vollenweider*, S. 52f.

§ 22 Sicherung des Baukredites mittels Grundpfandverschreibung

I Grundlagen

A Erscheinungsform

Die Baukreditforderung ist, wie bereits erwähnt, bis zum Abschluss der Bauarbeiten bzw. bis zum Vorliegen der Schlussabrechnung kaum je konstant, sondern in der Regel in stetiger Zunahme begriffen. Ausserdem sind auch Reduktionen möglich[628]. Zur Sicherung solch unbestimmter Forderungen sieht das Gesetz den Eintrag eines Höchstbetrages vor (Art. 794 Abs. 2 ZGB). Wird eine Grundpfandverschreibung in dieser Weise errichtet, spricht man von einer Maximalhypothek[629]. Sie ist die zur Sicherung von Baukrediten übliche Form[630] der auf dem Baugrundstück errichteten Grundpfandverschreibung.

B Pfandbestellung

AA Allgemeine Modalitäten

Was das internationale Privatrecht betrifft, so gilt das Folgende: Den Pfandvertrag können die Parteien dem Recht ihrer Wahl unterstellen (Art. 119 Abs. 2 IPRG). Mangels einer Rechtswahl gilt schweizerisches Recht (Art. 119 Abs. 1 IPRG). Die Form des Vertrages richtet sich für schweizerische Grundstücke stets nach schweizerischem Recht (Art. 119 Abs. 3 IPRG)[631]. Für die Errichtung und den Inhalt der Grundpfandverschreibung gilt bei schweizerischen Grundstücken schweizerisches Recht (Art. 99 Abs. 1 IPRG)[632]. Parteien des Pfandvertrages[633] sind der Kreditgeber und der Eigentümer des verpfändeten Grundstücks. Letzterer braucht mit dem Kreditnehmer nicht identisch zu sein. Solche Fälle einer Drittpfandbestellung sind zum Beispiel denkbar, wenn bei einer grösseren Überbauung nicht der Grundstückeigentümer selbst, sondern ein Bauunternehmer das Bauprojekt realisieren will und die einzelnen Bauobjekte während oder nach Abschluss der Bauarbei-

---

628 Vgl. dazu vorne S. 88f.

629 Vgl. dazu *BGE* 115 II 349, insbes. S. 359; *Tuor/ Schnyder/ Schmid*, S. 819; *Steinauer*, N 2649f., S. 105; *Simonius/ Sutter*, 5 N 20ff., S. 162f.; *Rubin*, S. 22, S. 27; *Leemann*, Art. 794 N 10ff.; *Wieland*, Art. 794 N 4; *Kaderli*, Bankkredit, S. 147ff.; *Albisetti/ Gsell/ Nyffeler*, S. 85; *Albisetti/ Boemle/ Ehrsam/ Gsell/ Nyffeler/ Rutschi*, S. 475. Vgl. auch schon vorne S. 1.

630 Vgl. dazu etwa *Kaderli*, S. 270; *Albisetti/ Gsell/ Nyffeler*, S. 119; *Albisetti/ Boemle/ Ehrsam/ Gsell/ Nyffeler/ Rutschi*, S. 135, S. 475; *Mühl/ Petereit*, N 953, S. 254; *Studer*, S. 17; *Simonius/ Sutter*, 5 N 21, S. 163; *Emch/ Renz/ Bösch*, S. 351; *Zobl*, Sicherungsübereignung, S. 282; *Zobl*, Baukreditvertrag, S. 6; *Pfister-Ineichen*, S. 45; *Rheiner*, S. 272; *Rossi*, S. 63; *Isler*, Schuldbriefe, S. 239; *Lautenbach*, S. 14f.; *Ramseyer*, S. 86ff.; *Haefliger*, S. 75ff.

631 Vgl. *Keller/ Kren Kostkiewicz*, Art. 119 N 8, N 14f., N 24; *Keller/ Girsberger*, Art. 124 und 119 Abs. 3, N 49ff.

632 Vgl. dazu etwa *Fisch*, Art. 99 N 6; *Schnyder*, S. 91.

633 Zum Inhalt der Pfandverträge im besondern vgl. etwa *Leemann*, Art. 799 N 32ff.; *Wieland*, Art. 799 N 9.

ten verkauft werden sollen. Durch die direkte Veräusserung ist lediglich eine einzige Handänderung notwendig, was Umtriebe und Kosten spart[634].

Gemäss Art. 799 ZGB ist nach schweizerischem Recht für die Errichtung der Grundpfandverschreibung ein öffentlich beurkundeter Pfandvertrag abzuschliessen und das Grundpfand ins Grundbuch einzutragen. Die Grundpfandverschreibung wird auf eine bestimmte Pfandstelle errichtet und erhält ihren Rang nach dem Eintrag (Art. 825 Abs. 1 ZGB). Häufig wird ausserdem ein Nachrückungsrecht vereinbart. Dingliche Wirkung entfaltet dieses allerdings erst, wenn es im Grundbuch vorgemerkt wird (Art. 813 Abs. 3 ZGB). Der entsprechende Eintrag setzt ebenfalls eine öffentlich beurkundete Vereinbarung voraus (Art. 71 GBV).

In der Regel verwenden die Banken für die Errichtung von Maximalhypotheken standardisierte Verträge[635].

BB Höhe der Belastung im besondern

Üblich ist eine Belastung in der Höhe der Baukreditlimite zuzüglich einer Sicherheitsmarge von 10-20%[636] zur Deckung unvorhergesehener Forderungen[637]. Die Baukreditlimite selbst entspricht in der Regel stets nur einem Bruchteil der jeweiligen Belehnungswerte[638]. Allerdings ist es immer wieder vorgekommen, dass Grundstücke bis zum Verkehrswert[639] der fertig gebauten Anlage oder sogar darüber hinaus belastet wurden.

Mit dem per Ende 1994 ersatzlos ausser Kraft getretenen BBPG war die Möglichkeit einer solchen Belastung auch für Baukredite eingeschränkt worden[640]. Von dieser Beschränkung wurden jedoch von vornherein Bauten ausgenommen, die der Grundeigentümer selbst bewohnen oder zum Betrieb eines Handels-, Fabrikations- oder eines anderen nach kaufmännischer Art geführten Gewerbes, ei-

---

634 Zu besonderen Fragen im Zusammenhang mit Dritteigentum am Baugrund vgl. hinten S. 363ff.

635 Zu den Standard- bzw. Formularverträgen der Banken vgl. etwa *Guggenheim*, S. 3, S. 122; *Zobl*, Fahrnispfand, Art. 884 N 402 ff. (mit zahlreichen weiteren Hinweisen); *Oftinger/ Bär*, Art. 884 N 102ff. (mit zahlreichen weiteren Hinweisen). Zur Problematik der Abwesenheit des Pfandgläubigers bei der Pfanderrichtung vgl. etwa *Wiegand*, Grundpfandrechte, S. 79f.

636 Vgl. dazu *Albisetti/ Gsell/ Nyffeler*, S. 119; *Albisetti/ Boemle/ Ehrsam/ Gsell/ Nyffeler/ Rutschi*, S. 135; *Zobl*, Baukreditvertrag, S. 6; *Pfister-Ineichen*, S. 46; *Simonius/ Sutter*, 5 N 21, S. 163. Eine Formel zur Berechnung des einzutragenden Höchstbetrages findet sich bei *Kaderli*, Bankkredit, S. 154, Anm. 1, sowie bei *Rossi*, S. 72.

637 Namentlich bei ungenügenden Mitteln - z.B. infolge von Mehr- oder Zusatzkosten - kann sich auch etwa eine Kreditaufstockung aufdrängen, welche gegebenenfalls durch die vorgesehene Sicherheitsmarge gedeckt werden kann. Vgl. dazu hinten S. 269f.

638 Vgl. dazu im einzelnen vorne Anm. 177.

639 Zum Begriff vgl. hinten S. 164.

640 Für die Bestimmung des für die Beschränkung massgeblichen Wertes ging man dabei von der Summe des Landwertes (Erwerbspreis oder Wert gemäss amtlicher Schätzung) und der vom Kreditgeber anerkannten Baukosten gemäss Kostenvoranschlag aus (Art. 4 BBPG). Vgl. dazu im einzelnen *BGE* 116 II 575. Als zulässige Grenze galten vier Fünftel dieses Wertes. Insbesondere waren diese Schranken des BBPG auch bei der Besetzung einer leeren, vor Inkrafttreten des Bundesbeschlusses errichteten Pfandstelle massgeblich, vgl. dazu *BGE* 116 II 580. Für Einzelheiten vgl. etwa *Pfister-Ineichen*, S. 49; *Peter/ Naef*, N 115, S. 48f.

nes Handwerkbetriebes oder zur Ausübung eines freien Berufes nutzen wollte[641] . Ebenso wurden Genossenschaftsbauten ausgenommen sowie die vom Bund, von den Kantonen und von den Gemeinden im Rahmen der Wohneigentums- und Wohnbauförderung oder vom Bund und von den Kantonen im Rahmen der Wirtschaftsförderung gewährten oder verbürgten Kredite[642]. In jedem Fall wurde diese Belastungsgrenze auf drei Jahre seit dem letzten Eigentumserwerb am Grundstück befristet[643].

Belastungsgrenzen gelten heute namentlich noch bei landwirtschaftlichen Grundstücken i.S. des BGBB[644]:

Die Belastungsgrenze entspricht dem um 35 % erhöhten Ertragswert (Art. 73 Abs. 1 BGBB). Bei einem grossen Grundstück, dessen Ertragswert den Verkehrswert der geplanten Baute übersteigt, ergeben sich keine Probleme, da die Kreditlimite von Anfang an voll gedeckt werden kann. Dort jedoch, wo der durch die Bauarbeiten geschaffene Mehrwert überhaupt erst Deckung für die Kreditforderung schaffen soll, setzt das BGBB Schranken, die eine herkömmliche Baukreditfinanzierung erheblich erschweren. Immerhin kann eine Überschreitung der Belastungsgrenze bewilligt werden, sofern ein Darlehen (bzw. ein Kredit) zur Erweiterung, zum Erhalt oder zur Verbesserung eines landwirtschaftlichen Gewerbes gewährt wird (Art. 76 Abs. 2 und Art. 77 BGBB). Eine Überschreitung ist auch möglich bei zinslosen Darlehen, welche von bestimmten Genossenschaften oder Stiftungen oder Institutionen des kantonalen öffentlichen Rechtes gewährt werden bzw. bei von solchen Institutionen verbürgten oder verzinsten Darlehen (Art. 76 Abs. 1 BGBB). Keine Belastungsgrenze besteht ausserdem für Grundpfandrechte zur Sicherung von Darlehen, die gemäss dem IBG bzw. im Rahmen der Wohnbauförderung des Bundes und der Kantone gewährt oder verbürgt werden[645] (Art. 75 Abs. 1 lit. c und d BGBB).

---

641   Art. 3 Abs. 1 lit. c BBPG.

642   Art. 3 Abs. 1 lit. c und Abs. 2 lit. a und b BBPG.

643   Art. 2 Abs. 1 BBPG. Zu früheren Belastungsförderungen vgl. etwa *Rheiner*, S. 275: Zwischen 1951 und 1957 bestand z.B. zwischen Banken und Behörden ein sog. Gentlemen's Agreement über die Baufinanzierung, das die erste Hypothek auf 60% der Anlagekosten einschliesslich Bauland und die Gesamtbelehnung auf 70% beschränkte.

644   Vgl. dazu etwa *Steinauer*, N 2675ff., S. 117ff.

645   Vgl. dazu vorne S. 41ff.

II Gedeckte Forderungen

Bei der Maximalhypothek findet Art. 818 ZGB insofern keine Anwendung, als die zusätzliche Deckung von Betreibungskosten, Vertrags- und Verzugszinsen nicht Platz greift. Das Grundpfand haftet also für sämtliche Forderungen nur mit dem eingetragenen Höchstbetrag[646]. Allerdings sind dadurch auch sämtliche Zinsen der gesicherten Forderung gedeckt, ohne Rücksicht auf deren Höhe und ohne zeitliche Schranken[647].

Häufig wird im Pfandvertrag die Deckung nicht nur auf die Kreditforderung beschränkt, sondern pauschal auf bestehende oder künftige Forderungen der Kreditgeberin gegenüber dem Kreditnehmer bis zum erwähnten Maximalbetrag bezogen[648]. Aufgrund der neueren Diskussion und Rechtsprechung betreffend generelle Pfandklauseln[649] sind die Banken allerdings dazu übergegangen, diese Deckung auf Forderungen aus der bestehenden oder einer in Aussicht genommenen Geschäftsbeziehung zu beschränken[650].

Solche Pfandklauseln haben den Vorteil, dass die Bank nicht nur für die Kreditforderung und die genannten Betreibungskosten und Zinsen gesichert ist, sondern auch für allfällige Schadenersatzforderungen[651] im Zusammenhang mit dem Baukreditgeschäft, Forderungen für Zinsausfälle und insbesondere für Kreditaufstockungen[652].

---

646   Vgl. dazu *Kaderli*, Bankkredit, S. 153f.; *Leemann*, Art. 794 N 12, Art. 818 N 22; *Wieland*, Art. 794 N 4; a.M. *Simonius/ Sutter*, 5 N 74, S. 180f., welche für Betreibungskosten und Verzugszinsen eine zusätzliche Sicherung annehmen.

647   Vgl. dazu *Kaderli*, Bankkredit, S. 154.

648   Vgl. dazu *Pfister-Ineichen*, S. 46; *Zobl*, Fahrnispfand, Art. 884 N 410, N 445; *Guggenheim*, S. 126; *Albisetti/ Gsell/ Nyffeler*, S. 88; *Mühl/ Petereit*, S. 418; *Rossi*, S. 70ff.; *Leemann*, Art. 799 N 38; *Wieland*, Art. 799 N 10, lit. aa;

649   Vgl. dazu etwa *Zobl*, Fahrnispfand, Art. 884 N 457ff.; *Rubin*, S. 27f.; *Guggenheim*, S. 126f.; *Oftinger/ Bär*, Art. 884 N 128ff. (je mit weiteren Hinweisen); *Pfister-Ineichen*, S. 47; *Wiegand*, Grundpfandrechte, S. 82ff.; vgl. auch *BGE* 106 II 257, insbes. S. 263.

650   Zur Sicherung von Kontokorrentkreditforderungen bzw. von Krediten, die in Kontokorrentform geführt werden, vgl. die ausführliche Darstellung bei *Zobl*, Fahrnispfand, Art. 884 N 262ff. (mit zahlreichen weiteren Hinweisen). Vgl. auch *Moser*, S. 122.

651   Zur Erstreckung der grundpfändlichen Sicherung auf Schadenersatzansprüche vgl auch etwa *BGE* 106 II 257, insbes. S. 262.

652   Vgl. hinten S. 269f.

III Realisierung

Grundsätzlich erfolgt die Realisierung der Kreditsicherheit mittels Betreibung auf Grundpfandverwertung (Art. 41 Abs. 1 SchKG i.V. mit Art. 151ff. SchKG). Insbesondere kann der Kreditnehmer verlangen, dass sich der Kreditgeber an das Pfand halte (sog. beneficium excussionis realis)[653]. Indessen kann der Kreditnehmer auf die Geltendmachung dieses Rechtes verzichten. Vorbehalten bleiben sodann besondere Abreden zwischen den Parteien[654]. Üblich ist in der Bankpraxis, dass sich die Bank ein Wahlrecht einräumen lässt, so dass trotz der grundpfändlichen Sicherung eine Betreibung auf Pfändung bzw. Konkurs möglich ist[655]. Für die Zinsen und Kommissionen gilt das Wahlrecht gemäss Art. 41 Abs. 2 SchKG.

IV Pfandhaft

Gemäss Art. 805 ZGB erstreckt sich die Pfandhaft auf das Grundstück mit Einschluss aller Bestandteile und der Zugehör. Insbesondere besteht gemäss Art. 805 Abs. 2 ZGB die Möglichkeit, als Zugehör bezeichnete Sachen in die Pfandhaft miteinzubeziehen[656]. Gemäss Art. 806 ZGB geht die Pfandhaft sogar über das vorbestehende Grundstück und die durch den Kredit geschaffene Substanzveränderung hinaus und erstreckt sich insbesondere auch auf die seit Anhebung der Betreibung oder seit Konkurseröffnung aufgelaufenen Miet- und Pachtzinsen[657]. Wird das Bauobjekt beschädigt oder zerstört, erstreckt sich die Pfandhaft gestützt auf Art. 822 ZGB und Art. 57 VVG auf die entsprechenden Versicherungsansprüche[658].

---

653 Das beneficium excussionis realis findet auch bei Drittpfandrechten Anwendung, vgl. dazu *Zobl*, Fahrnispfand, Systematischer Teil N 596 (mit weiteren Hinweisen). A.M. demgegenüber *Simonius/ Sutter*, 6 N 7, S. 201.

654 Vgl. dazu etwa *Fritzsche/ Walder I*, 34 N 8, S. 476; *Zobl*, Fahrnispfand, Systematischer Teil N 614ff., N 619. Möglich ist sogar, dass eine private Verwertung vereinbart wird, was allerdings selten geschieht. Vgl. dazu *Leemann*, Art. 816 N 3; *Simonius/ Sutter*, 5 N 79, S. 182f.

655 Entsprechende Abreden finden sich insbesondere in den Allgemeinen Geschäftsbedingungen der Banken, vgl. dazu *Zobl*, Fahrnispfand, Systematischer Teil N 614f. Zu Einzelfragen betreffend die Zwangsvollstreckung vgl. hinten S. 271 ff.

656 Vgl. dazu *BGE* 104 III 28, wo es insbes. um die entsprechende Sicherung eines Baukredites geht. Vgl. auch *Rossi*, S. 66f.; *Isler*, Grundpfandrecht, S. 194ff.

657 Für Einzelheiten vgl. etwa *Isler*, Grundpfandrecht, S. 198ff.; *Steinauer*, N 2730ff., S. 145ff. Zur Situation beim Nachlassvertrag mit Vermögensabtretung vgl. *BGE* 108 III 83.

658 Vgl. dazu *Tuor/ Schnyder/ Schmid*, S. 815; *Simonius/ Sutter*, 5 N 43ff., S. 171; *Steinauer*, N 2733ff., S. 148ff.; *Isler*, Grundpfandrecht, S. 194; *Leemann*, Art. 822 N 1ff.; *Wieland*, Art. 822 N 1ff.; *Hauswirth/ Suter*, S. 237ff. (mit Hinweisen auf weitere Massnahmen zum Schutz des Grundpfandgläubigers). Vgl. dazu auch hinten S. 222f.

V Spezifischer Konnex zwischen Kredit und Sicherheit

Die sukzessiv bewirkte Substanzveränderung am Grundstück und der somit in der Regel entstehende Mehrwert wirken sich auch auf das Deckungsvermögen der auf dem Baugrundstück lastenden Grundpfandverschreibung aus. Daraus ergibt sich der für den Baukredit begriffsnotwendige Konnex zwischen Kredit und Sicherheit [659].

VI Verhältnis des Pfandvertrages zum Baukreditvertrag

Der Vertrag über die Errichtung einer Grundpfandverschreibung muss andere formelle Erfordernisse erfüllen als der Baukreditvertrag. Klauseln im bloss schriftlich abgeschlossenen Baukreditvertrag, welche auf die Pfandbestellung mittels Grundpfandverschreibung Bezug nehmen, können deshalb schon aus formellen Gründen keine verbindliche Pfandabreden sein. Solche Klauseln können aber auch nicht als Vorverträge gelten, da gemäss Art. 22 Abs. 2 OR ein Vorvertrag über die Errichtung einer Grundpfandverschreibung der öffentlichen Beurkundung bedarf.

Wie bereits gezeigt wurde [660], sind die Pfandklauseln im Baukreditvertrag in der Regel auch bloss Suspensivbedingungen i.S. von Art. 151 OR, welche den Kreditgeber berechtigen, die Freigabe der Kreditmittel von der Pfanderrichtung abhängig zu machen. Meist wird der Pfandvertrag auch ohnehin erst nach dem Baukreditvertrag abgeschlossen.

Der Pfandvertrag und der Baukreditvertrag sind also in der Regel zwei voneinander verschiedene Verträge. Ergibt sich im Streitfall, dass zwischen den beiden Verträgen Widersprüche bestehen, so ist eine Lösung durch Vertragsergänzung [661] zu finden.

---

659 Vgl. dazu vorne S. 3: Soweit die Substanzveränderung am Grundstück selbst vorgenommen wird, ergibt sich diese Wirkung unmittelbar. Soweit Material hinzugefügt wird, ergibt sie sich aufgrund des Akzessionsprinzips (Art. 667 Abs. 2 ZGB und Art. 671 Abs. 1 ZGB i.V. mit Art. 805 ZGB). Vgl. insbesondere auch die Hinweise in Anm. 20.

660 Vgl. dazu vorne S. 118.

661 Vgl. dazu *Gauch/ Schluep*, N 1256ff., Bd. I, S. 239ff.; *von Tuhr/ Peter*, S. 291; *Keller/ Schöbi*, Bd. I, S. 136ff.; *Bucher*, S. 186ff.

§ 23 Sicherung des Baukredites durch Verpfändung von Schuldbriefen

I Grundlagen

A Erscheinungsformen

Die Verpfändung von - auf dem Baugrundtück lastenden - Schuldbriefen unterscheidet sich beim Baukredit nicht von entsprechenden Verpfändungen bei anderen Rechtsgeschäften. Häufig ist insbesondere die Verpfändung von sog. Eigentümerschuldbriefen[662], die überdies oftmals beim Abschluss des Baukreditvertrages noch gar nicht existieren und also erst noch errichtet werden müssen[663]. Denkbar ist aber auch, dass der Kreditnehmer zwar nicht Eigentümer des Baugrundstückes ist, jedoch einen ihm gehörenden, auf dem Baugrundstück lastenden Schuldbrief verpfändet.

B Pfandbestellung

AA Allgemeine Modalitäten

AAA　　Wertpapiermässige Verpfändung

Was das internationale Privatrecht betrifft, so gilt das Folgende: Auf den Verpfändungsvertrag ist das von den Parteien gewählte Recht anwendbar (Art. 116 IPRG)[664]. Mangels einer Rechtswahl dürfte nach der Vermutung von Art. 117 Abs. 2 IPRG das Recht am gewöhnlichen Aufenthalt bzw. am Ort der Niederlassung des Pfandgebers zur Anwendung kommen. Für die Form des Verpfändungsvertrages gilt Art. 124 IPRG [665]. Die - wertpapiermässige - Verpfändung des Schuldbriefes selbst können die Parteien dem Recht ihrer

---

662　Vgl. dazu *Rossi*, S. 64f.; *Emch/ Renz/ Bösch*, S. 351; *Mühl/ Petereit*, N 953, S. 354; *Ramseyer*, S. 88f.; *Zobl*, Baukreditvertrag, S. 6; *Zobl*, Fahrnispfand, Systematischer Teil N 531, Art. 901 N 141ff.; *Moser*, S. 41ff.; *Pfister-Ineichen*, S. 46; *Bär*, S. 108ff.; *Haefliger*, S. 77ff.; *Albisetti/ Gsell/ Nyffeler*, S. 119; *Albisetti/ Boemle/ Ehrsam/ Gsell/ Nyffeler/ Rutschi*, S. 135; *Isler*, Schuldbriefe, S. 239. Zum Eigentümergrundpfand vgl. etwa *Leemann*, Art. 859 N 8ff., Art. 901 N 1; *Wieland*, Art. 859 N 4ff.; *Oftinger/ Bär*, Art. 901 N 131ff.; *Tuor/ Schnyder/ Schmid*, S. 764ff.; *Staehelin*, S. 1256f.; *Meier-Hayoz/ von der Crone*, 5 N 258ff., S. 127f.; *Moser*, S. 15ff.; *Mühl/ Petereit*, N 892ff., S. 329ff. (je mit weiteren Hinweisen) *Pfister-Ineichen*, S. 103f. Zum Eigentümerschuldbrief im besondern vgl. etwa *Zobl*, Eigentümerschuldbrief, S. 194ff.; *Lareida*, S. 22f.; *Moser*, S. 36ff.; *Simonius/ Sutter*, 9 N 6f., S. 247f.; *Mühl/ Petereit*, N 899ff., S. 332ff. (je mit weiteren Literaturangaben) *Pfister-Ineichen*, S. 105; *Bär*, S. 108ff.; *Brückner*, S. 245. Zur Abgrenzung des vollkommenen vom unvollkommenen Eigentümerschuldbrief im besondern vgl. *Zobl*, Eigentümerschuldbrief, S. 200ff.; *Staehelin*, S. 1257.

663　Zu beachten ist allerdings Art. 841 Abs. 3 ZGB: wurde der Baubeginn im Grundbuch angemerkt, können bis zum Ablauf der für die Bauhandwerkerpfandrechte geltenden Eintragungsfristen keine Schuldbriefe mehr errichtet werden.

664　Zur Sonderanknüpfung des jeweiligen Kausalgeschäftes bei der Verpfändung vgl. etwa *Fisch*, Art. 105 N 4.

665　Vgl. dazu etwa *Keller/ Girsberger*, Art. 124 und 119 Abs. 3, N 12ff.; *Kneller*, Art. 124 N 12ff.; *Schnyder*, S. 113f.

Wahl unterstellen. Eine solche Rechtswahl kann jedoch Dritten nicht entgegengehalten werden. Wird nichts vereinbart, untersteht die Verpfändung dem Recht am gewöhnlichen Aufenthalt des Pfandgläubigers (Art. 105 Abs. 1 und 2 IPRG)[666]. Die Errichtung und der Inhalt des Schuldbriefes selbst unterstehen dagegen bei schweizerischen Grundstücken in jedem Fall schweizerischem Recht (Art. 99 Abs. 1 IPRG)[667]. Parteien bei der Schuldbriefverpfändung sind der Kreditgeber, der Kreditnehmer bzw. allfällige Dritteigentümer des Schuldbriefes.

Der Vertrag über die Verpfändung ist - soweit schweizerisches Recht zur Anwendung kommt - keinen Formvorschriften unterworfen[668]. Die entsprechenden Pfandverträge werden in der Praxis jedoch häufig schriftlich abgeschlossen. Die Formfreiheit gilt insbesondere auch für die Verpfändung von Eigentümerschuldbriefen[669]. Soll dagegen ein Titel verpfändet werden, der zur Zeit des Vertragsschlusses noch nicht existiert, bedarf die durchsetzbare Pflicht zur Errichtung und Verpfändung eines solchen Titels der öffentlichen Beurkundung[670]. Lässt der Verpfänder den entsprechenden Titel jedoch freiwillig errichten, hat der Pfandgläubiger auch dann ein Recht auf Herausgabe des Titels, wenn der Pfandvertrag nicht öffentlich beurkundet wurde[671]. In der Baukreditpraxis hat zudem das vollstreckbare Recht auf Errichtung und Herausgabe des Titels ohnehin nur eine untergeordnete Bedeutung. Da ohne entsprechende Sicherung die Kreditmittel in der Regel nicht freigegeben werden[672], hat der Kreditnehmer selbst ein Interesse daran, dafür zu sorgen, dass die Sicherung möglichst rasch zustandekommt. Damit erübrigt sich beim Baukredit selbst für den Fall noch nicht errichteter Eigentümerschuldbriefe eine öffentliche Beurkundung.

In der Regel verwenden die Banken auch für die Verpfändung von Wertpapieren standardisierte Verträge[673].

---

666 Vgl. dazu etwa *Heini*, Art. 105 N 6f., N 13; *Fisch*, Art. 105 N 3, N 6ff., N 10ff.; *Schnyder*, S. 95.

667 Vgl. dazu etwa *Fisch*, Art. 99 N 6; *Schnyder*, S. 92.

668 Vgl. dazu *Moser*, S. 106; *Lareida*, S. 59; *Leemann*, Art. 901 N 6, N 11; *Oftinger/ Bär*, Art. 901 N 122; *Tuor/ Schnyder/ Schmid*, S. 892; *Mühl/ Petereit*, N 901, S. 353; *Zobl*, Fahrnispfand, Art. 901 N 45, N 93, N 127.

669 Vgl. dazu *Zobl*, Eigentümerschuldbrief, S. 203 (mit weiteren Hinweisen); *Zobl*, Fahrnispfand, Art. 901 N 150; *Oftinger/ Bär*, Art. 901 N 138. Zur Qualifikation des entsprechenden Vertrages vgl. etwa *Meier-Hayoz/ von der Crone*, 5 N 265f., S. 128.

670 Vgl. dazu *BGE* 71 II 262, insbes. S. 266; *Brückner*, S. 231f.; *Moser*, S. 106f.; *Lareida*, S. 59; *Oftinger/ Bär*, Art. 901 N 138; *Mühl/ Petereit*, N 901, S. 333; *Zobl*, Eigentümerschuldbrief, S. 204 (mit weiteren Hinweisen); *Zobl*, Fahrnispfand, Art. 901 N 151.

671 Vgl. dazu *Zobl*, Eigentümerschuldbrief, S. 204; vgl. indessen auch die kritischen Ausführungen bei *Brückner*, S. 235

672 Vgl. dazu vorne S. 118.

673 Vgl. dazu *Guggenheim*, S. 122ff.; *Zobl*, Fahrnispfand, Art. 884 N 402ff.; *Oftinger/ Bär*, Art. 884 N 100ff. (je mit zahlreichen weiteren Hinweisen); *Mühl/ Petereit*, S. 412f.

Nebst dem Pfandvertrag setzt die Verpfändung nach schweizerischem Recht auch die Übergabe des Schuldbriefes an den Pfandgläubiger voraus. Bei auf den Namen lautenden Schuldbriefen ist ausserdem ein Indossament bzw. eine Abtretungserklärung erforderlich (Art. 901 Abs. 2 ZGB)[674]. Die Übergabe des Pfandtitels kann durch Besitzübergabe, aber auch durch eine sog. Besitzanweisung erfolgen (Art. 924 ZGB)[675]. Insbesondere kann bei einem neu zu errichtenden Schuldbrief der Verpfänder das Grundbuchamt zugleich mit seinem Begehren um Errichtung des Schuldbriefes anweisen, diesen nach seiner Ausfertigung dem Kreditgeber herauszugeben. Das Pfandrecht entsteht dadurch bereits im Zeitpunkt der gültigen Ausstellung des Titels [676].

BBB   Nicht-wertpapiermässige Verpfändung

Schuldbriefe bzw. die in den Schuldbriefen verbrieften Forderungen können grundsätzlich auch nicht-wertpapiermässig in der Form der Forderungsverpfändung verpfändet werden. Internationalprivatrechtlich gilt dabei sinngemäss dasselbe wie bei der wertpapiermässigen Verpfändung (Art. 116f. und 124 IPRG [Verpfändungsvertrag] und Art. 105 IPRG [Verpfändung]).

Soweit schweizerisches Recht zur Anwendung kommt, sind die in Art. 900 ZGB genannten Voraussetzungen zu erfüllen[677]. Anders als bei der wertpapiermässigen Verpfändung bedarf der Pfandvertrag also in jedem Fall der Schriftform. Dagegen ist bei den auf den Namen lautenden Schuldbriefen weder ein Indossament noch eine Abtretungserklärung i.S. von Art. 901 Abs. 2 ZGB notwendig[678]. Bei einem noch nicht errichteten Eigentümerschuldbrief bedarf die entsprechende Vereinbarung zu ihrer Vollstreckbarkeit der öffentlichen Beurkundung[679], was indessen wiederum beim Baukredit kaum eine Rolle spielt[680].

---

674   Vgl. dazu etwa *BGE* 81 II 112, insbes. S. 115; *BGE* 61 II 330, insbes. S. 332; *BGE* 42 III 286, insbes. S. 298; *Leemann*, Art. 901 N 21f., N 32; *Oftinger/ Bär*, Art. 901 N 57ff.; *Tuor/ Schnyder/ Schmid*, S. 893; *Moser*, Art. 901 N 95ff. Zur Frage, ob zur Verpfändung von auf den Namen lautenden Schuldbriefen Blankoindossamente zulässig seien, vgl. insbes. auch *Zobl*, Eigentümerschuldbrief, S. 207f.

675   Vgl. dazu *BGE* 93 II 82, insbes. S. 87; *BGE* 81 II 339, insbes. S. 341; *Oftinger/ Bär*, Art. 884 N 254ff. (mit weiteren Hinweisen); *Zobl*, Eigentümerschuldbrief, S. 205 (mit weiteren Hinweisen); *Moser*, S. 124; *Lareida*, S. 60.

676   Zur Kontroverse in diesem Punkt in Lehre und Praxis vgl. namentlich *Zobl*, Eigentümerschuldbrief, S. 205f.; *Brückner*, S. 241, Anm. 58, welcher Autor ein Entstehen des Pfandrechtes zu diesem Zeitpunkt ablehnt.

677   Vgl. dazu *Oftinger/ Bär*, Art. 901 N 102, N 118, N 138; *Moser*, S. 174ff.; *Leemann*, Art. 901 N 20; *Tuor/ Schnyder/ Schmid*, S. 893f.; *Zobl*, Eigentümerschuldbrief, S. 209; *Zobl*, Fahrnispfand, Art. 901 N 107.

678   Vgl. dazu *BGE* 61 II 330, insbes. S. 332f.; *BGE* 43 II 286, insbes. S. 296ff.; *Oftinger/ Bär*, Art. 901 N 113; *Zobl*, Eigentümerschuldbrief, S. 209; *Zobl*, Fahrnispfand, Art. 901 N 108f.; *Moser*, S. 172.

679   Vgl. dazu *Moser*, S. 174; *Zobl*, Eigentümerschuldbrief, S. 209.

680   Vgl. dazu vorne S. 118.

BB   Höhe der Belastung im besondern

Zu beachten sind namentlich allfällige kantonale Belastungsgrenzen für Schuldbriefe [681].
Im übrigen gilt sinngemäss das zur Grundpfandverschreibung Ausgeführte [682].

II   Gedeckte Forderungen

Der verpfändete Schuldbrief bietet gemäss Art. 899 Abs. 2 ZGB i.V. mit Art. 891 ZGB Sicherheit für die gesicherte Forderung mit Einschluss der Vertragszinsen, der Betreibungskosten und der Verzugszinsen[683].

Häufig dehnen die Banken das Pfandrecht standardmässig aus auf sämtliche Ansprüche, die gegen den Schuldner bestehen oder sich künftig ergeben, zumindest aber auf die sich aus der konkreten Geschäftsbeziehung ergebenden Ansprüche. Hiezu gilt sinngemäss das zur Grundpfandverschreibung Ausgeführte[684].

---

681   Vgl. dazu schon vorne S. 133. Vgl. auch *Vollenweider*, S. 31f.

682   Vgl. dazu vorne S. 135f. Zur Anwendung des - mittlerweile nicht mehr gültigen - BBPG bei der Sicherung des Baukredites durch neu errichtete Eigentümerschuldbriefe vgl. etwa *BGE* 116 II 583, insbes. S. 586. Namentlich verlangte dieser Entscheid, dass der Kostenvoranschlag, der gemäss Art. 4 Abs. 2 BBPG für die Ermittlung der Belastungsgrenze massgeblich war, bereits bei der Errichtung des Schuldbriefes vom Baukreditgeber anzuerkennen war.

683   Vgl. dazu *Moser*, S. 154; *Isler*, Grundpfandrecht, S. 206. Zur Sicherung von Kontokorrentkreditforderungen bzw. von Krediten, die in Kontokorrentform geführt werden, vgl. die ausführliche Darstellung bei *Zobl*, Fahrnispfand, Art. 884 N 262ff. (mit zahlreichen weiteren Hinweisen); *Moser*, S. 122. Zur Konkretisierung des Zinsbegriffes i.S. von Art. 891 Abs. 2 ZGB vgl. etwa *Zobl*, Fahrnispfand, Systematischer Teil N 724. Soweit die Kreditkommission aufgrund ihrer konkreten Beschaffenheit dem Zins gleichgesetzt werden kann, ist sie nach Art. 891 Abs. 2 ZGB von Rechts wegen gesichert. Andernfalls muss die betreffende Sicherung besonders vereinbart werden (zu beachten ist dazu, dass das Bundesgericht die Kreditkommission beim Baukredit nicht als Zins i.S. von Art. 818 Abs. 1 Ziff. 3 ZBG betrachtet hat, vgl. *ZBGR* 77 [1996], S. 268). Bei einer generellen Pfandklausel erübrigt sich indessen eine besondere Spezifikation. Zur Abgrenzung der gesicherten Zins- und Kommissionsforderung vom Schuldbriefzins vgl. sinngemäss das zur Sicherungsübereignung von Schuldbriefen Ausgeführte, hinten S. 152.

684   Vgl. dazu vorne S. 137 sowie namentlich *Zobl*, Fahrnispfand, Art. 884 N 445ff.; *Oftinger/ Bär*, Art. 884 N 128ff.; *Moser*, S. 13f., S. 116f., S. 153f.; *Mühl/ Petereit*, S. 412; *Bär*, S. 126ff.

III Realisierung

Dem Kreditgeber steht grundsätzlich die Betreibung auf Faustpfandverwertung offen (Art.
41 Abs. 1 SchKG i.V. mit Art. 151ff. SchKG)[685]. Möglich ist allerdings auch hier, dass
die Parteien besondere Abreden über die mögliche Betreibungsart treffen[686].
Wird der Schuldbrief versteigert, kann er auch vom Baukreditgeber selbst erworben werden[687]. Dieser erlangt dadurch die Stellung eines gewöhnlichen Schuldbriefgläubigers,
der nach Kündigung der Schuldbriefforderung diese auf dem Wege der Grundpfandbetrei-
bung geltend machen kann[688]. Ein solches Vorgehen ist jedoch sehr zeitintensiv, sind
doch nebst den Fristen der Faustpfandverwertung auch noch die Kündigungsfrist des
Schuldbriefes und die Fristen der Grundpfandverwertung einzuhalten.
Möglich - und in der Bankpraxis üblich - ist sodann, dass die Parteien das Recht zur Privatverwertung des Schuldbriefes vereinbaren[689]. In diesem Fall ist sogar der Selbsteintritt[690] des Kreditgebers möglich. Wird der Kreditgeber Eigentümer des Schuldbriefes,
kann er wiederum die Schuldbriefforderung kündigen und auf dem Wege der Grundpfand-
betreibung geltend machen.
Soweit dem Kreditgeber schliesslich - sei dies aufgrund besonderer Abrede oder von
Rechts wegen - das entsprechende Kündigungs- bzw. Einziehungsrecht (inklusive Inkassobefugnis) zusteht[691], kann er die Schuldbriefforderung selbständig kündigen und die
Schuldbriefforderung mittels Betreibung auf Grundpfandverwertung geltend machen.

Gemäss Art. 156 Abs. 2 SchKG wird bei der Verwertung eines durch den Grundeigentümer zu Faustpfand begebenen Eigentümer- oder Inhabertitels dieser Titel auf den Be-

---

685 Vgl. dazu etwa *Oftinger/ Bär*, Art. 901 N 141; *Moser*, S. 148; *Lareida*, S. 63; *Zobl*, Fahrnis-
     pfand, Art. 901 N 132. Aufgrund der Regelung von Art. 156 Abs. 2 SchKG ist allerdings damit
     zu rechnen, dass dieses Vorgehen nur noch bei nicht unter diese Bestimmung fallenden Verpfän-
     dungen Bedeutung haben wird, d.h. etwa bei der Verpfändung von Schuldbriefen, die im Ei-
     gentum von Dritten stehen. In solchen Fällen ist auch nicht von vornherein auszuschliessen, dass
     Dritte an der Versteigerung mitbieten.

686 Vgl. dazu vorne S. 138 sowie *Fritzsche/ Walder I*, 34 N 8, S. 476; *Zobl*, Fahrnispfand, Sy-
     stematischer Teil N 614f., Art. 884 N 414; *Oftinger/ Bär*, Art. 891 N 40; *Jent-Sörensen*, S.
     74ff. Zu Einzelfragen betreffend die Zwangsvollstreckung vgl. namentlich hinten S. 271ff.

687 Soweit Art. 156 Abs. 2 SchKG zur Anwendung gelangt, werden Dritte als Bieter ohnehin aus-
     fallen, vgl. *Jent-Sörensen*, S. 80; *Brückner*, S. 246; *Bär*, S. 124; *Brönnimann* S. 140.

688 Vgl. *BGE* 115 III 149, insbes. S. 152ff.; *BGE* 89 III 43, insbes. S. 46f.; *BGE 51* II 148, insbes.
     S. 151ff.; *Oftinger/ Bär*, Art. 901 N 141; *Zobl*, Eigentümerschuldbrief, S. 211; *Moser*, S. 163f..

689 Vgl. dazu etwa *BGE* 118 II 114; *BGE* 64 II 415, insbes. S. 418f.; *Moser*, S. 113f., S. 148f.; *La-
     reida*, S. 63; *Leemann*, Art. 884 N 14ff., Art. 891 N 4; *Zobl*, Fahrnispfand, Systematischer Teil
     N 577, Art. 884 N 413, Art. 891 N 28ff., Art. 901 N 132, N 152; *Zobl*, Eigentümerschuldbrief,
     S. 211f.; *Oftinger/ Bär*, Art. 891 N 48ff.; *Guggenheim*, S. 128f.; *Staehelin*, S. 1261.

690 Vgl. dazu *Zobl*, Fahrnispfand, Art. 901 N 160.

691 Vgl. dazu *Zobl*, Fahrnispfand, Art. 884 N 417, Art. 901 N 134 und 159, Art. 906 N 76f.; vgl.
     auch etwa *ZBGR* 77 (1996), S. 247ff.; *Moser*, S. 114f.; *Lareida*, S. 63; *Leemann*, Art. 906 N 7;
     Zobl, Eigentümerschuldbrief, S. 212ff.; *Oftinger/ Bär*, Art. 906 N 35ff. Kritisch demgegenüber
     Staehelin, S. 1261, mit Bezug auf verpfändete Eigentümerschuldbriefe.

trag des Erlöses herabgesetzt[692], so dass eine entsprechende Verwertung für den Pfandgläubiger zu untragbaren Nachteilen und Unsicherheiten führt [693]. Indessen ist fraglich, ob dadurch die unter Art. 156 Abs. 2 SchKG fallende Verpfändung von Eigentümer- oder Inhabertiteln völlig verschwinden wird[694]. Insbesondere kommt diese Bestimmung nämlich nicht zur Anwendung, wenn der Faustpfandgläubiger zur Privatverwertung befugt ist und den Schuldbrief etwa durch Selbsteintritt erwirbt[695]. Sodann kommt sie nicht zur Anwendung, wenn der Gläubiger zur Einziehung der Schuldbriefforderung (inklusive Inkasso) befugt ist und er eine Betreibung auf Grundpfandverwertung einleitet[696].

IV Pfandhaft

Gemäss Art. 904 Abs. 1 ZGB beschränkt sich die Pfandhaft eines verpfändeten Schuldbriefes ohne besondere Abreden auf den Betrag der Schuldbriefforderung plus den laufenden Zins[697]. Verfallene Zinsen werden also nach dieser Bestimmung nicht mitgerechnet[698]. Häufig vereinbaren allerdings die Parteien, dass der Titel auch noch im Umfang weiterer Zinsen hafte. Gemäss der bundesgerichtlichen Rechtssprechung sind solche Abreden durchaus zulässig, soweit dabei der Rahmen von Art. 818 Abs. 1 Ziff. 3 ZGB nicht überschritten wird[699, 700].

Für den Fall, dass das Grundstück verwertet wird, stellt sich die Frage nach der Haftung der Miet- und Pachtzinsen gemäss Art. 806 Abs. 1 ZGB. Grundsätzlich kommen die ent-

---

692 Zweck dieser Vorschrift ist, ungerechtfertigte Gewinne des Pfandgläubigers zu vermeiden, vgl. dazu *Jent-Sörensen*, S. 78ff.; *Brönnimann*, S. 140; *Bär*, S. 123ff.; *Zobl*, Fahrnispfand, Art. 891 N 19. Vgl. auch die Sachverhalte in *BGE* 115 II 149; *BGE* 119 III 105.

693 Vgl. dazu ausführlich *Bär*, S. 125f.; *Brückner*, S. 246.

694 Ein Verschwinden dieser Sicherungsform wird namentlich etwa von *Brückner*, S. 246, angenommen; skeptisch auch *Bär*, S. 126.

695 Vgl. dazu *Zobl*, Fahrnispfand, Art. 891 N 62, Art. 891 N 62, Art. 901 N 160; *Brönnimann*, S. 141. Aufgrund der Abrechnungspflicht dürften ungerechtfertigte Gewinne des Pfandgläubigers ohnehin ausgeschlossen sein.

696 Vgl. dazu *Zobl*, Fahrnispfand, Art. 901 N 159.

697 Zum Begriff des laufenden Zinses vgl. etwa *Zobl*, Fahrnispfand, Art. 904 N 15; *Zobl*, Eigentümerschuldbrief, S. 218; *Oftinger/ Bär*, Art. 904 N 9; *Leemann*, Art. 904 N 10.

698 Vgl. dazu etwa *BGE* 106 III 33, insbes. S. 74; *BGE* 104 III 35; *BGE* 102 III 89, insbes. S. 93; *BGE* 71 III 153, insbes. S. 157; *Zobl*, Eigentümerschuldbrief, S. 218; *Zobl*, Fahrnispfand, Art. 904 N 53; *Moser*, S. 155; *Isler*, Grundpfandrecht, S. 208. Zur Bestimmung des Stichtages für die Berechnung des laufenden Zinses bei der Verwertung des Grundstückes vgl. etwa *BGE* 104 III 35; *Zobl*, Eigentümerschuldbrief, S. 218f.

699 Vgl. dazu *BGE* 106 II 74; 104 III 35f.; für Einzelheiten vgl. *Zobl*, Eigentümerschuldbrief, S. 219ff.; *Zobl*, Fahrnispfand, Art. 904 N 53 und 56; *Isler*, Grundpfandrecht, S. 208f.; *Moser*, S. 160f.; *Staehelin*, S. 1267. Bei der Verpfändung von Zinsen, welche über den Rahmen von Art. 818 Abs. 1 Ziff. 3 ZGB hinausgehen, liegt ein gewöhnliches Forderungspfand vor, vgl. *Zobl*, Fahrnispfand, Art. 904 N 53.

700 Soweit bei der Verpfändung von Eigentümerschuldbriefen im Schuldbrief lediglich ein Maximalzinssatz festgesetzt ist und die Kreditparteien etwa im Pfandvertrag die Höhe des Schuldbriefzinses separat festsetzen, stellt sich die Frage nach der Abrenzung zwischen der Vereinbarung über die Ausschöpfung der Maximalhaftung und solchen Zinsabreden. Vgl. dazu sinngemäss das zur Sicherungsübereignung von Schuldbriefen Ausgeführte, hinten S. 152. Vgl. zu solchen Vereinbarungen auch etwa *Zobl*, Eigentümerschuldbrief, S. 219f.; *Staehelin*, S. 1267.

sprechenden Miet- und Pachtzinsen dem betreibenden Grundpfandgläubiger oder - bei einer Betreibung auf Pfändung - dem betreibenden Pfändungsgläubiger zu[701]. Betreibt ein Gläubiger, dem ein Schuldbrief verpfändet wurde, - soweit er dazu berechtigt ist - auf Grundpfandverwertung, stehen ihm somit auch diese Zinsen zu[702]. Unabhängig von der Einziehungs- bzw. Inkassobefugnis des Faustpfandgläubigers wird sodann eine entsprechende Haftung angenommen, wenn bei der Verpfändung eines Eigentümerschuldbriefes der Grundeigentümer in Konkurs fällt oder wenn ein Nachlassvertrag mit Vermögensabtretung zustandekommt[703].

Wird das Bauobjekt beschädigt oder zerstört, steht dem Faustpfandgläubiger ein Forderungspfandrecht an den entsprechenden Versicherungsansprüchen zu (sinngemässe Anwendung von Art. 822 ZGB bzw. Art. 57 VVG)[704].

V Spezifischer Konnex zwischen Kredit und Sicherheit

Soweit der Kreditgeber im Falle einer Zwangsvollstreckung zuerst den auf dem Baugrundstück lastenden Schuldbrief verwerten lassen muss, haftet lediglich dieser Titel für die Baukreditforderung. Der für den Baukredit spezifische Konnex zwischen Kredit und Sicherheit[705] kommt somit nicht direkt zustande, sondern nur indirekt, indem die Wertveränderung auf dem Grundstück bzw. die erhöhte Deckung der Schuldbriefforderung grundsätzlich auch den Wert des Faustpfandes und damit dessen Deckungsvermögen erhöhen. Soweit der Kreditgeber dagegen die betreffende Schuldbriefforderung direkt geltend machen kann, liegt wie bei der Grundpfandverschreibung ein direkter Konnex vor[706].

VI Verhältnis des Pfandvertrages zum Baukreditvertrag

Soweit die Schuldbriefe beim Abschluss des Baukreditvertrages noch nicht errichtet sind, bedarf ein entsprechender Pfandvertrag, wie bereits erwähnt, der öffentlichen Beurkundung. Dieses Erfordernis gilt auch für einen allfälligen Vorvertrag[707].

---

701 Vgl. dazu *Zobl*, Fahrnispfand, Art. 904 N 62.

702 Vgl. dazu *Zobl*, Fahrnispfand, Art. 904 N 64; *Zobl*, Eigentümerschuldbrief, S. 226; *Moser*, S. 163. Umstritten ist demgegenüber die Haftung, wenn die Betreibung auf Grundpfandverwertung zu Unrecht erfolgt, vgl. *Zobl*, Fahrnispfand, Art. 904 N 64 (mit Hinweisen).

703 Vgl. dazu *BGE* 106 III 67, insbes. S. 71ff.; *Isler*, Grundpfandrecht, S. 209; *Oftinger/ Bär*, Art. 901 N 140, Art. 904 N 26; *Zobl*, Eigentümerschuldbrief, S. 223ff.; *Zobl*, Fahrnispfand, Art. 904 N 58ff.

704 Vgl. dazu *Moser*, S. 64, S. 157f.; *Zobl*, Eigentümerschuldbrief, S. 228 (mit weiteren Hinweisen); *Zobl*, Fahrnispfand, Art. 904 N 67. Vgl. auch hinten S. 222.

705 Vgl. dazu vorne S. 3.

706 Vgl. dazu vorne S. 139.

707 Das Erfordernis der öffentlichen Beurkundung dient zum Schutz der Parteien, weshalb gemäss Art. 22 Abs. 2 OR auch ein Vorvertrag die entsprechenden Formvorschriften erfüllen muss.

Eine Klausel im bloss schriftlich geschlossenen Baukreditvertrag, die auf die Verpfändung solcher Schuldbriefe Bezug nimmt, kann somit schon aus formellen Gründen nicht als gültiger Pfandvertrag oder Vorvertrag gedeutet werden. Immerhin ist in denjenigen Fällen, wo die Schuldbriefe bereits bestehen, ein Pfandvertrag in Schriftform, ein Vorvertrag sogar formlos gültig[708]. Eine Klausel im Baukreditvertrag, die sich auf solche Fälle bezieht, kann also als verbindlicher Pfandvertrag oder als Vorvertrag[709] gedeutet werden. Allerdings dürfte, zumindest im Verkehr mit den Banken, ein entsprechender Parteiwille die Ausnahme sein[710].

Eine häufig anzutreffende Klausel in den von den Banken verwendeten Formularverträgen statuiert die Pflicht des Schuldners, bei einem Wertverlust der verpfändeten Sicherheiten zusätzliche Sicherheit zu leisten. Kommt der Schuldner einer entsprechenden Aufforderung nicht nach, tritt Fälligkeit der Schuld ein und die Pfänder können verwertet werden[711]. Soweit der Pfandvertrag und der Baukreditvertrag zwischen den gleichen Parteien abgeschlossen wird, liegt in dieser Fälligkeitsbestimmung eine entsprechende Ergänzung des Baukreditvertrages vor, was nach Art. 12 OR - e contrario - ohne Beachtung einer Formvorschrift möglich ist[712]. Sind der Pfandbesteller und der Kreditnehmer nicht miteinander identisch, vermag diese Klausel jedoch keine Fälligkeit der Kreditforderung zu bewirken.

---

708 Für die nicht-wertpapiermässige Verpfändung eines Schuldbriefes ist zwar immerhin ein schriftlicher Pfandvertrag notwendig, doch hat die in Art. 900 ZGB statuierte Formvorschrift reine Beweiszwecke und dient nicht etwa dem Schutz der Parteien. Gemäss Art. 22 Abs. 2 OR - e contrario - ergibt sich somit, dass ein Vorvertrag über die Verpfändung eines Schuldbriefes grundsätzlich formfrei abgeschlossen werden kann.

709 Ein Vorvertrag ist gültig, wenn aufgrund seines Inhalts der Inhalt des Hauptvertrages bestimmbar ist, vgl. dazu etwa *BGE* 98 II 305, insbes. S. 307; *Gauch/ Schluep*, N 1084, Bd. I, S. 200; in der Literatur wird allerdings der Sinn von zwischen denselben Parteien abgeschlossenen Vorverträgen z.T. bezweifelt, vgl. dazu *Gauch/ Schluep*, N 1079ff., Bd. I, S. 198f., sowie z.B. *von Tuhr/ Peter*, S. 274ff.; *Guhl/ Merz/ Koller*, S. 101; *Keller/ Schöbi*, Bd. I, S. 102f.

710 Vgl. dazu vorne S. 118.

711 Vgl. dazu etwa *Guggenheim*, S. 127f.; *Albisetti/ Gsell/ Nyffeler*, S. 89; *Zobl*, Fahrnispfand, Art. 884 N 412; *Oftinger/ Bär*, Art. 884 N 108f.; *Mühl/ Petereit*, S. 407, Ziff. 3.

712 Vgl. dazu vorne Anm. 540.

§ 24 Sicherung des Baukredites durch Sicherungsübereignung[713] von Schuldbriefen

I Grundlagen

A Erscheinungsformen

Die Sicherungsübereignung von auf dem Baugrundstück lastenden Schuldbriefen zur Sicherung eines Baukredites[714] unterscheidet sich grundsätzlich nicht von der Sicherungsübereignung bei anderen Rechtsgeschäften. Übereignet werden können insbesondere auch Eigentümerschuldbriefe[715]. Möglich ist auch, dass der Kreditnehmer zwar nicht Eigentümer des Baugrundstückes ist, jedoch einen ihm gehörenden, auf dem Baugrundstück lastenden Schuldbrief übereignet.

B Bestellung

AA Allgemeine Modalitäten

Die Sicherungsübereignung besteht aus zwei Elementen: Sicherungsabrede und Eigentumsübertragung. Was das internationale Privatrecht betrifft, so gilt das Folgende: Die Sicherungsabrede unterliegt gemäss Art. 116 IPRG der freien Rechtswahl. Wurde keine Rechtswahl getroffen, stellt sich die Frage, welche Leistung im Sinne von Art. 117 Abs. 2 IPRG als charakteristische Leistung zu gelten hat. Insbesondere hat die Sicherungsabrede eine Doppelfunktion: Einerseits ist sie Grundlage für die Veräusserung des Sicherungsobjektes, andererseits enthält sie einen fiduziarischen Teil [716]. Das Element der Veräusserung würde dafür sprechen, dass die charakteristische Leistung durch den Fiduzianten erbracht wird. Weit charakteristischer für die Sicherungsabrede ist jedoch m.E. das treuhänderische Element[717].

---

713 Vgl. zur Sicherungsübereignung insbes. die Darstellungen bei *Vollenweider*, S. 9ff.; *Zobl*, Fahrnispfand, Systematischer Teil N 1299ff., N 1500f.; *Oftinger/ Bär*, Systematischer Teil N 234ff. (je mit ausführlichen Literaturangaben). Zur Abgrenzung der Sicherungsübereignung von der Verpfändung von Schuldbriefen vgl. auch etwa *Moser*, S. 24ff.; *Vollenweider*, S. 115ff.; *Staehelin*, S. 1257f.

714 Vgl. dazu *Zobl*, Baukreditvertrag, S. 6; *Pfister-Ineichen*, S. 46; *Vollenweider*, S. 51.

715 Vgl. dazu vorne Anm. 662. Nachdem das Eigentum auf den Sicherungsnehmer übergegangen ist, liegt allerdings kein Eigentümerschuldbrief mehr vor.

716 Vgl. dazu *Zobl*, Sicherungsübereignung, S. 286; *Zobl*, Fahrnispfand, Systematischer Teil N 1374; *Oftinger/ Bär*, Systematischer Teil, N 239f.; *Vollenweider*, S. 14f.

717 Vgl. dazu etwa *Zobl*, Fahrnispfand, Systematischer Teil N 1354ff. (mit weiteren Literaturangaben); *Oftinger/ Bär*, Systematischer Teil N 235, N 241, anders dagegen offenbar N 239; *Guhl/ Merz/ Kummer*, S. 126.

Dies spricht somit für die Anwendbarkeit des Rechts am gewöhnlichen Aufenthalt bzw. am Ort der Niederlassung des Fiduziars. Für die Form der Sicherungsabrede gilt Art. 124 IPRG [718].

Für die Eigentumsübertragung ist zwar grundsätzlich eine beschränkte Rechtswahl möglich, doch kann diese Dritten nicht entgegengehalten werden (Art. 104 IPRG). Mangels einer Rechtswahl kommt das Recht der gelegenen Sache zur Anwendung (Art. 100 IPRG) [719].

Parteien der Sicherungsübereignung sind der Kreditgeber, der Kreditnehmer bzw. allfällige Dritteigentümer des Schuldbriefes.

Nach schweizerischem Recht kann die Sicherungsübereignung von Schuldbriefen grundsätzlich formlos vereinbart werden [720]. In der Praxis wird allerdings häufig die Schriftform gewählt. Wie für die Verpfändung verwenden die Banken auch für die Sicherungsabreden standardisierte Verträge [721].

Für den Eigentumserwerb ist die Übergabe des Schuldbriefes an den Gläubiger (Art. 714 Abs. 1 und Art. 869 Abs. 1 ZGB), bei auf den Namen lautenden Schuldbriefen ausserdem ein Indossament notwendig (Art. 869 Abs. 2 ZGB) [722]. Möglich ist auch eine Übergabe mittels Besitzanweisung (Art. 924 ZGB) bzw. brevi manu traditio [723].

Ist der Schuldbrief zur Zeit des Abschlusses der Sicherungsabrede noch nicht errichtet, erfolgt die Sicherungsübereignung in der Regel nach aussen hin wie ein direktes Grundpfandgeschäft, d.h. der Schuldbrief wird direkt zugunsten des Baukreditgebers errichtet [724]. In diesem Fall bedarf die durchsetzbare Pflicht zur Errichtung und Aushändigung des Titels eines öffentlich beurkundeten Pfandvertrages [725].

---

718 Vgl. dazu etwa *Keller/ Girsberger*, Art. 124 und 119 Abs. 3, N 12ff.; *Kneller*, Art. 124 N 12ff.; *Schnyder*, S. 113f.

719 Vgl. dazu *Heini*, Art. 100 N 5ff.; *Fisch*, Art. 100 N 5 ff.; *Schnyder*, S. 92ff.; vgl. auch *Oftinger/ Bär*, Systematischer Teil N 106.

720 Vgl. dazu *Vollenweider*, S. 56; *Zobl*, Sicherungsübereignung, S. 287 (mit weiteren Hinweisen), sowie namentlich den dort erwähnten *BGE* 105 III 122, insbes. S. 129.

721 *Vollenweider*, S. 98ff., S. 197ff.; zum Inhalt der Sicherungsabrede vgl. auch *Zobl*, Fahrnispfand, Sytematischer Teil N 1390ff.

722 Vorausgesetzt wird ein Vollindossament, vgl. dazu *Zobl*, Fahrnispfand, Systematischer Teil N 1411; *Zobl*, Sicherungsübereignung, S. 287; *Tuor/ Schnyder/ Schmid*, S. 867; *Vollenweider*, S. 60.

723 Vgl. dazu *Vollenweider*, S. 59f.; *Zobl*, Fahrnispfand, Systematischer Teil N 1407; *Oftinger/ Bär*, Systematischer Teil N 261 (je mit weiteren Hinweisen).

724 Vgl. dazu *Zobl*, Sicherungsübereignung, S. 287f. Was das internationale Privatrecht betrifft, so gelten für die Errichtung dieses Titels dieselben Regeln wie für die Errichtung anderer Schuldbriefe.

725 Vgl. dazu *Zobl*, Sicherungsübereignung, S. 287f. Dieser Vertrag ist sowohl Bestandteil der Sicherungsabrede als auch Vollzugsgeschäft.

Allerdings muss auch hier gelten, dass eine formlose oder bloss schriftlich geschlossene Sicherungsabrede genügt, wenn der Schuldbrief freiwillig errichtet und dem Kreditgeber übergeben wird [726]. Da zudem ohne entsprechende Sicherung die Kreditmittel in der Regel nicht freigegeben werden[727] und damit auch einem vollstreckbaren Recht auf Errichtung und Herausgabe des Titels nur eine untergeordnete Bedeutung zukommt, erübrigt sich beim Baukredit selbst für den Fall noch nicht errichteter Schuldbriefe eine öffentliche Beurkundung.

Durch die Sicherungsübereignung erwirbt der Sicherungsnehmer Volleigentum am Schuldbrief [728]. Die vereinbarten Verfügungsbeschränkungen (insbesondere auch die Pflicht, den Schuldbrief dem Sicherungsgeber zurückzuübereignen) wirken lediglich obligatorisch und können nicht mit dinglicher Wirung vereinbart werden [729].

BB   Höhe der Belastung im besondern

Hier gilt sinngemäss das zur Sicherung des Baukredites mittels Grundpfandverschreibung bzw. Verpfändung eines Schuldbriefes Ausgeführte [730].

II   Gedeckte Forderungen

Ein gesetzlich vorgegebener Umfang der durch die Sicherungsübereignung gesicherten Forderungen existiert nicht. Dieser Umfang muss deshalb in jedem Fall von den Parteien festgelegt werden. Diesbezüglich gilt sinngemäss das zur Sicherung des Baukredites mittels Grundpfandverschreibung bzw. Verpfändung eines Schuldbriefes Ausgeführte [731, 732].

---

726   Insbesondere ist nach *Zobl*, Sicherungsübereignung, S. 287, «die Interessenlage (...) gleich wie bei der Errichtung eines Schuldbriefes». Vgl. dazu vorne S. 141.

727   Vgl. dazu vorne S. 118.

728   Vgl. dazu *Meier-Hayoz*, Eigentum, Vorbemerkungen zu den Art. 446-654 N 22; *Zobl*, Fahrnispfand, Systematischer Teil N 1359; *Zobl*, Sicherungsübereignung, S. 284; *Oftinger/ Bär*, Systematischer Teil N 240 (je mit weiteren Hinweisen); *Vollenweider*, S. 106, S. 134; *Bär*, S. 114.

729   Namentlich kann der Fiduziar den Schuldbrief rechtsverbindlich auch einem bösgläubigen Dritten veräussern. Vgl. dazu *Vollenweider*, S. 106; *Zobl*, Fahrnispfand, Systematischer Teil N 1427 (mit weiteren Hinweisen); *Zobl*, Sicherungsübereignung, S. 288; a.M. *Oftinger/ Bär*, Systematischer Teil N 251 (mit weiteren Hinweisen). Zur Treuhandabrede im besondern vgl. etwa *Vollenweider*, S. 83ff.; *Bär*, S. 114ff.

730   Vgl. dazu vorne S. 135f. und S. 143f.

731   Vgl. dazu vorne S. 137 und S. 143. Vgl. auch *Vollenweider*, S. 66ff.

732   Zur Abgrenzung der gesicherten Zins- bzw. Kommissionsforderung vom Schuldbriefzins vgl. das zum Haftungsumfang Ausgeführte, hinten S. 152.

III Realisierung

Im externen Verhältnis steht dem Kreditgeber als Volleigentümer des Schuldbriefes ohne weiteres das Recht zur Kündigung und zur Einziehung der Schuldbriefforderung zu (inklusive Inkassobefugnis). In der Regel wird diese Befugnis auch im internen Verhältnis vereinbart[733]. Davon abgesehen kann der Kreditgeber sein Sicherungseigentum auf dem Weg der sog. Privatverwertung realisieren[734]. In Frage kommen namentlich der freihändige Verkauf, die freiwillige Versteigerung oder der Selbsteintritt[735]. Allfällige Überschüsse aus der Privatverwertung sind herauszugeben. Art. 156 Abs. 2 SchKG kommt bei dieser Verwertung nicht zur Anwendung[736].

Soweit der Kreditnehmer Fiduziant ist, kann er jeweils verlangen, dass bei der Betreibung auf Grundpfandverwertung nur der effektiv geschuldete Betrag in Betreibung gesetzt wird (Art. 855 Abs. 2 ZGB bzw. Art. 872 ZGB[737]). Wird der Schuldbrief dem Kreditgeber von einem Dritteigentümer zur Sicherung übertragen, ist demgegenüber denkbar, dass der Kreditgeber eine Forderung in Betreibung setzen kann, welche die Kreditforderung übersteigt.

Der Kreditnehmer kann verlangen, dass der Kreditgeber zuerst das Sicherungseigentum realisieren muss, bevor er ihn auf andere Weise betreiben darf[738]. Allerdings kann eine davon abweichende Regelung getroffen werden. Insbesondere befreit der Ausschluss des beneficium excussionis realis in den Allgemeinen Geschäftsbedingungen der Banken in der Regel auch von der Pflicht zur Vorabverwertung des Sicherungsgegenstandes[739].

---

733 Vgl. dazu *Zobl*, Fahrnispfand, Art. 906 N 7; *Vollenweider*, S. 133ff.; *Staehelin*, S. 1260.

734 Vgl. dazu *Zobl*, Fahrnispfand, Systematischer Teil N 1488; *Zobl*, Sicherungsübereignung, S. 294; *Oftinger/ Bär*, Systematischer Teil N 266; *Vollenweider*, S. 156ff. Dieses Recht gilt insbesondere auch dann, wenn über den Fiduzianten der Konkurs eröffnet wurde, vgl. dazu *Zobl*, Sicherungsübereignung, S. 294.

735 Vgl. dazu *Zobl*, Fahrnispfand, Systematischer Teil N 1488f.; *Zobl*, Sicherungsübereignung, S. 294; *Oftinger/ Bär*, Systematischer Teil N 266; *Vollenweider*, S. 159ff.

736 Vgl. dazu (allerdings für den Fall der Privatverwertung bei verpfändeten Schuldbriefen) *Zobl*, Fahrnispfand, Art. 901 N 160; *Brönnimann*, S. 141.

737 Vgl. dazu im einzelnen *Zobl*, Sicherungsübereignung, S. 290ff.; *Isler*, Grundpfandrecht, S. 201 (je mit weiteren Hinweisen, namentlich auf die Praxis des Bundesgerichtes); *Vollenweider*, S. 137f., S. 164f.; *Staehelin*, S. 1259.

738 Vgl. dazu *Zobl*, Fahrnispfand, Systematischer Teil N 1491; *Oftinger/ Bär*, Systematischer Teil N 268; *Staehelin*, S. 1261; *Vollenweider*, S. 136. Der Übereignung des Schuldbriefes kommt im Zeitpunkt der Fälligkeit der Sicherungsforderung die Funktion einer Hingabe erfüllungshalber zu, was zur Folge hat, dass die fällige Forderung als gestundet gilt, bis feststeht, wie hoch der Erlös aus dem Sicherungsobjekt ist. Je nach konkreten Verhältnissen muss dies auch bei einem von dritter Seite übereigneten Schuldbrief gelten.

739 Vgl. dazu *Zobl*, Fahrnispfand, Systematischer Teil N 1493; *Vollenweider*, S. 137. Zu Einzelfragen betreffend die Zwangsvollstreckung vgl. namentlich hinten S. 271ff.

IV Haftungsumfang

Der Haftungsumfang richtet sich primär nach der Sicherungsabrede. Die Obergrenze, für die das Grundpfand haften kann, entspricht der Schuldbriefforderung plus - was häufig vereinbart wird - dem laufenden Zins und drei verfallenen Jahreszinsen (Art. 818 Abs. 1 Ziff. 3 ZGB)[740]. Zwischen dem Zins der Kreditforderung und dem Zins der Schuldbriefforderung ist klar zu unterscheiden. Namentlich haften die Schuldbriefzinsen gegebenenfalls auch etwa für die Kapitalforderung und die Kreditkommission[741, 742].

Was die Haftung von Miet- und Pachtzinsen gemäss Art. 806 ZGB betrifft, so ist die Stellung des Kreditgebers grundsätzlich gleich wie diejenige eines andern Grundpfandgläubigers[743]. Betreibt er auf Grundpfandverwertung, haften somit diese Zinsen mit[744]. Ebenso haften diese Zinsen, soweit der Kreditgeber im Konkurs als grundpfandgesicherter Gläubiger zu betrachten ist[745].

Im Falle einer Beschädigung oder Zerstörung des Bauobjektes erstreckt sich die Pfandhaft des Schuldbriefes gemäss Art. 822 ZGB bzw. Art. 57 VVG auch auf die entsprechenden Versicherungsansprüche. Selbst wenn diesbezüglich in der Sicherungsabrede keine Vereinbarungen getroffen wurden, sollten die Rechte des Sicherungseigentümers diese Ansprüche mitumfassen[746].

---

740   Vgl. dazu *BGE* 115 II 349ff.; *Vollenweider*, S. 63, S. 165; *Staehelin*, S. 1266.

741   Bei der Abrede über die Ausschöpfung des Maximalrahmens kommt es insbesondere nicht auf die Beschaffenheit der jeweils zu sichernden Forderung an, vgl. dazu *BGE* 115 II 356; *Vollenweider*, S. 63f. Liegt eine solche Abrede vor, und umfasst diese - als zu sichernde Forderungsbestandteile - nebst der Kapitalforderung und dem Kreditzins auch die Kreditkommission, so ist die Kommission ohne weiteres durch den übereigneten Schuldbrief und die zusätzlich haftenden Zinsen gesichert. Zum Verhältnis zwischen Schuldbriefzins und Forderungszins im besondern vgl. *Vollenweider*, S. 164ff.; *Staehelin*, S. 1266ff.

742   Soweit bei der Übereignung von Eigentümerschuldbriefen im Schuldbrief lediglich ein Maximalzinssatz festgesetzt ist und die Kreditparteien etwa in der Sicherungsabrede die Höhe des Schuldbriefzinses separat festsetzen, ist den spezifischen Verhältnissen beim Baukredit Rechnung zu tragen. Namentlich hat das Bundesgericht etwa die Kreditkommission nicht als Zins im Sinne von Art. 818 Abs. 1 Ziff. 3 ZGB betrachtet, vgl. dazu *ZBGR* 77 (1996), S. 268. Eine Zinsabrede, wonach der Schuldbriefzins dem Kreditzins plus der Kommission entsprechen solle, dürfte damit ausser Betracht fallen. Zu solchen separaten Zinsabreden vgl. insbesondere etwa *Staehelin*, S. 1266; *Vollenweider*, S. 63ff.

743   Vgl. dazu *Zobl*, Sicherungsübereignung, S. 289.

744   Vgl. dazu *Zobl*, Fahrnispfand, Art. 904 N 62.

745   Vgl. dazu hinten S. 276.

746   Vgl. dazu insbesondere die auch hier zutreffende Argumentation bei *Zobl*, Eigentümerschuldbrief, S. 227f.

V Spezifischer Konnex zwischen Kredit und Sicherheit

Soweit der Kreditgeber im Falle der Verwertung den auf dem Baugrundstück lastenden Schuldbrief freihändig verkauft oder freiwillig versteigert oder den Schuldbrief durch Selbsteintritt erwirbt, haftet wiederum lediglich der Titel für die Kreditforderung und es liegt nur ein indirekter Konnex zwischen Kredit und Sicherheit vor. Soweit der Kreditgeber dagegen die betreffende Schuldbriefforderung direkt geltend machen kann, liegt wie bei der Grundpfandverschreibung ein direkter Konnex vor[747].

VI Verhältnis der Sicherungsabrede zum Baukreditvertrag

Da auch hier gilt, dass durchsetzbare Sicherungsabreden bzw. Vorverträge über erst noch zur errichtende Schuldbriefe der öffentlichen Beurkundung bedürfen[748], können Klauseln in Baukreditverträgen, welche auf die Sicherungsübereignung solcher Titel Bezug nehmen, schon aus formellen Gründen nicht als Sicherungsabreden bzw. Vorverträge gedeutet werden. Wo allerdings bereits Schuldbriefe bestehen, sind entsprechende Abreden sogar formlos gültig. Grundsätzlich könnte in solchen Fällen die Sicherungsübereignung oder zumindest eine entsprechende Vorausverpflichtung bereits uno actu mit dem Baukreditvertrag vereinbart werden. Allerdings dürfte auch hier ein entsprechender Parteiwille die Ausnahme sein[749].

Gelegentlich findet sich in den Baukreditverträgen die Abrede, dass ein bloss verpfändeter Schuldbrief nach Abschluss der Bauarbeiten zur Sicherung des langfristigen Darlehens[750] in das Sicherungseigentum des Kreditgebers übergehen soll. In solchen Fällen liegt eine suspensiv bedingte Sicherungsabrede vor[751]. Bei verpfändeten Inhaberschuldbriefen kann der Eigentumserwerb selbst durch eine sog. brevi manu traditio[752] eo ipso mit Eintritt der Bedingung erfolgen. Bei verpfändeten Namenschuldbriefen ist noch ein Vollindossament (Art. 869 Abs. 2 ZGB) erforderlich[753].

---

747 Vgl. dazu vorne S. 139.
748 Vgl. dazu *Zobl*, Sicherungsübereignung, S. 287f. Das Formerfordernis dient namentlich zum Schutz des Fiduzianten und nicht bloss zu Beweiszwecken. Gemäss Art. 22 Abs. 2 OR ist deshalb auch für einen Vorvertrag die öffentliche Beurkundung erforderlich.
749 Vgl. dazu vorne S. 118.
750 Zur Konsolidierung des Baukredites im einzelnen vgl. hinten S. 377ff.
751 Vgl. dazu *Zobl*, Fahrnispfand, Systematischer Teil N 1417 (mit weiteren Hinweisen); *Oftinger/ Bär*, Systematischer Teil N 243.
752 Vgl. dazu *Vollenweider*, S. 59f.; *Zobl*, Fahrnispfand, Systematischer Teil, N 1407; *Oftinger/ Bär*, Systematischer Teil N 261 (je mit weiteren Hinweisen); zur brevi manu traditio im besondern vgl. für viele *Tuor/ Schnyder/ Schmid*, S. 607.
753 Vgl. dazu *Vollenweider*, S. 60; *Zobl*, Sicherungsübereignung, S. 287; Zobl, Fahrnispfand, Systematischer Teil, N 1411. Vgl. auch hinten S. 384.

Nr. 2: Weitere Sicherungsformen

§ 25 Zusatzsicherheiten

I Übersicht

Oft wird der Baukredit nicht nur durch das Baugrundstück, sondern auch noch durch sog. Zusatzsicherheiten sichergestellt[754]. Verbreitet ist insbesondere die Variante, dass bis zu einer bestimmten Limite das Baugrundstück allein als Sicherheit dient (z.b. im Umfang der sog. I. Hypothek[755]) und für den darüber hinausgehenden Betrag nebst der grundpfändlichen Sicherung noch zusätzliche Sicherheiten verlangt werden. Soweit die zusätzliche Sicherheit vom Baukreditnehmer geleistet wird, geschieht dies insbesondere durch Grundstücke, Wertpapiere oder Wertgegenstände, Ansprüche aus Lebensversicherungen[756], Ansprüche auf Altersleistungen im Rahmen der Zweiten und Dritten Säule[757] oder andere Forderungen[758]. Solche Sicherheiten können auch von dritter Seite zur Verfügung gestellt werden. Daneben können Dritte aber auch Bürgschaften und Garantien gewähren.

Eine Zusatzsicherheit liegt jedoch immer nur so lange vor, als die Baukreditforderung auch noch durch das Baugrundstück gesichert wird. Soweit dies - z.b. für einen bestimmten Teilbetrag - nicht mehr der Fall ist, liegt eine sog. Restfinanzierung vor, die von der Baukreditfinanzierung zu unterscheiden ist[759].

II Sicherung durch andere Grundstücke

Denkbar ist, dass der Baukredit durch ein auf mehrere Grundstücke gelegtes Gesamtpfand gesichert wird (Art. 798 ZGB). Dabei muss das Pfandrecht bei allen Grundstücken gleichartig sein[760]. Beim direkten Gesamtpfand kommen somit nur Grundpfandverschreibungen in Frage. Eine indirekte Sicherung ist möglich durch Verpfändung oder Sicherungsübereignung eines als Gesamtpfand errichteten Schuldbriefes.

---

754 Vgl. dazu etwa *Stettler*, S. 362; *Albisetti/ Boemle/ Ehrsam/ Gsell/ Nyffeler/ Rutschi*, S. 135; *Lötscher*, S. 153. Zur Funktion der Zusatzsicherheiten als Schutz gegen strukturell bedingte Unterdeckungen im besondern vgl. hinten S. 182.

755 Zum Begriff vgl. hinten Anm. 1792.

756 Zur Sicherung des Baukredites mittels Bürgschaften in Kombination mit einer Verpfändung von Ansprüchen aus Lebens- oder Todesfallrisikoversicherungen vgl. etwa *Albisetti/ Boemle/ Ehrsam/ Gsell/ Nyffeler/ Rutschi*, S. 135.

757 Vgl. dazu vorne Anm. 169.

758 Zur Baufinanzierung mittels derart gesicherter Kredite vgl. insbesondere vorne S. 33f. Zur Sicherung des Baukredites durch allfällige Schadenersatz- bzw. Versicherungsansprüche des Kreditnehmers vgl. hinten S. 210, S. 224, S. 231, S. 239 und S. 251.

759 Vgl. dazu vorne S. 34f.

760 Vgl. dazu *Leemann*, Art. 798 N 10; *Wieland*, Art. 798 N 2.

Gehören allerdings das Baugrundstück und das zusätzlich verpfändete Grundstück nicht demselben Eigentümer, ist ein Gesamtpfand nur möglich, wenn die beiden Eigentümer solidarisch für die Baukredit- bzw. Schuldbriefforderung haften (Art. 798 Abs. 1 ZGB)[761].

Beim Gesamtpfand wird jedes Grundstück mit der gesamten Pfandsumme belastet. Es ist ein einheitliches Recht[762] und kann nur unter Einbezug aller verpfändeter Grundstücke geltend gemacht werden (Art. 816 Abs. 3 ZGB). Die Verwertung richtet sich nach Art. 107 VZG, d.h. es werden primär diejenigen Grundstücke verwertet, bei denen keine Grundpfandgläubiger im Range nachgehen.

Möglich ist auch, dass die Baukreditforderung zusätzlich durch Verpfändung oder Sicherungsübereignung von auf anderen Grundstücken lastenden Schuldbriefen gesichert wird. Hiezu gelten sinngemäss die nachfolgenden Ausführungen zur zusätzlichen Sicherung durch Wertpapiere[763].

III Übrige Formen

A Bürgschaften

Zur zusätzlichen Sicherung des Baukredites kommt insbesondere die einfache Bürgschaft i.S. von Art. 495 OR[764] in Frage. In diesem Fall kann der Bürge - von spezifischen Tatbeständen abgesehen - erst belangt werden, wenn der Hauptschuldner in Konkurs geraten ist, Nachlassstundung erhalten hat oder bis zur Ausstellung eines definitiven Verlustscheines betrieben worden ist (Art. 495 Abs. 1 OR). Gemäss Art. 495 Abs. 2 OR kann der Bürge ausserdem auch verlangen, dass sich der Gläubiger vorerst an die Pfandrechte halten soll. Bei einer Sicherung des Baukredites durch Sicherungsübereignung von Schuldbriefen ist insbesondere zu beachten, dass gegebenenfalls zuerst das Sicherungseigentum realisiert werden muss, bevor überhaupt die Kreditforderung geltend gemacht werden darf[765]. In diesem Fall kann auch die Bürgschaft erst geltend gemacht werden, nachdem der Kreditgeber zuerst das Sicherungseigentum realisiert hat.

---

761 Vgl. dazu *Leemann*, Art. 798 N 21ff.; *Wieland*, Art. 798 N 1. Beim Fahrnispfand ist dies nicht erforderlich, vgl. dazu *Zobl*, Fahrnispfand, Systematischer Teil N 499; *Steinauer*, N 2664, N 2664c, S. 113f.

762 Vgl. dazu *Leemann*, Art. 798 N 6ff., N 39.

763 Vgl. dazu hinten S. 157f.

764 Vgl. dazu im einzelnen etwa *Giovanoli*, Art. 495 N 1ff.; *Oser/ Schönenberger*, Art. 495 N 4ff.; *Scyboz*, S. 413ff.; *Guhl/ Merz/ Druey*, S. 562f.; *Pestalozzi*, Art. 495 N 1ff.

765 Vgl. dazu vorne S. 151.

Möglich ist auch eine Sicherung des Baukredites durch Solidarbürgschaft[766]. Gemäss Art. 496 Abs. 1 und 2 OR kann der Bürge in diesem Fall insbesondere schon vor dem Hauptschuldner und vor der Verwertung der Grundpfänder belangt werden. Dies gilt namentlich bei einer Sicherung des Baukredites mittels Grundpfandverschreibung. Vor der Verwertung allfälliger Faust- und Forderungspfandrechte kann er belangt werden, falls diese voraussichtlich keine Deckung bieten. Dies ist insbesondere bei einer Sicherung des Baukredites durch Verpfändung von Schuldbriefen bedeutsam[767], gilt m.E. aber auch bei der Sicherungsübereignung von Schuldbriefen: Grund für die bürgschaftsrechtliche Unterscheidung zwischen Grundpfändern und Faust- bzw. Forderungspfändern sind die langen Verwertungsfristen bei den Grundpfändern[768]. Solche Fristen bestehen jedoch bei der Sicherungsübereignung insofern nicht, als der Kreditgeber die Schuldbriefe zu seiner Schadloshaltung - besondere Abreden vorbehalten - ohne besondere Terminvorschriften veräussern kann[769]. Bieten diese genügend Deckung, ist es deshalb durchaus gerechtfertigt, dass sich der Kreditgeber zuerst an diese Titel hält.

Denkbar ist sodann, dass Bürgschaften bloss als Teilbürgschaften gewährt werden[770]. Im Falle mehrerer Beteiligter sind insbesondere Mitbürgschaft (Art. 497 OR), Nachbürgschaft (Art. 498 Abs. 1 OR) oder Rückbürgschaft möglich (Art. 498 Abs. 2 OR)[771]. Schliesslich kann eine Bürgschaft auch bloss auf den Ausfall beschränkt werden (Schadlosbürgschaft gemäss Art. 495 Abs. 3 OR[772]).

B Garantien

Im Gesetz nur spärlich geregelt ist die Garantie gemäss Art. 111 OR[773]. Insbesondere können die Parteien die Voraussetzungen für das Einstehenmüssen des Garanten frei gestalten[774]. Zu beachten ist allerdings, dass als Garantie bezeichnete Abreden im Einzelfall oftmals als Bürgschaften zu qualifizieren sind und damit den entsprechenden (zwingenden) Gesetzesvorschriften unterstehen[775].

---

766 Vgl. dazu im einzelnen etwa *Giovanoli*, Art. 496 N 1ff.; *Oser/ Schönenberger*, Art. 496 N 6ff.; *Scyboz*, S. 418ff.; *Guhl/ Merz/ Druey*, S. 563f.; *Pestalozzi*, Art. 496 N 1ff.

767 Vgl. dazu etwa *Oser/ Schönenberger*, Art. 496 N 24.

768 Vgl. dazu *Oser/ Schönenberger*, Art. 496 N 22.

769 Zu den Möglichkeiten des Sicherungseigentümers im einzelnen vgl. vorne S. 151.

770 Vgl. dazu etwa Art. 493 Abs. 6 OR; *Oser/ Schönenberger*, Art. 492 N 73; *Giovanoli*, Art. 492 N 75, Art. 493 N 3; *Guhl/ Merz/ Druey*, S. 566; *Pestalozzi*, Art. 493 N 22.

771 Vgl. dazu im einzelnen etwa *Giovanoli*, Art. 497 N 1ff., Art. 498 N 2ff.; *Oser/ Schönenberger*, Art. 497 N 5ff., Art. 498 N 2ff.; *Guhl/ Merz/ Druey*, S. 564ff.; *Scyboz*, S. 421ff.; *Pestalozzi*, Art. 498 N 1ff.

772 Vgl. dazu im einzelnen etwa *Giovanoli*, Art. 495 N 24ff.; *Oser/ Schönenberger*, Art. 495 N 33ff.; *Guhl/ Merz/ Druey*, S. 565f.; *Scyboz*, S. 418; *Pestalozzi*, Art. 495 N 9.

773 Zur Garantie als Mittel zur Sicherung von Forderungen im besondern vgl. etwa *Scyboz*, S. 333ff.; *Kleiner*, Bankgarantie, N 5.01, S. 27f.

774 Vgl. dazu im einzelnen etwa *Kleiner*, Bankgarantie, N 17.01ff., S. 157ff.

775 Vgl. dazu etwa *BGE* 113 II 434, insbes. S. 436ff.; *BGE* 111 II 276, insbes. S. 278ff.; *Kleiner*, Bankgarantie, N 5.01ff., S. 27ff.; *Guhl/ Merz/ Druey*, S. 557f.; *von Büren*, S. 306f.; *Honsell*, S. 332ff.; *Pestalozzi*, Art. 111 N 31.

C Verpfändung von Ansprüchen aus Lebensversicherungen oder anderen Forderungen,
von Wertpapieren oder von Wertgegenständen

Soll die Baukreditforderung zusätzlich durch Verpfändung von Ansprüchen aus Lebensversicherungen (Art. 73 VVG), Ansprüchen auf Altersleistungen im Rahmen der Zweiten und Dritten Säule[776] oder anderen Forderungen (Art. 899 ZGB), Wertpapieren (Art. 901 ZGB) oder Wertgegenständen (Art. 884 ZGB) gesichert werden, ist zu unterscheiden: Wird die Baukreditforderung mittels Verpfändung eines Schuldbriefes gesichert, kann an sämtlichen Pfandobjekten ein sog. Gesamtpfand bestellt werden[777]. Im Falle einer Betreibung kann der Baukreditgeber dabei nicht wählen, welche Pfänder er dem Verfahren unterwerfen will. Vielmehr sind sämtliche Pfandobjekte in die Betreibung miteinzubeziehen (sinngemässe Anwendung von Art. 816 Abs. 3 ZGB)[778]. Allerdings lässt sich die Reihenfolge der Verwertung im Pfandvertrag festlegen. Fehlt es an einer solchen Vereinbarung, ist sinngemäss nach den in Art. 219 Abs. 2 SchKG, Art. 107 VZG und Art. 816 Abs. 3 ZGB enthaltenen Vorschriften zu verfahren[779]. Denkbar ist allerdings auch, dass durch die zusätzlichen Pfänder lediglich der Ausfall gesichert wird. In diesem Fall muss der Baukreditgeber zuerst auf den Schuldbrief greifen[780]. Möglich ist schliesslich auch, dass dem Kreditgeber das Recht eingeräumt wird, frei zu wählen, auf welche Sicherheiten er zuerst greifen möchte.

Soweit die Baukreditforderung mittels Sicherungsübereignung von Schuldbriefen gesichert wird, ist diesbezüglich kein Gesamtpfand möglich. Die zusätzlichen Pfänder können dagegen untereinander durchaus als Gesamtpfand bestellt werden. Für die Reihenfolge der Verwertung ist zu beachten, dass gegebenenfalls zuerst das Sicherungseigentum realisiert werden muss, bevor die Kreditforderung vollstreckungsrechtlich geltend gemacht werden darf[781]. Daraus ergibt sich aber, dass auch auf die Zusatzsicherheiten erst nach Realisierung des Sicherungseigentums gegriffen werden kann. Allerdings ist wiederum denkbar, dass dem Kreditgeber ein Wahlrecht eingeräumt wird.

---

776 Vgl. dazu vorne S. 36.

777 Vgl. dazu etwa *Zobl*, Fahrnispfand, Systematischer Teil N 499 (mit weiteren Hinweisen); *Oftinger/ Bär*, Systematischer Teil N 63.

778 *Zobl*, Fahrnispfand, Systematischer Teil N 627 (mit weiteren Hinweisen).

779 Vgl. dazu *Zobl*, Fahrnispfand, Systematischer Teil N 690ff.; bei *Oftinger/ Bär*, Art. 891 N 22, wird dagegen ein Wahlrecht des Gläubigers statuiert.

780 Zum Verhältnis zwischen Ausfallpfand und Gesamtpfand vgl. etwa *Bonorand*, S. 30ff.

781 Vgl. dazu vorne S. 151.

Die zusätzliche Verpfändung von Forderungen und Wertobjekten ist auch bei einer Sicherung der Baukreditforderung mittels Grundpfandverschreibung zulässig[782]. Insbesondere ist in diesem Fall wiederum ein Gesamtpfandrecht möglich[783]. Zu dessen Errichtung genügt es, wenn jedes der beteiligten Pfandrechte dem jeweiligen Objekt entsprechend formrichtig bestellt wurde[784]. Denkbar ist allerdings auch, dass die Zusatzsicherheiten nur für den Ausfall bestellt werden. Schliesslich kann dem Kreditgeber wiederum ein Wahlrecht eingeräumt werden.

D Sicherungsübereignung von Wertpapieren oder Wertgegenständen

Bei einer zusätzlichen Sicherung der Baukreditforderung durch Sicherungsübereignung von Wertpapieren oder Wertgegenständen[785] ist wiederum zu beachten, dass gegebenenfalls die Pfandrechte - insbesondere die Grundpfandverschreibung oder Faustpfänder an Schuldbriefen - erst geltend gemacht werden können, wenn das Sicherungseigentum realisiert worden ist[786]. Indessen kann ohne weiteres vereinbart werden, dass die gesicherte Forderung unabhängig von den zur Sicherung übereigneten Objekten geltend gemacht werden kann, was sich auch auf die Geltendmachung der Pfandrechte auswirkt.

Bei mehreren übereigneten Objekten hat der Kreditgeber m.E. ohne besondere Abrede die freie Wahl, welche er zuerst verwerten möchte. Dies gilt insbesondere auch dann, wenn die - indirekte - grundpfändliche Sicherung des Kredites durch Sicherungsübereignung eines Schuldbriefes erfolgte.

Denkbar ist auch hier, dass analog zur Schadlosbürgschaft die zusätzliche Sicherungsübereignung auf einen Ausfall des Kreditgebers beschränkt wird.

---

782 Vgl. dazu etwa *Zobl*, Fahrnispfand, Art. 884 N 276.

783 Ein Gesamtpfand kann sich durchaus aus einer Grundpfandverschreibung einerseits und aus Fahrnispfändern andererseits zusammensetzen, vgl. dazu etwa *Hahnloser*, S. 7f: (die dortigen Ausführungen beziehen sich allerdings lediglich auf den Fall einer Verpfändung eines Grundstücks und seiner Zugehör). In diesem Fall kommen die Restriktionen des Art. 798 ZGB nicht zur Anwendung, gelten diese doch nur bei mehreren Grundpfändern.

784 Ein Gesamtpfand liegt insbes. vor, sobald mehrere Pfandobjekte für eine Pfandforderung haften, vgl. dazu *Zobl*, Fahrnispfand, Art. 884 N 499f., namentlich auch zur heute vorherrschenden Vielheitstheorie beim Gesamtpfandrecht (mit zahlreichen weiteren Hinweisen). Nach dieser Theorie entstehen beim Gesamtpfandrecht so viele Pfandrechte, wie Pfandgegenstände vorhanden sind. Vgl. dazu auch *Bonorand*, S. 6ff.; *Hahnloser*, S. 6ff.

785 Vgl. dazu etwa *Zobl*, Fahrnispfand, Systematischer Teil, N 1395f., N 1411, Art. 884 N 76ff.; *Oftinger/ Bär*, Systematischer Teil N 255, Art. 884 N 15ff.

786 Vgl. dazu vorne S. 151 sowie *Zobl*, Fahrnispfand, Systematischer Teil N 1491; *Oftinger/ Bär*, Systematischer Teil N 268.

E   Sicherungszession von Ansprüchen aus Lebensversicherungen oder anderen Forderungen

Wird die Baukreditforderung zusätzlich durch die Sicherungszession von Ansprüchen aus Lebensversicherungen[787] oder anderen Forderungen gesichert[788], ist wiederum zu beachten, dass der Gläubiger die Hauptforderung gegebenenfalls erst geltend machen kann, wenn er die Einziehung der abgetretenen Forderung ergebnislos versucht hat[789]. Daraus ergibt sich, dass ohne besondere Abrede auch allfällige Pfandrechte (d.h. also die jeweiligen Grundpfandverschreibungen oder das Faustpfand an einem Schuldbrief) erst nach solchen Einziehungsversuchen geltend gemacht werden können. Namentlich die Banken verlangen allerdings in ihren Verträgen, dass die Hauptforderung unabhängig von allfälligen Sicherungszessionen geltend gemacht werden kann, was sich auch auf die Geltendmachung der Pfandrechte auswirkt. Auf die Pfandrechte kann ausserdem auch dann gegriffen werden, wenn die zedierte Forderung im Zeitpunkt, wo die Hauptforderung geltend gemacht wird, noch nicht fällig ist[790]. Bei einer Sicherung der Baukreditforderung durch Sicherungsübereignung von Schuldbriefen hat der Kreditgeber dagegen m.E. auch ohne besondere Abrede die freie Wahl, ob er zuerst die zedierte Forderung einziehen oder das Sicherungseigentum realisieren will.

Denkbar ist, dass analog zur Schadlosbürgschaft die Sicherungszession nur für einen Ausfall des Kreditgebers erfolgt. In diesem Fall muss sich der Kreditgeber zuerst an die Pfandrechte bzw. die übereigneten Schuldbriefe halten.

---

787   Vgl. dazu etwa *Zobl*, Fahrnispfand, Systematischer Teil, N 1590f.

788   Vgl. dazu etwa *Zobl*, Fahrnispfand, Systematischer Teil, N 1506ff.; *Oftinger/ Bär*, Systematischer Teil N 270ff.

789   Vgl. dazu *Zobl*, Fahrnispfand, Systematischer Teil, N 1647; *Oftinger/ Bär*, Systematischer Teil N 310 (je mit weiteren Hinweisen). Vgl. auch *BGE* 55 III 80, insbes. S. 85, wonach die auf diese Weise gesicherte Forderung als «durch die erfolglose Belangung des Drittschuldners aufschiebend bedingt» ist.

790   Vgl. dazu *Zobl*, Fahrnispfand, Systematischer Teil N 1650.

§ 26 Alternativmöglichkeiten für eine grundpfändliche Sicherung ?

I   Grundsatz

Grundsätzlich gibt es einen numerus clausus der sachenrechtlichen Institute. Auch die Möglichkeiten der grundpfändlichen Sicherung sind somit beschränkt. Wird die Kreditforderung ausserdem ausschliesslich durch anderweitige Sicherheiten (Faustpfänder, Forderungspfandrechte, Bürgschaften, Grundpfänder an anderen Grundstücken) gesichert, so liegt gemäss der dieser Arbeit zugrundegelegten Definition kein Baukredit im privatrechtlichen Sinn vor[791].

II   Anleihenstitel mit Grundpfandrecht ?[792]

Eine vom Gesetz vorgesehene Möglichkeit, die vor allem bei grösseren Bauprojekten zur Sicherung von Baukrediten nutzbar gemacht werden könnte, ist die Ausgabe von Anleihenstiteln mit Grundpfandrecht gemäss Art. 875ff. ZGB[793]. Beim Vorgehen nach Art. 875 Ziff. 1 ZGB müsste das durch das Anleihen aufgenommene Geld vom Gläubigerstellvertreter treuhänderisch verwaltet und dem Bauherrn seinem Bedarf entsprechend ausgehändigt werden. Beim Vorgehen nach Art. 875 Ziff. 2 ZGB müsste die entsprechende Verwaltung durch die Ausgabestelle vorgenommen werden. Aus der Sicht der Geldgeber kann in diesen Fällen nicht mehr von einem Baukredit gesprochen werden, stellen sie doch die Mittel uno actu durch den Erwerb der Titel zur Verfügung, auch wenn der Bauherr das Geld nur seinem effektiven Bedarf entsprechend abrufen möchte[794].

Eine Schwierigkeit dürfte sich in der Praxis vor allem beim Zins ergeben: Da die Geldgeber die Mittel von Anfang an voll zur Verfügung stellen, muss auch von Anfang an eine entsprechende Verzinsung gewährleistet sein, welche der Bauherr, der nur seinem Bedarf entsprechend über das Geld verfügen möchte, nicht unbedingt zu leisten bereit ist. Zu lösen wäre dieses Problem durch eine sukzessive Ausgabe der Titel, wobei schon von Anfang an auf dem Baugrundstück ein Grundpfandrecht für das gesamte Anleihen errichtet wird. Eine solche Finanzierung unterliegt allerdings erheblichen Unsicherheitsfaktoren.

III   Sicherungszession von Schuldbriefen ?

Eine Sicherungszession ist bei Schuldbriefen - anders als bei Namenpapieren[795] - nicht möglich[796].

---

791   Vgl. dazu vorne S. 7, S. 18 und S. 33f.
792   Vgl. dazu auch die Ausführungen zur EGW, vorne S. 40.
793   Vgl. dazu im einzelnen etwa *Tuor/ Schnyder/ Schmid*, S. 872ff.; *Leemann*, Vorbemerkungen zum vierten Abschnitt N 1ff., sowie Bemerkungen zu Art. 875ff.; *Wieland*, Vorbemerkungen zu Art. 875-883 N 1f., sowie Bemerkungen zu Art. 875ff.; *Simonius/ Sutter*, 5 N 117ff., S. 196ff.
794   Insbesondere fehlt es an der Pflicht zur ständigen Leistungsbereitschaft und damit an einem typischen Merkmal des Baukredites, vgl. dazu vorne S. 51.
795   Vgl. dazu insbes. auch *Zobl*, Fahrnispfand, Systematischer Teil N 1568, 1573, 1575, 1594; *Oftinger/ Bär*, Systematischer Teil N 300f. Insbesondere sind Namenschuldbriefe nicht Namenpapiere, sondern gesetzliche Ordrepapiere. Vgl. dazu *Meier-Hayoz/ von der Crone*, 5 N 269ff, S. 129; *Riemer*, 22 N 52, S. 129; *BGE* 43 II 55, insbes. S. 768. Vgl. auch *Lareida*, S. 24ff.
796   Vgl. dazu *Oftinger/ Bär*, Systematischer Teil N 301.

Teil 4:   Besondere Problembereiche

§ 27 Vorbemerkungen

I   Risiko einer Unterdeckung

Wie bei jeder Fremdfinanzierung, die gegen Sicherheiten gewährt wird, besteht auch beim Baukredit das Risiko einer ungenügenden Deckung[797] der Kreditforderung (bzw. der bei der Ablösung des Kredites begründeten Darlehensforderung) und damit ein entsprechendes Verlustrisiko[798] für den Kreditgeber. Namentlich diejenigen Baukredite, bei denen die Baukreditlimite durch den Landwert und den Wert der vorbestehenden Gebäude allein nicht gedeckt wird (gemäss der dieser Arbeit zugrundegelegten Terminologie[799] sind dies Baukredite im engsten Sinne), weisen jedoch Merkmale auf, die zu baukreditspezifischen Unterdeckungen führen können. Auf diese Merkmale und die daraus folgenden Risiken sowie auf die entsprechenden Schutzmassnahmen soll nachfolgend genauer eingegangen werden.

Daneben ergeben sich bei Baukrediten auch die für die grundpfändliche Sicherung typischen Deckungsrisiken: Zerstörung oder massive Beschädigung[800] der Bauten auf dem verpfändeten Grundstück oder marktbedingte Unterdeckungen. Diese Tatbestände sollen nachfolgend ebenfalls - unter baukreditspezifischen Aspekten - behandelt werden.

Deckungsrisiken können sich aber auch infolge (unmittelbarer oder mittelbarer) gesetzlicher Grundpfandrechte ergeben, soweit diese gegenüber der Kreditsicherung privilegiert werden[801]. Namentlich können sich solche Pfandrechte unmittelbar im Zusammenhang mit baulichen Aktivitäten ergeben[802].

---

797   Zur Vereinfachung wird dafür in dieser Arbeit auch der Begriff «Unterdeckung» bzw. «Unterdeckungsrisiko» verwendet.

798   Der Verlust konkretisiert sich namentlich, wenn die Kredit- bzw. Darlehensforderung auf dem Vollstreckungsweg geltend gemacht werden muss oder - unter gewissen Voraussetzungen - bei einem von dritter Seite eingeleiteten Zwangsvollstreckungsverfahren. Vgl. dazu hinten S. 271ff.

799   Vgl. dazu vorne S. 18.

800   Das Bauobjekt kann insbes. auch durch die Bauarbeiten selbst zerstört oder beschädigt werden, vgl. dazu hinten S. 216ff.

801   Zugunsten des Baukreditgebers wirkt dagegen das Pfandrecht nach Art. 808 Abs. 3 ZGB. Vgl. dazu hinten S. 227.

802   Bauspezifisch sind insbesondere Pfandrechte, die von den Kantonen gestützt auf Art. 836 ZGB normiert wurden. Vgl. dazu etwa für den Kanton Zürich § 194 lit. b EGZGB/ZH (für Forderungen aus dem Interesse der Feuerpolizei getroffenen baulichen Massnahmen), § 194 lit. f EGZGB/ZH (für Beiträge an Kosten für bauliche Massnahmen des Staates und der Gemeinden zur Erschliessung, für die Erstellung von Privatstrassen und für Ersatzabgaben aus der Befreiung von der Pflicht zur Erstellung von Fahrzeugabstellplätzen). Von den bundesrechtlichen Pfandrechten kann etwa das in Art. 712i ZGB genannte auf bauliche Massnahmen zurückgehen.

Nachfolgend sollen insbesondere das Bauhandwerkerpfandrecht gemäss Art. 837 Ziff. 3 und Art. 839ff. ZGB [803], sowie - im Zusammenhang mit der Darstellung der Finanzierung von im Baurecht errichteten Bauten - das Pfandrecht des Grundeigentümers zur Sicherung der Baurechtszinsen[804] behandelt werden.

II Konsolidierungs- bzw. Ablösungsrisiko

Die erwähnten Unterdeckungen können durchaus schon während der Bauarbeiten aktuell werden und zu entsprechenden Verlusten für die baukreditgebende Bank führen. Indessen ist zu beachten, dass der Baukredit lediglich ein kurzfristiger Kredit ist und in der Regel nach Abschluss der Bauarbeiten konsolidiert bzw. abgelöst werden soll[805]. Umstände, welche zu einer Unterdeckung der Baukreditforderung führen können, sind deshalb auch geeignet, die Übernahme der Forderung durch Dritte («Konsolidierung mit Gläubigerwechsel») oder die Veräusserung des Bauobjektes und die damit verbundene Ablösung des Kredites in Frage zu stellen. Insbesondere aber können diese Umstände zur Folge haben, dass die entsprechenden Risiken auch langfristig von der baukreditgebenden Bank übernommen werden müssen - dass mithin ungünstige Konstellationen (d.h. etwa die fehlende Deckung der Kredit- bzw. der nachfolgenden Darlehensforderung oder eine Belastung des Schuldners, welche dessen Leistungsfähigkeit übersteigt) für die baukreditgebende Bank fortbestehen und sie deshalb mit entsprechend notleidenden bzw. risikobehafteten Kredit- bzw. Darlehensforderungen belastet bleibt. Bei einer entsprechenden Unterdeckung der Kreditforderung kann sich somit auch ein längerfristig relevantes Konsolidierungs- bzw. Ablösungsrisiko ergeben. Nachfolgend werden indessen lediglich einzelne im Rahmen der Baukreditfinanzierung mögliche Unterdeckungstatbestände erörtert, während auf die dargelegten - weitergehenden - Konsequenzen, mit welchen grundsätzlich bei den meisten dieser Tatbestände zu rechnen ist, nicht jeweils noch gesondert eingegangen wird.

III Bonität des Kreditnehmers bzw. finanzielle Tragbarkeit des Bauvorhabens

Durch sorgfältige Überprüfung der Bonität des Kreditnehmers (bzw., damit zusammenhängend, der Tragbarkeit der mit dem Bauvorhaben verbundenen finanziellen Belastungen), kann sich das Risiko entsprechender Verluste bereits erheblich vermindern. Nebst der Sicherstellung einer genügenden Deckung kommt deshalb der Überprüfung der Bonität des Kreditnehmers bzw. der finanziellen Tragbarkeit des Bauvorhabens eine entscheidende Bedeutung zur Verminderung des Kreditrisikos zu [806].

---

803   Vgl. dazu hinten S. 285ff.
804   Vgl. dazu hinten S. 364f.
805   Vgl. dazu im einzelnen hinten S. 377ff.
806   Vgl. dazu schon vorne S. 28.

Diese risikorelevanten Aspekte sind indessen nicht baukreditspezifisch. Entsprechende Fragen stellen sich auch etwa bei Darlehen zum Erwerb bereits fertiggestellter Objekte. Zudem ergibt sich das Problem einer genügenden Bonität ganz allgemein bei Kreditgeschäften. Auf die - allgemeinen - Risiken bei einer ungenügenden Bonität bzw. bei einer fehlenden Tragbarkeit wird deshalb nicht gesondert eingegangen. Festzuhalten ist an dieser Stelle lediglich, dass ein entsprechender Handlungsbedarf bei der Bank in erster Linie im Vorfeld der Baukreditvergabe besteht[807] und es grundsätzlich nicht angezeigt ist, Baukredite an Gesuchsteller zu vergeben, deren Bonität ungenügend ist bzw. bei denen nicht von einer Tragbarkeit der mit dem Bauvorhaben verbundenen Belastungen ausgegangen werden kann.

Immerhin zeigen die nachfolgend behandelten Unterdeckungsrisiken, dass sich gerade im Verlauf der Bauarbeiten für den Kreditnehmer unvorhergesehene Mehrbelastungen ergeben können oder dass die Tragbarkeit aus anderen Gründen in Frage gestellt werden kann[808]. Die betreffenden Schutzmassnahmen vermindern somit zugleich auch das Risiko, dass die ursprünglich gesichert erscheinende Tragbarkeit nachträglich entfällt. Insoweit gelten die nachfolgenden Ausführungen immer auch mit Bezug auf dieses Risiko, ohne dass jeweils noch ausdrücklich darauf hingewiesen wird. Dagegen erscheint es an einzelnen Stellen angezeigt, ausdrücklich auf eine Prüfung der Bonität des Kreditnehmers hinzuweisen - soweit jedenfalls dieser Massnahme eine zusätzliche, baukreditspezifische Bedeutung zukommt.

IV Kreditvergabepolitik

Die Verlustrisiken hängen auch entscheidend von der Kreditvergabepolitik der baukreditgebenden Bank ab. So hat es eine Bank etwa in der Hand, durch eine Beschränkung der Kreditgewährung auf bestimmte Objekte oder bestimmte Kreditnehmer entsprechende Risiken zu vermindern. Ebenso kann sie etwa von vornherein nur jeweils eine - im Verhältnis zum Belehnungswert - tiefe Kreditlimite einräumen oder grundsätzlich etwa die - ursprüngliche oder nachträgliche[809] - Beibringung von Zusatzsicherheiten verlangen. Solche Massnahmen sind indessen nicht baukreditspezifisch. Soweit nachfolgend einzelne Unterdeckungstatbestände erörtert werden, wird deshalb nur in denjenigen Fällen auch auf solche Massnahmen eingegangen, wo dies aufgrund des besonderen, baukreditspezifischen Risikos oder anderer baukreditspezifischer Aspekte angezeigt erscheint.

---

807 Vgl.dazu vorne S. 28.
808 Dies gilt generell etwa bei einer zweckwidrigen Verwendung der Kreditmittel, bei Zusatz- und bei Mehrkosten. In denjenigen Fällen, wo die Tragbarkeit des Bauvorhabens erheblich von der Rendite des Bauobjektes abhängt, gilt dies zudem auch im Falle ungenügender Bausubstanz und fehlender Marktkonformität des Bauobjektes.
809 Vgl. dazu etwa vorne S. 147.

Nr. 1: Ungenügende Deckung der Kreditforderung

§ 28 Grundlagen

I Besonderheiten der Baukreditdeckung

Namentlich bei Baukrediten im engsten Sinne[810] vermag das Baugrundstück (Land plus ev. die vorbestehenden Bauten) die Kreditforderung nicht zu decken. Die volle Deckung der Kreditforderung soll vielmehr gerade durch das Bauvorhaben erreicht werden - bei Neubauten durch die gesamte neu geschaffene Bausubstanz, bei Umbauten, Renovationen und baulichen Erweiterungen zumindest durch die wertvermehrenden (d.h. nicht bloss werterhaltenden oder wertzerstörenden) Substanzveränderungen. Damit ergeben sich folgende Besonderheiten für die Kreditdeckung:

A Abhängigkeit der Deckung von den baulichen Aktivitäten

Die Deckung des Baukredites ist abhängig vom Preis, den das verpfändete Grundstück bei einem Verkauf erzielen würde[811]. Dieser Preis hängt bei einem fertiggestellten Bauobjekt massgeblich vom Real- bzw. Ertragswert dieses Objektes ab (wobei je nach Baute der eine oder der andere dieser Werte überwiegt[812]) und ist damit in zweifacher Hinsicht von den baulichen Aktivitäten abhängig: Erstens, weil der Realwert abgesehen vom Landwert insbesondere auch durch den Bauwert bestimmt wird[813] und dieser von den geleisteten baulichen Aktivitäten abhängt. Zweitens aber auch, weil sich ohne die geleisteten baulichen Aktivitäten gar kein entsprechender Ertragswert ergibt[814]. Der effektiv erzielte Preis lässt sich allerdings nicht von vornherein bestimmen. In der Praxis behilft man sich deshalb eines aufgrund bewährter Kriterien geschätzten Verkehrswertes[815].

---

810 Vgl. dazu vorne S. 18.

811 Dies gilt insbes. auch bei einer indirekten Sicherung des Baukredites, da der Wert des Grundstückes auch das Deckungsvermögen des verpfändeten oder übereigneten Schuldbriefes beeinflusst.

812 Vgl. dazu etwa *Naegeli/ Hungerbühler*, S. 123ff. (hinzuweisen ist an dieser Stelle auf die Neuauflage *Naegeli/ Wenger*, Der Liegenschaftenschätzer [4.A. Zürich 1997], welche in der vorliegenden Arbeit nicht mehr berücksichtigt werden konnte); *Stettler*, S. 361f.; *Studer*, S. 18; *Goedecke/ Kerl*, S. 78ff.; *Lautenbach*, S. 8; *Girsberger*, S. 53; *Albisetti/ Gsell/ Nyffeler*, S. 113ff. Namentlich bei kommerziellen Bauten und Renditeobjekten steht heute der Ertragswert im Vordergrund.

813 Vgl. dazu *Naegeli/ Hungerbühler*, S. 20, S. 123; *Stettler*, S. 361; *Studer*, S. 17; *Lautenbach*, S. 8.

814 Auf diesem Zusammenhang basiert auch der für den Baukredit typische Konnex zwischen Kredit und Sicherheit. Vgl. dazu vorne S. 3.

815 Der Verkehrswert entspricht in der Regel dem Preis, der unter normalen Umständen bei einem Verkauf erzielt werden könnte. Allerdings können sich im Einzelfall erhebliche Unterschiede zwischen Wert und effektiv erzieltem Preis ergeben. Vgl. dazu *Naegeli/ Hungerbühler*, S. 117, S. 119ff.; *Stettler*, S. 361; *Girsberger*, S. 53; *Albisetti/ Gsell/ Nyffeler*, S. 112.

Abbildung 2: Schema eines möglichen Kosten-/ Deckungsverlaufes beim Baukredit[816]

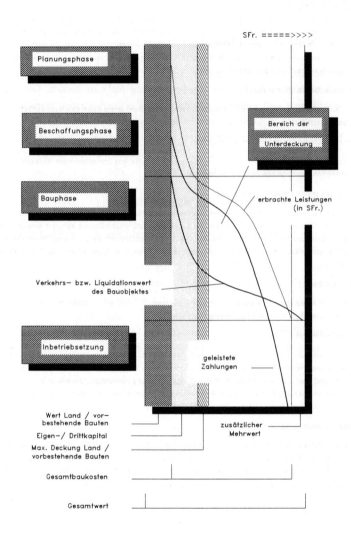

---

816 Die Grafik basiert im wesentlichen auf den Darstellungen bei *Berger*, S. 129, *Hasselmann*, S. 41ff., *Brandenberger/ Ruosch*, S. 105ff., S. 111, S. 133, und *Schalcher*, S. 15.

Legende

Erbrachte Leistungen/ geleistete Zahlungen:

Die fehlende Kongruenz der Kurven ergibt sich dadurch, dass Bauleistungen in der Regel erst im Nachhinein zu bezahlen sind. Die Fälligkeit der Zahlungen vor Abschluss der gesamten Bauarbeiten ergibt sich dadurch, dass in der Regel Akonto- bzw. Abschlagszahlungen zu leisten sind bzw. einzelne Teilleistungen sukzessive fertiggestellt und abgerechnet werden. Zum Idealverlauf der beiden Kurven vgl. auch HASSELMANN, S. 84f.

Planungsphase/ Beschaffungsphase:

Während dieser Phase können bereits Kosten entstehen, ohne dass das Grundstück eine Wertsteigerung erfährt.

Verkehrs- bzw. Liquidationswert des Bauobjektes:

Vgl. dazu die Bemerkungen im Text. Die mögliche Differenz zwischen dem Verkehrs- und dem Liquidationswert wurde hier vernachlässigt.

Max. Deckung Land/ vorbestehende Bauten:

Angenommen wurde hier, dass das Baugrundstück (Land plus allfällige vorbestehende Bauten) schon vor der Gewährung des Baukredites bis zu einem bestimmten Betrag belastet war (z.B. aufgrund des Landkaufs oder infolge früherer Bautätigkeit). Das Grundstück kann also nur in einem diese Belastung übersteigenden Umfang - und somit nicht mit seinem vollen Wert - die Baukreditforderung mitdecken.

Eigen-/ Drittkapital:

Dies ist insbesondere Kapital zur Restfinanzierung, das keine grundpfändliche Sicherung erfordert oder zumindest nur nachrangig gesichert wird.

Zusätzlicher Mehrwert:

Angenommen wurde hier, dass der Verkehrs- bzw. Liquidationswert des gesamten Objektes (z.B. infolge eines entsprechend hohen Ertragswertes) nach Abschluss der Bauarbeiten die Gesamtbaukosten und den ursprünglichen Wert des Baugrundstücks übersteigt. Gerade beim unternehmerischen Bauherrn, der das Gebäude nach Abschluss der Bauarbeiten veräussern will, muss dieser Mehrwert erzielt werden, damit sich für ihn ein Gewinn ergibt.

Bereich der Unterdeckung:

Aufgrund der im vorliegenden Fall angenommenen Parameter ergibt sich während der Bauarbeiten eine Unterdeckung. Der Eintritt bzw. die jeweilige Dauer der Unterdeckung hängen von den konkreten Verhältnissen ab (Marktsituation, Attraktivität des Objektes, Umtriebe, welche ein Käufer, der das Vorhaben fertigstellen will, zu erwarten hat).

Nachfolgend wird bei der Beurteilung der Kreditdeckung von diesem Verkehrswert ausgegangen. Allerdings sollte m.E. bei einer vorsichtigen Einschätzung der jeweiligen Deckungssituation berücksichtigt werden, dass das Grundstück notfalls auf dem Wege der Zwangsvollstreckung verwertet werden muss. Da eine solche Verwertung einen Einfluss auf den jeweils erzielten Preis haben kann, müsste korrekterweise von einem entsprechenden Liquidationswert[817] ausgegangen werden[818].

Zu beachten ist schliesslich, dass auch bei einer Zwangsverwertung des Bauobjektes Grundsteuern fällig werden können[819]. Im Kanton Zürich ist dies etwa bei der Grundstückgewinnsteuer[820] und der Handänderungssteuer[821] der Fall. Solche Grundsteuern können sich je nachdem negativ auf den zu verteilenden Steigerungserlös[822] oder auf die gebotenen Preise[823] auswirken. Die nachfolgenden Ausführungen stehen somit stets unter dem Vorbehalt solcher - allerdings nicht baukreditspezifischer - Faktoren[824].

Die Abhängigkeit der Deckung von den baulichen Aktivitäten besteht schon während der Bauarbeiten: Sobald diese ein gewisses Stadium erreicht haben, weist das Bauobjekt einen Bauwert auf, der auch einen Einfluss auf den für das Objekt bezahlten Preis haben kann[825].

---

817 Im Schätzungswesen ist von einem Liquidationswert v.a. im Zusammenhang mit Spezialbauten (z.B. Fabrikgebäuden) die Rede, bei denen das Risiko besteht, dass das Gebäude nicht mehr zweckkonform genutzt werden kann. Der Begriff hat also nicht die hier verwendete Bedeutung. Vgl. dazu etwa *Naegeli/ Hungerbühler*, S. 203, S. 222; *Stettler*, S. 361; *Studer*, S. 19. Vgl. immerhin *BGE* 67 II 106, insbes. S. 108, wo der Begriff «Liquidationswert» gleich wie hier verstanden wird.

818 Dieser Wert dürfte jedoch nur schwer zu bestimmen sein. Insbesondere hängen die Angebote an Versteigerungen auch von kaum absehbaren Faktoren ab (Kreis der Anwesenden, «Stimmung», zeitliche Konstellationen). Da die Unterschiede zwischen Verkehrs- und Liquidationswert für die folgende Diskussion jedoch nicht signifikant sind, werden die beiden Begriffe in dieser Arbeit gleichwertig verwendet.

819 Gegebenenfalls ist für Grundsteuern, welche nicht ohnehin vom Steigerungserlös abgezogen werden, mit gesetzlichen Grundpfandrechten zu rechnen (im Kanton Zürich gestützt auf § 157 StG/ZH und § 194 lit. e EGZGB/ZH). Vgl. zu diesen Risiken, namentlich auch etwa zu den Risiken im Falle von Steueraufschüben, *Koller*, Steuerforderungen, S. 53ff.

820 Zur Aufhebung der früheren Privilegierung vgl. OS 51 S. 272.

821 Zur Aufhebung der früheren Privilegierung vgl. OS 51 S. 272.

822 Insbesondere wird die Grundstückgewinnsteuer zu den Verwertungskosten gezählt und vorab vom Verwertungserlös abgezogen. Vgl. dazu *BGE* 122 III 246 und *BGE* 120 III 153; Art. 46 Abs. 1 VZG.

823 Insbesondere ist etwa dem Ersteigerer der auf den Veräusserer entfallende Anteil an der nach zürcherischem Recht geschuldeten Handänderungssteuer ohne Abrechnung am Zuschlagspreis zur Zahlung zu überbinden, vgl. Art. 49 Abs. 1 lit. a VZG (für diesen Anteil haftet der Erwerber ohnehin solidarisch, vgl. § 179 StG/ZH). Dies kann sich negativ auf die gebotenen Preise auswirken.

824 Im weiteren ist gegebenenfalls mit der Überbindung von Forderungen mit gesetzlichem Pfandrecht zu rechnen, welche im Zeitpunkt der Versteigerung noch nicht fällig sind. Vgl. dazu Art. 49 Abs. 1 lit. b VZG. Vorliegend wird jedoch darauf nicht weiter eingegangen.

825 Einen Einfluss auf den Wert des unfertigen Objektes haben namentlich auch die für eine Fertigstellung noch zu erwartenden Kosten, welche unmittelbar vom Umfang der bereits errichteten Bausubstanz abhängen. Soweit allerdings für noch nicht fertiggestellte Objekte ohnehin nur tiefe Preise bezahlt werden, kommt diesen Faktoren in der Regel nur eine beschränkte Bedeutung für die Kreditdeckung zu.

B   Abhängigkeit der Deckung von der Höhe der Kreditforderung

Namentlich während der Bauarbeiten ist die Kreditforderung kaum je konstant. Vielmehr wächst sie in der Regel mit zunehmendem Baufortschritt sukzessive an[826]. Allerdings sind auch Rückflüsse möglich[827]. Keinesfalls aber muss sich die Kreditforderung linear entwickeln, wie auch die entsprechende Kurve in Abbildung 2[828] zeigt. Ebensowenig ist es zwingend, dass diese Forderung und der - für die Deckung relevante - Verkehrs- bzw. Liquidationswert des Bauobjektes miteinander übereinstimmen. Damit ergibt sich, dass die Deckung der Kreditforderung - auch wenn die Kreditlimite noch gar nicht voll ausgeschöpft ist - unter anderem auch von der jeweiligen Höhe dieser Forderung abhängt.

C   Abhängigkeit der Deckung von der Verwendung der für den Bau vorgesehenen Mittel

Nur wenn die für den Bau vorgesehenen Mittel wie geplant eingesetzt werden, ist sichergestellt, dass mit Zunahme der Kreditforderung auch im vorgesehenen Umfang das für diese Kreditforderung haftende Deckungssubstrat geschaffen wird.

D   Umbauten, Renovationen und Erweiterungsbauten im besondern

Bei Umbauten, Renovationen und Erweiterungsbauten wirkt sich ein Teil der aufgewendeten Kosten von vornherein lediglich werterhaltend oder sogar wertzerstörend aus. Damit verzögert sich die dargelegte deckungsschöpfende Wirkung der investierten Mittel zusätzlich, d.h. die Kreditforderung wächst regelmässig schneller als der Wert der Deckung[829].

---

826   Insbes. werden im Laufe der Projektrealisierung die einzelnen Baugläubiger fortwährend bezahlt. Vgl. dazu auch Art. 144ff. SIA-Norm 118 (Ausgabe 1977/1991), wo fortlaufende Abschlags- bzw. Teilzahlungen ausdrücklich vorgesehen werden. Ebenso Art. 1.13.3 SIA-Ordnung 102 (Ausgabe 1984) bzw. Art. 1.13.3 SIA-Ordnung 103 (Ausgabe 1984), wo Akontozahlungen an den Architekten bzw. Ingenieur vorgesehen sind. Vgl. dazu auch *Zobl*, Bauhandwerkerpfandrecht, S. 31; *Gauch/ Schumacher*, SIA 118, Vorbemerkungen zu Art. 144-148 und Bemerkungen zu Art. 144ff.

827   Vgl. dazu vorne S. 88f.

828   Vgl. dazu vorne S. 165.

829   Vgl. dazu etwa *Lüscher/ Salathe/ Baeriswyl*, 4 S. 12.

E Abhängigkeit der Deckung von weiteren baukreditspezifischen Faktoren

Solange das Bauobjekt noch nicht fertiggestellt ist, dürfte der Preis, der für das angefangene Objekt bezahlt wird, noch weit stärker von subjektiven Faktoren abhängen, als dies bei fertiggestellten Objekten der Fall ist[830]. Daneben wird der Preis jedoch auch durch objektive Faktoren bestimmt, die nur bei einem unfertigen Bauobjekt wirksam sind. So kann etwa entscheidend sein, ob das Projektrealisierungsrecht und die Pläne vom Käufer mitübernommen werden können[831], ob das bisher Gebaute für eine weitere Nutzung abgebrochen werden müsste, welche Umtriebe und Zusatzkosten eine Übernahme des ganzen Objektes mitten während der Bauarbeiten verursachen kann und ob allenfalls Änderungen notwendig sind. Insbesondere sind auch die Marktrisiken bei einem noch nicht (fertig) errichteten Objekt nicht gleich gelagert wie bei einer bereits bestehenden Baute. Vor allem in rezessiven Zeiten muss sogar damit gerechnet werden, dass sich für angefangene Objekte gar keine Käufer finden oder dass zumindest nur sehr geringe Erlöse erzielt werden können.

II Aus den geschilderten Besonderheiten sich ergebende Unterdeckungsrisiken (Überblick)

Die geschilderten Besonderheiten können in verschiedener Hinsicht zu einer Unterdeckung der Kreditforderung führen[832]. Je nach Ursachenschwerpunkt lassen sich die verschiedenen Risiken dabei dem Substanzbereich, dem Finanzierungsbereich, dem Marktbereich oder dem strukturellen Bereich der Baukreditfinanzierung zuordnen:

(1) Substanzbereich

Im Substanzbereich steht vor allem die Abhängigkeit der Deckung von den baulichen Aktivitäten im Vordergrund. Entwickelt sich die Bausubstanz nicht erwartungsgemäss oder wird sie im nachhinein vermindert, kann dies auch die Deckung gefährden.

---

830 Zu diesen Faktoren, die im Einzelfall einen konkreten Preis, aber durchaus auch die Bestimmung eines «realitätsbezogenen» Verkehrs- bzw. Liquidationswertes beeinflussen können, vgl. etwa *Naegeli/ Hungerbühler*, S. 119ff., S. 122; *Girsberger*, S. 54ff.

831 Ohne besondere Abrede besteht keine Gewähr dafür, dass das Projektrealisierungsrecht und die Pläne vom Erwerber überommen werden können. Vgl. dazu insbes. hinten S. 184ff.

832 Vgl. dazu auch etwa *Mühl*, N 333f., S. 123 (allerdings bezogen auf die Verhältnisse in den USA, die jedoch im hier zu erörternden Zusammenhang nicht massgeblich von den schweizerischen Verhältnissen abweichen).

(2) Finanzierungsbereich

Im Finanzierungsbereich spielt sowohl die Abhängigkeit der Deckung von der Höhe der Kreditforderung als auch die Abhängigkeit der Deckung von den baulichen Aktivitäten eine Rolle: Wächst die Kreditforderung an, ohne dass dafür im erwarteten Umfang Bausubstanz geschaffen wird, oder fehlen die Mittel zur Weiterführung der Bauarbeiten, kann sich dadurch eine Deckungsgefährdung ergeben. Dasselbe gilt für den Fall, dass gesetzliche Grundpfandrechte bestehen, weil einzelne Gläubiger für ihre Aktivitäten nicht bezahlt werden.

(3) Marktbereich

Im Marktbereich spielt namentlich die Abhängigkeit der Kreditdeckung von Angebot und Nachfrage auf dem Immobilienmarkt im allgemeinen und von der Nachfrage nach der konkreten, vom jeweiligen Bauobjekt ermöglichten Nutzung eine Rolle. Baukreditspezifisch ist, dass bei der Kreditgewährung das Bauvorhaben gerade noch nicht realisiert ist und somit keine Markterfahrungen für das fertiggestellte Objekt vorliegen.

(4) Struktureller Bereich

Hier spielt wiederum die Abhängigkeit der Kreditdeckung von der Höhe der Kreditforderung eine Rolle: Da es kaum möglich ist, dass sich die Kreditforderung und der Verkehrs- bzw. Liquidationswert des Bauobjektes kongruent entwickeln, kann sich, wie aus Abbildung 2 hervorgeht[833], eine gleichsam strukturell bedingte Unterdeckung ergeben. Dabei sind insbesondere auch Marktfaktoren relevant. Namentlich ist damit zu rechnen, dass bei schlechten Marktverhältnissen für angefangene Objekte nur sehr tiefe Preise erzielt werden können, sofern sich überhaupt Käufer finden.

Die erwähnten Bereiche sollen nachfolgend genauer erörtert werden. Im weiteren soll kurz untersucht werden, welche Auswirkungen die geschilderten Unterdeckungen im Zwangsvollstreckungsverfahren haben und ob sich im Rahmen der Zwangsvollstreckung weitere, die Deckung der Baukreditforderung beeinflussende Faktoren ergeben.

---

833   Vgl. dazu vorne S. 165.

1A Strukturell bedingte Unterdeckung

§ 29 Grundtatbestand

I Entstehung

Wie gerade vorgehend ausgeführt wurde, basiert die strukturell bedingte Unterdeckung auf dem Umstand, dass sich die Baukreditforderung und der Verkehrs- bzw. Liquidationswert des Bauobjektes zumindest während der Bauarbeiten kaum je kongruent entwickeln (vgl. dazu den Verlauf der entsprechenden Kurven in Abbildung 2[834]). Insbesondere kommt es häufig vor, dass der Verkehrs- bzw. Liquidationswert des Bauobjektes lange Zeit verhältnismässig tief bleibt - selbst dann, wenn bereits erhebliche Bauleistungen erbracht worden sind [835]. Ins Gewicht fällt insbesondere, dass - wie schon erwähnt - namentlich bei einem wenig aufnahmefähigen Immobilienmarkt in rezessiven Zeiten die Preise für angefangene, jedoch noch nicht fertiggestellte Objekte besonders tief fallen, sofern sich überhaupt Käufer finden[836]. Immerhin dürften bei besonders attraktiven Objekten, bei denen die Realisierung besonders weit fortgeschritten ist, bei der Renovation von Objekten, für die ein Bedarf bereits ausgewiesen ist, oder in Fällen, wo ein fertig geplantes und bewilligtes Projekt vorliegt, mit den Bauarbeiten jedoch noch nicht begonnen wurde, auch bei ungünstigen Marktverhältnissen Verwertungschancen bestehen, welche nicht unbedingt zu übermässigen Verlusten führen müssen. Wo umgekehrt ein erheblicher Nachfrageüberhang nach Immobilien besteht und die Immobilienpreise in stetigem Steigen begriffen sind, dürften - zumindest bei fortgeschrittenen Bauarbeiten - durchaus auch weniger anspruchsvolle Objekte sinnvolle Verwertungschancen haben.

Die dargelegte Unterdeckung kommt in der Praxis regelmässig vor, allerdings oftmals, ohne dass sich die Parteien dessen bewusst sind, zumal sie mit der Bauvollendung wieder verschwindet. Kommt es aber zu einem Unterbruch der Bauarbeiten[837], kann diese Unterdeckung durchaus manifest werden und für den Kreditgeber erhebliche Risiken mit sich bringen[838].

---

834 Vgl. dazu vorne S. 165.

835 Hinzu kommt, dass ein Unterbruch der Bauarbeiten bereits gebaute Anlagen beeinträchtigen kann. Gerade bei Zwangsvollstreckungsverfahren muss indessen mit solchen Unterbrüchen und deshalb zusätzlich mit entsprechenden deckungsmindernden Faktoren gerechnet werden. Vgl. dazu hinten S. 280.

836 Vgl. dazu etwa *Bürgi*, S. 173, der von geradezu exzessiven Verlusten spricht, welche sich bei einer Zwangsverwertung von erst angefangenen Objekten ergeben können.

837 Nachfolgend werden dafür auch die Begriffe «Bauunterbruch», «Einstellung der Bauarbeiten» oder «Baustillstand» verwendet.

838 Zu diesem «Baufertigstellungsrisiko» vgl. auch etwa *Jaschinski*, S. 190; *Goedecke/Kerl*, S. 67. Dieses Risiko ist mit ein Grund, weshalb sich in der BRD die Hypothekenbanken nur in beschränktem Umfang bei der sog. Bauzwischenfinanzierung engagieren dürfen.

II Konkretisierung der Risiken

A Verlustrisiko bei einer Verwertung des Bauobjektes ohne Fortführung der Bauarbeiten

Die sich aus einer strukturell bedingten Unterdeckung ergebenden Risiken lassen sich am besten anhand eines Beispieles[839] illustrieren:

> Angenommen, ein Gebäude soll auf einem unüberbauten Grundstück im Wert von Fr. 1'000'000.-- errichtet werden, auf dem bereits ein Grundpfand (Maximalhypothek) in der Höhe von Fr. 750'000.-- lastet. Maximal geschätzte Baukosten Fr. 9'000'000.--. Zinskosten Fr. 750'000.--. Eigenkapital: Fr. 1'500'000.--. Einstweilen für die ordentliche Bauvollendung eingeräumte Baukreditlimite Fr. 8'250'000.--, gesichert durch eine Maximalhypothek von 9'000'000.--. Geschätzter Verkehrs- bzw. Liquidationswert der Baute nach Bauvollendung (inkl. Land) Fr. 12'000'000.--. Bei aufgelaufenen Planungs- und Baukosten im Betrag von Fr. 6'000'000.-- und einer aufgelaufenen Zinsforderung von Fr. 300'000.-- wird der Baukreditnehmer zahlungsunfähig und eine Weiterführung des Bauprojektes kommt nicht in Frage[840]. Vom Baukredit sind zu diesem Zeitpunkt Fr. 4'800'000.-- beansprucht worden (davon Fr. 300'000.-- für die Zinsen). Bis zur Realisation der Kreditsicherheit vergeht einige Zeit, während der weitere Zinsen auflaufen: Leitet die Bank eine Betreibung auf Grundpfandverwertung ein[841], kann die Versteigerung des Grundstücks frühestens im achten Monat seit Zustellung des Zahlungsbefehls erfolgen (Art. 154 Abs. 1 SchKG und Art. 133 Abs. 1 SchKG i.V. mit Art. 156 Abs. 1 SchKG)[842]. Hinzu kommt, dass die Kreditforderung gegebenenfalls nur unter Einhaltung einer Kündigungsfrist gekündigt werden kann. Bei der Versteigerung wird lediglich ein Preis von Fr. 3'000'000.-- geboten. Soweit auf die durch die vorgehende Maximalhypothek gesicherte, fällige Forderung Fr. 600'000.-- entfallen, erleidet die Bank einen Ausfall im Umfang von mindestens Fr. 2'400'000.-- plus den ihr nicht zufallenden Abzügen vom Verwertungserlös[843] plus zusätzlich aufgelaufenen Zinsen[844].

---

839 Die nachfolgenden Beispiele haben alle lediglich Modellcharakter und stehen insbesondere unter dem Vorbehalt weiterer in der Praxis anfallender Kosten. Zinsen und Kommissionen werden nicht gesondert behandelt.

840 Insbes. kann die baukreditgebende Bank ohne besondere Abrede vom Baukreditnehmer nicht verlangen, dass er eine Weiterführung des Bauprojektes vornimmt oder zumindest seine Zustimmung dazu gibt. Vgl. dazu nachfolgend sowie insbes. hinten S. 188ff.

841 Nebst einer Betreibung auf Pfandverwertung ist - sofern die Sicherheit nicht vorab zu realisieren ist - auch eine Betreibung auf Pfändung denkbar (vgl. dazu Art. 54 VZG sowie hinten S. 271f). Auch hier sind jedoch entsprechende Fristen zu wahren (Art. 116 Abs. 1 und Art 133 Abs. 1 SchKG). Denkbar ist schliesslich eine Betreibung auf Konkurs (vgl. dazu hinten S. 275f.). Auch in diesem Fall kann aber erhebliche Zeit verstreichen, bis es zu einer Verwertung des Grundstücks kommt (vgl. dazu etwa Art. 88, Art. 166 Abs. 1, Art. 168, Art. 174 Abs. 1, Art. 232 Abs. 2 Ziff. 2, Art. 243 Abs. 3, Art. 247, Art. 252 Abs. 1, Art. 257 SchKG).

842 Möglich ist immerhin eine vorzeitige Verwertung auf Begehren des Schuldners und mit Zustimmung sämtlicher berechtigter Gläubiger gemäss Art. 133 Abs. 2 SchKG. Ergeben sich demgegenüber Gerichtsverfahren, kann es sogar noch erheblich länger bis zur Verwertung dauern.

843 Zu den Steuern vgl. vorne S. 167. Zu weiteren Abzügen vgl. Art. 157 Abs. 1 SchKG, Art. 46 VZG.

844 Einen Zusatzverlust erleidet die Bank ausserdem im Umfang der von ihr vorgeschossenen Betreibungskosten sowie infolge weiterer Kosten, die das ganze Verfahren mit sich bringt.

Wurde der Kredit durch ein Faustpfand an einem Schuldbrief gesichert, muss möglicherweise zuerst dieses Faustpfand auf dem Wege der Zwangsvollstreckung verwertet werden[845]. Erwirbt die Bank bei der Verwertung den Schuldbrief selbst[846] (wobei die dafür eingesetzten Mittel gemäss Art. 156f. SchKG - Abzüge vorbehalten - an sie zurückfliessen), muss zuerst die Schuldbriefforderung unter Einhaltung der entsprechenden Kündigungsfrist gekündigt und hernach eine Betreibung auf Grundpfandverwertung eingeleitet werden, mit den bereits erwähnten zeitlichen Folgen. Letzteres gilt gegebenenfalls auch, wenn der Kreditgeber bei einer Verpfändung oder Sicherungsübereignung des Schuldbriefes die Schuldbriefforderung direkt geltend machen kann oder den Titel bei der Privatverwertung - etwa durch Selbsteintritt - selbst erwirbt[847]. Während dieser Zeit laufen wiederum weitere - ungedeckte - Zinsen auf[848].

B Verlustrisiko beim Erwerb des Bauobjektes und einer Bauvollendung durch die baukreditgebende Bank

Angenommen, die Bank erwirbt das Grundstück zu einem unter der bislang aufgelaufenen Kreditforderung liegenden Preis (was angesichts der bei der Zwangsverwertung erzielbaren Erlöses nicht unwahrscheinlich erscheint) - sei es durch direkten Kauf[849] (unter Verrechnung des Kaufpreises mit einem entsprechenden Teil der Kreditforderung) oder sei es an der zwangsrechtlichen Versteigerung[850]. Unter Berücksichtigung der gegebenenfalls von der Bank zu leistenden Steuern[851], der Abzüge vom Verwertungserlös bzw. der mit dem Erwerb verbundenen Gebühren und Aufwendungen (geschätzter Maximalbetrag rund Fr. 80'000.--), kann deshalb von folgendem (geschätzten) Maximaleinsatz ausgegangen werden:

---

845 Soweit Art. 156 Abs. 2 SchKG zur Anwendung kommt, dürfte ein solches Vorgehen allerdings nur noch ausnahmsweise gewählt werden, vgl. dazu auch die nachfolgende Fussnote sowie vorne S. 144f. Vgl. auch etwa *Bär*, S. 125f.

846 Soweit Art. 156 Abs. 2 SchKG zur Anwendung kommt, dürften Drittbieter ohnehin ausfallen. Dennoch wird die Bank gezwungen sein, einen hohen Betrag zu bieten, um eine Herabsetzung der Schuldbriefforderung zu vermeiden, vgl. vorne S. 144; *Jent-Sörensen*, S. 80; *Bär*, S. 125f.; *Brönnimann*, S. 140f. Soweit Art. 156 Abs. 2 SchKG demgegenüber nicht zur Anwendung kommt (d.h. wenn etwa der Schuldbrief nicht vom Grundeigentümer verpfändet wurde) entfällt gegebenenfalls die Notwendigkeit, hohe Beträge zu bieten. Es ist auch nicht auszuschliessen, dass Dritte an einer solchen Versteigerung mitbieten.

847 Vgl. dazu vorne S. 144 und S. 151.

848 Soweit bei einer Sicherung der Kreditforderung durch einen Schuldbrief gar nicht der Kreditnehmer, sondern ein Dritter Schuldner der Schuldbriefforderung ist, ergibt sich ein Verlust der Bank indessen nur insoweit, als überhaupt auf das Grundstück gegriffen werden muss.

849 Zu den Möglichkeiten der Bank, das Objekt nicht erst bei einer zwangsrechtlichen Verwertung, sondern schon früher durch Ausübung eines Kaufsrechts zu erwerben, vgl. hinten S. 191. Denkbar ist ausserdem ein Erwerb bei einem freiwilligen Verkauf.

850 Zu beachten ist, dass der Erlös - Abzüge vorbehalten - der baukreditgebenden Bank wieder zufliesst (Art. 156f. SchKG). Der effektive Aufwand entspricht somit lediglich den der Bank nicht zufliessenden Abzügen vom Steigerungserlös und den weiteren von der Bank zu übernehmenden Kosten.

851 Zu den Steuern, welche bei der Zwangsverwertung fällig werden, vgl. vorne S. 167. Vorliegend wurde namentlich angenommen, dass der Kreditgeber den gesamten Handänderungssteuer zu bezahlen hatte. Was die Steuern bei einem direkten Kauf betrifft, so ist denkbar, dass der Kreditgeber - vom auf ihn entfallenden Anteil abgesehen - auch die auf den Verkäufer entfallende Steuer übernimmt, weil er entweder solidarisch für diesen Anteil mithaftet oder weil auf diese Weise allfällige gesetzliche Grundpfandrechte abgewehrt werden können.

Fr. 4'800'000.-- (bisherige Kreditforderung bzw. für den Kauf eingesetzte Mittel plus bisheriger Zins) plus Fr. 600'000.-- (zur Tilgung der durch das vorgehende Pfandrecht gesicherten Forderung) plus Fr. 80'000.-- (weiterer Aufwand) plus zusätzliche Zinsen auf den eingesetzten Mitteln bis zum Erwerb. Führt die Bank das Bauvorhaben selbständig zuende[852], ist mit Fr. 3'000'000.-- ursprünglich budgetierten Baukosten sowie (geschätzten) Zusatzkosten von Fr. 100'000.-- zu rechnen. Der (geschätzte) Gesamtaufwand der Bank beträgt somit rund 8'580'000.-- plus zusätzliche Zinsen. Kann beim Verkauf des fertiggestellten Objektes der geplante Erlös von Fr. 12'000'000.-- erzielt werden, dürften - auch nach Abzug der mit dem Verkauf verbundenen Kosten und Steuern[853] - die insgesamt eingesetzten Mittel und aufgelaufenen Zinsen ausreichend gedeckt sein.

Die Übernahme bringt jedoch einen Zusatzaufwand für die Bank mit sich. Ausserdem übernimmt die Bank mit dem Bauherrenrisiko ein nicht in ihren Geschäftsbereich gehörendes Risiko. Namentlich bei Banken, die nicht selbst über einen grossen Liegenschaftenbestand verfügen, könnte es deshalb an einer Infrastruktur, die eine fachmännische Aufsicht gewährleistet, fehlen. Allerdings können dafür Treuhänder eingesetzt werden.

C   Verlustrisiko bei einer Bevorschussung der Bauvollendung durch die baukreditgebende Bank

Grundsätzlich ist denkbar, dass die baukreditgebende Bank die Bauvollendung bevorschusst. Wird die Baute vollendet, ist - von den zusätzlich aufgelaufenen Zinsen abgesehen - die Deckungssituation ähnlich wie bei einer ordentlichen Baurealisation. Selbst unter der Annahme von zusätzlichen Kosten im (geschätzten) Betrag von Fr. 100'000.-- ist damit nicht von vornherein auszuschliessen, dass bei einem Erlös von Fr. 12'000'000.-- (abzüglich der durch das vorgehende Pfandrecht gesicherten Forderung sowie weiterer Kosten, insbes. auch etwa abzüglich allfälliger Steuern) die vollständig gedeckte Maximalhypothek von Fr. 9'000'000.-- genügend Sicherheit bietet für die insgesamt eingesetzten Mittel (inklusive Zinsen). Davon abgesehen ist ohnehin denkbar, dass vor der Bevorschussung das Grundpfand entsprechend erhöht wird oder die Bank - ungeachtet der Höhe des Grundpfandes - aufgrund besonderer Abreden mit den beteiligten Parteien für die vorgeschossenen Mittel vorweg aus dem Erlös zu befriedigen wäre, so dass ohnehin kaum mit Verlusten gerechnet werden müsste.

Ohne Zustimmung des Schuldners ist eine solche Bauvollendung indessen nicht durchsetzbar[854]. Ebensowenig kann etwa eine Fortsetzung der Bauarbeiten ohne Zustimmung der Beteiligten durchgesetzt werden, wenn das Baugrundstück im Rahmen einer Betreibung auf Pfändung oder Pfandverwertung vom Betreibungsamt verwaltet wird (Art. 102 Abs. 3 SchKG und Art. 16ff. VZG)[855].

---

852   Zu Einzelfragen im Zusammenhang mit dem Projektrealisierungsrecht und den Plänen vgl. hinten S. 184ff.

853   Zu beachten ist, dass beim Erwerb durch die Bank und beim nachmaligen Wiederverkauf zweimal die Kosten und die Steuern für die Handänderung anfallen. Wird das Objekt innert kurzer Zeit wieder verkauft, kann der Steuersatz zudem entsprechend höher sein. Vgl. dazu etwa für die Handänderungssteuer im Kanton Zürich § 182 StG/ZH. Soweit der Verkaufserlös die anrechenbaren Anlagekosten übersteigt, ist auch mit einer Grundstückgewinnsteuer zu rechnen.

854   Vgl. dazu im einzelnen hinten S. 188ff.

855   Bei der Betreibung auf Pfändung beginnt die Verwaltung mit der Pfändung, d.h. unmittelbar nach Empfang des Fortsetzungsbegehres (Art. 89 SchKG). Bei der Betreibung auf Pfandverwertung erfolgt die Verwaltung erst nach Stellung des Verwertungsbegehrens (Art. 155 Abs. 1 SchKG und Art. 101 VZG).

Namentlich ist die Fortsetzung der Bauarbeiten weder eine ordentliche Verwaltungsmassnahme i.S. von Art. 17 VZG noch eine ausserordentliche Verwaltungsmassnahme i.S. von Art. 18 VZG [856], welche gegebenenfalls ohne Zustimmung sämtlicher Beteiligter durchgeführt werden könnte.

Im Konkurs des Kreditnehmers ist demgegenüber eine Fortsetzung auch gegen den Willen des Schuldners möglich [857, 858].

D Einschränkung der Wahlmöglichkeiten

Da eine Verwertung des Grundstücks ohne Bauvollendung zu einem Verlust für die baukreditgebende Bank führt, bleibt ihr bei sich bietender Gelegenheit[859] praktisch nichts anderes übrig, als das Bauobjekt zu übernehmen[860] bzw. die Bauarbeiten weiterzufinanzieren, sofern sie ihren Schaden möglichst gering halten möchte. Bei einer gedeckten Kreditforderung könnte sie dagegen von solchen Massnahmen absehen, ohne mit Verlusten rechnen zu müssen.

III Schutzmassnahmen

A Übersicht

Am besten ist die Bank geschützt, wenn das Bauprojekt vollendet wird. Auf die entsprechenden Schutzmassnahmen soll nachfolgend noch gesondert eingegangen werden [861]. Vorliegend sollen demgegenüber zunächst einmal nur Schutzmassnahmen erörtert werden, welche gleichsam den Schaden der Bank bei einem Bauunterbruch begrenzen sollen, indem sie eine überproportionale Zunahme der Baukreditforderung oder ein unnötiges Anwachsen der Zinsen verhindern.

---

856 Selbst ausserordentliche Verwaltungsmassnahmen dürfen nie über die blosse Erhaltung und Bewahrung der Sache hinausgehen. Namentlich gehören die Änderung der Nutzung und Eingriffe in die Substanz der Sache bereits nicht mehr zu diesen Massnahmen. Vgl. dazu etwa *BGE* 120 III 138, insbes. S. 140.

857 Zu den Voraussetzungen im einzelnen vgl. ausführlich *Bürgi*, S. 173f., der festhält, dass im Zweifel die Zustimmung der Gläubigergesamtheit notwendig ist. Zu beachten ist namentlich auch hier, dass die Fortsetzung der Bauarbeiten den Rahmen der blossen Liegenschaftsverwaltung sprengt, vgl. dazu *BGE* 120 III 152. Zur Fortführung der Bauarbeiten im Konkurs vgl. auch etwa den Sachverhalt, der *BGE* 83 II 284 zugrundelag, wo der Kreditgeber die Fertigstellung der begonnen Bauarbeiten finanzierte und die betreffenden Objekte im Anschluss daran bei der konkursamtlichen Versteigerung erwarb.

858 Eine Fortführung der Bauarbeiten ist auch bei einem Nachlassvertrag mit Vermögensabtretung i.S. von Art. 317ff. SchKG denkbar. Grundlage dafür kann der Nachlassvertrag selbst sein (etwa unter Bezugnahme auf Art. 318 Abs. 1 Ziff. 3 SchKG). Eine Fortführung kann auch gestützt auf Art. 319 Abs. 3 und Art. 322 Abs. 2 SchKG erfolgen. Schliesslich ist auch eine Fortführung während einer Nachlassstundung unter Aufsicht des Sachwalters denkbar (Art. 295 Abs. 2 SchKG und Art. 298 Abs. 1 SchKG).

859 Zu den Möglichkeiten der Bank, sich ein Recht zur Bauvollendung oder zum Erwerb des Bauobjektes vorzubehalten, vgl. hinten S. 189ff.

860 Zum «unerwünschten Selbsterwerb» durch die Bank vgl. etwa *Schumacher*, N 514, S. 144.

861 Vgl. dazu hinten S. 188ff.

B Schutz durch Vereinbarung entsprechender Punkte im Baukreditvertrag

AA Vorabverwendung des Eigen- bzw. Drittkapitals

Soweit zuerst andere Mittel (Eigenkapital bzw. von dritter Seite zur Verfügung gestellte Mittel) und nicht Kreditmittel für den Bau verwendet werden, stellt sich das Problem der Unterdeckung gar nicht. Durch die Vorabverwendung solcher Mittel wird zudem das Entstehen und das Anwachsen der deckungsbedürftigen Kreditforderung hinausgeschoben[862]. Dadurch geht das Risiko eines Bauunterbruches zunächst zulasten des Kreditnehmers oder Dritter. Zudem wird dadurch Bausubstanz geschaffen, die für die Kreditforderung mithaftet, ohne dass dafür Kreditmittel aufzuwenden sind (wobei vor der Bauvollendung die Bedeutung dieser zusätzlichen Deckung nur beschränkt sein dürfte).

Eine entsprechende Verwendungspflicht für das Eigen- bzw. Drittkapital kann durchaus im Baukreditvertrag vereinbart werden. Gerichtlich lässt sich allerdings der entsprechende Anspruch kaum je sinnvoll durchsetzen. Soweit die Bank indessen generell das Recht hat, bei Pflichtverletzungen des Kreditnehmers die Freigabe von Kreditmitteln zu verweigern[863], kann der betreffenden Abrede wohl in den meisten Fällen genügend Nachachtung verschafft werden. Möglich ist allerdings auch die ausdrückliche Abrede, dass die Kreditmittel so lange zurückbehalten werden können, bis die entsprechende Verwendung des Eigen- bzw. Drittkapitals nachgewiesen wird. Soweit zudem das Eigen- bzw. Drittkapital bei der baukreditgebenden Bank einzuzahlen ist, kann diese den Einsatz der betreffenden Mittel ohnehin kontrollieren und die entsprechende Vorabverwendung sicherstellen[864].

BB Kreditfreigabe nur nach Massgabe des Baufortschrittes

Soweit die Kreditmittel nur freigegeben werden, wenn die entsprechenden Bauleistungen bereits erbracht worden sind[865], wird insbesondere verhindert, dass der Gesamtbetrag der bereits geleisteten Zahlungen allzuschnell anwächst. Zumindest ist dadurch sichergestellt, dass bei einem Bauunterbruch nicht auch noch - unnötigerweise - Kreditmittel gefährdet werden, die gar noch nicht für die Erreichung des Kreditzweckes benötigt wurden und für die insbesondere auch noch gar keine sachlich gerechtfertigte Leistungspflicht der Bank bestand. Soweit zudem die baukreditgebende Bank die Bauvollendung bevorschussen will

---

862 Vgl. dazu die grafische Darstellung vorne S. 165. Vgl. auch etwa *Kaderli*, S. 271, der grundsätzlich davon ausgeht, dass über den Baukredit erst verfügt werden darf, wenn gewisse Bauarbeiten bereits erbracht worden sind.

863 Vgl. dazu hinten S. 182.

864 Zu den Massnahmen zur Sicherung des Eigen- bzw. Drittkapitals im besondern vgl. hinten S. 264ff.

865 Die Mittelfreigabe nach Massgabe des Baufortschrittes ist in der Praxis die Regel, vgl. dazu die bereits erwähnten Darstellungen des Baukredites bei *Albisetti/ Gsell/ Nyffeler*, S. 118, S. 120f.; *Albisetti/ Boemle/ Ehrsam/ Gsell/ Nyffeler/ Rutschi*, S. 134, S. 136; *Kaderli*, S. 269ff.; *Oetiker*, Kapitel 10.3, S. 1, S. 7; *Mühl/ Petereit*, N 956, S. 355; *Studer*, S. 16; *Rheiner*, S. 273; *Zobl*, Baukreditvertrag, S. 3; *Pfister-Ineichen*, S. 41; *Geiger*, S. 6; *Ramseyer*, S. 95.

oder das Bauobjekt erwirbt und den Bau selbständig vollendet, ist dadurch sichergestellt, dass die bislang freigegebenen Mittel effektiv der geschaffenen Bausubstanz entsprechen und somit nicht noch zusätzliche Mittel zur Bauvollendung und damit zur Sicherstellung der bereits bezogenen Mittel aufgewendet werden müssen. Soweit schliesslich eine Chance besteht, dass die Verwertung eines noch unvollendeten Bauvorhabens einen über dem Landwert liegenden Erlös ergibt (was, wie bereits dargelegt wurde, bei einem rezessiven Markt immerhin noch bei attraktiven Objekten in sehr weit fortgeschrittenem Baustadium denkbar ist, bei einem Markt mit sehr starker Nachfrage aber auch bei andern Bauobjekten der Fall sein kann), stellt diese Massnahme zumindest sicher, dass den bezogenen Mitteln entsprechend effektiv mithaftende Bausubstanz geschaffen wird.

Ein entsprechendes, die Übereignungspflicht modifizierendes Rückbehaltungsrecht des Baukreditgebers ist allerdings ausdrücklich im Baukreditvertrag zu vereinbaren, da der Kreditnehmer andernfalls das Recht hätte, die Kreditmittel jederzeit abzurufen.

Die Freigabe nach Massgabe des Baufortschrittes lässt sich namentlich auf zwei Arten realisieren:

AAA   Mittelfreigabe aufgrund einer Zahlungskontrolle

AAAA   Zur Zahlungskontrolle im allgemeinen

Die Zahlungskontrolle ist vor allem bedeutsam, um eine Gefährdung der Kreditdeckung durch allfällige Bauhandwerkerpfandrechte[866] bzw. eine zweckwidrige Verwendung der Kreditmittel[867] zu vermeiden. Sie spielt jedoch auch im hier zu behandelnden Zusammenhang eine Rolle, wird doch bei einer idealen Kontrolle bei jedem Zahlungsauftrag geprüft, ob er zur Zahlung tatsächlich geleisteter Arbeit und damit dem Baufortschritt entsprechend erfolgt[868].

Die Kontrolle kann durchaus von der baukreditgebenden Bank selbst vorgenommen werden, bringt aber einen nicht unerheblichen administrativen Aufwand mit sich. Besonders verbreitet ist das Vorgehen mittels Visierung[869], wonach die Bank nur verpflichtet ist, von einem Treuhänder bzw. Baucontroller oder z.B. vom bauleitenden Architekten bzw. Ingenieur[870] unterzeichnete Zahlungsaufträge auszuführen. Damit sich die baukreditgebende Bank auf das Erfordernis einer Visierung berufen kann, muss jedoch ausdrücklich

---

866   Vgl. dazu hinten S. 290f., S. 296f. und S. 327.

867   Vgl. dazu hinten S. 236f.

868   Zu Einzelheiten dieser Kontrolle, insbes. auch zur Bedeutung der von den Handwerkern und Bauunternehmern ausgestellten Quittungen, vgl. etwa *Lautenbach*, S. 68f.; *Pfister-Ineichen*, S. 52ff.

869   Vgl. dazu etwa *Albisetti/ Boemle/ Ehrsam/ Gsell/ Nyffeler/ Rutschi*, S. 136; *Albisetti/ Gsell/ Nyffeler*, S. 121; *Schumacher*, N 515, S. 144; *Emch/ Renz/ Bösch*, S. 352; *Geiger*, S. 7; *Schneebeli*, S. 186.

870   Zur Zahlungskontrolle als Aufgabe des Architekten bzw. Ingenieurs im Rahmen der Bauleitung vgl. Art. 4.4.4 SIA-Ordnung 102 (Ausgabe 1984) bzw. Art. 4.1.7 und Art. 4.1.8 SIA-Ordnung 103 (Ausgabe 1984); *Zehnder*, N 279f., S. 114ff.; *Trümpy*, S. 81; *Schaub*, S. 211f.

im Baukreditvertrag darauf Bezug genommen werden. Die Pflicht zur Übereignung der Kreditmittel wird dadurch i.S. von Art. 151 OR suspensiv bedingt.

BBBB **Zur treuhänderischen Zahlungskontrolle im besondern**[871]

In der Praxis kommt es vor, dass die Zahlungskontrolle einem Treuhänder übertragen wird. Namentlich bei grösseren Bauvorhaben wird diese Funktion von spezialisierten Immobilientreuhändern[872] und Baucontrollern wahrgenommen. Häufig werden aber auch der bauleitende Architekt bzw. Ingenieur eingesetzt[873]. Daneben werden auch Anwälte und Notare als Treuhänder tätig. Auch hier gilt, dass sich der Beizug eines Treuhänders noch aus andern Gründen aufdrängen kann (so etwa zum Schutz vor einer Deckungsgefährdung durch Bauhandwerkerpfandrechte, insbesondere zur möglichst gleichmässigen Bezahlung der einzelnen Baugläubiger[874] bzw. zur optimalen Bezahlung allfälliger Unterakkordanten[875], zur Geltendmachung allfälliger Rückbehalte[876] oder zur Sicherstellung einer vertragskonformen Mittelverwendung[877]), so dass sich zumindest in solchen Fällen der entsprechende Aufwand lohnen dürfte. Der Beizug kann im Baukreditvertrag vorgesehen werden, ist jedoch auch ohne eine solche Vereinbarung zulässig. Die konkrete Ausgestaltung der Treuhandverträge ist in der Praxis recht unterschiedlich[878]. Immerhin lassen sich, was das Instrumentarium des Treuhänders betrifft, zwei Hauptgruppen unterscheiden:

---

871 Vgl. dazu auch etwa *Albisetti/ Gsell/ Nyffeler*, S. 121; *Albisetti/ Boemle/ Ehrsam/ Gsell/ Nyffeler/ Rutschi*, S. 136; *Schumacher*, N 515, N 517ff., S. 144f., S. 314ff.; *Oetiker*, Kapitel 10.3, S. 7; *Emch/ Renz/ Bösch*, S. 352; *Mühl/ Petereit*, N 957, S. 355f.; *Kaderli*, S. 272; *Zobl*, Baukreditvertrag, S. 8; *Zobl*, Bauhandwerkerpfandrecht, S. 103; *Pfister-Ineichen*, S. 51ff.; *Rheiner*, S. 273; *Schneebeli*, S. 186; *Ramseyer*, S. 103ff.; *Haefliger*, S. 85; *Goeschke* I, S. 304f.; *Lautenbach*, S. 19f.

872 Treuhänder können im Rahmen einer Baurealisierung auch noch in anderer Weise und namentlich im alleinigen Auftrag des Bauherrn zum Einsatz kommen. So ist etwa denkbar, dass ein Immobilientreuhänder überhaupt erst ein Baugrundstück beschafft, dem Bauherrn die nötigen Kontakte zu Banken und anderen Gläubigern verschafft, den Bauherrn gegenüber diesen vertritt oder überhaupt sämtliche organisatorischen Vorarbeiten übernimmt, die dem Bauherrn obliegen. Vgl. dazu etwa *Heizmann*, S. 71.

873 Für den Architekten sieht dies Art. 4.4.4 SIA-Ordnung 102 (Ausgabe 1984) sogar ausdrücklich vor (Zusatzleistungen).

874 Vgl. dazu hinten S. 340 sowie etwa *Schumacher*, S. 315, Ziff. 3.3.; *Mühl/ Petereit*, S. 397, Ziff. 2; *Pfister-Ineichen*, S. 54; *Schneebeli*, S. 186; *Göschke* I, S. 304f.; *Haefliger*, S. 85.

875 Vgl. dazu hinten S. 297f. sowie *Schumacher*, S. 315, Ziff. 3.4. und 3.6; *Mühl/ Petereit*, S. 397, Ziff. 2.

876 Vgl. dazu hinten S. 181 sowie etwa *Schumacher*, S. 315, Ziff. 3.3.

877 Vgl. dazu hinten S. 236 sowie *Schumacher*, S. 315, Ziff. 3.1.

878 Eine Liste mit möglichen Vertragspunkten ist hinten S. 351f. aufgeführt. Muster für Treuhandverträge finden sich auch etwa bei *Schumacher*, S. 314ff., sowie bei *Mühl/ Petereit*, S. 397f. Zum Begriff der Treuhand vgl. etwa *Fellmann*, Art. 394 N 57ff.; *Gautschi*, Auftrag, Art. 394 N 11ff.; *Weber*, OR-Kommentar, Art. 394 N 11ff.; *Hofstetter*, S. 27ff. Nach *Gautschi*, Auftrag, Art. 394 N 13a, ist der Treuhändervertrag in jedem Fall ein Auftrag. Differenzierend dagegen *Fellmann*, Art. 394 N 63ff., der jedoch die «uneigennützige» Treuhand auch als Auftrag oder zumindest als auftragsähnliches Geschäft qualifiziert. Häufig dürfte allerdings im hier diskutierten Zusammenhang gar keine Treuhand, sondern ein gewöhnlicher Auftrag vorliegen.

(1) Treuhand mit selbständiger Zahlungskompetenz, die den Treuhänder zur selbständigen Bezahlung der Bauforderungen verpflichten und ihm das Verfügungsrecht über ein entsprechendes Konto einräumt.

(2) Treuhand mit blosser Kontrollpflicht, wobei der Treuhänder beauftragt wird, die einzelnen Zahlungsaufträge zu überprüfen und durch Visum deren Vertragskonformität zu bestätigen.

Beide Formen eignen sich grundsätzlich dafür, eine dem Baufortschritt entsprechende Freigabe der Kreditmittel zu erreichen[879]. Namentlich im ersten Fall dürfte es allerdings notwendig sein, dass auch der Kreditnehmer Partei des Vertrages ist. Im zweiten Fall ist dies nicht unbedingt erforderlich.

BBB   Mittelfreigabe aufgrund eines Zahlungsplanes

Soweit die Kontrolle jeder einzelnen Zahlung zu aufwendig erscheint oder eine Kontrolle einzelner Zahlungsbegehren nicht möglich oder unerwünscht ist (namentlich beim Bauen mit einem General- bzw. Totalunternehmer, der seine Unterakkordanten selbst bezahlt), kann eine Mittelfreigabe gemäss Zahlungsplan vereinbart werden[880]. Eine vollständige Deckungsgleichheit mit dem realen Baufortschritt kann allerdings kaum erreicht werden.

CCC   Exkurs: Besonderheiten im Zusammenhang mit dem General-
bzw. Totalunternehmerkonto

Soweit der General- bzw. Totalunternehmer seine Konten bei der baukreditgebenden Bank führt, hat diese eine zusätzliche Kontrollmöglichkeit über die Verwendung der Kreditmittel[881]. Denkbar ist deshalb, dass die Bank die Freigabe dieser Mittel von der Eröffnung eines solchen Kontos abhängig macht. Wird das General- bzw. Totalunternehmerkonto von einer anderen Bank geführt, kommt es oft vor, dass die baukreditgebende Bank die Freigabe der Kreditmittel von einer entsprechenden Treueerklärung dieser Bank abhängig macht[882].

---

879   Zur konkreten Formulierung der entsprechenden Klausel im Treuhandvertrag vgl. etwa *Schumacher*, S. 315, Ziff. 3.2.

880   Zahlungspläne werden oft auch im Vertrag mit dem General- bzw. Totalunternehmer vereinbart, vgl. dazu *VSGU*, Mustervertrag, 2.1.5, und *VSGU*, Allgemeine Bedingungen, G. 31; *Huber*, Generalunternehmervertrag, N 32, N 317ff. Sinnvollerweise sind diese Zahlungspläne mit den dem Baukreditvertrag zugrundegelegten Zahlungsplänen zu koordinieren.

881   Vgl. dazu etwa *Schumacher*, N 516, S. 144. Vgl. auch *Zobl*, Baukreditvertrg, S. 8; *Pfister-Ineichen*, S. 53; *Lüscher/ Salathe/ Baeriswyl*, 1 S. 10.

882   Vgl. dazu auch schon vorne S. 29 sowie insbes. hinten S. 238. *Pfister-Ineichen*, S. 53, empfiehlt in diesem Fall sogar den Beizug eines Treuhänders.

CC   Vereinbarungen betreffend Rückbehalte

Soweit der Kreditnehmer - falls er zu Akontozahlungen bzw. Abschlagszahlungen verpflichtet ist - die Rückbehalte gemäss Art. 1.13.3 SIA-Ordnung 102 (Ausgabe 1984), Art.
1.13.3 SIA-Ordnung 103 (Ausgabe 1984)[883] und Art. 149ff. SIA-Norm 118 (Ausgabe
1977/1991)[884, 885] geltend macht, werden im entsprechenden Umfang wiederum keine -
im Falle eines Bauunterbruches gerade kaum gedeckten - Kreditmittel beansprucht. Denkbar ist, dass der Kreditnehmer im Baukreditvertrag zur Geltendmachung dieser Rückbehalte verpflichtet wird.

Sobald allerdings der zurückbehaltene Betrag für die betreffende Leistung zur Zahlung fällig wird,
entfällt die im vorliegenden Zusammenhang diskutierte Schutzwirkung[886]. Dies ist insbesondere
dann der Fall, wenn Bürgschaften i. S. von Art. 181 SIA-Norm 118 (Ausgabe 1977/1991) oder andere Sicherheiten an die Stelle des Rückbehaltes treten[887], während bei der Bargarantie[888] i.S.
Art. 182 SIA-Norm 118 (Ausgabe 1977/1991) die Schutzwirkung fortbesteht. Immerhin sollte die
Bank den Kreditnehmer dazu verpflichten, dafür zu sorgen, dass die vor Auszahlung des Rückbehaltes gewährten Sicherheiten (Bürgschaften oder andere Sicherheiten) direkt gegenüber der baukreditgebenden Bank erfolgen, oder dass die daraus entstehenden Forderungen zumindest als Sicherheit
für die Kreditforderung bereitzustellen sind, so dass die Bank wenigstens in Gewährleistungsfällen
zusätzlich gesichert ist[889]. Letzteres kann uno actu zusammen mit dem Abschluss des Baukreditvertrages auf derselben Urkunde geschehen, und zwar entweder durch Verpfändung (Verpfändung
durch schriftliche Vereinbarung gemäss Art. 900 Abs. 1 ZGB[890]) oder durch eine Sicherungszession (schriftliche Sicherungszession gemäss Art. 165 OR[891]).

Es ist indessen fraglich, ob der Pflicht, die Rückbehalte geltend zu machen bzw. entsprechende Sicherheiten einzufordern, sinnvoll bzw. innert nützlicher Frist gerichtlich Nach-

---

883   Vgl. dazu *Hess*, Kommentar SIA, Art. 1.13.3 N 20ff.; *Egli*, N 1105ff., S. 352ff., N 116ff., S.
      356ff.

884   Vgl. dazu auch etwa *Gauch/ Schumacher*, SIA 118, Bemerkungen zu Art. 149ff.

885   Soweit Regiearbeiten im Rahmen der SIA-Norm 118 (Ausgabe 1977/1991) vereinbart werden,
      ist ein Rückbehalt nur dann zulässig, falls dies ausdrücklich vorbehalten wurde (Art. 55 der
      Norm). Vgl. dazu auch *Gauch*, SIA 118, Art. 55 N 6f.

886   In der Praxis kommt es gelegentlich sogar vor, dass vom Unternehmer gleich von Anfang an Si-
      cherheit geleistet wird und damit die vollen Abschlagszahlungen zu entrichten sind. In diesem
      Fall fehlt es an der betreffenden Schutzwirkung.

887   Vgl. dazu im einzelnen etwa *Gauch*, SIA 118, Art. 181 N 1ff.; vgl. auch *Gauch*, Werkvertrag,
      N 1177, S. 326, N 2409f., S. 639f, N 2701ff., S. 707f.

888   Vgl. dazu im einzelnen etwa *Gauch*, SIA 118, Art. 182 N 1ff.; vgl. auch *Gauch*, Werkvertrag,
      N 1177, S. 326, N 2403ff., S. 638f., N 2703f., S. 708.

889   Vgl. dazu insbesondere die Ausführungen zur Unterdeckung infolge minderwertiger Bausub-
      stanz, hinten S. 207f.

890   Vgl. dazu *Oftinger/ Bär*, Art. 900 N 10, N 20; *Tuor/ Schnyder/ Schmid*, S. 893; *Leemann*, Art.
      900 N 6ff. Verpfändet werden können insbes. auch Forderungen, die beim Abschluss des
      Pfandvertrages noch nicht existieren, vgl. dazu *Oftinger/ Bär*, Art. 899 N 72.

891   Vgl. dazu *Zobl*, Fahrnispfand, Systematischer Teil, N 1506ff.; *Oftinger/ Bär*, Systematischer
      Teil N 270ff.; *Leemann*, Art. 900 N 55ff. Insbes. können auch erst künftige Forderungen zediert
      werden, vgl. dazu *Zobl*, Fahrnispfand, Systematischer Teil N 1570; *Oftinger/ Bär*, Systemati-
      scher Teil N 302.

achtung verschafft werden kann. Was allfällige Schadenersatzansprüche betrifft, so ist zu beachten, dass die Bank nur dann einen Schaden erleidet, wenn der Kreditnehmer zahlungsunfähig wird und die Kreditforderung nicht mehr zurückzahlen kann, so dass die entsprechende Haftung nicht viel nützt. Immerhin ist das Folgende zu beachten: Die den Rückbehalt betreffende Verpflichtung des Kreditnehmers muss m.E. als - gleichsam als Nebenpflicht in den Baukreditvertrag integrierter - Auftrag oder zumindest als auftragsähnlich qualifiziert werden. Überträgt der Kreditnehmer die ihm von der Bank übertragenen Aufgaben (und damit auch etwa die Pflicht, Rückbehalte geltend zu machen) auf Dritte (z.B. etwa auf die Bauleitung), liegt eine Substitution i.S. von Art. 398 Abs. 3 bzw. Art. 399 OR vor [892] und die Bank kann gestützt auf Art. 399 Abs. 3 OR unmittelbar gegen diese Dritten vorgehen[893]. Insbesondere kann sie gestützt auf Art. 399 Abs. 3 OR bzw. die zur Substitution entwickelten Grundsätze direkt Schadenersatzansprüche gegenüber diesen Dritten geltend machen[894].

Soweit allerdings die Bank generell das Recht hat, bei Pflichtverletzungen des Kreditnehmers die Freigabe von Kreditmitteln zu verweigern[895], kann der betreffenden Abrede wohl in den meisten Fällen ohnehin genügend Nachachtung verschafft werden. Möglich ist schliesslich auch die Vereinbarung, wonach die Bank bzw. ein von ihr eingesetzter Treuhänder[896] das Recht haben, Kreditmittel im Umfang der erwähnten Rückbehalte zurückzubehalten. Die Kreditfreigabepflicht der Bank wäre in diesem Sinne suspensiv bedingt (Art. 151 OR) [897].

DD Besondere Kündigungsregelungen

Wurden für die Baukreditforderung längere Kündigungsfristen vereinbart und ist der Kreditnehmer nicht willens oder nicht fähig, den Bau zu vollenden, besteht die Gefahr, dass die Bank ihre Mittel nicht unverzüglich zurückfordern kann und deshalb weitere Zinsen auflaufen, für die keine Deckung mehr besteht. Denkbar ist deshalb, dass die Bank berechtigt wird, den Baukreditvertrag in diesen Fällen vorzeitig zu kündigen und die Kreditforderung fällig zu stellen [898].

---

892 Zum Begriff der Substitution und zur Abgrenzung gegen den blossen Beizug von Hilfspersonen vgl. vorne Anm. 556. Die Voraussetzungen der Substitution dürften im hier diskutierten Zusammenhang in der Regel erfüllt sein. Das Unter-Auftragsverhältnis muss nicht notwendigerweise ein Auftragsvertrag sein, vgl. dazu *Fellmann*, Art. 398 N 562.

893 Zur Stellung der Bank bei einer solchen Substitution im besondern vgl. namentlich *Fellmann*, Art. 399 N 92ff.

894 Vgl. dazu im einzelnen vorne Anm. 557.

895 Vgl. dazu nachfolgend S. 182.

896 Vgl. dazu etwa *Schumacher*, S. 315, Ziff. 3.2.

897 Da die Rückbehalte zu Recht erfolgen, dürften sich dadurch auch keine besonderen Risiken im Zusammenhang mit dem Baugläubigerschutz ergeben. Vgl. dazu auch etwa hinten S. 328ff.

898 Wird etwa der Zins fällig gestellt und nicht bezahlt, hat der Kreditgeber ohnehin die Möglichkeit, nach Art. 107ff. OR vorzugehen. Insbesondere kann er vom Vertrag zurücktreten und die ganze Kreditforderung fällig stellen (Art. 107 Abs. 2 OR i.V. mit Art. 109 OR). Vgl. dazu vorne S. 90, S. 92 und S. 126. Ausserdem kann eine Einstellung der Bauarbeiten gegebenenfalls auch als wichtiger Grund für eine vorzeitige Vertragsauflösung gewertet werden, so dass sich

EE　Recht zur Leistungsverweigerung bei einer Verletzung
　　　von Pflichten aus dem Baukreditvertrag

Die baukreditgebende Bank kann sich (was in der Praxis auch häufig geschieht) generell
das Recht vorbehalten, die Freigabe von Kreditmitteln zu verweigern, sofern der Kreditnehmer die ihm zum Schutz der Baukreditforderung auferlegten Pflichten nicht einhält
bzw. der baukreditgebenden Bank die entsprechenden Rechte nicht gewährt[899]. Die Leistungspflicht der Bank wird dadurch resolutiv bedingt i.S. von Art. 154 OR[900]. Im vorliegenden Zusammenhang ist etwa eine Verweigerung denkbar, wenn das Eigenkapital
nicht vorweg für die Baufinanzierung verwendet oder die Rückbehalte nicht geltend gemacht werden. Zu beachten ist allerdings, dass die Verweigerung der Leistung in jedem Fall unter dem
Vorbehalt von Art. 2 ZGB steht. Insbesondere bei geringfügigen Pflichtverletzungen, die
keinerlei Gefährdung für die Kreditforderung mit sich bringen, kann eine Leistungsverweigerung zu einem krassen Missverhältnis der Interessen führen[901]. In solchen Fällen
ist die Leistungsverweigerung nicht gerechtfertigt. Zudem hat die Bank zumindest von dem
Zeitpunkt an, wo Kreditmittel für die Bauarbeiten eingesetzt worden sind, ein Interesse
daran, dass der Bau vollendet wird, so dass diese Massnahme oftmals sogar kontraproduk-
tiv wirken kann.

C　Weitere Schutzmassnahmen

AA　Zusatzsicherheiten

Soweit die Kreditforderung von Anfang an durch Sicherheiten gedeckt wird, deren Wert
nicht von der Wertsteigerung des Grundstücks abhängt, reduziert sich auch das Risiko einer strukturell bedingten Unterdeckung[902].

BB　Möglichst hoher Anteil an Eigen- bzw. Drittkapital bzw. möglichst grosser
　　　Anteil des bereits vorhandenen, mithaftenden Grundstückswertes

Je grösser der Anteil des (vorab verwendeten) Eigen- bzw. Drittkapitals, desto grösser ist
die Schutzwirkung dieser Mittel für die Kreditforderung[903].

---

　　　　besondere Abreden erübrigen, vgl. dazu gerade nachfolgend S. 183.
899　Vgl. dazu auch *Rossi*, S. 57f.
900　Die vorne aufgeführten Beispiele zeigen jedoch, dass es oftmals günstiger ist, wenn die Bank da-
　　　für sorgt, dass der Bau vollendet wird.
901　Vgl. dazu *Merz*, Art. 2 N 371ff.
902　Zu den Zusatzsicherheiten im einzelnen vgl. vorne S. 154ff.
903　Vgl. dazu vorne S. 176.

Je grösser zudem der bereits vorhandene, mithaftende Grundstückswert (Landwert inklusive Wert vorbestehender Bauten) ist[904], desto grösser ist die Chance, dass selbst im Falle einer Zwangsverwertung ein Erlös erzielt wird, der zumindest einen Teil der Kreditforderung zu decken vermag. Durch eine entsprechende Kreditgewährungspolitik hat es die Bank in der Hand, sich von vornherein nur an Baufinanzierungen zu beteiligen, wo dieser Anteil genügend hoch ist.

CC Vertragsauflösung aus wichtigem Grund

Verletzt der Kreditnehmer seine Pflichten zum Schutz der Baukreditforderung (so etwa die Pflicht zur Vorabverwertung des Eigen- bzw. Drittkapitals oder die Pflichten im Zusammenhang mit den Rückbehalten) in einer Weise, welche die Weiterführung des Kreditverhältnisses unzumutbar erscheinen lässt, besteht nach der in dieser Arbeit vertretenen Ansicht die Möglichkeit, den Vertrag unvermittelt aufzulösen[905]. Dasselbe sollte auch gelten, wenn der Kreditnehmer nicht willens oder nicht fähig ist, das Bauvorhaben zu vollenden, ist es doch der Bank in diesem Fall nicht zuzumuten, weiterhin an ihre Pflichten aus dem Baukreditvertrag gebunden zu sein und die Kreditmittel bis zum Ablauf der ordentlichen Kündigungsfrist in einem wenig aussichtsreichen Projekt zu belassen. Insbesondere sollte die Bank das Anwachsen weiterer Zinsen verhindern können, für die keine Deckung besteht.

DD Besondere Vollstreckungsregelungen

Der baukreditgebenden Bank ist zu empfehlen, in jedem Fall sicherzustellen, dass ein Recht zur direkten Verwertung des Schuldbriefes besteht und die Schuldbbriefforderung möglichst kurzfristig gekündigt werden kann[906], falls die Kreditforderung durch ein Faustpfand an Schuldbriefen oder durch Sicherungsübereignung solcher Titel gesichert wird, damit nicht unnötig viel Zeit bis zur Verwertung verstreicht und weitere - ungedeckte - Zinsen auflaufen.

---

904 Vgl. dazu insbes. die Grafik vorne S. 165.
905 Vgl. dazu vorne S. 123f.
906 Vgl. dazu vorne S. 144 und S. 151.

§ 30 Zur Bedeutung des Projektrealisierungsrechtes und der Baupläne im besondern

I Einfluss auf die Kreditdeckung

Ohne besondere Abrede besteht für den Kreditnehmer keine Verpflichtung, bei einer Zwangsverwertung des verpfändeten Grundstücks dem Käufer - namentlich auch etwa der baukreditgebenden Bank selbst[907] - das Projektrealisierungsrecht (d.h. das Recht, eine dem vorgesehenen Entwurf entsprechende Baute zu realisieren)[908] und Pläne[909] zu übertragen. Dies kann somit eine Vollendung des Bauvorhabens verunmöglichen. Zudem haftet der Wert der damit verbundenen Vorleistungen gerade nicht mit, soweit er sich nicht im Wert des Grundpfandes niederschlägt.

II Konkretisierung der Risiken

Angenommen, beim genannten Beispiel[910] liegt das bewilligte Projekt und die fertige Detailplanung vor. Der Bau soll - vom Baukredit abgesehen - auch mit Käuferanzahlungen finanziert werden. Indessen steigen einzelne Käufer vorzeitig aus und der Bauherr wird zahlungsunfähig. Verschiedene vorbestehende Gebäude wurden bereits abgebrochen. Die Bauarbeiten für das neue Objekt wurden jedoch noch nicht begonnen. Dennoch wurden bereits Kreditmittel (namentlich für den Abbruch, für Erschliessungsarbeiten, für ausstehende Architektenforderungen[911], für Vorleistungen sowie weitere Vorbereitungsarbeiten) in Anspruch genommen. Da es sich um ein attraktives Projekt an guter Lage handelt, finden sich selbst bei schwierigen Marktverhältnissen Interessenten, welche bereit sind, auch für das Projekt einen Preis zu entrichten.

---

907   Zur Bauvollendung durch die Bank im besondern vgl. hinten S. 189.

908   Bauprojekte stellen in der Regel urheberrechtlich geschützte Werke dar (Art. 2 Abs. 2 lit. e URG). Vgl. dazu etwa *BGE* 117 II 466, insbes. S. 468; *BGE* 100 II 167, insbes. S. 171; *Rehbinder*, S. 61ff.; *Pedrazzini*, Urheberrecht, S. 3ff.; *Troller*, S. 5ff., S. 39f., S. 47, S. 72; *Hess*, Kommentar SIA, Art. 1.9 N 11ff.; *Trümpy*, S. 56ff.; *Reber*, S. 304ff. Soweit der Bauherr einen Architekten bzw. Ingenieur beauftragt, erwirbt er regelmässig ein Projektrealisierungsrecht, während das Urheberrecht beim Schöpfer des Projektes verbleibt, vgl. dazu *Trümpy*, S. 58f.; *Reber*, S. 306; *Hess*, Kommentar SIA, Art. 1.9 N 21ff.; Art. 1.9 SIA-Ordnung 102 (Ausgabe 1984) sowie Art. 1.9 SIA-Ordnung 103 (Ausgabe 1984). Zur Diskussion der Frage, ob bei einem Wechsel des Architekten während der Bauarbeiten die Ausführungsarbeiten einem andern übertragen werden dürfen, vgl. «Späte Reue der Architekten, Stiefkinder des Urheberrechtsschutzes ?», in: NZZ vom 25. Juni 1993, Nr. 144, S. 61.

909   Auch Pläne sind regelmässig urheberrechtlich geschützte Werke, vgl. dazu Art. 2 Abs. 2 lit. d URG; *Pedrazzini*, Urheberrecht, S. 4. Vgl. auch etwa Art. 1.10 SIA-Ordnung 102 (Ausgabe 1984) und Art. 1.10 SIA-Ordnung 103 (Ausgabe 1984): In der Regel verbleiben die Originalpläne beim Architekten bzw. Ingenieur. Indessen hat der Bauherr das Recht, Kopien anfertigen zu lassen. Soweit in dieser Arbeit von Plänen die Rede ist, sind stets nur solche Plankopien und nicht die Originalpläne gemeint.

910   Vgl. dazu vorne S. 172.

911   Die Finanzierung der Projektierungskosten gehört m.E. durchaus zum typischen Zweck des Baukredites und kann deshalb problemlos aus Baukreditmitteln bestritten werden. Vgl. dazu auch vorne S. 101ff.

Kann die Käuferschaft das Projekt übernehmen, ergibt sich deshalb insgesamt ein Erlös, der über dem Landwert liegt. Ohne Projekt erfolgen dagegen lediglich Angebote, welche dem Landwert entsprechen. Auch im umgekehrten Fall, wo das Bauvorhaben bereits weit fortgeschritten ist, kann mit Interessenten gerechnet werden. Indessen sind diese nur dann zum Kauf des unfertigen Objektes bereit, wenn der Bau gemäss den vorhandenen Plänen vollendet werden kann bzw. darf. Schliesslich ist auch die Bank als allfällige Erwerberin eines solchen Objektes[912] darauf angewiesen, dass sie das Vorhaben den Plänen gemäss vollenden kann.

III Schutzmassnahmen

A Schutz durch Vereinbarung entsprechender Punkte im Baukreditvertrag

AA Übertragung des Projektrealisierungsrechtes und der Pläne

Denkbar ist, dass der Kreditnehmer verpflichtet wird, im Falle einer Zwangsverwertung des Grundstücks das Projektrealisierungsrecht und die in seinem Eigentum stehenden Pläne selbständig dem betreffenden Käufer - etwa zum Selbstkostenpreis - zu übertragen. Wirksam dürfte indessen eine solche Abrede nur im Falle einer Betreibung auf Pfandverwertung sein. Im Konkurs des Kreditnehmers lässt sich diese Abrede kaum mehr durchsetzen. Ebensowenig, wenn das Projektrealisierungsrecht und die Pläne in einem von dritter Seite eingeleiteten Zwangsvollstreckungsverfahren gepfändet werden.

Eine wirksamere Sicherung der Interessen des Kreditgebers wäre deshalb gewährleistet, wenn das Projektrealisierungsrecht und ein Satz kopierter Pläne bis zur Bauvollendung fiduziarisch dem Kreditgeber übereignet werden[913], wobei dieser berechtigt oder gegebenenfalls verpflichtet wird, für den Fall einer Zwangsverwertung des Baugrundstücks dieses Recht und die Pläne dem Käufer des Grundstücks weiterzuveräussern[914].

---

912 Vgl. dazu vorne S. 173.

913 Es versteht sich von selbst, dass der Kreditnehmer den Bau trotzdem vollenden darf bzw. soll. Das Recht zur Weiterübertragung des Projektrealisierungsrechtes und der Pläne bzw. Plankopien dürfte m.E. in den Rechten, die dem Bauherrn am Projekt zustehen, mitenthalten sein. Eine Schwierigkeit kann sich dadurch ergeben, dass das Recht des Bauherrn, ein Projekt zu realisieren, gelegentlich davon abhängig gemacht wird, dass der entwerfende Architekt bzw. Bauingenieur bei der Baurealisation mitwirkt. Zwar drängt sich ein Wechsel des Architekten bzw. Ingenieurs auch bei einer Zwangsverwertung nicht unbedingt auf. Kommt es dennoch dazu, kann der Projektverfasser die Projektrealisation verbieten oder zumindest entsprechenden Schadenersatz fordern. Vgl. dazu etwa *Trümpy*, S. 134f.; *Pedrazzini*, Urheberrecht, S. 6; *Troller*, S. 69ff., S. 87ff. Bietet allerdings der Käufer dem Architekten bzw. Ingenieur die Mitwirkung an, kann dieser m.E. im Falle einer Absage ohne Vorliegen besonderer Gründe die Realisation des Projektes nicht mehr untersagen.

914 Über den Erlös, der bei einer Veräusserung erzielt wird, wäre selbstverständlich abzurechnen. Soweit dieser nicht ohnehin zur Tilgung der Kreditforderung oder zumindest als Sicherheit für diese Forderung dient, bestünde somit eine entsprechende Herausgabepflicht.

Diese Abrede geht indessen recht weit und es ist fraglich, ob sie sich je durchzusetzen vermag. Um eine über den Schutzzweck dieser Übertragung hinausgehende Bindung des Kreditnehmers zu verhindern, müsste jedenfalls sichergestellt werden, dass der Kreditnehmer durch ordnungsgemässe Kündigung des Baukreditvertrages und durch Bezahlung der Kreditforderung und des bis zum Ablauf der Kündigungsfrist geschuldeten Zinses ohne weiteres die Rückübertragung verlangen kann.

Verträge über Projektrealisierungsrechte sind als Urheberrechtsverträge nicht gesetzlich geregelt[915] und somit insbesondere formlos gültig. Keine Formvorschriften bestehen sodann für Abreden betreffend die fiduziarische Übereignung der Pläne. Die betreffenden Vereinbarungen könnten somit ohne weiteres uno actu mit dem Baukreditvertrag auf derselben Urkunde abgeschlossen werden.

BB   Sicherung der Kreditforderung durch das Projektrealisierungsrecht und die Pläne

Denkbar ist auch, dass die Rechte, die dem Kreditnehmer an den Planungsergebnissen zustehen, dem Kreditgeber selbständig verpfändet oder zur Sicherung übertragen werden (soweit diese Rechte jedenfalls übertragbar sind). Beim Projektrealisierungsrecht ist für die Verpfändung ein schriftlicher Pfandvertrag notwendig (Art. 900 Abs. 3 ZGB)[916]. Für den Vertrag über die Sicherungsübereignung bestehen demgegenüber keine Formvorschriften. Dasselbe gilt hinsichtlich der Verpfändung oder Sicherungsübereignung der Pläne. Damit können entsprechende Vereinbarungen uno actu zusammen mit dem Baukreditvertrag abgeschlossen werden. Bei den Plänen ist zu beachten, dass für eine Verpfändung gemäss Art. 717 ZGB i.V. mit Art. 884 Abs. 3 ZGB ein Besitzübergang auf die Bank notwendig wäre. Dasselbe gilt sinngemäss auch bei der Sicherungsübereignung[917]. Denkbar ist deshalb, dass der Bank ein Satz kopierter Pläne verpfändet oder übereignet wird. Entscheidend bei den Plänen ist ohnehin nicht der Wert der Dokumente selbst. Vielmehr kommt es darauf an, dass die Pläne einem allfälligen Erwerber des Projektrealisierungsrechtes überhaupt zur Verfügung stehen.

---

915   Verträge über Urheberrechte werden zwar in Art. 80 URG erwähnt. Abgesehen vom Verlagsvertrag fehlt jedoch eine ausdrückliche gesetzliche Regelung solcher Verträge. Vgl. dazu auch etwa *Rehbinder*, S. 132; *Rehbinder/ Grossenbacher*, S. 9f.; *Troller*, Urhebervertragsrecht, S. 148f.

916   Vgl. dazu etwa *Zobl*, Fahrnispfand, Art. 900 N 127.

917   Vgl. dazu *Zobl*, Fahrnispfand, Systematischer Teil N 1408; *Oftinger/ Bär*, Systematischer Teil N 261.

Zu beachten ist zudem, dass das Projektrealisierungsrecht (inklusive Pläne) ohne eine gleichzeitige Veräusserung des Grundstückes nur in Ausnahmefällen sinnvoll verwertet werden kann. Damit müsste zusätzlich sichergestellt werden, dass es zu einer koordinierten Verwertung des Grundstücks und der betreffenden Rechte kommt[918].

CC Beschränkung des Kreditmitteleinsatzes auf unmittelbar mit der Baurealisation verbundene Kosten[919]

Wird die Verwendung des Baukredites auf Kosten beschränkt, die unmittelbar mit der Baurealisation verbunden sind (z.b. auf Kosten für unmittelbar am Bau beteiligte Bauhandwerker und Bauunternehmer), verhindert dies ein Anwachsen der Kreditforderung aufgrund von Zahlungen, deren Gegenwert - ohne besondere Abrede - gerade nicht für den Kredit mithaftet. Kosten für die Projektierung könnten damit nicht mehr aus Kreditmitteln bestritten werden. Damit ergäbe sich aufgrund des Umstandes, dass das Projektrealisierungsrecht bzw. die Pläne nicht für die Kreditforderung mithaften, auch kein zusätzliches Unterdeckungsrisiko. Würden das Projektrealisierungsrecht bzw. die Pläne - trotz des beschränkten Einsatzes der Kreditmittel - dennoch für die Kreditforderung mithaften, ergäbe sich dadurch sogar zusätzliches Haftungssubstrat, ohne dass der Kredit entsprechend belastet würde. Dadurch verringert sich das Risiko einer Unterdeckung.

---

918 Für diejenigen Fälle, wo der Kreditnehmer das Projektrealisierungsrecht oder die Pläne auf den Erwerber des Baugrundstücks zu übertragen hat (vgl. dazu gerade vorne S. 185), ist denkbar, dass der betreffende Erlös selbständig zur Kreditsicherung dienen soll. Die entsprechende Sicherung kann uno actu zusammen mit dem Baukreditvertrag auf derselben Urkunde vereinbart werden, wobei entweder eine Verpfändung (Verpfändung der entsprechenden Forderung gegenüber dem Erwerber gemäss Art. 900 Abs. 1 ZGB) oder eine Sicherungszession (schriftliche Sicherungszession dieser Forderung gemäss Art. 165 OR) in Frage kommt.

919 Vgl. dazu etwa *Schumacher*, N 979ff., S. 282ff., N 990f., S. 285f., S. 315, Ziff. 3.1, der diese Massnahme im Zusammenhang mit dem Baugläubigerschutz empfiehlt.

§ 31 Zum fehlenden Einfluss des Kreditgebers auf die Bauvollendung im besondern

I   Konkretisierung der Risiken

Ohne besondere Abrede hat die baukreditgebende Bank keine Handhabe, um gegenüber dem Kreditnehmer die Bauvollendung zu erzwingen[920]. Ebensowenig kann sie dies ohne weiteres in einem Zwangsvollstreckungsverfahren durchsetzen[921].

Denkbar ist immerhin, dass sich aus dem öffentlichen Baurecht eine Vollendungspflicht ergibt. Zu erwähnen ist etwa § 328 PBG/ZH, wonach die Bauvollendung von der zuständigen Baubehörde befohlen werden kann, wenn die Bauarbeiten längere Zeit unterbrochen werden. Kommt der Bauherr diesem Befehl nicht nach, kann unter anderem eine Fertigstellung durch Ersatzvornahme angeordnet werden, wobei die Kosten dieser Massnahmen zu Lasten des Grundeigentümers gehen. Ist dieser aber zahlungsunfähig, dürften die zuständigen Behörden von ihrem Recht zur Fertigstellung mittels Ersatzvornahme wohl nur zurückhaltend Gebrauch machen[922].
Möglich ist immerhin, dass die baukreditgebende Bank die Mittel zur Verfügung stellt, insbesondere, wenn dadurch eine - im Rahmen von § 328 PBG/ZH ebenfalls mögliche - Einebnung der bereits erstellten Bauteile verhindert werden kann oder die derart finanzierte Bauvollendung immer noch günstiger kommt als eine Pfandverwertung vor Abschluss der Bauarbeiten. Bis zur rechtskräftigen Anordnung einer solchen Massnahme kann jedoch ebenfalls sehr viel Zeit verstreichen, mit den damit verbundenen Nachteilen für die Bank.

Zur Verminderung des entsprechenden Verlustrisikos[923] bleibt die baukreditgebende Bank darauf angewiesen, das Objekt bei einer von ihr selbst oder von dritter Seite bewirkten Zwangsverwertung zu erwerben und die Bauarbeiten in eigener Regie zu Ende zu führen. Ungünstig sind dabei allerdings - von den zusätzlichen Kosten und grundsteuerlichen Nachteilen abgesehen - die Fristen, mit denen bis zu einer Verwertung gerechnet werden muss[924]. Ein Baustillstand während dieser Zeit kann zu einer massiven Entwertung der bisher gebauten Anlagen führen.

---

920   Zu solchen «Baufertigstellungsrisiken» vgl. auch etwa *Jaschinski*, S. 190; *Goedecke/ Kerl*, S. 67.

921   Zur Fortführung der Bauarbeiten während eines Zwangsvollstreckungsverfahrens vgl. insbesondere vorne S. 174f.

922   Zu beachten ist insbesondere, dass gemäss § 197 lit. c EGZGB/ZH für die Kosten einer solchen Ersatzvornahme lediglich ein Anspruch auf Errichtung eines Grundpfandrechtes besteht, d.h. die Gemeinde hat - da Art. 972 ZGB zur Anwendung kommt - kein Rangprivileg und tritt mit ihrem Pfandrecht sogar hinter die baukreditgebende Bank zurück.

923   Vgl. dazu im einzelnen die Beispiele vorne S. 172ff.

924   Vgl. dazu vorne S. 172f.

Namentlich bei Objekten, welche - da etwa das Dach und die Fenster fehlen - ungeschützt der Witterung ausgesetzt sind, kann ein längerer Baustillstand sogar verheerende Folgen haben und ist deshalb wenn immer möglich zu vermeiden[925]. Ebenso kann eine Wiederaufnahme der Bauarbeiten nach einem längeren Unterbruch erhebliche Umtriebe und Zusatzkosten verursachen. Schliesslich werden in dieser Zeit weitere Zinsen fällig, die bei einer Fortsetzung der Bauarbeiten ohne Unterbruch nicht anfallen würden und deren Wiedererlangung ohnehin fraglich ist.

II Schutzmassnahmen

A Schutz durch Vereinbarung entsprechender Punkte im Baukreditvertrag

AA Recht der baukreditgebenden Bank zur selbständigen Bauvollendung

Denkbar ist, dass sich die baukreditgebende Bank im Baukreditvertrag das Recht ausbedingt, die Fertigstellung der Baute unter Ausnützung der noch offenen Kreditlimite oder gegebenenfalls bloss auf eigene Rechnung vornehmen zu können, sobald der Kreditnehmer infolge Zahlungsunfähigkeit oder aus anderen Gründen nicht mehr fähig oder willens ist, den Bau selbst weiterzuführen. Zu verlangen hat die Bank zudem, dass die entsprechenden Weisungsrechte aus den Architekten-, Ingenieur-, General- bzw. Totalunternehmerverträgen auf sie übergehen und auch die Pläne zur Verfügung zu stellen sind. Eine solche Abrede kann durchaus uno actu zusammen mit dem Baukreditvertrag in derselben Urkunde getroffen werden. Das entsprechende Recht lässt sich auch mittels Klage vor Gericht geltend machen[926]. Im Zangsvollstreckungsverfahren dürfte sich jedoch das - bloss obligatorisch wirkende - Recht kaum gegenüber einem anderslautenden Entscheid der Behörde, welche das Grundstück verwaltet, durchsetzen lassen[927].

---

925   Zu den möglichen Ursachen für einen Wertverlust bereits gebauter Anlagen vgl. insbes. hinten
S. 216. Immerhin kann die Bank bei einem Bauunterbruch gegebenenfalls gestützt auf Art. 810
Abs. 2 ZGB entsprechende Schutzmassnahmen veranlassen. Für diese Aufwendungen geniesst
sie ein privilegiertes Pfandrecht. Vgl. dazu hinten S. 226f. Denkbar ist sodann, dass im Rahmen
eines Zwangsvollstreckungsverfahrens die für die Verwaltung des Grundstücks zuständige Behörde entsprechende Massnahmen veranlasst, vgl. dazu vorne S. 174f. sowie hinten S. 280.

926   Zu verlangen ist etwa, dass der Kreditnehmer bzw. Grundeigentümer unter Androhung einer
Bestrafung nach Art. 292 StGB zu verpflichten ist, Handlungen, welche eine entsprechende Bauvollendung verhindern, zu unterlassen. Das entsprechende Rechtsbegehren bzw. das Urteilsdispositiv sollte allerdings die einzelnen Pflichten des Kreditnehmers genau spezifizieren.

927   Zu bezweifeln ist insbesondere, dass das Recht, den Bau weiterzuführen, als Dienstbarkeit i.S.
von Art. 781 ZGB ausgestaltet und ins Grundbuch eingetragen werden kann (Art. 781 Abs. 1
ZGB i.V. mit Art. 731 Abs. 1 ZGB). Da nur eine einmalige Rechtsausübung geschützt werden
soll, dürfte jedenfalls kaum ein entsprechender Grundbucheintrag bewilligt werden, vgl. dazu
etwa Rey, Grunddienstbarkeiten, Art. 730 N 50; Liver, Grunddienstbarkeiten, Art. 730 N 91.

Dennoch geht der durch diese Abrede mögliche Eingriff des Kreditgebers in die Rechte des Kreditnehmers ausgesprochen weit, und es ist fraglich, ob sich in der Praxis solche Vereinbarungen durchzusetzen vermögen. Umgekehrt vermindert sich dadurch das Risiko der baukreditgebenden Bank erheblich, so dass namentlich bei ungünstigen Marktverhältnissen eine solche Abrede durchaus angezeigt sein kann. Um jedenfalls eine über den Schutzzweck dieser Vereinbarung hinausgehende Bindung des Kreditnehmers zu verhindern, sollte dieser indessen die Möglichkeit haben, dieses Recht durch ordnungsgemässe Kündigung des Baukreditvertrages und durch Bezahlung der Kreditforderung und des bis zum Ablauf der Kündigungsfrist geschuldeten Zinses hinfällig werden zu lassen. Ausserdem ist dieses Recht in jedem Fall nur so auszugestalten, dass es spätestens bei der Vollendung der Bauarbeiten seine Gültigkeit verliert.

BB   Genehmigungspflicht für Veräusserungen während der Bauarbeiten

Um die Veräusserung an einen Käufer zu verhindern, der das Grundstück anderweitig nutzen und insbesondere den Bau nicht vollenden will, kann sich die baukreditgebende Bank ein Mitspracherecht bei allfälligen Veräusserungen ausbedingen. Gemäss Art. 959 und 960 ZGB - e contrario - kann ein entsprechendes Recht jedoch nicht im Grundbuch vorgemerkt werden[928]. Die Abrede hat somit nur eine beschränkte Schutzwirkung: Verkauft der Kreditnehmer das Grundstück gegen den Willen der Bank, wird er höchstens schadenersatzpflichtig. Die Bank dürfte aber nur gerade dann einen Schaden erleiden, wenn der Kreditnehmer zahlungsunfähig wird. In diesem Fall ist aber auch nicht damit zu rechnen, dass Schadenersatz geleistet wird.

CC   Vorkaufsrecht[929]

Hat die baukreditgebende Bank ein Vorkaufsrecht am Baugrundstück, kann sie das Objekt bei einem allfälligen Verkauf an einen Käufer, der die Bauarbeiten nicht weiterführen will, an sich ziehen und - soweit ihr das Recht zur selbständigen Bauvollendung zusteht - den Bau selbst vollenden. Das Recht kann auch im Grundbuch vorgemerkt und dadurch mit dinglicher Wirkung ausgestattet werden (Art. 681 ZGB i.V. mit Art. 959 ZGB)[930] .

---

928   Vgl. dazu *Homberger*, Art. 959 N 4; *Ostertag*, Art. 959 N 1. Insbes. kann ein Veräusserungsverbot auch nicht als Dienstbarkeit ausgestaltet werden, vgl. dazu etwa *Liver*, Grunddienstbarkeiten, Art. 730 N 140f.

929   Vgl. dazu im einzelnen etwa *Oser/ Schönenberger*, Art. 216 N 17ff.; *Becker*, Art. 216 N 9ff.; *Tuor/ Schnyder/ Schmid*, S. 714f.; *Guhl/ Merz/ Koller*, S. 318ff.; *Meier-Hayoz*, Grundeigentum, Art. 681 N 41ff.; *Haab/ Simonius/ Scherrer/ Zobl*, Art. 681 N 1ff.; *Homberger*, Art. 959 N 34ff.; *Ostertag*, Art. 959 N 26ff.; *Cavin*, S. 156ff.

930   Vgl. dazu im einzelnen *Meier-Hayoz*, Art. 681 N 50ff.; *Haab/ Simonius/ Scherrer/ Zobl*, Art. 681 N 29, N 50; *Homberger*, Art. 959 N 34ff.; *Ostertag*, Art. 959 N 26ff.; *Cavin*, S. 158; *Guhl/ Merz/ Koller*, S. 320f.; *Tuor/ Schnyder/ Schmid*, S. 717.

Gemäss Art. 216 Abs. 3 OR genügt für die Begründung des Vorkaufsrechts ohne festen Preis ein schriftlicher Vertrag. Eine entsprechende Abrede kann also uno actu zusammen mit dem Baukreditvertrag in derselben Urkunde getroffen werden. Bei der Zwangsverwertung kann das betreffende Recht indessen nicht ausgeübt werden (Art. 51 VZG). Um eine über den Schutzzweck dieser Vereinbarung hinausgehende Bindung des Kreditnehmers zu verhindern, muss dieser wiederum die Möglichkeit haben, das Vorkaufsrecht durch ordnungsgemässe Kündigung des Baukreditvertrages und Bezahlung der Kreditforderung abzulösen. Ausserdem ist dieses Recht in jedem Fall nur so zu gestalten, dass es spätestens bei der Vollendung der Bauarbeiten seine Gültigkeit verliert[931]. Auch dieser Eingriff in die Rechte des Kreditnehmers geht indessen bereits sehr weit.

B Weitere Schutzmassnahmen

AA Kaufsrecht[932]

Hat die baukreditgebende Bank ein Kaufsrecht am Baugrundstück, kann sie für den Fall, dass die Bauarbeiten nicht mehr weitergeführt werden, das Objekt übernehmen und - wenn ihr auch das Recht zur selbständigen Bauvollendung zusteht - den Bau selbständig vollenden. Insbesondere muss sie nicht warten, bis das Bauobjekt verwertet wird. Das Kaufsrecht kann wiederum im Grundbuch vorgemerkt werden (Art. 683 ZGB i.V. mit Art. 959 ZGB)[933]. Der Vertrag über dessen Errichtung ist allerdings öffentlich zu beurkunden (Art. 216 Abs. 2 OR) und kann somit nicht mit dem Baukreditvertrag uno actu abgeschlossen werden.

---

931 Zur Möglickeit, die Vorkaufsabrede zu befristen bzw. mit Bedingungen zu versehen, vgl. etwa *Oser/ Schönenberger*, Art. 216 N 26; *Meier-Hayoz*, Grundeigentum, Art. 681 N 64, N 311ff.; *Haab/ Simonius/ Scherrer/ Zobl*, Art. 681 N 24, N 35; *Homberger*, Art. 959 N 8

932 Vgl. dazu im einzelnen etwa *Oser/ Schönenberger*, Art. 216 N 38f.; *Becker*, Art. 216 N 3; *Tuor/ Schnyder/ Schmid*, S. 716f.; *Guhl/ Merz/ Koller*, S. 318ff.; *Meier-Hayoz*, Grundeigentum, Art. 683 N 16ff., N 31ff.; *Haab/ Simonius/ Scherrer/ Zobl*, Art. 683 N 1ff.; *Homberger*, Art. 959 N 27ff.; *Ostertag*, Art. 959 N 37ff.; *Cavin*, S. 153f.

933 Vgl. dazu im einzelnen *Meier-Hayoz*, Art. 683 N 55f.; *Haab/ Simonius/ Scherrer/ Zobl*, Art. 683 N 2; *Homberger*, Art. 959 N 28ff.; *Ostertag*, Art. 959 N 37ff.; *Guhl/ Merz/ Koller*, S. 320f.; *Tuor/ Schnyder/ Schmid*, S. 717.

Im übrigen gilt auch hier, dass eine über den Schutzzweck dieser Vereinbarung hinausgehende Bindung des Kreditnehmers vermieden werden sollte[934] und dieser deshalb die Möglichkeit haben muss, das Kaufsrecht durch ordnungsgemässe Kündigung des Baukreditvertrages und Erstattung der Kreditforderung sowie der bis zum Ablauf der Kündigungsfrist geschuldeten Zinsen abzulösen. Ausserdem ist dieses Recht in jedem Fall so zu gestalten, dass es nur bei einer Einstellung der Bauarbeiten wirksam ist und spätestens bei deren Vollendung seine Gültigkeit verliert[935]. Auch dieses Recht greift allerdings massiv in die Sphäre des Kreditnehmers ein, und es ist fraglich, ob sich in der Praxis solche Lösungen durchzusetzen vermögen.

BB Selbständiger Abschluss einer Versicherung

Denkbar ist, dass sich die baukreditgebende Bank für den Fall einer Einstellung der Bauarbeiten selbständig versichert[936].

CC Überprüfung der Vertrauenswürdigkeit und Bonität des Kreditnehmers

Namentlich in rezessiven Zeiten, wo ein unvollendetes Bauvorhaben oftmals nicht oder nicht sinnvoll verwertet werden kann, kann es entscheidend darauf ankommen, dass die Verhältnisse des Kreditnehmers Gewähr dafür bieten, dass es nicht zu einer vorzeitigen Einstellung der Bauarbeiten kommt und das Vorhaben auch wirklich vollendet wird.

---

934 Als Übernahmepreis ist sinnvollerweise der Verkehrs- bzw. Liquidationswert vorzusehen. Dieser Preis sollte insbes. auch dann gelten, wenn die Summe des Grundstückswertes (Landwert plus Wert vorbestehender Bauten) und der effektiv aufgelaufenen Kosten über diesem Betrag liegt. Die Bank hätte es ja ohnehin in der Hand, das Objekt auf dem Wege der Zwangsvollstreckung verwerten zu lassen und auf der entsprechenden Versteigerung zum angemessenen Preis zu erwerben.

935 Zur Möglichkeit, die entsprechende Abrede zu befristen bzw. mit Bedingungen zu versehen, vgl. etwa *Meier-Hayoz*, Grundeigentum, Art. 683 N 40ff.; *Homberger*, Art. 959 N 8.

936 Gerade bei ungünstigen Marktverhältnissen könnten durch eine solche Massnahme erhebliche Risiken überbrückt werden. Umgekehrt schmälern die entsprechenden Prämien natürlich den Gewinn aus dem Baukreditgeschäft. Lohnen dürfte sich eine solche Versicherung deshalb wohl nur bei grösseren Bauvorhaben mit genügend grossem Zinsaufkommen und der Aussicht auf ein längerfristiges, einträgliches Engagement der Bank. Denkbar ist allerdings auch, dass die Prämien für eine solche Versicherung zumindest teilweise dem Kreditnehmer belastet werden oder dass ein ganzes Baufinanzierungsportefeuille pauschal versichert wird.

1B Marktbedingte Unterdeckung

§ 32 Einfluss der Marktfaktoren im allgemeinen

I Entstehung der Unterdeckung

Die Kreditdeckung hängt entscheidend von den Verhältnissen auf dem Immobilienmarkt ab, d.h. vom Wert, den der Markt dem durch den Baukredit finanzierten Bauobjekt zumisst. Dadurch ergibt sich ein marktbedingtes Unterdeckungsrisiko[937]. Namentlich sind für das Bauobjekt - im Gegensatz etwa zur Situation beim Kauf bereits bestehender Objekte - gerade keine Markterfahrungen vorhanden. Zudem kann sich der Immobilienmarkt bereits in der Zeitspanne zwischen dem Abschluss des Baukreditvertrages und der Vollendung der Bauarbeiten verändern. Sinkt die Nachfrage oder bestehen Überkapazitäten, dürfte überdies der Verkehrs- bzw. Liquidationswert von im Bau befindlichen Objekten sogar weit stärker sinken als der entsprechende Wert fertiggestellter Bauten. Gegebenenfalls sind solche Objekte sogar überhaupt nicht verwertbar und müssen deshalb zuerst fertiggestellt werden [938].

II Konkretisierung der Risiken

Auch hier lässt sich das Risiko einer Unterdeckung am besten aufgrund eines Beispieles illustrieren:

Angenommen, im bereits erwähnten Beispiel[939] führt eine gesunkene Nachfrage zu einer lediglich partiellen Vermietbarkeit des fertiggestellten Bauobjektes. Da damit der Ertragswert und deshalb auch der Verkehrs- bzw. Liquidationswert des Objektes (inkl. Land) nurmehr Fr. 8'000'000.-- beträgt, ist die voll ausgeschöpfte Baukreditlimite nicht mehr vollumfänglich gedeckt. Unmittelbar nach Abschluss der Bauarbeiten wird der Kreditnehmer zahlungsunfähig. Leitet die Bank eine Betreibung auf Grundpfandverwertung ein[940], muss bis zur Veräusserung des Grundstücks wiederum mit längeren Fristen[941] gerechnet werden.

---

937 Vgl. dazu etwa die Ausführungen bei *Lötscher*, S. 170.

938 Vgl. dazu etwa *Bürgi*, S. 173. Diese spezifischen Marktrisiken für unvollendete Bauvorhaben wurden bereits vorstehend behandelt und werden deshalb hier nicht mehr weiter erörtert.

939 Vgl. dazu vorne S. 172: Verkehrs- bzw. Liquidationswert des Landes Fr. 1'000'000.--, auf dem bereits ein Grundpfand (Maximalhypotek) in der Höhe von Fr. 750'000.-- lastet. Baukosten Fr. 9'000'000.--. Zinskosten Fr. 750'000.--. Eigenkapital Fr. 1'500'000.--. Baukreditlimite Fr. 8'250'000.--. Geplanter Verkehrs- bzw. Liquidationswert des Objektes nach Bauvollendung (inkl. Land) Fr. 12'000'000.--.

940 Gegebenenfalls muss der Kreditgeber allerdings zuerst den Schuldbrief durch Selbsteintritt oder - nach Durchführung einer Betreibung auf Pfandverwertung - bei der Zwangsversteigerung erwerben. Vgl. dazu vorne S. 173. Zur weiteren Konkretisierung des Verlustrisikos im Falle einer Zwangsvollstreckung vgl. hinten S. 271ff.

941 Vgl. dazu vorne S. 172f.

Immerhin übersteigen die Mietzinseinnahmen geringfügig die Baukreditzinsen. Soweit die Mietzinseinnahmen gemäss Art. 806 Abs. 1 ZGB seit Anhebung der Betreibung mithaften[942], sind deshalb die weiterlaufenden Baukreditzinsen gedeckt. Die Verwertung ergibt einen Erlös von Fr. 8'000'000.--. Soweit auf die durch die vorgehende Maximalhypothek gesicherte, fällige Forderung Fr. 600'000.-- entfallen, erleidet die Bank einen Ausfall im Umfang von mindestens Fr. 850'000.-- plus den ihr nicht zufallenden Abzügen vom Verwertungserlös[943] plus denjenigen Zinsen, welche nicht durch die Mietzinseinnahmen gedeckt werden[944].

III Schutzmassnahmen

A Übersicht

Die konjunkturell bedingten Marktrisiken lassen sich grundsätzlich etwa durch zurückhaltendere Kreditvergaben bei schlechten Marktprognosen vermindern. Indessen sind auch im Rahmen einer einzelnen Kreditvergabe Schutzmassnahmen denkbar, um den mit einem Preiszerfall zusammenhängende Risiken zu begegnen:

B Schutz durch Vereinbarung entsprechender Punkte im Baukreditvertrag

AA Abrede betreffend nachträgliche Einforderung von Zusatzsicherheiten

Denkbar ist, dass sich die baukreditgebende Bank im Baukreditvertrag - oder gegebenenfalls im Pfandvertrag[945] - das Recht einräumen lässt, im Falle einer Unterdeckung jederzeit Zusatzsicherheiten zu verlangen. Indessen dürfte die Realvollstreckung einer solchen Abrede nicht unproblematisch sein. Zudem wird es namentlich während der Bauarbeiten nur mit Schwierigkeiten möglich sein, das genaue Ausmass der Unterdeckung zu ermitteln. Hinzu kommt, dass der Kreditnehmer zum Zeitpunkt, da die Unterdeckung bzw. das Verlustrisiko augenscheinlich werden, oftmals gerade nicht mehr in der Lage ist, entsprechende Sicherheiten beizubringen.

---

942   Vgl. dazu im einzelnen vorne S. 138, S. 145f. und S. 152.

943   Zu den Steuern vgl. vorne S. 167. Zu weiteren Abzügen vgl. Art. 157 Abs. 1 SchKG, Art. 46 VZG.

944   Einen Zusatzverlust erleidet die Bank ausserdem im Umfang der von ihr vorgeschossenen Betreibungskosten sowie infolge weiterer Kosten, die das ganze Verfahren mit sich bringt.

945   Zu den entsprechenden Klauseln in den standardisierten Faustpfandverträgen vgl. etwa *Zobl*, Fahrnispfand, Art. 884 N 412; *Oftinger/ Bär*, Art. 884 N 108. Vgl. dazu auch vorne S. 147.

BB   Recht zur Kündigung/ Leistungsverweigerung bei sich abzeichnendem Preiszerfall

Soweit vereinbart wird, dass die baukreditgebende Bank bei einem sinkenden Wert der Kreditsicherheit den Kreditvertrag kündigen kann oder zumindest von ihrer Pflicht zur weiteren Freigabe von Kreditmitteln befreit wird, kann sie verhindern, dass die - ungedeckte - Forderung noch weiter anwächst.

Allerdings sind diese Abreden nicht unproblematisch, dürfte es doch schwierig sein, zu bestimmen, was als «Preiszerfall» zu gelten habe. Ausserdem ist es bei schwierigen Marktverhältnissen für die Kreditdeckung in der Regel gerade günstiger, wenn das angefangene Bauvorhaben vollendet wird und zu diesem Zweck genügend Mittel zur Verfügung stehn. In jedem Fall sollte der Kreditnehmer die Möglichkeit haben, die Ausübung dieser Rechte durch Stellung von Zusatzsicherheiten zu verhindern.

CC   Recht zur Mitwirkung bei der Promotion des Bauvorhabens

Soweit sich die baukreditgebende Bank das Recht ausbedingt, bei der Promotion des Bauvorhabens mitzuwirken, kann sie unmittelbar Einfluss nehmen auf die Vermietung oder Veräusserung von - nicht vom Kreditnehmer selbst genutzten - Bauvorhaben und damit gegebenenfalls die Kreditdeckung entscheidend verbessern.

Denkbar ist auch, dass die Mitwirkung bei der Promotion auf treuhänderisch beigezogene Gewährsleute übertragen wird[946].

C   Weitere Schutzmassnahmen

AA   Massnahmen zur Optimierung des Deckungsbedarfes

In Frage kommen die bereits im Zusammenhang mit der strukturell bedingten Unterdeckung aufgeführten Massnahmen, d.h. die von Anfang an zugunsten des Baukredites einverlangten Zusatzsicherheiten oder die Beschränkung der Kreditvergabe auf Projekte mit möglichst hohem Anteil an Eigen- bzw. Drittkapital bzw. möglichst grossem Anteil des mithaftenden Land- bzw. Grundstückswertes[947]. Diese allgemein zur Vermeidung von Unterdeckungsrisiken nützlichen Massnahmen haben in der Praxis gerade bei unsicheren Marktverhältnissen eine besondere Bedeutung, weshalb sie hier gesondert aufgeführt werden. Insbesondere bei schwierigen Marktverhältnissen zeigt sich beispielsweise die Tendenz der Banken, für kleinere Projekte den geforderten Anteil des Eigen- bzw. Drittkapitals erheblich zu erhöhen.

---

946   Vgl. dazu etwa *Stettler*, Risikoprämien, S. 52.
947   Vgl. dazu im einzelnen vorne S. 182.

BB   Überprüfung des Bauprojektes

Eine entscheidende Bedeutung kommt der Überprüfung des Bauvorhabens zu. Namentlich trifft auch ein Preiszerfall auf dem Immobilienmarkt nicht alle Liegenschaften gleichermassen. Durch Ermittlung und Gewichtung der - konjukturabhängigen und konjunkturneutraleren - wertbestimmenden Faktoren des Projektes (etwa Preis, Lage, Qualität) lässt sich gegebenenfalls die Abhängigkeit der Kreditdeckung von Marktschwankungen abschätzen. Zudem kann sich auch zeigen, dass das Projekt zu optimieren ist (Einsparungen, Verbesserung der Qualität, grössere Nutzungsvarianz). Wo die Überprüfung zu einer ungünstigen Prognose führt, ist von der Kreditgewährung abzusehen oder es sind entsprechende Zusatzsicherheiten zu verlangen [948].

CC   Marktanalysen

Durch Marktanalysen können Entwicklungen der Nachfrage und der Immobilienkapazitäten besser abgeschätzt werden.

DD   Kreditvergabe nur für bereits vermietete oder verkaufte Bauobjekte

Liegen bei Bauvorhaben, welche der Kreditnehmer nicht selbst nutzen will, bereits bei Abschluss des Kreditvertrages langfristige Mietverträge oder Kaufverträge (sog. Kauf nach Plänen) mit bonitätsmässig einwandfreien Mietern bzw. Käufern vor, ist auch die Kreditdeckung konjunkturresistenter[949].

---

948   Vgl. dazu auch ausführlich *Stettler*, Risikoprämien, S. 52f.
949   Vgl. dazu etwa *Stettler*, Risikoprämien, S. 52f.

§ 33 Fehlende Marktkonformität des Bauobjektes im besondern

I Entstehung der Unterdeckung

Ergibt sich, dass für das Bauobjekt aufgrund seiner spezifischen Eigenschaften nur eine geringe Nachfrage besteht, ist dessen Verkehrs- und Liquidationswert entsprechend tief. Als Gründe für die fehlende Marktkonformität kommen etwa in Frage:

- Nicht der Marktlage entsprechende, zu hohe Baukosten
- Ungünstige Lage, z.B.
  - zu grosse Distanzen zu bestimmten Institutionen, Zentren oder Verkehrsanlagen
  - Mängel hinsichtlich Aussicht, Besonnung
  - Immissionen (Verkehrslärm, Luftschadstoffe)
  - hohe Steuerbelastung und andere ungünstige gesetzliche Rahmenbedingungen
  - Mängel hinsichtlich Erschliessung
  - schlecher «Ruf» eines Gebietes
- Nicht den Bedürfnissen entsprechende Konzeption der Baute, z.B.
  - nicht der Lage bzw. dem budgetierten Preis entsprechender Ausbaugrad/ Komfort
  - fehlende gestalterische Qualitäten
- Beschränkte Nutzungsmöglichkeiten

II Konkretisierung der Risiken

A *Verlustrisiko bei einer Verwertung des unveränderten Bauobjektes*

Angenommen, im bereits erwähnten Beispiel[950] führt der Konkurs des Bauherrn unmittelbar nach Abschluss der Bauarbeiten (bei vollständig ausgeschöpfter Baukreditlimite) dazu, dass eine ursprünglich vorgesehene Nutzung der Baute (Privatschule) nicht mehr in Frage kommt und sich auch kein Käufer für eine analoge Nutzung findet. Erbringt eine Verwertung des Objektes z.B. einen Erlös von nur gerade Fr. 7'000'000.-- und entfallen auf die durch die vorgehende Maximalhypothek gesicherte, fällige Forderung Fr. 600'000.--, erleidet die Bank einen Ausfall von mindestens Fr. 1'850'000.-- plus den ihr nicht zufallenden Abzügen vom Verwertungserlös[951] plus zusätzlich aufgelaufenen Zinsen. Ergibt sich aus dem Konkurs auch sonst kein Erlös, erleidet die Bank einen entsprechenden Verlust.

---

950 Vgl. dazu vorne S. 172: Verkehrs- bzw. Liquidationswert des Landes Fr. 1'000'000.--, auf dem bereits ein Grundpfand (Maximalhypothek) in der Höhe von Fr. 750'000.-- lastet. Baukosten Fr. 9'000'000.--. Zinskosten Fr. 750'000.--. Eigenkapital Fr. 1'500'000.--. Baukreditlimite Fr. 8'250'000.--, gesichert durch eine Maximalhypothek von 9'000'000.--. Geplanter Verkehrsbzw. Liquidationswert des Objektes nach Bauvollendung (inkl. Land) Fr. 12'000'000.--.
951 Zu den Steuern vgl. vorne S. 167. Zu weiteren Abzügen vgl. Art. 262 Abs. 2 SchKG.

B   *Verlustrisiko bei der Bevorschussung von Massnahmen zur Umnutzung des Bauobjekts durch die baukreditgebende Bank*

Unter der Annahme, dass der Umbau des Gebäudes in eine Bürobaute Fr. 2'000'000.-- kostet, ergäbe sich nach Abschluss der Bauarbeiten ein Deckungsbedarf für Fr. 8'250'000.-- plus Fr. 2'000'000.-- = Fr. 10'250'000.-- plus die entsprechenden Zinsen, dem - soweit sich durch die bessere Vermietbarkeit ein entsprechend höherer Verkehrs- bzw. Liquidationswert ergibt - ein Erlös von Fr. 12'000'000.-- (abzüglich der durch das vorgehende Pfandrecht gesicherten Forderung sowie weiterer Kosten, namentlich abzüglich der Kosten gemäss Art. 262 Abs. 2 SchKG, sofern die Verwertung im Rahmen des Konkursverfahrens erfolgt) gegenübersteht. Damit dürfte die Bank - sollte sie die Mittel für die Umnutzung vorschiessen und haftet der Erlös auch für diese Kosten und die zusätzlichen Zinsen[952], keinen oder nur einen geringen Verlust erleiden.

C   *Verlustrisiko beim Erwerb und der Durchführung von Massnahmen zur Umnutzung des Bauobjektes durch die baukreditgebende Bank*

Erwirbt die Bank das Objekt zum Zuschlagspreis von Fr. 7'000'000.--, kann - unter Berücksichtigung der gegebenenfalls von der Bank zu leistenden Steuern[953], der Abzüge vom Verwertungserlös bzw. der mit dem Erwerb verbundenen Gebühren und Aufwendungen (geschätzter Maximalbetrag Fr. 160'000.--)[954] - von folgendem Maximaleinsatz ausgegangen werden: Fr. 8'250'000.-- (bisherige Kreditforderung bzw. für den Kauf eingesetzte Mittel plus bisheriger Zins), Fr. 600'000.-- zur Tilgung der durch das vorgehende Pfandrecht gesicherten Forderung, Fr. 160'000.-- (weiterer Aufwand), d.h. Fr. 9'010'000.-- plus zusätzliche Zinsen auf den eingesetzten Mitteln bis zum Erwerb. Bei einem Zusatzaufwand von Fr. 2'000'000.-- für die Umnutzung ergibt sich somit ein Gesamtaufwand von mindestens Fr. 11'010'000.-- plus entsprechenden Zinsen.
Kann das Objekt für Fr. 12'000'000.-- veräussert werden, dürfte dieser Erlös - nach Abzug der mit dem Verkauf verbundenen Kosten und Steuern[955] - die insgesamt eingesetzten Mittel und aufgelaufenen Zinsen decken oder der Verlust der Bank ist in jedem Fall nur sehr gering sein.

---

952   Ob eine solche Umnutzung bzw. Mitbeteiligung der Bank in Frage kommt, hängt indessen von den entsprechenden Beschlüssen im Konkursverfahren ab, vgl. dazu *Bürgi*, S. 173, sowie vorne S. 175. Dasselbe gilt hinsichtlich der Haftung des Erlöses für die vorgeschossenen Kosten und zusätzlichen Zinsen, soweit das Pfandrecht des Kreditgebers überschritten wird.

953   Vgl. dazu insbes. auch schon vorne S. 167.

954   Zu beachten ist, dass der Erlös - von den Abzügen abgesehen - der baukreditgebenden Bank wieder zufliesst (Art. 219 Abs. 1 SchKG). Der effektive Aufwand entspricht somit lediglich den der Bank nicht zufliessenden Abzügen und den weiteren von der Bank zu übernehmenden Kosten. Vgl. dazu schon vorne S. 173.

955   Zu beachten ist, dass beim Erwerb durch die Bank und beim nachmaligen Wiederverkauf zweimal die Kosten und die Steuern für die Handänderung anfallen. Wird das Objekt innert kurzer Zeit wieder verkauft, kann der Steuersatz zudem entsprechend höher sein. Vgl. dazu etwa für die Handänderungssteuer im Kanton Zürich § 182 StG/ZH. Soweit der Verkaufserlös die anrechenbaren Anlagekosten übersteigt, ist auch mit einer Grundstückgewinnsteuer zu rechnen.

D Einschränkung der Wahlmöglichkeiten

Da das Verlustrisiko der Bank bei einer Bevorschussung der Massnahmen zur Umnutzung oder bei einem Erwerb des Grundstücks und einer selbständigen Umnutzung in der Regel geringer ist, als bei einer Verwertung des unveränderten Bauobjektes, muss die Bank bei sich bietender Gelegenheit entsprechend intervenieren, sofern sie ihren Schaden möglichst gering halten möchte. Bei einer gedeckten Kreditforderung könnte sie dagegen ohne Verlustrisiko von einer solchen Massnahme absehen. Zu beachten ist indessen, dass sich einzelne Mängel - wie z.b. eine schlechte Lage des Bauobjektes - oftmals kaum durch Umnutzungsmassnahmen oder andere Veränderungen kompensieren lassen.

III Schutzmassnahmen[956]

A Schutz durch Vereinbarung entsprechender Punkte im Baukreditvertrag

AA Recht der baukreditgebenden Bank zur selbständigen Durchführung von Massnahmen zur Umnutzung des Bauobjektes

Denkbar ist, dass sich die baukreditgebende Bank im Baukreditvertrag das Recht ausbedingt, Massnahmen zur Umnutzung der Baute (z.B. Nutzungsänderung und/ oder architektonische Umgestaltung) unter Ausnützung der noch offenen Kreditlimite oder gegebenenfalls auf eigene Rechnung ergreifen zu können, sobald der Kreditnehmer infolge Zahlungsunfähigkeit oder aus anderen Gründen nicht mehr fähig oder willens ist, solche Massnahmen selbständig durchzuführen. Der durch diese Abrede mögliche Eingriff des Kreditgebers in die Rechte des Kreditnehmers geht allerdings sehr weit, und es ist fraglich, ob sich in der Praxis solche Vereinbarungen durchzusetzen vermögen[957].

BB Recht zur Mitwirkung bei der Promotion des Bauvorhabens

Soweit sich die baukreditgebende Bank das Recht ausbedingt, bei der Promotion des Bauvorhabens mitzuwirken, kann sie unmittelbar Einfluss nehmen auf die Vermietung oder Veräusserung von - nicht vom Kreditnehmer selbst genutzten - Bauvorhaben und damit gegebenenfalls die Kreditdeckung entscheidend verbessern.

---

956 Das Risiko der Unterdeckung lässt sich immer auch vermindern durch eine Optimierung des Deckungsbedarfes. Im einzelnen kommen die folgenden, bereits erwähnten Massnahmen in Frage: Möglichst hoher Anteil an Eigen- bzw. Drittkapital bzw. möglichst hoher Anteil des bereits vorhandenen, mithaftenden Grundstückswertes, vgl. dazu vorne S. 182; Zusatzsicherheiten, vgl. dazu vorne S. 182. Namentlich bei Bauvorhaben für spezifische Nutzungen mit geringer Nachfrage oder bei Vorhaben mit ungünstigen Standortfaktoren ist es besonders angezeigt, den Deckungsbedarf dem erhöhten Risiko anzupassen.

957 Vgl. dazu auch schon die Ausführungen zum Recht der Bank zur selbständigen Bauvollendung, vorne S. 189.

C Weitere Schutzmassnahmen

AA Überprüfung des Bauprojektes

Auch hier kommt der Überprüfung des Bauvorhabens eine entscheidende Bedeutung zu. Insbesondere sollte vor der Kreditvergabe gründlich abgeklärt werden, ob für die projektierte Baute auch eine entsprechende Nachfrage besteht. Bei Bauvorhaben mit spezifischer Nutzung dürfte es zudem sinnvoll sein, von Anfang an die Möglichkeit allfälliger Alternativnutzungen zu prüfen und gegebenenfalls solche zusätzlichen Nutzungsmöglichkeiten zur Bedingung für die Krediterteilung zu machen [958].

BB Marktanalysen

Durch Marktanalysen kann abgeklärt werden, ob für das Bauvorhaben überhaupt ein hinreichender Bedarf besteht.

CC Kreditvergabe nur für bereits vermietete oder verkaufte Bauobjekte

Liegen bei Bauvorhaben, welche der Kreditnehmer nicht selbst nutzen will, bereits bei Abschluss des Kreditvertrages langfristige Mietverträge oder Kaufverträge (sog. Kauf nach Plänen)[959] mit bonitätsmässig einwandfreien Mietern bzw. Käufern vor, vermindert sich ein allfälliges Risiko fehlender Marktkonformität. Zudem ist das Vorliegen entsprechender Verträge auch ein gewisser Beleg dafür, dass für das Bauvorhaben eine Nachfrage besteht.

DD Überprüfung der Bonität des Kreditnehmers

Vor allem bei selbstgenutzten Bauobjekten, die sich ohne Umgestaltung nur schlecht für Drittnutzungen eignen, bietet eine ausreichende Bonität des Kreditnehmers Gewähr dafür, dass die beabsichtigte Nutzung nicht infolge fehlender Mittel entfällt [960].

---

958 Vgl. dazu *Stettler*, Risikoprämien, S. 52f.
959 Zu beachten ist, dass entsprechende Vorausleistungen der Käufer sogar den Deckungsbedarf der Bank vermindern können. Vgl. dazu vorne S. 34 und hinten S. 266.
960 Vgl. dazu *Stettler*, Risikoprämien, S. 52f.

1C Substanzbezogene Tatbestände

§ 34 Minderwertige Bausubstanz

I   Entstehung der Unterdeckung

Wird ein Bauvorhaben mangelhaft oder mit minderwertigen Materialien ausgeführt, besteht das Risiko, dass der ursprünglich geplante Verkehrs- bzw. Liquidationswert des Bauobjektes nicht erreicht wird. Daraus kann eine Unterdeckung der Kreditforderung entstehen. Im einzelnen kann ein qualitativ minderwertiger Bauerfolg namentlich auf folgenden Ursachen beruhen:

- Falsche/ mangelhafte Planung
- Falsche Konstruktion
- Falsche Materialwahl
- Nichteinhalten von Weisungen/ Plänen
- Mangelhafte Bauarbeiten, insbesondere Verletzung der Regeln der Baukunst sowie unvollständige bzw. unsorgfältige Ausführung
- Einsparungen
- Änderungen des Bauprojektes, die zu einem gegenüber dem ursprünglichen Projekt minderwertigen Ergebnis führen

II   Konkretisierung der Risiken

Auch hier lässt sich das Risiko einer Unterdeckung am besten aufgrund eines Beispieles illustrieren:

> Angenommen, im bereits erwähnten Beispiel[961] führt eine fehlerhafte Konstruktion, kombiniert mit einer falschen Materialwahl, dazu, dass infolge einer reduzierten Tragkraft der Böden das Bauobjekt nicht in der ursprünglich vorgesehenen Weise genutzt werden kann. Die Kreditlimite wurde voll ausgeschöpft. Unmittelbar nach Abschluss der Bauarbeiten wird der Kreditnehmer zahlungsunfähig. Infolge der Mängel lässt sich das Gebäude während eines halben Jahres nicht vermieten.

---

961   Vgl. dazu vorne S. 172: Verkehrs- bzw. Liquidationswert des Landes Fr. 1'000'000.--, auf dem bereits ein Grundpfand (Maximalhypothek) in der Höhe von Fr. 750'000.-- lastet. Baukosten Fr. 9'000'000.-- Zinskosten Fr. 750'000.-- Eigenkapital Fr. 1'500'000.--, Baukreditlimite Fr. 8'250'000.--, gesichert durch eine Maximalhypothek von 9'000'000.--. Geplanter Verkehrs- bzw. Liquidationswert des Objektes nach Bauvollendung (inkl. Land) Fr. 12'000'000.--.

Leitet die Bank eine Betreibung auf Grundpfandverwertung ein[962], muss bis zur Veräusserung des Grundstücks wiederum mit längeren Fristen[963] gerechnet werden. Immerhin wird das Gebäude noch vor der Verwertung vermietet. Die Mietzinseinnahmen übersteigen jedoch nur geringfügig die für die Kreditforderung geschuldeten Zinsen. Wird für das Objekt ein Preis von Fr. 9'000'000.-- erzielt und entfallen auf die durch die vorgehende Maximalhypothek gesicherte, fällige Forderung Fr. 600'000.--, bleibt für die Bank ein Erlös von Fr. 8'400'000.-- abzüglich der ihr nicht zufallenden Abzüge vom Verwertungserlös[964]. Damit dürfte zwar die bis zur Bauvollendung aufgelaufene Kreditforderung und ein Teil der weiteren Zinsen gedeckt sein [965]. Soweit die während des Betreibungsverfahrens anfallenden Mietzinseinnahmen gestützt auf Art. 806 Abs. 1 ZGB mithaften[966], dürfte zudem ein Teil der weiter aufgelaufenen Kreditzinsen gedeckt sein. Ungedeckt dürfte aber zumindest ein Teil der während des halben Jahres aufgelaufenen Baukreditzinsen sein. In diesem Umfang erleidet die Bank somit einen Verlust. Hinzu kommt, dass bei ungünstigen Marktverhältnissen die Attraktivität eines mängelbehafteten Objektes besonders stark abnehmen kann. Sind damit die erzielbaren Mietzinsen und der Verwertungserlös entsprechend tiefer, ist der Verlust der Bank um so grösser.

III Schutzmassnahmen[967]

A Übersicht

Gegen mangelhafte Planung oder Ausführung des Bauprojektes können zwar durchaus präventive Massnahmen ergriffen werden. Zu beachten ist allerdings, dass ein nicht-optimaler Bauverlauf im wesentlichen vom Verhalten derjenigen Bauparteien abhängt, die nicht durch den Baukreditvertrag gebunden sind, was die Möglichkeiten der baukreditgebenden Bank zu einer wirksamen Prävention beschränkt. Aber auch für den Fall, dass Fehlleistungen bereits eingetreten sind, ist zu beachten, dass die Bank grundsätzlich nicht in einem Vertragsverhältnis zu den Verursachern steht und somit nur beschränkte Mittel in der Hand hat, um gegebenenfalls Nachbesserungen zu verlangen.

---

962 Gegebenenfalls muss der Kreditgeber allerdings zuerst den Schuldbrief durch Selbsteintritt oder - nach Durchführung einer Betreibung auf Pfandverwertung - bei der Zwangsversteigerung erwerben. Vgl. dazu vorne S. 173. Zur weiteren Konkretisierung des Verlustrisikos im Falle einer Zwangsvollstreckung vgl. hinten S. 271ff.

963 Vgl. dazu vorne S. 172f.

964 Zu den Steuern vgl. vorne S. 167. Zu weiteren Abzügen vgl. Art. 157 Abs. 1 SchKG, Art. 46 VZG.

965 Zu berücksichtigen wären noch die von der Bank vorgeschossenen Betreibungskosten sowie weitere Kosten, die das Verfahren mit sich bringt.

966 Vgl. dazu im einzelnen vorne S. 138, S. 145f. und S. 152.

967 Das Risiko der Unterdeckung lässt sich immer auch vermindern durch eine Optimierung des Deckungsbedarfes. Im einzelnen kommen die folgenden, bereits erwähnten Massnahmen in Frage: Möglichst hoher Anteil an Eigen- bzw. Drittkapital bzw. möglichst hoher Anteil des bereits vorhandenen, mithaftenden Grundstückswertes, vgl. dazu vorne S. 182; Vorabverwendung des Eigen- bzw. Drittkapitals, vgl. dazu vorne S. 176f.; Zusatzsicherheiten, vgl. dazu vorne S. 182.

Allerdings gibt es durchaus Mittel, wodurch sich die Bank gegen die geschilderten Risiken schützen kann. Im einzelnen kommen etwa folgende Massnahmen[968] in Frage:

B Schutz durch Vereinbarung entsprechender Punkte im Baukreditvertrag

AA Vorschriften bezüglich Bauausführung und Baumaterialien

Gelegentlich finden sich in Baukreditverträgen Vorschriften über die Bauausführung und die Baumaterialien. Insbesondere wird festgehalten, dass die Bauarbeiten fachgerecht auszuführen seien und nur einwandfreie Baumaterialien verwendet werden dürfen.

Dritte können durch solche Vereinbarungen nicht unmittelbar verpflichtet werden. Vielmehr sind solche Abreden in dem Sinne zu verstehen, dass der Kreditnehmer durch Ausübung seines Weisungsrechtes für eine optimale Baurealisierung zu sorgen hat (z.B. kann vom Kreditnehmer verlangt werden, dass er den Einbau bestimmter Materialien oder die Ausführung unsachgemässer Bauarbeiten verbietet). Die Ausübung des Weisungsrechtes kann auch durch Klage vor Gericht geltend gemacht werden[969]. Da in der Regel ein rasches Eingreifen erforderlich ist, kommt namentlich vorsorglichen Massnahmen eine besondere Bedeutung zu (z.B. Verfügung eines einstweiligen Baustopps)[970]. Denkbar ist ausserdem, dass im Einzelfall das Verfahren zur schnellen Handhabung klaren Rechts beschritten werden kann, sofern dies die jeweilige Prozessordnung vorsieht[971]. Möglich ist auch, dass die Freigabe weiterer Kreditmittel von einer optimalen Bauausführung abhängig gemacht wird.

---

968 Die weiter hinten S. 226f. noch eingehender behandelten pfandrechtlichen Behelfe gemäss Art. 808ff. ZGB bieten im hier zu diskutierenden Zusammenhang wohl nur einen marginalen Schutz. Insbes. setzen diese Behelfe voraus, dass bereits bestehende Substanz in ihrem Wert vermindert wird. Die ungenügende Ausführung von Bauarbeiten oder die Verwendung von minderwertigem Material führt aber keineswegs zwingend zu einer Wertverminderung.

969 Denkbar ist, dass die Bank gestützt auf Art. 98 Abs. 1 OR zur selbständigen Vornahme der betrefenden Weisungen ermächtigt würde. Unter Umständen kann aber sogar der richterliche Entscheid die entsprechenden Weisungen unmittelbar ersetzen. Zur Substitution einer fehlenden Willenserklärung durch ein Gerichtsurteil vgl. etwa *BGE* 97 II 48, insbes. S. 51f.; § 308 ZPO/ZH; *Vogel*, 7 N 18, S. 182, 15 N 41, S. 402f.; *Habscheid*, N 962f., S. 590; kritisch z.B. *Bucher*, S. 331.

970 Insbes. kann der Einbau von untauglichen Baumaterialien oder eine unsachgemässe Bauausführung als drohender, nicht leicht wiedergutzumachender Nachteil gewertet werden, wie dies beim Erlass vorsorglicher Massnahmen in der Regel vorausgesetzt wird. Vgl. dazu z.B. § 222 Ziff. 3 ZPO/ZH; *Vogel*, 12 N 209f., S. 330f.; *Habscheid*, N 619, S. 366f.

971 Vgl. dazu z.B. § 222 Ziff. 2 ZPO/ZH; *Vogel*, 12 N 173ff., S. 321f.; *Habscheid*, N 629, S. 374.

Zu beachten ist, dass die genannte Pflicht zu den Bauleitungspflichten gehört[972] und dass der Kreditnehmer, der einen Architekten oder Bauingenieur beizieht, gemäss Art. 1.5 SIA-Ordnung 102 (Ausgabe 1984) bzw. Art. 1.5 SIA-Ordnung 103 (Ausgabe 1984) seine Weisungsrechte zum grössten Teil an diese weiterdelegiert [973]. Da jedoch m.E. eine im Baukreditvertrag vereinbarte Verpflichtung des Kreditnehmers, für eine fachgerechte Bauausführung und die Verwendung einwandfreier Materialien zu sorgen, als - gleichsam als Nebenpflicht in den Baukreditvertrag integrierter - Auftrag oder aber zumindest als auftragsähnlich zu qualifizieren ist, erfolgt mit der Bestimmung einer Bauleitung eine Substitution i. S. von Art. 399 OR[974] und die Bank kann somit gestützt auf Art. 399 Abs. 3 OR direkt gegen die Bauleitung vorgehen [975].

Denkbar ist schliesslich sogar, dass der Kreditnehmer sämtliche Weisungsrechte gegenüber den am Bau beteiligten Parteien auf die baukreditgebende Bank mitüberträgt oder sie zumindest mit einer entsprechenden Vollmacht ausstattet[976]. Allerdings sind solche Abreden ziemlich weitgehend, und es dürfte fraglich sein, ob sie in der Praxis jemals getroffen werden.

BB Verpflichtung des Kreditnehmers zur Vornahme der dem Besteller obliegenden Mitwirkungshandlungen[977]

Damit der Bau gehörig ausgeführt werden kann, muss der Kreditnehmer selbst aktiv werden. In der Hauptsache hat er als Bauherr dafür zu sorgen, dass den Bauhandwerkern und Bauunternehmern rechtzeitig ein für die jeweiligen Arbeiten präpariertes Baugrundstück bzw. Bauobjekt zur Verfügung steht.

---

972 Vgl. dazu etwa Art. 4.4.4 SIA-Ordnung 102 (Ausgabe 1984), Art. 4.1.7, Art. 4.1.8, Art. 4.2.6, Art. 4.2.8.13 SIA-Ordnung 103 (Ausgabe 1984); daneben können Architekten und Ingenieure auch zur Baukontrolle beigezogen werden, ohne dass sie Bauleiter sind, vgl. dazu etwa Art. 4.1.11.31 SIA-Ordnung 103 (Ausgabe 1984); vgl. zum Ganzen auch *Schumacher*, Haftung, N 501ff., S. 160ff.; *Trümpy*, S. 79ff.; *Schaub*, S. 190ff., S. 198ff. Zur Qualitätskontrolle aus technischer Sicht vgl. etwa *Hasselmann*, S. 37ff., S. 63ff.

973 Zur genauen Bedeutung dieser Bestimmungen vgl. *Hess*, Kommentar SIA, Art. 1.5 N 1ff., insbes. N 4ff.: Gestützt auf Art. 34 Abs. 1 OR kann der Bauherr durchaus weiterhin selbständig Weisungen erteilen, wobei ihn die Obliegenheit trifft, in solchen Fällen den Architekten bzw. Ingenieur zu informieren. Zur Vertretungsmacht der Bauleitung im einzelnen vgl. insbes. auch Art. 33ff. SIA-Norm 118 (Ausgabe 1977/1991); *Gauch*, Bauleitung, S. 17ff. Zu den Verhältnissen beim Bauen mit einem Generalunternehmer vgl. *VSGU*, Allgemeine Bedingungen, B. 3.2 ff.; *Huber*, Generalunternehmervertrag, N 50ff.

974 Zum Begriff der Substitution und zur Abgrenzung gegen den blossen Beizug von Hilfspersonen vgl. vorne Anm. 556. Die dort erwähnten Kriterien dürften im hier diskutierten Zusammenhang in der Regel erfüllt sein.

975 Vgl. dazu schon vorne S. 180.

976 Denkbar wäre sogar, dass sich die baukreditgebende Bank das Recht ausbedingt, in bestimmten Fällen eine neue Bauleitung einzusetzen. Allerdings dürfte in der Praxis wohl kaum je ein Kreditnehmer seiner Bank derart weitgehende Kompetenzen einräumen.

977 Vgl. dazu im einzelnen *Gauch*, Werkvertrag, N 1328ff., S. 370ff.; *Pedrazzini*, S. 542f.; *Trümpy*, S. 53ff., S. 89ff.; *Schaub*, S. 196ff.; *Haag*, S. 97ff.

Ebenfalls muss er dafür besorgt sein, dass die Unternehmer, soweit sie das Baumaterial nicht selber liefern[978], rechtzeitig darüber verfügen können. Weitere Mitwirkungshandlungen finden sich etwa in SIA-Norm 118 (Ausgabe 1977/1991)[979]. Werden die entsprechenden Aktivitäten vom Kreditgeber bzw. von der von ihm eingesetzten Bauleitung unterlassen, kann es einerseits zu Bauverzögerungen und dadurch zu Zusatzkosten[980] kommen, andererseits aber auch zu Mängeln des Bauwerkes und somit zu einer minderwertigen Bausubstanz. Insbesondere kann das Unterlassen der genannten Aktivitäten aber ein Selbstverschulden des Kreditnehmers i.S. von Art. 369 OR bzw. Art. 166 Abs. 4 SIA-Norm 118 (Ausgabe 1977/1991) begründen, so dass entsprechende Gewährleistungsrechte[981] entfallen oder nur reduziert bestehen.

Die Bank hat somit ein Interesse daran, dass der Kreditnehmer die beschriebenen Tätigkeiten gehörig und rechtzeitig vornimmt. Möglich ist zwar, dass die Freigabe der Kreditmittel von der Vornahme der betreffenden Tätigkeiten abhängig gemacht wird, was vor allem zu Beginn der Buarbeiten Sinn machen kann. Denkbar ist indessen auch, dass der Kreditnehmer ausdrücklich im Baukreditvertrag zur Vornahme dieser Tätigkeiten bzw. zur Erteilung entsprechender Weisungen gegenüber der Bauleitung verpflichtet wird. Im Unterlassungsfall könnte die Bank die Erfüllung dieser Pflicht auch auf dem Rechtsweg durchsetzen[982]. Da in der Regel ein rasches Eingreifen erforderlich ist, macht dies jedoch nur Sinn, wenn dies im Verfahren zur schnellen Handhabung klaren Rechts möglich wäre[983]. Günstiger für die Bank wäre es deshalb, wenn sie selbst bzw. ein von ihr eingesetzter Treuhänder zur selbständigen Intervention berechtigt werden. Allerdings dürfte ein umfassendes Interventionsrecht in der Praxis wohl nur bei besonderen Projekten in Frage kommen.

---

978 Vgl. dazu etwa Art. 10 Abs. 3 SIA-Norm 118 (Ausgabe 1977/1991).

979 Z.B.:
Vorabklärungen und Bekanntgabe der entsprechenden Ergebnisse in den Ausschreibungsunterlagen (Art. 5).
Selbständige Übernahme der Bauleitung oder Einsetzung einer für den Bau geeigneten Bauleitung (Art. 33ff.).
Erteilung der zur Erreichung des Bauzieles notwendigen Weisungen oder Bezeichnung dafür zuständiger Personen (Art. 99).
Rechtzeitige Übermittlung gehöriger Ausführungsunterlagen an die einzelnen Unternehmer (Art. 94 und 100ff.).
Rechtzeitige Bekanntgabe von Bestellungsänderungen (Art. 85 Abs. 1).
Unterstützung der Unternehmer bei den von ihnen zu ergreifenden Sicherheitsmassnahmen (Art. 104, Art. 111 Abs. 2 und 3).
Organisation einer gehörigen Absteckung des Grundstückes (Art. 114).
Bereitstellung eines für die Ausführung der Bauarbeiten tauglichen Bauplatzes, inklusive Organisation der für den Bau notwendigen Wasser- und Energienutzungsrechte (Art. 91, Art. 116ff. und Art. 129ff.).

980 Vgl. dazu hinten S. 243ff. Vgl. auch Art. 97 SIA-Norm 118 (Ausgabe 1977/1991); *Gauch/Schumacher*, SIA 118, Art. 97 N 1 lit. b.

981 Vgl. dazu hinten S. 207f.

982 Denkbar ist insbes., dass der Kreditgeber das Recht zur Ersatzvornahme i.S. von Art. 98 Abs. 1 OR beantragt.

983 Vgl. dazu z.B. § 222 Ziff. 2 ZPO/ZH; *Vogel*, 12 N 173ff., S. 321f.; *Habscheid*, N 629, S. 374.

Soweit der Kreditnehmer die Pflicht zur Vornahme dieser Tätigkeiten auf Dritte weiter-
überträgt (namentlich auf den bauleitenden Architekten oder Bauingenieur), kann die Bank
m.E. wiederum gestützt auf Art. 399 Abs. 3 OR[984] direkt gegen diese vorgehen[985].

CC Änderungsverbot bzw. Genehmigungspflicht für Änderungen am Bauvorhaben

Wird ein Änderungsverbot bzw. eine Genehmigungspflicht für Änderungen am Bauprojekt
vereinbart, verfügt die Bank über ein Instrument, um einen auf Abweichungen vom ursprünglichen Bauprojekt zurückgehenden Minderwert des Bauobjektes zu verhindern[986].
In der Praxis sind solche Abreden recht häufig. Sie können auch vor Gericht geltend gemacht werden[987]. Da in der Regel ein rasches Eingreifen erforderlich ist, kommt namentlich vorsorglichen Massnahmen eine besondere Bedeutung zu (z.B. Verfügung eines einstweiligen Baustopps)[988]. Denkbar ist ausserdem, dass im Einzelfall das Verfahren zur
schnellen Handhabung klaren Rechts beschritten werden kann, sofern dies die jeweilige
Prozessordnung vorsieht[989]. Möglich ist auch, dass die Freigabe weiterer Kreditmittel
von der vertragskonformen Bauausführung abhängig gemacht wird[990].
Bei der Ausübung des entsprechenden Rechts sind allerdings die Schranken von Art. 2
Abs. 2 ZGB zu beachten. Insbesondere dürfen Änderungsverbote nicht zu einem krassen
Missverhältnis der Interessen[991] führen oder eine unnütze Rechtsausübung darstellen[992].
Ausserdem muss der Kreditnehmer ein solches Verbot durch den Nachweis abwehren kön-
nen, dass die Änderung den Verkehrs- bzw. Liquidationswert der Baute nicht gefährdet
und er die Mittel für die Zusatz- oder Mehrkosten aufbringen kann.

---

984   Zum Begriff der Substitution und zur Abgrenzung gegen den blossen Beizug von Hilfspersonen
      vgl. vorne Anm. 556. Die dort erwähnten Kriterien dürften im hier diskutierten Zusammenhang
      in der Regel erfüllt sein.
985   Vgl. dazu im einzelnen vorne S. 180.
986   Bedeutsam kann diese Abrede namentlich auch in denjenigen Fällen sein, wo öffentliche För-
      derungs- oder Unterstützungsmassnahmen an Bedingungen und Auflagen geknüpft sind und die
      entsprechenden Gelder bei Abweichungen von ursprünglichen Plänen nicht ausgerichtet werden.
      Vgl. dazu vorne S. 41ff.
987   Zu verlangen ist ein Änderungsverbot unter Androhung einer Bestrafung nach Art. 292 StGB im
      Widerhandlungsfall. Soweit ausserdem vom Kreditnehmer bzw. von den vom Kreditnehmer ein-
      gesetzten Personen das Erteilen konkreter Weisungen verlangt werden kann, ist denkbar, dass
      der Baukreditgeber gestützt auf Art. 98 Abs. 1 OR zur selbständigen Vornahme solcher Weisun-
      gen berechtigt wird, oder dass unter Umständen der richterliche Entscheid die entsprechenden
      Weisungen unmittelbar ersetzen kann, vgl. dazu vorne Anm. 969.
988   Insbes. kann die unerlaubte Änderung nicht leicht wiedergutzumachende Nachteile mit sich brin-
      gen, wie dies beim Erlass vorsorglicher Massnahmen in der Regel vorausgesetzt wird. Vgl.
      dazu z.B. § 222 Ziff. 3 ZPO/ZH; *Vogel*, 12 N 209f., S. 330; *Habscheid*, N 619, S. 366f.
989   Vgl. dazu z.B. § 222 Ziff. 2 ZPO/ZH; *Vogel*, 12 N 173ff., S. 321f.; *Habscheid*, N 629, S. 374.
990   Einen gewissen Schutz bietet auch die Kontrolle durch die Baubehörden, welche zumindest un-
      bewilligte Abweichungen vom ursprünglichen Projekt unterbinden können. Vgl. dazu etwa §
      327 Abs. 2 PBG/ZH.
991   Vgl. dazu *Merz*, Art. 2 N 372ff.
992   Vgl. dazu *Merz*, Art. 2 N 340ff.

Schliesslich darf m.E. schon aus Gründen der Praktikabilität nicht verlangt werden, dass Bagatellen und Änderungen von geringer Auswirkung, die sich praktisch täglich ergeben und die bei jeder Baurealisierung üblich sind, zur Genehmigung vorgelegt werden müssen. Soweit der Kreditnehmer Dritten (namentlich dem bauleitenden Architekten oder Bauingenieur) die Pflicht auferlegt, Abweichungen von den Plänen zu verhindern, kann die Bank m.E. gestützt auf Art. 399 Abs. 3 OR[993] ihre Rechte wiederum direkt diesen gegenüber geltend machen[994].

DD Abreden betreffend die Prüfung der Bauleistungen bzw. des Baumaterials, Mängelrügen und Geltendmachung der Besteller- bzw. Käuferrechte bei entsprechenden Mängeln

Wo fehlerhaft gearbeitet wurde, kann durch eine entsprechende Prüfung[995], durch die Vornahme von Mängelrügen[996] und die Geltendmachung allfälliger Nachbesserungs-[997], Rückbehaltungs-[998], Minderungs-[999], Rücktritts- bzw. Wandelungsrechte[1000] und die daraus folgenden Preisnachlässe bzw. Verbesserungen am Bauobjekt ein allfälliges Deckungsdefizit verhindert oder zumindest wieder abgebaut werden[1001].

---

993 Zum Begriff der Substitution und zur Abgrenzung gegen den blossen Beizug von Hilfspersonen vgl. vorne Anm. 556. Die dort erwähnten Kriterien dürften im hier diskutierten Zusammenhang in der Regel erfüllt sein.

994 Vgl. dazu schon vorne S. 180.

995 Vgl. dazu Art. 367 OR sowie Art. 139 und Art. 158 Abs. 2 SIA-Norm 118 (Ausgabe 1977/1991). Zur Prüfung der Bauergebnisse vgl. auch *Gauch*, SIA 118, Art. 158 N 12ff.; *Reber*, S. 155ff.; *Gautschi*, Werkvertrag, Art. 367 N 20, N 31b; *Becker*, Art. 367 N 2; *Zindel/ Pulver*, Art. 367 N 2ff.

996 Vgl. dazu Art. 367 Abs. 1 OR sowie Art. 172ff. SIA-Norm 118 (Ausgabe 1977/1991), insbes. Art. 173. Zur Mängelrüge bei mangelhaften Bauergebnissen vgl. auch *Gauch*, SIA 118, Art. 173 N 1ff.; *Gauch*, Werkvertrag, N 2657ff., S. 697ff.; *Reber*, S. 155ff.

997 Vgl. dazu Art. 369 Abs. 2 und 3 OR sowie Art. 160, Art. 161 Abs. 2 und 3, Art. 169 Abs. 1 Ziff. 1 sowie Art. 170 SIA-Norm 118 (Ausgabe 1977/1991). Zur Nachbesserung bei Bauarbeiten im besondern vgl. *Gauch*, SIA 118, Art. 169 N 1ff.; *Reber*, S. 148ff.; *Gauch*, Werkvertrag, N 1719f., S. 464f.; *Zindel/ Pulver*, Art. 368 N 47ff.

998 Zur Anwendbarkeit von Art. 82 OR beim Werkvertrag vgl. *Gauch*, Werkvertrag, N 2366ff., S. 627ff.; *Koller*, Nachbesserungsrecht, N 304ff., S. 101ff.

999 Vgl. dazu Art. 368 Abs. 2 und 3 OR sowie Art. 162 Abs. 3, Art. 169 Abs. 1 Ziff. 2 SIA-Norm 118 (Ausgabe 1977/1991). Zur Minderung bei Bauarbeiten im besondern vgl. etwa *Gauch*, SIA-118, Art. 169 N 18; *Reber*, S. 146ff.; *Gautschi*, Werkvertrag, Art. 368 N 16c.; *Zindel/ Pulver*, Art. 368 N 34ff.

1000 Vgl. dazu Art. 368 Abs. 1 und 3 OR sowie Art. 169 Abs. 1 Ziff. 3 SIA-Norm 118 (Ausgabe 1977/1991). Zum Rücktritts- bzw. Wandelungsrecht bei Bauarbeiten im besondern vgl. etwa *Gauch*, SIA 118, Art. 169 N 21ff.; *Reber*, S. 146; *Gautschi*, Werkvertrag, Art. 368 N 13a; *Becker*, Art. 368 N 7; *Gauch*, Werkvertrag, N 1573ff., S. 433; *Zindel/ Pulver*, Art. 368 N 14ff.

1001 Die Mängelrechte können insbesondere auch relevant sein für die Deckung des Konsolidierungsdarlehens. Zudem können bei der Abnahme des Bauobjektes auftretende Mängel die Ablösung des Baukredites hinauszögern, insbes. die geplante Ablösung durch eine Drittpartei. Gerade in solchen Situationen hat die zügige Geltendmachung der Mängelrechte für die baukreditgebende Bank eine wichtige Bedeutung.

Analog ist die Situation bei der Lieferung bzw. beim Einbau von fehlerhaftem Baumaterial[1002]. Lässt sich eine mangelhafte Ausführung der Bauarbeiten voraussehen, kann ausserdem gemäss Art. 366 Abs. 2 OR vorgegangen und gegebenenfalls die Fortführung des Werkes einem Dritten übertragen werden[1003]. Grundsätzlich ist denkbar, dass die Freigabe weiterer Kreditmittel von der Vornahme der Mängelrügen bzw. der Geltendmachung der entsprechenden Besteller- bzw. Käuferrechte abhängig gemacht wird. Möglich ist auch, dass der Kreditnehmer ausdrücklich zur Vornahme solcher Handlungen verpflichtet wird und die betreffende Pflicht sogar mittels Klage vor Gericht geltend gemacht werden könnte[1004]. Wo der Kreditnehmer diese Pflichten und Kompetenzen Dritten übertragen hat[1005], kann ausserdem gestützt auf Art. 399 Abs. 3 OR[1006] direkt gegen diese vorgegangen werden, falls sie ihren Aufgaben nicht nachkommen[1007]. Sinn macht ein gerichtliches Vorgehen im Gewährleistungsfall allerdings wohl nur dort, wo in Abweichung von Art. 367 OR und Art. 370 OR längere Prüfungs- und Rügefristen bestehen, namentlich also in denjenigen Fällen, wo Art. 173 SIA-Norm 118 (Ausgabe 1977/1991) zur Anwendung kommt. Wo dagegen die kurzen Prüfungs- und Rügefristen des Obligationenrechts gelten (Art. 201 OR, Art. 367 OR und Art. 370 OR) sowie für den Fall, dass ein Vorgehen nach Art. 366 Abs. 2 OR in Frage käme, würde bis zu einer Realvollstreckung zu viel Zeit verstreichen[1008]. Die Vornahme der entsprechenden Handlungen kann deshalb für solche Fällen am besten dadurch gesichert werden, dass die Bank bzw. ein von ihr bestimmter Treuhänder bzw. Baucontroller berechtigt werden, selbst an den jeweiligen Abnahmen bzw. Prüfungen teilzunehmen, Mängel zu rügen sowie weitere Bestellerrechte wahrzunehmen.

1002 Vgl. dazu Art. 201ff. OR sowie insbesondere *Trümpy*, Haftung, S. 237ff.; *Hess-Odoni*, N 805ff., S. 211ff. Zur Kontroverse über die Frage, ob Kaufrecht oder Werkvertragsrecht zur Anwendung kommt, sofern ein Unternehmer das Baumaterial selber liefert, vgl. namentlich *Gauch*, Werkvertrag, N 1477ff., S. 409ff. (mit entsprechenden Literaturangaben).

1003 Zu den Schadenersatzansprüchen im besondern vgl. hinten S. 210.

1004 Denkbar ist, dass die Bank gestützt auf Art. 98 Abs. 1 OR zur selbständigen Geltendmachung der betreffenden Rechte ermächtigt würde. Unter Umständen kann aber sogar der richterliche Entscheid die Ausübung der entsprechenden Rechte unmittelbar ersetzen, vgl. dazu vorne Anm. 969.

1005 Insbesondere gehören diese Pflichten zum Aufgabenbereich der Bauleitung. Vgl. dazu Art. 4.4.4 und Art. 4.5.3 SIA-Ordnung 102 (Ausgabe 1984) sowie Art. 4.1.7, Art. 4.1.8 und 4.1.10 SIA-Ordnung 103 (Ausgabe 1984). Vgl. dazu auch *Gauch*, Werkvertrag, N 2126, S. 559; *Trümpy*, S. 90f., S. 97ff.; *Schaub*, S. 191.

1006 Zum Begriff der Substitution und zur Abgrenzung gegen den blossen Beizug von Hilfspersonen vgl. vorne Anm. 556. Die dort erwähnten Kriterien dürften im hier diskutierten Zusammenhang in der Regel erfüllt sein.

1007 Vgl. dazu im einzelnen schon vorne S. 180.

1008 Zwar würde eine Verletzung der entsprechenden Rügepflichten den Kreditnehmer schadenersatzpflichtig werden lassen. Wie bereits verschiedentlich ausgeführt wurde, nützt dies jedoch nicht sehr viel, da die Bank nur bei Zahlungsunfähigkeit des Kreditnehmers überhaupt einen Schaden erleidet.

EE   Abreden betreffend Werkverträge, Materiallieferungsverträge und Kaufverträge

Häufig wird vereinbart, dass der Kreditnehmer auf Verlangen der Bank die Werkverträge, Materiallieferungsverträge und Kaufverträge einzureichen hat, die ihr nicht schon beim Abschluss des Baukreditvertrages vorgelegt wurden. Die Bank kann sich bereits aufgrund dieser Unterlagen recht eingehend über die verwendeten Materialien und die Bauausführung informieren[1009] und allfällige Fehlentwicklungen erkennen. Das entsprechende Recht kann auch gerichtlich durchgesetzt werden.

FF   Recht zu selbständigen Kontrollen[1010]

Die vorgenannten Schutzmassnahmen sind weit effizienter, wenn eine ausreichende Kontrolle gewährleistet ist. Insbesondere dürften die Banken ohne die Möglichkeit, sich selbständig zu informieren, gar keine Kenntnis von einzelnen Pflichtverletzungen des Kreditnehmers haben. Tatsächlich findet sich denn auch in der Praxis häufig die Vereinbarung eines «allgemeinen Orientierungs- und Kontrollrechtes». Soweit der Bank dieses Recht zusteht, ist ausserdem auch eine Übertragung auf einen Treuhänder bzw. Baucontroller möglich[1011].

Bei einer Weigerung des Kreditnehmers, die verabredeten Kontrollen zuzulassen, ist grundsätzlich denkbar, dass das entsprechende Kontrollrecht mittels Klage vor Gericht geltend gemacht werden[1012]. Dies macht namentlich Sinn, wo das Recht im Verfahren zur schnellen Handhabung klaren Rechts durchgesetzt werden könnte. Denkbar ist sodann, dass die Freigabe weiterer Kreditmittel von der Kontrollmöglichkeit abhängig gemacht wird.

1009   Vgl. dazu *Pfister-Ineichen*, S. 50.

1010   Vgl. dazu auch *Müller*, S. 171f., wonach sich einzelne Versicherungsgesellschaften im Zusammenhang mit der Bauherren-Haftpflichtversicherung das Recht zur Inspektion vorbehalten und insbesondere kontrollieren, ob beim Bau die entsprechenden Sicherheitsvorschriften eingehalten werden. Die Interessen der Versicherungsgesellschaften und der baukreditgebenden Bank sind also in diesem Punkt gleich gelagert, weshalb gegebenenfalls eine Zusammenarbeit in Betracht gezogen werden könnte. Eine Kontrolle der Bauarbeiten findet ausserdem durch die Baubehörden statt, die insbesondere prüfen, ob keine Abweichungen von den Bauvorschriften und den Plänen vorliegen. Vgl. dazu etwa § 327 Abs. 2 PBG/ZH. Diese Kontrollen liegen durchaus auch im Interesse des Baukreditgebers.

1011   Vgl. dazu etwa *Mühl/ Petereit*, S. 397, Ziff. 3b; *Pfister-Ineichen*, S. 51; *Stettler*, Risikoprämien, S. 52. Eine entsprechende Kontrolle wird allerdings bereits schon von der Bauleitung selbst vorgenommen, vgl. dazu etwa Art. 4.4.4 SIA-Ordnung 102 (Ausgabe 1984) und Art. 4.1.7 und 4.1.8 SIA-Ordnung 103 (Ausgabe 1984). Bei einer Verletzung der Kontrollpflicht durch die Bauleitung ist die Bank gegebenenfalls durch allfällige Schadenersatzansprüche des Kreditnehmers gedeckt, sofern diese mitverpfändet oder zur Sicherung zediert wurden. Soweit die Kontrolle ausserdem gemäss Baukreditvertrag in den Aufgabenbereich des Kreditnehmers fällt, kann die Bank gestützt auf Art. 399 Abs. 3 OR direkt gegen die Bauleitung vorgehen, vgl. dazu hinten S. 215.

1012   Insbes. ist der Kreditnehmer unter Androhung einer Bestrafung nach Art. 292 StGB zu verpflichten, den mit der Kontrolle betrauten Personen den Zugang zum Bauplatz zu gewähren.

GG Sicherung der Kreditforderung durch Schadenersatzansprüche des Kreditnehmers

Liegt eine nicht-optimale Entwicklung der Bausubstanz vor und haften dafür einzelne am Bau beteiligte Personen oder Unternehmen gegenüber dem Kreditnehmer (insbesondere der Architekt[1013], der Bauingenieur[1014], der General- bzw. Totalunternehmer[1015] sowie die am Bau beteiligten Bauhandwerker und Bauunternehmer[1016] bzw. Lieferanten von Baumaterial[1017]), so ist das Risiko einer möglichen Unterdeckung geringer, wenn die Kreditforderung auch durch die entsprechenden Schadenersatzansprüche gesichert wird. Was die Durchführung der entsprechenden Sicherungserweiterung betrifft, so gelten sinngemäss die Ausführungen zur Sicherung der Kreditforderung mittels Bürgschaften oder anderer Sicherheiten, die als Ersatz für allfällige Rückbehalte geleistet werden[1018].

HH Vereinbarungen betreffend Rückbehalte bzw. für deren Ablösung gewährte
     Sicherheiten

Die Rückbehalte gemäss Art. 1.13.3 SIA-Ordnung 102 (Ausgabe 1984) bzw. Art. 1.13.3 SIA-Ordnung 103 (Ausgabe 1984) und gemäss Art. 149ff. SIA-Norm 118 (Ausgabe 1977/1991), bzw. die zur Ablösung der Rückbehalte gewährten Sicherheiten (Bürgschaft oder andere Sicherheiten) bzw. die an die Stelle des Rückbehaltes tretende Bargarantie (Art. 181f. SIA-Norm 118 (Ausgabe 1977/1991) haben auch im Zusammenhang mit der nicht-optimalen Entwicklung der Bausubstanz eine Bedeutung:

1013 Grundlage der Haftung sind insbes. Art. 97ff. OR, Art. 398f. OR bzw. 367 ff. OR, sowie Art. 1.6 und 1.7 SIA-Ordnung 102 (Ausgabe 1984); vgl. dazu *Schumacher*, Haftung, N 376ff., S. 121ff.; *Trümpy*, S. 59ff., S. 92ff., S. 136ff.; *Hess-Odoni*, N 580ff., S. 164ff.; vgl. auch die aufschlussreiche Kasuistik bei *Reber*, S. 291ff. Zur Kontroverse über die Rechtsnatur des Planungsbzw. Projektierungsvertrages vgl. etwa *Gauch*, Architekturvertrag, N 31ff., S. 12ff.; *Trümpy*, S. 35ff.; *Schluep*, S. 903f.; *Zindel/ Pulver*, Art. 363 N 17 (je mit entsprechenden Literaturangaben).

1014 Grundlage der Haftung sind insbes. Art. 97ff. OR, Art. 398f. OR sowie Art. 1.6 und 1.7 SIA-Ordnung 103 (Ausgabe 1984); vgl. dazu *Schaub*, S. 93ff., S. 131ff., S. 226, S. 241ff. (mit anschaulicher Kasuistik); *Hess-Odoni*, N 660ff., S. 181ff. Was die Projektierung betrifft, gilt sinngemäss das zum Architekten Ausgeführte.

1015 Soweit der General- bzw. Totalunternehmervertrag als Werkvertrag zu qualifizieren ist, stützen sich Schadenersatzansprüche auf Art. 97ff. OR und Art. 368 OR. Zum Begriff und zur Qualifikation des General- bzw. Totalunternehmervertrages vgl. schon vorne Anm. 90.

1016 Vgl. dazu Art. 171 SIA-Norm 118 (Ausgabe 1977/1991): Die Schadenersatzansprüche stützen sich namentlich auf Art. 97ff. OR und Art. 368 OR. Vgl. dazu im einzelnen etwa *Gauch*, Werkvertrag, N 1848ff., S. 494ff., N 2321ff., S. 614ff., N 2670f., S. 701; *Gauch*, SIA 118 N 1ff.; *Gautschi*, Werkvertrag, Art. 368 N 2a ff., N 6a ff., N 7, N 9a ff., N 11b ff., N 22, N 24ff.; *Pedrazzini*, S. 517ff.; *Zindel/ Pulver*, Art. 368 N 68ff.

1017 Grundlage der Haftung sind insbes. Art. 97ff. OR bzw. Art. 208 OR, vgl. dazu etwa *Giger*, Art. 208 N 44ff., N 54ff.; *Trümpy*, Haftung, S. 241ff.; *Hess-Odoni*, N 805ff., S. 211ff. Zur Kontroverse über die Frage, ob Kaufrecht oder Werkvertragsrecht zur Anwendung kommt, sofern ein Unternehmer das Baumaterial selbst liefert, vgl. namentlich *Gauch*, Werkvertrag, N 1477ff., S. 409ff. Zum Problem der Produktehaftung im besondern sowie zu Fragen im Zusammenhang mit dem Wiener Kaufrecht vgl. *Trümpy*, Haftung, S. 245ff.

1018 Vgl. dazu vorne S. 180.

So müssen bei einer Geltendmachung des Rückbehaltes nur entsprechend reduzierte Akonto- bzw. Abschlagszahlungen geleistet werden, was sich günstig auf das Verhältnis zwischen Kreditforderung und Deckungssubstrat auswirkt. Insbesondere werden entsprechend weniger - risikobehaftete - Mittel beansprucht. Für den Fall, dass die zur Ablösung des Rückbehaltes geleisteten Bürgschaften oder anderweitigen Sicherheiten auch der Sicherung der Kreditforderung dienen, besteht sodann bei einem Minderwert der Bausubstanz eine entsprechende Zusatzdeckung der Bank.

Was weitere Einzelheiten im Zusammenhang mit den Rückbehalten betrifft, so gilt sinngemäss das weiter vorne Ausgeführte [1019].

[1019] Vgl. dazu vorne S. 180f.

II   Vorbehalt eines angemessenen Versicherungsschutzes der am Bau beteiligten Parteien

Sind im Falle von Baufehlern die entsprechenden Schadenersatzansprüche zwar gegeben, lassen sich diese jedoch infolge fehlender Liquidität der Verursacher nicht eintreiben, nützt eine zusätzliche Sicherung des Kredites durch solche Ansprüche nicht viel. Zwar bieten die Rückbehalte bzw. die dafür gewährten Sicherheiten einen gewissen Schutz, kann sich doch der Kreditnehmer bei Fehlleistungen daran schadlos halten. Der Rückbehalt bzw. die entsprechenden Sicherheiten umfassen jedoch in der Regel lediglich rund 10% der betreffenden Akonto- bzw. Abschlagszahlungen (vgl. dazu Art. 1.13.3 SIA-Ordnung 102 [Ausgabe 1984], Art. 1.13.3. SIA-Ordnung 103 [Ausgabe 1984] sowie Art. 150 und Art. 181 SIA-Norm 118 [Ausgabe 1977/1991]). Übersteigen die Schadenersatzansprüche diese 10% oder ist z.b. eine einzelne Bauleistung vollkommen unbrauchbar, bieten sie somit keinen genügenden Schutz[1020].

Dem Versicherungsschutz der am Bau beteiligten Personen und Unternehmungen kommt deshalb eine wichtige Bedeutung zu. Insbesondere sollten diese über eine ausreichende Berufs-[1021] und Betriebshaftpflichtversicherung[1022] verfügen. Zwar ist denkbar, das der Kreditnehmer im Baukreditvertrag verpflichtet wird, von seinen Vertragspartnern einen solchen Versicherungsschutz zu verlangen. Ein gerichtliches Vorgehen bei einer Weigerung des Kreditnehmers macht allerdings wenig Sinn. Praktischer ist es deshalb, wenn vereinbart wird, dass die Bank die Freigabe von Kreditmitteln für unterversicherte Parteien verweigern kann[1023].

1020   Im Beispiel auf S. 201 beträgt der Minderwert sogar weit mehr als 10% der gesamten Baukosten und dürfte auch den gesamten Honoraranspruch des Architekten bzw. Ingenieurs übersteigen.

1021   Vgl. dazu im einzelnen *Müller*, S. 145ff., insbes. S. 150ff.; *Kiefer* S. 31f.; *Soutter*, S. 50ff.; *Schwander*, N 1833ff., S. 540ff.; *Richner*, S. 196ff.; *Hepperle*, S. 129ff., S. 135f.; *Hepperle*, Bauversicherungen, S. 205ff., S. 211ff.

1022   Vgl. dazu im einzelnen *Müller*, S. 97ff., insbes. S. 107, S. 122ff.; *Kiefer*, S. 32ff.; *Soutter*, S. 50ff.; *Richner*, S. 192ff.; *Hepperle*, S. 137; *Hepperle*, Bauversicherungen, S. 212f. Vgl. dazu auch etwa *VSGU*, Allgemeine Bedingungen, F. 28.1.; *Huber*, Generalunternehmervertrag, N 284ff.

1023   Zu den Verhältnissen in den USA im besondern, namentlich zur Sicherung des Kreditgebers durch entsprechende Garantien, vgl. etwa *Mühl*, N 340ff., S. 124ff.

JJ Vorbehalt betreffend Vertrauenswürdigkeit und Bonität der am Bau beteiligten Parteien[1024]

Die planmässige Realisierung des Bauprojektes hängt in der Praxis oft entscheidend ab vom Können und der Vertrauenswürdigkeit der am Bau beteiligten Personen und Unternehmungen (Architekt, Ingenieur, Bauhandwerker und Bauunternehmer, General- bzw. Totalunternehmer[1025]). Dazu kommt, dass Gewährleistungs- und Schadenersatzansprüche wenig nützen, wenn der entsprechende Schuldner nicht über die notwendigen Mittel verfügt. Die Überprüfung dieser am Bau beteiligten Parteien hat deshalb eine nicht unwesentliche Bedeutung und sollte von den baukreditgebenden Banken nicht unterschätzt werden.

Am besten erfolgt eine solche Überprüfung schon vor der Gewährung des Baukredites[1026]. Allerdings werden Vergebungen regelmässig auch erst nach nach Abschluss des Baukreditvertrages vorgenommen. Denkbar ist deshalb, dass der Kreditnehmer verpflichtet wird, auch nachträgliche Vergebungen jeweils der Bank bzw. einem von ihr eingesetzten Baucontroller zur Genehmigung vorzulegen, wobei diese das Recht haben müssten, ihnen nicht genehme Personen oder Unternehmungen abzulehnen. Verletzt der Kreditnehmer diese Pflicht oder schliesst er Verträge mit abgelehnten Partnern ab, sollte die Bank das Recht haben, die Freigabe der Kreditmittel insgesamt oder zumindest für diejenigen Personen bzw. Unternehmungen zu verweigern, die sie abgelehnt hat bzw. ablehnen würde.

KK Recht zur Leistungsverweigerung bei einer Verletzung von Pflichten aus dem Baukreditvertrag

Hier kann sinngemäss auf das zur strukturell bedingten Unterdeckung Ausgeführte verwiesen werden[1027].

1024 Vgl. dazu auch *Müller*, S. 171f., wonach der Bauherr beim Abschluss einer Bauherren-Haftpflichtversicherung von den Versicherungsgesellschaften aufgefordert wird, die Baufachleute sorgfältig auszuwählen und bei ihrer Beaufsichtigung gewissenhaft vorzugehen.

1025 Vgl. dazu *Siegfried*, S. 29.

1026 Vgl. dazu *Zobl*, Baukreditvertrag, S. 4, Anm. 20; *Rossi*, S. 39; *Ramseyer*, S. 91; *Oetiker*, Kapitel 10.3, S. 5, sowie gerade anschliessend und vorne S. 27.

1027 Vgl. dazu vorne S. 182.

C   Weitere Schutzmassnahmen

AA   Überprüfung der Vertrauenswürdigkeit und Bonität der am Bau beteiligten Parteien[1028]

Der Überprüfung der Vertrauenswürdigkeit und der Bonität der - bereits bekannten - am Bau beteiligten Parteien vor Abschluss des Baukreditvertrages kommt eine nicht unwesentliche Bedeutung für die Kreditsicherheit zu. Namentlich kann die Bank von einer Kreditgewährung absehen, falls ihr nicht genehme Parteien am Bau beteiligt sind.

BB   Vertragsauflösung aus wichtigem Grund

Hier kann sinngemäss auf das zur strukturell bedingten Unterdeckung Ausgeführte verwiesen werden[1029].

IV Haftungsfragen

Erleidet die Bank infolge minderwertiger Bausubstanz einen Verlust, dürfte es schwierig sein, haftpflichtrechtliche Ansprüche gegenüber den am Bau beteiligten Parteien geltend zu machen, mit denen die Bank in keinem Vertragsverhältnis steht. Der Verlust ist ein sog. reiner Vermögensschaden [1030] (d.h. kein Sach- bzw. Personenschaden), für den eine Haftung gemäss Art. 41 OR nur dann besteht, wenn er auf der Verletzung einer dieses Vermögen schützenden Norm beruht[1031]. Diese Verletzung dürfte aber höchstens bei einem Betrug i.S. von Art. 146 StGB vorliegen (z.B. lässt ein Generalunternehmer bewusst minderwertiges Material einbauen und stellt den Preis für qualitativ hochstehendes Material in Rechnung). Zu verlangen ist allerdings, dass dabei auch die baukreditgebende Bank selbst getäuscht worden ist, da andernfalls ein Betrug lediglich gegenüber dem Kreditnehmer vorliegt. Denkbar ist immerhin, dass am Bau beteiligten Parteien an einem durch den Kreditnehmer gegenüber der Bank begangenen Betrug mitwirken oder sich zumindest als Anstifter (Art. 24 StGB) oder Gehilfen (Art. 25 StGB) daran beteiligen[1032]. In diesem Fall haften sie durchaus gegenüber der Bank.

1028   Vgl. dazu *Zobl*, Baukreditvertrag, S. 4, Anm. 20; *Rossi*, S. 39; *Ramseyer*, S. 91; *Oetiker*, Kapitel 10.3, S. 5.

1029   Vgl. dazu vorne S. 183.

1030   Vgl. dazu vorne Anm. 458.

1031   Vgl. dazu vorne Anm. 459.

1032   Vgl. dazu vorne S. 95f.

Soweit der Kreditnehmer eigene Pflichten gegenüber dem Kreditgeber auf Dritte übertragen hat (so etwa die Pflicht, für eine korrekte Bauausführung und die Verwendung einwandfreier Materialien zu sorgen oder die Pflicht zur Geltendmachung der Rückbehalte und der Bestellerrechte), haften diese m.E. bei Pflichtverletzungen - gestützt auf Art. 399 Abs. 3 OR[1033] bzw. die zur Substitution entwickelten Grundsätze - direkt gegenüber dem Baukreditgeber[1034].

1033 Zum Begriff der Substitution und zur Abgrenzung gegen den blossen Beizug von Hilfspersonen vgl. vorne Anm. 556. Die dort erwähnten Kriterien dürften im hier diskutierten Zusammenhang in der Regel erfüllt sein.

1034 Vgl. dazu vorne S. 121 und S. 180.

§ 35 Verminderung der bereits dem Grundstück zugeführten Bausubstanz

I Entstehung der Unterdeckung

Wird die bereits geschaffene oder vorbestehende Bausubstanz beschädigt oder zerstört oder sonstwie im Wert vermindert, kann die Vollendung des angefangenen Projektes in Frage stehen, was die bereits dargelegten Risiken mit sich bringt[1035]. Will die Bank das Bauvorhaben weiter bevorschussen oder sogar selbständig weiterführen, müssen entsprechend mehr - gegebenenfalls nicht mehr gedeckte - Mittel dafür aufgewendet werden. Oder es kann aufgrund des mit der Wertverminderung zusammenhängenden erhöhten Mittelbedarfes an Mitteln fehlen, um pfandberechtigte Baugläubiger zu bezahlen, so dass es zum Eintrag von Bauhandwerkerpfandrechten und zu Anfechtungen gemäss Art. 841 ZGB kommen kann[1036]. Die Zerstörung oder Beschädigung kann eine Folge der Bauarbeiten selbst sein, aber ebenso auf Faktoren beruhen, die auch ein bereits bestehendes Gebäude zerstört oder beschädigt hätten[1037]. Allerdings kann es vorkommen, dass Faktoren, welche ein bereits bestehendes Gebäude nicht oder nur geringfügig beschädigt hätten, ein im Bau befindliches Bauobjekt durchaus schwer beeinträchtigen können. Im einzelnen sind namentlich folgende Ursachen denkbar[1038]:

-   Bauunfälle, namentlich auch als Folge von Bauleitungsfehlern
-   Substanzverminderungen durch Änderungen am Bauprojekt oder an vorbestehenden Gebäuden (insbesondere Entfernen bereits gebauter Teile)
-   Klimaeinflüsse (Temperatur, Luftfeuchtigkeit, Helligkeit)
-   Wettereinwirkungen bzw. Elementarereignisse (Regen, Schnee, Schneedruck, Blitzschlag, Hochwasser, Lawinen, Hagel)
-   Chemische, physikalische und biologische Umstände und Einwirkungen (Korrosion, Feuer[1039], chemische und biologische Verseuchung, Bruch, Dehnung, Stauchung, Verstrahlung, Einwirkung nicht vorgesehener, unbekannter Kräfte)
-   Geologische Ereignisse und Umstände (Erdrutsch, Steinschlag, Erdbeben, Bodensenkungen)
-   Einwirkung Dritter (vorsätzliche/ fahrlässige Schädigung, Betrieb einer gefährlichen Anlage oder eines gefährlichen Gerätes, kriegerische Ereignisse)

1035   Vgl. dazu vorne S. 172ff.

1036   Vgl. dazu im einzelnen hinten S. 314ff.

1037   Zu beachten ist, dass namentlich etwa wetterbedingte Wertverminderungen auch etwa die Folge eines Unterbruches der Bauarbeiten (z.B. infolge eines Zwangsvollstreckungsverfahrens) sein können. Vgl. dazu vorne S. 188ff.

1038   Der Ursachenkatalog basiert im wesentlichen auf der Aufzählung *Haags*, vgl. dazu *Haag*, S. 8ff.; vgl. dazu auch *Hauswirth/ Suter*, S. 152ff., sowie z.B. die Aufzählung von Schadensursachen in § 18ff. Gebäudeversicherungsgesetz.

1039   Gemäss § 18 Gebäudeversicherungsgesetz ZH gehören unter anderem zu den Feuerschäden Schäden, die entstanden sind durch Feuer, Rauch, Hitze, elektrische Energie, Blitzschlag mit oder ohne Zündung, Explosion und Sprengung.

II Konkretisierung der Risiken

A Verlustrisiko bei einer Verwertung ohne Wiederaufbau

Angenommen, im bereits erwähnten Beispiel[1040] kommt es bei aufgelaufenen Planungs- und Baukosten im Betrag von Fr. 5'500'000.-- infolge Armierungsfehlern zum Einsturz der Kellerdecke, was den Einsturz zweier Fassadenmauern nach sich zieht. Dadurch wird die bisher errichtete Anlage unbrauchbar und muss neu aufgebaut werden. Die Abbruch- und Aufräumungsarbeiten werden zügig erledigt. Die Kosten dafür belaufen sich auf Fr. 150'000.-- und werden vom Kreditnehmer bezahlt. Für einen Wiederaufbau können Investitionswerte im Betrag von Fr. 2'000'000.-- übernommen werden. Vom Baukredit sind zum Zeitpunkt des Bauunfalles 4'300'000.-- (Fr. 300'000.-- für Zinskosten) beansprucht worden.

Der Kreditnehmer wird in dieser Situation zahlungsunfähig und die baukreditgebende Bank leitet eine Betreibung auf Grundpfandverwertung ein[1041]. Bei der Versteigerung wird lediglich ein Preis von Fr. 1'500'000.-- geboten. Soweit auf die durch die vorgehende Maximalhypothek gesicherte, fällige Forderung Fr. 600'000.-- entfallen, erleidet die Bank einen Ausfall im Umfang von mindestens Fr. 3'400'000.-- plus den ihr nicht zufallenden Abzügen vom Verwertungserlös[1042] plus zusätzlich aufgelaufenen Zinsen[1043].

B Verlustrisiko bei einer Bevorschussung der Bauvollendung durch die baukreditgebende Bank

Es stellt sich die Frage, ob die Bank trotz Zahlungsunfähigkeit des Kreditnehmers nicht besser die Vollendung der Bauarbeiten bevorschussen und dadurch auch eine Wertsteigerung der Kreditsicherheit ermöglichen soll[1044]. Notwendig für die Bauvollendung sind Fr. 7'000'000.-- plus (geschätzte, nebst den zusätzlichen Zinsen anfallende) Zusatzkosten von Fr. 100'000.--.

1040 Vgl. dazu vorne S. 172: Verkehrs- bzw. Liquidationswert des Landes Fr. 1'000'000.--, auf dem bereits ein Grundpfand (Maximalhypothek) in der Höhe von Fr. 750'000.-- lastet. Baukosten Fr. 9'000'000.--. Zinskosten Fr. 750'000.--. Eigenkapital Fr. 1'500'000.--. Baukreditlimite Fr. 8'250'000.--, gesichert durch eine Maximalhypothek von 9'000'000.--. Geplanter Verkehrsbzw. Liquidationswert des Objektes nach Bauvollendung (inkl. Land) Fr. 12'000'000.--.

1041 Gegebenenfalls muss der Kreditgeber allerdings zuerst den Schuldbrief durch Selbsteintritt oder - nach Durchführung einer Betreibung auf Pfandverwertung - bei der Zwangsversteigerung erwerben. Vgl. dazu vorne S. 173. Zur weiteren Konkretisierung des Verlustrisikos im Falle einer Zwangsvollstreckung vgl. hinten S. 271ff.

1042 Zu den Steuern vgl. vorne S. 167. Zu weiteren Abzügen vgl. Art. 157 Abs. 1 SchKG, Art. 46 VZG.

1043 Einen Zusatzverlust erleidet die Bank ausserdem im Umfang der von ihr vorgeschossenen Betreibungskosten sowie infolge weiterer Kosten, die das ganze Verfahren mit sich bringt.

1044 Zu den Möglichkeiten der Bank, sich das Recht zur selbständigen Bauvollendung zu sichern, vgl. vorne S. 189ff. Zur Möglichkeit, selbständig eine Kreditaufstockung vorzunehmen, vgl. hinten S. 269f.

Damit ergibt sich nach Abschluss der Bauarbeiten ein Deckungsbedarf für Fr. 4'300'000.-- plus Fr. 7'000'000.-- plus Fr. 100'000.-- = Fr. 11'400'000.-- plus die entsprechenden Zinsen, dem ein Erlös von Fr. 12'000'000.-- (abzüglich der durch das vorgehende Pfandrecht gesicherten Forderung sowie weiterer Kosten, insbes. auch etwa abzüglich allfälliger Steuern) gegenübersteht. Soweit dieser Erlös auch für die bevorschussten Mittel haftet, ist der Verlust zumindest erheblich geringer als bei einer Verwertung des unfertigen Objektes[1045].

C   *Verlustrisiko beim Erwerb des Bauobjektes und einer Bauvollendung durch die baukreditgebende Bank*

Erwirbt die baukreditgebende Bank das Objekt zu einem unter der bislang aufgelaufenen Kreditforderung liegenden Preis[1046], kann - unter Berücksichtigung der gegebenenfalls von der Bank zu leistenden Steuern[1047], der Abzüge vom Verwertungserlös bzw. der mit dem Erwerb verbundenen Gebühren und Aufwendungen (geschätzter Maximalbetrag Fr. 40'000.--) - von folgendem Maximaleinsatz ausgegangen werden: Fr. 4'300'000.-- (bisherige Kreditforderung bzw. für den Kauf eingesetzten Mittel plus bisheriger Zins), Fr. 600'000.-- zur Tilgung der durch das vorgehende Pfandrecht gesicherten Forderung, Fr. 40'000.-- (weiterer Aufwand), d.h. Fr. 4'940'000.-- plus zusätzliche Zinsen auf den eingesetzten Mitteln bis zum Erwerb.

Bei einem Aufwand für die Bauvollendung von weiteren Fr. 7'000'000.-- plus (geschätzten) Zusatzkosten von Fr. 100'000.--, ergibt sich ein Gesamtbetrag von mindestens Fr. 12'040'000.-- plus die entsprechenden Zinsen, dem bei einem Verkauf der fertigen Baute ein Erlös von Fr. 12'000'000.-- (abzüglich der mit dem Verkauf verbundenen Kosten und Steuern[1048]) gegenübersteht.

Auch wenn sich ein Verlust ergibt, dürfte dieser in jedem Fall erheblich geringer sein, als bei einer Verwertung ohne Wiederaufbau.

1045   Wird das Objekt allerdings im Rahmen einer Zwangsvollstreckung verwertet, sind die zusätzlichen Fristen zu beachten, während derer Zinsen fällig werden können. Umgekehrt kann das fertiggestellte Objekt gegebenenfalls bereits vermietet werden. Zu beachten sind sodann die Kosten für die Verwaltung, die Verwertung und die Verteilung, die gemäss Art. 157 Abs. 1 SchKG vorweg aus dem Erlös zu bezahlen sind. Zu den steuerlichen Aspekten vgl. vorne S. 167.

1046   Vgl. dazu schon vorne S. 173. Denkbar ist der Erwerb bei einem freiwilligen Verkauf (unter Verrechnung des Preises mit der Kreditforderung), durch Ausübung des Kaufsrechts (ebenfalls unter Verrechnung des Preises mit der Kreditforderung) oder im Rahmen der Zwangsvollstreckung.

1047   Vgl. dazu insbes. auch schon vorne S. 167.

1048   Zu beachten ist, dass beim Erwerb durch die Bank und beim nachmaligen Wiederverkauf zweimal die Kosten und die Steuern für die Handänderung anfallen. Wird das Objekt innert kurzer Zeit wieder verkauft, kann der Steuersatz zudem entsprechend höher sein. Vgl. dazu etwa für die Handänderungssteuer im Kanton Zürich § 182 StG/ZH. Soweit der Verkaufserlös die anrechenbaren Anlagekosten übersteigt, ist auch mit einer Grundstückgewinnsteuer zu rechnen.

D   Einschränkung der Wahlmöglichkeiten

Da das Verlustrisiko der Bank bei einer Bevorschussung der Bauvollendung oder einem Erwerb des Grundstücks und einer selbständigen Bauvollendung in der Regel erheblich geringer ist als bei einer Geltendmachung der Kreditforderung auf dem Vollstreckungsweg ohne Bauvollendung, muss die Bank bei sich bietender Gelegenheit eine solche Massnahme ergreifen, sofern sie ihren Schaden möglichst gering halten möchte. Bei einer gedeckten Kreditforderung könnte sie dagegen ohne Verlustrisiko von einer solchen Massnahme absehen.

III Schutzmassnahmen[1049]

A   Übersicht

Die meisten der genannten Ursachen einer Beschädigung oder Zerstörung des Bauobjektes beruhen auf unvorhersehbaren Ereignissen. Zwar ist durchaus denkbar, dass die Baukreditparteien Präventivmassnahmen ergeifen bzw. vereinbaren; eine grössere Bedeutung dürfte allerdings in jedem Fall allfälligen Haftpflicht- bzw. Versicherungsansprüchen nach Eintritt der schädigenden Ereignisse zukommen. Im einzelnen sind etwa folgende Massnahmen in Betracht zu ziehen:

1049   Das Risiko der Unterdeckung lässt sich immer auch vermindern durch eine Optimierung des Deckungsbedarfes. Im einzelnen kommen die folgenden, bereits erwähnten Massnahmen in Frage: Möglichst hoher Anteil an Eigen- bzw. Drittkapital bzw. möglichst hoher Anteil des bereits vorhandenen, mithaftenden Grundstückswertes, vgl. dazu vorne S. 182. Vorabverwendung des Eigen- bzw. Drittkapitals, vgl. dazu vorne S. 176f.; Zusatzsicherheiten, vgl. dazu vorne S. 182.

B   Schutz durch Vereinbarung entsprechender Punkte im Baukreditvertrag

AA   Vorschriften bezüglich Bauausführung und Baumaterialien

Vorschriften bezüglich Bauausführung und Baumaterialien können auch dazu dienen, eine Entwertung bereits gebauter Teile (z.b. durch Bauunfälle) zu verhindern. Was die Ausgestaltung und die Durchsetzung der entsprechenden Vorschriften betrifft, so sei auf das bereits weiter vorne Ausgeführte verwiesen [1050].

BB   Verpflichtung des Kreditnehmers zur Vornahme der dem
     Besteller obliegenden Mitwirkungshandlungen

Unterlässt der Kreditnehmer gewisse ihm als Besteller der Bauarbeiten obliegenden Tätigkeiten, namentlich die Übermittlung gehöriger Ausführungsunterlagen an die einzelnen Unternehmer, deren Unterstützung bei den von ihnen zu ergreifenden Sicherheitsmassnahmen[1051], die Bereitstellung eines für die Ausführung der Bauarbeiten tauglichen Bauplatzes, die Bereitstellung von für eine gehörige Ausführung der Bauarbeiten geeigneten Baustoffen sowie gewisse Vorabklärungen und die Bekanntgabe der entsprechenden Ergebnisse in den Ausschreibungsunterlagen, so kann dies unter Umständen zu Bauunfällen und damit verbundenen Wertverminderungen der bereits errichteten Bauten führen. Indem die Bank sicherstellt, dass die entsprechenden Handlungen vorgenommen werden, vermindert sich somit auch das Risiko einer Wertverminderung des Baugrundstücks. Was die Ausgestaltung der entsprechenden Abrede und die Vollstreckung betrifft, so sei auf das bereits weiter vorne Ausgeführte verwiesen [1052].

CC   Änderungsverbot bzw. Genehmigungspflicht für
     Änderungen am Bauvorhaben

Durch ein Änderungsverbot bzw. eine Genehmigungspflicht für Änderungen am Bauvorhaben kann sich die baukreditgebende Bank auch gegen Wertverminderungen schützen, die auf Abweichungen vom ursprünglichen Bauprojekt beruhen. Was die Ausgestaltung der entsprechenden Abrede sowie weitere Einzelheiten betrifft, so sei sinngemäss auf das bereits Ausgeführte verwiesen [1053].

1050   Vgl. dazu vorne S. 203.
1051   Vgl. dazu etwa *Schaub*, S. 201f., S. 204.
1052   Vgl. dazu vorne S. 205.
1053   Vgl. dazu vorne S. 206f.

DD Recht zu selbständigen Kontrollen

Hier kann sinngemäss auf das bereits weiter vorne Ausgeführte verwiesen werden[1054].

EE Vereinbarungen betreffend Rückbehalte bzw. für deren
Ablösung gewährte Sicherheiten

Hier gilt sinngemäss das weiter vorne Ausgeführte [1055]. Zu beachten ist allerdings, dass die für die Ablösung des Rückbehaltes gewährten Bürgschaften oder anderen Sicherheiten nur für Mängelhaftungen gewährt werden. Vermindert ein Handwerker oder Unternehmer durch sein Verhalten bereits bestehende, nicht von ihm geschaffene Bausubstanz, so dürften - ohne besondere Abrede - entsprechende Schadenersatzansprüche durch diese Sicherheiten gerade nicht gedeckt sein. Soweit dagegen der Rückbehalt noch nicht abgelöst oder eine Bargarantie vereinbart wurde, kann gegebenenfalls mit den entsprechenden Schadenersatzforderungen verrechnet werden.

FF Vereinbarungen betreffend Feuer- und Elementarschaden- bzw.
Gebäudeversicherung[1056]

Als Schutz gegen die genannten Risiken kommt namentlich auch der Abschluss einer Feuer- und Elementarschaden- bzw. Gebäudeversicherung in Frage. Häufig wird denn auch die Freigabe der Kreditmittel vom Abschluss einer solchen Versicherung abhängig gemacht. Möglich ist jedoch auch, dass ausdrücklich eine Pflicht zum Abschluss einer entsprechenden Versicherung vereinbart wird[1057]. Grundsätzlich ist sogar denkbar, dass der betreffende Anspruch gerichtlich durchgesetzt werden könnte[1058], oder dass die Bank selbständig zum Abschluss entsprechender Versicherungen (auf Kosten des Kreditnehmers) berechtigt wird.

1054 Vgl. dazu vorne S. 209.

1055 Vgl. dazu vorne S. 210f.

1056 Vgl. dazu etwa *Albisetti/ Boemle/ Ehrsam/ Gsell/ Nyffeler/ Rutschi*, S. 135; *Albisetti/ Gsell/ Nyffeler*, S. 120; *Zobl*, Baukreditvertrag, S. 5; *Kaderli*, S. 271.

1057 Der Kreditnehmer kann die Pflicht zum Abschluss solcher Versicherungen auch auf den General- bzw. Totalunternehmer übertragen, vgl. dazu etwa VSGU, Allgemeine Bedingungen, F. 28.2; *Huber*, Generalunternehmervertrag, N 292ff.

1058 Zur Möglichkeit, den Abschluss der entsprechenden Versicherungen gestützt auf Art. 808 ZGB zu verlangen, vgl. *Leemann*, Art. 808 N 24; gegen ein solches Recht allerdings *Wieland*, Art. 808 N 2b. Sinnvollerweise müsste die Bank im entsprechenden Gerichtsentscheid berechtigt werden, die Versicherung gestützt auf Art. 98 Abs. 1 OR auf Kosten des Kreditnehmers abzuschliessen. Auch wenn mit Verzögerungen zu rechnen ist, kann ein gerichtliches Vorgehen durchaus Sinn machen, solange die grundpfandgesicherte Forderung des Kreditgebers noch nicht vollständig getilgt worden ist.

Allerdings ist der Abschluss solcher Versicherungen in zahlreichen Kantonen - auch für Neubauprojekte und Umbauten[1059] - obligatorisch, so dass sich eine besondere Abrede sogar erübrigt. Die Feuer- und Elementarschaden- bzw. Gebäudeversicherungen bieten jedoch in der Regel nicht bei allen Zerstörungs- bzw. Beschädigungstatbeständen Schutz[1060]. Denkbar ist deshalb, dass der Kreditgeber im Einzelfall den Abschluss einer Versicherung verlangt, welche weitere Tatbestände deckt [1061]. Soweit die Versicherung zum Neuwert (nach Massgabe des Baufortschrittes[1062]) erfolgt, sollte eine mittels der Versicherungsleistungen finanzierte Rekonstruktion auch den vor der Zerstörung oder Beschädigung vorhandenen Wert des Gebäudes wiederherstellen und damit die entsprechende Unterdeckung der Baukreditforderung beseitigen [1063]. Wichtig ist insbesondere, dass sich das Grundpfandrecht eo ipso auch auf den Versicherungsanspruch erstreckt (Art. 822 ZGB i.V. mit Art. 57 VVG)[1064]. Im Umfang des Versicherungsschutzes kommt es also auch bei einer Zerstörung oder Beschädigung des Bauobjektes nicht zu einer Verminderung der Deckung [1065].

1059   Zur Situation in den einzelnen Kantonen vgl. ausführlich *Haag*, S. 176f.; *Hauswirth/ Suter*, S. 401ff. Vgl. auch etwa § 15 Gebäudeversicherungsgesetz ZH. Die Versicherung ist auf den Beginn der Bauarbeiten zu steigendem Wert abzuschliessen.

1060   Vgl. dazu etwa die §§ 20 - 22 Gebäudeversicherungsgesetz ZH: Ausgenommen sind beispielsweise Zerstörungen, welche zufolge schlechten Baugrundes oder unfachgemässer oder unsolider Bauausführung oder Abdichtung entstehen. Ebenso sind Zerstörungen und Beschädigungen ausgeschlossen, welche durch Stauseen oder sonstige künstliche Wasseranlagen verursacht werden, Erdbebenschäden bei geringeren Erschütterungen, sowie Kriegs- und Strahlungsschäden. Ein Vergleich zwischen den Leistungen der öffentlichrechtlichen und privaten Sachversicherer findet sich insbes. bei *Hauswirth/ Suter*, S. 404ff.

1061   Sog. Extended Coverage (EC), vgl. dazu *Hauswirth/ Suter*, S. 242ff. Bedeutsam sind aber auch die Bauwesen- und Montageversicherungen sowie die Betriebs- und Berufshaftpflichtversicherungen der am Bau beteiligten Parteien. Vgl. dazu auch die nachfolgenden Ausführungen.

1062   Vgl. dazu etwa § 34 i.V. mit § 37 Gebäudeversicherungsgesetz ZH. Vgl. auch Art. 63 Abs. 1 Ziff. 2 VVG, wonach als Ersatzwert der Bauwert massgeblich ist. Im Bereich der privaten Versicherungen wird der zunehmende Wert v.a. in der Form einer sog. Rohbau- und Montageversicherung gedeckt. Bei grösseren Bauvorhaben wird anstatt einer Feuerversicherung ohnehin eine sog. Bauwesen- oder Montageversicherung abgeschlossen, die eine sog. All-risks-Deckung gewährleistet. Vgl. dazu *Hauswirth/ Suter*, S. 192f., sowie gerade anschliessend.

1063   Zur Versicherung der Nachteuerung, die der Erhöhung der Baukosten zwischen Eintritt des Schadens und dem Wiederaufbau Rechnung trägt, vgl. *Hauswirth/ Suter*, S. 193.

1064   Vgl. dazu *Tuor/ Schnyder/ Schmid*, S. 815; *Simonius/ Sutter*, 5 N 43ff., S. 171; *Steinauer*, N 2733ff., S. 148ff.; *Isler*, Grundpfandrecht, S. 194; *Leemann*, Art. 822 N 1ff.; *Wieland*, Art. 822 N 1ff.; *Hauswirth/ Suter*, S. 237ff. (mit Hinweisen auf weitere Massnahmen zum Schutz des Grundpfandgläubigers); vgl. auch vorne S. 138, S. 146 und S. 152. Die Erstreckung der Pfandhaft gilt insbes. auch bei einer Sicherung des Baukredites durch ein Faustpfand an einem Schuldbrief, vgl. dazu Zobl, Eigentümerschuldbrief, S. 228 (mit weiteren Hinweisen).

1065   Denkbar ist, dass der von der Bank beigezogene Treuhänder auch damit beauftragt wird, für eine korrekte Versicherung zu sorgen, vgl. dazu etwa *Mühl/ Petereit*, S. 398, Ziff. 3c.

GG Vereinbarungen betreffend Bauwesen- bzw. Montageversicherung[1066]

Bauwesen[1067]- bzw. Montageversicherungen[1068] können unter anderem auch vom Bauherrn abgeschlossen werden[1069] und bieten insbesondere Schutz gegen die Risiken von Bauunfällen[1070]. Soweit die Versicherung bei einer Zerstörung oder Beschädigung des Bauobjektes Deckung gewährt[1071], erstreckt sich die Pfandhaft der Grundpfänder wiederum eo ipso auf die entsprechenden Versicherungsansprüche (Art. 822 ZGB i.V. mit Art. 57 VVG)[1072, 1073].

Möglich ist, dass der Kreditgeber wie bei der Gebäudeversicherung die Freigabe der Kreditmittel vom Abschluss einer entsprechenden Bauwesen- bzw. Montageversicherung abhängig macht, dass der Kreditnehmer direkt zum Abschluss solcher Versicherungen verpflichtet wird (die gerichtliche Durchsetzung dürfte indessen nur Sinn machen, wo der Abschluss der Versicherung noch vor Beendigung der Bauarbeiten erreicht werden kann), oder dass die Bank selbständig zum Abschluss entsprechender Versicherungen (auf Kosten des Kreditnehmers) berechtigt wird[1074].

1066 Zur Tendenz, im Bereich der privaten Versicherung (namentlich bei grösseren Projekten) die Feuerversicherung durch die umfassendere Bauwesen- und Montageversicherung mit entsprechender All-risks-Deckung abzulösen vgl. *Hauswirth/ Suter*, S. 193; zur Ausgestaltung als Package-Versicherung vgl. a.a.O., S. 418.

1067 Gegenstand der Bauwesenversicherung sind in der Regel: Das Bauwerk, die Baustelleneinrichtung, Baugeräte und Baumaschinen sowie die Aufräumungskosten, Baugrund und Bodenmassen. Vgl. dazu *Richner*, S. 211f.; *Haag*, S. 146ff.; *Kiefer*, S. 39f.; *Hepperle*, S. 124f.; *Hepperle*, Bauversicherungen, S. 202.

1068 Gegenstand der Montageversicherung sind in der Regel Maschinen, maschinelle und elektrische Anlagen, Stahlkonstruktionen sowie Konstruktionen aus vorfabrizierten Elementen, Werkzeuge, Baracken, Bauleistungen, Erd- und Bauarbeiten, vgl. dazu *Haag*, S. 172; *Richner*, S. 215; *Hepperle*, S. 126f.; *Hepperle*, Bauversicherungen, S. 203.

1069 Vgl. dazu *Richner*, S. 213, S. 216; *Kiefer*, S. 39.

1070 Vgl. dazu *Haag*, S. 16ff.; *Kiefer*, S. 35ff.; *Richner*, S. 209ff., S. 214ff.

1071 Vgl. dazu etwa *Richner* S. 211.

1072 Vgl. dazu die gerade vorangehenden Ausführungen zur Feuer- und Elementarschadenversicherung bzw. zur Gebäudeversicherung. Zur Abgrenzung dieser Versicherungen von der Bauwesenversicherung vgl. etwa *Haag*, S. 175ff.

1073 Soweit - namentlich im Rahmen der Montageversicherung - Ersatz für Anlagen und Maschinen gewährt wird, ist allerdings zu verlangen, dass diese bereits Bestandteil oder zumindest Zugehör des verpfändeten Grundstücks geworden sind (Art. 805 ZGB). Zu anderen Ansprüchen aus der Bauwesen- bzw. Montageversicherung, für die Art. 822 ZGB bzw. Art. 57 VVG nicht gilt, vgl. insbes. hinten S. 251.

1074 Vgl. dazu bereits die vorgehenden Ausführungen zur Feuer- und Elementarschaden- bzw. Gebäudeversicherung.

HH   Sicherung der Kreditforderung durch Schadenersatzansprüche des Kreditnehmers

Soweit die Beschädigung oder Zerstörung der Baute Schadenersatzansprüche des Kreditnehmers begründet, gilt wiederum, dass eine zusätzliche Sicherung des Kredites durch solche Ansprüche eine Unterdeckung der Kreditforderung verhindert oder zumindest vermindert. Was einzelne Modalitäten dieser zusätzlichen Sicherung betrifft, so kann sinngemäss auf das bereits weiter vorne Ausgeführte verwiesen [1075] werden.

II   Vorbehalt eines angemessenen Versicherungsschutzes der am Bau beteiligten Parteien

Die zusätzliche Sicherung der Kreditforderung durch entsprechende Schadenersatzansprüche nützt nicht viel, wenn die Haftpflichtigen zahlungsunfähig sind. Auch im hier zu behandelnden Zusammenhang kommt deshalb dem Versicherungsschutz der am Bau beteiligten Parteien eine nicht unwesentliche Bedeutung zu. Namentlich beziehen sich die gemäss Art. 181 SIA-Norm 118 (Ausgabe 1977/1991) als Ersatz für den Rückbehalt gestellten Sicherheiten [1076] nur auf eine allfällige Mängelhaftung, nicht jedoch auf weitere Ansprüche gegenüber den am Bau beteiligten Bauhandwerkern und Unternehmern. Beschädigt oder zerstört ein Handwerker oder Unternehmer durch sein Verhalten bereits bestehende, nicht von ihm geschaffene Bausubstanz, so können die entsprechenden Sicherheiten gerade nicht beansprucht werden. Denkbar ist deshalb wiederum, dass die baukreditgebende Bank im Baukreditvertrag den Vorbehalt eines angemessenen Versicherungsschutzes anbringt. Was dessen Ausgestaltung betrifft, kann auf das bereits weiter vorne Ausgeführte verwiesen werden [1077]. Nebst der bereits erwähnten Berufs- und Betriebshaftpflichtversicherung [1078] kommen für einen entsprechenden Versicherungsschutz insbesondere die gerade erwähnten Bauwesen- und Montageversicherungen in Frage, die, vom Geldgeber und Bauherrn abgesehen, vor allem von den am Bau beteiligten Architekten, Ingenieuren, General- bzw. Totalunternehmern und Bauhandwerkern und Bauunternehmern abgeschlossen werden können [1079].

1075   Vgl. dazu vorne S. 180. Denkbar ist zudem, dass der Kreditgeber eine solche Sicherung gestützt
         auf Art. 810 Abs. 1 ZGB verlangen kann. Vgl. dazu auch hinten S. 226f.
1076   Vgl. dazu schon vorne S. 180f.
1077   Vgl. dazu vorne S. 212.
1078   Vgl. dazu vorne S. 212.
1079   Vgl. dazu *Kiefer*, S. 35f.; *Richner*, S. 213, S. 216.

JJ   Vorbehalt der Vertrauenswürdigkeit und Bonität der am Bau beteiligten Parteien

Das Risiko einer Schädigung oder Zerstörung des Bauobjektes bzw. damit verbundener Unterdeckungen kann insbesondere auch durch die Auswahl der am Bau beteiligten Personen und Unternehmungen reduziert werden. Denkbar ist deshalb wiederum, dass im Baukreditvertrag ein entsprechender Vorbehalt angebracht wird. Was die konkrete Ausgestaltung betrifft, kann sinngemäss auf das bereits weiter vorne Ausgeführte verwiesen werden[1080].

KK   Recht zur Leistungsverweigerung bei einer Verletzung von Pflichten
      aus dem Baukreditvertrag

Hiezu kann sinngemäss auf das weiter vorne Ausgeführte verwiesen werden[1081].

1080   Vgl. dazu vorne S. 213.
1081   Vgl. dazu vorne S. 182.

C Weitere Schutzmassnahmen

AA Ausübung der pfandrechtlichen Sicherungsbefugnisse

AAA   Rechtliche Grundlagen

Gestützt auf Art. 808ff. ZGB hat der Pfandgläubiger verschiedene Sicherungsbefugnisse, welche ihm sogar Eingriffe in das verpfändete Grundstück erlauben. Die entsprechenden Regelungen sind im Gesetz bei den allgemeinen Bestimmungen zum Grundpfand eingeordnet. Sie gelten somit in jedem Fall bei der Sicherung des Baukredites durch eine Grundpfandverschreibung. Sie gelten aber zumindest analog auch bei der Faustverpfändung eines Schuldbriefes[1082]. Ebenso gelten sie bei der Sicherungsübereignung eines solchen Titels, wird doch der Sicherungsnehmer dessen Alleineigentümer und es stehen ihm dieselben Rechte zu, wie jedem Schuldbriefeigentümer[1083].

BBB   Einzelne Befugnisse des Kreditgebers

Gemäss Art. 808 Abs. 1 ZGB hat der Pfandgläubiger insbesondere das Recht, dem Grundstückeigentümer schädliche Einwirkungen auf das Grundstück durch den Richter untersagen zu lassen. Gestützt auf Art 808 Abs. 2 ZGB kann der Kreditgeber sogar selbständig eingreifen. Zeigt sich, dass durch die Bauarbeiten oder durch andere vom Grundeigentümer vorgenommene oder veranlasste Aktivitäten[1084] das Bauobjekt zerstört oder massiv beschädigt würde, kann der Kreditgeber deshalb die genannten Massnahmen ergreifen. Für die gerichtliche Durchsetzung der betreffenden Massnahmen sehen verschiedene Kantone ausdrücklich das summarische Verfahren vor[1085]. Denkbar ist, dass im Einzelfall auch das Verfahren zur schnellen Handhabung klaren Rechts beschritten werden kann, sofern dies die entsprechende Zivilprozessordnung vorsieht[1086]. In Frage kommen gegebenenfalls auch vorsorgliche Massnahmen, um eine drohende Wertverminderung zu stoppen.
Ist eine entsprechende Wertverminderung bereits eingetreten, kann der Kreditgeber die Sicherung seiner Ansprüche oder die Wiederherstellung des früheren Zustandes verlangen (Art. 809 Abs. 1 ZGB). Droht die Gefahr einer solchen Wertverminderung, kann der Kreditgeber sodann ebenfalls Sicherung verlangen (Art. 809 Abs. 2 ZGB).

1082 Vgl. dazu *Leemann*, Art. 808 N 49; *Zobl*, Eigentümerschuldbrief, S. 228f.; a.M. *Oftinger/ Bär*, Art. 901 N 140.

1083 Vgl. dazu *Zobl*, Sicherungsübereignung, S. 288f.; *Zobl*, Fahrnispfand, Systematischer Teil N 1425ff.; *Oftinger/ Bär*, Systematischer Teil N 240.

1084 Zu einzelnen Wertminderungstatbeständen vgl. etwa *Leemann*, Art. 808 N 20ff.; *Wieland*, Art. 808 N 2; *Lötscher*, S. 175ff.

1085 Vgl. dazu etwa § 215 Ziff. 39 ZPO/ZH.

1086 Vgl. dazu z.B. § 222 Ziff. 2 ZPO/ZH; *Vogel*, 12 N 173ff., S. 321f.; *Habscheid*, N 629, S. 374.

Kommt der Kreditnehmer bei einer bereits eingetretenen Wertverminderung seiner Sicherungspflicht nicht nach, so kann der Kreditgeber eine entsprechende Abzahlung der Schuld verlangen (Art. 809 Abs. 3 ZGB). Diese Bestimmung kann vor allem für Baukredite mit längerer Kündigungsfrist[1087] Bedeutung erlangen, da sie eine Rückforderung der Kreditmittel ohne Einhaltung solcher Fristen erlaubt. M.E. kann der Kreditgeber gestützt auf diese Bestimmung auch eine Freigabe weiterer Mittel verweigern[1088].

Bei Wertverminderungen, die ohne Verschulden des Eigentümers eintreten, kann der Kreditgeber immerhin verlangen, dass er soweit sichergestellt wird, als der Eigentümer selbst für den Schaden gedeckt wird (Art. 810 Abs. 1 ZGB).

Wichtig sind schliesslich vor allem die Eingriffsmöglichkeiten des Kreditgebers gestützt auf Art. 810 Abs. 2 ZGB, wonach der Pfandgläubiger Vorkehren zur Beseitigung oder Abwehr unverschuldeter Wertverminderungen treffen kann. Vor allem bei einem Unterbruch der Bauarbeiten kann die baukreditgebende Bank damit Vorkehren treffen, welche Beeinträchtigungen der bereits gebauten Einrichtungen verhindern oder zumindest reduzieren können.

Soweit dem Kreditgeber für von ihm ergriffene Massnahmen Kosten entstanden sind, hat er am fraglichen Grundstück ein gesetzliches Pfandrecht, das ohne Eintragung im Grundbuch existiert und jedem eingetragenen Pfandrecht - somit auch allfälligen Bauhandwerkerpfandrechten - vorgeht (Art. 808 Abs. 3 und Art. 810 Abs. 2 ZGB).

BB Selbständiger Abschluss einer Bauwesen- bzw. Montageversicherung

Grundsätzlich steht es dem Baukreditgeber frei, selbst eine Bauwesen- bzw. Montageversicherung abzuschliessen[1089], die bei einer Zerstörung oder Beschädigung des Bauobjektes oder vorbestehender Bauten die Mittel für eine Rekonstruktion sicherstellen würde. Allerdings dürfte sich dies nur lohnen, wenn das Baukreditgeschäft entsprechend hohe Zinsen und Kommissionen einbringt.

CC Überprüfung der Bonität und Vertrauenswürdigkeit der am Bau
     beteiligten Parteien

Hiezu kann sinngemäss auf das weiter vorne Ausgeführte verwiesen werden[1090].

1087   Vgl. dazu vorne S. 128.
1088   Argumentum a maiore ad minus: Wenn zum Schutz der Pfandforderung schon eine Rückforderung zulässig ist, muss es um so eher erlaubt sein, eine Zunahme der Gefährdung a priori zu verhindern.
1089   Vgl. dazu *Kiefer*, S. 39.
1090   Vgl. dazu vorne S. 213f.

DD Vertragsauflösung aus wichtigem Grund

Hiezu kann sinngemäss auf das weiter vorne Ausgeführte verwiesen werden[1091].

IV Haftungsfragen

Hiezu kann sinngemäss auf das bereits zur minderwertigen Bausubstanz Gesagte verwiesen werden. Insbesondere bewirkt die Zerstörung oder Beschädigung der Baute bei der baukreditgebenden Bank höchstens einen sog. reinen Vermögensschaden[1092].

1091   Vgl. dazu vorne S. 123f. und S. 183.
1092   Vgl. dazu vorne S. 214f.

§ 36 Unmöglichkeit der Bauvollendung

I Entstehung der Unterdeckung

Stellt sich während der Bauarbeiten heraus, dass das begonnene Bauwerk gar nicht vollendet werden kann, nützt dieses keinem weiteren Käufer und der Verkehrs- bzw. Liquidationswert des gesamten Grundstückes dürfte auf den ursprünglichen Landwert oder sogar noch darunter fallen. Letzteres kann namentlich dann zutreffen, wenn die bisher errichtete Baute z.b. aus baupolizeilichen Gründen abgebrochen werden muss[1093]. Die Unmöglichkeit einer Bauvollendung kann insbesondere folgende Ursachen haben:

- Von Anfang an vorhandene oder durch Veränderungen eingetretene, ungünstige Beschaffenheit des Untergrundes
- Nicht mit wirtschaftlichem Aufwand eliminierbare Altlasten
- Nicht eliminierbare Gefährdung von aussen (Steinschlag, Bergrutsch, Lawinengefahr)
- Enteignung und amtlich verfügter Baustopp[1094]
- Massive Zusatzkosten[1095], die eine Bauvollendung nicht mehr wirtschaftlich erscheinen lassen

II Konkretisierung der Risiken

Das Risiko einer Unterdeckung bei einer Einstellung der Bauarbeiten infolge objektiver Unmöglichkeit lässt sich wiederum am besten anhand eines Beispiels illustrieren:

Angenommen, im bereits erwähnten Beispiel[1096] stellt sich bei effektiv geleisteten Planungs- und Bauarbeiten im Wert von Fr. 5'800'000.-- heraus, dass der Untergrund nicht stabil genug ist und ein massives Risiko besteht, dass die Baute infolge Hangrutsches zerstört wird. Vom Baukredit wurden bis zu diesem Zeitpunkt Fr. 4'400'000.-- beansprucht (Fr. 4'000'000.-- für Bau- und Planungskosten, Fr. 400'000.-- Zinskosten). Bauforderungen in der Höhe von Fr. 300'000.-- sind noch offen. Ein Abbruch der bisherigen Anlagen kostet Fr. 150'000.--.
Der Kreditnehmer zahlt die offenen Bauforderungen aus seinem Vermögen und wird in der Folge zahlungsunfähig. Da das Land nach den neu gewonnenen Erkenntnissen nur

---

1093 Vgl. dazu *Naegeli/ Hungerbühler*, S. 128.
1094 Soweit für das Grundstück Entschädigungen ausgerichtet werden (z.B. bei einer materiellen oder formellen Enteignung), partizipiert die Bank im Rahmen von Art. 804 ZGB an diesen Beträgen.
1095 Zu den Zusatzkosten im besondern vgl. hinten S. 243.
1096 Vgl. dazu vorne S. 172: Verkehrs- bzw. Liquidationswert des Landes Fr. 1'000'000.--, auf dem bereits ein Grundpfand (Maximalhypothek) in der Höhe von Fr. 750'000.-- lastet. Baukosten Fr. 9'000'000. . Zinskosten Fr. 750'000.--. Eigenkapital Fr. 1'500'000.--. Baukreditlimite Fr. 8'250'000.--, gesichert durch eine Maximalhypothek von 9'000'000.--. Geplanter Verkehrsbzw. Liquidationswert des Objektes nach Bauabschluss (inkl. Land) Fr. 12'000'000.--.

mit massiven Aufwendungen und nur für bestimmte Bauten wieder nutzbar gemacht werden kann, sinkt der Verkehrs- bzw. Liquidationswert des Grundstücks sogar unter den ursprünglichen Liquidationswert des Landes (abzüglich Abbruchkosten) auf Fr. 300'000.--. Damit besteht keinerlei Deckung für die Baukreditforderung (die durch das im Range vorgehende Pfandrecht gesicherte Forderung beträgt Fr. 600'000.--) und für die baukreditgebende Bank ergibt sich ein Totalausfall[1097]. Da nicht weitergebaut werden kann, fällt insbesondere auch eine Bevorschussung der Bauvollendung bzw. eine Übernahme des Bauobjektes und eine selbständige Bauvollendung durch die baukreditgebende Bank ausser Betracht, und es bleibt in jedem Fall bei diesem Verlust.

III Schutzmassnahmen

A Übersicht

Die Unmöglichkeit der Bauvollendung beruht oft auf ursprünglich nicht erkennbaren Umständen bzw. auf Umständen, für die niemand haftbar gemacht werden kann. Präventivmassnahmen oder haftungsbezogene Massnahmen dürften deshalb nur in Ausnahmefällen tatsächlichen Schutz bieten. Trotzdem soll nachfolgend auch auf solche Massnahmen eingegangen werden. Massnahmen zur Verminderung der Risiken einer strukturell bedingten Unterdeckung sollen demgegenüber nicht mehr gesondert aufgeführt werden, obwohl einzelne dieser Massnahmen grundsätzlich auch geeignet sind, die Risiken einer Einstellung der Bauarbeiten zumindest zu vermindern[1098].

B Schutz durch Vereinbarung entsprechender Punkte im Baukreditvertrag

AA   Vereinbarungen über einen besonderen Versicherungsschutz

Kommt es durch Bauunfälle zu massiven Zusatzkosten, ist denkbar, dass eine Bauwesen- bzw. Montageversicherung zumindest einen Teil des Schadens deckt und dass somit eine Bauvollendung wieder wirtschaftlich erscheint. Bei anderen der vorne erwähnten Ursachen, welche zur Einstellung der Bauarbeiten führen können, bieten dagegen weder die Feuer- und Elementarschaden- bzw. Gebäudeversicherung noch die Bauwesen- bzw. Montageversicherung einen entsprechenden Schutz. Immerhin ist in Einzelfällen denkbar, dass vom Bauherrn eine Spezialversicherung abgeschlossen werden kann (namentlich eine Versicherung für den Fall einer Einstellung der Bauarbeiten)[1099] und deshalb ein entsprechender Vorbehalt im Baukreditvertrag durchaus Sinn macht [1100].

1097   Zur weiteren Konkretisierung des Verlustrisikos vgl. auch hinten S. 271ff. .

1098   Vgl. dazu im einzelnen vorne S. 175ff. So namentlich etwa die Vorabverwendung des Eigen- bzw. Drittkapitals, die Vereinbarungen betreffend Rückbehalte, die Zusatzsicherheiten und der möglichst hohe Anteil an Eigen- bzw. Drittkapital.

1099   Vgl. dazu auch schon vorne S. 192.

1100   Zur möglichen Ausgestaltung eines solchen Vorbehaltes kann sinngemäss auf die Ausführungen zum Vorbehalt betreffend Feuer- und Elementarschaden- bzw. Gebäudeversicherung verwiesen werden, vgl. dazu vorne S. 221.

Zur Verminderung des Deckungsrisikos muss die Baukreditforderung aber in jedem Fall zusätzlich durch den entsprechenden Versicherungsanspruch gesichert werden [1101, 1102].

BB   Sicherung der Kreditforderung durch Schadenersatz- oder
        Gewährleistungsansprüche des Kreditnehmers

Wird ein Bauvorhaben in Angriff genommen, obwohl die am Bau beteiligten Ingenieure bzw. Geologen die Unmöglichkeit einer Bauvollendung hätten erkennen müssen, kann dies Schadenersatzansprüche des Kreditnehmers gegen diese Experten begründen[1103]. Schadenersatzansprüche können auch entstehen, wenn am Bau beteiligte Parteien oder Dritte massive Zusatzkosten verursachen, die eine Bauvollendung als unwirtschaftlich erscheinen lassen, oder wenn das Grundstück verseucht wird. Schadenersatz- oder Gewährleistungsansprüche können sich schliesslich auch gegenüber dem Verkäufer des Grundstücks ergeben, soweit dieses einen Mangel aufweist, der eine Bauvollendung verunmöglicht (Art. 221 OR i.V. mit Art. 197ff. OR).
Wird die Kreditforderung zusätzlich durch solche Ansprüche gesichert, vermindert sich auch das Risiko einer entsprechenden Unterdeckung. Was die einzelnen Modalitäten dieser zusätzlichen Sicherung betrifft, so sei sinngemäss auf das bereits weiter vorne Ausgeführte verwiesen[1104].

CC   Vorbehalt eines angemessenen Versicherungsschutzes der am Bau beteiligten Parteien

Hiezu gilt sinngemäss das bereits weiter vorne Ausgeführte[1105]. Bedeutsam im hier zu behandelnden Zusammenhang dürfte namentlich die Berufshaftpflichtversicherung der am Bau beteiligten Ingenieure bzw. Geologen sowie die Berufs- oder Betriebshaftpflichtversicherung oder Bauwesen- bzw. Montageversicherung der übrigen am Bau beteiligten Parteien sein.

DD   Besondere Kündigungsregelungen

Hat die Bank die Möglichkeit, den Baukreditvertrag im Falle einer sich abzeichnenden Einstellung der Bauarbeiten zu kündigen, kann sie die Kreditmittel auch bei längeren ordentlichen Kündigungsfristen vorzeitig abziehen und dadurch verhindern, dass durch den Zinslauf oder eine weitere Mittelbeanspruchung die Kreditforderung noch weiter anwächst, ohne dass sich eine entsprechende Deckungsschöpfung ergibt. Eine solche Abrede ist allerdings nur sinnvoll, wenn in dieser Situation nicht ohnehin eine Auflösung aus wichtigem Grund zugelassen wird[1106].

1101   Ein Anwendungsfall von Art. 822 ZGB i.V. mit Art. 57 VVG liegt nur insoweit vor, als die entsprechenden Versicherungen Schäden am verpfändeten Grundstück bzw. an darauf stehenden Bauten decken. Die Risiken, die im im hier zu erörternden Zusammenhang eine Rolle spielen, sind jedoch nur teilweise solche Sachrisiken.
1102   Was die einzelnen Modalitäten dieser Sicherung betrifft, so kann sinngemäss auf das bereits vorne S. 180 Ausgeführte verwiesen werden.
1103   Vgl. dazu etwa *Schaub*, S. 145ff.; *Hess-Odoni*, N 709ff., S. 190ff.
1104   Vgl. dazu vorne S. 180.
1105   Vgl. dazu vorne S. 212.
1106   Vgl. dazu die gerade nachfolgenden Ausführungen.

C   Weitere Schutzmassnahmen

AA   Überprüfung des Bauprojektes

Soweit die baukreditgebende Bank das Bauprojekt durch eigene Experten überprüfen lässt, sinkt zumindest das Risiko, dass es im konkreten Fall zu einer Einstellung der Bauarbeiten infolge voraussehbarer Gründe kommt.

BB   Vertragsauflösung aus wichtigem Grund

Die Unmöglichkeit einer Bauvollendung kann m.E. durchaus als wichtiger Grund betrachtet werden, der im Sinne des weiter vorne Ausgeführten[1107] eine Fortführung des Kreditverhältnisses als unzumutbar erscheinen lässt. Insbesondere ist es der Bank nicht zuzumuten, weiterhin an ihre Pflichten aus dem Baukreditvertrag gebunden zu sein und die Kreditmittel bis zum Ablauf der ordentlichen Kündigungsfrist in einem wenig aussichtsreichen Projekt zu belassen, durch welches weder die Kreditforderung noch die weiter auflaufenden Zinsen je voll gedeckt werden.

CC   Selbständiger Abschluss einer Versicherung

Denkbar ist, dass sich die baukreditgebende Bank für den Fall einer Einstellung der Bauarbeiten selbständig versichert[1108].

IV Haftungsfragen

Hier gilt wiederum sinngemäss das bereits zur minderwertigen Bausubstanz Gesagte[1109]. Insbesondere besteht keine vertragliche Haftung der vom Kreditgeber beigezogenen Experten gegenüber der Bank.

1107   Vgl. dazu vorne S. 123f.
1108   Vgl. dazu auch schon vorne S. 192.
1109   Vgl. dazu vorne S. 214f.

1D Finanzierungsbezogene Tatbestände

§ 37 Zweckwidrige Verwendung der Kreditmittel

I Entstehung der Unterdeckung

Werden Kreditmittel beansprucht, ohne dass die Mittel für die Baufinanzierung eingesetzt werden, kann es an den Mitteln zur Bauvollendung fehlen, was die bereits dargelegten Risiken mit sich bringt[1110]. Soweit die Bank das Bauvorhaben weiter bevorschussen oder sogar selbständig weiterführen möchte, müssen entsprechend zusätzliche - gegebenenfalls nicht mehr gedeckte - Mittel aufgebracht werden. Oder es besteht das Risiko, dass die einzelnen Baugläubiger infolge der zweckwidrigen Mittelverwendung nicht bezahlt werden und dass deshalb für die offenen Bauforderungen Bauhandwerkerpfandrechte eingetragen werden und es zur Anfechtung gemäss Art. 841 ZGB kommt[1111]. Schliesslich ist denkbar, dass unbezahlt gebliebene Gläubiger weitere gesetzliche Grundpfandrechte geltend machen können[1112].

II Konkretisierung der Risiken

A Verlustrisiko bei einer Verwertung des Bauobjektes ohne Bauvollendung

Das Risiko einer Unterdeckung bei einer zweckwidrigen Verwendung der Kreditmittel lässt sich wiederum am besten anhand eines Beispiels illustrieren:

> Angenommen, im bereits erwähnten Beispiel[1113] wird mit einem General- bzw. Totalunternehmer gebaut. Bei aufgelaufenen Baukosten im Betrag von Fr. 5'800'000.-- (Summe der gesamten Bauforderungen ohne Kreditzins) wird der Kreditnehmer zahlungsunfähig. Es stellt sich heraus, dass vom Baukredit bereits Fr. 6'600'000.-- beansprucht worden sind. Davon hat der General- bzw. Totalunternehmer Fr. 3'200'000.-- in zwei andere Bauprojekte des Bauherrn investiert[1114]. Fr. 3'000'000.-- wurden in den Bau investiert, Fr. 400'000.-- sind aufgelaufene Zinsen zu Lasten des Baukredites. Die noch offenen Bauforderungen belaufen sich auf Fr. 1'300'000.--. Leitet die baukreditgebende

---

1110   Vgl. dazu vorne S. 172ff.

1111   Vgl. dazu im einzelnen hinten S. 314ff.

1112   Vgl. dazu vorne Anm. 802.

1113   Vgl. dazu vorne S. 172: Verkehrs- bzw. Liquidationswert des Landes Fr. 1'000'000.--, auf dem bereits ein Grundpfand (Maximalhypothek) in der Höhe von Fr. 750'000.-- lastet. Baukosten Fr. 9'000'000.--. Zinskosten Fr. 750'000.--. Eigenkapital Fr. 1'500'000.--. Baukreditlimite Fr. 8'250'000.--, gesichert durch eine Maximalhypothek von 9'000'000.--. Geplanter Verkehrsbzw. Liquidationswert des Objektes nach Bauabschluss (inkl. Land) Fr. 12'000'000.--.

1114   Denkbar wäre, dass der Kreditgeber durch Betreibung auf Pfändung versuchen könnte, sich auch an diesen Objekten schadlos zu halten. Darauf wird hier nicht weiter eingegangen. Immerhin sei darauf hingewiesen, dass für bloss angefangene Objekte mit Angeboten zu rechnen ist, die erheblich unter der Summe des Landwertes und den bislang aufgelaufenen Baukosten liegen.

Bank in dieser Situation eine Betreibung auf Grundpfandverwertung ein[1115], muss wiederum mit längeren Fristen bis zur Verwertung gerechnet werden[1116]. Zudem werden für die offenen Bauforderungen Bauhandwerkerpfandrechte eingetragen. Bei der Versteigerung des Objektes wird ein Preis von Fr. 3'000'000.-- geboten. Soweit auf die durch die vorgehende Maximalhypothek gesicherte, fällige Forderung Fr. 600'000.-- entfallen, erleidet die Bank einen Ausfall im Umfang von mindestens Fr. 4'200'000.-- plus den ihr nicht zufallenden Abzügen vom Verwertungserlös[1117] plus zusätzlich aufgelaufenen Zinsen[1118]. Zudem ist mit Anfechtungen der Baugläubiger gestützt auf Art. 841 ZGB zu rechnen.

B Verlustrisiko bei einer Bevorschussung der Bauvollendung durch die baukreditgebende Bank

Angesichts dieses Verlustrisikos stellt sich die Frage, ob die Bank anstelle der Einleitung eines Zwangsvollstreckungsverfahrens nicht besser die Bauvollendung finanzieren und dadurch eine Wertsteigerung der Liegenschaft ermöglichen soll[1119]. Notwendig sind hiefür mindestens Fr. 3'200'000.-- (ursprünglich geplante, weitere Baukosten) plus Fr. 100'000.-- (geschätzte) Zusatzkosten plus Fr. 1'300'000.-- für die offenen Bauforderungen (bei sofortiger Bezahlung). Damit ergibt sich nach Abschluss der Bauarbeiten ein Deckungsbedarf für Fr. 6'600'000.-- (aufgelaufene Kreditforderung) plus Fr. 1'300'000.-- plus Fr. 3'200'000.-- plus Fr. 100'000.-- = Fr. 11'200'000.-- plus die entsprechenden Zinsen, dem ein Erlös von Fr. 12'000'000.-- (abzüglich der durch das vorgehende Pfandrecht gesicherten Forderung sowie weiterer Kosten, insbes. auch etwa abzüglich allfälliger Steuern) gegenübersteht. Soweit dieser Erlös auch für die bevorschussten Mittel haftet (sei es durch Erhöhung des Grundpfandes oder aufgrund besonderer Abreden mit den Beteiligten), ist der Verlust zumindest erheblich geringer als bei einer Verwertung des unfertigen Objektes[1120].

1115   Gegebenenfalls muss der Kreditgeber allerdings zuerst den Schuldbrief durch Selbsteintritt oder - nach Durchführung einer Betreibung auf Pfandverwertung - bei der Zwangsversteigerung erwerben. Vgl. dazu vorne S. 173. Zur weiteren Konkretisierung des Verlustrisikos im Falle einer Zwangsvollstreckung vgl. hinten S. 271ff.

1116   Vgl. dazu vorne S. 172f.

1117   Zu den Steuern vgl. vorne S. 167. Zu weiteren Abzügen vgl. Art. 157 Abs. 1 SchKG, Art. 46 VZG.

1118   Einen Zusatzverlust erleidet die Bank ausserdem im Umfang der von ihr vorgeschossenen Betreibungskosten sowie infolge weiterer Kosten, die das ganze Verfahren mit sich bringt.

1119   Zu den Möglichkeiten der Bank, sich das Recht zur selbständigen Bauvollendung zu sichern, vgl. vorne S. 189ff. Zur Möglichkeit, selbständig eine Kreditaufstockung vorzunehmen, vgl. hinten S. 269f.

1120   Wird das Objekt allerdings im Rahmen einer Zwangsvollstreckung verwertet, sind die zusätzlichen Fristen zu beachten, während derer Zinsen fällig werden können. Umgekehrt kann das fertiggestellte Objekt gegebenenfalls bereits vermietet werden. Zu beachten sind sodann die Kosten für die Verwaltung, die Verwertung und die Verteilung, die gemäss Art. 157 Abs. 1 SchKG vorweg aus dem Erlös zu bezahlen sind. Zu den steuerlichen Aspekten vgl. vorne S. 167.

C   Verlustrisiko beim Erwerb des Bauobjektes und einer Bauvollendung durch die baukreditgebende Bank

Erwirbt die baukreditgebende Bank das Objekt zu einem unter der bislang aufgelaufenen Kreditforderung liegenden Preis[1121], kann - unter Berücksichtigung der gegebenenfalls von der Bank zu leistenden Steuern[1122], der Abzüge vom Verwertungserlös bzw. der mit dem Erwerb verbundenen Gebühren und Aufwendungen (geschätzter Maximalbetrag Fr. 80'000.--) - von folgendem Maximaleinsatz ausgegangen werden: Fr. 6'600'000.-- (bisherige Kreditforderung bzw. für den Kauf eingesetzte Mittel plus bisheriger Zins) plus Fr. 1'400'000.-- (zur Ablösung der Bauhandwerkerpfandrechte [inkl. Zins und Umtriebe]) plus Fr. 600'000.-- zur Tilgung der durch das vorgehende Pfandrecht gesicherten Forderung plus Fr. 80'000.-- (weiterer Aufwand), d.h. Fr. 8'680'000.-- plus zusätzliche Zinsen auf den eingesetzten Mitteln bis zum Erwerb. Bei einem Aufwand für die Bauvollendung von weiteren Fr. 3'200'000.-- plus (geschätzten) Zusatzkosten von Fr. 100'000.-- ergibt sich ein Gesamtbetrag von mindestens Fr. 11'980'000.-- plus die entsprechenden Zinsen, dem bei einem Verkauf der fertigen Baute ein Erlös von Fr. 12'000'000.-- (abzüglich der mit dem Verkauf verbundenen Kosten und Steuern[1123]) gegenübersteht.

Auch wenn ein Verlust resultiert, ist dieser in jedem Fall erheblich geringer, als bei einer Verwertung ohne Wiederaufbau.

D   Einschränkung der Wahlmöglichkeiten

Hier gilt sinngemäss das zur Unterdeckung infolge eines Substanzverlustes Gesagte[1124].

1121   Vgl. dazu schon vorne S. 173. Denkbar ist der Erwerb bei einem freiwilligen Verkauf (unter Verrechnung des Preises mit der Kreditforderung), durch Ausübung des Kaufsrechts (ebenfalls unter Verrechnung des Preises mit der Kreditforderung) oder im Rahmen der Zwangsvollstreckung.

1122   Vgl. dazu insbes. auch schon vorne S. 167.

1123   Zu beachten ist, dass beim Erwerb durch die Bank und beim nachmaligen Wiederverkauf zweimal die Kosten und die Steuern für die Handänderung anfallen. Wird das Objekt innert kurzer Zeit wieder verkauft, kann der Steuersatz zudem entsprechend höher sein. Vgl. dazu etwa für die Handänderungssteuer im Kanton Zürich § 182 StG/ZH. Soweit der Verkaufserlös die anrechenbaren Anlagekosten übersteigt, ist auch mit einer Grundstückgewinnsteuer zu rechnen.

1124   Vgl. dazu vorne S. 219.

III Schutzmassnahmen

A Übersicht

Die Verwendung der Kreditmittel hängt im wesentlichen vom Baukreditnehmer sowie von einzelnen am Bau beteiligten Parteien, insbesondere auch von einem allenfalls beigezogenen General- bzw. Totalunternehmer ab. Deren Möglichkeit, über die Kreditmittel zu verfügen, kann zwar bis zu einem gewissen Grad kontrolliert und beeinflusst werden. Wo dies jedoch nicht zum Erfolg führt, bleiben praktisch nur noch Schadenersatzansprüche[1125]. Da die zweckwidrige Verwendung der Kreditmittel gegebenenfalls als Veruntruung oder als Betrug zu qualifizieren ist, ergibt sich immerhin ein gewisser präventiver Schutz aufgrund der betreffenden Strafbestimmungen[1126]. Als besondere Schutzmassnahmen kommen etwa in Frage[1127]:

B Schutz durch Vereinbarung entsprechender Punkte im Baukreditvertrag

AA Zahlungskontrolle

Mittels Zahlungskontrolle[1128] kann weitgehend sichergestellt werden, dass Kreditmittel nicht für vertragswidrige Zwecke verwendet werden. Die Kontrolle kann durchaus von der baukreditgebenden Bank selbst vorgenommen werden, bringt aber einen nicht unerheblichen administrativen Aufwand mit sich. Denkbar ist deshalb auch die Übertragung der Kontrolle auf einen Treuhänder[1129].

Kontrolliert wird die vertragskonforme Mittelverwendung häufig auf der Basis eines vom Kreditnehmer einzureichenden Handwerkerverzeichnisses[1130]. Zu beachten ist allerdings, dass dieses Verzeichnis laufend aktualisiert werden muss, damit es ein taugliches Kontrollinstrument bleibt[1131]. Art und Umfang der Zahlungskontrolle können im Baukreditvertrag festgehalten werden.

1125 Gegenüber dem Kreditnehmer hat die Geltendmachung solcher Ansprüche jedoch wenig Sinn, weil die kreditgebende Bank ja lediglich bei Zahlungsunfähigkeit des Kreditnehmers einen Verlust erleidet und somit auch kein Schadenersatz geleistet werden kann.

1126 Vgl. dazu vorne S. 94f.

1127 Das Risiko der Unterdeckung lässt sich immer auch vermindern durch eine Optimierung des Deckungsbedarfes. Im einzelnen kommen die folgenden, bereits erwähnten Massnahmen in Frage: Möglichst hoher Anteil an Eigen- bzw. Drittkapital bzw. möglichst hoher Anteil des bereits vorhandenen, mithaftenden Grundstückswertes, vgl. dazu vorne S. 182; Vorabverwendung des Eigen- bzw. Drittkapitals, vgl. dazu vorne S. 176f.; Zusatzsicherheiten, vgl. dazu vorne S. 182.

1128 Vgl. dazu im einzelnen auch schon vorne S. 177ff.

1129 Vgl. zum Ganzen schon vorne S. 178f.

1130 Vgl. dazu vorne S. 29.

1131 Vgl. dazu Heizmann, S. 71, der allerdings den Nutzen der Handwerkerverzeichnisse in Frage stellt.

Allerdings hat die Bank auch ohne besondere Vereinbarung das Recht, die Zahlungs-anweisungen auf ihre Übereinstimmung mit allfälligen Handwerkerverzeichnissen zu über-prüfen und die Ausführung nicht vertragskonformer Anweisungen zu verweigern[1132]. Dagegen muss die Pflicht, ein Handwerkerverzeichnis einzureichen und zu aktualisieren, ausdrücklich vereinbart werden, damit daraus verbindliche Wirkungen entstehen. Die ge-richtliche Durchsetzung des entsprechenden Rechtes dürfte indessen nur in Ausnahmefällen Sinn machen [1133]. Soweit die Bank generell das Recht hat, bei Pflichtverletzungen des Kreditnehmers die Freigabe von Kreditmitteln zu verweigern[1134], kann indessen der Ein-reichungspflicht wohl in den meisten Fällen genügend Nachachtung verschafft werden. Möglich ist allerdings auch die ausdrückliche Abrede, dass die Kreditmittel so lange zu-rückbehalten werden können, bis die entsprechenden Verzeichnisse eingereicht werden.

BB Kreditfreigabe nach Massgabe des Baufortschrittes

Die Kreditfreigabe nach Massgabe des Baufortschrittes vermindert das Risiko einer zweckwidrigen Mittelverwendung, da auf diese Weise weder dem Baukreditnehmer noch einzelnen Baugläubigern unlimitiert Beträge aus dem Kredit bevorschusst werden. Voll-ends kann durch diese Massnahme eine zweckwidrige Verwendung der Kreditmittel jedoch nicht verhindert werden, da nach wie vor die Gefahr besteht, dass Zwischenakkordanten die ihnen ausbezahlten Mittel nicht zur Bezahlung ihrer Unterakkordanten einsetzen. Was einzelne Modalitäten dieser Kreditfreigabe betrifft, so sei auf das bereits weiter vorne Ausgeführte verwiesen[1135].

CC Direkte Verpflichtung des General- bzw. Totalunternehmers zur vertragskonformen Mittelverwendung

Beim Bau mit einem General- bzw. Totalunternehmer hat sich dieser in der Praxis oftmals unmittelbar gegenüber der baukreditgebenden Bank zu verpflichten, die ihm überwiesenen Kreditmittel lediglich für das entsprechende Bauprojekt zu verwenden. Eine solche Abrede ist m.E. als Auftrag i.S. von Art. 394ff. OR zu qualifizieren und kann vom Beauftragten somit jederzeit gekündigt werden (Art. 404 OR[1136]). Gibt indessen der General- bzw. To-talunternehmer - etwa aufgrund entsprechender Weisungen des Kreditnehmers - zu verste-hen, dass er künftighin die Kreditmittel nicht mehr abredegemäss verwenden werde, hat die Bank ohnehin das Recht, die Freigabe weiterer Kreditmittel zu verweigern[1137].

1132 Vgl. dazu vorne S. 89.
1133 Der Kreditnehmer wäre wohl unter Androhung einer Bestrafung gemäss Art. 292 StGB im Widerhandlungsfall zur Einreichung eines aktualisierten Verzeichnisses zu verpflichten.
1134 Vgl. dazu vorne S. 182.
1135 Vgl. dazu vorne S. 176ff.
1136 Vgl. dazu insbes. vorne Anm. 326.
1137 Dies ergibt sich m.E. aus dem Recht der Bank, zweckwidrige Zahlungen zu verweigern. Vgl. dazu vorne S. 89.

Hat demgegenüber der General- bzw. Totalunternehmer im Rahmen einer solchen Abrede bereits Kreditmittel in Empfang genommen und zweckwidrig verwendet, ergibt sich eine vertragliche Haftung gegenüber der Bank[1138]. Denkbar ist sodann, dass in diesem Falle sogar eine Veruntreuung i.S. von Art. 138 StGB vorliegen kann[1139]. Als Grundlage für die Annahme einer Vermögensverwaltungspflicht, wie sie die ungetreue Geschäftsbesorgung gemäss Art. 158 StGB voraussetzt, dürfte diese Abrede demgegenüber nicht genügen[1140]. Möglich ist schliesslich, dass der Abschluss einer entsprechenden Vereinbarung (ohne Absicht des General- bzw. Totalunternehmers, diese zu erfüllen) die Annahme der Arglist begünstigen könnte, sofern bei einer zweckwidrigen Verwendung der Kreditmittel ein Betrug i.S. von Art. 146 StGB in Betracht kommt[1141].

DD Treueerklärung der kontoführenden Bank

Führt der General- bzw. Totalunternehmer sein Konto bei einer anderen Bank, wird die Überweisung der Kreditmittel auf dieses Konto oftmals von der Erklärung der anderen Bank abhängig gemacht, dass sie für eine dem Baukreditvertrag entsprechende Freigabe der Mittel besorgt sei. Denkbar ist, dass sich aufgrund dieser Erklärung ein verbindliches Treuhand- bzw. Auftragsverhältnis ergibt. Möglich ist aber auch, dass die Erklärung lediglich als unverbindliche Absichtserklärung zu verstehen ist, worin der baukreditgebenden Bank signalisert wird, dass sie ein entsprechendes Verhalten erwarten kann. Basis solcher Erklärungen ist das gegenseitige Vertrauen sowie das gemeinsame Interesse an funktionierenden Geschäftsbeziehungen. Rechtsansprüche lassen in solchen Fällen jedoch nicht begründen[1142].

1138   Denkbar ist allerdings auch, dass der Baukreditgeber ohne eine solche Abrede - gestützt auf Art. 399 Abs. 3 OR - direkt gegen den General- bzw. Totalunternehmer vorgehen kann. Vgl. dazu insbes. hinten S. 241.

1139   Zu beachten ist indessen, dass die blosse Nichtbezahlung von Unterakkordanten nicht genügt für die Annahme eine Veruntreuung i.S. von Art. 138 Ziff. 1 Abs. 2 StGB, da der Direktakkordant die Mittel im Normalfall nicht auf fremde Rechnung weiterzuleiten hat. Aufgrund der genannten Abrede mit der Bank muss sich somit die Annahme rechtfertigen, der General- bzw. Totalunternehmer habe die nicht auf ihn selbst entfallenden Mittel nur treuhänderisch empfangen und habe diese gleichsam als Stellvertreter der Bank bzw. des Bauherrn an die weiteren Baugläubiger weiterzuleiten. Zu beachten ist allerdings auch hier, dass eine Strafbarkeit nur in Frage kommt, wenn die Absicht unrechtmässiger Bereicherung besteht. Vgl. dazu *Rehberg/ Schmid*, S. 95f.; *Stratenwerth*, 13 N 56, S. 263. Vgl. auch vorne S. 94 und S. 238.

1140   Namentlich kann in der Pflicht zur Bezahlung der Unterakkordanten oder zur entsprechenden Verwendung der Kreditmittel noch keine Vermögensverwaltungspflicht im Sinne des genannten Tatbestandes erblickt werden. Vgl. dazu *Stratenwerth*, 19 N 7, S. 384. Vgl. ausserdem schon vorne S. 95.

1141   Namentlich ist zu beachten, dass ein Betrug vorliegen kann, wenn sich etwa ein Direktakkordant bezahlen lässt, obwohl er von vornherein beabsichtigt, die ausbezahlten Gelder nicht an die Unterakkordanten weiterzuleiten, vgl. dazu *Zobl*, Bauhandwerkerpfandrecht, S. 100f.; *Schumacher*, N 491, S. 135; *Reber*, S. 107, sowie den von diesen Autoren zitierten *BGE* 105 IV 102ff. Vgl. dazu auch vorne S. 95.

1142   Zu solchen unverbindlichen Vereinbarungen der Banken vgl. auch etwa *Bieri*, S. 99ff.

EE Sicherung der Kreditforderung durch Schadenersatzansprüche des Kreditnehmers

Soweit bei der Zahlungsabwicklung Drittparteien mitwirken (namentlich der Architekt[1143], Bauingenieur[1144], General- bzw. Totalunternehmer[1145] oder ein vom Kreditnehmer beauftragter Immobilientreuhänder[1146] bzw. Baucontroller), kann die nicht dem Vertragszweck entsprechende Verwendung der Kreditmittel Schadenersatzansprüche des Kreditnehmers begründen.

Dasselbe gilt für den Fall, dass Drittparteien bei der Zahlungskontrolle mitwirken[1147] und es aufgrund einer fehlerhaften Kontrolle zu einer zweckwidrigen Verwendung der Kreditmittel kommt. Soweit die Bank diese Ansprüche nicht direkt gegenüber den Fehlbaren geltend machen kann[1148], ist es sinnvoll, die Kreditforderung auch durch solche Ansprüche zu sichern. Was einzelne Modalitäten dieser Sicherung betrifft, so kann sinngemäss auf das bereits weiter vorne Ausgeführte verwiesen werden[1149].

FF Vorbehalt eines angemessenen Versicherungsschutzes der mit dem Einsatz der Kreditmittel betrauten Parteien

Bedeutsam im hier zu diskutierenden Zusammenhang dürfte namentlich der Schutz durch Berufshaftpflichtversicherungen sein. Für den Fall vorsätzlichen Handelns besteht allerdings kein Versicherungsschutz (Art. 14 VVG). Im übrigen kann sinngemäss auf das bereits weiter vorne Ausgeführte[1150] verwiesen werden.

GG Vorbehalt der Vertrauenswürdigkeit und Bonität der mit dem Einsatz der Kreditmittel betrauten Parteien

Die vertragskonforme Verwendung der Kreditmittel ist letztlich auch eine Vertrauensfrage. Soweit den mit der Verwendung der Kreditmittel betrauten Personen nicht vertraut werden kann oder soweit deren Bonität in Frage steht, sollte von einer Zusammenarbeit abgesehen werden.

1143 Vgl. dazu Art. 4.4.4 SIA-Ordnung 102 (Ausgabe 1984); *Reber*, S. 259ff.; *Trümpy*, S. 81.
1144 Vgl. dazu Art. 4.1.7 SIA-Ordnung 103 (Ausgabe 1984); *Schaub*, S. 192ff.
1145 Vgl. dazu etwa *VSGU*, Allgemeine Bedingungen, G. 32.1; *Huber*, Generalunternehmervertrag, N 334ff.
1146 Vgl. dazu vorne Anm. 872.
1147 Vgl. dazu vorne S. 177f. Zur Haftung des Architekten bei Vernachlässigung der Kostenkontrolle im besondern vgl. *Zehnder*, N 279ff., S. 114ff.
1148 Vgl. dazu gerade nachfolgend S. 241.
1149 Vgl. dazu vorne S. 180.
1150 Vgl. dazu vorne S. 212.

Denkbar ist deshalb, dass im Baukreditvertrag ein entsprechender Vorbehalt angebracht wird. Zur konkreten Ausgestaltung kann auf das bereits weiter vorne Ausgeführte verwiesen werden[1151].

HH Recht zur Leistungsverweigerung bei einer Verletzung von Pflichten aus dem Baukreditvertrag

Hier kann sinngemäss auf das weiter vorne Ausgeführte verwiesen werden[1152]. Insbesondere hat die Bank gestützt auf diese Generalklausel das Recht, die Freigabe weiterer Mittel zu verweigern, wenn der Kreditnehmer die Kreditmittel nicht vertragskonform verwendet[1153]. Allerdings ist sie auch ohne diese Klausel nur verpflichtet, vertragskonforme Zahlungsanweisungen auszuführen[1154].

C Weitere Schutzmassnahmen

AA Überprüfung der Vertrauenswürdigkeit und der Bonität der mit der Verwendung der Kreditmittel betrauten Personen

Hier kann sinngemäss auf das bereits weiter vorne Ausgeführte verwiesen werden[1155]. Bedeutsam ist insbesondere auch, dass der Kreditnehmer selbst genügend Gewähr für eine vertragskonforme Verwendung der Kreditmittel bietet.

BB Vertragsauflösung aus wichtigem Grund

Verwendet der Kreditnehmer die Kreditmittel nicht vertragskonform oder schreitet er nicht ein, wenn dies von ihm beauftragte Personen tun, dürfte eine weitere Zusammenarbeit der Bank mit dem Kreditnehmer unzumutbar sein und diese sollte auch bei längeren Kündigungsfristen das Recht haben, den Vertrag unvermittelt aufzulösen[1156].

1151 Vgl. dazu vorne S. 213.
1152 Vgl. dazu vorne S. 182.
1153 Das Verweigerungsrecht besteht m.E. auch dann, wenn vom Kreditnehmer beigezogene Drittparteien, namentlich ein General- bzw. Totalunternehmer, die Kreditmittel vertragswidrig verwenden. Aus der Sicht der Bank sind diese Drittparteien Substituten i.S. von Art. 398 Abs. 3 bzw. Art. 399 OR, deren Beizug die Rechte der Bank nicht schmälern kann. Vgl. dazu auch die anschliessenden Ausführungen zur Haftung.
1154 Vgl. dazu vorne S. 89.
1155 Vgl. dazu vorne S. 213f.
1156 Vgl. zum Ganzen insbes. vorne S. 123f.

IV Haftungsfragen

Verwendet der Kreditnehmer die Kreditmittel nicht vertragskonform, haftet er grundsätzlich aus Vertrag gegenüber der Bank (Art. 97ff. OR sowie analoge Anwendung von Art. 398 OR)[1157]. Da dieser allerdings nur bei Zahlungsunfähigkeit des Kreditnehmers ein Schaden entsteht, nützt diese Haftung nicht viel. Wird von der Bank ein Treuhänder bzw. Baucontroller eingesetzt, haftet dieser aus Vertrag gegenüber seiner Mandantin (Art. 398 OR), falls er seine Pflichten verletzt und es infolgedessen zu einer zweckwidrigen Mittelverwendung und einem Verlust kommt. Analog haftet der General- bzw. Totalunternehmer, sofern er eine entsprechende Vereinbarung mit der Bank abgeschlossen hat. Betraut der Kreditnehmer Drittparteien mit der Zahlungsabwicklung bzw. Zahlungskontrolle und verletzen diese ihre Pflichten, kann die Bank gestützt auf Art. 399 Abs. 3 OR[1158] bzw. die zur Substitution entwickelten Grundsätze direkt gegen diese vorgehen[1159]. Tatsächlich dürfte dies beim bauleitenden Architekten bzw. Ingenieur regelmässig möglich sein. Aber auch beim General- bzw. Totalunternehmer ist m.E. dieser Direktanspruch gegeben, zumindest insoweit, als sich dieser gegenüber dem Kreditnehmer verpflichtet, seine Unterakkordanten zu bezahlen[1160].

Was die aussvertragliche Haftung beigezogener Drittparteien betrifft, so gilt das Folgende: Der Verlust der Bank bei einer zweckwidrigen Mittelverwendung ist ein sog. reiner Vermögensschaden[1161] (d.h. kein Personen- bzw. Sachschaden). Für diese Schäden besteht jedoch nur dann eine Haftung gemäss Art. 41 Abs. 1 OR, wenn eine Norm verletzt wird, die gerade das betroffene Vermögen schützen sollte[1162]. Da, wie gezeigt wurde, die zweckwidrige Mittelverwendung den Tatbestand einer Veruntreuung erfüllen kann[1163], ist denkbar, dass Dritte infolge Anstiftung (Art. 24 StGB) oder Gehilfenschaft (Art. 25 StGB) ins Recht gefasst werden können und demgemäss auch haften.

1157 Vgl. dazu vorne S. 93.

1158 Zum Begriff der Substitution und zur Abgrenzung gegen den blossen Beizug von Hilfspersonen vgl. vorne Anm. 556. Die dort erwähnten Kriterien dürften im hier diskutierten Zusammenhang in der Regel erfüllt sein.

1159 Vgl. dazu vorne S. 121 und S. 180. Zur Haftung des Architekten bei Vernachlässigung der Kostenkontrolle im besondern vgl. *Zehnder*, N 279ff., S. 114ff.

1160 Vgl. dazu etwa *VSGU*, Allgemeine Bedingungen, G. 32.1, *Huber*, Generalunternehmervertrag, N 334ff., sowie hinten S. 299.

1161 Vgl. dazu vorne Anm. 458.

1162 Vgl. dazu vorne Anm. 459.

1163 Vgl. dazu vorne S. 94.

Denkbar ist sodann, dass die Drittparteien gegenüber der Bank - als Mittäter zusammen mit dem Kreditnehmer oder aber selbständig [1164] - einen Betrug i.S. von Art. 146 StGB begehen oder zumindest als Anstifter (Art. 24 StGB) oder Gehilfen (Art. 25 StGB) an einem solchen Delikt teilnehmen. In diesen Fällen ist auch eine ausservertragliche Haftung nach Art. 41ff. OR gegeben.

[1164] Zu beachten ist insbesondere, dass ein Direktakkordant selbständig gegenüber der Bank einen Betrug begehen kann. Ein solcher kann etwa dann angenommen werden, wenn sich ein General- bzw. Totalunternehmer von der baukreditgebenden Bank Mittel auszahlen lässt, obwohl er von vornherein beabsichtigt, die ausbezahlten Gelder nicht an die Unterakkordanten weiterzuleiten. Vgl. dazu vorne S. 238.

§ 38 Bauwert- bzw. substanzneutrale Zusatzkosten

I Entstehung der Unterdeckung

Ergeben sich im Kostenvoranschlag[1165] nicht vorgesehene Kosten[1166], welche nicht durch die plangemässe Schaffung bzw. Veränderung der Bausubstanz bedingt sind bzw. welche die Kosten übersteigen, die nach branchenüblichen Ansätzen[1167] für das jeweilige Bauresultat aufzuwenden sind (gemäss der in dieser Arbeit verwendeten Terminologie werden solche zusätzlichen Kosten als Zusatzkosten bezeichnet[1168]), kann es an genügend Mitteln zur Bauvollendung fehlen, was die bereits dargelegten Risiken mit sich bringt[1169]. Will die Bank das Bauvorhaben weiter bevorschussen oder sogar selbständig weiterführen, müssen entsprechend zusätzliche - gegebenenfalls nicht mehr gedeckte - Mittel aufgebracht werden. Oder es können die Mittel für die Bezahlung der Baugläubiger fehlen, so dass es zum Eintrag von Bauhandwerkerpfandrechten und zu Anfechtungen gemäss Art. 841 ZGB kommen kann[1170]. Zusatzkosten können namentlich folgende Ursachen haben[1171]:

- Unwirtschaftliche oder fehlerhafte Planung, Projektmängel, ungünstige Vergebungen
- Bauleitungsfehler sowie Fehler in der Bauausführung
- Verzögerungen[1172], Störungen im Bauverlauf, Bauunfälle
- Haftung des Kreditnehmers (insbesondere gestützt auf Art. 58 OR, Art. 679 und 684ff. ZGB, Gewässerschutz- bzw. Umweltschutzrecht)

1165 Zur Erstellung der verschiedenen Kostenvoranschläge durch den Architekten bzw. Bauingenieur im Verlauf der Projektentwicklung und Baurealisation vgl. insbes. vorne S. 26f.

1166 Insbes. gehören Zusatzkosten durchaus zu den von der vertragstypischen Zweckbestimmung des Baukreditvertrages erfassten Kosten und können somit im Regelfall auch aus Kreditmitteln bestritten werden. Vgl. dazu im einzelnen vorne S. 101.

1167 Als Richtmass für die Überprüfung der Frage, ob die effektiven Baukosten bauwert- bzw. substanzadäquat sind, können insbesondere auch etwa die Einheits- bzw. Richtpreise gemäss Baukostendaten bzw. Bauhandbuch des CRB beigezogen werden.

1168 Bei Zusatzkosten im hier verstandenen Sinne kostet die Ausführung des unveränderten Bauprojektes den Bauherrn also mehr, als sie bei korrektem Bauverlauf hätte kosten dürfen und müssen. Zusatzkosten vermindern somit das Vermögen des Bauherrn. Vgl. dazu *Gauch*, Kostenvoranschlag, S. 80; *Zehnder*, N 149ff., S. 66ff., *Gauch*, Bauleitung, S. 13ff.

1169 Vgl. dazu vorne S. 172ff.

1170 Vgl. dazu im einzelnen hinten S. 314ff.

1171 Vgl. dazu auch etwa *Gauch*, Kostenvoranschlag, S. 79f.; *Zehnder*, N 152f., S. 67f.; *Haag*, S. 10f.; *Schaub*, S. 176; *Schumacher*, N 492f., S. 136f.; *Berger*, S. 143ff.

1172 Vgl. dazu auch etwa *Gauch/ Schumacher*, SIA 118, Art. 97 N 1 lit. b; *Zehnder*, N 162ff., S. 70f. Bauverzögerungen können nicht nur durch das Baugeschehen selbst entstehen, sondern auch etwa dadurch, dass Abschlagszahlungen nicht oder nicht rechtzeitig geleistet werden und die Bauhandwerker bzw. Bauunternehmer deshalb ihre Arbeit einstellen, vgl. dazu etwa *Gauch/ Schumacher*, SIA 118, Art. 149 N 7; *Gauch*, SIA 118, Art. 190 N 1. Bauverzögerungen können sich auch etwa durch allfällige Zwangsvollstreckungsverfahren ergeben, vgl. dazu hinten S. 280. Schliesslich ist denkbar, dass es aufgrund der öffentlichen Baukontrolle zu Bauverzögerungen kommt, namentlich wenn präventive Massnahmen angeordnet werden. Vgl. dazu etwa § 327 Abs. 2 PBG/ZH.

- Altlasten
- Aufwendungen für Gutachter, Experten, Rechtsanwälte, Gerichts- und Administrativver-
  fahren
- Änderungen des Bauprojektes[1173]

II Konkretisierung der Risiken

A *Verlustrisiko bei einer Verwertung des Bauobjektes ohne Bauvollendung*

Angenommen, im bereits zitierten Beispiel[1174] wird das Bauprojekt aufgrund fehlerhafter Planung, aber auch aufgrund besonderer Wünsche des Bauherrn verschiedentlich
abgeändert, so dass am Schluss Zusatzkosten in der Höhe von Fr. 3'500'000.-- entstehen. Bei effektiv aufgelaufenen Kosten von Fr. 11'400'000.-- (davon Zinskosten von
Fr. 600'000.--) und einer vollständigen Ausschöpfung der Kreditlimite wird der Kreditnehmer, der zusätzlich Fr. 800'000.-- aufgebracht hat, zahlungsunfähig. Offen sind
noch Bauforderungen in der Höhe von Fr. 850'000.--, für die es zum Eintrag von Bauhandwerkerpfandrechten kommt.

Die Bank leitet eine Betreibung auf Grundpfandverwertung ein[1175] und es ergibt sich
ein Erlös von lediglich Fr. 5'000'000.--. Soweit auf die durch die vorgehende
Maximalhypothek gesicherte, fällige Forderung Fr. 600'000.-- entfallen, erleidet die
Bank einen Ausfall im Umfang von mindestens Fr. 3'850'000.-- plus den ihr nicht
zufallenden Abzügen vom Verwertungserlös[1176] plus zusätzlich aufgelaufenen
Zinsen[1177]. Zudem ist mit Anfechtungen der Baugläubiger gestützt auf Art. 841 ZGB
zu rechnen.

1173   Zur Auswirkung von Bestellungsänderungen auf den Preis der einzelnen Bauleistungen vgl.
       auch etwa Art. 86ff. SIA-Norm 118 (Ausgabe 1977/1991) sowie die Ausführungen bei *Gauch/
       Egli*, SIA 118, Art. 86 N 1ff.

1174   Vgl. dazu vorne S. 172: Verkehrs- bzw. Liquidationswert des Landes Fr. 1'000'000.--, auf dem
       bereits ein Grundpfand (Maximalhypothek) in der Höhe von Fr. 750'000.-- lastet. Baukosten Fr.
       9'000'000.--. Zinskosten Fr. 750'000.--. Eigenkapital Fr. 1'500'000.--. Baukreditlimite Fr.
       8'250'000.--. Geplanter Verkehrs- bzw. Liquidationswert des Objektes nach Bauabschluss (inkl.
       Land) Fr. 12'000'000.--.

1175   Gegebenenfalls muss der Kreditgeber allerdings zuerst den Schuldbrief durch Selbsteintritt oder
       - nach Durchführung einer Betreibung auf Pfandverwertung - bei der Zwangsversteigerung er-
       werben. Vgl. dazu vorne S. 173. Zur weiteren Konkretisierung des Verlustrisikos im Falle einer
       Zwangsvollstreckung vgl. hinten S. 271ff.

1176   Zu den Steuern vgl. vorne S. 167. Zu weiteren Abzügen vgl. Art. 157 Abs. 1 SchKG, Art. 46
       VZG.

1177   Einen Zusatzverlust erleidet die Bank ausserdem im Umfang der von ihr vorgeschossenen
       Betreibungskosten sowie infolge weiterer Kosten, die das ganze Verfahren mit sich bringt.

B   *Verlustrisiko bei einer Bevorschussung der Bauvollendung durch die baukreditgebende Bank*[1178]

Notwendig für die Bauvollendung sind Fr. 2'550'000.-- für die zusätzlichen Baukosten (von den gesamten Baukosten im Betrag von Fr. 12'500'000.-- wurden insgesamt bereits Fr. 9'950'000.-- bezahlt), Fr. 850'000.-- für die noch offenen Bauforderungen und Fr. 100'000.-- für (geschätze) Zusatzkosten. Damit ergibt sich nach Abschluss der Bauarbeiten ein Deckungsbedarf für Fr. 8'250'000.-- (aufgelaufene Kreditforderung) plus Fr. 2'550'000.-- plus Fr. 850'000.-- plus Fr. 100'000.-- = Fr. 11'750'000.-- plus die entsprechenden Zinsen, dem ein Erlös von Fr. 12'000'000.-- (abzüglich der durch das vorgehende Pfandrecht gesicherten Forderung sowie weiterer Kosten, insbes. auch etwa abzüglich allfälliger Steuern) gegenübersteht. Soweit dieser Erlös auch für die bevorschussten Mittel haftet (sei dies durch eine Erhöhung des Pfandrechts oder aufgrund besonderer Abreden mit den Beteiligten), ist der Verlust zumindest erheblich geringer als bei einer Verwertung des unfertigen Objektes[1179].

C   *Verlustrisiko beim Erwerb des Bauobjektes und einer Bauvollendung durch die baukreditgebende Bank*

Erwirbt die baukreditgebende Bank das Objekt zu einem unter der bislang aufgelaufenen Kreditforderung liegenden Preis[1180], kann - unter Berücksichtigung der gegebenenfalls von der Bank zu leistenden Steuern[1181], der Abzüge vom Verwertungserlös bzw. der mit dem Erwerb verbundenen Gebühren und Aufwendungen (geschätzter Maximalbetrag Fr. 120'000.--) - von folgendem Maximaleinsatz ausgegangen werden: Fr. 8'250'000.-- (bisherige Kreditforderung bzw. für den Kauf eingesetzte Mittel plus bisheriger Zins) plus 920'000.-- (zur Ablösung der Bauhandwerkerpfandrechte [inkl. Zins und Umtriebe]) plus Fr. 600'000.-- zur Tilgung der durch das vorgehende Pfandrecht gesicherten Forderung plus Fr. 120'000.-- (weiterer Aufwand), d.h. Fr. 9'890'000.-- plus zusätzliche Zinsen auf den eingesetzten Mitteln bis zum Erwerb.
Bei einem Aufwand für die Bauvollendung von weiteren Fr. 2'550'000.-- plus (geschätzten) Zusatzkosten von Fr. 100'000.-- ergibt sich ein Gesamtbetrag von mindestens Fr. 12'540'000.-- plus die entsprechenden Zinsen.

1178   Zu den Möglichkeiten der Bank, sich das Recht zur selbständigen Bauvollendung zu sichern, vgl. vorne S. 189ff. Zur Möglichkeit, selbständig eine Kreditaufstockung vorzunehmen, vgl. hinten S. 269f.

1179   Wird das Objekt allerdings im Rahmen einer Zwangsvollstreckung verwertet, sind die zusätzlichen Fristen zu beachten, während derer Zinsen fällig werden können. Umgekehrt kann das fertiggestellte Objekt gegebenenfalls bereits vermietet werden. Zu beachten sind sodann die Kosten für die Verwaltung, die Verwertung und die Verteilung, die gemäss Art. 157 Abs. 1 SchKG vorweg aus dem Erlös zu bezahlen sind. Zu den steuerlichen Aspekten vgl. vorne S. 167.

1180   Vgl. dazu schon vorne S. 173. Denkbar ist der Erwerb bei einem freiwilligen Verkauf (unter Verrechnung des Preises mit der Kreditforderung), durch Ausübung des Kaufrechts (ebenfalls unter Verrechnung des Preises mit der Kreditforderung) oder im Rahmen der Zwangsvollstreckung.

1181   Vgl. dazu insbes. auch schon vorne S. 167.

Diesem Betrag steht bei einem Verkauf der fertigen Baute ein Erlös von Fr. 12'000'000.-- (abzüglich der mit dem Verkauf verbundenen Kosten und Steuern[1182]) gegenüber. Auch wenn ein Verlust resultiert, ist auch dieser Verlust deutlich geringer, als bei einer Verwertung ohne Wiederaufbau.

D Einschränkung der Wahlmöglichkeiten

Hier gilt sinngemäss das zur Unterdeckung infolge eines Substanzverlustes Gesagte[1183].

III Schutzmassnahmen

A Übersicht

Auch Zusatzkosten beruhen auf einem nicht-optimalen Verlauf der Baurealisierung. Dagegen können zwar präventiv gewisse Massnahmen ergriffen werden. Zu beachten ist jedoch wiederum, dass ein nicht-optimaler Bauverlauf in der Regel vom Verhalten derjenigen Bauparteien abhängt, die nicht durch den Baukreditvertrag gebunden sind, was die Möglichkeiten einer wirksamen Prävention beschränkt. Für den Fall, dass die Fehlleistungen bereits eingetreten sind, ist sodann ein besonderes Augenmerk auf Schadenersatzansprüche gegenüber den Verursachern zu richten. Im einzelnen sind etwa folgende Massnahmen in Betracht zu ziehen[1184, 1185]:

1182 Zu beachten ist, dass beim Erwerb durch die Bank und beim nachmaligen Wiederverkauf zweimal die Kosten und die Steuern für die Handänderung anfallen. Wird das Objekt innert kurzer Zeit wieder verkauft, kann der Steuersatz zudem entsprechend höher sein. Vgl. dazu etwa für die Handänderungssteuer im Kanton Zürich § 182 StG/ZH. Soweit der Verkaufserlös die anrechenbaren Anlagekosten übersteigt, ist auch mit einer Grundstückgewinnsteuer zu rechnen.

1183 Vgl. dazu vorne S. 219.

1184 Das Risiko der Unterdeckung lässt sich immer auch vermindern durch eine Optimierung des Deckungsbedarfes. Im einzelnen kommen die folgenden, bereits erwähnten Massnahmen in Frage: Möglichst hoher Anteil an Eigen- bzw. Drittkapital bzw. möglichst hoher Anteil des bereits vorhandenen, mithaftenden Grundstückswertes, vgl. dazu vorne S. 182; Vorabverwendung des Eigen- bzw. Drittkapitals, vgl. dazu vorne S. 176f.; Zusatzsicherheiten, vgl. dazu vorne S. 182.

1185 Denkbar ist auch etwa, dass die Bezahlung von Zusatzkosten durch die ursprünglich für die Baurealisierung vorgesehenen Mittel (Kreditmittel bzw. für den Bau vorgesehenes Eigen- bzw. Dritkapital) im Baukreditvertrag untersagt wird. Abgesehen davon, dass der Kostenvoranschlag bei Abschluss des Baukreditvertrages oftmals noch nicht definitiv feststeht, ergeben sich insbes. Zuordnungsprobleme, da im Einzelfall oftmals noch gar nicht Gewissheit darüber besteht, ob eine Zahlung, namentlich etwa eine Akonto- bzw. Abschlagszahlung, für ordentliche Kosten oder für Zusatzkosten erfolgt. Fehlen zusätzliche Mittel und kann der Bau deshalb nicht vollendet werden, ist durch diese Massnahme ausserdem ohnehin nichts gewonnen, da die Deckung der Kreditforderung im Falle einer Bauvollendung regelmässig besser sein dürfte als im Falle einer Einstellung der Bauarbeiten.

B Schutz durch Vereinbarung entsprechender Punkte im Baukreditvertrag

AA Verpflichtung des Kreditnehmers zum Abschluss optimaler Preisvereinbarungen

Durch Vereinbarung fester Preise mit den am Bau beteiligten Bauhandwerkern und Bauunternehmern bzw. Architekten und Ingenieuren kann sich der Kreditnehmer bis zu einem gewissen Grad auch vor Zusatzkosten schützen, welche durch bauwert- bzw. substanzneutralen Zusatzaufwand der Beteiligten verursacht werden. Soweit kein Teuerungsausgleich zu leisten ist, besteht zudem ein Schutz vor teuerungsbedingten Zusatzkosten[1186]. Denkbar ist deshalb, dass der Kreditnehmer zu entsprechenden Preisabreden verpflichtet wird. Diesbezüglich kann sinngemäss auf das zu den entsprechenden Abreden zum Schutz gegen Mehrkosten Ausgeführte verwiesen werden[1187].

Indessen bieten solche Abreden keinen Schutz gegen Zusatzkosten, die dadurch entstehen, dass bisher beigezogene Architekten, Ingenieure, Handwerker und Unternehmer mit zusätzlichen Aufgaben betraut werden müssen, dass weitere Mitwirkende beizuziehen sind, dass zusätzliche Regiearbeiten anfallen, die nach Aufwand vergütet werden, oder dass zusätzliches Baumaterial bestellt werden muss. Einzig durch besondere Preisvereinbarungen mit einem General- bzw. Totalunternehmer lässt sich das Risiko solcher Zusatzkosten erheblich begrenzen. In Frage kommen namentlich Global- oder Pauschalpreise bzw. - bei offener Abrechnung - die Vereinbarung eines sog. Kostendaches[1188].

Denkbar ist deshalb, dass der Kreditnehmer im Baukreditvertrag verpflichtet wird, den Bau in der beschriebenen Weise durch einen General- bzw. Totalunternehmer ausführen zu lassen (wobei eine gerichtliche Durchsetzung dieser Abrede aus praktischen Gründen wohl kaum in Frage kommt), oder dass die Bank zumindest die Freigabe der Mittel von einer entsprechenden Bauausführung abhängig macht. Allerdings geht dieser Eingriff in die Rechte des Kreditnehmers ziemlich weit. Hinzu kommt, dass die General- bzw. Totalunternehmerpreise gegebenenfalls über den Kosten einer mit Einzelverträgen realisierten Baute liegen und somit gerade nicht dem erstrebten Optimum entsprechen. Dennoch ist nicht

---

1186 Teuerungsbedingte Zusatzkosten können dadurch verursacht werden, dass die Baupreise infolge einer Bauverzögerung einer grösseren Bauteuerung unterworfen sind oder dass sich - als Folge des teuerungsbedingten, erhöhten Mittelbedarfes - zusätzliche Baukreditzinsen ergeben. Zu beachten ist allerdings, dass Abreden, welche die Bauteuerung auf den Baugläubiger überwälzen, die verzögerungsbedingte Bauteuerung und damit gerade entsprechende Zusatzkosten ausschliessen können. Vgl. dazu etwa *VSGU*, Allgemeine Bedingungen, D. 15.2 und 17.3; *Huber*, Generalunternehmervertrag, N 203ff.

1187 Vgl. dazu im einzelnen hinten S. 257ff. Kein Schutz besteht allerdings, soweit bei ausserordentlichen Umständen eine Erhöhung der Preise zulässig ist (Art. 373 Abs. 2 OR). Indessen kann das Recht zu entsprechenden Preiserhöhungen im Rahmen von Art. 27 Abs. 2 ZGB wegbedungen werden, vgl. dazu *Gauch*, Werkvertrag, N 1128ff. Vgl. auch Art. 38 Abs. 3 und Art. 58ff. SIA-Norm 118 (Ausgabe 1977/1991).

1188 Vgl. dazu *VSGU*, Allgemeine Bedingungen, D. 14.ff.; *VSGU*, Mustervertrag, 4. (Varianten für die Bestimmung des Werkpreises); *Huber*, Generalunternehmervertrag, N 182ff. Vgl. zum Ganzen auch *Reber*, S. 78ff.; *Siegfried*, S. 31. Zwar gilt für den Fall ausserordentlicher Umstände auch hier Art. 373 Abs. 2 OR, doch können im Rahmen von Art. 27 Abs. 2 ZGB entsprechende Preiserhöhungen wegbedungen werden, vgl. *Huber*, Generalunternehmervertrag, N 186, N 188ff.; *Gauch*, Werkvertrag, N 1128ff.

auszuschliessen, dass gerade etwa bei einem riskanten Grossprojekt eine fremdfinanzierte Baufinanzierung nur erreicht werden kann, wenn das Projekt durch einen General- bzw. Totalunternehmer ausgeführt wird.

BB Kosten- und Abrechnungskontrolle sowie Meldepflicht bei Zusatzkosten

Durch die Kontrolle der auflaufenden Baukosten bzw. der entsprechenden Abrechnungen[1189] können Zusatzkosten frühzeitig erkannt werden, so dass die Möglichkeit besteht, rechtzeitig geeignete Massnahmen zu ergreifen. Denkbar ist, dass die baukreditgebende Bank den Kreditnehmer ausdrücklich zur Vornahme dieser Kontrollen, zur regelmässigen Rapportierung oder zumindest zur unverzüglichen Meldung bei Abweichungen vom Kostenvoranschlag verpflichtet wird.

Allerdings ist fraglich, ob das entsprechende Recht sinnvoll mittels Klage vor Gericht geltend gemacht werden kann[1190]. Soweit der Kreditnehmer die Pflicht verletzt, nützen entsprechende Schadenersatzansprüche wiederum nicht viel. Immerhin ist zu beachten, dass die Kostenkontrolle zu den wesentlichen Pflichten der Bauleitung gehört[1191]. Wird eine Bauleitung eingesetzt, liegt deshalb wiederum eine Substitution i.S. von Art. 399 OR vor[1192] und die Bank kann bei Pflichtverletzungen gestützt auf Art. 399 Abs. 3 OR direkt gegen die mit der Kontrolle beauftragten Parteien vorgehen[1193]. Denkbar ist schliesslich, dass die Freigabe der Kreditmittel von einer regelmässigen Rapportierung abhängig gemacht wird.

CC Ablauf- und Terminkontrolle sowie Meldepflicht bei Bauverzögerungen

Durch eine Ablauf- und Terminkontrolle[1194] lassen sich Bauverzögerungen frühzeitig erkennen, so dass gegebenenfalls entsprechende Massnahmen ergriffen werden können. Denkbar ist deshalb, dass die baukreditgebende Bank den Kreditgeber ausdrücklich zur Vornahme solcher Kontrollen und zur entsprechenden Rapportierung verpflichtet.

1189 Zur Kostenkontrolle beim Bauen vgl. etwa (nebst vielen anderen) *Hasselmann*, S. 75ff.; *Berger*, S. 127ff.; *Brandenberger/ Ruosch*, S. 127ff.; *Schaub*, S. 194f.; *Meyer*, Blatt F 7 C - 9, 10, 11 (April 1991).

1190 Immerhin ist denkbar, dass der Kreditnehmer unter Androhung einer Bestrafung nach Art. 292 StGB zur regelmässigen Rapportierung verpflichtet wird oder dass Einsicht in die betreffenden Unterlagen zu gewähren ist.

1191 Vgl. dazu Art. 4.4.4 SIA-Ordnung 102 (Ausgabe 1984); Art. 4.1.7, Art. 4.1.8 SIA-Ordnung 103 (Ausgabe 1984); *Schaub*, S. 194; *Schumacher*, Haftung, N 513f., S. 165, N 747ff., S. 237ff.; *Zehnder*, N 279ff., S. 114ff.

1192 Zum Begriff der Substitution und zur Abgrenzung gegen den blossen Beizug von Hilfspersonen vgl. vorne Anm. 556. Die dort erwähnten Kriterien dürften im hier diskutierten Zusammenhang in der Regel erfüllt sein.

1193 Vgl. dazu im einzelnen schon vorne S. 180.

1194 Zur Ablauf- und Terminkontrolle beim Bauen vgl. etwa *Hasselmann*, S. 71ff.; *Brandenberger/ Ruosch*, S. 124ff.; *Schaub*, S. 188ff.

Im übrigen gilt sinngemäss das gerade vorgehend zur Kosten- und Abrechnungskontrolle Ausgeführte.

DD Abreden betreffend das Bauprogramm[1195]

Änderungen im zeitlichen Ablauf können zu Verzögerungen und damit zu Zusatzkosten führen. Soweit der Kreditnehmer verpflichtet ist, ein Bauprogramm einzureichen und Änderungen an diesem Programm von der Bank genehmigen zu lassen, kann durchaus eine effiziente Kontrolle ausgeübt werden. Zu beachten ist allerdings, dass zeitliche Abweichungen vom ursprünglichen Bauprogramm oft auf Sachzwängen beruhen und vernünftigerweise gar nicht verweigert werden können. Im übrigen kann sinngemäss auf das weiter vorne zur Genehmigungspflicht für Änderungen am Bauvorhaben Ausgeführte verwiesen werden[1196].

EE Abreden betreffend die Geltendmachung der Bestellerrechte bei verzögerter Ausführung der Bauarbeiten

Zeichnet sich eine Verzögerung der Bauarbeiten ab, hat der Besteller gemäss Art. 366 Abs. 1 OR bzw. Art. 96 Abs. 4 SIA-Norm 118 (Ausgabe 1977/1991) das Recht, vom jeweiligen Vertrag zurückzutreten[1197]. Gegenbenenfalls lassen sich durch eine solche Massnahme Zusatzkosten infolge weiterer Verzögerungen verhindern. Deshalb ist denkbar, dass die baukreditgebende Bank den Kreditnehmer für solche Fälle zur Ausübung des Rücktrittsrechtes verpflichtet (eine Realvollstreckung käme aufgrund der zeitlichen Dringlichkeit indessen höchstens im Verfahren zur schnellen Handhabung klaren Rechts in Frage), oder - da ein gerichtliches Vorgehen gerade zu langwierig wäre und auch die Verknüpfung mit der Pflicht zur Freigabe weiterer Kreditmittel kaum sinnvoll erscheint - dass sie sich selbst das Recht einräumen lässt, die entsprechenden Rechte geltend zu machen. Allerdings ist fraglich, ob eine Klausel, die der Bank derart weitgehende Kompetenzen einräumt, in der Praxis überhaupt Verbreitung findet.

1195 Vgl. dazu *Zobl*, Baukreditvertrag, S. 5; *Geiger*, S. 7; *Pfister-Ineichen*, S. 50f.
1196 Vgl. dazu vorne S. 206f
1197 Vgl. dazu etwa *Reber*, S. 37ff.; *Gautschi*, Werkvertrag, Art. 366 N 3aff.; *Gauch*, Werkvertrag, N 668ff., S. 190ff.; *Zindel/ Pulver*, Art. 366 N 6ff.

FF   Abreden betreffend Konventionalstrafen bei Bauverzögerungen[1198]

Denkbar ist, dass die baukreditgebende Bank den Kreditnehmer verpflichtet, Konventionalstrafen für den Fall von Bauverzögerungen zu vereinbaren (vgl. dazu etwa Art. 98 SIA-
Norm 118 [Ausgabe 1977/1991])[1199]. Allerdings kann der Abschluss entsprechender Vereinbarungen aus praktischen Gründen wohl kaum mittels Klage vor Gericht geltend gemacht werden. Indessen kann sich die Bank das Recht vorbehalten, die Freigabe von Kreditmitteln für diejenigen Parteien zu verweigern, mit denen keine Konventionalstrafe verabredet wurde. Soweit tatsächlich Konventionalstrafen vereinbart wurden, kann die Kreditforderung zusätzlich durch die entsprechenden Ansprüche gesichert werden. Was einzelne
Modalitäten dieser Sicherung betrifft, so sei sinngemäss auf das bereits weiter vorne Ausgeführte verwiesen[1200].

GG   Änderungsverbot bzw. Genehmigungspflicht für Änderungen am Bauvorhaben

Änderungen am Bauvorhaben sind eine der Hauptursachen von Zusatzkosten. Durch ein
Änderungsverbot bzw. den Vorbehalt einer Genehmigungspflicht kann zwar durchaus eine
effiziente Kontrolle ausgeübt werden. Häufig steht man allerdings in der Praxis vor Sachzwängen, die im Interesse eines vernünftigen Bauresultates Änderungen als unumgänglich
erscheinen lassen. Im übrigen kann sinngemäss auf das bereits weiter vorne Ausgeführte
verwiesen werden[1201].

HH   Vorschriften bezüglich Bauausführung und Baumaterialien

Zusatzkosten können vor allem durch eine mangelhafte Bauausführung oder die Verwendung mangelhafter Baumaterialien entstehen[1202]. Wichtig ist insbesondere auch die Einhaltung bestimmter Sicherheitsmassnahmen - namentlich als Schutz vor einer Haftpflicht
des Bauherrn gemäss Art. 679 ZGB und Art. 684 ZGB bzw. gemäss Art. 58 OR [1203]. Im
übrigen sei sinngemäss auf die bereits weiter vorne Ausgeführte verwiesen[1204].

1198   Vgl. dazu auch etwa *Reber*, S. 40f.; *Gauch*, Werkvertrag, N 692ff., S. 197ff.; *Gauch/ Schuma-
       cher*, SIA 118, Art. 98 N 1ff.

1199   Zur Haftung der Bauhandwerker und Bauunternehmer bei Fristüberschreitungen vgl. etwa Art.
       97 SIA-Norm 118 (Ausgabe 1977/ 1991). Eine Termingarantie wird in der Regel auch von den
       General- bzw. Totalunternehmern gewährt, oftmals auch schon bezogen auf einzelne Bauetap-
       pen, vgl. dazu *VSGU*, Mustervertrag, 3; *Huber*, Generalunternehmervertrag, N 251ff., N 267ff.

1200   Vgl. dazu vorne S. 180.

1201   Vgl. dazu vorne S. 206f.

1202   Denkbar ist auch, dass eine unkorrekte Bauausführung Massnahmen der Baubehörde provoziert,
       die zu einer - entsprechend teuren - Bauverzögerung führen können. Vgl. dazu etwa § 327 Abs.
       2 PBG.

1203   Zum entsprechenden Versicherungsschutz vgl. die nachfolgenden Ausführungen zur Bauherren-
       Haftpflichtversicherung.

1204   Vgl. dazu vorne S. 203f.

II   Recht zu selbständigen Kontrollen

Denkbar ist insbesondere eine selbständige Kosten- und Abrechnungskontrolle sowie eine Ablauf- und Terminkontrolle durch die Bank oder durch einen von der Bank beigezogenen Treuhänder bzw. Baucontroller (namentlich etwa im Rahmen der Zahlungskontrolle)[1205]. Im übrigen gilt sinngemäss das bereits weiter vorne Ausgeführte[1206].

JJ   Verpflichtung des Kreditnehmers zur Vornahme der dem Besteller obliegenden Mitwirkungshandlungen

Nimmt der Kreditnehmer die ihm als Besteller der Bauarbeiten obliegenden Tätigkeiten nicht oder nicht gehörig vor, so kann dies zu Bauverzögerungen bzw. Bauunfällen und damit zu Zusatzkosten führen. Indem die Bank sicherstellt, dass die entsprechenden Tätigkeiten vorgenommen werden, vermindert sich somit auch das Risiko entsprechend verursachter Zusatzkosten. Im übrigen sei auf das bereits weiter vorne Ausgeführte verwiesen[1207].

KK   Vereinbarungen betreffend Bauwesen- bzw. Montageversicherung

Soweit ein Bauobjekt zerstört oder beschädigt wird, kann dessen Wiederherstellung dem Bauherrn Zusatzkosten verursachen, sofern dafür nicht eine Drittpartei aufkommen muss. Darauf sowie auf einen möglichen Schutz durch die Feuer- und Elementarschaden- bzw. Gebäudeversicherung und die Bauwesen- bzw. Montageversicherungen wurde bereits weiter vorne bei der Behandlung der Unterdeckungsrisiken als Folge einer Verminderung der Bausubstanz eingegangen[1208]. Zusatzkosten infolge von Zerstörungen und Beschädigungen können jedoch auch entstehen, ohne dass die Bausubstanz tangiert wird. Dies ist z.B. der Fall bei einer Zerstörung oder Beschädigung oder bei einem Abhandenkommen noch nicht fest montierter Maschinen und Anlagen, sofern der Kreditnehmer z.B. gemäss Art. 185 OR[1209] bzw. Art. 376 OR[1210] oder Art. 188 Abs. 2 SIA-Norm 118 (Ausgabe 1977/1991)[1211] das entsprechende Risiko selbst zu tragen hat. Allerdings können auch solche Risiken durch eine Bauwesen- bzw. Montageversicherung gedeckt werden[1212].

1205 Zur Kostenkontrolle durch den Treuhänder bzw. zur Kosten- und Terminkontrolle durch einen Baucontroller vgl. etwa *Mühl/ Petereit*, S. 397, Ziff. 3b; *Stettler*, Risikoprämien, S. 52.

1206 Vgl. dazu vorne S. 177ff., S. 209 und S. 236f.

1207 Vgl. dazu vorne S. 204ff.

1208 Vgl. dazu vorne S. 221ff.

1209 Vgl. dazu im einzelnen etwa *Giger*, Art. 185 N 26ff.; *Cavin*, S. 27ff.; *Guhl/ Merz/ Koller*, S. 345f.; *Koller*, Art. 185 N 1ff.; *Oser/ Schönenberger*, Art. 185 N 4ff. (je mit weiteren Hinweisen).

1210 Vgl. dazu etwa *Gautschi*, Art. 365 N 7c, Art. 376 N 4a ff., N 7a ff.; *Becker*, Art. 376 N 3ff.; *Gauch*, Werkvertrag, N 1183ff., S. 328ff.; *Pedrazzini*, S. 543ff.

1211 Vgl. dazu im einzelnen *Gauch*, SIA 118, Art. 188 N 1ff., insbes. N 18ff.

1212 Vgl. dazu *Haag*, S. 147ff., S. 172f.; *Kiefer*, S. 38; *Richner*, S. 211f., S. 215.

Soweit die Baukreditforderung zusätzlich durch die entsprechenden Versicherungsansprüche gesichert werden soll, muss dies aber ausdrücklich durch eine Verpfändung bzw. eine Abtretung oder eine Sicherungszession geschehen[1213], da Art. 822 ZGB i.V. mit Art. 57 VVG bei solchen Ansprüchen nicht Platz greift. Im übrigen gilt sinngemäss das bereits weiter vorne Ausgeführte[1214].

LL   Vereinbarungen betreffend Bauherren-Haftpflichtversicherung[1215]

Die Bauherren-Haftpflichtversicherung kann vom Bauherrn abgeschlossen werden. Sie bietet insbesondere Schutz gegen Schadenersatzansprüche gestützt auf Art. 679 ZGB[1216] und Art. 684ff. ZGB[1217] sowie Art. 58 OR[1218] und verhindert dadurch entsprechende Zusatzkosten. Soweit die Baukreditforderung zusätzlich durch die Ansprüche aus dieser Versicherung gesichert werden soll, muss dies ausdrücklich durch eine Verpfändung bzw. eine Abtretung geschehen[1219], da Art. 822 ZGB i.V. mit Art. 57 VVG bei solchen Ansprüchen nicht Platz greift. Im übrigen gilt sinngemäss das bereits weiter vorne Ausgeführte[1220].

MM Sicherung der Kreditforderung durch Schadenersatzansprüche des Kreditnehmers

Hiezu gilt sinngemäss das bereits weiter vorne Ausgeführte[1221].

1213   Was Einzelheiten dieser Verpfändung bzw. Abtretung betrifft, so kann sinngemäss auf das bereits vorne S. 180 Ausgeführte verwiesen werden.

1214   Vgl. dazu vorne S. 223.

1215   Vgl. dazu Art. 26 Abs. 2 SIA-Norm 118 (Ausgabe 1977/1991), wo sogar festgehalten wird, dass der Unternehmer den Abschluss dieser Versicherung zu beantragen hat. Vgl. auch *BGE* 111 II 72. Für Einzelheiten vgl. etwa *Hepperle*, S. 134f.; *Hepperle*, Bauversicherungen, S. 210.

1216   Zu den einzelnen Haftungstatbeständen vgl. etwa *Meier-Hayoz*, Grundeigentum, Art. 679 N 76ff.; *Haab/ Simonius/ Scherrer/ Zobl*, Art. 679 N 4ff.; *Rey*, Haftpflichtrecht, N 1102ff., S. 221f.; *Stark*, N 795ff., S. 163ff., insbes. N 806ff. S. 164 (betreffend Baustellen); *Keller/ Gabi-Bolliger*, S. 189ff., insbes. S. 190 (betreffend Baustellen) - je mit weiteren Hinweisen. Vgl. insbes. auch *BGE* 114 II 230; *BGE* 111 II 72; *BGE* 207 II 134.

1217   Zu Einwirkungen im Zusammenhang mit Bauarbeiten vgl. etwa *Meier-Hayoz*, Grundeigentum, Art. 684 N 55, N 156, N 172, N 176, N 197 sowie z.B. den in *BGE* 107 II 134 beurteilten Sachverhalt. Zur Schadenersatzpflicht im besondern vgl. *Meier-Hayoz*, a.a.O., Art. 884 N 219; *BGE* 107 II 134, insbes. S. 139f. (Naturalersatz). Vgl. auch etwa *Haab/ Simonius/ Scherrer/ Zobl*, Art. 684 N 5ff.

1218   Vgl. dazu etwa *Müller*, S. 170ff.; *Kiefer*, S. 28ff.; *Richner*, S. 198f. Zum Werkbegriff i.S. von Art. 58 OR, insbes. zur Baute als Werk, vgl. etwa *Brehm*, Art. 58 N 23ff., insbes. N 24 und 41ff.; *Oftinger/ Stark II*, 19 N 36ff., S. 184ff., insbes. 19 N 37, S. 185; *Rey*, Haftpflichtrecht, N 1036ff., S. 207ff.; *Stark*, N 705ff., S. 145ff.; *Schnyder*, Art. 58 N 8; *Keller/ Gabi-Bolliger*, S. 183f. Zu Gebäude- und Bauwerkmängeln vgl. auch etwa die Kasuistik bei *Oftinger/ Stark II*, 19 N 93, S. 216ff. und *Brehm*, Art. 58 N 75 und N 79.

1219   Was Einzelheiten dieser Verpfändung bzw. Abtretung betrifft, so kann sinngemäss auf das bereits vorne S. 180 Ausgeführte verwiesen werden.

1220   Vgl. dazu vorne S. 223.

1221   Vgl. dazu vorne S. 210f. Zur Haftung des Architekten bzw. Ingenieurs bei Zusatzkosten vgl. etwa *Gauch*, Kostenvoranschlag, S. 79f.; *Gauch*, Bauleitung, S. 13ff.; *Zehnder*, N 149ff., S. 66ff.; *Schumacher*, Haftung, N 559ff., S. 179ff.

NN Vorbehalt eines angemessenen Versicherungsschutzes der am Bau beteiligten Parteien

Hiezu gilt sinngemäss das bereits weiter vorne Ausgeführte[1222]. In Frage kommen namentlich ein Schutz der am Bau beteiligten Parteien durch Bauwesen- bzw. Montageversicherungen und Berufs- und Betriebshaftpflichtversicherungen. Bedeutsam ist insbesondere auch ein Schutz durch sog. Baugarantieversicherungen, soweit diese allfällige Bauverzögerungen decken[1223].

OO Vorbehalt der Vertrauenswürdigkeit und Bonität der am Bau beteiligten Parteien

Auch das Risiko von Zusatzkosten kann durch die Auswahl der am Bau beteiligten Personen und Unternehmungen reduziert werden. Denkbar ist deshalb wiederum, dass im Baukreditvertrag ein entsprechender Vorbehalt angebracht wird. Zur konkreten Ausgestaltung kann auf das vorne Ausgeführte verwiesen werden[1224].

PP Recht zur Leistungsverweigerung bei einer Verletzung von Pflichten aus dem Baukreditvertrag

Hier kann sinngemäss auf das vorne Ausgeführte verwiesen werden[1225].

C Weitere Schutzmassnahmen

AA Überprüfung des Bauprojektes

Soweit die baukreditgebende Bank das Bauprojekt und die Planung durch eigene Experten überprüfen lässt, können gegebenenfalls kostenintensive Fehler oder Risiken frühzeitig erkannt und vermieden werden.

BB Kreditvergabe nur bei Vorliegen einer rechtskräftigen Baubewilligung

Wird die Kreditvergabe vom Vorliegen einer rechtskräftigen Baubewilligung abhängig gemacht, ist nicht mehr mit entsprechenden Rechtsmittelverfahren bzw. Verzögerungen und damit zusammenhängenden Kosten zu rechnen.

1222 Vgl. dazu vorne S. 212.
1223 Vgl. dazu etwa *Richner*, S. 227. Soweit der Baukreditnehmer Begünstigter dieser Versicherung ist, kann die Baukreditforderung wiederum durch Verpfändung oder Abtretung des Versicherungsanspruchs gesichert werden. Zu den Verhältnissen in den USA, insbes. zu den dort üblichen Garantien für den Fall von Bauverzögerungen, vgl. etwa *Mühl*, N 346ff., S. 125f.
1224 Vgl. dazu vorne S. 213.
1225 Vgl. dazu vorne S. 182.

CC Überprüfung der Vertrauenswürdigkeit und Bonität der am Bau
beteiligten Parteien

Hier kann sinngemäss auf das vorne Ausgeführte verwiesen werden[1226]. Zu beachten ist
zudem, dass bei der den Kreditnehmer betreffenden Bonitätsprüfung auf die Möglichkeit
von Zusatzkosten und damit auf eine grössere Vermögensbelastung Rücksicht zu nehmen
ist [1227].

DD Vertragsauflösung aus wichtigem Grund

Veranlasst der Kreditnehmer ungerechtfertigt Zusatzkosten oder schreitet er trotz massiv
sich ergebender Zusatzkosten nicht ein, wird das ursprünglich vorgesehene Bauvorhaben
bzw. Bauprogramm ohne entsprechende Vorlage geändert und wird dadurch die Kreditdeckung gefährdet oder verweigert der Kreditnehmer die entsprechenden Kontrollen und
Informationen, kann es für die baukreditgebende Bank unzumutbar werden, weiterhin mit
dem Kreditnehmer zusammenzuarbeiten. In solchen Fällen sollte die Bank deshalb das
Recht haben, auch bei längeren Kündigungsfristen den Vertrag unvermittelt aufzulösen[1228].

IV Haftungsfragen

Hier gilt sinngemäss das bereits zur minderwertigen Bausubstanz Ausgeführte[1229]. Eine
besondere Bedeutung bei Zusatzkosten dürften vor allem die direkten Schadenersatzansprüche der Bank gegenüber denjenigen Personen haben, die für die Überwachung der Bauausführung bzw. Kontrolle der Baukosten beigezogen wurden (diese Ansprüche ergeben
sich wiederum gestützt auf Art. 399 Abs. 3 OR[1230] bzw. aufgrund der zur Substitution
entwickelten Grundsätze[1231]).

1226 Vgl. dazu vorne S. 213f.
1227 Vgl. dazu etwa *Albisetti/ Boemle/ Ehrsam/ Gsell/ Nyffeler/ Rutschi*, S. 135; *Rossi*, S. 39.
1228 Vgl. zum Ganzen insbes. vorne S. 123f.
1229 Vgl. dazu vorne S. 214f.
1230 Zum Begriff der Substitution und zur Abgrenzung gegen den blossen Beizug von Hilfspersonen
vgl. vorne Anm. 556. Die dort erwähnten Kriterien dürften im hier diskutierten Zusammenhang
in der Regel erfüllt sein.
1231 Vgl. dazu vorne S. 121 und S. 180.

§ 39 Bauwert- bzw. substanzadäquate Mehrkosten

I   Entstehung der Unterdeckung

Nebst Zusatzkosten können sich im Rahmen einer Baurealisation auch Kosten ergeben, die zwar durchaus der geschaffenen Bausubstanz bzw. denjenigen Kosten entsprechen, welche nach branchenüblichen Ansätzen[1232] für das jeweilige Bauresultat aufzuwenden sind, die aber dennoch die ursprünglich budgetierten Beträge gemäss Kostenvoranschlag übersteigen. Als Gründe für solche - nach der in dieser Arbeit verwendeten Terminologie als Mehrkosten bezeichnete - Kosten, kommen namentlich in Frage:

- Ungenauer oder fehlerhafter Kostenvoranschlag[1233]
- Änderungen des Bauprojektes[1234]
- Bauteuerung[1235]
- Nachträgliche behördliche Auflagen

Grundsätzlich können auch Mehrkosten - wie Zusatzkosten - zur Folge haben, dass es an genügend Mitteln zur Bauvollendung oder zur Bezahlung pfandberechtiger Baugläubiger fehlt, oder dass für den Fall, dass die Bank das Bauvorhaben weiter bevorschussen oder sogar selbständig weiterführen möchte, entsprechend mehr Mittel aufzuwenden sind[1236]. Zu beachten ist allerdings, dass im Falle solcher Mehrkosten - im Gegensatz zu den Verhältnissen bei Zusatzkosten - nur diejenigen Baukosten bezahlt werden, die der Schaffung bzw. Veränderung der baulichen Substanz angemessen sind bzw. den Bauwert des Bauobjektes entsprechend erhöhen. Dessenungeachtet können sich - wie nachfolgend zu zeigen ist - selbst bei Fertigstellung des Bauvorhabens Unterdeckungsrisiken ergeben:

1232 Als Richtmass für die Überprüfung der Frage, ob die effektiven Baukosten bauwert- bzw. substanzadäquat sind, können insbesondere etwa die Einheits- bzw. Richtpreise gemäss Baukostendaten der CRB beigezogen werden. Bauhandbuch des CRB beigezogen werden.

1233 Vgl. dazu etwa *Gauch*, Kostenvoranschlag, S. 80f.; *Gauch*, Bauleitung, S. 14ff.; *Zehnder*, N 130, S. 57f., N 185ff., S. 78ff.; *Schaub*, S. 176, S. 183f.; *Schumacher*, Haftung, N 746ff., S. 246ff.; *Trümpy*, S. 64ff.

1234 Vgl. dazu etwa *Gauch*, Kostenvoranschlag, S. 82; *Zehnder*, N 130, S. 57; *Schaub*, S. 176.

1235 Kosten, die dem Bauherrn deshalb erwachsen, weil die Preise infolge einer Bauverzögerung einer stärkeren Bauteuerung unterworfen sind, gehören nach der hier vertretenen Terminologie zu den Zusatzkosten und nicht zu den Mehrkosten.

1236 Mit Bezug auf diese Risiken sei sinngemäss auf die Beispiele zur Konkretisierung der Risiken von Zusatzkosten verwiesen. Mehrkosten können zudem auch Zusatzkosten nach sich ziehen. Dies zeigt sich gerade bei den von *Gauch* behandelten Fällen, vgl. dazu *Gauch*, Kostenvoranschlag, S. 81f.

II Konkretisierung der Risiken

Angenommen, im bereits erwähnten Beispiel[1237] entstehen Mehrkosten in der Höhe von Fr. 4'000'000.-- (zusätzlicher Zins miteingeschlossen). Nachdem Fr. 1'500'000.-- Eigenkapital investiert wurden und die Kreditlimite vollständig ausgeschöpft ist (Gesamtbetrag der eingesetzten Mittel, inklusive Zins: Fr. 9'750'000.--), könnte für das erst angefangene Objekt höchstens ein Preis von Fr. 4'000'000.-- erzielt werden. Der Kreditnehmer wird zu diesem Zeitpunkt zahlungsunfähig. Da die Realisierung der Kreditsicherheit[1238] einen massiven Ausfall bringen würde, stellt sich die Bank die Frage, ob sie die Mehrkosten, welche zur Bauvollendung fehlen, bevorschussen[1239] soll. Soweit der Erlös auch für die vorgeschossenen Mittel haftet (sei dies aufgrund einer Erhöhung des Grundpfandes oder aufgrund besonderer Abreden mit den Beteiligten), dürfte zwar der Gesamteinsatz von Fr. 12'250'000.-- (Neubelastung für Fr. 4'000'000.-- Mehrkosten [inkl. Zins, der vorliegend zu den Mehrkosten gerechnet wird] sowie Fr. 8'250'000.-- Belastung für den beanspruchten Kredit) durch den Realwert des gesamten Objektes nach Abschluss der Bauarbeiten von Fr. 14'750'000.-- (Bauwert [= Baukosten plus Zinsen, d.h. Fr. 13'750'000.--] zuzüglich Fr. 1'000'000.-- Landwert) auch nach Abzug der Fr. 600'000.-- für die durch das vorgehende Pfandrecht gesicherten Forderung sowie weiterer mit einem Verkauf oder einer Verwertung verbundener Steuern und Aufwendungen vollumfänglich gedeckt sein. Angesichts der gegebenen Marktverhältnisse wird für das Objekt jedoch höchstens der Ertragswert geboten. Liegt dieser nur wenig über dem ursprünglich vorgesehenen Verkehrs- bzw. Liquidationswert von Fr. 12'000'000.--, kann dennoch ein erheblicher Verlust für die Bank resultieren. Aber auch bei Objekten, deren Verkehrs- bzw. Liquidationswert nicht in erster Linie vom Ertragswert abhängt, kann sich erweisen, dass der Bauwert z.B. nicht der Lageklasse des Objektes entspricht und deshalb trotz des hohen Bau- bzw. Realwertes nur ein entsprechend tieferer Preis erzielt werden kann, was die Kreditdeckung gefährden könnte[1240].

III Schutzmassnahmen

A Übersicht

Die baukreditgebende Bank hat somit durchaus ein erhebliches Interesse daran, Mehrkosten zu vermeiden oder sich zumindest für den Fall, dass sich Mehrkosten ergeben, entsprechend vorzusehen.

1237 Vgl. dazu vorne S. 172: Verkehrs- bzw. Liquidationswert des Landes Fr. 1'000'000.--, auf dem bereits ein Grundpfand (Maximalhypothek) in der Höhe von Fr. 750'000.-- lastet. Baukosten Fr. 9'000'000.--. Zinskosten Fr. 750'000.--. Eigenkapital Fr. 1'500'000.--. Baukreditlimite Fr. 8'250'000.--, gesichert durch eine Maximalhypothek von Fr. 9'000'000.--. Geplanter Verkehrs- bzw. Liquidationswert des Objektes nach Bauabschluss (inkl. Land) Fr. 12'000'000.--.

1238 Vgl. dazu vorne S. 172 und hinten S. 271ff.

1239 Zu den Möglichkeiten der Bank, sich das Recht zur selbständigen Bauvollendung zu sichern, vgl. vorne S. 189ff. Zur Möglichkeit, selbständig eine Kreditaufstockung vorzunehmen, vgl. hinten S. 269f.

1240 Im Gegensatz dazu wurde in der 1. Auflage dieses Buches dem Realwert noch eine stärkere Bedeutung beigemessen und dementsprechend das betreffende Risiko als verhältnismässig gering eingestuft. Durch die Markverhältnisse ist die Bedeutung des Realwertes mittlerweile stark korrigiert worden.

Indessen ist zu beachten, dass diese Kosten grundsätzlich dem Bauresultat entsprechen. Schutzmassnahmen haben sich somit einerseits darauf zu richten, dass das Bauprojekt rechtzeitig redimensioniert werden kann bzw. gar nicht über den ursprünglich festgelegten Rahmen hinausgeht. Andrerseits kommt der Überwälzung der betreffenden Kostenrisiken eine besondere Bedeutung zu.

B Schutz durch Vereinbarung entsprechender Punkte im Baukreditvertrag

AA Verpflichtung des Kreditnehmers zum Abschluss optimaler Preisvereinbarungen[1241]

Gemäss Art. 373 OR kann der Bauherr mit den am Bau beteiligten Handwerkern und Unternehmern feste Preise vereinbaren. Konkretisierungen sind insbesondere enthalten in der SIA-Norm 118 (Ausgabe 1977/1991), wonach Einheitspreise[1242] (Preis je Mengeneinheit, Art. 39 der Norm), Global-[1243] oder Pauschalpreise[1244] (Preise für eine einzelne Leistung, einen Werkteil oder das gesamte Werk, Art. 40 und 41 der Norm) vorgesehen werden können[1245, 1246]. Ebenso sind für die Bezahlung des Architekten feste Honorare möglich, d.h. Pauschal- bzw. Globalhonorare[1247] bzw. Honorare gemäss Bauumfang nach Volumentarif[1248] (vgl. Art. 5.2 und Art. 9 SIA-Ordnung 102 [Ausgabe 1984]). Auch mit dem Bauingenieur kann ein Pauschal- oder Globalhonorar vereinbart werden (vgl. dazu Art. 5.2.2 SIA-Ordnung 103 [Ausgabe 1984]), doch sieht dies die zitierte Norm nur für Ausnahmefälle vor[1249].

1241 Zu den Preisvereinbarungen im Baubereich vgl. etwa *Gauch*, SIA 118, Bemerkungen zu Art. 38ff.; *Gauch*, Werkvertrag, N 898ff., S. 253ff.; *Reber*, S. 60ff.; *Gautschi*, Werkvertrag, Art. 373 N 7a ff.; *Zindel/ Pulver*, Art. 373 N 36.

1242 Vgl. dazu etwa *Gauch*, Werkvertrag, N 915ff., S. 258ff.; *Gauch*, SIA 118, Art. 39 N 1ff.; *Zindel/ Pulver*, Art. 373 N 7, N 13; *Reber*, S. 65ff..

1243 Vgl. dazu etwa *Gauch*, Werkvertrag, N 910ff., S. 257ff.; *Gauch*, SIA 118, Art. 40 N 1ff.; *Zindel/ Pulver*, Art. 373 N 6; *Reber*, S. 77f.

1244 Vgl. dazu *Gauch*, Werkvertrag, N 900ff., S. 253ff.; *Gauch*, SIA 118, Art. 41 N 1ff.; *Zindel/ Pulver*, Art. 373 N 6; *Reber*, S. 77f.

1245 Wird demgegenüber eine Übernahme der Werkausführung ohne festen Preis vereinbart (Art. 374 und 375 OR), werden namentlich etwa Regiearbeiten verabredet (vgl. Art. 48ff. SIA-Norm 118 [Ausgabe 1977/1991]), besteht der hier beschriebene Schutz nicht. Kein Schutz besteht zudem bei der Verabredung von Einheitspreisen hinsichtlich der für die Ausführung der betreffenden Leistung erforderlichen Menge der Einheiten.

1246 Kein Schutz besteht auch, soweit bei ausserordentlichen Umständen eine Erhöhung der Preise zulässig ist (Art. 373 Abs. 2 OR). Allerdings dürfte dies eher bei Zusatz- als bei Mehrkosten von Bedeutung sein, vgl. dazu vorne S. 247. Zudem kann das Recht zu solchen Preiserhöhungen im Rahmen von Art. 27 Abs. 2 ZGB wegbedungen werden, vgl. dazu *Gauch*, Werkvertrag, N 1128ff. Vgl. auch Art. 38 Abs. 3 und Art. 58ff. SIA-Norm 118 (Ausgabe 1977/1991).

1247 Vgl. dazu etwa *Egli*, N 897ff., S. 299ff.; *Reber*, S. 280f.

1248 Vgl. dazu etwa *Egli*, N 104, S. 333.

1249 Wird demgegenüber mit dem Architekten oder Ingenieur die Höhe des Honorars nicht vereinbart oder wird ein Zeithonorar oder ein Honorar in Prozenten der Baukosten vorgesehen, besteht der hier umschriebene Schutz nicht. Vgl. dazu *Egli*, N 903ff., S. 301f., N 915ff., S. 304ff., N 971ff., S. 314ff., N 998ff., S. 320ff.; *Reber*, S. 270ff., S. 277ff. Denkbar ist allerdings etwa, dass z.B. beim Zeithonorar ein Kostendach vereinbart wird, vgl. dazu *Egli*, N 904f., S. 301f. Zum Leistungsmodell 95 des SIA vgl. *Egli*, N 967ff., S. 313.

Schliesslich kann mit dem General- bzw. Totalunternehmer ein Pauschal oder Globalpreis bzw. - bei offener Abrechnung - ein Kostendach [1250] vereinbart werden. Durch Vereinbarung entsprechender Preise kann das Risiko von Mehrkosten vermindert werden, die auf einer Fehleinschätzung der Kosten für eine bestimmte Leistung und damit auf einem insoweit fehlerhaften Kostenvoranschlag beruhen.

Preisabreden können sich sodann auf die Teuerung beziehen und damit teuerungsbedingte Mehrkosten verhindern. Entsprechende Konkretisierungen finden sich ebenfalls in der SIA-Norm 118 (Ausgabe 1977/1991): Werden Pauschalpreise (Art. 41 Abs. 1 der Norm) oder Regiearbeiten nach Vertrag mit Richtpreisen ohne Teuerungsvorbehalt (Art. 56 Abs. 4 der Norm) vereinbart, so ist bei einer Bauteuerung keine Mehrvergütung geschuldet[1251]. Kein Teuerungsausgleich ist sodann vorzunehmen, wenn mit dem Architekten oder Ingenieur ein Pauschalhonorar vereinbart wird[1252]. Ebenso kann das Teuerungsrisiko bis zu einem bestimmten Grad überwälzt werden, soweit mit dem General- bzw. Totalunternehmer Pauschalpreise oder ein Kostendach einschliesslich Bauteuerung[1253] vereinbart werden.

Je nachdem kann es günstiger sein, wenn sich der Bauherr jeweils aufgrund einer der dargelegten Varianten gegen Mehrkosten absichert oder wenn er sich umgekehrt gerade nicht absichert, dafür aber Verträge zu anderen vorteilhaften Konditionen abschliessen kann.

Möglich ist, dass der Kreditnehmer im Baukreditvertrag verpflichtet wird, Verträge nach der jeweils optimalsten Variante abzuschliessen. Indessen dürfte eine gerichtliche Durchsetzung dieser Abrede aus praktischen Gründen kaum in Frage kommen. Verletzt der Kreditnehmer die entsprechende Pflicht, wird er deshalb höchstens schadenersatzpflichtig, was, wie bereits verschiedentlich gezeigt wurde, das Verlustrisiko der Bank nicht vermindert. Immerhin ist denkbar, dass sich die Bank vorbehält, nur Mittel für solche Verträge

---

1250 Vgl. dazu *VSGU*, Allgemeine Bedingungen, D. 14.ff.; *VSGU*, Mustervertrag, 4. (Varianten für die Bestimmung des Werkpreises); *Huber*, Generalunternehmervertrag, N 182ff. Vgl. zum Ganzen auch *Reber*, S. 78ff.; *Siegfried*, S. 31; *Gauch*, SIA 118, Art. 40 N 1ff., Art. 41 N 1ff.

1251 Demgegenüber ist etwa ein Teuerungsausgleich vorzunehmen bei der Vereinbarung von Einheitspreisen (Art. 39 Abs. 3 der Norm), Globalpreisen (Art. 40 Abs. 3 der Norm) sowie bei Regiearbeiten mit Richtpreisen, sofern ein Teuerungsvorbehalt vereinbart wurde (Art. 56 Abs. 4 der Norm). Vgl. auch Art. 64ff. der Norm.

1252 Demgegenüber ist etwa ein Teuerungsausgleich vorzunehmen bei der Vereinbarung von Globalhonoraren (vgl. dazu *Egli*, N 958, S. 311) und Honoraren in Prozenten der Baukosten, vgl. dazu etwa Art. 8 SIA-Ordnung 102 (Ausgabe 1984) bzw. Art. 7 SIA-Ordnung 103 (Ausgabe 1984). Beim Zeithonorar ist lediglich mit einer Anpassung der Stundensätze in Jahresperioden zu rechnen, vgl. Art. 6.4 SIA-Ordnung 102 (Ausgabe 1984) bzw. Art. 6.4 SIA-Ordnung 103 (Ausgabe 1984). Ebenso ist beim Volumentarif lediglich mit einer Anpassung in Jahresperioden zu rechnen, vgl. Art. 9.3 SIA-Ordnung 102 (Ausgabe 1984).

1253 Vgl. dazu *VSGU*, Allgemeine Bedingungen, D. 15.1 und 17.2; *VSGU*, Mustervertrag, 4. (Varianten für die Bestimmung des Werkpreises). Die verzögerungsbedingte Teuerung, welche der General- bzw. Totalunternehmer nicht zu verantworten hat, kann indessen nicht überwälzt werden (*VSGU*, Allgemeine Bedingungen, D. 15.2, D. 17.3); insoweit besteht namentlich kein Schutz bei teuerungsbedingten Zusatzkosten, vgl. dazu vorne S. 247. Kein entsprechender Teuerungsschutz besteht sodann bei der Vereinbarung von Globalpreisen (*VSGU*, Allgemeine Bedingungen, D. 14.1) sowie bei der Vereinbarung eines Kostendaches ausschliesslich Bauteuerung (*VSGU*, Allgemeine Bedingungen, D. 17.2). Vgl. zum Ganzen *Huber*, Generalunternehmervertrag, N 183, N 202ff., N 214ff.

freizugeben, die eine von ihr selbst verlangte Preisabrede enthalten[1254]. Schliesslich ist etwa denkbar, dass die baukreditgebende Bank bzw. ein von ihr eingesetzter Baucontroller berechtigt werden, bei der Arbeitsvergebung und dadurch bei der entsprechenden Optimierung mitzuwirken[1255].

BB Kosten- und Abrechnungskontrolle sowie Meldepflicht bei Mehrkosten

Hier gilt sinngemäss das zu den Zusatzkosten Gesagte[1256].

CC Änderungsverbot bzw. Genehmigungspflicht für Änderungen am Bauvorhaben

Änderungsverbote bzw. eine Genehmigungspflicht für Änderungen am Bauvorhaben ermöglichen der baukreditgebenden Bank nicht nur eine Kontrolle über das Entstehen von Zusatzkosten[1257], sondern auch eine Kontrolle über das Entstehen allfälliger Mehrkosten. Was die Ausübung der entsprechenden Rechte betrifft, so sei sinngemäss auf das weiter vorne Ausgeführte verwiesen[1258].

DD Abreden betreffend die Geltendmachung der Bestellerrechte bei einer Überschreitung der Kostenansätze

Zeichnet sich eine Überschreitung des Kostenansatzes ab, so hat der Besteller gemäss Art. 375 Abs. 1 und 2 OR das Recht, die geforderte Entschädigung herabzusetzen oder vom Vertrag zurückzutreten[1259]. Da sich durch solche Massnahmen gegebenenfalls Mehrkosten vermeiden oder vermindern lassen, ist denkbar, dass die baukreditgebende Bank den Kreditnehmer zur Ausübung dieser Rechte verpflichtet (eine Realvollstreckung käme aufgrund der zeitlichen Dringlichkeit indessen höchstens im Verfahren zur schnellen Handhabung klaren Rechts in Frage), oder - da ein gerichtliches Vorgehen gerade zu langwierig wäre und auch die Verknüpfung mit der Pflicht zur Freigabe weiterer Kreditmittel kaum sinnvoll erscheint - dass sie sich selbst das Recht einräumen lässt, die entsprechenden Rechte geltend zu machen. Allerdings ist fraglich, ob eine Klausel, die der Bank derart weitgehende Kompetenzen einräumt, in der Praxis überhaupt Verbreitung findet.

1254 Selbst in diesem Fall ist indessen fraglich, ob eine solche Preispolitik in jedem Fall durchgesetzt werden kann, da der Kreditnehmer immer auch darauf angewiesen ist, dass die jeweiligen Vertragspartner entsprechende Konditionen überhaupt akzeptieren.
1255 Vgl. dazu etwa *Stettler*, Risikoprämien, S. 52.
1256 Vgl. dazu vorne S. 248.
1257 Vgl. dazu vorne S. 250.
1258 Vgl. dazu vorne S. 206f.
1259 Vgl. dazu im einzelnen *Gauch*, Werkvertrag, N 973ff., S. 273ff.; *Reber*, S. 51, S. 78; *Gautschi*, Werkvertrag, Art. 375 N 6ff.; *Zindel/ Pulver*, Art. 375 N 1ff.

EE Sicherung der Kreditforderung durch Schadenersatzansprüche des Kreditnehmers

Was die Sicherung der Kreditforderung durch Schadenersatzansprüche des Kreditnehmers betrifft, gilt sinngemäss das bereits weiter vorne Ausgeführte[1260]. Bedeutsam im hier zu erörternden Zusammenhang sind insbesondere allfällige Schadenersatzansprüche des Kreditnehmers gegenüber dem Architekten oder Bauingenieur bei fehlerhaften Kostenvoranschlägen[1261].

FF Vorbehalt eines angemessenen Versicherungsschutzes der am Bau beteiligten Parteien

Hiezu gilt sinngemäss das bereits weiter vorne Ausgeführte[1262].

GG Vorbehalt der Vertrauenswürdigkeit und Bonität der am Bau beteiligten Parteien

Auch das Risiko von Mehrkosten kann durch die sorgfältige Auswahl der am Bau beteiligten Parteien, namentlich des Architekten bzw. Bauingenieurs, reduziert werden. Denkbar ist deshalb wiederum, dass im Baukreditvertrag ein entsprechender Vorbehalt angebracht wird[1263]. Häufig dürften allerdings der Architekt bzw. Bauingenieur beim Abschluss des Baukreditvertrages bereits feststehen, so dass eine entsprechende Abrede im Baukreditvertrag nicht mehr viel nützt[1264].

HH Recht zur Leistungsverweigerung bei einer Verletzung von Pflichten aus dem Baukreditvertrag

Hier kann sinngemäss auf das weiter vorne Ausgeführte verwiesen werden[1265].

C Weitere Schutzmassnahmen

AA Überprüfung des Bauprojektes und insbesondere der Kostenvoranschläge

Durch eine der Kreditgewährung vorangehende Überprüfung des Bauprojektes und namentlich der Kostenvoranschläge können gegebenenfalls rechtzeitig allfällige Unstimmigkeiten entdeckt und entsprechende Massnahmen ergriffen werden. So ist etwa denkbar,

---

1260 Vgl. dazu vorne S. 180.

1261 Vgl. dazu etwa *BGE* 122 III 61ff.; *BGE* 119 II 249ff.; *Zehnder*, N 180ff., S. 77ff., N 373ff., S. 153ff.; *Gauch*, Kostenvoranschlag, S. 80ff.; *Gauch*, Bauleitung, S. 14ff.; *Trümpy*, S. 64ff.; *Reber*, S. 300ff.; *Gautschi*, Werkvertrag, Art. 375 N 12; *Schumacher*, Haftung, N 746ff., S. 246ff.; *Schaub*, S. 175f.

1262 Vgl. dazu vorne S. 212.

1263 Vgl. dazu vorne S. 213.

1264 Wichtig ist dagegen in jedem Fall die entsprechende Prüfung vor Abschluss des Baukreditvertrages. Vgl. dazu gerade nachfolgend.

1265 Vgl. dazu vorne S. 182.

dass die Baukreditlimite oder der Anteil des Eigen- bzw. Drittkapitals hinaufgesetzt werden müssen, dass noch Zusatzsicherheiten zu stellen sind oder dass das Bauprojekt sogar zu redimensionieren ist. Gegebenenfalls ergibt sich sogar, dass von einer Kreditgewährung abzusehen ist.

BB   Überprüfung der Vertrauenswürdigkeit und Bonität der am Bau beteiligten Parteien

Hier kann sinngemäss auf das weiter vorne Ausgeführte verwiesen werden [1266]. Zu beachten ist zudem, dass bei der den Kreditnehmer betreffenden Bonitätsprüfung auf die Möglichkeit von Mehrkosten und damit auf eine grössere Vermögensbelastung Rücksicht zu nehmen ist [1267].

CC   Vertragsauflösung aus wichtigem Grund

Weigert sich der Kreditnehmer, den ihm vertraglich auferlegten Pflichten nachzukommen und besteht durch die deswegen verursachten Mehrkosten das Risiko, dass er zahlungsunfähig wird, kann ein weiteres Zusammenwirken der Bank mit dem Kreditnehmer unzumutbar werden. In solchen Fällen ist m.E. auch bei längeren Kündigungsfristen eine unvermittelte Vertragsauflösung aus wichtigem Grund zuzulassen [1268]. Kann der Kreditnehmer dagegen allfällige Mehrkosten durchaus mit eigenen Mitteln bestreiten, erscheint es nicht als gerechtfertigt, das Vorliegen eines wichtigen Grundes anzunehmen.

IV Haftungsfragen

Hier gilt sinngemäss das bereits zur minderwertigen Bausubstanz Ausgeführte [1269]. Zu beachten ist allerdings, dass die baukreditgebende Bank nur dann gestützt auf Art. 399 Abs. 3 OR bzw. die zur Substitution entwickelten Grundsätze gegen den Architekten bzw. den Bauingenieur vorgehen kann, sofern diese dem Kreditnehmer auferlegte, im Rahmen des Architekten- bzw. Ingenieurverhältnisses jedoch auf sie weiterübertragene Pflichten verletzen [1270]. Fehler bei der Erstellung des Kostenvoranschlages fallen m.E. nicht darunter.

1266   Vgl. dazu vorne S. 213f.
1267   Vgl. dazu etwa *Albisetti/ Boemle/ Ehrsam/ Gsell/ Nyffeler/ Rutschi*, S. 135; *Rossi*, S. 39.
1268   Vgl. dazu vorne S. 123f.
1269   Vgl. dazu vorne S. 214.
1270   Zum Begriff der Substitution und zur Abgrenzung gegen den blossen Beizug von Hilfspersonen vgl. vorne Anm. 556. Die dort erwähnten Kriterien dürften im hier diskutierten Zusammenhang in der Regel erfüllt sein.

§ 40 Weitere finanzierungsbezogene Unterdeckungsrisiken

I   Fehlendes Eigen- bzw. Drittkapital als risikoerhöhender Faktor

A *Übersicht*

Wird das von der baukreditgebenden Bank für die Restfinanzierung einkalkulierte Eigen-
bzw. Drittkapital zweckwidrig verwendet oder steht es aus anderen Gründen nicht mehr
zur Verfügung, besteht die Gefahr, dass der Bau infolge fehlender Mittel gar nicht vollendet werden kann[1271]. Wird dieses Kapital zudem nicht vorab für die Bezahlung der Bauforderung verwendet, ergibt sich ein vorzeitiger Bedarf nach Kreditmitteln mit den bereits
dargelegten Risiken[1272]. Soweit die Bank die Bauvollendung selbständig durchführen
oder bevorschussen möchte, müssen - sofern das Eigen- bzw. Drittkapital nicht für die
Baufinanzierung eingesetzt wurde - entsprechend mehr risikobehaftete Mittel aufgebracht
werden. Bezogen auf die einzelnen Tatbestände ergibt sich insbesondere das Folgende:

B *Konkretisierung der Risiken*

Beim Beispiel zur Konkretisierung der strukturell bedingten Unterdeckung[1273] wäre die
Baukreditforderung zum Zeitpunkt des Bauunterbruches bereits bedeutend höher, als
dies bei einer ordnungsgemässen Verwendung des Eigen- bzw. Drittkapitals der Fall
wäre - soweit jedenfalls anstelle des fehlenden Eigen- bzw. Drittkapitals entsprechend
mehr Kreditmittel beansprucht wurden. Entsprechend höher wäre dadurch aber auch der
Verlust der Bank.
Bei den Beispielen zur Konkretisierung der marktbedingten Unterdeckung[1274] würde es
im Falle einer zweckwidrigen Verwendung des Eigen- bzw. Drittkapitals an Mitteln zur
Finanzierung der Bauvollendung fehlen, und die Bank müsste, um die Marktchancen des
Objektes zu verbessern, zusätzliche Mittel zur Fertigstellung bereitstellen[1275] - was zu
einem entsprechend erhöhten Risiko führt.
Auch beim Beispiel zur Illustration der Unterdeckung infolge einer qualitativ man-
gelhaften Entwicklung der Bausubstanz[1276] würde es an Mitteln zur Finanzierung der
Bauvollendung fehlen und die Bank müsste, um ihren Verlust möglichst gering zu halten,
wiederum weitere Mittel bereitstellen.

1271   Vgl. dazu ausführlich vorne S. 172.
1272   Vgl. dazu vorne S. 176.
1273   Vgl. dazu vorne S. 172.
1274   Vgl. dazu vorne S. 193 und S. 197.
1275   Vgl. dazu hinten S. 268ff.
1276   Vgl. dazu vorne S. 201.

Beim Beispiel zur Illustration der Unterdeckung infolge einer Zerstörung oder Beschädigung der bereits errichteten Gebäudeteile[1277], wäre wiederum die Kreditforderung beim Eintritt des wertvermindernden Ereignisses schon bedeutend höher, als dies bei einem ordnungsgmässen Einsatz des Eigen- bzw. Drittkapitals der Fall wäre - soweit jedenfalls anstelle des fehlenden Eigen- bzw. Drittkapitals mehr Kreditmittel beansprucht wurden. Entsprechend höher wäre dadurch aber auch der Verlust der Bank.

Soll beim Beispiel zur Illustration der Unterdeckung infolge einer zweckwidrigen Mittelverwendung[1278] die Bauvollendung ermöglicht werden, müssten entsprechend mehr risikobehaftete Mittel eingesetzt werden, sofern nicht einmal das Eigen- bzw. Drittkapital zur Schaffung von Bausubstanz verwendet worden ist.

Bei den Beispielen zur Illustration der Unterdeckung infolge Zusatz- oder Mehrkosten[1279] schliesslich müssten wiederum mehr Mittel eingesetzt werden, um dennoch eine Bauvollendung zu erreichen[1280].

Denkbar ist sodann, dass nicht nur die zweckwidrige Verwendung der Kreditmittel, sondern auch die zweckwidrige Verwendung des Eigen- bzw. Drittkapitals zur Folge haben kann, dass Baugläubiger nicht bezahlt werden und es deshalb zum Eintrag von Bauhandwerkerpfandrechten bzw. zur Anfechtung gemäss Art. 841 ZGB kommt[1281]. Möglich ist ausserdem, dass unbezahlt gebliebene Gläubiger weitere gesetzliche Grundpfandrechte geltend machen können[1282] und die Kreditdeckung dadurch gefährdet wird .

Will die baukreditgebende Bank die geschilderten Risiken vermeiden, hat sie also möglichst sicherzustellen, dass das im Vertrag vereinbarte Eigen- bzw. Drittkapital tatsächlich zur Verfügung steht und in das Bauprojekt investiert wird. Dafür bieten sich insbesondere folgende Massnahmen an:

1277 Vgl. dazu vorne S. 217.
1278 Vgl. dazu vorne S. 233.
1279 Vgl. dazu vorne S. 244 und S. 256.
1280 Entscheidend ist insbesondere auch, dass mit dem Eigen- bzw. Drittkapital Bausubstanz finanziert wird, ohne dass dafür Kreditmittel beansprucht werden. Dadurch ergibt sich - was die Deckung der Kreditforderung betrifft - eine gewisse «Pufferwirkung».
1281 Vgl. dazu im einzelnen hinten S. 314ff.
1282 Vgl. dazu vorne Anm. 802.

C Schutz durch Vereinbarung entsprechender Punkte im Baukreditvertrag

AA Abreden über den Nachweis und die Verwendung des Eigen- bzw. Drittkapitals

Verbreitet ist in der Praxis die Abrede, dass die Freigabe der Kreditmittel vom Nachweis der Restfinanzierung abhängig gemacht wird. Soweit allerdings nicht zugleich die Vorabverwertung des Eigen- bzw. Drittkapitals vereinbart wird, nützt diese Abrede nicht viel, d.h. ursprünglich nachgewiesene Mittel können dennoch plötzlich fehlen. Denkbar wäre auch, dass der Kreditnehmer ausdrücklich verpflichtet wird, das für den Bau vorgesehene Eigen- bzw. Drittkapital zur Finanzierung des Bauvorhabens zu verwenden. Die Tragweite einer solchen Abrede hängt von der konkreten Ausgestaltung ab. Möglich ist die Ausgestaltung als selbständig einklagbare Nebenpflicht. Hat der Kreditnehmer die Mittel bereits zweckwidrig verwendet und wird er zahlungsunfähig, nützt dies jedoch nicht mehr viel. Möglich ist jedoch auch, dass lediglich die Freigabe der Kreditmittel von der Einhaltung der betreffenden Pflicht abhängig gemacht wird. Grundsätzlich dürfte allerdings auch schon die allgemeine Klausel genügen, wonach bei Pflichtverletzungen keine Kreditmittel mehr freizugeben sind[1283].

BB Vorabverwertung des Eigen- bzw. Drittkapitals

Diese bereits in anderem Zusammenhang erwähnte Massnahme reduziert auch das Risiko einer zweckwidrigen Verwendung des für die Baufinanzierung vorgesehenen Eigen- bzw. Drittkapitals. Im übrigen sei sinngemäss auf das bereits weiter vorne Ausgeführte verwiesen[1284].

1283 Vgl. dazu vorne S. 182 und gerade nachfolgend.
1284 Vgl. dazu vorne S. 176f.

CC   Abreden über die Einzahlung des Eigen- bzw. Drittkapitals

Zur Sicherung der Restfinanzierung verlangen gewisse Banken, dass das für den Bau notwendige Eigenkapital (gegebenenfalls auch das bereits zur Verfügung stehende Drittkapital) auf Verlangen der Bank auf das Baukreditkonto oder gegebenenfalls auf ein separates Konto einzuzahlen sei[1285, 1286]. Die Einzahlungspflicht vor Beanspruchung der Kreditmittel dürfte die Regel sein. Indessen ist durchaus denkbar, dass im Einzelfall - namentlich etwa bei erst später zur Verfügung stehendem Drittkapital - auch erst nach der Beanspruchung von Kreditmitteln entsprechende Einzahlungen verlangt werden. Auch hier gilt, dass die Tragweite einer solchen Abrede von der konkreten Ausgestaltung abhängt. Grundsätzlich ist denkbar, dass die Freigabe der Kreditmittel (bzw. weiterer Kreditmittel) ausdrücklich von der - auf entsprechende Aufforderung hin - erfolgten Einzahlung des Eigen- bzw. Drittkapitals abhängig gemacht wird. Dafür dürfte allerdings auch schon die allgemeine Klausel genügen, wonach bei Pflichtverletzungen keine Kreditmittel mehr freizugeben sind[1287]. Möglich ist auch, dass die betreffende Pflicht als selbständig einklagbare Nebenpflicht ausgestaltet wird. Allerdings nützt dies nicht mehr viel, wenn der Kreditnehmer die Mittel bereits zweckwidrig verwendet hat und zahlungsunfähig wird. Insbesondere kann die Bank höchstens noch Schadenersatzansprüche geltend machen, was bei einem zahlungsunfähigen Kreditnehmer gerade nichts mehr bringt.

Grundsätzlich gilt, dass die betreffenden Mittel für das Bauprojekt zu verwenden sind. Denkbar ist, dass hinsichtlich einzelner Beträge besondere Abreden über die Verwendung (Zeitpunkt, Verwendung nur zur Bezahlung von bestimmten Bauforderungen) getroffen werden.

1285   Vgl. dazu etwa *Albisetti/ Boemle/ Ehrsam/ Gsell/ Nyffeler/ Rutschi*, S. 125; *Schumacher*, N 512, S. 143.

1286   Zum Rückfluss von Geldern auf das Baukreditkonto vgl. vorne S. 88f.

1287   Vgl. dazu vorne S. 182 und gerade nachfolgend.

DD Abtretung von Ansprüchen gegen Dritte

Häufig wird im Baukreditvertrag die Abtretung von Ansprüchen des Kreditnehmers gegen Dritte, namentlich die Abtretung von Ansprüchen auf Subventionszahlungen[1288] vereinbart[1289]. Da für die Abtretung die Schriftform genügt (Art. 165 OR), kann diese durchaus uno actu mit dem Abschluss des Baukreditvertrages auf derselben Urkunde vorgenommen werden. Die Tragweite entsprechender Abtretungen hängt wiederum von den konkreten Verhältnissen ab. Häufig dürfte die Abretung lediglich zu Sicherungszwecken erfolgen. Denkbar ist indessen, dass hinsichtlich derjenigen Forderungen, welche im Laufe Bau-realisation fällig werden, auch gerade Abreden über die Verwendung der betreffenden Mittel (Zeitpunkt, Verwendung nur zur Bezahlung von bestimmten Bauforderungen) getroffen werden.

EE Einforderung von Vorausleistungen der Käufer

Bei Bauprojekten, die eine sukzessive Veräusserung der Bauobjekte schon während des Bauens vorsehen, wird häufig vereinbart, dass Vorausleistungen der Käufer[1290] der Bank zu überweisen seien. Hiezu gilt sinngemäss das bereits zur Einzahlung von Eigen- bzw. Drittkapital Gesagte[1291].

1288   Zu den staatlichen Unterstützungsbeiträgen vgl. insbes. vorne S. 41ff. Zu klären wäre im Ein-
       zelfall, ob die betreffenden Forderungen überhaupt abgetreten werden können, vgl. dazu *Gauch/*
       Schluep, N 558ff., Bd. II, S. 293ff.

1289   Solange solche Zahlungen noch nicht verbindlich zugesichert worden sind, handelt es sich um
       Abtretungen künftiger Forderungen. Vgl. dazu etwa *Gauch/ Schluep*, N 3569, Bd. II, S. 295f.;
       Bucher, S. 543; *Guhl/ Merz/ Koller*, S. 248f.; *Keller/ Schöbi*, Bd. IV, S. 56.; *Girsberger*, OR-
       Kommentar, Art. 164 N 36ff.

1290   Vgl. dazu insbes. auch schon vorne S. 34.

1291   Vgl. dazu gerade vorne S. 265. Häufig wird sogar ausdrücklich vereinbart, dass die Kreditmittel
       für eine nächste Bauetappe jeweils erst nach Überweisung der entsprechenden Käuferanzahlun-
       gen beansprucht werden dürfen.

FF Recht zur Leistungsverweigerung bei einer Verletzung von Pflichten aus dem Baukreditvertrag

Hier kann sinngemäss auf das bereits weiter vorne Ausgeführte verwiesen werden[1292]. Eine besondere Bedeutung kommt dieser Abrede namentlich deshalb zu, da gestützt darauf der Kreditnehmer gegebenenfalls dazu angehalten werden kann, das für die Baufinanzierung vorgesehene Eigen- bzw. Drittkapital vertragskonform zu verwenden oder diese Mittel der baukreditgebenen Bank einzuzahlen bzw. bei ihr zu belassen.

D Weitere Schutzmassnahmen

AA Überprüfung der Vertrauenswürdigkeit und Bonität des Kreditnehmers

Nicht zu unterschätzen ist im hier zu diskutierenden Zusammenhang die persönliche Integrität des Kreditnehmers. Wichtig sind aber vor allem auch dessen Vermögensverhältnisse. Verfügt er über ausreichende weitere Mittel, reduziert sich insbesondere das Risiko, dass nicht genügend Eigenkapital zur Verfügung steht bzw. dass in einem von dritter Seite eingeleiteten Zwangsvollstreckungsverfahren auf das für die Baufinanzierung vorgesehene Eigenkapital gegriffen wird[1293].

BB Vertragsauflösung aus wichtigem Grund

Verwendet der Kreditnehmer das für den Bau vorgesehene Eigen- oder Drittkapital abredewidrig für andere Zwecke und wird dadurch die Deckung der Kreditforderung gefährdet, kann dies ein weiteres Zusammenwirken der Bank mit dem Kreditnehmer als unzumutbar erscheinen lassen. In diesem Fall sollte auch bei längeren Kündigungsfristen eine unvermittelte Vertragsauflösung aus wichtigem Grund zugelassen werden[1294].

1292 Vgl. dazu vorne S. 182.
1293 Vgl. dazu etwa *Albisetti/ Boemle/ Ehrsam/ Gsell/ Nyffeler/ Rutschi*, S. 135; *Rossi*, S. 39.
1294 Vgl. dazu vorne S. 123f.

II Zu knapp bemessene Kreditlimite als risikoerhöhender Faktor

A *Konkretisierung des Risikos*

Ist die Kreditlimite von Anfang an ungenügend, oder ergibt sich, wie in den vorangehenden Beispielen, plötzlich ein erhöhter Mittelbedarf, besteht das Risiko, dass die Bauarbeiten nicht vollendet werden können und die Bank einen Verlust erleidet[1295]. Als Schutz gegen dieses Risiko kommen namentlich folgende Massnahmen in Frage:

B *Schutz durch Vereinbarung entsprechender Punkte im Baukreditvertrag*

AA Dem Finanzierungsbedarf angemessene Kreditlimite

Die Kreditlimite sollte in jedem Fall so bemessen sein, dass genügend Mittel für die zu erwartenden Kosten vorhanden sind. Insbesondere sollte auch eine den Umständen und dem Projekt angemessene Sicherheitsmarge für Zusatz- und Mehrkosten vorgesehen werden. Zu berücksichtigen ist allerdings, dass die Kreditlimite auch nicht zu hoch sein soll, da dies entsprechende Deckungsrisiken mit sich bringt[1296]. Liegt in einem konkreten Fall eine gerade noch vertretbare Limite nur knapp über dem budgetierten Mittelbedarf, sollte deshalb der Anteil der Restfinanzierung[1297] erhöht werden. Ist dies nicht möglich, müsste gegebenenfalls von einer Finanzierung des ganzen Projektes abgesehen werden.

1295   Vgl. dazu vorne S. 172ff. Vgl. auch etwa *Pfister-Ineichen*, S. 121.

1296   Zur Bestimmung des Belehnungswertes und zu den in den Praxis üblichen Prozentsätzen für die Festlegung der Kreditlimite vgl. vorne Anm. 177f.

1297   Vgl. dazu vorne S. 34f.

BB   Recht zur Kreditaufstockung

Denkbar ist, dass der Bank das Recht eingeräumt wird, den Kredit zu Lasten des Kreditnehmers aufzustocken. Die entsprechende Abrede kann namentlich als suspensiv bedingte Kreditgewährung (gemäss Art. 151 OR) ausgestaltet und als besondere Klausel in den Baukreditvertrag integriert werden[1298]. Die Bedingung ist eine sog. Potestativbedingung[1299], da sie von der Willenserklärung der baukreditgebenden Bank abhängt. Allderdings dürfte ein solches Recht nur zusammen mit dem selbständigen Recht auf Bauvollendung Sinn machen[1300]. Wie bei diesem Recht erscheint es allerdings fraglich, ob eine derart weitgehende Kompetenzerweiterung zugunsten der Bank in der Praxis je Verbreitung findet[1301].

C   Weitere Schutzmassnahmen

AA   Freiwillige Kreditaufstockung

In jedem Fall bleibt es der Bank unbenommen, auch ohne besondere Vereinbarung im Baukreditvertrag den Kredit bei Liquiditätsengpässen aufzustocken. Wird dadurch die Bauvollendung sichergestellt, kann dies, wie weiter vorne gezeigt wurde[1302], selbst dann sinnvoll sein, wenn der Kreditnehmer zahlungsunfähig ist.

BB   Sicherungsreserve für Kreditaufstockungen

Ohne besondere Vorkehrungen besteht das Risiko, dass eine zum Schutz der bestehenden Baukreditforderung notwendige Kreditaufstockung nur blanko erfolgen kann. Wird eine genügende Sicherungsreserve vorgesehen, kann sichergestellt werden, dass auch für Zusatzkredite eine grundpfändliche Sicherung möglich ist.

1298   Allerdings ist ein solches Recht nur dann sinnvoll, wenn die Bank zugleich auch das Recht hat, die Bauarbeiten selbständig weiterzuführen. Vgl. dazu vorne S. 189ff.

1299   Zum Begriff vgl. *Gauch/ Schluep*, N 4099f., Bd. II, S. 396f.; *Guhl/ Merz/ Koller*, S. 54f.; *von Tuhr/ Escher*, S. 257; *Bucher*, S. 507; *Keller/ Schöbi*, Bd. I, S. 105; *Ehrat*, Vorbemerkungen zu Art. 151-157, N 8.

1300   Vgl. dazu vorne S. 189.

1301   Interessanterweise wird von den Banken oftmals gerade das Umgekehrte vereinbart: So findet sich häufig die Abrede, wonach die Bank keinerlei Pflicht hätte, Kreditaufstockungen vorzunehmen. Eine solche Abrede ist jedoch gar nicht notwendig, da die Banken nicht verpflichtet sind, Beträge zur Verfügung zu stellen, welche die Kreditlimite überschreiten.

1302   Vgl. dazu etwa die Beispiele vorne S. 217f., S. 234 und S. 245.

Eine solche Reserve lässt sich am besten dadurch verwirklichen, dass dem Kreditgeber von Anfang an ein Grundpfandrecht (durch Grundpfandverschreibung, Faustpfand an einem entsprechenden Schuldbrief oder durch Sicherungsübereignung weiterer Schuldbriefe) für die allfällige Kreditaufstockung eingeräumt wird[1303].

1303   Zu allfälligen Belastungsgrenzen, die einer grundpfändlichen Sicherung der zusätzlichen Fremd-mittel entgegenstehen könnten, vgl. vorne S. 133ff. Der Bundesbeschluss über eine Pfandbe-lastungsgrenze für nichtlandwirtschaftliche Grundstücke vom 6. Oktober 1989 (BBPG) ist aller-dings per Ende 1994 ausser Kraft getreten, so dass diesbezüglich keine Hindernisse mehr beste-hen.

1E Zwangsvollstreckung

§ 41 Konkretisierung des Verlustrisikos in den einzelnen Zwangsvollstreckungsverfahren[1304]

I Betreibung auf Pfändung

Leitet der Baukreditgeber für sein Guthaben aus der Kreditgewährung eine Betreibung auf Pfändung gegen den Kreditnehmer ein[1305] und wird das Baugrundstück gepfändet, kann dieses versteigert werden, sobald allfällige im Range vorgehende pfandversicherte Forderungen gedeckt sind (Art. 54 Abs. 1 VZG, Art. 142a SchKG i.V. mit 126 SchKG)[1306]. Da indessen auch die dem Kreditgeber zur Sicherung übereigneten oder als Drittpfand verpfändeten Schuldbriefe gedeckt sein müssen, dürfte - falls eine Unterdeckung der Kreditforderung vorliegt und der Kreditnehmer vom Baugrundstück abgesehen über kein pfändbares Vermögen verfügt - eine Betreibung auf Pfändung nur gerade bei einer Sicherung des Baukredites durch Grundpfandverschreibung oder durch ein Faustpfand an einem vom Kreditnehmer verpfändeten Eigentümerschuldbrief[1307] sinnvoll sein[1308]. Kommt es in diesem Fall - soweit die in Betreibung gesetzte Forderung nicht bezahlt wird - zu einer Verwertung des Bauobjektes, wird der auf den Kreditgeber entfallende Anteil am Steigerungserlös als Ergebnis der Pfändungsbetreibung ausbezahlt. Die betreffenden Grundpfandrechte werden gelöscht (Art. 68 Abs. 1 lit. b VZG i.V. mit Art. 54 Abs. 1 VZG und Art. 135 Abs. 1 SchKG). Reicht der auf den Baukreditgeber entfallende Erlös nicht zur Deckung der Kreditforderung und besteht auch keine Aussicht, dass die Kreditmittel anderweitig vom Kreditnehmer zurückerstattet werden, erleidet die Bank somit einen entsprechenden Verlust.

1304 Der Einfachheit halber wird nachfolgend davon ausgegangen, dass der Kreditnehmer auch Eigentümer des Baugrundstücks ist. Für den Fall, dass am Baugrundstück Dritteigentum besteht, vgl. hinten S. 363ff., insbes. S. 368. Ebenso wird davon ausgegangen, dass im Falle einer Verpfändung oder Sicherungsübereignung von Schuldbriefen der Kreditnehmer auch Schuldner der Schuldbriefforderung ist. Soweit ein Dritter Schuldner dieser Forderung ist, müsste immer auch noch dessen Bonität in die Betrachtungen miteinbezogen werden, worauf hier jedoch nicht weiter eingegangen wird.

1305 Zum sog. beneficium excussionis realis und den Möglichkeiten des Kreditgebers, trotz Sicherung der Kreditforderung durch Verpfändung oder Sicherungsübereignung von Schuldbriefen eine Betreibung auf Pfändung einzuleiten, vgl. vorne S. 138, S. 144 und S. 151.

1306 Das Grundstück kann also grundsätzlich auch verwertet werden, wenn die in Betreibung gesetzte Forderung gerade nicht gedeckt ist, vgl. dazu auch Art. 54 Abs. 1 VZG und Art. 82 Abs. 2 VZG.

1307 Dass die Eigentümerschuldbriefe nicht gedeckt sein müssen, ergibt sich insbes. aus Art. 35 Abs. 2 VZG i.V. mit Art. 54 Abs. 1 VZG.

1308 Denkbar wäre immerhin, dass der Kreditgeber - bei der Sicherung der Kreditforderung durch einen als Drittpfand verpfändeten Schuldbrief oder durch Sicherungsübereignung eines Schuldbriefes - eine Schuldbriefforderung, deren Schuldner der Kreditnehmer ist, diesem gegenüber auf dem Wege der Pfändungsbetreibung geltend machen könnte. In diesem Fall wäre auch eine Verwertung des Grundstücks möglich, wenn die Schuldbriefforderung selbst ungedeckt ist. Darauf wird indessen vorliegend nicht weiter eingegangen.

Das Deckungsprinzip gilt auch in einer von dritter Seite eingeleiteten Betreibung auf Pfändung. Vermögen die Angebote die im Range vorgehenden grundpfandgesicherten Forderungen (bei der Verpfändung von Eigentümerschuldbriefen richtet sich deren Höhe nach Art. 35 Abs. 2 VZG) nicht zu decken, fällt das Grundstück aus der Betreibung. Für den Kreditgeber ergibt sich dadurch also kein besonderes Verlustrisiko. Übersteigt allerdings die Kreditforderung den durch die Grundpfandverschreibung oder die Schuldbriefforderung gesicherten Betrag, kann es auch dann zu einer Verwertung des Grundstücks kommen, wenn die Kreditforderung selbst nicht vollumfänglich gedeckt ist. Die bestehende Teildeckung der Kreditforderung wird in diesem Verfahren jedoch berücksichtigt, so dass der Verlust nicht höher ist, als wenn etwa der Kreditgeber selbst ein Vollstreckungsverfahren veranlassen würde.

Leitet ein Gläubiger, dessen Forderung durch ein vorrangiges Pfandrecht gesichert ist, eine Betreibung auf Pfändung ein, kann es ebenfalls zu einer Verwertung des Grundstücks kommen, ohne dass die Baukreditforderung gedeckt ist (Art. 54 VZG). Ein Verlust des Kreditgebers resultiert dabei auf analoge Weise wie bei einer von dritter Seite eingeleiteten Betreibung auf Verwertung eines im Range vorgehenden Pfandrechtes [1309].

1309   Vgl. dazu die entsprechenden Ausführungen nachfolgend S. 274.

II Betreibung auf Pfandverwertung

Nicht nur bei einer Sicherung des Baukredites mittels Grundpfandverschreibung, sondern auch bei einer Sicherung mittels Verpfändung oder Sicherungsübereignung von Schuldbriefen[1310] kann es vorkommen, dass der Kreditgeber eine Betreibung auf Grundpfandverwertung einleitet[1311] und - soweit die in Betreibung gesetzte Forderung nicht bezahlt wird - das Verwertungsbegehren stellt. Gemäss Art. 156 Abs. 1 SchKG i.V. mit Art. 142a und Art. 126 SchKG gilt auch in einem solchen Verfahren das Deckungsprinzip und eine Veräusserung des Grundstücks findet nur statt, wenn die Angebote die im Range vorgehenden grundpfandgesicherten Forderungen zu decken vermögen. Sind die entsprechenden Angebote zu niedrig, geht der Kreditgeber somit leer aus.

Kommt es dagegen zu einer Verwertung, wird der auf den Kreditgeber entfallende Anteil am Steigerungserlös gemäss Art. 156 Abs. 1 SchKG i.V. mit 135 Abs. 1 SchKG dem betreibenden Kreditgeber ausbezahlt, während die Grundpfänder gelöscht werden (Art. 156 Abs. 1 SchKG, Art. 102 VZG i.V. mit Art. 68 Abs. 1 lit. b VZG)[1312]. Reicht dieser Erlös nicht zur Deckung der Kreditforderung und besteht auch sonst keine Aussicht, dass die Kreditmittel vom Kreditnehmer zurückerstattet werden, erleidet die Bank einen entsprechenden Verlust.

Das Deckungsprinzip gilt auch bei einer von dritter Seite gegen den Kreditnehmer eingeleiteten Betreibung auf Grundpfandverwertung. Wird eine Betreibung auf Verwertung eines gegenüber der Baukreditsicherung (d.h. gegenüber der Grundpfandverschreibung bzw. gegenüber dem verpfändeten oder zur Sicherung übereigneten Schuldbrief) im Range nachgehenden Grundpfandes eingeleitet und das Verwertungsbegehren gestellt, findet somit nur dann eine Veräusserung statt, wenn die Angebote die im Range vorgehenden grundpfandgesicherten Forderungen (bei der Verpfändung von Eigentümerschuldbriefen richtet sich deren Höhe nach Art. 35 Abs. 2 VZG) zu decken vermögen.

1310   Angenommen wird wiederum, dass der Kreditnehmer auch Schuldner der Schuldbriefforderung ist. Andernfalls würde der Kreditnehmer, dem das Grundstück gehört, als Mitbetriebener in das Verfahren miteinbezogen (Art. 153 Abs. 2 lit. a SchKG, Art. 88 Abs. 1 VZG).

1311   Zu dieser Möglichkeit bei einem Faustpfandrecht an einem Schuldbrief, namentlich auch zum betreffenden Kündigungs- und Einziehungsrecht bzw. zur Inkassobefugnis vgl. vorne S. 144f. Zu dieser Möglichkeit bei einer Sicherungsübereignung eines Schuldbriefes bzw. zum betreffenden Kündigungs- und Einziehungsrecht bzw. zur Inkassobefugnis vgl. vorne S. 151. Davon abgesehen dürfte der Kreditgeber in der Regel auch im Falle, wo der Schuldbrief zunächst auf dem Weg der Privatverwertung oder durch Betreibung auf Faustpfandverwertung verwertet wird, als Erwerber des Schuldbriefes diesen Weg beschreiten. Für Einzelheiten des Betreibungsverfahrens bei der Verpfändung von Schuldbriefen vgl. etwa *Moser*, S. 148, S. 151f.; *Zobl*, Eigentümerschuldbrief, S. 210ff. Für Einzelheiten des Betreibungsverfahrens bei einer Sicherungsübereignung von Schuldbriefen vgl. etwa *Vollenweider*, S. 137ff.; *Zobl*, Sicherungsübereignung, S. 291ff. Zum Verfahren bei beiden Sicherungsformen vgl. auch etwa *Staehelin*, S. 1262ff. Zu Einzelfragen bei mehreren auf dem Grundstück lastenden Pfandrechten vgl. auch etwa die Übersicht bei *Riemer*, 20 N 32ff., S. 109ff.

1312   Zu Einzelheiten vgl. etwa *Riemer*, 19 N 14f., S. 99f., 20 N 40f., S. 110f.

Übersteigt allerdings das Guthaben der Bank den durch die Grundpfandverschreibung oder die Schuldbriefforderung gedeckten Betrag, kann es auch dann zu einer Verwertung des Grundstücks kommen, wenn die Kreditforderung selbst nicht vollumfänglich gedeckt ist. Die bestehende Teildeckung der Kreditforderung wird in diesem Verfahren jedoch berücksichtigt, so dass der Verlust nicht höher ist, als wenn etwa der Kreditgeber selbst ein Vollstreckungsverfahren veranlassen würde.

Geht das Pfandrecht des betreibenden Gläubigers im Range vor, kann das Grundstück auch dann verwertet werden, wenn die Angebote das grundpfandgesicherte Guthaben der Bank bzw. die im verpfändeten[1313] oder zur Sicherung übereigneten Schuldbrief verbriefte Forderung nicht mehr zu decken vermögen. Kommt es zu einer entsprechend reduzierten Überbindung (gemäss Art. 156 Abs. 1 SchKG i.V. mit Art. 135 Abs. 1 Satz 1 und 2 SchKG), reduziert sich die entsprechende Pfandsicherung der Kreditforderung. Damit reduziert sich auch die Möglichkeit, dass sich der Kreditgeber durch Geltendmachung seiner Sicherheit vollumfäglich schadlos halten kann. Besteht auch sonst keine Aussicht, dass die Kreditmittel vom Kreditnehmer zurückbezahlt werden können, ergibt sich ein entsprechender Verlust für die Bank. Erfolgt keine Überbindung, wird der entsprechende Anteil am Steigerungserlös direkt ausbezahlt (gemäss Art. 156 Abs. 1 SchKG i.V. mit Art. 135 Abs. 1 Satz 3 SchKG), während das betreffende Grundpfand gelöscht wird (Art. 102 VZG i.V. mit Art. 68 lit. b VZG). Damit reduziert sich die pfandrechtliche Sicherung, ohne dass die Kreditforderung im gleichen Umfang getilgt wird. Besteht auch sonst keine Aussicht, dass die Kreditmittel vom Kreditnehmer zurückbezahlt werden können, ergibt sich somit wiederum ein entsprechender Verlust. Die betreffenden Verluste sind sogar noch grösser, sofern das Guthaben der Bank den durch die Grundpfandverschreibung oder die Schuldbriefforderung abgedeckten Betrag von vornherein übersteigt.

1313   Zum Verfahren für den Fall, wo der dem Kreditgeber verpfändete Schuldbrief im Dritteigentum steht vgl. etwa *BGE* **64** III 65ff., insbes. S. 71. Zum Verfahren bei vom Kreditnehmer verpfändeten Eigentümerschuldbriefen vgl. Art. 102 VZG i.V. mit Art. 35 Abs. 2 VZG und Art. 68 Abs. 1 lit. a Satz 2 VZG.

III Konkurs

Fällt der Kreditnehmer in Konkurs, nimmt der Kreditgeber je nach Verhältnissen als grund- bzw. faustpfangesicherter Gläubiger und / oder als Gläubiger in der 3. Klasse am Verfahren teil. Reichen weder die Angebote für das Grundstück und ist auch die Konkursdividende ungenügend, erleidet der Kreditgeber somit einen entsprechenden Verlust.

Im einzelnen ergibt sich die folgenden Besonderheiten: Bei einer Sicherung des Baukredites mittels Grundpfandverschreibung nimmt der Kreditgeber als grundpfandgesicherter Gläubiger am Verfahren teil. Wird das Grundstück verwertet und erfolgt nur eine reduzierte Überbindung (gemäss Art. 259 SchKG i.V. mit Art. 135 Abs. 1 Satz 1 und 2 SchKG)[1314], reduziert sich die entsprechende Pfandsicherung der Kreditforderung und damit die Möglichkeit, dass sich der Kreditgeber durch Geltendmachung seiner Sicherheit vollumfäglich schadlos halten kann. Ist auch die Konkursdividende ungenügend, ergibt sich deshalb ein entsprechender Verlust für den Kreditgeber. Erfolgt keine Überbindung, wird dem Kreditgeber gemäss Art. 259 SchKG i.V. mit Art. 135 Abs. 1 Satz 3 SchKG und Art. 219 Abs. 1 SchKG der auf ihn entfallende Erlös vorweg ausbezahlt, während das Pfandrecht gelöscht wird (Art. 130 Abs. 1 VZG i.V. mit Art. 68 Abs. 1 lit. b VZG). Reicht dieser Erlös nicht zur Deckung der Kreditforderung und ist auch die Konkursdividende ungenügend, erleidet der Kreditgeber einen Verlust. Ein Verlust ergibt sich zudem, wenn die Kreditforderung das Pfand ohnehin übersteigt und die Konkursdividende ungenügend ist.

Soweit die Kreditforderung durch Verpfändung eines Eigentümerschuldbriefes gesichert wurde, ist die Kreditforderung als faustpfandgesichert zu kollozieren, während der Pfandtitel mit dem Betrag der zugelassenen Faustpfandforderung unter die grundpfandgesicherten Forderungen aufzunehmen ist, unter Verweisung auf die Faustpfandkollokation. Ist die faustpfandgesicherte Forderung kleiner als die Schuldbriefforderung, ist der Mehrbetrag nicht als Grundpfand zu kollozieren (Art. 126 VZG)[1315]. Steht demgegenüber der verpfändete Schuldbrief im Dritteigentum, ist - da ja kein Faustpfandrecht am Vermögen des Gemeinschuldners geltend gemacht wird - die Forderung des Kreditgebers in der 3. Klasse zu kollozieren, unter Erwähnung des Drittpfandes (Art. 61 KOV), während das Faustpfandrecht im Lastenverzeichnis einzutragen ist [1316]. Erfolgt keine Überbindung und ergibt die Verwertung des Grundstücks einen ungenügenden Erlös[1317] oder übersteigt die Kreditforderung die pfandgedeckte Schuldbriefforderung und ist auch die Konkursdividende ungenügend, erleidet der Kreditnehmer wiederum einen Verlust.

1314 Gemäss Art. 208 Abs. 1 SchKG bewirkt die Konkurseröffnung nicht eo ipso die Fälligkeit der Kreditforderung. Deren Fälligkeit dürfte allerdings die Regel sein, vgl. dazu *Pfister-Ineichen*, S. 197.

1315 Vgl. dazu etwa Zobl, Fahrnispfand, Art. 901 N 155; *Brönnimann*, S. 142f.

1316 Vgl. dazu *BGE* 64 III 65ff., insbes. S. 71f.; *BGE* 99 II 66ff., insbes. S. 69; *Huber*, Eigentümerschuldbrief, S. 338.

1317 Für die vom Gemeinschuldner verpfändeten Eigentümerschuldbriefe ist ausdrücklich vorgesehen, dass keine Überbindung stattfindet, vgl. Art. 76 KOV. Indessen ist diese Vorschrift lediglich dispositiver Natur und es kann durchaus eine Schuldübernahme mit dem Ersteigerer vereinbart werden. Vgl. zum Ganzen *Zobl*, Eigentümerschuldbrief, S. 214ff., insbes. S. 217; *Brönnimann*, S. 142f.

Erfolgt eine - entsprechend reduzierte - Überbindung[1318], reduziert sich die noch verbleibende Pfandsicherung der Kreditforderung entsprechend, was - bei ungenügender Konkursdividende - ebenfalls einen Verlust zur Folge hat.

Wurde der Baukredit durch Sicherungsübereignung eines Schuldbriefes gesichert und ist insbesondere der konkursite Kreditnehmer auch Fiduziant, kann entweder nach der sog. «Kompensationsmethode» oder nach der «Kumulationsmethode» vorgegangen werden[1319].

Nach der «Kompensationsmethode» nimmt der Kreditgeber im Umfang der Schuldbriefforderung, bzw., falls sein Guthaben kleiner ist als diese Forderung, im Umfang dieses Guthabens als grundpfandgesicherter Gläubiger am Verfahren teil. Soweit die massgeblichen Angebote bei einer Versteigerung des Grundstücks die kollozierte Forderung nicht decken (und damit entweder keine vollumfängliche Überbindung stattfindet oder der Erlös nur ungenügend ist), bzw. soweit das Guthaben des Kreditgebers die Schuldbriefforderung übersteigt, partizipiert er wie die anderen nicht-pfandgesicherten Gläubiger am gesamten Verwertungsergebnis[1320]. Ist auch die Konkursdividende ungenügend, erleidet der Kreditgeber somit wiederum einen Verlust.

Nach der «Kumulationsmethode» ist dagegen die Schuldbriefforderung vollumfänglich ins Lastenverzeichnis und in den Kollokationsplan aufzunehmen, während die Forderung des Kreditgebers in der 3. Klasse zu kollozieren ist[1321]. Nach erfolgter Verwertung des Grundstücks ist allerdings definitiv abzurechnen[1322]. Auch diese Methode führt zu einem Verlust, wenn die massgeblichen Angebote bei einer Versteigerung des Grundstücks nicht ausreichen und auch die Konkursdividende ungenügend ist. Immerhin berechnet sich die Konkursdividende bei dieser Methode nach dem gesamten in der 3. Klasse kollozierten Betrag, und nicht nur auf dem Deckungsausfall[1323].

Wurde der Schuldbrief von einem Dritteigentümer übereignet, kann der Kreditgeber mit Bezug auf die Schuldbriefforderung grundsätzlich wie ein voll berechtigter Grundpfandgläubiger am Verfahren partizipieren. Damit sind Schuldbriefforderung und Kreditforderung wie bei der Kumulationsmethode getrennt voneinander zu kollozieren. Soweit der Zuschlagspreis die Kreditforderung nicht zu decken vermag (oder diese die Schuldbriefforderung übersteigt) und auch die Konkursdividende ungenügend ist, erleidet der Kreditgeber auch in diesem Fall einen Verlust.

1318 Eine solche kommt grundsätzlich in Frage, wenn der Schuldbrief im Dritteigentum steht.

1319 Vgl. dazu *Vollenweider*, S. 188f.; *Zobl*, Sicherungsübereignung, S. 293f. Zur Stellung des Gläubigers im Konkursverfahren vgl. auch etwa den instruktiven Sachverhalt, der *BGE* 119 II 326 zugrundelag.

1320 Vgl. dazu *Vollenweider*, S. 188; *Zobl*, Sicherungsübereignung, S. 293.

1321 Vgl. dazu *Vollenweider*, S. 188f.; *Zobl*, Sicherungsübereignung, S. 293; *Zobl*, Fahrnispfand, Systematischer Teil N 1480.

1322 Vgl. dazu *Zobl*, Sicherungsübereignung, S. 293; *Zobl*, Fahrnispfand, Systematischer Teil N 1480.

1323 Vgl. dazu *Zobl*, Sicherungsübereignung, S. 293; *Zobl*, Fahrnispfand, Systematischer Teil, N 1480, N 1636; *Vollenweider*, S. 189.

IV Ordentlicher Nachlassvertrag

Kommt es in einem gegen den Kreditnehmer eingeleiteten Zwangsvollstreckungsverfahren zu einem ordentlichen Nachlassvertrag, nimmt der Kreditgeber gemäss Art. 305 Abs. 2 SchKG und Art. 310 Abs. 1 SchKG insoweit daran teil, als die Kreditsicherung sein Guthaben nicht zu decken vermag. Massgeblich ist dabei die Schätzung des Sachwalters[1324]. Ergibt diese eine Unterdeckung, muss der Kreditgeber somit eine Reduktion des nach dieser Schätzung ungedeckten Teils seiner Forderung in Kauf nehmen[1325].

V Nachlassvertrag mit Vermögensabtretung

Bei einem Nachlassvertrag mit Vermögensabtretung partizipiert der Kreditgeber gemäss Art. 305 Abs. 2 SchKG und Art. 327 Abs. 1 und 2 SchKG im Umfang seiner ungedeckten Forderung am Verwertungsergebnis. Ist dieses entsprechend gering und ist die Kreditforderung nicht vollständig gedeckt, kann sich somit ein Verlust des Kreditgebers ergeben. Ist das Pfand bei der Auflegung der Verteilungsliste noch nicht verwertet, wird vorerst wiederum auf die Schätzung des Sachwalters abgestellt. Weist der Kreditgeber allerdings nach, dass der Pfanderlös unter der Schätzung geblieben ist, hat er Anspruch auf eine entsprechende Dividende und Abschlagszahlung. Einen allfälligen Ueberschuss hat er demgegenüber herauszugeben.

1324 Vgl. dazu *BGE* 107 III 40, insbes. S. 43: Auszugehen ist vom «Wert (...), der im Falle der Pfandverwertung voraussichtlich realisiert werden kann.» Vgl. dazu auch die Ausführungen vorne S. 164ff.

1325 Bei einer Sicherung des Baukredites mittels Sicherungsübereignung von Schuldbriefen ist m.E. analog zu verfahren wie bei einer Sicherung durch ein Faustpfand. Andernfalls müsste sich der Sicherungsnehmer gegebenenfalls eine weitaus stärkere Reduktion der Kreditforderung gefallen lassen als ein Pfandgläubiger.

§ 42 Zwangsvollstreckung vor Abschluss der Bauarbeiten im besondern[1326]

I Risiko einer vorzeitigen Verwertung des Baugrundstücks

A *Konkretisierung des Risikos*

Wird mitten während der Bauarbeiten der Konkurs über den Eigentümer des Baugrundstücks eröffnet oder eine Forderung in Betreibung gesetzt, welche durch ein gegenüber der Baukreditsicherung im Range vorgehendes Grundpfandrecht gesichert ist, und kommt es noch vor Vollendung der Bauarbeiten zu einer Verwertung des Baugrundstücks, muss damit gerechnet werden, dass für das unfertige Bauobjekt Angebote erfolgen, die weit unter dem Landwert plus den bereits investierten Beträgen liegen[1327]. Namentlich muss damit gerechnet werden, dass nicht einmal die Baukreditforderung gedeckt wird[1328] und die Bank somit zu Verlust kommt. Auch wenn der Erwerber die Bauarbeiten weiterführt und das Grundstück - gestützt auf die durch den Baukredit finanzierten Vorarbeiten - eine Wertsteigerung erfährt, wirkt sich dies nicht mehr auf die Sicherung der Baukreditforderung aus[1329]. Der Bank entgeht also gleichsam ein Teil des von ihr finanzierten Deckungssubstrats, das bei einer Vollendung der Bauarbeiten auch zu einer vollen Deckung der Kreditforderung geführt hätte. Würde nach Abschluss der Bauarbeiten keine oder nur eine geringere Unterdeckung vorliegen, erleidet die Bank somit einen Verlust, der allein auf den Umstand zurückgeht, dass das Zwangsvollstreckungsverfahren nicht zu einem späteren Zeitpunkt durchgeführt wurde.

1326 Ein Zwangsvollstreckungsverfahren gegen den Baukreditnehmer kann in verschiedener Hinsicht deckungsrelevante Risiken mit sich bringen. Insbesondere kann sich etwa ein für den Kreditgeber ungünstiges Ergebnis in einem Widerspruchs-, Lastenbereinigungs- und Kollokationsverfahren deckungsmindernd auswirken. Allerdings sind solche Risiken nicht baukreditspezifisch. Aus diesem Grund soll darauf auch nicht weiter eingegangen werden.

1327 Vgl. dazu vorne S. 171ff. Die Ursache dieses überproportionalen Verlustes liegt in der dort dargelegten strukturell bedingten Unterdeckung. Insbesondere liegt bei einem unfertigen Bauobjekt der Verkehrs- bzw. Liquidationswert regelmässig tiefer als der Bau- bzw. Realwert, d.h. ein grosser Teil der geschaffenen Bausubstanz ist noch ohne Einfluss auf die Kreditdeckung.

1328 Bei Forderungen, welche durch im Range nachgehende Pfandrechte gesichert sind, kommt dagegen aufgrund des Deckungsprinzips eine Veräusserung des Baugrundstücks nicht in Frage, solange die Baukreditforderung ungedeckt ist. Vgl. zum Ganzen vorne S. 271ff.

1329 Soweit das Projektrealisierungsrecht und die Pläne vom Erwerber des Grundstücks übernommen werden können, ist immerhin denkbar, dass gerade deswegen entsprechend höherere Angebote erfolgen und damit die Kreditforderung besser gedeckt wird. Vgl. dazu vorne S. 184ff.

B Schutzmassnahmen

AA Schutz durch Vereinbarung entsprechender Punkte im Baukreditvertrag

AAA Vereinbarungen über allfällige Zwangsvollstreckungsverfahren

Denkbar ist, dass der Kreditgeber im Baukreditvertrag ausdrücklich verpflichtet wird, sich im entsprechenden Zwangsvollstreckungsverfahren sowie in den damit verbundenen weiteren Verfahren optimal zur Wehr zu setzen und eine vorzeitige Verwertung des Baugrundstücks zu verhindern. Allerdings dürfte die gerichtliche Durchsetzung des entsprechenden Anspruches schon aus praktischen Gründen kaum in Frage kommen[1330]. Eine blosse Schadenersatzpflicht des Kreditnehmers ist aber nicht sehr zweckmässig, da der Kreditgeber ohnehin nur dann einen Schaden erleidet, wenn der Kreditnehmer zahlungsunfähig ist. Am günstigsten wäre es deshalb für den Baukreditgeber, wenn er berechtigt würde, entsprechende Rechte etwa als Vertreter des Kreditnehmers in den betreffenden Verfahren wahrzunehmen.

BB Weitere Schutzmassnahmen

AAA Selbständiges Vorgehen in den mit der Zwangsvollstreckung verbundenen Verfahren

Denkbar ist, dass sich der Kreditgeber in den mit der Zwangsvollstreckung verbundenen Verfahren selbst zur Wehr setzt, soweit er als Partei daran teilnehmen kann (so z.b. in den entsprechenden Lastenbereinigungs- und Kollokationsverfahren).

Möglich ist insbesondere auch, dass der Kreditgeber als Nebenintervenient[1331] am Prozess über die in Betreibung gesetzte Forderung (Anerkennungs- bzw. Aberkennungsprozess, Art. 79 SchKG bzw. Art 83 Abs. 2 SchKG) teilnimmt und sich entsprechend zur Wehr setzt.

BBB Vereinbarungen mit den beteiligten Gläubigern

Denkbar ist, dass die baukreditgebende Bank mit den am Verfahren beteiligten Gläubigern eine Verschiebung der Grundstücksverwertung vereinbart[1332]. Solchen Vereinbarungen kommt namentlich dann eine zentrale Bedeutung zu, wenn die Ansprüche der betreibenden Gläubiger offenkundig zu Recht bestehen und sich die vorstehend genannten prozessualen Massnahmen als aussichtslos oder sogar mutwillig erweisen würden. Gegebenenfalls kann sogar durch Sicherstellung erreicht werden, dass die betreibenden Gläubiger von einer Fortführung des Zwangsvollstreckungsverfahrens absehen. Dies kann allerdings grössere Risiken mit sich bringen als die vorzeitige Verwertung des Grundstücks.

1330 Grundsätzlich wäre immerhin denkbar, dass die Bank gestützt auf Art. 98 Abs. 1 OR zur Prozessführung im Namen des Kreditnehmers berechtigt würde.

1331 Vgl. dazu *Habscheid*, 2 N 19, S. 7; *Vogel*, 5 N 65ff., S. 144f.

1332 Vgl. dazu *Bürgi*, S. 173f.

CCC   Überprüfung der Vertrauenswürdigkeit und Bonität des Kreditnehmers

Soweit der Kreditnehmer zahlungsfähig und vertrauenswürdig ist, vermindert sich auch das Risiko, dass es zu entsprechenden Zwangsvollstreckungsverfahren oder zumindet zu einer vorzeitigen zwangsrechtlichen Verwertung des Baugrundstücks kommt.

II   Bauunterbruch/ Bauverzögerungen

A   Konkretisierung des Risikos

Baukreditspezifische Risiken bringt das Zwangsvollstreckungsverfahren auch insoweit mit sich, als dieses Verfahren zu einem Unterbruch oder zumindest zu Verzögerungen der Bauarbeiten und damit zu entsprechenden Zusatzkosten[1333] führen kann. Ausserdem können solche Verzögerungen bzw. ein Bauunterbruch verhindern, dass bis zur Veräusserung des Baugrundstücks weitere Wertsteigerungen erzielt werden, wodurch sich die gerade vorgehend geschilderten Nachteile verstärken. Bauverzögerungen bzw. ein Bauunterbruch können sich insbesondere durch entsprechende Verfügungen der jeweils zuständigen Behörde ergeben (namentlich, wenn diese etwa die Bauarbeiten einstellen lässt). In einer Betreibung auf Pfändung oder Pfandverwertung wäre dies das Betreibungsamt, welches das Baugrundstück verwaltet (Art. 102 Abs. 3 SchKG sowie Art. 16ff. VZG bzw. Art. 155 Abs. 1 SchKG i.V. mit Art. 102 Abs. 3 SchKG sowie Art. 101 VZG). Im Konkurs wäre dies das Konkursamt (Art. 221ff. SchKG) bzw. die Konkursverwaltung (Art. 240 SchKG). Im Nachlassverfahren schliesslich wäre dies der Sachwalter - im Rahmen der Aufsicht gemäss Art. 295 Abs. 2 SchKG bzw. Art. 298 SchKG[1334].

B   Schutzmassnahmen

Gegen die erwähnten Verfügungen können sich die Baukreditparteien gegebenenfalls mit entsprechenden Rechtsbehelfen zur Wehr setzen. Denkbar ist auch, dass der Kreditnehmer zum Ergreifen solcher Rechtsbehelfe verpflichtet oder - was zweckmässiger wäre - der Kreditgeber entsprechend berechtigt wird. Indessen ist fraglich, ob solchen Rechtsbehelfen viel Erfolg beschieden sein wird, gehört doch die Weiterführung der Bauarbeiten nicht zu den Verwaltungsmassnahmen, welche den genannten Behörden obliegen[1335]. Entscheidende Bedeutung dürfte deshalb wiederum entsprechenden Verhandlungen bzw. Vereinbarungen mit sämtlichen beteiligten Parteien zukommen.

1333   Vgl. dazu vorne S. 243ff.

1334   Eine Bauverzögerung kann sich namentlich auch dadurch ergeben, dass die Bauhandwerker und Bauunternehmer bei Zahlungsunfähigkeit des Kreditnehmers ihre Arbeit einstellen (Art. 83 OR). Zudem können die Bauhandwerker und Bauunternehmer nach Art. 107ff. OR vorgehen, sofern der Bauherr mit Abschlagszahlungen in Verzug ist. Vgl. dazu auch Art. 190 SIA-Norm 118 (Ausgabe 1977/1991). Ausserdem können sie bei einer Verzögerung der Abschlagszahlungen ihre Arbeit auch gestützt auf Art. 82 OR einstellen, vgl. dazu *Gauch*, Werkvertrag, N 1274ff., S. 355ff.; *Gautschi*, Werkvertrag, Art. 372 N 25; *Zindel/ Pulver*, Art. 372 N 20.

1335   Vgl. dazu vorne S. 174f.

Zusammenfassender Überblick I: Liste möglicher Massnahmen

Massnahmen zur Verminderung der geschilderten Unterdeckungs- bzw. Verlustrisiken.

(A) Vereinbarung entsprechender Punkte im Baukreditvertrag; mögliche Vertragspunkte:

(1) Freigabe Kreditmittel
-     Kreditfreigabe nur nach Massgabe des Baufortschrittes
-     Vorabverwertung des Eigen- bzw. Drittkapitals
-     Zahlungskontrolle
-     Einreichung und Aktualisierung eines Handwerkerverzeichnisses
-     Treueerklärung der kontoführenden Bank
(2) Kreditsicherung
-     Sicherung der Kreditforderung durch Schadenersatz-, Gewährleistungs- und Versicherungsansprüche des Kreditnehmers bzw. durch diesem gewährte Sicherheiten
-     Sicherung der Kreditforderung durch das Projektrealisierungsrecht und die Pläne
-     Abrede betreffend nachträgliche Einforderung von Zusatzsicherheiten
(3a) Bauobjekt (Realisation)
-     Vorschriften bezüglich Bauausführung und Baumaterialien
-     Abreden betreffend die Prüfung der Bauleistungen bzw. des Baumaterials, Mängelrügen und Geltendmachung der Besteller- bzw. Käuferrechte bei entsprechenden Mängeln
-     Verpflichtung des Kreditnehmers zur Vornahme der dem Besteller obliegenden Mitwirkungshandlungen
-     Abreden betreffend Werkverträge, Materiallieferungsverträge und Kaufverträge
-     Abreden betreffend das Bauprogramm
-     Abreden betreffend die Geltendmachung der Bestellerrechte bei verzögerter Ausführung der Bauarbeiten
-     Abreden betreffend Konventionalstrafen bei Bauverzögerungen
-     Recht zu selbständigen Kontrollen
-     Vorbehalt der Vertrauenswürdigkeit und Bonität der am Bau beteiligten Parteien
-     Recht der baukreditgebenden Bank zur selbständigen Bauvollendung
-     Recht der baukreditgebenden Bank zur selbständigen Durchführung von Massnahmen zur Umnutzung des Bauobjektes
(3b) Bauobjekt (Kosten)
-     Vereinbarungen betreffend Rückbehalte bzw. für deren Ablösung gewährte Sicherheiten
-     Kosten- und Abrechnungskontrolle sowie Meldepflicht bei Zusatz- oder Mehrkosten
-     Ablauf- und Terminkontrolle sowie Meldepflicht bei Bauverzögerungen
-     Abreden betreffend die Geltendmachung der Bestellerrechte bei einer Überschreitung der Kostenansätze
-     Beschränkung der Kreditmittel auf unmittelbar mit der Baurealisation verbundene Kosten
-     Verpflichtung des Kreditnehmers zum Abschluss optimaler Preisvereinbarungen
(3c) Bauobjekt (Rechte)
-     Übertragung des Projektrealisierungsrechtes und der Pläne
-     Vorkaufsrecht
-     Genehmigungspflicht für Veräusserungen während der Bauarbeiten
-     Recht zur Mitwirkung bei der Promotion des Bauvorhabens
(4) Versicherungen
-     Vereinbarungen über besondere Versicherungen für den Fall einer Einstellung der Bauarbeiten
-     Vereinbarungen betreffend Bauherren-Haftpflichtversicherung
-     Vereinbarungen betreffend Bauwesen- bzw. Montageversicherung
-     Vereinbarungen betreffend Feuer- und Elementarschaden- bzw. Gebäudeversicherung
-     Vorbehalt eines angemessenen Versicherungsschutzes der am Bau beteiligten Parteien

(5)   Liquiditätssicherung
-    Abreden über den Nachweis und die Verwendung des Eigen- bzw. Drittkapitals
-    Abreden über die Einzahlung des Eigen- bzw. Drittkapitals
-    Abtretung von Ansprüchen gegen Dritte
-    dem Finanzierungsbedarf angemessene Kreditlimite
-    Einforderung von Vorausleistungen der Käufer
-    Recht zur Kreditaufstockung
(6)   Leistungsverweigerungsrechte/ Vertragsbeendigung
-    besondere Kündigungsregelungen
-    Recht zur Leistungsverweigerung bei einer Verletzung von Pflichten aus dem Baukreditvertrag/ bei
     Unterdeckungen
(7)   Zwangsvollstreckungsverfahren
-    Vereinbarungen betreffend Zwangsvollstreckungsverfahren

(B) Weitere Schutzmassnahmen:

(1)   Kontrollen und Analysen
-    Überprüfung der Vertrauenswürdigkeit und Bonität des Kreditnehmers und der am Bau beteiligten
     Parteien sowie der mit der Verwendung der Kreditmittel betrauten Personen
-    Überprüfung des Bauprojektes und insbesondere der Kostenvoranschläge
-    Zahlungskontrollen
-    Marktanalysen
(2)   Bauobjekt
-    Ausübung der pfandrechtlichen Sicherungsbefugnisse
-    Kaufsrecht
-    Kreditvergabe nur für bereits vermietete oder verkaufte Bauobjekte
-    Kreditvergabe nur bei Vorliegen einer rechtskräftigen Baubewilligung
(3)   Kreditsicherung
-    möglichst hoher Anteil an Eigen- bzw. Drittkapital bzw. möglichst grosser Anteil des breits vor-
     handenen, mithaftenden Grundstückswertes
-    Zusatzsicherheiten
-    Sicherungsreserve für Kreditaufstockungen
-    besondere Vollstreckungsregelungen
(4)   Zusatzleistungen
-    freiwillige Kreditaufstockung
(5)   Vertragsbeendigung
-    Vertragsauflösung aus wichtigem Grund
(6)   Verträge mit Drittparteien
-    Treuhandvertrag
-    Verpflichtung des General- bzw. Totalunternehmers zur vertragskonformen Mittelverwendung
-    selbständiger Abschluss einer Bauwesen- bzw. Montageversicherung bzw. einer Versicherung für
     den Fall einer Einstellung der Bauarbeiten
(7)   Zwangsvollstreckungsverfahren
-    selbständiges Vorgehen in den mit der Zwangsvollstreckung verbundenen Verfahren
-    Nebenintervention im Anerkennungs- bzw. Aberkennungsprozess
-    Vereinbarungen mit den beteiligten Gläubigern

Zusammenfassender Überblick II: Auf einzelne am Bau beteiligte Parteien bezogene Massnahmen

Auf die am Bau beteiligten Parteien bezogen (Architekten, Ingenieure, General- bzw. Totalunternehmer, Bauhandwerker und Bauunternehmer bzw. Lieferanten von Baumaterial) kommen insbesondere folgende Massnahmen in Frage:

(1) Architekt

(a) Abreden im Baukreditvertrag:
- Vorschriften bezüglich Bauausführung und Baumaterialien
- Sicherung der Kreditforderung durch Schadenersatzansprüche des Kreditnehmers
- Vorbehalt eines angemessenen Versicherungsschutzes; in Frage kommende Versicherungen:
  - Berufshaftpflichtversicherung
  - Bauwesen- und Montageversicherung
- Verpflichtung des Kreditnehmers zum Abschluss optimaler Preisvereinbarungen
- Vereinbarungen betreffend Rückbehalte
- Vorbehalt betreffend Vertrauenswürdigkeit und Bonität

(b) weitere Massnahmen:
- direktes Vorgehen nach Art. 399 Abs. 3 OR, soweit eine Substitution vorliegt
- Überprüfung der Vertrauenswürdigkeit und Bonität
- Überprüfung des Bauprojektes und insbesondere der Kostenvoranschläge
- Einsatz als Treuhänder

(2) Ingenieur

Hier gilt sinngemäss das zum Architekten Ausgeführte.

(3) General- bzw. Totalunternehmer

(a) Abreden im Baukreditvertrag:
- Treueerklärung der kontoführenden Bank
- Vorschriften bezüglich Bauausführung und Baumaterialien
- Abreden betreffend die Prüfung der Bauleistungen bzw. des Baumaterials, Mängelrügen und Geltendmachung der Bestellerrechte bei entsprechenden Mängeln
- Vereinbarungen betreffend Rückbehalte bzw. für deren Ablösung gewährte Sicherheiten
- Sicherung der Kreditforderung durch Schadenersatzansprüche des Kreditnehmers bzw. durch diesem gewährte Sicherheiten
- Vorbehalt eines angemessenen Versicherungsschutzes; in Frage kommende Versicherungen:
  - Berufs- und Betriebshaftpflichtversicherung
  - Bauwesen- bzw. Montageversicherung
  - Baugarantieversicherung
- Verpflichtung des Kreditnehmers zum Abschluss optimaler Preisvereinbarungen
- Abreden betreffend Konventionalstrafen bei Bauverzögerungen
- Abreden betreffend die Geltendmachung der Bestellerrechte bei verzögerter Ausführung der Bauarbeiten
- Vorbehalt betreffend Vertrauenswürdigkeit und Bonität

(b)   weitere Massnahmen:
-      direktes Vorgehen nach Art. 399 Abs. 3 OR, soweit eine Substitution vorliegt
-      Zahlungskontrolle, insbesondere Kontrolle des General- bzw. Totalunternehmerkontos bzw. Absprache
       mit der kontoführenden Bank
-      Verpflichtung des General- bzw. Totalunternehmers zur vertragskonformen Mittelverwendung
-      Überprüfung der Vertrauenswürdigkeit und Bonität

(4)   Bauhandwerker bzw. Bauunternehmer

(a)   Abreden im Baukreditvertrag:
-      Vorschriften bezüglich Bauausführung und Baumaterialien
-      Abreden betreffend die Prüfung der Bauleistungen bzw. des Baumaterials, Mängelrügen und Geltend-
       machung der Bestellerrechte bei entsprechenden Mängeln
-      Vereinbarungen betreffend Rückbehalte bzw. für deren Ablösung gewährte Sicherheiten
-      Sicherung der Kreditforderung durch Schadenersatzansprüche des Kreditnehmers bzw. durch diesem
       gewährte Sicherheiten
-      Vorbehalt eines angemessenen Versicherungsschutzes; in Frage kommende Versicherungen:
       -      Berufs- und Betriebshaftpflichtversicherung
       -      Bauwesen- bzw. Montageversicherung
       -      Baugarantieversicherung
-      Verpflichtung des Kreditnehmers zum Abschluss optimaler Preisvereinbarungen
-      Abreden betreffend die Geltendmachung der Bestellerrechte bei einer Überschreitung der Kostenansätze
-      Abreden betreffend Konventionalstrafen bei Bauverzögerungen
-      Abreden betreffend die Geltendmachung der Bestellerrechte bei verzögerter Ausführung der Bauarbeiten
-      Vorbehalt betreffend Vertrauenswürdigkeit und Bonität

(b)   weitere Massnahmen:
-      Überprüfung der Vertrauenswürdigkeit und Bonität

(5)   Lieferant von Baumaterialien

-      Vorschriften bezüglich Baumaterialien
-      Abreden betreffend die Prüfung des Baumaterials, Mängelrügen und Geltendmachung der Käuferrechte
       bei entsprechenden Mängeln
-      Sicherung der Kreditforderung durch Schadenersatzansprüche des Kreditnehmers

Nr. 2: Bauhandwerkerpfandrechte und Baukredit

§ 43 Übersicht

Die Finanzierung durch Baukredite und der Schutz der Bauhandwerker und Bauunternehmer gemäss Art. 837 Abs. 1 Ziff. 3 bzw. Art. 839ff. ZGB weisen vor allem eine wesentliche Gemeinsamkeit auf: Pfandobjekt ist sowohl für die Baukreditforderung als auch für die pfandrechtgeschützten Forderungen der Handwerker und Unternehmer dasselbe Grundstück[1336]. Dabei stellt sich grundsätzlich die Frage, ob und inwieweit allfällige Bauhandwerkerpfandrechte die Kreditforderung gefährden können. Für eine solche Prüfung lassen sich insbesondere drei Bereiche ausmachen:

(1) Gefährdung der Kreditforderung durch die Eintragung von Bauhandwerkerpfandrechten.
(2) Gefährdung der Kreditforderung im Rahmen der Zwangsvollstreckung.
(3) Gefährdung der Kreditforderung durch das Vorrecht bzw. Anfechtungsrecht i.S. von Art. 841 ZGB.

Nachfolgend sollen diese drei Bereiche einzeln untersucht werden, wobei namentlich mögliche Gefährdungstatbestände und allfällige Schutzmassnahmen zu behandeln sind. Der Einfachheit halber wird ausserdem vorerst davon ausgegangen, dass der Kreditnehmer auch Bauherr und insbesondere auch Eigentümer des Baugrundstücks ist[1337].

1336 Zum Pfandobjekt beim Bauhandwerkerpfandrecht im einzelnen vgl. etwa *Zobl*, Bauhandwerkerpfandrecht, S. 119ff.; *Schumacher*, N 315ff., S. 80ff.; *Leemann*, Art. 837 N 17ff.; *Mathis*, S. 23ff.; *Reber*, S. 111ff.; *de Haller*, S. 252ff.; *Schneebeli*, S. 105f.; *Simond*, S. 168. Zu den möglichen Bauobjekten beim Baukredit vgl. vorne S. 8ff.
1337 Für den Fall, dass am Baugrundstück Dritteigentum besteht, vgl. insbes. hinten S. 363ff.

2A Eintragung

§ 44 Risiken im Range nachgehender Pfandrechte

I Übersicht

Bei den Bauhandwerkerpfandrechten unterscheidet man, je nach Verfahren, zwischen einer definitiven[1338] und einer allenfalls dieser vorangehenden vorläufigen[1339] Eintragung. Untersucht werden nachfolgend die möglichen Risiken beider Formen. Geprüft wird vorerst die Eintragung von gegenüber der Baukreditsicherung im Range nachgehenden Pfandrechten[1340].

II Risiken einer definitiven Eintragung

A Deckungsrisiko

Die Eintragung eines gegenüber der Baukreditsicherung im Range nachgehenden Bauhandwerkerpfandrechtes ist insbesondere Voraussetzung für die Geltendmachung des Vorrechts bzw. Anfechtungsrechts gemäss Art. 841 ZGB. Daraus kann sich ein nicht unerhebliches Deckungsrisiko für den Baukredit bzw. für das zu dessen Ablösung gewährte Konsolidierungsdarlehen ergeben[1341].

1338   Die definitive Eintragung kann auf gerichtlichem oder aussergerichtlichem Weg erreicht werden (Art. 839 Abs. 3 ZGB). Aussergerichtlich ist sie möglich, wenn der Eigentümer des Pfandobjektes die Pfandsumme anerkennt oder die Bewilligung zur Eintragung gibt. Vgl. dazu etwa *Leemann*, Art. 839 N 4, N 7, N 33ff.; *Zobl*, Bauhandwerkerpfandrecht, S. 152ff.; *Schumacher*, N 708ff., S. 203ff.; *Füllemann*, S. 11; *Riemer*, 25 N 33, S. 145; *Steinauer*, N 2886ff., S. 222f. Soll die definitive Eintragung auf gerichtlichem Wege erreicht werden, ist mittels Klage ein Urteil zu erwirken, welches den Bestand des Pfandrechts und dessen Summe feststellt. Vgl. dazu etwa *Zobl*, Bauhandwerkerpfandrecht, S. 159ff.; *Schumacher*, N 766ff., S. 223ff.; *Leemann*, Art. 839 N 5, N 35; *Reber*, S. 130ff.; *Füllemann*, S. 13ff.; *Hofmann*, S. 76ff.; *von Arx*, S. 84ff.; *Riemer*, 25 N 37, S. 147; *Steinauer*, N 2888, S. 223.

1339   Auch die vorläufige Eintragung kann entweder aufgrund einer Bewilligung des Grundeigentümers oder gerichtlich erfolgen. Sofern die anwendbare Zivilprozessordnung das entsprechende Verfahren kennt, kann sie zunächst sogar superprovisorisch (d.h. ohne Anhörung der Gegenpartei) erwirkt werden. Vgl. dazu im einzelnen etwa *Leemann*, Art. 839 N 40ff.; *Wieland*, Art. 839 N 2; *Homberger*, Kommentar, Art. 961 N 28ff.; *Ostertag*, Art. 961 N 8, N 12ff.; *Schumacher*, N 721ff., S. 208ff. und N 737ff., S. 213ff.; *Zobl*, Bauhandwerkerpfandrecht, S. 156ff.; *Riemer* 25 N 37 ff., S. 145ff.; *Steinauer*, N 2889ff., S. 223ff.; *Reber*, S. 126ff.; *Tuor/ Schnyder/ Schmid*, S. 853f.; *Füllemann*, S. 7ff.; *Simond*, S. 133ff.; *Hofmann*, S. 72ff.; *von Arx*, S. 80ff.; *Pfister-Ineichen*, S. 35. Vgl. auch etwa den in *BGE* 107 II 44 beurteilten Sachverhalt.

1340   Der Rang bestimmt sich auch bei den Bauhandwerkerpfandrechten nach dem Grundsatz der Alterspriorität, Art. 972 ZGB. Vgl. dazu etwa *Zobl*, Bauhandwerkerpfandrecht, S. 164; *Tuor/ Schnyder/ Schmid*, S. 854f.; *Schumacher*, N 338ff., S. 86f.; *Leemann*, Art. 837 N 16; *Steinauer*, N 2896ff., S. 226f.; *Hofmann*, S. 78ff.; *Schneebeli*, S. 114ff.; *Raschein*, S. 35f.; *Haefliger*, S. 13ff.; *Maillefer*, S. 7ff.; *Ramseyer*, S. 82ff.; *von Arx*, S. 97ff.; *Pfister-Ineichen*, S. 38, S. 84; *Simond*, S. 178ff. Zu den gegenüber der Baukreditsicherung im Range vorgehenden Bauhandwerkerpfandrechten vgl. hinten S. 310f.

1341   Vgl. dazu im einzelnen hinten S. 314ff.

Zudem kann eine Eintragung die Attraktivität des Baugrundstücks schmälern, da dieses gleichsam mit einem Makel behaftet ist und der Eindruck einer unseriösen Baufinanzierung entstehen kann. Die Käufer befürchten deshalb oftmals - häufig auch nicht zu Unrecht[1342] - dass noch weitere Eintragungen folgen werden[1343]. Die dadurch bewirkte Wertminderung kann sich aber auch nachteilig auf die Deckung der Kreditforderung auswirken.

B Durch eine erhöhte Zwangsvollstreckungsgefahr sich ergebende Risiken

Die Eintragung ist Voraussetzung für die Geltendmachung des Bauhandwerkerpfandrechtes im Rahmen einer Betreibung auf Pfandverwertung. Kommt es zu Eintragungen, erhöht sich dadurch auch die Gefahr, dass es zu entsprechenden Vollstreckungsverfahren kommt. Indessen ist aufgrund des Deckungsprinzips eine Verwertung des Grundstücks nicht möglich, solange die durch ein vorgehendes Pfandrecht gesicherte Baukreditforderung ungedeckt ist. Damit dürfte vor der Bauvollendung auch das Risiko entsprechender Betreibungen (und sich daraus ergebender Bauverzögerungen) gering sein [1344]. Dagegen besteht für die Zeit nach Abschluss der Bauarbeiten ein entsprechendes Vollstreckungsrisiko, was die Konsolidierung beeinträchtigen bzw. das Konsolidierungsdarlehen belasten kann (vgl. dazu gerade nachfolgend).

C Konsolidierungs- bzw. Ablösungsrisiko

Die Eintragung kann die Konsolidierung bzw. Ablösung des Baukredites durch Hypothekardarlehen erschweren oder verunmöglichen[1345]. Insbesondere können Bauhandwerkerpfandrechte der Sicherung im Wege stehen, die für das langfristige Darlehen vorgesehen war[1346]. Ausserdem können sie die Aufteilung des Objektes in Stockwerkeigentum behindern und dadurch ebenfalls die Ablösung des Baukredites erschweren[1347].

1342 Vgl. dazu *Reber*, S. 136f.

1343 Insbes. ist heute unbestritten, dass der Eintrag von Bauhandwerkerpfandrechten auch gegenüber einem neuen Eigentümer des Baugrundstücks möglich ist. Vgl. dazu - sowie zur betreffenden Kontroverse - etwa *BGE* 95 II 31, insbes. S. 32ff.; *BGE* 92 II 227, insbes. S. 229ff.; *Liver*, Bauhandwerkerpfandrecht, S. 213f.; *Zobl*, Bauhandwerkerpfandrecht, S. 76ff., S. 100; *Schumacher*, N 426ff., S. 112ff.; *Homberger*, Kommentar, Art. 961 N 36; *Hofmann*, S. 32ff.; *Pfister-Ineichen*, S. 37f.; *Leemann*, Art. 837 N 25 (je mit weiteren Hinweisen).

1344 Vgl. dazu etwa *Pfister-Ineichen*, S. 89. Zu den Risiken eines Vollstreckungsverfahrens während der Bauarbeiten vgl. vorne S. 278ff.

1345 Vgl. dazu etwa *Schumacher*, N 846, S. 243.

1346 Zwar ist denkbar, dass das Darlehen durch dieselben Pfandrechte wie die Kreditforderung gesichert wird oder dass die neuen Pfandrechte die bei der Ablösung des Kredites freiwerdenden Pfandstellen besetzen. Gegebenenfalls gehen aber die Bauhandwerkerpfandrechte solchen Pfandrechten vor, oder es kommt zumindest zur Anwendung von Art. 841 Abs. 1 oder 2 ZGB. Vgl. dazu insbesondere hinten S. 390f.

1347 Vgl. dazu etwa *Schumacher*, N 846, S. 243.

Zudem gilt auch hier, dass Drittgläubiger, die für eine Ablösung vorgesehen waren, ein mit einem Bauhandwerkerpfandrecht belastetes Grundstück gegebenenfalls als unsicher einschätzen und somit von ihrer Teilnahme absehen[1348]. Denkbar ist auch, dass die Drittgläubiger aufgrund der Pfandrechte zusätzliche Sicherheiten oder andere Zusatzleistungen verlangen, die gegebenenfalls nicht erbracht werden können. Ebenso können bei eingetragenen Pfandrechten in Aussicht gestellte Unterstützungsleistungen entfallen[1349]. Soweit der Kredit nicht getilgt wird oder soweit die Kreditforderung in ein langfristiges Darlehen umgewandelt wird, perpetuiert sich überdies das sich aus Art. 841 ZGB ergebende Risiko[1350], dass die baukreditgebende Bank im Falle einer Zahlungsunfähigkeit des Kreditnehmers einen entsprechenden Verlust erleidet[1351].

D Weitere Risiken?[1352]

AA Zusatzkosten

Die Eintragung kann Zusatzkosten, namentlich Gerichts- und Anwaltskosten verursachen[1353], mit den damit verbundenen Nachteilen[1354]. Da es sich in der Regel um kleine Beträge handelt, fallen sie jedoch nicht sehr stark ins Gewicht.

BB Unverjährbarkeit der Baugläubigerforderung

Die durch die definitive Eintragung bewirkte Wandlung der Baugläubigerforderung in eine unverjährbare Forderung (Art. 807 ZGB)[1355] wirkt sich namentlich dann zulasten des Kreditgebers aus, wenn der Kredit nicht im Rahmen einer Veräusserung getilgt wird, sondern entweder fortbesteht oder durch ein vom Kreditgeber selbst gewährtes Konsolidierungsdarlehen abgelöst wird.

1348 Zur Konsolidierung des Kredites mit Gläubigerwechsel vgl. insbesondere hinten S. 385.

1349 Vgl. dazu vorne S. 37ff.

1350 Vgl. dazu hinten S. 314ff.

1351 Werden nach einem Gläubigerwechsel oder einem Verkauf des Bauobjektes Bauhandwerkerpfandrechte eingetragen, dürfte der Kreditgeber indessen höchstens haften, soweit ihn in einem konkreten Fall eine entsprechende Aufklärungspflicht trifft und er diese verletzt, vgl. dazu hinten S. 392 und S. 394.

1352 Zur Auswirkung von Bauhandwerkerpfandrechten, die als Gesamtpfandrechte eingetragen wurden, vgl. namentlich Mathis, S. 127ff.

1353 Vgl. dazu etwa Schumacher, N 708, S. 203, N 762, S. 221f.

1354 Vgl. dazu im einzelnen vorne S. 243ff. Soweit die Bezahlung durch für den Bau vorgesehenes Eigen- bzw. Drittkapital erfolgt, ergeben sich die durch das Fehlen dieser Mittel bewirkten Risiken. Vgl. dazu im einzelnen vorne S. 262ff.

1355 Vgl. dazu Schumacher, N 781, S. 226, N 917, S. 266; Zobl, Bauhandwerkerpfandrecht, S. 163.

III Risiken einer vorläufigen Eintragung[1356]

Die vorläufige Eintragung kann längere Zeit andauern[1357]. Auch wenn im Anschluss daran keine definitive Eintragung erfolgt, besteht somit das Risiko, dass sich die Konsolidierung bzw. Ablösung des Kredites verzögert - mit den gerade vorgehend geschilderten Nachteilen[1358]. Hinzu kommt, dass auch das Verfahren über die vorläufige Eintragung Zusatzkosten verursachen kann[1359].

IV Fazit

Der Baukreditgeber hat durchaus ein Interesse daran, eine definitive, aber auch schon eine bloss vorläufige Eintragung von Bauhandwerkerpfandrechten zu verhindern, die gegenüber der Baukreditsicherung im Range nachgehen.

1356 Hier sind lediglich diejenigen vorläufigen Eintragungen gemeint, auf die keine definitive folgt bzw. bei denen die Voraussetzungen für einen definitiven Eintrag fehlen. Als Vorstufe zu einer definitiven Eintragung erhöht die vorläufige Eintragung das Risiko, dass es zu den dargelegten Nachteilen einer definitiven Eintragung kommt. Für die Geltendmachung des Vorrechts genügt zudem gegebenenfalls auch schon die bloss vorläufige Eintragung. Vgl. dazu etwa *Pfister-Ineichen*, S. 80, S. 95, S. 273; *Zobl*, Bauhandwerkerpfandrecht, S. 167.

1357 Vgl. dazu etwa den in *BGE* 107 II 44 beurteilten Sachverhalt, wo die bloss superprovisorisch verfügte Eintragung beinahe eineinhalb Jahre, die endgültig verfügte vorläufige Eintragung sodann mehrere Jahre andauerte. Vgl. auch *Schumacher*, N 757, S. 220; *Zobl*, Bauhandwerkerpfandrecht, S. 158f.

1358 Zu Unrecht wird deshalb m.E. die vorläufige Eintragung als bloss geringfügige Belastung des Grundeigentümers eingestuft, vgl. dazu *Schumacher*, N 749, S. 217, und den dort zitierten *BGE* 86 I 265, insbes. S. 270. Namentlich erscheint es als fragwürdig, dass vom Gesuchsteller nicht einmal eine Sicherheitsleistung verlangt werden darf, vgl. dazu *Schumacher*, N 747, S. 217.

1359 Nach *Schumacher*, N 762f., S. 221f., sind allerdings die Gerichts- und Anwaltskosten im Verfahren über die vorläufige Eintragung «unter Vorbehalt einer gegenteiligen Kostenverteilung im nachfolgenden Hauptprozess dem Unternehmer zu überbinden». Immerhin sollen dem Grundeigentümer die Kosten eines erfolglosen Rechtsmittelverfahrens auferlegt werden können.

V Schutzmassnahmen[1360]

A *Übersicht*

Bauhandwerkerpfandrechte werden in der Regel nur eingetragen, wenn die entsprechenden Baugläubiger nicht fristgemäss bezahlt werden[1361]. Einer definitiven, aber auch schon einer vorläufigen Eintragung kann also im wesentlichen dadurch vorgebeugt werden, dass eine solche Bezahlung sichergestellt wird. Insbesondere kommen folgende Massnahmen in Frage:

B *Massnahmen, die sich auch zur Vermeidung von Unterdeckungsrisiken eignen*

AA Zahlungskontrolle

Wird mittels Kontrolle dafür gesorgt, dass die einzelnen Zahlungsanweisungen nur zugunsten der am Bau beteiligten Baugläubiger erfolgen, wird einerseits verhindert, dass durch eine zweckwidrige Mittelverwendung am Schluss nicht mehr genügend Mittel vorhanden sind. Andererseits bewirkt diese Kontrolle, dass die Baugläubiger, insbesondere Handwerker und Unternehmer i.S. von Art. 837 Abs. 1 Ziff. 3 ZGB, auch tatsächlich befriedigt werden. Was einzelne Modalitäten der Zahlungskontrolle betrifft, insbesondere den Beizug von Treuhändern bzw. Baucontrollern und die Verwendung von Handwerkerverzeichnissen, so sei auf das weiter vorne Ausgeführte verwiesen[1362].

BB Kreditfreigabe nach Massgabe des Baufortschrittes

Die Kreditfreigabe nach Massgabe des Baufortschrittes kann die Gefahr einer zweckwidrigen Mittelverwendung vermindern. Dadurch lässt sich auch das Risiko reduzieren, dass die Mittel zur Bezahlung der Baugläubiger nicht ausreichen und es deshalb zur Eintragung von Bauhandwerkerpfandrechten kommt. Ausserdem kann diese Massnahme zumindest bei den Direktakkordanten[1363] sicherstellen, dass die Mittel tatsächlich denjenigen Baugläubigern zufliessen, welche zum Mehrwert der Liegenschaft beitragen.

1360   Hier sollen namentlich präventiv wirkende Massnahmen behandelt werden, die verhindern können, dass es überhaupt zu Eintragungsgesuchen kommt. Zu den - nicht mehr präventiv gedachten - Abwehrmassnahmen im besondern vgl. hinten S. 305ff.

1361   Die Eintragung von Bauhandwerkerpfandrechten ist zwar schon vor Erbringung der entsprechenden Leistung möglich. Wird die Leistung jedoch nicht erbracht, ist der Eintrag wieder zu löschen. Vgl. dazu etwa *Schumacher*, N 600, S. 169.

1362   Vgl. dazu vorne S. 177ff. und S. 236f.

1363   Zur Zahlungskontrolle bei der Mitwirkung von Unterakkordanten im besondern vgl. hinten S. 296.

Was weitere Einzelheiten dazu betrifft, so sei auf das bereits weiter vorne Ausgeführte verwiesen[1364].

CC Absicherung gegen Zusatzkosten

Zusatzkosten bringen das Risiko mit sich, dass nicht genügend Mittel zur Bezahlung der Baugläubiger vorhanden sind und es deshalb zum Eintrag von Pfandrechten nicht befriedigter Baugläubiger kommt[1365]. Zum Schutz gegen dieses Risiko kommen die bereits im Zusammenhang mit dem Schutz gegen eine Unterdeckung als Folge von Zusatzkosten genannten Massnahmen in Betracht[1366].

DD Absicherung gegen Mehrkosten

Auch Mehrkosten können dazu führen, dass nicht genügend Mittel zur Bezahlung der Baugläubier vorhanden sind und es deshalb zum Eintrag von Pfandrechten kommt[1367]. Zum Schutz gegen dieses Risiko kommen die bereits weiter vorne genannten Massnahmen zur Vermeidung der mit Mehrkosten verbundenen Unterdeckungsrisiken in Frage[1368].

EE Absicherung gegen ein Ungenügen des Eigen- bzw. Drittkapitals

Soweit das für die Restfinanzierung einkalkulierte Eigen- bzw. Drittkapital tatsächlich zur Verfügung steht, vermindert sich das Risiko, dass einzelne Baugläubiger nicht bezahlt werden können und diese dadurch die Eintragung von Bauhandwerkerpfandrechten veranlassen[1369]. Um das Vorhandensein dieser Mittel zu gewährleisten, kommen die bereits im Zusammenhang mit der Vermeidung von Unterdeckungsrisiken infolge fehlenden Eigen-bzw. Drittkapitals genannten Massnahmen in Frage[1370].

1364 Vgl. dazu schon vorne S. 176.

1365 Insbes. können Zusatzkosten auch dazu führen, dass die Kreditmittel nicht gleichmässig verteilt werden und deshalb nach bundesgerichtlicher Praxis eine Anfechtung möglich ist; vgl. dazu hinten S. 328ff.

1366 Vgl. dazu vorne S. 246ff.

1367 Insbes. können Mehrkosten auch dazu führen, dass die Kreditmittel nicht gleichmässig verteilt werden und deshalb nach bundesgerichtlicher Praxis eine Anfechtung möglich ist; vgl. dazu hinten S. 328ff.

1368 Vgl. dazu vorne S. 257ff.

1369 Auch hier gilt, dass sich infolge ungenügender Mittel eine ungleichmässige Verteilung der Kreditmittel ergeben kann und deshalb nach bundesgerichtlicher Praxis eine Anfechtung möglich ist; vgl. dazu hinten S. 328ff.

1370 Vgl. dazu vorne S. 264ff.

FF   Sicherstellung einer ausreichenden Kreditlimite

Sind die Kreditmittel ungenügend, können auch nicht mehr alle Baugläubiger bezahlt werden, womit sich das Risiko erhöht, dass Bauhandwerkerpfandrechte eingetragen werden.
Zum Schutz gegen eine ungenügende Kreditlimite können die bereits weiter vorne im Zusammenhang mit der Vermeidung von Unterdeckungsrisiken infolge einer zu knapp bemes-
senen Kreditlimite genannten Massnahmen[1371] ergriffen werden.

C   Zusätzliche Abreden im Baukreditvertrag

AA   Beschränkung des Kreditmitteleinsatzes auf pfandrechtsgeschützte Bauarbeiten bzw.
       Werklieferungen[1372]

Soweit Kreditmittel nur für pfandrechtsgeschützte Bauarbeiten bzw. Werklieferungen verwendet werden und die Bank nur für solche Leistungen Kreditmittel freizugeben hat, vermindert sich das Risiko, dass für die Bezahlung der pfandrechtsgeschützten Baugläubiger
zu wenig Mittel vorhanden sind und es dadurch zum Eintrag von Bauhandwerkerpfandrechten kommt. Denkbar ist deshalb, dass im Baukreditvertrag eine entsprechende Limitierung vereinbart wird.

1371   Vgl. dazu vorne S. 268ff.
1372   Vgl. dazu *Schumacher*, S. 315, Ziff. 3.1 und N 966, S. 279, N 982, S. 283; das bei *Schumacher*
       erwähnte Motiv für diese Massnahme, die Rechtsunsicherheit in bezug auf Zahlungen an Ar-
       chitekten, Ingenieure und an Materiallieferanten, welche nicht baupfandberechtigt sind, ist al-
       lerdings durch den in dieser Arbeit zitierten *BGE* 112 II 493 hinfällig geworden. Vgl. dazu hin-
       ten S. 324.

D Weitere Schutzmassnahmen

AA Bestätigung des Handwerkerverzeichnisses

Gelegentlich ist das bei der Zahlungskontrolle verwendete Handwerkerverzeichnis[1373] von der Bauleitung (namentlich vom bauleitenden Architekten bzw. Ingenieur) mitzuunterzeichnen. Ohne weitere Abrede ist diese Unterzeichnung m.E. lediglich als Bestätigung zu deuten, dass die entsprechenden Mitunterzeichner bei der Erstellung des Verzeichnisses mitgewirkt haben. Eine vertragliche Verpflichtung gegenüber der baukreditgebenden Bank für den Fall, dass das Verzeichnis nicht korrekt ist, insbesondere ein Garantievertrag i.S. von Art. 111 OR, kann m.E. darin nicht erblickt werden.

In der Praxis verlangen allerdings einzelne Banken, dass die Mitunterzeichner des Handwerkerverzeichnisses ausdrücklich zu bestätigen haben, dass nur die im Verzeichnis aufgeführten Handwerker und Unternehmer Arbeiten für das Bauprojekt übernommen hätten. Die Tragweite dieser Formulierung muss m.E. nach den Umständen des Einzelfalles beurteilt werden. Sind zum Zeitpunkt der Unterzeichnung sämtliche zu erwartenden Bauverträge abgeschlossen und ist klar, dass mit der Bestätigung ein Schutz gegen unbekannte Baugläubiger bezweckt wird, bestimmen ausserdem die Unterzeichner den Kreis der Baugläubiger selbst bzw. überblicken sie ihn zumindest, so kann durchaus eine Garantieerklärung i.S. von Art. 111 OR angenommen werden. Kommt es zur Eintragung von Bauhandwerkerpfandrechten, weil nicht im Verzeichnis aufgeführte Baugläubiger unbezahlt geblieben sind[1374], und erleidet die baukreditgebende Bank in der Folge einen Verlust, so sind die entsprechenden Unterzeichner ersatzpflichtig. Allerdings muss die Erklärung klar gegenüber der Bank abgegeben werden. Andernfalls hat höchstens der Kreditnehmer Ersatzansprüche, die allerdings zur Sicherung der Kreditforderung verpfändet oder abgetreten werden können[1375].

1373 Vgl. dazu vorne S. 236.
1374 Namentlich Unterakkordanten, die man direkt hätte bezahlen können. Vgl. dazu hinten S. 298.
1375 Vgl. dazu vorne S. 210f. bzw. S. 180.

§ 45 Durch Unterakkordanten vorgenommene Eintragungen im besondern

I Berechtigung zur Eintragung

In der Praxis üblich und namentlich beim Bauen mit einem General- bzw. Totalunternehmer die Regel ist der Beizug von Unterakkordanten. Der Baugläubigerschutz des schweizerischen ZGB gibt Handwerkern und Unternehmern jeder Stufe das Recht, Pfandrechte einzutragen (Art. 837 Abs. 1 Ziff. 3 [am Ende]). Insbesondere können Pfandrechte auch eingetragen werden, wenn der entsprechende Gesuchsteller mit dem Baukreditnehmer in keinem Vertragsverhältnis steht[1376].

II Konkretisierung der besonderen Risiken

Grundsätzlich gilt für die von Unterakkordanten eingetragenen Pfandrechte das bereits generell zur Eintragung Ausgeführte. Hinzu kommt, dass entsprechende Pfandrechte das Risiko einer Doppelzahlung oder - namentlich beim Bauen mit einem General- bzw. Totalunternehmer - das Risiko abredewidriger Zusatz- bzw. Mehrkosten mit sich bringen[1377]. Dies führt zu einer zusätzlichen Belastung des Kreditnehmers.

Ein Unterschied zu den übrigen Bauhandwerkerpfandrechten besteht zudem auch insofern, als bei solchen Eintragungen zusätzlich das Verhalten Dritter eine Rolle spielt, namentlich das Verhalten von am Bau beteiligten General- bzw. Totalunternehmern, aber auch von anderen Direktakkordanten des Kreditnehmers und gegebenenfalls von Zwischenunternehmern. Dies bedingt spezifisch auf diese Verhältnisse zugeschnittene Schutzmassnahmen.

1376 Vgl. dazu etwa *Schumacher*, N 441, S. 116, N 486, S. 134; *Zobl*, Bauhandwerkerpfandrecht, S. 100; *Schroff*, S. 145; *Leemann*, Art. 837 N 44; *Wieland*, Art. 837 N 8; *Ostertag*, Art. 961 N 8; *Steinauer*, N 2863, S. 209; *Gauch*, Werkvertrag, N 183f., S. 55; *Tuor/ Schnyder/ Schmid*, S. 848f.; *Hofmann*, S. 60ff.; *de Haller,* S. 289f.; *de Haller*, Inscription, S. 57ff.; *Rossi,* S. 52; *Füllemann*, S. 3ff.; *Simond,* S. 156ff.; *Maillefer*, S. 31f.; *Riemer*, 25 N 17, S. 140; *Pfister-Ineichen*, S. 24; *BGE* 106 II 123, insbes. S. 127; *BGE* 105 II 264, insbes. S. 267; *BGE* 104 II 348, insbes. S. 354; *BGE* 95 II 87, insbes. S. 90.

1377 Vgl. dazu hinten S. 301ff.

III Spezifisch auf die Unterakkordanten bezogene Schutzmassnahmen

A Übersicht

Zu einer Eintragung von Bauhandwerkerpfandrechten durch Unterakkordanten kommt es namentlich dadurch, dass diese von ihren Vormännern nicht bezahlt werden, obwohl sie die entsprechende Leistung erbracht haben. Denkbar ist deshalb, dass die baukreditgebende Bank für eine Bezahlung der Unterakkordanten sorgt oder sich zumindest für den Fall ihrer Nichtbezahlung absichert. In Frage kommen etwa folgende Massnahmen [1378]:

B Massnahmen, die sich auch zur Vermeidung von Unterdeckungsrisiken eignen

AA Direkte Verpflichtung des General- bzw. Totalunternehmers zur vertragskonformen Mittelverwendung[1379]

Diese Abrede verbietet dem General- bzw. Totalunternehmer nicht nur den Einsatz der Kreditmittel für vertragsfremde Zwecke, sondern schreibt insbesondere auch vor, dass die Kreditmittel zur Bezahlung der für den Bau beigezogenen Unterakkordanten einzusetzen seien[1380].

BB Überprüfung der Vertrauenswürdigkeit und Bonität der am Bau beteiligten Parteien bzw. entsprechender Vorbehalt im Baukreditvertrag

Die Bezahlung der Unterakkordanten hängt insbesondere auch von der Verlässlichkeit und Leistungsfähigkeit der Direktakkordanten bzw. Zwischenunternehmer ab. Durch entsprechende Vorprüfungen kann deshalb das Risiko der Nichtbezahlung einzelner Unterakkordanten durchaus vermindert werden. Im übrigen kann sinngemäss auf das bereits weiter vorne Ausgeführte verwiesen werden[1381].

1378 Entsprechende Massnahmen finden sich auch etwa bei *Zobl*, Bauhandwerkerpfandrecht, S. 101f.; *Rossi*, S. 54f.; *Schumacher*, N 496ff., S. 138ff.; *Tuor/ Schnyder/ Schmid*, S. 849, Anm. 39.
1379 Vgl. dazu im einzelnen vorne S. 237.
1380 Zu den spezifisch auf den Eintrag allfälliger Bauhandwerkerpfandrechte bezogenen Zusicherungen vgl. zudem auch hinten S. 299f.
1381 Vgl. dazu im einzelnen vorne S. 213ff.

CC Weitere Massnahmen zur Verhinderung einer zweckwidrigen Mittelverwendung

Zum Schutz gegen die Risiken infolge unbezahlt gebliebener Unterakkordanten kommen auch weitere Massnahmen zur Verhinderung einer zweckwidrigen Mittelverwendung in Frage. Im einzelnen kann deshalb auf das bereits weiter vorne Ausgeführte[1382] verwiesen werden.

C Zusätzliche Abreden im Baukreditvertrag

AA Spezifisch auf die Unterakkordanten bezogene Zahlungskontrolle [1383]

AAA Vorbemerkungen

Wird bei einer Zahlungskontrolle lediglich geprüft, ob die Zahlungsaufträge tatsächlich geleisteter Arbeit entsprechen[1384], lässt sich gerade nicht sicherstellen, dass einzelne Direktakkordanten oder Zwischenunternehmer die ihnen ausbezahlten Gelder an ihre Unterakkordanten weiterleiten[1385]. Dafür ist vielmehr eine spezifisch auf Unterakkordanten bezogene Zahlungskontrolle notwendig. Diese Massnahme ist aber mit zahlreichen Schwierigkeiten verbunden. Erstens dürfte es bei grösseren Bauvorhaben fast unmöglich sein, Kenntnis sämtlicher am Bau beteiligter Unterakkordanten zu haben. Ausserdem kann eine Kontrolle sämtlicher Zahlungen bis ans Ende jeder Vertragskette ausgesprochen aufwendig werden. Schliesslich besteht das Risiko, dass der Bauherr die Gewinnmargen seiner Vertragspartner erfährt, was diese in der Regel zu vermeiden suchen[1386]. Immerhin können etwa die folgenden Massnahmen in Betracht gezogen werden:

1382 Vgl. dazu vorne S. 236ff.
1383 Vgl. dazu auch etwa *Zobl*, Bauhandwerkerpfandrecht, S. 103f.; *Haefliger*, S. 80ff.; zur Zahlungskontrolle als Massnahme zur Vermeidung von Unterdeckungen vgl. vorne S. 177ff.
1384 Vgl. dazu vorne S. 177.
1385 Lässt sich ein Direktakkordant bezahlen, obwohl er von vornherein beabsichtigt, die ausbezahlten Gelder nicht an die Unterakkordanten weiterzuleiten, kommt gegebenenfalls die Annahme eines Betrugs in Frage, vgl. dazu *Zobl*, Bauhandwerkerpfandrecht, S. 100f.; *Schumacher*, N 491, S. 135; *Reber*, S. 107, sowie den von diesen Autoren zitierten *BGE* 105 IV 102ff. Ohne besondere Abreden dürfte demgegenüber eine Veruntreuung i.S. von Art. 138 StGB ausscheiden, da der Direktakkordant die Mittel im Normalfall nicht auf fremde Rechnung weiterzuleiten hat, vgl. dazu *Rehberg/ Schmid*, S. 95f.; *Stratenwerth*, 13 N 56, S. 263. Immerhin ist im Einzelfall denkbar, dass aufgrund der konkreten Umstände bzw. aufgrund einer besonderen Abrede der Direktakkordant gleichsam als Stellvertreter des Bauherrn bzw. der Bank zu betrachten ist. In diesem Fall wäre eine Veruntreuung möglich. Eine ungetreue Geschäftsbesorgung i.S. von Art. 158 StGB ist demgegenüber in jedem Fall auszuschliessen, da höchstens eine Pflicht zur Weiterleitung der betreffenden Mittel besteht, eine solche Pflicht noch keine Vermögensverwaltungspflicht im Sinne des genannten Tatbestandes darstellt. Vgl. dazu *Stratenwerth*, 19 N 7, S. 384. Vgl. ausserdem schon vorne S. 94f. und S. 238.
1386 Vgl. dazu auch etwa *Schumacher*, N 516, S. 144; *Zobl*, Bauhandwerkerpfandrecht, S. 102.

BBB Rückbehaltungsrecht bis zum Nachweis der Bezahlung der Unterakkordanten[1387]

Denkbar ist, dass im Baukreditvertrag ein Rückbehaltungsrecht vereinbart wird, wonach die Bank so lange mit der Bezahlung der Direktakkordanten zuwarten kann, bis diese bzw. der Kreditnehmer den Nachweis erbringen, dass die jeweiligen Unterakkordanten bezahlt oder sichergestellt worden sind. Dass sich diese Praxis bei allen Baugläubigern durchsetzen lässt, erscheint allerdings fraglich. Insbesondere stehen solche Rückbehaltungsrechte im Widerspruch zu den Bestimmungen in Art. 144f. SIA-Norm 118 (Ausgabe 1977/ 1991)[1388].

CCC Hinterlegung der auf die Direktakkordanten entfallenden Beträge

Denkbar ist, dass die baukreditgebende Bank jeweils denjenigen Betrag, welcher dem Direktakkordanten nach Befriedigung aller Unterakkordanten verbleibt, hinterlegen kann, wobei die Mittel erst dann frei werden, wenn die Bezahlung der Unterakkordanten nachgewiesen wird[1389]. Auch hier ist allerdings fraglich, ob der Kreditnehmer mit allen Baugläubigern entsprechende Konditionen aushandeln kann.

DDD Treuhänderische Zahlungskontrolle[1390]

Um zu vermeiden, dass der Kreditnehmer die Gewinnmargen seiner Vertragspartner erfährt, können die vorgenannten Massnahmen einem Treuhänder übertragen werden. Insbesondere müsste dieser den jeweils zu hinterlegenden Betrag bestimmen bzw. durch sein Visum oder aufgrund seiner Zahlungskompetenz[1391] die Freigabe der Mittel veranlassen, sobald er von der Bezahlung der Unterakkordanten Kenntnis hat.

1387 Vgl. dazu etwa *Schumacher*, N 519, S. 145.
1388 Immerhin wird in *VSGU*, Allgemeine Bedingungen, G. 32.3, vorgesehen, dass ein entsprechender Rückbehalt geltend gemacht werden kann, falls Bauhandwerkerpfandrechte provisorisch eingetragen worden sind. Vgl. dazu auch *Huber*, Generalunternehmervertrag, N 342f.
1389 Vgl. dazu etwa *BGE* 95 II 87, insbes. S. 91; *Zobl*, Bauhandwerkerpfandrecht, S. 104.
1390 Vgl. dazu vorne S. 178f. sowie etwa *Albisetti/ Gsell/ Nyffeler*, S. 121; *Albisetti/ Boemle/ Ehrsam/ Gsell/ Nyffeler/ Rutschi*, S. 136; *Schumacher*, N 515, N 517ff., S. 144f., S. 314ff.; *Oetiker*, Kapitel 10.3, S. 7; *Emch/ Renz/ Bösch*, S. 352; *Mühl/ Petereit*, N 957, S. 355f.; *Kaderli*, S. 272; *Zobl*, Baukreditvertrag, S. 8; *Zobl*, Bauhandwerkerpfandrecht, S. 103; *Rheiner*, S. 273; *Schneebeli*, S. 186; *Ramseyer*, S. 103ff.; *Haefliger*, S. 85; *Goeschke I*, S. 304f.; *Lautenbach*, S. 19f.
1391 Vgl. dazu im einzelnen vorne S. 179.

BB　　Direktzahlungen an die Unterakkordanten

AAA　　　Direktzahlungen durch die Bank

Denkbar ist, dass sich die baukreditgebende Bank das Recht ausbedingt, Kreditmittel direkt an die ihr bekannten Unterakkordanten überweisen zu können. Die entsprechende Vereinbarung wäre insbesondere als Vertrag zugunsten Dritter i.S. von Art. 112 OR auszugestalten[1392], wobei es nicht sinnvoll ist, den Unterakkordanten ein selbständiges Forderungsrecht zuzubilligen. Zu wählen wäre also ein sog. unechter Vertrag zugunsten Dritter[1393]. Allerdings ist fraglich, ob der Kreditnehmer entsprechende Konditionen bei sämtlichen Direktakkordanten durchsetzen kann[1394]. Insbesondere dürften diese die von ihnen beschäftigten Unterakkordanten nur bekanntgeben, wenn feststeht, dass der Kreditnehmer die jeweiligen Gewinnmargen nicht erfährt[1395]. Doch selbst wenn sie dies tun, kann vor allem bei längeren Vertragsketten nicht sichergestellt werden, dass die Bank von sämtlichen am Bau beteiligten Unterakkordanten Kenntnis erhält. Dadurch bleibt ein gewisses Risiko bestehen, dass einzelne Unterakkordanten nicht bezahlt werden[1396, 1397].

BBB　　　Direktzahlungen durch einen Treuhänder

Um zu vermeiden, dass der Kreditnehmer die Gewinnmargen seiner Vertragspartner erfährt, können die Direktzahlungen einem Treuhänder mit eigener Zahlungskompetenz[1398] übertragen werden. Nicht vermeiden lässt sich dagegen, dass auch der Treuhänder oftmals nicht von sämtlichen am Bau beteiligten Unterakkordanten Kenntnis erhält[1399].

1392　Zu den entsprechenden Ausführungen bei *von Arx* und *Lautenbach* vgl. vorne S. 72.

1393　Vgl. dazu *Gauch/ Schluep*, N 4013ff., Bd. II, S. 379f.; *Guhl/ Merz/ Koller*, S. 164; zu einer abweichenden Terminologie vgl. *von Tuhr/ Escher*, S. 236f.; *Bucher*, S. 476; *Gonzenbach*, Art. 112 N 13f.

1394　Vgl. dazu allerdings *Schumacher*, N 505, S. 140f., und die dort zitierten Beispiele.

1395　Vgl. dazu *Zobl*, Bauhandwerkerpfandrecht, S. 102f.

1396　Zur Direktzahlung vgl. auch etwa *Zobl*, Bauhandwerkerpfandrecht, S. 102f.; *Rossi*, S. 55; *Schumacher*, N 505ff., S. 140ff.; *Schneebeli*, S. 185f.

1397　Zu beachten sind Art. 1.5 SIA-Ordnung 102 (Ausgabe 1984) und Art. 1.5 SIA-Ordnung 103 (Ausgabe 1984), die vorsehen, dass direkte Zahlungen an Bauhandwerker und Bauunternehmer dem Architekten bzw. Bauingenieur schriftlich mitzuteilen sind. Sind direkte Zahlungen an Unterakkordanten vorgesehen, ist deshalb zu empfehlen, dies von Anfang an auch mit dem Architekten bzw. Ingenieur abzusprechen.

1398　Vgl. dazu im einzelnen vorne S. 179.

1399　Vgl. dazu etwa *Zobl*, Bauhandwerkerpfandrecht, S. 103.

CC Zusicherungen betreffend Unterakkordanten[1400]

Überlässt man die Bezahlung der Unterakkordanten den einzelnen Direktakkordanten, so ist immerhin möglich, dass man von diesen gewisse Zusicherungen verlangt. Denkbar sind etwa:

- Zusicherung des Direktakkordanten, dass sämtliche vom Direktakkordanten beschäftigten Unterakkordanten[1401] sowie gegebenenfalls auch deren Unterakkordanten bezahlt werden. Je nach konkreter Ausgestaltung liegt ein mit dem Werkvertrag verknüpfter Vertrag vor[1402] - denkbar ist etwa eine Garantieabrede i.S. von Art. 111 OR, ein Vertrag zugunsten Dritter i.S. von Art. 112 OR bzw. ein Auftrag i.S. von Art. 394ff. OR - oder eine (entsprechende Nebenpflichten begründende) Nebenabrede. Unabhängig von der konkreten Ausgestaltung nützt diese Zusicherung im Falle der Zahlungsunfähigkeit des Direktakkordanten wenig[1403].

- Zusicherung des Direktakkordanten, dass für den Fall eines Eintragungsgesuches oder einer vorläufigen Eintragung eine entsprechende Sicherheit geleistet wird. Ist der Direktakkordant zahlungsunfähig oder weigert er sich, die Sicherheit tatsächlich zu leisten, bestehen jedoch wenig Aussichten, dass eine Eintragung verhindert werden kann. (Hinsichtlich der Qualifikation gilt sinngemäss dasselbe wie zur vorgehenden Zusicherung).

- Zusicherung des Direktakkordanten, dass seitens der Unterakkordanten keine Bauhandwerkerpfandrechte vorläufig oder definitiv eingetragen werden[1404]. Diese Klausel dürfte in der Regel eine mit dem Werkvertrag verknüpfte Garantieabrede i.S. von Art. 111 OR oder zumindest eine Nebenabrede mit entsprechenden Garantieelementen sein. Kommt es zum Eintrag entsprechender Pfandrechte, würde der Direktakkordant somit schadenersatzpflichtig. Bei dessen Zahlungsunfähigkeit nützt diese Zusicherung jedoch nicht viel.

- Entsprechende Zusicherungen von dritter Seite (z.B. von Banken oder Versicherungsgesellschaften). Auch hier liegt je nach Fall eine Garantie i.S. von Art. 111 OR oder ein Vertrag zugunsten Dritter i.S. von Art. 112 OR bzw. ein Auftrag i.S. von Art. 394ff. OR vor. Diese Zusicherungen sind bedeutend sicherer als in den vorgenannten Fällen, da keine Abhängigkeit von der Zahlungsfähigkeit des Direktakkordanten besteht.

1400   Vgl. dazu etwa *BGE* 95 II 87, insbes. S. 91. Vgl. auch *Zobl*, Bauhandwerkerpfandrecht, S. 102; *Schumacher*, N 498ff., S. 139f. Zu den in den USA gebräuchlichen Zusicherungen, namentlich zu den sog. payment bonds, vgl. etwa *Mühl*, N 349f., S. 126.

1401   Eine entsprechende Verpflichtung findet sich etwa in *VSGU*, Allgemeine Bedingungen, G. 32.1. Vgl. dazu *Huber*, Generalunternehmervertrag, N 334ff.

1402   Vgl. dazu vorne Anm. 399.

1403   Zu strafrechtlichen Aspekten solcher Zusatzabreden vgl. vorne S. 238.

1404   Vgl. dazu etwa *VSGU*, Allgemeine Bedingungen, G. 32.2, *Huber*, Generalunternehmervertrag, N 334ff.; vgl. dazu auch *Schumacher*, N 501f., S. 139f.; *Zobl*, Bauhandwerkerpfandrecht, S. 102, Anm. 458a.

Denkbar ist, dass der Kreditnehmer im Baukreditvertrag ausdrücklich dazu verpflichtet wird, sich von den Direktakkordanten bzw. von dritter Seite diese Zusicherungen geben zu lassen. Möglich ist insbesondere, dass solche Zusicherungen im Sinne eines echten Vertrages zugunsten Dritter (Art. 112 Abs. 2 OR)[1405] direkt gegenüber der Bank abzugeben sind. Denkbar ist allerdings auch, dass lediglich die sich aus diesen Zusicherungen ergebenden Ersatzansprüche als Zusatzdeckung für die Baukreditforderung bereitzustellen sind. Letzteres kann uno actu mit dem Abschluss des Baukreditvertrages auf derselben Urkunde geschehen (Verpfändung durch schriftliche Vereinbarung gemäss Art. 900 Abs. 1 ZGB oder durch schriftliche Sicherungszession gemäss Art. 165 OR)[1406]. Unterlässt es allerdings der Kreditnehmer, sich von seinen Vertragspartnern solche Zusicherungen geben zu lassen, wird er höchstens schadenersatzpflichtig (jedenfalls dürfte eine Realvollstreckung aus praktischen Gründen kaum in Frage kommen). Die baukreditgebende Bank erleidet jedoch nur dann einen Schaden, wenn der Kreditnehmer zahlungsunfähig wird, so dass die entsprechende Haftung nicht viel nützt. Sinnvoller ist es deshalb, dass sich die Bank das Recht einräumen lässt, Zahlungen für diejenigen Direktakkordanten verweigern zu können, welche keine entsprechenden Zusicherungen abgeben.

D   Weitere Schutzmassnahmen

AA   Bestätigung des Handwerkerverzeichnisses

Hier kann sinngemäss auf das bereits weiter vorne Ausgeführte verwiesen werden[1407]. Um eine Haftung der Unterzeichner zu begründen, muss allerdings klar sein, dass das Handwerkerverzeichnis auch Aufschluss über sämtliche am Bau beteiligten Unterakkordanten zu geben hat. Dies dürfte in der Praxis wohl ohnehin nur bei kleineren und überschaubaren Projekten möglich sein.

1405   Vgl. dazu *Gauch/ Schluep*, N 4016ff., Bd. II, S. 380ff.; *Guhl/ Merz/ Koller*, S. 165f.; *von Tuhr/ Escher*, S. 237f.; *Bucher*, S. 474ff.; *Gonzenbach*, Art. 112 N 15ff.

1406   Vgl. dazu im einzelnen vorne S. 180.

1407   Vgl. dazu vorne S. 293.

§ 46 Zum Doppelzahlungsrisiko im besondern

I Konkretisierung des Risikos

Denkbar ist, dass Unterakkordanten Gesuche zum Eintrag von Bauhandwerkerpfandrechten stellen und solche Pfandrechte auch eintragen lassen können, obwohl Direktakkordanten des Bauherrn oder die jeweiligen Zwischenunternehmer für die entsprechende Leistung bereits bezahlt worden sind[1408]. Für den Kreditnehmer ergibt sich dadurch ein Doppelzahlungsrisiko (und damit das Risiko entsprechender Zusatzkosten), falls er - um einen Eintrag oder zumindest eine Zwangsvollstreckung und eine Verwertung des Baugrundstücks zu vermeiden - die Gesuchsteller sicherstellt oder bezahlt[1409] und er die Direktakkordanten oder Zwischenunternehmer nicht mehr belangen kann[1410]. Kommt es zur Zwangsvollstreckung, partizipieren die betreffenden Baupfandgläubiger nach Massgabe ihrer geschützten Forderung am Verwertungserlös, was im Resultat einer Doppelzahlung gleichkommt[1411].

II Auswirkungen auf den Baukredit

Für die baukreditgebende Bank ergeben sich aufgrund dieses Doppelzahlungsrisikos folgende Risiken: Stellt sie - um entsprechende Pfandrechtseintragungen bzw. Zwangsvollstreckungen zu vermeiden - die Gesuchsteller sicher oder schiesst sie die Mittel zur Bezahlung der Baugläubiger vor, riskiert sie, dass die betreffenden Beträge durch das Bauobjekt nicht mehr gedeckt sind und sie damit einen entsprechenden Verlust erleidet. Ist der Kreditnehmer selbst nicht mehr zahlungsfähig, dürfte sich indessen kaum ein Dritter finden, der Sicherheit leistet oder die betreffenden Mittel zur Verfügung stellt, so dass der Bank kaum eine andere Wahl bleibt, als selbst einzuspringen. Kommt es demgegenüber zur Eintragung von Bauhandwerkerpfandrechten, ergeben sich für die Bank die bereits geschilderten Nachteile[1412].

1408 Soweit der Direktakkordant noch nicht bezahlt worden ist, kann der entsprechende Betrag von der Werklohnforderung in Abzug gebracht werden, vgl. dazu etwa *BGE* 104 II 348, insbes. S. 335.

1409 Zur Abwehr bevorstehender Pfandrechtseinträge bzw. zur Ablösung bereits eingetragener Pfandrechte im einzelnen vgl. hinten S. 305ff.

1410 Vgl. dazu etwa *Schumacher*, N 441, S. 116, N 486, S. 134; *Zobl*, Bauhandwerkerpfandrecht, S. 100; *Gauch*, Werkvertrag, N 185f., S. 56f.; *Leemann*, Art. 837 N 46; *Tuor/ Schnyder/ Schmid*, S. 849; *Steinauer*, N 2869a, S. 211; *Hofmann*, S. 62; *de Haller*, S. 289ff.; *de Haller*, Inscription, S. 60ff.; *Füllemann*, S. 3ff.; *Simond*, S. 156ff.; *Riemer*, 25 N 17, S. 140; *Pfister-Ineichen*, S. 24; *Lüscher/ Salathe/ Baeriswyl*, 4 S. 10; *BGE* 105 II 264, insbes. S. 267; *BGE* 95 II 87, insbes. S. 90f.; *BGE* 104 II 348, insbes. S. 354.

1411 Zur Verwertung der Bauhandwerkerpfandrechte vgl. hinten S. 312f.

1412 Vgl. dazu vorne S. 286.

Kommt es insbesondere zu einer Zwangsvollstreckung, ergibt sich - da von den betreffenden Baugläubigern über die Baukosten hinausgehende, zusätzliche Forderungen geltend gemacht werden - für die Bank ein entsprechend erhöhtes Anfechtungsrisiko (Art. 841 ZGB)[1413]. Die Bank hat somit ein erhebliches Interesse daran, solche Eintragungsgesuche bzw. Bauhandwerkerpfandrechte und Vollstreckungsverfahren zu vermeiden. Den dargelegten, auf Unterakkordanten bezogenen Schutzmassnahmen[1414] kommt damit unter dem Aspekt dieses Doppelzahlungsrisikos eine besondere Bedeutung zu.

Kommt es noch während der Bauarbeiten zu entsprechenden Eintragungsgesuchen, dürfte es oft schwierig sein, das zweckmässigste Vorgehen zu bestimmen. Stellt die baukreditgebende Bank die Gesuchsteller - zusätzlich zum Baukredit - sicher oder schiesst sie zu deren Sicherung oder Befriedigung zusätzliche Mittel vor, ergeben sich die bereits dargelegten Risiken. Erfolgt demgegenüber die Sicherstellung ohne zusätzliche Bindung der baukreditgebenden Bank, d.h. durch entsprechende Bindung des vorhandenen Kredites bzw. durch Bindung des für die Baufinanzierung vorgesehenen Eigen- bzw. Drittkapitals, oder werden sogar die Baufinanzierung vorgesehenen Mittel direkt zur Bezahlung der Gesuchsteller eingesetzt, ergibt sich das Risiko, dass nicht mehr genügend Mittel zur Bauvollendung zur Verfügung stehen, was ein entsprechend erhöhtes Unterdeckungsrisiko für die baukreditgebende Bank zur Folge hat[1415]. Kommt es zwar zur Bauvollendung, ergibt sich das Risiko, dass weitere Baugläubiger, welche nicht mehr bezahlt werden können, Bauhandwerkerpfandrechte eintragen lassen. Erfolgt schliesslich weder eine Sicherstellung bzw. Bezahlung der Gesuchsteller, so ist mit dem Eintrag der von den Gesuchstellern geltend gemachten Pfandrechte und gegebenenfalls mit entsprechenden Zwangsvollstreckungsverfahren zu rechnen.
Je nach Situation kann es für die baukreditgebende Bank günstiger sein, wenn sie sich nicht weiter bindet und somit weder die Gesuchsteller sicherstellt noch Mittel zur deren Bezahlung bevorschusst. Für diesen Fall kann es je nach Situation sogar auch günstiger sein, wenn die noch vorhandenen Mittel für die Bezahlung der Bauvollendung und nicht zur Sicherstellung bzw. Bezahlung der Gesuchsteller eingesetzt werden. Der Wahrung einer entsprechenden Flexibilität kann deshalb eine nicht unerhebliche Bedeutung zukommen. Die Flexibilität der baukreditgebenden Bank kann durch die folgenden Massnahmen zumindest begünstigt werden:

III Schutzmassnahmen

A Vereinbarung entsprechender Punkte im Baukreditvertrag

AA   Benachrichtigungspflicht

Ist die Bank bei entsprechenden Eintragungsgesuchen zu benachrichtigen, kann sie sich frühzeitig einschalten und die konkreten Risiken abschätzen. Bei einer Verletzung dieser Pflicht kann die kreditgebende Bank allerdings höchstens Schadenersatzansprüche geltend machen.

1413   Vgl. dazu hinten S. 314ff.
1414   Vgl. dazu vorne S. 295ff.
1415   Vgl. dazu vorne S. 172ff.

Ein Schaden entsteht der Bank jedoch nur, wenn der Kreditnehmer zahlungsunfähig ist. In diesem Fall ist aber auch nicht damit zu rechnen, dass der Verlust ausgeglichen wird.

BB   Berechtigung der Bank, die Freigabe von Kreditmitteln zur doppelten Bezahlung von Bauleistungen bzw. für entsprechende Sicherstellungen zu verweigern

Soweit die Bank die Freigabe von Kreditmitteln zur doppelten Bezahlung von Bauleistungen bzw. für entsprechende Sicherstellungen verweigern kann, hat sie die Möglichkeit, im Einzelfall die für die Kreditdeckung optimalere Variante zu wählen. Stellt sich heraus, dass eine Bezahlung oder Sicherstellung der Gesuchsteller sinnvoller erscheint, steht es ihr frei, dieser Massnahme zuzustimmen oder sie sogar zu veranlassen[1416].

CC   Abreden betreffend das für die Baufinanzierung einkalkulierte Eigen- bzw. Drittkapital

Durch besondere Abreden betreffend das für die Baufinanzierung einkalkulierte Eigen- bzw. Drittkapital kann gegebenenfalls sichergestellt werden, dass auch mit Bezug auf diese Mittel eine Flexibilität gewahrt bleibt.

Falls allerdings das Eigen- bzw. Drittkapital nicht einzuzahlen ist, bietet eine solche Abrede mit Bezug auf diese Mittel einen schwachen Schutz[1417].

Soweit die Bank die Vorabverwertung dieser Mittel verlangen kann[1418], ist immerhin sichergestellt, dass diese Mittel bei späteren Eintragungsgesuchen nicht zulasten der Bauvollendung für die Sicherstellung bzw. Bezahlung der betreffenden Unterakkordanten eingesetzt werden. Da bei einem solchen Mitteleinsatz - zumindest zu Beginn der Baurealisation - auch entsprechend weniger Kreditmittel beansprucht werden, bleibt der Anteil derjenigen Mittel, über welche die Bank eine bessere Kontrolle hat, grösser.

DD   Besondere Kündigungsregelungen[1419]

Soweit die baukreditgebende Bank die Möglichkeit hat, den Baukredit möglichst kurzfristig zu kündigen, wahrt sie sich ebenfalls eine grössere Flexibilität. Insbesondere kann die Bank dadurch verhindern, dass sie Kreditmittel für - gegebenenfalls - massive Doppelzahlungen zur Verfügung stellen und sich namentlich weiter an einem entsprechenden Bauprojekt beteiligen müsste.

1416   Vgl. dazu hinten S. 306.
1417   Vgl. dazu vorne S. 264f.
1418   Vgl. dazu auch vorne S. 176f.
1419   Vgl. dazu vorne S. 127.

§ 47 Zum Risiko abredewidriger Zusatz- und Mehrkosten im besondern

I   Konkretisierung des Risikos[1420]

Wurden mit einem Direktakkordanten, namentlich mit einem General- bzw. Totalunternehmer, besondere Preisabsprachen getroffen, wurden insbesondere Global- bzw. Pauschalpreise oder - bei offener Abrechnung - ein sog. Kostendach vereinbart [1421], kann es vorkommen, dass die Baukosten die betreffenden Limiten übersteigen und der Direktakkordant die einzelnen Handwerker und Unternehmer nicht mehr bezahlen kann. Kommt es dadurch zur Eintragung von Bauhandwerkerpfandrechten, riskiert der Bauherr, dass er - soweit eine Zwangsvollstreckung vermieden werden soll - trotz entsprechender Preisvereinbarungen Zusatz- bzw. Mehrkosten bezahlen muss. Kommt es zur Zwangsvollstreckung und zu einer Verwertung des Baugrundstücks, partizipieren die Baupfandgläubiger nach Massgabe ihrer geschützten Forderung am Verwertungserlös, was im Resultat ebenfalls einer Bezahlung von Zusatz- bzw. Mehrkosten gleichkommt.

II   Auswirkungen auf die Baufinanzierung

Hier gilt sinngemäss das zum Doppelzahlungsrisiko Ausgeführte[1422]. Insbesondere kommt den dargelegten, auf Unterakkordanten bezogenen Schutzmassnahmen[1423] auch unter dem Aspekt abredewidriger Zusatz- bzw. Mehrkosten eine besondere Bedeutung zu. Zudem ist durchaus auch denkbar, dass es zu entsprechenden Eintragungsgesuchen kommt, bevor der Bau vollendet ist. Existiert ein Zahlungsplan[1424], kann sich eine solche Situation insbesondere abzeichnen, bevor sämtliche für die Bauvollendung einkalkulierten Mittel dem General- bzw. Totalunternehmer ausbezahlt wurden. Zeigt sich ein extremer Kostenüberhang und ist die Bauvollendung gefährdet, kann es deshalb im Einzelfall wiederum günstiger sein, wenn die baukreditgebende Bank möglichst flexibel reagieren kann.

III   Schutzmassnahmen

Auch mit Bezug auf Eintragungsgesuche infolge abredewidriger Zusatz- bzw. Mehrkosten kann es sich lohnen, wenn die Verhältnisse so geregelt werden, dass die Bank den Einsatz der noch vorhandenen Mittel optimieren kann. Im Einzelfall sind analoge Massnahmen denkbar, wie sie im Zusammenhang mit dem Doppelzahlungsrisiko in Frage kommen[1425].

1420   Vgl. dazu insbes. *Schumacher*, N 492f., S. 136f.
1421   Vgl. dazu im einzelnen vorne S. 247 und S. 257f.
1422   Vgl. dazu vorne S. 301f.
1423   Vgl. dazu vorne S. 295ff.
1424   Vgl. dazu vorne S. 30 und S. 179.
1425   Vgl. dazu vorne S. 302f.

§ 48 Unmittelbare Abwehr von Eintragungen

I Übersicht

Kommt es zu einem Gesuch um Eintragung eines Bauhandwerkerpfandrechtes, kann diesem praktisch nur noch mit Abwehrmassnahmen begegnet werden. Es liegt im Interesse des Kreditgebers, dass auf entsprechende Gesuche möglichst flexibel und namentlich mit Rücksicht auf die Kreditdeckung optimal reagiert werden kann. Im einzelnen sind folgende Massnahmen denkbar:

II Einzelne Massnahmen

A Entsprechende Abreden im Baukreditvertrag

AA Abreden betreffend Geltendmachung entsprechender Einwendungen und Einreden

Im Verfahren über die definitive Eintragung kann der belangte Kreditnehmer bzw. Grundeigentümer verschiedene, durch Beweisverfahren nachzuprüfende Einwendungen und Einreden gegen das Eintragungsgesuch vorbringen[1426]. Die baukreditgebende Bank kann sie in jedem Fall nur als allfälliger Nebenintervenientin[1427] vorbringen. Denkbar ist jedoch, dass der Kreditnehmer im Baukreditvertrag verpflichtet wird, sich auf berechtigte Einwendungen und Einreden zu berufen. Ob das entsprechende Recht allerdings gerichtlich durchgesetzt werden kann, scheint schon aus praktischen Gründen fraglich[1428]. Verletzt der Kreditnehmer seine Pflicht, wird er jedenfalls lediglich schadenersatzpflichtig. Ein Schaden entsteht der baukreditgebenden Bank jedoch nur, wenn der Kreditnehmer zahlungsunfähig ist. In diesem Fall ist aber auch nicht damit zu rechnen, dass der Verlust ausgeglichen wird. Am günstigsten wäre es deshalb für die baukreditgebende Bank, wenn sie berechtigt würde, entsprechende Rechte etwa als Vertreterin des Kreditnehmers in den betreffenden Verfahren wahrzunehmen.

1426   Zum entsprechenden Verfahren und einzelnen prozessualen Fragen vgl. *Zobl*, Bauhandwerkerpfandrecht, S. 159f.; *Schumacher*, N 766ff., S. 223ff.; *Reber*, S. 130ff.; *Füllemann*, S. 15ff., S. 23ff. Zur Kontroverse über die Frage, ob und inwieweit auch bereits Einwendungen und Einreden vorgebracht werden können, die sich auf die Forderung des Baugläubigers selbst beziehen, namentlich bei Unterakkordanten, die in keinem direkten Vertragsverhältnis zum Kreditnehmer stehen, vgl. etwa *Schumacher*, N 843ff., S. 241ff.; *Füllemann*, S. 23ff.

1427   Vgl. dazu etwa *Habscheid*, 2 N 19, S. 7; *Vogel*, 5 N 65ff., S. 144f.

1428   Grundsätzlich wäre immerhin denkbar, dass die Bank gestützt auf Art. 98 Abs. 1 OR zur Prozessführung im Namen des Kreditnehmers berechtigt würde. Vgl. dazu vorne S. 279.

Im Verfahren über eine bloss provisorische Eintragung kommt als erschwerender Umstand hinzu, dass der Unternehmer seinen Anspruch lediglich glaubhaft machen muss und sich eine Eintragung praktisch nur verhindern lässt, wenn der entsprechende Gegenbeweis erbracht werden kann[1429]. Keine Abhilfe bringt schliesslich eine entsprechende Abrede, soweit eine superprovisorische Eintragung ohne Anhörung der Gegenpartei erfolgt.

BB   Abreden betreffend die direkte Bezahlung des Gesuchstellers

Die (vorläufige bzw. definitive) Eintragung eines Bauhandwerkerpfandrechtes kann in jedem Fall durch direkte Bezahlung des Gesuchstellers verhindert werden[1430]. Diese Zahlungen können insbesondere auch zu Lasten des Baukreditkontos[1431] erfolgen. Denkbar ist deshalb, dass die baukreditgebende Bank das Recht erhält, entsprechende (vom Kreditnehmer später zu vergütende) Zahlungen zu leisten, oder aber, dass sie den Kreditnehmer anweisen kann, entsprechende Zahlungen zu leisten. Allerdings geht eine solche Abrede sehr weit, und es ist fraglich, ob in der Praxis überhaupt solche Vereinbarungen getroffen werden. Insbesondere ist die direkte Befriedigung eines Gesuchstellers nämlich nicht unproblematisch und bringt folgende Risiken und Nachteile mit sich:

-   Risikoverlagerung zuungunsten der Baukreditparteien, da der Gesuchsteller voll bezahlt wird, auch wenn eine Pfandverwertung seinen Anspruch nicht mehr gedeckt hätte[1432]. Insbesondere muss der Gesuchsteller kein Verfahren i.S. von Art. 841 ZGB anstrengen, sofern die Verwertung einen Ausfall ergeben würde[1433]. Namentlich ist er aber auch davon befreit, andere Verfahren anzustrengen, die ein Pfandrechtseintrag und eine entsprechende Verwertung mit sich bringen würden. Soweit die Forderung des Gesuchstellers nicht gerechtfertigt war, entstehen durch die Zahlungen ausserdem unnötige Zusatzkosten. Erfolgt die Zahlung vor Beendigung der Bauarbeiten, werden die betreffenden Mittel zudem der Finanzierung der Bauvollendung entzogen[1434].

1429   Vgl. dazu *Zobl*, Bauhandwerkerpfandrecht, S. 158; *Schumacher*, N 748, S. 217 (je mit weiteren Hinweisen).

1430   Eine direkte Bezahlung kommt namentlich auch dann in Frage, wenn der Kreditnehmer nicht Schuldner der Bauforderung ist (sog. Intervention); vgl. dazu *Gauch/ Schluep*, N 2043ff., Bd. II, S. 8f.; *von Tuhr/ Escher*, S. 26f.; *Keller/ Schöbi*, Bd. I, S. 209ff.; *Leu*, Art. 68 N 4.

1431   Insbes. fallen solche Zahlungen unter die vertragstypische Zweckbestimmung des Baukreditvertrages. Vgl. dazu vorne S. 105.

1432   Zur analogen Situation bei der Sicherheitsleistung vgl. etwa *Schumacher*, N 890, S. 257; *Zobl*, Bauhandwerkerpfandrecht, S. 162.

1433   Zur analogen Situation bei der Sicherheitsleistung vgl. etwa *Schumacher*, N 890, S. 257.

1434   Vgl. dazu auch schon die Ausführungen zur Doppelzahlung, vorne S. 301.

- Risiko der Anfechtung i.S. von Art. 841 ZGB, sofern die Auszahlung aus Mitteln des Baukredites erfolgt, da ein einzelner Baugläubiger vor anderen bevorzugt wird [1435].

In jedem Fall ist aber zu empfehlen, dass vom Gesuchsteller die Abtretung seiner Forderung verlangt wird, da Art. 110 Ziff. 1 OR nur bei der Ablösung bereits eingetragener Pfandrechte Platz greift[1436]. Die abgetretene Forderung kann mit der Forderung des Vormannes verrechnet werden. Ist dieser allerdings nicht Vertragspartner des Kreditnehmers, sondern bloss Zwischenunternehmer, ist eine Verrechnung nicht möglich, und es kann trotz dieser Abtretung dazu kommen, dass Bauleistungen doppelt zu bezahlen sind[1437].

CC Abreden betreffend die Sicherstellung des Gesuchstellers i.S. von Art. 839 Abs. 3 ZGB

Die (vorläufige bzw. definitive) Eintragung eines Bauhandwerkerpfandrechtes kann auch durch eine Sicherstellung i.S. von Art. 839 Abs. 3 ZGB verhindert werden[1438]. Wiederum ist denkbar, dass die Bank das Recht zur Sicherstellung (zu Lasten des Baukreditnehmers) erhält, oder aber, dass sie berechtigt wird, den Kreditnehmer dazu anzuhalten, für Sicherstellung zu sorgen. Auch diese Abrede geht recht weit, doch sind die Folgen für den Kreditnehmer weniger einschneidend als bei einer entsprechenden Abrede über die direkte Bezahlung der Gesuchsteller. Stellt sich nämlich heraus, das die Forderung eines Gesuchstellers nicht berechtigt war, ist die Ausgangslage für den Kreditnehmer im Falle einer Sicherstellung bedeutend günstiger als im Falle einer direkten Bezahlung des Gesuchstellers. Dennoch ist auch eine Sicherstellung nicht unproblematisch und bringt insbesondere folgende Risiken und Nachteile mit sich:

1435 Vgl. dazu hinten S. 314.

1436 Vgl. dazu *Zobl*, Bauhandwerkerpfandrecht, S. 105.

1437 Das Problem ist allerdings kontrovers, vgl. dazu etwa *Zobl*, Bauhandwerkerpfandrecht, S. 106; *Füllemann*, S. 32f.; *Schumacher*, N 871ff., S. 250ff.; *Leemann*, Art. 839 N 52. Ein Modell, wonach dennoch eine Verrechnungsmöglichkeit geschaffen werden kann, findet sich namentlich bei *Zobl*, Bauhandwerkerpfandrecht, S. 106f. Immerhin kann die Ablieferung eines Werkes, bei dem mit Bauhandwerkerpfandrechten zu rechnen ist, als Mangel betrachtet werden, der eine Reduktion der Forderung des Direktakkordanten rechtfertigt, vgl. dazu etwa *BGE* 104 II 348, insbes. S. 354f.; *BGE* 116 II 533, insbes. S. 537. Wurde diese Forderung allerdings bereits voll bezahlt und ist der Direktakkordant zahlungsunfähig, nützt auch die Möglichkeit solcher Reduktionen nichts mehr.

1438 Vgl. dazu im einzelnen *Schumacher*, N 888ff., S. 257ff.; *Zobl*, Bauhandwerkerpfandrecht, S. 160ff.; *Hofmann*, S. 67; *Leemann*, Art. 839 N 23ff.; *Wieland*, Art. 839 N 5.; *Reber*, S. 127ff. Zum Umfang einer rechtsgenügenden Sicherstellung, insbes. zur Notwendigkeit, auch die Verzugszinsen sicherzustellen, vgl. *BGE* 121 III 445.

-       Risikoverlagerung zuungunsten der Baukreditparteien, da der Gesuchsteller volle Deckung
        erhält, auch wenn eine Pfandverwertung seinen Anspruch nicht mehr gedeckt hätte[1439].
        Insbesondere muss der Gesuchsteller kein Verfahren i.S. von Art. 841 ZGB anstrengen, so-
        fern die Verwertung einen Ausfall ergeben würde[1440]. Ebenso bleibt es dem Gesuchsteller
        erspart, die Verfahren über den Eintrag des Pfandrechtes bis zum Schluss durchzuziehen.

-       Übermässige Bindung der Baukreditparteien, da die Garantiesumme in jedem Fall recht
        grosszügig bemessen werden muss, um dem Erfordernis von Art. 839 Abs. 3 ZGB zu genü-
        gen[1441].

Soweit der Baugläubiger die Sicherheit beanspruchen kann, ist wiederum darauf zu achten,
dass dieser seine Forderung dem Kreditnehmer abtritt. Allerdings kann es trotz einer solchen Abtretung zu einer doppelten Bezahlung derselben Bauleistung kommen[1442].
Denkbar ist schliesslich, dass die Baukreditparteien die Sicherheit vor ihrer Beanspruchung
durch eine direkte Bezahlung des Berechtigten ablösen. In diesem Fall gilt sinngemäss das
zur direkten Bezahlung des Gesuchstellers Gesagte[1443].

DD   Benachrichtigungspflicht

Je früher die baukreditgebende Bank über allfällige Eintragungsgesuche informiert wird,
desto besser sind die Möglichkeiten für eine optimale Reaktion. Denkbar ist deshalb, dass
der Kreditnehmer im Baukreditvertrag zur entsprechenden Benachrichtigung verpflichtet
wird. Bei einer Verletzung dieser Pflicht kann die kreditgebende Bank allerdings höchstens
Schadenersatzansprüche geltend machen. Ein Schaden entsteht der Bank jedoch nur, wenn
der Kreditnehmer zahlungsunfähig ist. In diesem Fall ist aber auch nicht damit zu rechnen,
dass der Verlust ausgeglichen wird.

B   Weitere Massnahmen

Die geschilderten Abwehrmassnahmen sind in jedem Fall auch ohne entsprechende Vereinbarungen im Baukreditvertrag möglich.

1439   Vgl. dazu *Schumacher*, N 890, S. 257; *Zobl*, Bauhandwerkerpfandrecht, S. 162.
1440   Vgl. dazu *Schumacher*, N 890, S. 257.
1441   Vgl. dazu *Schumacher*, N 897, S. 260.
1442   Vgl. dazu das gerade vorgehend zur direkten Bezahlung des Gesuchstellers Ausgeführte.
1443   Vgl. dazu gerade vorne S. 306.

§ 49 Ablösung eingetragener Pfandrechte

Aus denselben Gründen, die es rechtfertigen, einen Eintrag der Bauhandwerkerpfandrechte zu verhindern, kann es gerechtfertigt sein, auch bereits eingetragene Pfandrechte wieder abzulösen. Dies kann insbesondere durch Sicherheitsleistung[1444] oder durch direkte Bezahlung[1445] des Pfandgläubigers geschehen[1446]. Denkbar ist, dass der baukreditgebenden Bank das Recht zur Ablösung (zu Lasten des Baukredites bzw. des Baukreditnehmers) eingeräumt wird, oder aber, dass sie den Kreditnehmer zur Ablösung anhalten kann. Was einzelne Modalitäten dieser Ablösung sowie die damit verbundenen Risiken und Nachteile betrifft, so gilt sinngemäss das gerade vorgehend zur Sicherheitsleistung bzw. zur direkten Bezahlung des Gesuchstellers Ausgeführte[1447]. Allerdings ist eine Besonderheit zu beachten: Wird das Pfandrecht eines Unterakkordanten durch direkte Bezahlung abgelöst, führt dies gemäss Art. 110 Ziff. 1 OR zu einer Legalzession der abgelösten Forderung, die der Kreditnehmer gegebenenfalls mit der Forderung des entsprechenden Direktakkordanten verrechnen kann[1448]. Wo diese Verrechnung jedoch nicht oder nicht mehr möglich ist, kann auch die Ablösung zu einer doppelten Bezahlung von Bauleistungen führen[1449].

1444   Vgl. dazu *Schumacher*, N 894, S. 259; *Zobl*, Bauhandwerkerpfandrecht, S. 161; *Schneebeli*, S. 202f.

1445   Soweit der Baukreditnehmer nicht Schuldner der abgelösten Forderung ist, liegt in diesem Fall eine sog. Intervention vor, vgl. dazu *Gauch/ Schluep*, N 2043ff., Bd. II, S. 8f.; *von Tuhr/ Escher*, S. 26f.; *Keller/ Schöbi*, Bd. I, S. 209f.; *Leu*, Art. 68 N 4.

1446   Vgl. dazu im einzelnen *Schumacher*, N 922ff., S. 267f.; *Leemann*, Art. 839 N 51ff.; *Schneebeli*, S. 124.

1447   Vgl. dazu vorne S. 306f.

1448   Vgl. dazu etwa *Leemann*, Art. 839, N 52; *Schumacher*, N 869, S. 249; *Zobl*, Bauhandwerkerpfandrecht, S. 112f.; *Füllemann*, S. 32f.

1449   Vgl. dazu das gerade vorgehend zur direkten Bezahlung des Gesuchstellers Ausgeführte.

§ 50 Im Range vorgehende Bauhandwerkerpfandrechte[1450]

I Risiken

A Definitiv eingetragene Pfandrechte

Definitiv eingetragene Bauhandwerkerpfandrechte, die gegenüber der Baukreditsicherung im Range vorgehen, vermögen die Deckung der Kreditforderung unmittelbar zu gefährden[1451]. Der Zwischenschritt über die Anfechtung i.S. von Art. 841 ZGB[1452] ist nicht notwendig. Dementsprechend ist auch das Deckungsrisiko für die Kreditforderung höher. Hinzu kommt, dass bei der Betreibung auf Verwertung von im Range vorgehenden Pfandrechten eine Verwertung des Grundstücks in Frage kommt, auch wenn die Baukreditforderung nicht gedeckt ist. Dadurch besteht das Risiko, dass es - was bei nachrangigen Pfandrechten aufgrund des Deckungsprinzips ausser Betracht fällt - schon während der Bauarbeiten zu einer solchen Betreibung und damit verbunden zu Bauverzögerungen bzw. zu einem Bauunterbruch[1453] und insbesondere zu einer vorzeitigen zwangsrechtlichen Versteigerung des Baugrundstücks[1454] kommt. Soll eine solche Zwangsvollstreckung vermieden werden, müssen dafür gegebenenfalls entsprechende Mittel zur Sicherstellung oder Befriedigung der Baugläubiger eingesetzt werden[1455]. Diese Mittel können jedoch - namentlich, wenn die Sicherstellung oder Bezahlung zu Lasten des Baukredites oder des für die Baurealisation vorgesehenen Eigen- bzw. Drittkapitals erfolgt - bei der Finanzierung der Bauvollendung fehlen.

Hinsichtlich der mit solchen Pfandrechten einhergehenden Nachteile für die Konsolidierung bzw. Ablösung des Baukredites unterscheiden sich demgegenüber die im Range vorgehenden Pfandrechte nicht wesentlich von den nachrangigen Bauhandwerkerpfandrechten[1456].

1450 Zu konkreten Verwertungs- und Verteilungsfragen in denjenigen Fällen, wo sowohl vor- als auch nachrangige Bauhandwerkerpfandrechte bestehen, vgl. etwa *Pfister-Ineichen*, S. 92, S. 94; *Hofmann*, S. 79ff.; *Schneebeli*, S. 114ff.; *Raschein*, S. 35f.; *Haefliger*, S. 14ff.; *Ramseyer*, S. 83ff.; *von Arx*, S. 98ff.; *Simond*, S. 179ff.

1451 Für Einzelheiten vgl. namentlich vorne S. 271ff. Vorgehende Pfandrechte werden in der Baukreditpraxis denn auch möglichst vermieden, vgl. dazu etwa *Lehner*, S. 134. Vgl. auch *Pfister-Ineichen*, S. 91.

1452 Vgl. dazu hinten S. 316.

1453 Vgl. dazu vorne S. 280.

1454 Vgl. dazu vorne S. 278.

1455 Zur Ablösung eingetragener Bauhandwerkerpfandrechte im besondern vgl. vorne S. 309. Allerdings können sich die Baukreditparteien auch in den entsprechenden Zwangsvollstreckungsverfahren zu Wehr setzen, vgl. dazu hinten S. 313. Bestehen die Bauhandwerkerpfandrechte jedoch zu Recht, nützen solche Massnahmen nicht viel. Denkbar ist schliesslich, dass mit den Baugläubigern vereinbart wird, dass bis zur Bauvollendung keine Vollstreckung erfolgen solle.

1456 Vgl. dazu vorne S. 287f.

B Vorläufig eingetragene Pfandrechte

Bei vorläufig eingetragenen Pfandrechten kann es im Laufe der Baurealisation zu einem definitiven Eintrag kommen, was die gerade vorgehend erwähnten Risiken zur Folge hat. Ausserdem können auch bloss vorläufig eingetragene Pfandrechte den in einem Zwangsvollstreckungsverfahren auf den Baukreditgeber entfallenden Anteil schmälern und somit das Verlustrisiko erhöhen[1457]. Dagegen ist nicht zu erwarten, dass bloss vorläufig eingetragene Bauhandwerkerpfandrechte die Gefahr einer vorzeitigen Zwangsvollstreckung erhöhen[1458].

II Schutzmassnahmen

Soweit beim Abschluss des Baukreditvertrages bereits Bauhandwerkerpfandrechte eingetragen sind, müssen diese bei der Festlegung einer dem Finanzierungsbedarf angepassten Kreditlimite mitberücksichtigt werden. Insbesondere ist von einem im Umfang des Pfandrechts reduzierten Deckungssubstrat bzw. einem entsprechend niedrigeren Eigen- bzw. Drittkapital auszugehen. Ergibt sich dabei, dass der Bedarf an Kreditmitteln höher ist als die unter Berücksichtigung der genannten Aspekte verantwortbare Kreditlimite, so ist von einer Kreditgewährung abzusehen oder es sind zumindest entsprechende Zusatzsicherheiten[1459] zu verlangen.

Soweit Bauhandwerkerpfandrechte erst nach Abschluss des Baukreditvertrages, jedoch noch vor Errichtung der grundpfändlichen Sicherung - definitiv oder auch bloss vorläufig - eingetragen werden, dürfte es in der Regel gar nicht mehr möglich sein, die Baukreditsicherung im vertraglich vorgesehenen Rang zu errichten. Damit ist aber der Eintritt einer für die Pflicht zur Freigabe der Kreditmittel entscheidenden Suspensivbedingung[1460] unmöglich geworden («Ausfall bzw. Nichteintritt der Bedingung») und die baukreditgebende Bank ist nicht mehr an den Vertrag gebunden[1461]. Besondere Schutzmassnahmen sind in diesem Fall nicht notwendig. Will die Bank das Kreditgeschäft dennoch abwickeln, kann immerhin ein entsprechend modifizierter Baukreditvertrag abgeschlossen werden.

Soweit die Bauhandwerkerpfandrechte abgelöst werden sollen, gilt sinngemäss das bereits weiter vorne Ausgeführte[1462].

1457 Zur Kollokation der betreffenden Forderung vgl. etwa *Pfister-Ineichen*, S. 95; *Zobl*, Bauhandwerkerpfandrecht, S. 167.

1458 Inbesondere ist bei einer bloss vorläufigen Eintragung nur eine Betreibung auf Pfändung oder Konkurs zulässig, vgl. dazu etwa *Zobl*, Bauhandwerkerpfandrecht, S. 165, Anm. 693 (mit weiteren Hinweisen). Die Stellung des Baugläubigers unterscheidet sich also diesbezüglich nicht von der Stellung anderer nicht durch ein Pfandrecht gesicherter Gläubiger des Kreditnehmers.

1459 Vgl. dazu im einzelnen vorne S. 154ff. und S. 182.

1460 Vgl. dazu vorne S. 118ff.

1461 Vgl. dazu etwa *Gauch/ Schluep*, N 4125, Bd. II, S. 401; *von Tuhr/ Escher*, S. 272ff.; *Keller/ Schöbi*, Bd. I, S. 108; *Bucher*, S. 514; *Ehrat*, Art. 151 N 7.

1462 Vgl. dazu vorne S. 309.

2B Zwangsvollstreckung[1463]

§ 51 Geltendmachung von Bauhandwerkerpfandrechten

I Risiken

Was das Verfahren betrifft, so unterscheidet sich die Geltendmachung von - definitiv eingetragenen[1464] - Bauhandwerkerpfandrechten grundsätzlich nicht von der Geltendmachung anderer auf dem Baugrundstück lastender Grundpfandrechte[1465]. Da die Baugläubiger jedoch in der Regel ein Interesse an einer möglichst raschen Geltendmachung ihrer
Pfandrechte haben, ist das Vollstreckungsrisiko (bei im Range vorgehenden Pfandrechten
schon während der Bauarbeiten, zumindest nach Abschluss der Bauarbeiten auch bei im
Range nachgehenden Pfandrechten) relativ hoch. Damit besteht auch das Risiko, dass die
ursprünglichen Ziele einer konkreten Baufinanzierung, z.B. etwa die Fortführung eines
längerfristigen Darlehensverhältnisses mit dem Bauherrn oder der - gewinnbringende -
Verkauf des Objektes und eine ordentliche Tilgung der Baukreditforderung vereitelt werden[1466]. Sodann kann die Verwertung von im Range vorgehenden Pfandrechten unmittelbar zu einem Pfandausfall des Kreditgebers führen. Bei nachgehenden Pfandrechten schafft
sie die Voraussetzungen für die Anfechtung nach Art. 841 ZGB[1467]. Schliesslich bringt
die Zwangsverwertung gerade bei schwierigen Marktverhältnissen immer das Risiko eines
zufälligen und gegebenenfalls unangemessenen Erlöses mit sich. Dies kann sich bei im
Range vorgehenden Pfandrechten unmittelbar zu Ungunsten der baukreditgebenden Bank
auswirken. Aber auch bei im Range nachgehenden Pfandrechten können sich zu niedrige
Steigerungspreise im Rahmen der Anfechtung nach Art. 841 ZGB[1468] zu Lasten des
Kreditgebers auswirken.

1463   Zum Bauhandwerkerpfandrecht in der Zwangsvollstreckung vgl. auch etwa *Zobl*, Bauhandwer-
       kerpfandrecht, S. 165ff.; *Schumacher*, N 933ff., S. 270ff.; *Pfister-Ineichen*, S. 81f.; *Füllemann*,
       S. 40ff.; *Raschein*, S. 40ff.; *Lautenbach*, S. 31ff.

1464   Bei bloss vorläufig eingetragenen Bauhandwerkerpfandrechten ist lediglich eine Betreibung auf
       Pfändung bzw. Konkurs zulässig, vgl. dazu etwa *Zobl*, Bauhandwerkerpfandrecht, S. 165, Anm.
       693 (mit weiteren Hinweisen).

1465   Bei von Dritten eingeleiteten Zwangsvollstreckungsverfahren ist etwa Art. 106 VZG zu beach-
       ten: Die Bauhandwerkerpfandrechte werden nur überbunden, sofern sie bei einer Verwertung
       des Grundstücks durch das massgebende Angebot vollständig gedeckt sind. Werden sie nicht
       gedeckt, ist Barzahlung zu verlangen und der entsprechende Erlös wird den berechtigten Bau-
       gläubigern direkt ausbezahlt.

1466   Zum Risiko einer vorzeitigen Verwertung bei Pfandrechten, welche gegenüber der Kreditsiche-
       rung im Range vorgehen, vgl. gerade vorne S. 310.

1467   Vgl. dazu insbes. *Pfister-Ineichen*, S. 81ff.

1468   Für Einzelheiten des Zwangsvollstreckungsverfahrens im Vorfeld der Anfechtung vgl. insbe-
       sondere *Pfister-Ineichen*, S. 81ff.

II Schutzmassnahmen

Soweit Bauhandwerkerpfandrechte definitiv eingetragen sind, lässt sich ein entsprechendes Verfahren oftmals nur noch durch eine Ablösung des Pfandrechts mittels Sicherheitsleistung oder direkter Bezahlung des Berechtigten[1469] verhindern. Denkbar ist immerhin, dass der Kreditnehmer im Baukreditvertrag verpflichtet wird, sich in den Zwangsvollstreckungsverfahren sowie in den damit verbundenen weiteren Verfahren optimal zur Wehr zu setzen. Allerdings dürfte die gerichtliche Durchsetzung dieses Anspruches schon aus praktischen Gründen sehr schwierig sein. Eine blosse Schadenersatzpflicht des Kreditnehmers für den Fall, dass er diesen Pflichten nicht nachkommt, bringt aber nicht viel, da der Kreditgeber ohnehin nur dann einen Schaden erleidet, wenn der Kreditnehmer zahlungsunfähig ist. Am günstigsten wäre es deshalb für den Baukreditgeber, wenn er berechtigt würde, entsprechende Rechte etwa als Vertreter des Kreditnehmers in den betreffenden Verfahren wahrzunehmen.

Möglich ist indessen auch, dass sich der Kreditgeber in den mit der Zwangsvollstreckung verbundenen Verfahren aus eigenem Recht zur Wehr setzt, soweit er als Partei daran teilnehmen kann. Denkbar ist schliesslich, dass der Kreditgeber im Prozess über die in Betreibung gesetzte Forderung (Anerkennungs- bzw. Aberkennungsprozess, Art. 79 und Art. 83 Abs. 2 SchKG) als Nebenintervenient[1470] teilnimmt und dadurch versucht, seine Rechte optimal zu wahren[1471].

1469 Vgl. dazu vorne S. 309.
1470 Vgl. dazu Habscheid, 2 N 19, S. 7; Vogel, 5 N 65ff., S. 144f.
1471 Vgl. zum Ganzen auch schon vorne S. 279.

2C Vorrecht bzw. Anfechtungsrecht[1472]

§ 52 Grundlagen

I Vorrecht bzw. Anfechtungsrecht als besonderes Deckungsrisiko für den Baukredit

A Übersicht

Durch das Vorrecht gemäss Art. 841 ZGB hat der Baupfandgläubiger die Möglichkeit, einen allfälligen Ausfall bei der Pfandverwertung auszugleichen. Dieser Ausgleich schmälert den Verwertungsanteil[1473] der vorgehenden Pfandgläubiger. Daraus kann sich namentlich auch für den Baukreditgeber ein spezifisches Unterdeckungs- bzw. Verlustrisiko ergeben.

B Konkretisierung des Risikos

Die Gefährdung der Baukreditdeckung durch das Vorrecht gemäss Art. 841 ZGB lässt sich anschaulich darstellen anhand des in BGE 115 II 136 beurteilten Sachverhaltes:

Errichtet wurde ein Hotelneubau, wobei verschiedene Baugläubiger, unter anderem die Y-AG, nicht oder nicht vollständig bezahlt wurden. Über den Baukreditnehmer, dem das Baugrundstück gehörte, wurde der Konkurs eröffnet. Die Baukreditforderung der baukreditgebenden Bank betrug Fr. 5'907'995.70, gesichert durch ein Grundpfand im 1. und 2. Rang. Die Forderung der Y-AG belief sich auf Fr. 221'427.35, für die ein Bauhandwerkerpfandrecht im 3. Rang eingetragen wurde. Die Versteigerung des Pfandobjektes ergab einen Erlös von Fr. 5'200'000.-- (gekauft wurde das Objekt sogar von der baukreditgebenden Bank selbst). Bei einer anschliessenden Verteilung dieses Erlöses entfielen Fr. 5'120'038.25 auf die Baukreditgeberin. Der Y-AG verblieb ein Verlust von Fr. 217'754.25.
In der Folge machte die Y-AG gerichtlich ihr Vorrecht geltend und verlangte von der baukreditgebenden Bank Ersatz im Umfang ihres Ausfalles (plus Zinsen). Die Voraussetzungen für eine Anfechtung i.S. von Art. 841 ZGB wurden vom Bundesgericht als gegeben erachtet.

1472 Die Begriffe «Vorrecht» und «Anfechtungsrecht» können synonym verwendet werden, vgl. dazu namentlich *Schneebeli*, 136. Zu Einzelheiten betreffend den Begriff des Vorrechtes vgl. etwa *Pfister-Ineichen*, S. 55ff.

1473 Zur Bestimmung des Anteils am Verwertungserlös, auf den sich das Vorrecht bezieht, vgl. hinten S. 320.

Allerdings wurde ausgeführt, dass sich der geschuldete Ersatz nach dem Anteil der klägerischen Arbeiten an der Mehrwertschöpfung richten muss und die Klägerin somit nur erhalten könne, was sie bei gleichmässiger Bezahlung sämtlicher Baugläubiger erhalten hätte[1474]. Dies ergab immerhin einen Betrag von Fr. 59'483.65, den die baukreditgebende Bank zu erstatten hatte.

Auch wenn die Baukreditforderung durch das Pfandobjekt nicht vollständig gedeckt war, hat sich der effektiv auf die Bank entfallende Anteil am Verwertungserlös durch die Anfechtung noch weiter verschlechtert. Die übrigen Baupfandgläubiger stimmten ausserdem im genannten Fall einem Vergleich zu. Grundsätzlich musste die baukreditgebende Bank also durchaus noch mit weiteren Anfechtungen und einer entsprechenden Erstattungspflicht rechnen[1475].

II Voraussetzungen (Überblick)[1476]

Damit das Vorrecht bzw. Anfechtungsrecht gegenüber einem Baukreditgeber geltend gemacht werden kann, müssen gemäss Gesetzeswortlaut und den von der Lehre und der Praxis zu Art. 841 ZGB entwickelten Grundsätzen folgende Voraussetzungen[1477] erfüllt sein:

1474 Vgl. dazu insbes. S. 146 des genannten Entscheides (mit weiteren Hinweisen auf die bundesgerichtliche Praxis).

1475 Zur Situation bei einem noch nicht verteilten Verwertungserlös bzw. bei einer Überbindung des vorgehenden Pfandrechts vgl. die gerade nachfolgenden Ausführungen. Zur Situation bei mehreren Baukrediten bzw. bei einer Krediterhöhung vgl. etwa *BGE* 67 II 106; *BGE* 86 II 146. Vgl. auch hinten S. 325.

1476 Zur Rechtsnatur des Vorrechts vgl. insbes. die ausführliche Diskussion bei *Pfister-Ineichen*, S. 69ff.

1477 Vgl. dazu etwa *Zobl*, Bauhandwerkerpfandrecht, S. 175ff.; *Pfister-Ineichen*, S. 77ff.; *Schumacher*, N 967ff., S. 279ff.; *Steinauer*, N 2901ff., S. 229ff.; *Schneebeli*, S. 139ff.; *Hofmann*, S. 86ff.; *Göschke* I, S. 296ff.; *Haefliger*, S. 46ff.; *BGE* 115 II 136, insbes. S. 138ff.; *BGE* 112 II 493, insbes. S. 494f.; *BGE* 105 II 11, insbes. S. 13; *BGE* 86 II 145, insbes. S. 150; *BGE* 82 II 15, insbes. S. 18ff.; *BGE* 67 II 106, insbes. S. 113ff.; *BGE* 51 II 122, insbes. S. 129.

Legitimation

(1)   Aktivlegitimation des Klägers

Definitiver Eintrag des Bauhandwerkerpfandrechts.

(2)   Passivlegitimation des Baukreditgebers:

Berechtigung an einem dem Bauhandwerkerpfandrecht im Range vorgehenden Grundpfand.

Materielle Voraussetzungen

(3)   Objektive Voraussetzungen[1478]:

(3.1)   Ausfall des Baupfandgläubigers bei der (auf eigene Initiative oder von dritter Seite eingeleiteten) Zwangsverwertung des Baugrundstücks.

(3.2)   Belastung des Baugrundstückes durch den Baukreditgeber zum Nachteil des Baupfandgläubigers, d.h.

(a)   Belastung in einer den Bodenwert bzw. den Wert des gesamten Objektes übersteigenden Höhe und

(b)   zweckwidrige Verwendung der dieser Belastung entsprechenden Mittel oder

(c)   ungleichmässige Verteilung dieser Mittel an die pfandberechtigten Gläubiger.

(4)   Subjektive Voraussetzung:

Die Benachteiligung muss für den Baukreditgeber erkennbar sein.

Nachfolgend soll, mit Ausnahme der Aktivlegitimation und dem Ausfall der Baupfandgläubiger, auf diese Punkte näher eingegangen werden, wobei aus methodischen Gründen eine etwas andere Reihenfolge gewählt wird.

1478   Zum Erfordernis des adäquaten Kausalzusammenhanges zwischen Errichtung des Vorgangspfandes und dem Pfandausfall vgl. etwa *Pfister-Ineichen*, S. 143ff. Die Autorin weist insbesondere darauf hin, dass bei einem schlechten Verwertungserlös der adäquate Kausalzusammenhang fehlen kann.

III Bemerkungen zum Verfahren

Die der Realisierung des Vorrechts dienende Klage geht entweder auf anteilsmässige Auszahlung des Verwertungsanteils durch das Betreibungsamt (sofern der Verwertungserlös noch nicht verteilt worden ist) bzw. auf Erstattung des entsprechenden Betrages (sofern der Verwertungserlös bereits verteilt worden ist) oder auf Einweisung in das angefochtene Pfandrecht (sofern das fragliche Grundpfandrecht überbunden worden ist)[1479].

Um sich gegen die geschilderten Risiken zu schützen, kann sich der Kreditgeber - von den nachfolgend erörterten Schutzmassnahmen abgesehen - auch als Beklagter im Vorrechtsprozess zur Wehr setzen[1480]. Denkbar ist ausserdem, dass er sich in den entsprechenden Zwangsvollstreckungsverfahren zur Wehr setzt und Bestand oder Rang der Bauhandwerkerpfandrechte bestreitet.

[1479] Vgl. dazu Art. 117 VZG; *Leemann*, Art. 841 N 40ff.; *Zobl*, Bauhandwerkerpfandrecht, S. 179f. (mit weiteren Hinweisen); *Pfister-Ineichen*, S. 58f. Zu einzelnen prozessualen Fragen vgl. etwa *Zobl*, Bauhandwerkerpfandrecht, S. 181; *Schumacher*, N 999, S. 288ff.; *Pfister-Ineichen*, S. 71ff., S. 195ff.

[1480] Vgl. dazu etwa *Pfister-Ineichen*, S. 208f. Insbes. kann der Baukreditgeber im Anfechtungsprozess auch die Ungültigkeit des Bauhandwerkerpfandrechts geltend machen (vgl. dazu etwa *BGE* 53 II 467, insbes. S. 472ff.) oder die Forderung des Baupfandgläubigers bestreiten.

§ 53 Zur Passivlegitimation des Baukreditgebers im besondern[1481]

I Baukreditgeber als typischer Passivlegitimierter

Der Baukreditgeber ist in typischer Weise für den Anfechtungsprozess passivlegitimiert[1482]: In den meisten Fällen wird das Grundstück zugunsten der Baukreditforderung belastet, bevor mit den Bauarbeiten begonnen wird - und damit auch bevor es zum Eintrag allfälliger Bauhandwerkerpfandrechte kommt[1483]. Doch selbst bei einer Kreditgewährung nach Beginn der Bauarbeiten bleiben gewöhnlich immer noch zahlreiche Arbeiten, für die ein Pfandrecht erst nach Errichtung der Baukreditsicherung eingetragen werden kann bzw. eingetragen wird. Das Pfandrecht zur Sicherung der Baukreditforderung geht also in der Regel sämtlichen oder zumindest einem Teil der gegebenenfalls eingetragenen Bauhandwerkerpfandrechte im Range vor (Art. 972 ZGB)[1484, 1485].

II Besonderheiten bei den verschiedenen Sicherungsarten

Passivlegitimiert i.S. von Art. 841 Abs. 1 ZGB ist grundsätzlich der ursprüngliche Grundpfandgläubiger, durch dessen Pfandrecht das Grundstück über den Bodenwert belastet wird. Soweit die Baukreditforderung mittels Grundpfandverschreibung gesichert wird, ist damit der grundpfandgesicherte Baukreditgeber passivlegitimiert. Ohne weiteres in diesem Sinne passivlegitimiert ist sodann der Kreditgeber, soweit ihm der Grundeigentümer einen bislang noch nicht begebenen Eigentümerschuldbrief verpfändet oder zur Sicherung übereignet[1486]. Wird schliesslich dem Kreditgeber ein bereits begebener, im Dritteigentum stehender Schuldbrief verpfändet oder zur Sicherung übereignet, haftet der Kreditgeber

---

1481 Vgl. zum Ganzen etwa *Zobl*, Bauhandwerkerpfandrecht, S. 171ff.; *Pfister-Ineichen*, S. 100ff., S. 163ff., S. 205f.; *Schumacher*, N 1000ff., S. 288f.; *Leemann*, Art. 841 N 11ff.; *Maillefer*, S. 38ff.; *Simond*, S. 204ff.; *Haefliger*, S. 36ff.; *Hofmann*, S. 89ff.; *Lautenbach*, S. 40ff.; *von Arx*, S. 116ff.; *Schneebeli*, S. 142f.; *de Haller*, S. 274.

1482 Vgl. dazu auch etwa *Pfister-Ineichen*, S. 40.

1483 Vgl. dazu *Pfister-Ineichen*, S. 47. Immerhin besteht für einen Handwerker oder Unternehmer gemäss Art. 893 Abs. 1 ZGB die Möglichkeit, unmittelbar nach Abschluss des Werkvertrages ein Pfandrecht eintragen zu lassen. In der Praxis werden Pfandrechte allerdings erst verhältnismässig spät eingetragen, vgl. dazu *Schumacher*, N 600, S. 169. Gemäss Art. 841 Abs. 3 ZGB besteht ausserdem die Möglichkeit, den Beginn der baulichen Aktivitäten im Grundbuch anmerken zu lassen. Ab diesem Zeitpunkt dürfen keine Schuldbriefe und Gülten neu geschaffen werden. Bestehen vor der Anmerkung allerdings bereits Schuldbriefe, können diese durchaus zur Sicherung der Baukreditforderung verpfändet bzw. übereignet werden.

1484 Zum Grundsatz der Alterspriorität bei der Bestimmung des Ranges von Bauhandwerkerpfandrechten vgl. schon vorne Anm. 1340.

1485 Soweit mehrere vorgehende Grundpfandrechte anfechtbar sind, sind sämtliche Vorgangsgläubiger passivlegitimiert. Die Baupfandgläubiger können zwar grundsätzlich wählen, ob sie sämtliche oder nur einzelne der Vorgangsgläubiger ins Recht fassen wollen. Indessen erweist es sich unter dem Aspekt von Art. 117 VZG als günstiger, wenn sämtliche Vorgangsgläubiger belangt werden. Vgl. dazu *Zobl*, Bauhandwerkerpfandrecht, S. 174 (mit weiteren Hinweisen); *Pfister-Ineichen*, S. 171.

1486 Vgl. dazu *Zobl*, Bauhandwerkerpfandrecht, S. 173; *Pfister-Ineichen*, S. 165.

ebenfalls nach Art. 841 Abs. 1 ZGB, obwohl er zumindest in diesem Fall nicht mehr ursprünglicher Grundpfandgläubiger ist. Namentlich partizipiert der Kreditgeber ja im Verwertungsfalle am Erlös, welcher den Bodenwert übersteigt bzw. sein Pfandrecht wird im entsprechenden Umfang überbunden. Es entspricht auch gerade dem Willen der Parteien, dass die gegebenenfalls den Bodenwert übersteigende Belastung als Sicherheit für die Baukreditforderung zur Verfügung steht, und dass mit den solcherart besicherten Mitteln die Bauarbeiten veranlasst bzw. finanziert werden sollen[1487]. Ein Gutglaubensschutz[1488], der ansonsten gegebenenfalls für den Erwerber oder - bei wertpapiermässiger Verpfändung[1489] - für einen Faustpfandgläubiger solcher Schuldbriefe gelten könnte (Art. 841 Abs. 2 bzw. Art. 865f. ZGB), fällt jedenfalls bei dieser Konstellation von vornherein ausser Betracht.

Erfolgt eine Konsolidierung des Baukredites, und bleibt der Baukreditgeber weiterhin durch das Baugrundstück gesicherter Gläubiger des Kreditnehmers, dürfte er auch weiterhin passivlegitimiert sein[1490]. Im Falle eines Gläubigerwechsels ist demgegenüber in der Regel der neue Gläubiger bzw. Erwerber des Pfandrechtes passivlegitimiert, soweit nicht der Gutglaubensschutz Platz greift[1491].

III Schutzmassnahmen

Die Passivlegitimation des Baukreditgebers ergibt sich, wie gezeigt wurde, aus den für den Baukredit typischen Verhältnissen. Sie liesse sich vollständig nur dadurch vermeiden, dass der Kredit gar nicht durch das Baugrundstück gesichert wird. Denkbar ist immerhin, dass der Baukreditgeber den Baugläubigern generell ein vorrangiges Pfandrecht überlässt. Von der Verhinderung eines Anfechtungsprozesses abgesehen gewinnt der Kreditgeber dadurch aber nichts.

1487 Zum Umfang der Haftung des Schuldbriefeigentümers und des Faustpfandgläubigers bei einer solchen Konstellation vgl. namentlich *Zobl*, Bauhandwerkerpfandrecht, S. 173f.

1488 Vgl. dazu *Zobl*, Bauhandwerkerpfandrecht, S. 172f.; *Pfister-Ineichen*, S. 168ff.; *Tuor/ Schnyder/ Schmid*, S. 856.; *Leemann*, Art. 841 N 48; *BGE* 109 II 13, insbes. S. 14f.

1489 Zum - in diesem Zusammenhang nicht unumstrittenen - Gutglaubensschutz bei einer Verpfändung von Schuldbriefen vgl. insbes. *Zobl*, Bauhandwerkerpfandrecht, S. 173f.; *Pfister-Ineichen*, S. 166f..

1490 Vgl. dazu hinten S. 391.

1491 Soweit der Gutglaubensschutz Platz greift, stellt sich die Frage, ob der Kreditgeber gestützt auf Art. 841 Abs. 2 ZGB belangt werden kann. Nach dem Wortlaut dieser Bestimmung haftet lediglich der vormalige Eigentümer des Titels ("Veräussert der vorgehende Pfandgläubiger *seinen* Pfandtitel", vgl. dazu auch etwa *Pfister-Ineichen*, S. 168). Demnach könnte der Kreditgeber höchstens ins Recht gefasst werden, wenn ihm ein Schuldbrief zur Sicherung übereignet worden war und er bei einer Weiterübertragung als Veräusserer im Sinne dieser Bestimmung zu gelten hat, oder wenn er den Schuldbrief im Rahmen der Privatverwertung erworben und später weiterveräussert hat. Soweit der Schuldbrief demgegenüber bloss verpfändet war, würde demnach eine Haftung des vormaligen Faustpfandgläubigers nach Art. 841 Abs. 2 ZGB entfallen. Dies kann indessen zu stossenden Ergebnissen führen, soweit vor einer Veräusserung in erster Linie der - solvente und nunmehr vollumfänglich befriedigte - Baukreditgeber hätte belangt werden können. Allerdings dürfte der Gutglaubensschutz im Rahmen der Konsolidierung ohnehin regelmässig ausser Betracht fallen. Vgl. dazu hinten S. 392.

§ 54 Zur Belastung über dem Bodenwert im besondern

I   Massgebliche Belastungsgrenze

Ob eine Belastung über dem Bodenwert vorliegt, beurteilt sich nicht etwa nach den Verhältnissen zur Zeit Pfanderrichtung, sondern vielmehr nach den Verhältnissen zur Zeit der Verwertung des Baugrundstücks[1492]. Entscheidend ist dabei der hypothetische Verkehrswert, den das Grundstück ohne die entsprechenden baulichen Veränderungen aufweisen würde. Bei einem ursprünglich unüberbauten Landstück liegt die Grenze also beim reinen Landwert zum Zeitpunkt der Verwertung. Bei einem überbauten Grundstück ist von demjenigen Wert auszugehen, den die vorbestehende Baute plus das Land ohne die entsprechenden baulichen Veränderungen aufweisen würden [1493]. Die massgebliche Belastungsgrenze lässt sich somit von vornherein nur ungefähr abschätzen, da sie durch Wertveränderungen beeinflusst werden kann, die von den Bauarbeiten unabhängig sind (z.B. durch einen generellen Preisanstieg oder einen Preiszerfall auf dem Immobilienmarkt)[1494]. Keine Rolle spielt es, wann es zur Belastung des Baugrundstücks kommt. Das Erfordernis ist somit auch erfüllt, wenn das entsprechende Pfandrecht zu einem Zeitpunkt errichtet wird, wo einzelne der geschützten Arbeiten bereits ausgeführt worden sind[1495].

II   Überschreitung der Belastungsgrenze als Regelfall beim Baukredit

Bei den Baukrediten im engsten Sinne[1496] ist die Belastung des Baugrundstücks über dem Bodenwert geradezu typisch. Insbesondere soll ja erst die auf dem Grundstück bewirkte Substanzveränderung die Deckung des Kredites gewährleisten. Solche Kredite erfüllten also regelmässig das hier diskutierte Merkmal.

1492   Vgl. dazu etwa *BGE* 86 II 145, insbes. S. 152; *Zobl*, Bauhandwerkerpfandrecht, S. 176; *Pfister-Ineichen*, S. 110; *Schumacher*, N 973ff., S. 281; *Leemann*, Art. 841 N 16; *Wieland*, Art. 841 N 2b; *Steinauer*, N 2906cf., S. 231f.; *von Arx*, S. 114ff.; *Göschke* I, S. 299ff.; *de Haller*, S. 277. Allerdings gibt es auch Autoren, die vom Wert zur Zeit des Baubeginns bzw. der Errichtung des Pfandrechts ausgehen, vgl. dazu etwa *Hofmann*, S. 93; *Haefliger*, S. 46ff.; *Lautenbach*, S. 48; *Schneebeli*, S. 144ff., insbes. S. 148.

1493   Vgl. *Schumacher*, N 974, S. 281; *Zobl*, Bauhandwerkerpfanrecht, S. 176.

1494   Ergibt sich, dass die Belastungsgrenze allein deshalb überschritten wird, weil die Grundstückspreise gefallen sind, dürfte es indessen oftmals an einer Erkennbarkeit der Benachteiligung fehlen. Vgl. dazu *Pfister-Ineichen*, S. 110. Zur Erkennbarkeit im besondern vgl. hinten S. 343ff.

1495   Vgl. dazu etwa *Leemann*, Art. 841 N 17; *Schneebeli*, S. 148.

1496   Vgl. dazu vorne S. 18.

Allerdings sind, wie gezeigt wurde, durchaus auch Baukredite möglich, wo die Kreditlimite schon vor Beginn der Bauarbeiten voll gedeckt ist[1497]. Denkbar ist auch, dass zur Vermeidung allfälliger Anfechtungen eine Belastung über dem Bodenwert gerade vermieden werden soll.

III Schutzmassnahmen

A Vermeidung einer Belastung über dem Bodenwert

Die Hauptschwierigkeit einer auf den Bodenwert beschränkten Belastung besteht darin, dass die massgebliche Belastungsgrenze von vornherein nur ungefähr abgeschätzt werden kann. Immerhin sollten in den meisten Fällen die nachfolgenden Massnahmen genügen:

AA Kaufpreis als Belastungslimite

Grundsätzlich kann man sich bei der Festlegung der Belastungsgrenzen am Kaufpreis des Grundstücks orientieren. Allerdings besteht das Risiko, dass der Kaufpreis überhöht ist und somit dennoch eine Belastung über dem Bodenwert vorliegt[1498].

BB Schätzungswert als Belastungslimite

Soweit Zweifel bestehen oder eine den Kaufpreis übersteigende Belastung des Grundstücks vorgenommen wird, empfiehlt es sich, durch eine fachmännische Schätzung den Wert des Grundstücks und damit die Grenze für eine Belastung feststellen zu lassen, welche keine Anfechtungsrisiken mit sich bringt[1499].

1497 Vgl. zum Ganzen vorne S. 4 und S. 18.
1498 Vgl. dazu *Pfister-Ineichen*, S. 109. Immerhin sollten Kaufpreise in der Regel nicht allzu stark vom sorgfältig ermittelten Verkehrswert abweichen, so dass sie durchaus auch als Massstab für die Bestimmung der Belastungsgrenze beigezogen werden können. Vgl. zur ganzen Problematik etwa *Naegeli/ Hungerbühler*, S. 117ff.
1499 Vgl. dazu etwa *Schumacher*, N 988, S. 285; *Pfister-Ineichen*, S. 109.

B   Reduktion des Deckungsbedarfes

Je geringer der Betrag ist, der nur durch das Baugrundgrundstück gedeckt wird, desto geringer sind mögliche Überschneidungen mit den Ansprüchen der Bauhandwerker und Bauunternehmer. Eine Reduktion des entsprechenden Deckungsbedarfes kann insbesondere durch Zusatzsicherheiten[1500] oder durch einen möglichst hohen Anteil an Eigen- bzw. Drittkapital erreicht werden[1501].

1500   Vgl. dazu im einzelnen vorne S. 154ff. und S. 182.
1501   Vgl. dazu im einzelnen vorne S. 182.

§ 55 Zur zweckwidrigen Verwendung der Kreditmittel im besondern

I   Entwicklung von Lehre und Praxis[1502]

A   *Unbestrittene Punkte*

Eine zweckwidrige Mittelverwendung i.s. der vorgenannten Voraussetzungen[1503] lag und liegt nach unbestrittener Lehre und Gerichtspraxis dann vor, wenn Baukreditmittel für Leistungen verwendet werden, die von vornherein nicht geeignet sind, den Wert des Grundstückes zu vermehren. Als Beispiel für solche Zahlungen an Nicht-Baugläubiger wird etwa die Bezahlung von Geschäftsschulden mit Mitteln des Baukredites oder die Bezahlung von Bauarbeiten genannt, die nicht für das belastete Grundstück erfolgen[1504].

B   *Umstrittene Punkte*

Unklarheit herrschte dagegen in bezug auf Zahlungen an Parteien, die entweder bloss Material liefern oder aber nicht-pfandrechtsgeschützte Dienstleistungen erbringen. Während in BGE 53 II 467ff., insbesondere auf S. 481, die Zahlungen an solche Parteien als zweckwidrig betrachtet wurden[1505], wurde in der Lehre, namentlich etwa von SCHUMACHER[1506], ZOBL[1507], TUOR/ SCHNYDER (10. A.)[1508], HAEFLIGER[1509] und LAUTENBACH[1510] die Meinung vertreten, dass Zahlungen an nicht-pfandrechtsgeschützte Baugläubiger zulässig sein müssten[1511].

1502   Vgl. dazu insbesondere auch *Pfister-Ineichen*, S. 122f.

1503   Vgl. dazu vorne S. 316.

1504   Vgl. dazu etwa *Zobl*, Bauhandwerkerpfandrecht, S. 176; *Pfister-Ineichen*, S. 122; *Schumacher*, N 978, S. 282; *Leemann*, Art. 841 N 22; *Wieland*, N 3b aa; *Simond*, S. 214; *Haefliger*, S. 81; *Ramseyer*, S. 90.

1505   Vgl. dazu allerdings *Hofmann*, S. 97, und *Lautenbach*, S. 23, die davon ausgehen, dass diese Auslegung von *BGE* 53 II 481 auf einem Missverständnis beruht. Dem kann nicht zugestimmt werden. Das Bundesgericht verpönt im erwähnten Entscheid ausdrücklich die Bevorzugung nicht-pfandrechtsgeschützter Gläubiger. Dies bedeutet aber, dass solche nicht bezahlt werden dürfen, solange pfandrechtsgeschützte Gläubiger zu Verlust kommen können.

1506   Vgl. dazu *Schumacher*, N 979f., S. 282.

1507   Vgl. dazu *Zobl*, Baukreditvertrag, S. 7; *Zobl*, Bauhandwerkerpfandrecht, S. 177.

1508   Vgl. dazu *Tuor/ Schnyder*, 10. A. 1986, S. 754.

1509   Vgl. dazu *Haefliger*, S. 87f.

1510   Vgl. dazu *Lautenbach*, S. 72.

1511   Nach *Lehner*, S. 136, fehlt es bei solchen Zahlungen zumindest am entsprechenden subjektiven Tatbestandsmerkmal. *Hofmann*, S. 97, plädiert zwar für das Recht des Baukreditgebers zur Bezahlung sämtlicher Baugläubiger, schränkt es aber auf S. 98f. insoweit wieder ein, dass zuerst die pfandrechtsgeschützten Baugläubiger zu bezahlen sind. Wie bereits ausgeführt wurde, ergibt sich dadurch aber im Falle ungenügender Mittel ein Verbot, auch nicht-pfandrechtsgeschützte Gläubiger zu bezahlen.

Als Hauptargument galt, dass es stossend wäre, wenn eine Anfechtung im Falle solcher Zahlungen zugelassen würde, während der im Zeitpunkt der Verwertung vorhandene Grundstückwert ohne diese nicht-pfandrechtsgeschützten Leistungen gar nicht hätte geschaffen werden können. Immerhin wurden in BGE 86 II 145ff., insbesondere auf S. 153f., für die Berechnung der den einzelnen Pfandberechtigten zustehenden Quote jeweils diejenigen Anteile abgezogen, die auf Materiallieferanten entfielen. Ob dadurch Zahlungen an solche Baugläubiger nicht mehr als zweckwidrig zu betrachten seien, wurde allerdings nicht ausdrücklich festgehalten.

Gestützt auf die zitierten Lehrmeinungen stellte das Bundesgericht dann aber in BGE 112 II 493ff. klar, dass Zahlungen für Dienstleistungen und Lieferungen von Baumaterial nicht zweckwidrig seien, da auch solche nicht-pfandrechtsgeschützten Leistungen zur Schaffung des baulichen Mehrwertes beitragen[1512].

II Eigene Stellungnahme: Notwendigkeit weiterer Präzisierungen

Nicht vollends klar ist im zitierten Bundesgerichtsentscheid sowie in der zitierten Literatur, ob und in welchem Ausmass die nicht-pfandrechtsgeschützten Bauleistungen unmittelbar oder mittelbar zur Schaffung des baulichen Mehrwertes beitragen müssen, damit ihre Entschädigung nicht zu einer Anfechtung i.s. von Art. 841 ZGB führen kann. Insbesondere stellt sich die Frage, ob die einzelnen Leistungen tatsächlich geeignet sein müssen, werterhöhend zu wirken, oder ob sogar wertindifferente bzw. wertvermindernde Leistungen bezahlt werden können[1513]. Immerhin wurden in BGE 53 II 467, insbes. S. 481, Zahlungen an einen Notar, der als Treuhänder waltete, sowie Zahlungen an einen Wirt als zweckwidrig erachtet. Als zweckwidrig erachtet sodann PFISTER-INEICHEN Zahlungen für Rechtsanwälte, Expertisen, Baureklame, Graphik und Aufrichtefeiern[1514]. Umgekehrt hält diese Autorin fest, dass Zahlungen für Bauversicherungen, Bautelefon, Anschlussgebühren und Bewilligungen sowie Bauzinse zum Mehrwert beitragen und deshalb nicht zweckwidrig seien[1515].

1512 Vgl. dazu auch *Pfister-Ineichen*, S. 123f.
1513 Vgl. dazu vorne S. 5ff.
1514 *Pfister-Ineichen*, S. 122.
1515 *Pfister-Ineichen*, S. 124.

M.E. ist die Eignung einer Leistung, wertvermehrend zu wirken, nicht das entscheidende Kriterium. Es macht für die Stellung der pfandrechtsgeschützten Baugläubiger keinen Unterschied, ob mit den Baukreditmitteln nur Architekten- und Ingenieurhonorare bzw. Materialkosten oder aber auch andere Kosten bezahlt werden, welche die Realisierung des Bauprojektes mit sich bringen kann - selbst wenn diese keinen Einfluss auf den Wert der Baute haben (seien dies Versicherungsprämien, Kreditkosten, Transportkosten sowie andere Spesen, oder aber Kosten für die Grundsteinlegung, Aufrichte und Einweihung, abzuschreibende Kosten bei Projektänderungen sowie Kosten für einen Treuhänder oder Kosten für baurelevante Gerichts- und Verwaltungsverfahren - inklusive Kosten für den Rechtsbeistand) oder diesen Wert gegebenenfalls sogar verringern. Solche Kosten gehören, wie die Kosten für die Handwerker und Unternehmer, zur Verwirklichung des Ganzen. Die pfandrechtsgeschützten Gläubiger müssen auch von Anfang an damit rechnen, dass der Bauherr solche Kosten zu bestreiten hat. Es wäre deshalb stossend, wenn sie sich im Nachhinein darauf berufen könnten, die entsprechenden Zahlungen gereichten ihnen zum Nachteil.

Für die Frage, welche Kosten bezahlt werden können, darf somit nur entscheidend sein, ob die Baurealisierung solche Kosten mit sich bringen *kann* oder nicht. Da sich auch der vertragstypische Umfang des Baukredites nach diesem Kriterium bestimmt[1516], ergibt sich, dass sämtliche typischerweise zur Baukreditfinanzierung gehörenden Kosten auch tatsächlich aus Mitteln des Baukredites beglichen werden können, ohne dass eine zweckwidrige Mittelverwendung i.S. von Art. 841 ZGB vorliegt.

III Zweckwidrige Mittelverwendung bei gleichzeitiger Finanzierung mehrerer Bauprojekte

Werden mehrere Bauprojekte mit einem einzigen Baukredit finanziert, kann es vorkommen, dass aus dem Kredit nur Handwerker und Unternehmer bezahlt werden, die für eines dieser Projekte gearbeitet haben, während die übrigen Beteiligten leer ausgehen. Insbesondere können letztere auf dem bevorzugten Grundstück keine Bauhandwerkerpfandrechte eintragen lassen[1517], sofern sie dafür keine entsprechenden Arbeiten geleistet haben.

1516 Vgl. dazu vorne S. 101.
1517 Zur Frage, ob bei Gesamtüberbauungen von den Baugläubigern ein Gesamtpfand errichtet werden kann, vgl. etwa *Zobl*, Bauhandwerkerpfandrecht, S. 129f.; *Schumacher*, N 338ff., S. 98ff.; *de Haller*, S. 253f.; *Mathis*, S. 75ff.; *Göschke* I, S. 291. Zu weiteren Fragen betreffend das Verhältnis zwischen Baukreditgeber und Baupfandgläubiger bei Gesamtüberbauungen vgl. insbes. *Mathis*, S. 127ff.

Hätte man für jedes dieser Projekte einen gesonderten Baukredit gewährt, so wäre diese einseitige Verwendung der Kreditmittel zweckwidrig. Der Umstand, dass die Kredite zusammengefasst werden, kann nun aber nicht zu einer Privilegierung der Baukreditparteien führen. Eine zweckwidrige Mittelverwendung ist also auch anzunehmen, wenn für ein Bauprojekt Zahlungen geleistet werden, welche die dafür vorgesehene Quote überschreiten[1518].

IV Schutzmassnahmen[1519]

A Grundsatz

Als Schutzmassnahmen gegen die Risiken einer zweckwidrigen Mittelverwendung kommen grundsätzlich die bereits im Zusammenhang mit den generellen Unterdeckungsrisiken[1520] behandelten Massnahmen in Frage, namentlich:

- Zahlungskontrolle[1521]
- Kreditfreigabe nach Massgabe des Baufortschrittes[1522]
- Direkte Verpflichtung des General- bzw. Totalunternehmers zur vertragskonformen Mittelverwendung[1523]
- Überprüfung der Vertrauenswürdigkeit und Bonität des Kreditnehmers und der mit dem Einsatz der Kreditmittel betrauten Personen[1524]

Soweit Unterakkordanten am Bau mitwirken, sind sodann die spezifisch zum Schutz gegen den Pfandrechtseintrag durch Unterakkordanten erwähnten Massnahmen in Betracht zu ziehen[1525], namentlich:

1518 Vgl. dazu auch etwa *Zobl*, Baukreditvertrag, S. 8; *Schumacher*, N 990, S. 285; *von Arx*, S. 156f.; *Göschke* I, S. 304; *Hofmann*, S. 98; *BGE* 47 II 138. Bei der Anfechtung nach Art. 841 ZGB spielt es keine Rolle, ob der Baukredit durch die verschiedenen Grundstücke lediglich anteilsmässig i.S. von Art. 798 Abs. 2 und 3 ZGB oder durch ein Gesamtpfand i.S. von Art. 798 Abs. 1 ZGB gesichert wurde. In beiden Fällen ist denkbar, dass die Baugläubiger bei einer Verwertung der entsprechenden Grundstücke zu Verlust kommen, während der Baukreditgeber von der durch die Bauarbeiten geschaffenen Wertvermehrung profitiert.

1519 Vgl. dazu auch etwa *Zobl*, Baukreditvertrag, S. 8; *Schumacher*, N 990f., S. 285f.; *Leemann*, Art. 841 N 22; *Mühl/ Petereit*, S. 397f., Ziff. 2 und 3; *von Arx*, S. 155ff.; *Göschke* I, S. 303ff.; *Haefliger*, S. 83ff.; *Hofmann*, S. 97ff.; *Ramseyer*, S. 89ff., S. 104f.; *Lautenbach*, S. 71ff.; *Girsberger*, S. 51; *Albisetti/ Gsell/ Nyffeler*, S. 120f.; *Albisetti/ Boemle/ Ehrsam/ Gsell/ Nyffeler/ Rutschi*, S. 136; *Emch/ Renz/ Bösch*, S. 352.

1520 Vgl. dazu vorne S. 164ff.

1521 Vgl. dazu etwa vorne S. 177ff. und S. 236f.

1522 Vgl. dazu etwa vorne S. 176f. und S. 237.

1523 Vgl. dazu vorne S. 237f. und S. 295.

1524 Vgl. dazu etwa vorne S. 213f. und S. 239f.

1525 Vgl. dazu vorne S. 295ff.

- Spezifisch auf die Unterakkordanten bezogene Zahlungskontrolle
- Direkte Auszahlung der Unterakkordanten
- Zusicherungen betreffend Unterakkordanten

Dagegen drängt sich nach der neuen bundesgerichtlichen Praxis nicht mehr auf, die Verwendung der Kreditmittel auf pfandrechtsgeschützte Leistungen einzuschränken.

B Spezifische Zahlungskontrolle bei mehreren Bauprojekten

Werden mehrere Bauten durch denselben Baukredit finanziert, kann durch besondere Überwachung der einzelnen Zahlungen verhindert werden, dass es zu einer Überschreitung der entsprechenden Quoten kommt. Werden verschiedene Kredite gewährt, kann das Risiko einer zweckwidrigen Mittelverwendung durch eine deutliche Kennzeichnung der einzelnen Überweisungen und eine klar getrennte Abrechnung vermindert werden[1526].

[1526] Vgl. dazu auch etwa *Zobl*, Baukreditvertrag, S. 8; *Schumacher*, N 990, S. 285; *von Arx*, S. 156f.; *Göschke* I, S. 304; *Hofmann*, S. 98.; *BGE* 47 II 138, insbes. S. 143.

§ 56 Zur ungleichmässigen Verteilung der Kreditmittel im besondern

I Lehre und Praxis

Das Bundesgericht hat wiederholt bestätigt, dass Art. 840 ZGB und Art. 841 ZGB insoweit extensiv auszulegen seien, dass eine Belastung des Baugrundstücks zum Nachteil der Baugläubiger auch dann erfolge, wenn Baukreditmittel ungleichmässig verteilt werden[1527]. Gleichmässig und damit ohne Anfechtungsrisiko ist nach dieser Praxis der Einsatz von Kreditmitteln nur, wenn dabei «jeder Baugläubiger, unabhängig von der zeitlich gestaffelten Ausführung der einzelnen Arbeiten, in einem Umfang aus den Kreditmitteln befriedigt wird, der seinem Beitrag zum Gesamtbauvolumen entspricht»[1528]. Es ist also jeder Baugläubiger so zu stellen, als wäre der Baukredit auf alle Baugläubiger[1529] gleichzeitig im Verhältnis ihrer Forderungen verteilt worden. Im wesentlichen wird diese Praxis damit begründet, dass die durch den Bau geschaffene Wertsteigerung den Handwerkern und Unternehmern als gemeinsames Pfand dienen soll, dieses Ziel jedoch vereitelt würde, wenn der Baukredit unregelmässig für die Bauhandwerker verwendet wird.

Im Schrifttum hat diese Praxis bei zahlreichen Autoren Zustimmung gefunden oder wurde zumindest nicht in Frage gestellt[1530].

1527   Vgl. dazu *BGE* 115 II 136 (besprochen von *Rey*, Rechtsprechung, S. 180ff.) und insbes. die in diesem Entscheid auf S. 141 zitierte Praxis: *BGE* 43 II 606, insbes. S. 612f. (Begründung der Praxis); *BGE* 51 II 122, insbes. S. 127ff.; *BGE* 53 II 467, insbes. S. 480; *BGE* 67 II 106, insbes. S. 113ff., wo allerdings nicht direkt zur Sache entschieden wird. Keinen Entscheid zur gleichmässigen Bezahlung der Baugläubiger enthält dagegen der ebenfalls a.a.O. zitierte *BGE* 96 III 126. Vgl. zu dieser Entwicklung auch ausführlich *Pfister-Ineichen*, S. 125ff., S. 136f.

1528   Vgl. dazu die Formulierungen in *BGE* 115 II 136, insbes. S. 142f. und S. 146.

1529   Zur Berücksichtigung der nicht-pfandrechtsgeschützten Baugläubiger bei der Ermittlung des Verteilschlüssels vgl. *BGE* 115 II 136, insbes. S. 148; *BGE* 86 II 145, insbes. S. 153f.

1530   Vgl. dazu etwa die in *BGE* 115 II 136, insbes. S. 145f., zitierten Autoren, nämlich: *Ramseyer*, S. 92 (im Zitat des Bundesgerichtes S. 95), S. 104; *Leemann*, Art. 841 N 23; *Hofmann*, S. 98f.; *Haefliger*, S. 85ff.; *Raschein*, S. 39; *Emch/ Renz*, S. 319f. (Vorauflage von *Emch/ Renz/ Bösch*). Ebenfalls vom Bundesgericht zitiert wird *Schumacher*, N 984, S. 284, N 993ff., S. 286, der allerdings auf Schwierigkeiten bei der praktischen Durchführung hinweist (vollends abgelehnt wird die bundesgerichtliche Praxis von diesem Autor in der Besprechung des fraglichen Entscheides, vgl. *Schumacher*, Anmerkung, S. 104). Entgegen der Ansicht des Bundesgerichtes wird diese Auffassung dagegen nicht unterstützt von *Wieland*, Art. 841 N 3 lit. bb; ebenso ist die gleichmässige Verteilung bei *Schneebeli*, S. 185, lediglich als Vorschlag gedacht, um sicherzustellen, dass die Kreditmittel tatsächlich den Baugläubigern zukommen; keineswegs hält jedoch *Schneebeli* fest, dass das Gesetz diese Massnahme verlangt. Nicht von einer gleichmässigen Bezahlung spricht sodann auch *Reber*, S. 124, wonach die Bank nur dafür sorgen muss, dass jeder Unternehmer nach Massgabe seiner Arbeitsleistung befriedigt wird. Entgegen dem bundesgerichtlichen Zitat äussert sich auch *Lehner*, S. 134f., nicht zur Pflicht der gleichmässigen Bezahlung. Von den zitierten Autoren abgesehen wird die Gleichbehandlung auch etwa vorgesehen bei *von Arx*, S. 141, S. 147; *Simond*, S. 216f. (mit gewissen Vorbehalten); *Maillefer*, S. 50; *Lautenbach*, S. 73f.; *Girsberger*, S. 51; *Albisetti/ Gsell/ Nyffeler*, S. 120f.; *Albisetti/ Boemle/ Ehrsam/ Gsell/ Nyffeler/ Rutschi*, S. 136; *Steinauer*, N 2906i, S. 233f. (unter Hinweis auf die Kontroverse). Auf die bundesgerichtliche Praxis und Kontroverse hinweisend *Tuor/ Schnyder/ Schmid*, S. 852.

Abgelehnt wird sie dagegen etwa von ZOBL[1531], PFISTER-INEICHEN[1532] und SCHUMACHER[1533]. GÖSCHKE sodann hält eine gleichmässige Bezahlung zwar durchaus für empfehlenswert, erachtet jedoch eine Anfechtbarkeit bei nicht-gleichmässiger Bezahlung als zu weitgehend[1534].

II Kritische Würdigung

Die erwähnte Gesetzesauslegung soll nachfolgend unter Berücksichtigung der klassischen Auslegungsmethode kritisch gewürdigt werden[1535], wobei namentlich auf die Begründung in BGE 115 II 136 sowie auf die erwähnten kritischen Stellungnahmen Bezug genommen werden soll. Gegliedert nach den einzelnen Teilaspekten[1536] der erwähnten Methode ergibt sich das Folgende:

A Grammatischer Aspekt

Der Gesetzeswortlaut enthält, wie auch ZOBL, PFISTER-INEICHEN und SCHUMACHER ausführen[1537], keinerlei Hinweis auf eine Gleichbehandlungspflicht. Tatsächlich räumt das Bundesgericht in BGE 115 II 136, insbes. S. 141f., selbst ein, dass die von ihm vertretene Auffassung über den Wortlaut des Gesetzes hinausgreife.

1531 Vgl. dazu *Zobl*, Gleichbehandlungsprinzip, S. 96ff., sowie die gerade nachfolgenden Ausführungen; vgl. auch *Zobl*, Baukreditvertrag, S. 7.

1532 Vgl. dazu *Pfister-Ineichen*, S. 132ff.

1533 Vgl. dazu *Schumacher*, Anmerkung, S. 104.

1534 Vgl. dazu *Göschke* II, S. 248, findet sich dagegen lediglich ein Hinweis auf die bundesgerichtliche Praxis. Der von *Pfister-Ineichen*, S. 131, zitierte *Füllemann* kritisiert dagegen nicht die Pflicht zur gleichmässigen Bezahlung der Baugläubiger, sondern weist vielmehr auf die Unmöglichkeit hin, eine gleiche Behandlung der Baugläubiger im Rahmen der Anfechtung zu erreichen. Vgl. dazu *Füllemann*, S. 74ff.

1535 Nach dieser Methode hat eine Auslegung in Teilakten zu erfolgen, d.h. es sind Teilergebnisse unter verschiedenen Aspekten zu ermitteln. Stimmen die Teilergebnisse nicht überein, ist in einem zweiten Schritt eine Abwägung vorzunehmen, wobei nicht die Zahl, sondern das Gewicht der einzelnen Teilergebnisse zu berücksichigen ist. Massgebliche Teilaspekte sind: (1) der grammatische Aspekt, (2) der systematische Aspekt, (3) der teleologische Aspekt, (4) der realistische Aspekt und (5) der historische Aspekt. Vgl. dazu ausführlich *Meier-Hayoz*, Einleitung, Art. 1 N 179ff.

1536 Das Bundesgericht nimmt die Aufgliederung in die genannten Teilaspekte allerdings nicht ausdrücklich vor. Doch lassen sich die im erwähnten Entscheid aufgeführten Argumente durchaus den einzelnen Aspekten zuordnen.

1537 Vgl. dazu *Zobl*, Gleichbehandlungsprinzip, S. 96; *Pfister-Ineichen*, S. 132, *Schumacher*, Anmerkung, S. 104. Vgl. auch *Füllemann*, S. 75.

B   Systematischer Aspekt

AA   Verhältnis von Art. 840 zu Art. 841 ZGB

Das Bundesgericht erkennt in Art. 840 ZGB ein Gleichbehandlungsprinzip und dehnt dieses zur Begründung seines Standpunktes auf Art. 841 ZGB aus[1538].
Demgegenüber enthält Art. 840 ZGB nach ZOBL[1539] einen «auf einen ganz speziellen Tatbestand zugeschnittenen Grundsatz», der nicht «zur allgemeinen Regel» erhoben und auf Art. 841 ZGB übertragen werden kann, zumal Art. 841 ZGB eine Ausnahmeregel darstelle, die nach allgemeinen Auslegungsregeln restriktiv zu behandeln sei. Ebenso hält PFISTER-INEICHEN fest, dass Art. 840 ZGB einen Ausnahmefall regle, der restriktiv anzuwenden sei[1540].
Tatsächlich verkennt das Bundesgericht die grundsätzliche Verschiedenheit von Art. 840 ZGB und Art. 841 ZGB. Zwar haben beide Normen den gleichen Zweck. Es sind Spezialnormen, welche Ungerechtigkeiten, die infolge des Grundsatzes der Alterspriorität gemäss Art. 972 ZGB entstehen können, korrigieren sollen. Art. 840 ZGB soll diese Korrektur gleichsam horizontal gegenüber anderen pfandberechtigten Handwerkern und Unternehmern vornehmen, da die pfandberechtigten Handwerker und Unternehmer insgesamt eine einheitliche Gruppe darstellen und deren Pfandrechte nur zufällig verschiedene Ränge aufweisen. Art. 841 ZGB soll diese Korrektur dagegen gleichsam vertikal vornehmen, in bezug auf vorrangige Pfandgläubiger, die klar nicht zur Gruppe der Handwerker und Unternehmer gehören, jedoch schon vor dieser Gruppe Pfandrechte eintragen lassen können. Es wäre nun systemwidrig, Art. 840 ZGB, der analog zu Art. 110 SchKG und 111 SchKG eine Gruppe definiert, innerhalb welcher eine gleichmässige Aufteilung des auf die Gruppe entfallenden Verwertungserlöses gelten soll, insofern mit Art. 841 ZGB zu vermischen, als Ungleichheiten innerhalb dieser Gruppe plötzlich von den Angehörigen einer ganz anderen Gruppe auszugleichen sind. Art. 841 ZGB regelt gleichsam das Verhältnis von Gruppe zu Gruppe, hat aber nichts mit gruppeninternen Fragen zu tun[1541].

BB   Falsche Analogie zur Pauliana

Das Bundesgericht hält fest[1542], dass die Klage aus Art. 841 ZGB im Grundgedanken, in den Voraussetzungen und in der Durchführung der Anfechtungsklage des Schuldbetreibungsrechtes (Art. 285ff. SchKG) ähnlich sei, insbesondere derjenigen gemäss Art. 288

1538   Vgl. dazu *BGE* 115 II 136, insbes. S. 141f.
1539   Vgl. dazu *Zobl*, Gleichbehandlungsprinzip, S. 96f.
1540   Vgl. dazu *Pfister-Ineichen*, S. 132.
1541   *Pfister-Ineichen*, S. 138, führt ausserdem aus, dass das Bundesgericht fälschlicherweise Pfandrecht und Baukredit gleichsetze und deshalb ohne Grundlage den von ihm entwickelten Verteilschlüssel zu Art. 840 und Art. 841 ZGB auch auf den Baukredit anwende.
1542   Vgl. dazu *BGE* 115 II 136, insbes. S. 145, mit weiteren Hinweisen.

SchKG, auch wenn es - allerdings nicht näher bezeichnete - Unterschiede einräumt[1543].
Tatsächlich stellen Art. 287 und Art. 288 SchKG eine Klage zur Verfügung, wenn einzelne
Gläubiger bevorzugt behandelt worden sind. Entscheidend ist dabei aber gerade, dass die
Klage gegen die bevorzugten Gläubiger zu richten ist und nicht gegen den Schuldner oder
gegen eine Bank, die im Auftrag des Schuldners die entsprechenden Auszahlungen an die
bevorzugten Gläubiger gemacht hat. Insbesondere soll aber die ungleiche Behandlung
gleichsam wieder ungeschehen gemacht werden, indem die bevorzugten Gläubiger verpflichtet sind, das Erhaltene zurückzuerstatten (Art. 291 SchKG).
Nach der Lösung des Bundesgerichtes müssen dagegen Bauhandwerker und Bauunternehmer, welche bereits voll befriedigt worden sind, das Erhaltene nicht mehr zurückerstatten.
Die Bevorzugung bleibt also bestehen, während der Ausgleich auf Kosten eines Dritten erfolgt. Ein solcher Ausgleich ist der Pauliana jedoch fremd[1544].

C Teleologischer Aspekt

Das Bundesgericht hält fest, dass der Zweck des Gesetzes in Art. 840 ZGB und Art. 841
ZGB darin bestehe, «den Urhebern des den Bodenwert übersteigenden Mehrwerts vor-
rangingen und gleichmässigen Schutz gegenüber anderen Pfandgläubigern zu verschaffen».
Dies verlange «nach einer eigentlich materiellen Gleichbehandlung oder Chancengleichheit
der Bauhandweker, die nicht zusätzlich vom Belieben des grundpfandgesicherten Baukreditgebers abhängen soll»[1545]. «Mit dieser Gleichstellung sollte allfälligen Benachteiligungen der Bauhandwerker, die in der arbeitsteiligen, zeitlich gestaffelten Ausführung des
Bauwerks gründeten, wirksam begegnet werden»[1546].

1543 Zum Verhältnis der Anfechtungsklage gemäss Art. 841 ZGB zur Pauliana vgl. auch etwa *BGE*
      96 II 126, insbes. S. 138; *Zobl*, Bauhandwerkerpfandrecht, S. 168f.; *Schumacher*, N 961, S.
      277; *Simond*, S. 200ff., S. 217; *Maillefer*, S. 65; *Haefliger*, S. 105ff.; *Hofmann*, S. 14ff.; *Ram-
      seyer*, S. 75f.; *von Arx*, S. 112; *Lautenbach*, S. 57; *Schneebeli*, S. 151f.; *Wieland*, Art. 841 N
      1; *Huber*, S. 281; *Huber I*, S. 266.
1544 Dass die Pauliana klar von Art. 841 ZGB zu unterscheiden ist, war bereits im Gesetzge-
      bungsverfahren klar, vgl. dazu etwa den Vortrag *Hoffmanns* in Sten. Bull. 16, 1906, S. 1404.
      Die vom Bundesgericht zitierte Stelle in der Botschaft zum Gesetzesentwurf bezieht sich denn
      auch nicht auf die Gleichbehandlungspflicht, sondern auf das subjektive Merkmal der Erkenn-
      barkeit. Dem ursprünglichen Zweck des Baugläubigerschutzes entsprechend wird dort auch le-
      diglich verlangt, dass die vorgehenden Pfandgläubiger einen allfälligen Bauschwindel zu erken-
      nen und für die Verhinderung einer zweckwidrigen Verwendung der Kreditmittel zu sorgen ha-
      ben. Keinesfalls wird aber eine gleichmässige Bezahlung der Baugläubiger verlangt. Vgl. dazu:
      Botschaft des Bundesrates an die Bundesversammlung, zu einem Gesetzesentwurf enthaltend das
      Schweizerische Zivilgesetzbuch (Vom 28. Mai 1904), S. 81f.
1545 Vgl. dazu *BGE* 115 II 136, insbes. S. 143.
1546 Vgl. dazu *BGE* 115 II 136, insbes. S. 142.

Demgegenüber hält ZOBL bezüglich Art. 841 ZGB fest, dass sich der Zweck des Gesetzes darin erschöpfe, «jene (...) Pfandrechte (...) zu Fall zu bringen, mit denen beabsichtigt wird, den Bauhandwerkern den von diesen geschaffenen Mehrwert zu entziehen, indem die Kreditvaluta zweckwidrig (d.h. nicht für Bauleistungen) verwendet wird»[1547]. Analog argumentiert auch PFISTER-INEICHEN[1548].

Tatsächlich ist der vom Bundesgericht geltend gemachte erweiterte Zweck das Resultat einer Vermischung des Zweckes von Art. 840 ZGB mit demjenigen von Art. 841 ZGB, wie dies bereits unter dem systematischen Aspekt ausgeführt wurde.

Grundsätzlich ist eine solche Vermischung unter teleologischen Aspekten durchaus zulässig, sofern Indizien[1549] (z.b. Hinweise im Gesetz sowie in dessen Entstehungsgeschichte) vorhanden sind, die dafür sprechen, dass in Art. 837ff. ZGB eine umfassende Privilegierung der Baugläubiger gewollt ist, d.h., dass den Urhebern des baulichen Mehrwertes in jedem Fall das Primat am Verwertungserlös zukommen soll.

Dagegen spricht aber gerade die gesetzliche Lösung selbst, müssten doch die Bauhandwerkerpfandrechte bei einer umfassenden Privilegierung jedem den Bodenwert übersteigenden Pfandrecht ex lege im Rang vorgehen. Ausserdem müsste der Schutz unabhängig von subjektiven Faktoren sein. Gerade Art. 841 ZGB verlangt jedoch, dass die Belastung in erkennbarer Weise zum Nachteil der Baugläubiger erfolgen muss[1550]. Schliesslich gibt auch die Entstehungsgeschichte, wie noch zu zeigen sein wird[1551], keinen Hinweis darauf, dass es ein legislativ-politisches Ziel gewesen war, die Baugläubiger im erwähnten Sinn umfassend zu schützen. Wie PFISTER-INEICHEN richtigerweise festhält, hat sich ausserdem die Stellung des Bauhandwerkers seit anfangs Jahrhundert wesentlich verbessert[1552], so dass sich eine extensive teleologische Auslegung des Gesetzes ohnehin nicht mehr rechfertigt.

Hinzu kommt, dass auch nach der bundesgerichtlichen Lösung gar keine vollständige Gleichstellung erreicht wird: Zwar erhält der zu spät gekommene Baugläubiger denjenigen Anteil, den er bei einer Beteiligung aller Baugläubiger an der Verwertung erhalten hätte. Die bereits voll bezahlten Baugläubiger bleiben aber unbehelligt und sind somit gegenüber dem Zuspätgekommenen priviliegiert, da sie im Gegensatz zu diesen nicht nur einen Teilbetrag erhalten[1553].

1547 Vgl. dazu Zobl, Gleichbehandlungsprinzip, S. 96.

1548 Insbesondere bezwecke das Vorrecht, «die harten Folgen des Akzessionsprinzips (...) zu korrigieren». Der Gesetzgeber sage aber nirgends, «dass der von den Bauhandwerkern geschaffene Mehrwert diesen 'vorrangigen und gleichmässigen Schutz gegenüber andern Pfandgläubigern zu verschaffen' hat». Vgl. dazu Pfister-Ineichen, S. 133f.

1549 Vgl. dazu Meier-Hayoz, Einleitung, Art. 1 N 203ff.

1550 Vgl. dazu auch Pfister-Ineichen, S. 138, die aus der Tatsache, dass das Gesetz die Geltendmachung des Vorrechts der Initiative jedes einzelnen Baugläubigers überlasse, schliesst, dass der Gedanke des gemeinsamen Pfandrechts beim Vorrecht nur beschränkt zur Anwendung komme.

1551 Vgl. dazu hinten S. 335ff. Vgl. ausserdem Pfister-Ineichen, S. 133.

1552 Vgl. dazu Pfister-Ineichen, S. 135.

1553 Vgl. dazu Füllemann, S. 75.

D Realistischer Aspekt

Das Bundesgericht hält fest, dass die bewährten, von den Banken in der Praxis gehandhabten Massnahmen zur Vermeidung von Doppelzahlungen zeigen, dass das Gebot der anteilsmässigen Gleichstellung keineswegs unzweckmässig bzw. unpraktikabel erscheine[1554].
Wie ZOBL[1555], PFISTER-INEICHEN[1556] und SCHUMACHER[1557] darlegen, bewirkt der zeitlich gestaffelte Bauverlauf, dass eine gleiche Behandlung der Baugläubiger gar nicht möglich ist. Weiter weist ZOBL darauf hin, dass beim Bauen mit einem General- bzw. Totalunternehmer die Gleichbehandlung sämtlicher Baugläubiger praktisch undurchführbar ist, da «eine absolut zuverlässige Kontrolle der verschiedenen Subunternehmer-Ketten zum vornherein unmöglich» sei. Ausserdem erwähnt er den Fall, wo die Baukreditparteien vereinbaren, dass die Bank allein die Leistungen des Bauunternehmers bezahlen soll, während die übrigen Handwerker aus Eigenmitteln des Bauherrn zu finanzieren sind. Wäre die Ansicht des Bundesgerichts richtig, würde sich die Bank selbst bei einer korrekten Bezahlung des Bauunternehmers eine Anfechtbarkeit aussetzen, sobald der Bauherr die Eigenmittel abredewidrig verwendet[1558].

Tatsächlich können die in der Praxis gehandhabten Massnahmen[1559] eine absolut gleichmässige - d.h. von einer zeitlichen Staffelung unabhängige - Bezahlung der Baugläubiger gar nicht sicherstellen[1560]: So räumt auch das Bundesgericht ein, dass Akonto- bzw. Abschlagszahlungen nach Massgabe des Baufortschrittes branchenüblich seien[1561]. Daneben kommen in der Praxis sog. Teilzahlungen vor[1562]. Schliesslich bestehen für Bauforderun-

---

1554 Vgl. dazu *BGE* 115 II 136, insbes. S. 144f.

1555 Vgl. dazu *Zobl*, Gleichbehandlungsprinzip, S. 96.

1556 Vgl. dazu *Pfister-Ineichen*, S. 141f. Vgl. auch *Füllemann*, S. 75.

1557 Vgl. *Schumacher*, Anmerkung, S. 104.

1558 Immerhin kann die baukreditgebende Bank durchaus Vorkehrungen treffen, um das Risiko einer zweckwidrigen Verwendung dieser Mittel zu vermindern, vgl. dazu vorne S. 236ff.

1559 Die entsprechenden Massnahmen dienen nicht nur der Verhinderung einer Doppelzahlung, wie das Bundesgericht festhält. Vielmehr versuchen zahlreiche Banken, soweit es überhaupt möglich ist, der bundesgerichtlichen Rechtssprechung zu genügen und eine gewisse Gleichmässigkeit bei ihren Auszahlungen zu erreichen.

1560 Vgl. dazu allerdings die Formulierung im Muster-Treuhandvertrag bei *Schumacher*, S. 315, Ziff. 3.3, wo der Treuhänder dafür zu sorgen hat, dass bei vollem Bezug der Kreditsumme alle baupfandberechtigten Unternehmer für den gleichen Prozentsatz ihrer Forderungen befriedigt werden. Ähnliche Formulierungen finden sich in den Formularverträgen einzelner Banken, wobei bezeichnenderweise gerade nicht ein absolut gleicher Prozentsatz, sondern eine Deckung lediglich zu einem «annähernd gleichen Prozentsatz» anzustreben ist. Ähnlich relativierend ist auch etwa *Hofmann*, S. 99.

1561 Vgl. dazu *BGE* 115 II 136, insbes. S. 144; in Art. 144f. SIA-Norm 118 (Ausgabe 1977/1991) werden Abschlagszahlungen auch ausdrücklich vorgesehen. Vgl. auch Art. 1.13.3 SIA-Ordnung 102 (Ausgabe 1984) bzw. Art. 1.13.3 SIA-Ordnung 103 (Ausgabe 1984). Nach *Gauch/ Schumacher*, SIA 118, Vorbemerkungen zu Art. 144-148, lit. a, haben Abschlagszahlungen zwar bloss vorläufigen Charakter. Werden sie nicht bezahlt, kommt der Bauherr jedoch in Verzug. Vgl. dazu Art. 148 SIA-Norm 118 (Ausgabe 1977/1991); *Gauch/ Schumacher*, Art. 148 N 6; *Gauch*, Art. 190 N 3.

1562 Vgl. dazu Art. 144 Abs. 4 SIA-Norm 118; *Gauch/ Schumacher*, SIA 118, Vorbemerkungen zu Art. 144-148, lit. a, Art. 144 N 25.

gen in der Regel Zahlungsfristen, die kürzer sind als die Gesamtbaudauer[1563]. Damit können zum Beispiel bereits erhebliche Summen für Abschlagszahlungen (Rückbehalt vorbehalten[1564]) bzw. sogar die vollständige Werklohnforderung für den Aushub fällig sein, bevor die Maler- oder Dachdeckerarbeiten begonnen haben oder überhaupt vergeben worden sind.

Wie PFISTER-INEICHEN zu Recht festhält[1565], ist eine ungleiche Behandlung jedoch nur dann unvermeidlich, wenn nicht genügend Mittel vorhanden sind, da andernfalls alle Baugläubiger vollständig und somit gleichmässig bezahlt werden können. SCHUMACHER betont deshalb, dass sich die Bank davon überzeugen muss, «dass der Kreditgegenwert und die Eigenmittel des Bauherrn zur vollständigen Finanzierung der Anlagekosten ausreichen»[1566]. Gerade eine solche Überprüfungspflicht wird jedoch vom Bundesgericht abgelehnt[1567]. Kommt es ausserdem zu Zusatz-[1568] bzw. Mehrkosten[1569], nützt diese Überprüfung ohnehin nicht viel. Immerhin kann aufgrund der Kostenvoranschläge der auf jede Arbeitsgattung bzw. auf jeden Bauhandwerker und Unternehmer entfallende Anteil der zur Verfügung stehenden Kreditmittel festgelegt werden[1570]. Bei Zusatz- bzw. Mehrkosten müssten die einzelnen Posten jedoch fortlaufend nach unten korrigiert werden. Sind aber beispielsweise zum Zeitpunkt, da die Kostensteigerung sichtbar wird, die Aushubarbeiten bereits voll bezahlt worden, ist eine solche Korrektur bereits nicht mehr möglich. Anders wäre die Situation nur, wenn die Zahlungen für einzelne Arbeiten bis zum Abschluss der gesamten Bauarbeiten zurückbehalten werden, oder aber, wenn gegenüber jedem Baugläubiger ein entsprechendes Rückforderungsrecht besteht. Der Kreditierung der Bauforderung bzw. einem Rückforderungsrecht würden die Baugläubiger selbst jedoch wohl kaum zustimmen.

1563 Vgl. dazu etwa Art. 155 und Art. 190 SIA-Norm 118 (Ausgabe 1977/1991), wo eine dreissigtägige Zahlungsfrist für fällige Forderungen vorgesehen ist, sowie *Gauch*, SIA 118, Art. 190 N 1ff. Vgl. auch Art. 1.13.1 SIA-Ordnung 102 (Ausgabe 1984) bzw. Art. 1.13.1 SIA-Ordnung 103 (Ausgabe 1984).

1564 Gemäss Art. 152 SIA-Norm 118 (Ausgabe 1977/1991) wird auch der zurückbehaltene Betrag zur Zahlung fällig, sobald die Arbeiten abgenommen (Art. 157ff. der Norm), die Schlussabrechnung übergeben (Art. 153 f. der Norm), die Prüfungsfrist (Art. 154 Abs. 2 bzw. Art. 155 Abs. 2 der Norm) abgelaufen und die Sicherheit (Art. 181 der Norm) geleistet wurde. Bei einzelnen Arbeiten kann dies durchaus schon lange vor Beendigung der gesamten Bauarbeiten zutreffen. Soweit eine Bargarantie vereinbart wird (Art. 182 der Norm), bleibt es demgegenüber dabei, dass nicht die gesamte Forderung beglichen wird.

1565 Vgl. dazu *Pfister-Ineichen*, S. 136, S. 141f.

1566 Vgl. dazu *Schumacher*, N 991, S. 285.

1567 Vgl. dazu *BGE* 115 II 136, insbes. S. 144. Vgl. auch *Pfister-Ineichen*, S. 120, S. 134, S. 142.

1568 Vgl. insbes. vorne S. 243ff.

1569 Vgl. dazu insbes. vorne S. 255ff.

1570 Die ausführliche Darlegung einer Methode, wie sich für jeden Baugläubiger derjenige Anteil seiner Forderung ermitteln lässt, der aus Mitteln des Baukredites bezahlt werden kann, findet sich bei *Lautenbach*, S. 27ff.

Zunehmende Bedeutung haben in der Praxis ausserdem sog. Regiearbeiten, die nach Aufwand abgerechnet werden[1571]. Solche Arbeiten kommen einerseits vor bei Änderungen gegenüber dem ursprünglich geplanten Bauvorhaben (insbesondere bei Bestellungsänderungen[1572]). Andererseits werden - namentlich bei Umbauten - oft auch ganze Arbeitsgattungen in Regie ausgeführt. In diesen Fällen lassen sich die effektiven Kosten immer nur ungefähr abschätzen und es kann ohnehin kein von vornherein verlässlicher Verteilschlüssel erstellt werden.

E   Historischer Aspekt

Das Bundesgericht zitiert unter anderem auch Literatur zur Entstehungsgeschichte des schweizerischen Gesetzes, um die Pflicht zur gleichmässigen Bezahlung der Baugläubiger zu begründen[1573]. Demgegenüber halten ZOBL und PFISTER-INEICHEN fest, dass die Materialien keinerlei Anhaltspunkte geben für den vom Bundesgericht vertretenen Standpunkt[1574].

Tatsächlich belegen die vom Bundesgericht erwähnten Autoren HOFMANN[1575] und EGGER[1576] sowie der zitierte Entscheid in ZR 79 Nr. 12, S. 19ff., lediglich, dass der Baugläubigerschutz und damit auch Art. 841 ZGB auf den sog. Bauschwindel bzw. auf die Misere im Baugewerbe infolge leichtsinnig gewährter Hypothekarkredite bzw. Hypothekardarlehen zurückgehen[1577], zwei namentlich im 19. Jahrhundert verbreitete Übel, denen man in verschiedenen Ländern mit entsprechenden gesetzlichen Regelungen beizukommen suchte[1578].

1571   Vgl. dazu im einzelnen Art. 44ff., insbes. Art. 48ff. SIA-Norm 118 (Ausgabe 1977/1991); *Gauch*, SIA 118, Art. 44 N 1ff., insbes. Art. 44 N 3f., Art. 48 N 2ff.

1572   Vgl. dazu Art. 44 Abs. 2 i.V. mit Art. 87 Abs. 4 und Art. 88 Abs. 2 SIA-Norm 118 (Ausgabe 1977/1991); *Gauch/ Egli*, SIA 118, Art. 87 N 20ff., Art. 88 N 13.

1573   Vgl. dazu *BGE* 115 II 136, insbes. S. 142f.

1574   Vgl. dazu *Zobl*, Gleichbehandlungsprinzip, S. 97; *Pfister-Ineichen*, S. 135. Keine Hinweise auf eine Gleichbehandlungspflicht enthalten namentlich die Erläuterungen *Hubers* zum Vorentwurf (*Huber* II, S. 276ff.; *Huber* I, S. 262ff.) sowie die zum Vorentwurf eingegangenen Anträge und Anregungen *(Eidgenössisches Justiz- und Polizeidepartement*, Anträge und Anregungen, S. 37ff.). Ebensowenig ging die schweizerische Expertenkommission bei der Beratung des Vor- bzw. Anfechtungsrechts auf die gleichmässige Bezahlung der Baugläubiger ein (vgl. dazu Z.G.B., Protokoll der Expertenkommission, Bd. 3, 4. Session [15. April - 2. Mai 1903], S. 231ff., S. 236ff.). Keine Hinweise enthalten auch die entsprechende Botschaft (vgl. dazu Botschaft des Bundesrates an die Bundesversammlung, zu einem Gesetzesentwurf enthaltend das Schweizerische Zivilgesetzbuch [Vom 28. Mai 1904], S. 81f.) sowie die Beratungen im National- und Ständerat und die Vorträge der Berichterstatter der Kommission (vgl. dazu etwa Sten. Bull. 16, 1906, S. 642ff.; S. 663f.; S. 697f.; S. 1399ff.; Sten. Bull. 17, 1907, S. 315ff.). Zur Rede *Hubers* im besondern vgl. hinten Anm. 1583.

1575   Vgl. dazu *Hofmann*, S. 19ff.

1576   Vgl. dazu *Egger*, S. 4ff.

1577   Vgl. dazu auch etwa *Huber*, Erläuterungen, S. 276ff.; *Huber* I, S. 262ff.; Z.B.G., Protokoll der Expertenkommission, Bd. 3, 4. Session (15. April - 2. Mai 1903), S. 231ff.; Sten. Bull. 16, 1906, S. 1403f.; *von Arx*, S. 2ff.; *Hofmann*, S. 19ff.; *Ramseyer*, S. 1f.; *Schneebeli*, S. 13ff.; *Lautenbach*, S. 3f.; *Pfister-Ineichen*, S. 64, S. 66f.; *Schumacher*, N 11f., S. 3f.; *Zobl*, Bauhandwerkerpfandrecht, S. 32ff. (mit zahlreichen weiteren Hinweisen).

1578   Vgl. dazu ausführlich *Karrer*, S. 1ff.; S. 61ff.; S. 94ff. Vgl. auch *Zobl*, Bauhandwerkerpfand-

Weder die Bekämpfung des Bauschwindels noch die Verhinderung einer leichtsinnigen Kreditgewährung erfordern jedoch eine gleichmässige Bezahlung der Baugläubiger[1579]. Die jeweils volle Bezahlung einzelner Baugläubiger schien zu dieser Zeit auch gar nicht problematisch zu sein. So sah beispielsweise § 16 des in Deutschland vorgeschlagenen Spezialgesetzes ohne besondere Einschränkungen Zahlungen an einzelne Baugläubiger vor und privilegierte den Baugeldgeber im Falle solcher Zahlungen sogar noch, indem das Pfandrecht des befriedigten Gläubigers auf diesen übergehen sollte[1580]. In der damaligen Expertenkommission zum ZGB schlug ausserdem GMÜR eine Formulierung vor, die ausdrücklich und ohne Vorbehalte die Bezahlung einzelner Handwerker und Unternehmer erlaubte, was keinen Widerspruch auslöste, auch wenn die Formulierung nicht übernommen wurde[1581].

---

recht, S. 32f. (mit zahlreichen weiteren Hinweisen). Aktuell war um die Jahrhundertwende vor allem die für Deutschland vorgesehene Regelung, vgl. dazu *Karrer*, S. 94; *Schneebeli*, S. 19ff., S. 191ff.

1579 Dass Art. 841 ZGB auf diese Fälle zugeschnitten wurde, zeigt denn auch deutlich der Vorentwurf zum schweizerischen Sachenrecht von 1899. So lautete Art. 882 wie folgt:

«Eine Überlastung auf Gefahr der Handwerker und Unternehmer liegt vor:
Wenn ein Grundstück durch ein vorgehendes Grundpfand mit Rücksicht auf die aus dem Werk zu erwartete Wertsteigerung über seinen damaligen Wert belastet,
Wenn zum Zweck der Errichtung des Werkes ein Grundpfand für ein Darlehen auf das Grundstück gelegt worden ist, das keine Verwendung für das Werk gefunden hat».

Der erste Teil von Art. 882 ist klar auf die leichtsinnige Kreditgewährung zugeschnitten, die darin bestand, dass Banken mit Liquiditätsüberschuss namentlich spekulativen Bauherren Kredite gewährten, ohne sich um die Verwendung der Kreditmittel kümmern zu müssen, da sie durch den geschaffenen Mehrwert gedeckt waren. Vgl. dazu etwa *Zobl*, Bauhandwerkerpfandrecht, S. 35f.; *Egger*, S. 11, S. 20f. Der zweite Teil nimmt dagegen klar Bezug auf den Bauschwindel, der aufgrund des damaligen Grundpfandrechts eine Bereicherung auf Kosten der Bauhandwerker ermöglichte, indem man Darlehen durch Baugrundstücke sicherte, ohne das entsprechende Geld in das Grundstück zu investieren. Vgl. dazu etwa *Karrer*, S. 1ff.; *Zobl*, Bauhandwerkerpfandrecht, S. 32f.; *Schumacher*, N 11f., S. 3f. Zur Entwicklung des heutigen Textes und den verschiedenen Vorentwürfen vgl. insbesondere auch *Pfister-Ineichen*, S. 67f.

1580 Vgl. dazu *Karrer*, S. 97, S. 112.

1581 Vgl. dazu Z.G.B., Protokoll der Expertenkommission, Bd. 3, 4. Session (15. April - 2. Mai 1903), S. 239, Vorschlag Art. 825a:

«Eine Überlastung liegt nicht vor (...), wenn der Grundpfandgläubiger auf Anweisung des Eigentümers hin einen Handwerker oder Unternehmer bezahlt hat, oder sonst in guten Treuen annehmen konnte, dass das auf das Grundstück gelegte Darlehen Verwertung für das Werk finden würde.»

Es wurde also weder eine gleichmässige Bezahlung verlangt noch wurde dem Grundpfandgläubiger die volle Bezahlung eines einzelnen Handwerkers oder Unternehmers verwehrt.
Immerhin wurde der Bauschwindel von der Expertenkommission als Nachteil der Vorleistungspflicht im Baugewerbe beklagt, vgl. dazu Z.G.B., Protokoll der Expertenkommission, Bd. 3, 4. Session (15. April - 2. Mai 1903), S. 233. Damit wurde aber nichts ausgesagt über die Bezahlung einzelner Baugläubiger.

Insbesondere gibt aber die vom Bundesgericht zitierte Rede HUBERS[1582] als Berichterstatter im Nationalrat gerade keinen Hinweis auf eine Pflicht zur gleichmässigen Bezahlung. HUBER umschreibt an der erwähnten Stelle lediglich die Regelung im heutigen Art. 840 ZGB. Kurz danach führt er ausserdem aus, dass Bauarbeiten durchaus sukzessive bezahlt werden können[1583]. Auch eine Prüfung der historischen Gegebenheiten ergibt somit keine Hinweise für die Annahme einer Gleichbehandlungspflicht, wie sie das Bundesgericht statuiert.

F Fazit

Da sich unter keinem der für die Auslegung relevanten Aspekte eine Pflicht zur gleichmässigen Bezahlung der Baugläubiger rechtfertigen lässt, ergibt sich somit, dass Art. 841 ZGB bei einer korrekten Auslegung keine solche Pflicht statuiert[1584, 1585].

1582 Sten. Bull., 1906, S. 647.

1583 Vgl. dazu Sten. Bull., 1906, S. 648: «Nehmen Sie also an, es gibt eine Bank einen Baukredit von Fr. 100,000 auf einem Grundstück, das unbebaut einen Wert von Fr. 20,000 hat; nun rechnet die Bank, welche ja zunächst aus dem unbebauten Grundstück nur eine Sicherheit im Umfange von Fr. Fr. 20,000 erhält, damit, dass der Bau allmählich wachse und mit dem wachsenden Bau auch die Sicherheit, so dass, wenn das Gebäude ganz aufgeführt wird, für die Bank die volle Sicherheit von Fr. 100,000 gegeben ist. Sie wird sich dann so einrichten, dass sie ihre Auszahlung nach Massgabe des Fortschrittes des Baues gibt, also jedesmal, wenn wieder eine Arbeit vollendet ist, einen weiteren Betrag an den Bauherrn aushändigt. Das ist ein rationelles Verfahren, das, sobald keine weitern Zweifel in die Solvenz des Bauschuldners gehegt werden müssen, zu Anfechtungen von seiten der Baugläubiger keinen Anlass geben könnte. Aber wenn nun eine solche Bank, wie es wohl vorkommt, aus irgend einem Grund den ganzen Betrag vorweg gibt, etwa dann, was auch schon geschehen ist, wenn zufälligerweise die Bank die Gläubigerin des betr. Bauherrn ist und nun für den Baukredit sich Sicherheit geben lässt, ohne daraufhin etwas zu zahlen, sondern unter Kompensation des Kreditversprechens mit einer früher Forderung, so dass das Grundstück für einen Betrag haftet, der niemals zur Befriedigung der Forderungen der Handwerker Verwendung finden kann? In solchen und ähnlichen Fällen ist dann gewiss die Anfechtung wohl begründet. Gegenüber diesem Anfechtungsrecht werden also allerdings die Banken Bedacht darauf nehmen müssen, dass ihre Baukreditgelder nicht vor vornherein in einer für sie erkennbaren Weise dem Baugläubiger entzogen werden. Es müssen die Banken wenigstens so viel Umsicht betätigen, dass aus ihrem Verhalten zu ersehen ist, sie hätten nicht in offenkundiger Weise darauf spekuliert, eine Sicherheit aus demjenigen zu erhalten, was diese Handwerker ohne Bezahlung an Wertvermehrung dem betr. Unterpfande zugefügt haben.» Auch hier zeigt sich deutlich, dass das Vorrecht zur Bekämpfung des sog. Bauschwindels geschaffen wurde, keineswegs jedoch, um die Bauhandwerker und Unternehmer untereinander gleichzustellen.

1584 Tatsächlich wird in *BGE* 43 II 606, insbes. S. 612, wo die Gleichbehandlungspflicht erstmals auftaucht, diese Pflicht auch nicht weiter begründet oder durch Hinweise auf Literatur, Materialien oder andere Entscheide näher belegt. Damit wurde aber eine Bundesgerichtspraxis mit einem Entscheid begründet, der insbes. auch in methodischer Hinsicht anfechtbar ist. Vgl. dazu auch die weiteren Argumente bei *Pfister-Ineichen*, S. 136ff.

1585 Berechtigterweise hält *Pfister Ineichen* auch fest, dass kein Anlass bestehe, eine echte oder eine unechte Lücke anzunehmen, vgl. dazu *Pfister-Ineichen*, S. 134f. Zu diesen Begriffen und zur Lückenfüllung im besonderen vgl. namentlich *Meier-Hayoz*, Einleitung, Art. 1 N 288ff.

III Zusätzliche Stellungnahme: Notwendigkeit einzelner Präzisierungen

Soweit das Bundesgericht weiterhin am Erfordernis der gleichmässigen Bezahlung festhält, sind m.E. insbesondere folgende Präzisierungen notwendig:

A Präzisierung Nr. 1: Kreis der Gläubiger

Der Baukredit kann nach der Klarstellung in BGE 112 II 493 auch für nicht-pfand-rechtsgeschützte Forderungen verwendet werden, ohne dass dies eine Anfechtbarkeit bewirkt[1586]. Sinngemäss muss dies aber m.E. auch auf das Erfordernis der gleichmässigen Bezahlung übertragen werden. Solange die Mittel gleichmässig verteilt werden, kann sich ein pfandrechtsgeschützter Baugläubiger somit nicht auf eine ungleiche Behandlung berufen, auch wenn mit diesen Mitteln nicht-pfandrechtsgeschützte Forderungen bezahlt werden[1587].

B Präzisierung Nr. 2: Behandlung fälliger Forderungen

Mit dem Bau zusammenhängende Forderungen werden, wie bereits ausgeführt wurde, fortlaufend fällig. Insbesondere sind heute in der Regel auch Akonto- bzw. Abschlags- oder Teilzahlungen zu leisten. Werden die entsprechenden Forderungen nicht bezahlt, riskiert man aber eine Zwangsvollstreckung[1588] oder eine Einstellung der Bauarbeiten[1589] und gefährdet damit das gesamte Bauprojekt. Das bundesgerichtliche Gleichbehandlungsgebot muss also m.E. unabhängig von der Frage, ob man die in BGE 115 II 136 bestätigte Praxis billigt oder nicht, insofern relativiert werden, als die baukreditgebende Bank in jedem Fall das Recht haben sollte, fällige Forderungen zu bezahlen.

1586   Vgl. dazu vorne S. 324.

1587   Sinngemäss deutet dies das Bundesgericht auch in *BGE* 115 II 136, insbes. S. 148, an, indem es festhält, dass bei einer erfolgreichen Anfechtung für die Berechnung der auf die Pfandgläubiger entfallenden Betreffnisse auch die nicht-pfandrechtsgeschützten Bauforderungen zu berücksichtigen seien.

1588   Zu den Risiken einer Zwangsvollstreckung während der Bauarbeiten vgl. insbesondere vorne S. 278ff.

1589   Zum Recht der Bauhandwerker und Unternehmer, ihre Arbeiten einzustellen, sofern die entsprechenden Zahlungen ausbleiben, vgl. insbesondere *Gauch/ Schumacher*, SIA 118, Art. 149 N 7; *Gauch*, SIA 118, Art. 190 N 1. Zu den Risiken eines Zahlungsstopps vgl. auch etwa *Pfister-Ineichen*, S. 140, S. 142.

Diese Lösung steht m.E. insoweit nicht im Widerspruch zur Haltung des Bundesgerichts, als dieses im erwähnten Entscheid auf S. 143 ausführt, dass der Schutz der Mehrwertschöpfung «nach einer (...) Gleichbehandlung (...) der Bauhandwerker» verlange, «die nicht zusätzlich vom Belieben des grundpfandgesicherten Baukreditgebers abhängen soll». Die Bezahlung fälliger Forderungen steht aber nicht im Belieben des Baukreditgebers. Vielmehr müssen diese Forderungen beglichen werden, um die genannten Risiken zu vermeiden.

C Präzisierung Nr. 3: Vorleistungen

Beim Bauen kommt es durchaus vor, dass einzelne Beträge vorweg bezahlt werden müssen (z.B. Versicherungsprämien, Depots, Gebühren und Beiträge für die Benützung öffentlicher Anlagen, Vorschüsse im Zusammenhang mit Verwaltungs- und Gerichtsverfahren, Vorauszahlungen beim Bezug von Baumaterial[1590]). Auch solche Zahlungen sind nicht vom Belieben des Baukreditgebers abhängig. Dieser muss deshalb das Recht haben, solche Zahlungen vorzunehmen, ohne dass dadurch das Gleichbehandlungsprinzip verletzt wird.

1590 Üblich sind z.B. Vorauszahlungen bei der Bestellung von Liftanlagen, vgl. dazu *Meyer*, Blatt F 11-19 (Juni 1991).

IV Schutzmassnahmen[1591]

A Schutz durch Vereinbarung entsprechender Punkte im Baukreditvertrag

AA Auszahlung der Kreditmittel gemäss jeweils aktualisiertem Verteilschlüssel

Soweit die Auszahlungen aufgrund eines Verteilschlüssels erfolgen, der dem Kostenvoranschlag sowie dem vom Kreditnehmer einzureichenden Handwerkerverzeichnis und Bauprogramm bzw. Zahlungsplan entspricht, kann immerhin eine gewisse gleichmässige Befriedigung der Baugläubiger erreicht werden[1592]. Am besten wird im Baukreditvertrag ein entsprechender Vorbehalt angebracht. Die Leistungspflicht der Bank wird dadurch entsprechend modifiziert. Denkbar ist auch, dass die Erstellung des Verteilschlüssels sowie die Überwachung der Zahlungen einem Treuhänder bzw. Baucontroller übertragen werden. Damit ein Verteilschlüssel Sinn macht, müssen jedoch Kostenveränderungen oder der Beizug weiterer Baugläubiger jeweils umgehend berücksichtigt werden, was nicht unerhebliche Umtriebe verursachen kann[1593].

B Massnahmen, die sich auch zur Vermeidung von Unterdeckungsrisiken eignen

AA Sicherstellung einer ausreichenden Kreditlimite[1594]

Soweit genügend Mittel zur Verfügung stehen und alle Baugläubiger bezahlt werden, stellt sich das Problem der ungleichmässigen Bezahlung gar nicht[1595]. Ausserdem dürfte es in diesem Fall ohnehin kaum zum Eintrag von Bauhandwerkerpfandrechten kommen.

BB Kreditfreigabe nach Massgabe des Baufortschrittes[1596]

Soweit die Kreditmittel nur nach Massgabe des Baufortschrittes ausbezahlt werden, wird verhindert, dass einzelne Baugläubiger bevorschusst und insofern gegenüber anderen privi-

---

1591 Vgl. dazu auch etwa *Zobl*, Baukreditvertrag, S. 8; *Schumacher*, N 998, S. 288, sowie S. 315, Ziff. 3.3.; *Mühl/ Petereit*, S. 397f., Ziff. 2 und 3; *von Arx*, S. 155ff.; *Ramseyer*, S. 104ff.; *Lautenbach*, S. 73f.; *Schneebeli*, S. 185ff.; *Göschke I*, S. 304f.; *Haefliger*, S. 85ff.; *Hofmann*, S. 97ff.; *Leemann*, Art. 841, N 22; *Maillefer*, S. 50; *Girsberger*, S. 51; *Albisetti/ Gsell/ Nyffeler*, S. 120f.; *Albisetti/ Boemle/ Ehrsam/ Gsell/ Nyffeler/ Rutschi*, S. 136; *Emch/ Renz/ Bösch*, S. 352.

1592 Zumindest sind solche Auszahlungen nicht mehr im bundesgerichtlichen Sinne vom «Belieben des grundpfandgesicherten Baukreditgebers abhängig», vgl. dazu *BGE* 115 II 136, insbes. S. 143. Zur Problematik eines solchen Verteilschlüssels vgl. *Pfister-Ineichen*, S. 54, S. 142.

1593 Vgl. dazu *Heizmann*, S. 71, der diesen Aufwand als unverhältnismässig und unwirtschaftlich einschätzt.

1594 Vgl. dazu im einzelnen vorne S. 268f.

1595 Vgl. dazu *Pfister-Ineichen*, S. 136.

1596 Vgl. dazu im einzelnen vorne S. 176ff.

legiert werden. Vorzubehalten sind allerdings die gerade vorgehend behandelten Vorleistungen.

CC Absicherung gegen eine zweckwidrige Verwendung der Kreditmittel[1597]

Wird verhindert, dass Kreditmittel zweckwidrig verwendet werden, vermindert sich auch das Risiko, dass nicht genügend Mittel zur Bezahlung sämtlicher Baugläubiger vorhanden sind und diese dadurch ungleich behandelt werden. Eine besondere Bedeutung kommt in diesem Zusammenhang auch der Überprüfung der Bonität und Vertrauenswürdigkeit des Kreditnehmers zu, da ein vertrauenswürdiger Kreditnehmer eher Gewähr für eine vertragskonforme Mittelverwendung bietet und bei ausreichender Zahlungskraft gegebenenfalls Mittel nachschiessen kann[1598].

DD Absicherung gegen Zusatzkosten[1599]

Wird verhindert, dass sich Zusatzkosten ergeben, vermindert sich auch das Risiko, dass nicht genügend Mittel zur Bezahlung sämtlicher Baugläubiger vorhanden sind und es dadurch zu einer ungleichen Behandlung einzelner Baugläubiger kommt.

EE Absicherung gegen Mehrkosten[1600]

Hier gilt sinngemäss das zur Absicherung gegen Zusatzkosten Gesagte.

FF Vereinbarungen betreffend Rückbehalte[1601]

Soweit einzelne Baugläubiger nicht voll bezahlt werden, vermindert sich das Risiko, dass diese auf Kosten anderer Baugläubiger privilegiert werden[1602].

GG Vorabverwendung des Eigen- bzw. Drittkapitals[1603]

Werden die Bauforderungen zuerst aus dem Eigen- bzw. Drittkapital bezahlt, verschiebt sich der Zeitpunkt, zu dem Kreditmittel verwendet werden und eine gleichmässige Be-

---

1597 Vgl. dazu im einzelnen vorne S. 236ff.
1598 Gerade die leichtsinnige Kreditgewährung an im Bauwesen unerfahrene oder wenig zahlungskräftige Spekulanten war ja mit eine Ursache für die Einführung des Baugläubigerschutzes, vgl. dazu vorne S. 335.
1599 Vgl. dazu im einzelnen vorne S. 246ff.
1600 Vgl. dazu im einzelnen vorne S. 257ff.
1601 Vgl. dazu im einzelnen vorne S. 180f.
1602 Allerdings kann der zurückbehaltene Betrag für einzelne Leistungen schon im Verlauf der Bauarbeiten zur Zahlung fällig werden (Art. 152 SIA-Norm 118 (Ausgabe 1977/1991). Vgl. dazu vorne S. 180.
1603 Vgl. dazu im einzelnen vorne S. 176f.

zahlung vorzunehmen ist. Je später aber eine solche Verteilung vorgenommen wird, desto einfacher ist es, die tatsächlich sich ergebenden Bauforderungen zu überblicken und damit für eine möglichst gleichmässige Bezahlung der Baugläubiger zu sorgen. Ausserdem vermindert sich durch diese Massnahme das Risiko, dass das Eigen- bzw. Drittkapital nicht mehr zur Verfügung steht und deshalb die Mittel zur Bauvollendung nicht ausreichen[1604]. Dadurch sinkt aber auch die Gefahr, dass es überhaupt zu einer ungleichen Behandlung einzelner Baugläubiger kommt.

HH   Möglichst hoher Anteil an Eigen- bzw. Drittkapital[1605]

Je grösser der Anteil des für den Bau zur Verfügung stehenden Eigen- bzw. Drittkapitals ist, desto grösser ist die vorgenannte Wirkung, wenn diese Mittel vorab verwendet werden.

II   Weitere auf das Eigen- bzw. Drittkapital bezogene Massnahmen[1606]

Wird verhindert, dass das für die Baufinanzierung vorgesehene Eigen- bzw. Drittkapital zweckwidrig verwendet wird, vermindert sich wiederum das Risiko, dass nicht genügend Mittel zur Bezahlung sämtlicher Baugläubiger vorhanden sind und diese dadurch ungleich behandelt werden[1607].

C   *Massnahmen, die sich auch zum Schutz gegen die Risiken eines Pfandrechtseintrages eignen*

AA   Massnahmen zum Schutz gegen Pfandrechtseinträge durch Unterakkordanten

Eine ungleichmässige Verteilung der Kreditmittel liegt auch dann vor, wenn zwar Direktakkordanten oder Zwischenunternehmer bezahlt werden, diese aber ihre Unterakkordanten nicht bezahlen[1608]. Die Massnahmen zum Schutz gegen Pfandrechtseinträge durch Unterakkordanten[1609] vermindern das Risiko einer solcherart ungleichmässigen Bezahlung.

1604   Vgl. dazu vorne S. 262f.
1605   Vgl. dazu im einzelnen vorne S. 182.
1606   Vgl. dazu im einzelnen vorne S. 264ff.
1607   Vgl. dazu *Pfister-Ineichen*, S. 136.
1608   Vgl. dazu das bei *Zobl*, Baukreditvertrag, S. 8, genannte Beispiel. In der Regel fehlt es jedoch in solchen Fällen am Erfordernis der Erkennbarkeit, vgl. dazu *Zobl*, a.a.O.; *Schumacher*, N 995, S. 287. Vgl. dazu auch gerade nachfolgend.
1609   Vgl. dazu vorne S. 295ff.

§ 57 Zur Erkennbarkeit der Benachteiligung im besondern

I Voraussetzungen

A Voraussetzungen im allgemeinen

Damit eine Anfechtung möglich ist, müssen für den Kreditgeber folgende Punkte erkennbar gewesen sein: (1) Die Belastung über dem Bodenwert sowie (2) die zweckwidrige Verwendung der Kreditmittel oder (3) die ungleichmässige Verteilung der Kreditmittel[1610]. Es genügt dabei, dass die Erkennbarkeit beim Eintritt der Benachteiligung vorhanden ist[1611]. Das Merkmal ist einerseits erfüllt bei Vorsatz, wenn der Baukreditgeber die Benachteiligung kannte oder zumindest mit ihr rechnete, andererseits aber auch bei blosser Fahrlässigkeit, wenn dem Kreditgeber das Nichtkennen zum Vorwurf gemacht werden kann[1612]. Ob fahrlässige Unkenntnis vorliegt, beurteilt sich insbesondere nach den zu Art. 3 Abs. 2 ZGB sowie Art. 288 SchKG und Art. 289 altSchKG[1613] entwickelten Grundsätzen[1614].

B Erkennbarkeit bei juristischen Personen

Soweit der Baukredit durch Organe[1615] i.S. von Art 54f. ZGB betreut wird, ist deren Verhalten unmittelbar der Bank selbst zuzurechnen[1616].

1610 Gemäss *Göschke* I, S. 302, ist beim Baukredit, der nicht voll durch den Bodenwert gedeckt wird, die Erkennbarkeit in jedem Fall gegeben. *Göschke* verkennt jedoch, dass die grundpfändliche Belastung des Baugrundstückes allein noch keine Benachteiligung der Bauhandwerker und Bauunternehmer darstellt. Die zitierte Ansicht ist deshalb abzulehnen.

1611 Vgl. dazu *Leemann*, Art. 841 N 24f.; *Hofmann*, S. 96; *Haefliger*, S. 67.

1612 Vgl. dazu etwa *Zobl, Bauhandwerkerpfandrecht*, S. 178f.; *Zobl*, Baukreditvertrag, S. 7f.; *Pfister-Ineichen*, S. 152; *Schumacher*, N 985, S. 284; *Tuor/ Schnyder/ Schmid*, S. 852; *Leemann*, Art. 841 N 21; *Wieland*, Art. 841 N 3; *Schneebeli*, S. 151; *Hofmann*, S. 95f.; *Haefliger*, S. 62f.; *Lautenbach*, S. 58f.; *von Arx*, S. 121f.; *Simond*, S. 213f.; *Ramseyer*, S. 76.

1613 Anders als bei der Diskussion der Gleichbehandlungspflicht können also bei der hier zu diskutierenden Frage durchaus zur Pauliana entwickelte Grundsätze beigezogen werden. Vgl. dazu vorne S. 330f.

1614 Vgl. dazu *Zobl*, Bauhandwerkerpfandrecht, S. 178; *Pfister-Ineichen*, S. 150; *Leemann*, Art. 841 N 21; *Wieland*, Art. 841 N 3b; *von Arx*, S. 121, insbes. Anm. 1; *Ramseyer*, S. 76f.; *Simond*, S. 210f.; *Schneebeli*, S. 151; *Hofmann*, S. 95f.; *Haefliger*, S. 62; *Lautenbach*, S. 57; *Fritzsche/ Walder* II, 66 N 26ff., S. 561ff.

1615 Zum Begriff vgl. etwa *Riemer*, Personenrecht, Art. 54/55, N 16ff.; *Meier-Hayoz/ Forstmoser*, 2 N 20f., S. 28; *Egger*, Personenrecht, Art. 54/55 N 5ff.

1616 Vgl. dazu etwa *Riemer*, Personenrecht, Art. 54/55 N 41ff., insbes. N 45ff.; *Meier-Hayoz/ Forstmoser*, 2 N 18ff., S. 28ff.; *Tuor/ Schnyder/ Schmid*, S. 126f., insbes. S. 129f.; *Hafter*, Art. 55 N 5ff.; *Egger*, Personenrecht, Art. 54/55 N 15ff., N 18ff.; *Gutzwiller*, S. 486ff.; *von Tuhr/ Peter*, S. 378.

Kann diesen das Nichtkennen der genannten Benachteiligungen zum Vorwurf gemacht werden, ist das Merkmal der Erkennbarkeit somit auch bei der Bank erfüllt. In der Regel wird das Baukreditgeschäft jedoch im Rahmen der kaufmännischen Vertretung (Prokura gemäss Art. 458ff. OR bzw. Handlungsvollmacht gemäss Art. 462ff. OR) abgewickelt[1617]. Gemäss Art. 40 OR - e contrario - gelten dabei in bezug auf die vorliegende Frage die allgemeinen Regeln des Stellvertretungsrechts[1618]. Auch dieses Recht bestimmt aber, dass das Wissen bzw. das Wissenmüssen des Vertreters der vertretenen Person angerechnet wird[1619]. Eine Erkennbarkeit ist also auch zu bejahen, sofern den mit dem Geschäft betrauten Handlungsbevollmächtigten bzw. Prokuristen das Nichtkennen der genannten Benachteiligungen zum Vorwurf gemacht werden kann.

C Erkennbarkeit beim Beizug Dritter

Wird die Administration des Baukredites oder zumindest die Überwachung der Zahlungen einem Dritten übertragen (namentlich der Bauleitung oder einem Treuhänder[1620] bzw. Baucontroller), kann eine Wissensvertretung nur dann angenommen werden, wenn diese Personen klare Stellvertreterfunktionen haben. Kann ihnen in diesem Fall das Nichtkennen der genannten Benachteiligungen zum Vorwurf gemacht werden, ist wiederum eine Erkennbarkeit zu Lasten der Bank anzunehmen.

1617 Vgl. dazu etwa *Gautschi*, Besondere Verhältnisse, Art. 458 N 4a ff.; Art. 462 N 8a ff.; *Meier-Hayoz/ Forstmoser*, 5 N 219ff., S. 153ff.; 5 N 250ff., S. 159ff.; *Gauch/ Schluep*, N 1453ff., Bd. I, S. 278f.; *Guhl/ Merz/ Koller*, S. 153ff.; *Watter*, Art. 458 N 4ff., Art. 462 N 2ff.

1618 Vgl. dazu etwa *Gautschi*, Besondere Verhältnisse, Art. 458 N 1b, Art. 462 N 5; *Gauch/ Schluep*, N 1455, Bd. I, S. 278; *Meier-Hayoz/ Forstmoser*, 5 N 218, S. 153; *Watter*, Art. 458 N 3.

1619 Sog. Wissensvertretung; vgl. dazu *Gauch/ Schluep*, N 1444ff., Bd. I, S. 277; *Watter*, Art. 32 N 5, N 25; *von Tuhr/ Peter*, S. 351; *Bucher*, S. 630f.

1620 Vgl. dazu etwa *BGE* 53 II 467, insbes. S. 481.

II Schutzmassnahmen[1621]

A Vorbemerkungen

Das Mass der erforderlichen Sorgfalt, die genügt, damit sich der Kreditgeber exkulpieren kann, beurteilt sich jeweils nach den Umständen des Einzelfalles. Namentlich bei professiellen Baukreditgebern wird in der Regel ein strengerer Massstab angesetzt, als bei unerfahrenen Geldgebern[1622]. Allerdings sollten die nachfolgend aufgeführten Massnahmen auch bei professionellen Kreditgebern ausreichen. In der Regel sind diese Massnahmen vom Kreditgeber zu ergreifen. M.E. kann er sich jedoch auch schon dann exkulpieren, wenn sie von den mit der Bauleitung betrauten Personen (Architekt, Bauingenieur) oder sogar vom General- bzw. Totalunternehmer ergriffen werden - selbst dann, wenn kein Stellvertretungsverhältnis vorliegt und diese Personen auch sonst nicht in einem Vertragsverhältnis zur Bank stehen[1623].

B Auf die Belastung über dem Bodenwert bezogene Massnahmen

AA Kaufpreis als Belastungslimite

Soweit die Bank nicht weiss oder wissen müsste, dass der Kaufpreis überhöht war, kann sie sich exkulpieren, wenn für die Sicherung des Baukredites keine den Kaufpreis übersteigende Belastung des Baugrundstückes erfolgte[1624].

1621 Vgl. dazu auch etwa *Zobl*, Baukreditvertrag, S. 8; *Schumacher*, N 985ff., S. 284ff.; *Leemann*, Art. 841 N 22ff.; *Mühl/ Petereit*, S. 397f., Ziff. 2 und 3; *Hofmann*, S. 96ff.; *von Arx*, S. 150ff.; *Göschke* I, S. 302ff.; *Ramseyer*, S. 104ff.; *Lautenbach*, S. 71f.; *Schneebeli*, S. 183ff.; *Haefliger*, S. 83ff.; *Maillefer*, S. 48ff.

1622 Vgl. dazu etwa *Zobl*, Bauhandwerkerpfandrecht, S. 178; *Leemann*, Art. 841 N 21; *Schneebeli*, S. 183f.; *Lautenbach*, S. 75f.; *Hofmann*, S. 96.

1623 Der Kreditgeber müsste also nur dann aktiv werden, wenn zu erwarten ist, dass die genannten Personen die entsprechenden Massnahmen nicht selbst ergreifen. Bei einer professionellen Bauleitung, insbes. auch beim Bau mit General- bzw. Totalunternehmern, dürfte dies aber nur nötig sein, wenn auf diese Parteien ohnehin kein Verlass ist. In einem solchen Fall fragt es sich allerdings grundsätzlich, ob eine Zusammenarbeit nicht zuviele Risiken mit sich bringt und ein Zusammenwirken mit anderen Partnern vorzuziehen sei. Tatsächlich sind in der Praxis einzelne Banken - vor allem beim Bau mit General- und Totalunternehmern - dazu übergegangen, vollständig auf die Zahlungskontrolle zu verzichten. Stattdessen überprüfen sie den Ruf und die Bonität der jeweils Verantwortlichen. Vgl. dazu auch *Heizmann*, S. 71.

1624 Vgl. dazu namentlich *Schumacher*, N 987, S. 284; *Pfister-Ineichen*, S. 154. Vgl. auch *BGE* 100 II 314.

BB Schätzungswert als Belastungslimite

Bei einer den Kaufpreis übersteigenden Belastung des Baugrundstücks kann sich die Bank exkulpieren, wenn eine fachmännische Schätzung einen entsprechend höheren Wert ergab[1625].

C   Auf die zweckwidrige Mittelverwendung bezogene Massnahmen

Sind bei einem Bau Zahlungen an Nicht-Baugläubiger erfolgt, kann sich die baukreditgebende Bank durch den Nachweis exkulpieren, dass für eine Freigabe der Kreditmittel nach Baufortschritt[1626] sowie für eine ausreichende Zahlungskontrolle[1627], bei mehreren Bauprojekten insbesondere auch für die spezifische Zahlungskontrolle[1628] zur Verhinderung einer zweckwidrigen Mittelverwendung gesorgt wurde[1629].

Insbesondere kann von ihr nicht ohne weiteres verlangt werden, dafür zu sorgen, dass ihr nicht bekannte Unterakkordanten tatsächlich bezahlt werden. Erst wenn für sie erkennbar wird, dass die Bezahlung einzelner Unterakkordanten gefährdet ist, muss die Zahlungskontrolle entsprechend[1630] erweitert werden[1631].

1625   Vgl. dazu *Schumacher*, N 988, S. 285; *Zobl*, Baukreditvertrag, S. 8; *Pfister-Ineichen*, S. 152.

1626   Vgl. dazu im einzelnen vorne S. 176ff.

1627   Vgl. dazu im einzelnen vorne S. 177ff., S. 236 und S. 290.

1628   Vgl. dazu im einzelnen vorne S. 327.

1629   Vgl. dazu auch etwa *Zobl*, Baukreditvertrag, S. 8; *Pfister-Ineichen*, S. 153, S. 155ff.; *Schumacher*, N 990f., S. 285f.; *Leemann*, Art. 841 N 22ff.; *Mühl/ Petereit*, S. 397f., Ziff. 2 und 3; *Hofmann*, S. 97ff.; *von Arx*, S. 155ff.; *Göschke* I, S. 304ff.; *Ramseyer*, S. 104; *Lautenbach*, S. 72f.; *Schneebeli*, S. 185ff.; *Haefliger*, S. 84f.

1630   Zur speziell auf die Unterakkordanten bezogenen Zahlungskontrolle vgl. vorne S. 296.

1631   Vgl. dazu *Zobl*, Baukreditvertrag, S. 8. Bei Pauschalüberweisungen auf ein General- bzw. Totalunternehmerkonto ist dagegen ein strengerer Massstab anzusetzen, vgl. dazu *Pfister-Ineichen*, S. 153, S. 157.

D Auf die ungleichmässige Verteilung der Kreditmittel bezogene Massnahmen

M.E. genügt es für eine Exkulpation, wenn dafür gesorgt wird, dass die Auszahlung der Kreditmittel gemäss einem jeweils aktualisierten[1632] Verteilschlüssel nach Massgabe des Baufortschrittes erfolgt[1633]. Insbesondere ist die Bank nicht verpflichtet, dafür zu sorgen, dass die Mittel für eine Finanzierung des gesamten Bauprojektes ausreichen[1634]. Ebensowenig hat sie nach allfälligen Mehr- oder Zusatzkosten oder nach Unterakkordanten[1635] zu forschen. Werden ihr allerdings solche gemeldet, hat sie den Verteilschlüssel entsprechend zu modifizieren[1636].

E Schlussbemerkung

Da die Anfechtungsklage nicht durchdringt, sobald eine Erkennbarkeit zu verneinen ist, ist der Kreditgeber bereits ausreichend geschützt, wenn er lediglich die hier genannten Schutzmassnahmen ergreift. Die übrigen, weiter vorne genannten Massnahmen sind also fakultative Zusatzmassnahmen, welche das entsprechende Risiko noch weiter vermindern, jedoch für eine Exkulpation nicht notwendig sind[1637].

1632 Insbes. sollte der Verteilschlüssel jeweils den Informationen entsprechen, die der Bank vom Kreditnehmer bzw. von anderen am Bau beteiligten Parteien übermittelt werden. Aktualisierte Handwerkerverzeichnisse, Bauprogramme und Zahlungspläne sind in jedem Fall zu berücksichtigen. Entgegen *Maillefer*, S. 50, kann jedoch m.E. der Bank kein aktives Forschen nach neuen Tatbeständen zugemutet werden.

1633 Vgl. dazu etwa *Schumacher*, N 993ff., S. 286ff.; *Hofmann*, S. 98f.; *Göschke* I, S. 304ff.; *Ramseyer*, S. 104; *Lautenbach*, S. 21ff., S. 27ff., S. 73f.; *Schneebeli*, S. 186f.; *Haefliger*, S. 85ff.; *Maillefer*, S. 50; *Albisetti/ Gsell/ Nyffeler*, S. 120f. Zur Problematik eines solchen Verteilschlüssels vgl. *Pfister-Ineichen*, S. 54, S. 142.

1634 Vgl. dazu *BGE* 115 II 136, insbes. S. 144; *Pfister-Ineichen*, S. 120, S. 134, S. 142; *Leemann*, Art. 841 N 22, der allerdings eine solche Pflicht dann bejaht, wenn der Verdacht besteht, dass der Kreditnehmer die Kreditmittel zweckwidrig verwenden werde, namentlich wenn Zweifel an seiner Solvenz bestehen. Allerdings sollte m.E. in solchen Fällen ohnehin von einer Kreditgewährung abgesehen werden. Vgl. dazu auch etwa *Schneebeli*, S. 184; *Simond*, S. 215; *Wieland*, Art. 841 N 3b bb; *Hofmann*, S. 96; *Göschke* I, S. 306f.

1635 *Schumacher* hält denn auch fest, dass Unterakkordanten, die sich ihr Vorrecht wirkungsvoll vorbehalten wollen, die übrigen Parteien von sich aus benachrichtigen müssen. Vgl. dazu *Schumacher*, N 995, S. 287.

1636 Vgl. dazu *Schumacher*, N 994, S. 286f.; vgl. allerdings *Maillefer*, S. 50f., der verlangt, dass die Bauarbeiten überwacht werden, damit der Zahlungsplan gegebenenfalls unverzüglich geändert werden kann.

1637 *Pfister-Ineichen*, S. 158f., hält dagegen fest, dass die Bank dafür verantwortlich ist, dass sie die branchenüblichen Unterlagen von der Bauherrschaft erhält. M.E. darf dies aber nur verlangt werden, soweit solche Unterlagen für eine sinnvolle Zahlungskontrolle notwendig sind. Zu weiteren praktischen Problemen vgl. *Pfister-Ineichen*, S. 158f.

2D Haftungsfragen

Soweit der Baukreditnehmer unter Verletzung von Pflichten aus dem Baukreditvertrag bewirkt, dass es zum Eintrag bzw. zur Verwertung von Bauhandwerkerpfandrechten oder sogar zu einer Anfechtung im erwähnten Sinn kommt, haftet er grundsätzlich gegenüber der baukreditgebenden Bank. Allerdings setzen entsprechende Haftpflichtansprüche voraus, dass die Bank überhaupt zu Schaden kommt. Dies ist jedoch nur der Fall, wenn der Kreditnehmer nicht mehr zahlungsfähig ist und es deshalb überhaupt zu einer Verwertung des Grundpfandes kommt. Ist der Kreditnehmer aber zahlungsunfähig, nützt dessen Haftpflicht nicht mehr viel.

Übernimmt die baukreditgebende Bank die Zahlungskontrolle (selbständig oder durch Beizug eines Treuhänders bzw. Baucontrollers), stellt sich umgekehrt die Frage, ob sie nicht ihrerseits dem Kreditnehmer bei einer mangelhaften Kontrolle Schadenersatz zu leisten hat. M.E. hängt dies davon ab, inwieweit die Kontrolle, welche die Bank ja vor allem in ihrem eigenen Interesse unternimmt, auch im Rahmen eines vom Baukreditnehmer - zumindest stillschweigend - erteilten Auftrages i.S. von Art. 394ff. OR oder einer Geschäftsführung ohne Auftrag i.S. von Art. 419ff. OR erfolgt. Liegt ein Auftrag vor, haftet die Bank nach den Bestimmungen in Art 398f. OR[1638]. Insbesondere kommen die Bestimmungen des Art. 399 OR[1639] bzw. die zur Substitution entwickelten Grundsätze zur Anwendung, sofern die Bank die Kontrolle auf Dritte überträgt[1640]. Bei einer Geschäftsführung ohne Auftrag beurteilt sich die Haftung nach Art. 420 OR[1641]. Denkbar ist ausserdem, dass die Bank nach denselben Grundsätzen gegenüber einem Käufer des Bauobjektes haftbar wird, soweit dieser - wie dies namentlich beim Kauf nach Plänen der Fall ist - bereits vor dem Eigentumsübergang Zahlungen auf das Baukreditkonto leistet.

1638   Vgl. dazu auch *Zobl*, Baukreditvertrag, S. 8.

1639   Zum Begriff der Substitution und zur Abgrenzung gegen den blossen Beizug von Hilfspersonen
        vgl. vorne Anm. 556.

1640   Vgl. dazu vorne S. 121 und S. 180.

1641   Vgl. dazu auch *Schumacher*, N 518, S. 145: Ohne eine besondere Treuhandvereinbarung haftet
        die Bank des Generalunternehmers nicht, wenn sie Zahlungsanweisungen ausführt, die zu
        Zweckentfremdungen führen. Zur allfälligen Treueerklärung dieser Bank gegenüber der baukreditgebenden Bank vgl. vorne S. 29 und S. 238.

Zusammenfassender Überblick III: Liste möglicher Massnahmen

Massnahmen zur Verminderung der mit dem Baugläubigerschutz verbundenen Risiken.

(A) Vereinbarung entsprechender Punkte im Baukreditvertrag:

(1) betreffend den Pfandrechtseintrag
- Beschränkung des Kreditmitteleinsatzes auf pfandrechtsgeschützte Bauarbeiten bzw. Werklieferungen

(2) betreffend Unterakkordanten
- spezifisch auf die Unterakkordanten bezogene Zahlungskontrolle
- direkte Auszahlung der Unterakkordanten
- Zusicherungen betreffend Unterakkordanten

(3) betreffend Doppelzahlung/ abredewidrige Mehr- oder Zusatzkosten
- Benachrichtigungspflicht bei Eintragungsgesuchen
- Berechtigung der Bank, die Freigabe von Kreditmitteln zur doppelten Bezahlung von Bauleistungen oder abredewidrigen Zusatz- oder Mehrkosten bzw. für entsprechende Sicherstellungen zu verweigern
- Abreden betreffend das für die Baufinanzierung einkalkulierte Eigen- bzw. Drittkapital

(4) betreffend Abwehr/ Ablösung von Pfandrechtseinträgen
- Abreden betreffend die Geltendmachung entsprechender Einwendungen und Einreden im Verfahren über die Pfandrechtseintragung
- Abreden betreffend die direkte Auszahlung des Gesuchstellers bzw. Baupfandgläubigers
- Abreden betreffend die Sicherstellung des Gesuchstellers bzw. Baupfandgläubigers i.S. von Art. 839 Abs. 3 ZGB
- Benachrichtigungspflicht bei Eintragungsgesuchen

(5) betreffend Zwangsvollstreckungsverfahren
- Pflicht des Kreditnehmers, sich in den Verfahren zur Verwertung allfälliger Bauhandwerkerpfandrechte optimal zur Wehr zu setzen

(6) betreffend Vorrecht bzw. Anfechtungsrecht
- Auszahlung der Kreditmittel gemäss jeweils aktualisiertem Verteilschlüssel

(B) Weitere Schutzmassnahmen:

- Bestätigung des Handwerkerverzeichnisses
- Bestreitung des Pfandrechte bzw. der Bauforderungen im Anfechtungsprozess
- selbständige Geltendmachung entsprechender Einwendungen im Verfahren über die Pfandrechtseintragung
- direkte Auszahlung des Gesuchstellers
- Sicherstellung des Gesuchstellers i.S. von Art. 839 Abs. 3 ZGB
- Kaufpreis als Belastungslimite
- Schätzungswert als Belastungslimite
- spezifische Zahlungskontrolle bei einer Kreditgewährung für mehrere Projekte
- selbständiges Vorgehen in den mit der Zwangsvollstreckung verbundenen Verfahren
- Nebenintervention im Anerkennungs- bzw. Aberkennungsprozess
- selbständiges Vorgehen im Vorrechtsprozess

(C) Bereits zum Schutz gegen allfällige Unterdeckungsrisiken taugliche Massnahmen:

- Zahlungskontrolle

- Kreditfreigabe nach Massgabe des Baufortschrittes
- Vorabverwendung des Eigen- bzw. Drittkapitals
- möglichst hoher Anteil an Eigen- bzw. Drittkapital
- Abreden über die Einzahlung des Eigen- bzw Drittkapitals
- besondere Kündigungsregelungen
- zum Schutz gegen eine zweckwidrige Verwendung der Kreditmittel taugliche Massnahmen
- direkte Verpflichtung des General- bzw. Totalunternehmers zur vertragskonformen Mittelverwendung
- Überprüfung der Vertrauenswürdigkeit und Bonität des Kreditnehmers und der am Bau beteiligten Parteien
- Absicherung gegen Zusatzkosten
- Absicherung gegen Mehrkosten
- Sicherstellung einer ausreichenden Kreditlimite
- Zusatzsicherheiten
- möglichst hoher Anteil des bereits vorhandenen, mithaftenden Grundstückswertes
- Vereinbarungen betreffend Rückbehalte

Zusammenfassender Überblick IV: Möglicher Inhalt eines Treuhand-/ Baucontrollervertrages

(A) Treuhänderische Zahlungskontrolle

Soweit zur Zahlungskontrolle (zum Schutz gegen allfällige Unterdeckungen bzw. zur Verminderung der mit dem Baugläubigerschutz verbundenen Risiken) ein Treuhänder eingesetzt wird, kommt für einen entsprechenden Treuhandvertrag namentlich folgender Inhalt in Frage[1642]:

(a) Treuhand mit selbständiger Zahlungskompetenz und Treuhandkonto

- Recht und Pflicht zur selbständigen Bezahlung von Baugläubigern, sofern

    - die Zahlungen
        - für tatsächlich erbrachte Bauleistungen erfolgen
        - für Leistungen erfolgen, die auf dem für den Kredit verpfändeten Baugrundstück erbracht wurden
        - für wertvermehrende Bauarbeiten und Materiallieferungen erfolgen
        - für pfandrechtsgeschützte Bauarbeiten oder Werklieferungen erfolgen
        - einem aktuellen Handwerkerverzeichnis entsprechen
        - dem Zahlungsplan entsprechen
        - einem Verteilschlüssel entsprechen, der eine möglichst gleichmässige Bezahlung der Baugläubiger vorsieht

    - keine Rückbehalte in Frage kommen
    - das für die Baurealisation einkalkulierte Eigen- bzw. Drittkapital vorab verwendet wurde
    - die Bezahlung der entsprechenden Unterakkordanten nachgewiesen ist
    - die von den entsprechenden Baugläubigern zugesagten Garantien und Sicherheiten rechtsgültig bestellt worden sind
    - keine anderslautende Weisungen des Baukreditgebers bestehen, insbesondere aufgrund seines Leistungsverweigerungsrechtes bei Pflichtverletzungen des Kreditnehmers
    - bei mehreren Bauobjekten die Überweisungen genau spezifiziert sind und die entsprechenden Quoten nicht überschritten werden
    - das Bauobjekt genügend versichert ist
    - die entsprechenden Baugläubiger den von ihnen verlangten Versicherungsschutz nachweisen können
    - die entsprechenden Baugläubiger eine ausreichende Vertrauenswürdigkeit bzw. Bonität aufweisen

- Pflicht zur Festlegung des beim Bauen mit Unterakkordanten gegebenenfalls zu hinterlegenden Betrages und zur Freigabe desselben, sobald die Bezahlung der entsprechenden Unterakkordanten nachgewiesen ist

- Recht und Pflicht zu Direktzahlungen an Unterakkordanten, sofern die entsprechenden Bedingungen erfüllt sind

- Pflicht zum Erstellen und Nachführen eines Verteilschlüssels für die einzelnen Zahlungen

---

1642   Vgl. dazu insbes. auch *Schumacher*, S. 314ff.; *Mühl/ Petereit*, S. 397f.; *Ramseyer*, S. 103ff.

(b) Treuhand mit blosser Kontrollpflicht

- Recht und Pflicht zur Visierung einzelner Zahlungsaufträge; Visierungspflicht, sofern die vorgenannten Bedingungen zur Bezahlung der Baugläubiger erfüllt sind

- Pflicht zur Festlegung des beim Bauen mit Unterakkordanten gegebenenfalls zu hinterlegenden Betrages und zur Visierung des entsprechenden Zahlungsauftrages, sobald die Bezahlung der jeweiligen Unterakkordanten nachgewiesen ist

- Recht und Pflicht zur Visierung von Zahlungsaufträgen für die Direktzahlung von Unterakkordanten, sofern die entsprechenden Bedingungen erfüllt sind

- Pflicht zum Erstellen und Nachführen eines Verteilschlüssels für die einzelnen Zahlungen

(B) Baucontrolling

Soweit - namentlich bei grösseren Bauprojekten - nicht bloss ein mit der Zahlungskontrolle beauftragter Treuhänder, sondern ein Treuhänder bzw. Baucontroller mit umfassenderem Aufgabenkreis eingesetzt wird, kommen zusätzlich etwa die folgenden Rechte und Pflichten des Treuhänders bzw. Baucontrollers in Frage[1643]:

- Pflicht zur Überprüfung des Bauprojektes, Projektkritik und Vorlage von Optimierungsvorschlägen

- Recht und Pflicht zur Mitwirkung bei Arbeitsvergebungen

- Pflicht zur laufenden Budgetkontrolle (Vergleich von Kostenvoranschlag und Arbeitsvergebungen)

- Pflicht zur Qualitätskontrolle

- Pflicht zur Terminkontrolle

- Nachkalkulation und Kontrolle der Bauabrechnung

- Recht und Pflicht zum Mitwirken an den Bau- und Garantieabnahmen

---

1643   Der Katalog ist im wesentlichen den Ausführungen bei *Stettler*, Risikoprämien, S. 52, entnommen.

Teil 5: Besondere Sachverhalte

Nr. 1: Parteibereich

§ 58 Kreditnehmerseite

Baukreditnehmer können natürliche oder juristische Personen sowie Kollektiv- und Kommanditgesellschaften sein[1644]. Nebst privaten Kreditnehmern kommen auch der Bund, die Kantone und die Gemeinden sowie andere Rechtsträger des öffentlichen Rechts in Frage, doch sind entsprechende Kreditbeanspruchungen selten[1645]. Möglich ist auch, dass Architekten, General- bzw. Totalunternehmer oder Bauhandwerker bzw. Bauunternehmer selbständig als Kreditnehmer auftreten[1646]. Grundsätzlich können auch mehrere Personen gemeinsam einen Kredit aufnehmen[1647]. Dies kommt namentlich dann vor, wenn das Baugrundstück mehrere Eigentümer aufweist.

Bedeutsam sind insbesondere die folgenden Tatbestände:

I   Kreditaufnahme durch Gesamteigentümer

Nehmen die Gesamteigentümer des Baugrundstücks einen Baukredit auf, unterscheidet sich dieses Rechtsgeschäft grundsätzlich nicht von anderen Rechtsgeschäften, welche sie als Gesamteigentümer tätigen. Es kann somit auf die Bestimmungen verwiesen werden, welche das jeweilige Gesamthandverhältnis regeln, namentlich auf die Bestimmungen zur einfachen Gesellschaft[1648], zur Kollektiv[1649]- bzw. Kommanditgesellschaft[1650], zur Erben-

---

1644   Häufig sind die Kreditnehmer auch Eigentümer des Baugrundes. Allerdings ist dies nicht notwendig. Zur Baukreditfinanzierung beim Bauen auf fremdem Grund im besondern vgl. hinten S. 363ff.

1645   Zur Baukreditfinanzierung beim Bauen auf öffentlichem Grund vgl. hinten S. 370f.

1646   Der Baukreditvertrag kann auch mittels direkter Stellvertretung i.S. von Art. 32ff. OR abgeschlossen werden. Als Stellvertreter kommen insbes. entsprechend bevollmächtigte Architekten, Ingenieure oder General- bzw. Totalunternehmer in Frage. Kreditnehmer bleibt aber in diesem Fall der Bauherr, in dessen Namen der Vertrag abgeschlossen worden ist.

1647   Vgl. dazu *Zobl*, Baukreditvertrag, S. 3f.; *Pfister-Ineichen*, S. 42.

1648   Insbesondere gilt, dass die Gesellschafter nach Massgabe des Stellvertretungsrechtes verpflichtet werden (Art. 543 Abs. 2 OR). Für die gemeinsam übernommenen Verpflichtungen haften sie ohne besondere Abrede solidarisch (Art. 544 Abs. 3 OR).

1649   Insbesondere gilt, dass die Kollektivgesellschaft verpflichtet wird, sofern der Baukreditvertrag von einem zur Vertretung befugten Gesellschafter in ihrem Namen abgeschlossen wird (Art. 567 Abs. 1 OR). Für die dabei eingegangenen Verbindlichkeiten haften die Gesellschafter solidarisch (Art. 568 Abs. 1 OR).

1650   Auch hier gilt, dass die Kommanditgesellschaft verpflichtet wird, sofern der Baukreditvertrag von einem zur Vertretung befugten Gesellschafter in ihrem Namen abgeschlossen wird (Art. 603 i.V. mit Art. 567 Abs. 1 OR). Soweit aus dem Gesellschaftsvermögen keine Befriedigung ergemeinschaft[1651] und zur Gütergemeinschaft[1652]. Auch bei der Sicherung des Baukredites ergeben sich keine Besonderheiten: Die Errichtung einer Grundpfandverschreibung bzw. eines Schuldbriefes ist eine Verfügung über die im Gesamteigentum stehende Sache[1653]. Dasselbe gilt für die Verpfändung bzw. Sicherungsübereignung eines im Gesamteigentum stehenden Schuldbriefes. Diese Verfügungen richten sich nach dem Grundverhältnis (Art. 653 Abs. 1 OR). Soweit dieses allerdings keine entsprechende Regelung vorsieht, setzen sie einen einstimmigen Beschluss der Gesamteigentümer voraus (Art. 653 Abs. 2 ZGB)[1654].

---

hältlich ist, haften die unbeschränkt haftenden Gesellschafter für die entsprechenden Verbindlichkeiten wiederum solidarisch (Art. 617 OR i.V. mit Art. 604 OR). Die Kommanditäre haften zwar ebenfalls subsidiär und solidarisch, jedoch nur bis zur Höhe ihrer Kommanditsumme (Art. 608 Abs. 1 OR). Vgl. zum Ganzen etwa *Meier-Hayoz/ Forstmoser*, 10 N 21, S. 240.

1651   Für die Erbengemeinschaften gilt das Folgende: Stirbt ein Erblasser, der einen Baukreditvertrag abgeschlossen hat, so haften gemäss Art. 603 Abs. 1 ZGB die Mitglieder der Erbengemeinschaft für die vom Erblasser eingegangenen Baukreditschulden solidarisch. Im Falle einer Fortführung der Bauarbeiten unter weiterer Beanspruchung des Baukredites kommen dagegen m.E. die Bestimmungen der einfachen Gesellschaft zur Anwendung. Dasselbe gilt, falls die Erben selbständig einen Baukredit aufnehmen.

1652   Soweit die Ehegatten gemeinsam einen Baukredit aufnehmen, liegt unabhängig vom Güterstand eine einfache Gesellschaft vor und die Ehegatten haften für die zusammen übernommenen Verbindlichkeiten gemäss Art. 544 Abs. 3 OR solidarisch. Schliesst allerdings ein Ehepartner allein einen Baukreditvertrag im Namen der ehelichen Gemeinschaft ab, ist Art. 166 ZGB zu beachten: Der Vertragsschluss gehört nicht zu den laufenden Bedürfnissen i.S. von Abs. 1 Ziff. 1 dieser Bestimmung. Ohne Ermächtigung des anderen Ehegatten kann dieser somit nicht mitverpflichtet werden. Bei der Gütergemeinschaft im besondern gelten überdies die Art. 227f. ZGB: Der Abschluss eines Baukreditvertrages gehört nicht zur ordentlichen Verwaltung des Gesamtgutes. Die Gemeinschaft kann somit nur mit Einwilligung des anderen Partners verpflichtet werden.

1653   Insbesondere ist keine separate Verpfändung von Anteilen am Gesamteigentum möglich. Vgl. dazu etwa *Riemer*, 17 N 23, S. 187.

1654   Vgl. zum Ganzen insbes. *Meier-Hayoz*, Allgemeine Bestimmungen, Art. 653 N 3ff.; *Haab/ Simonius/ Scherrer/ Zobl*, Art. 652-654, N 18. Einstimmigkeit ist - vorbehältlich anderer Vereinbarungen - allerdings auch gemäss den meisten Grundverhältnissen erforderlich, so etwa bei der einfachen Gesellschaft (Art. 534 Abs. 1 OR), bei der Kollektivgesellschaft (Art. 557 Abs. 2 i.V. mit Art. 534 Abs. 1 OR), bei der Kommanditgesellschaft (Art. 598 Abs. 2 i.V. mit 557 Abs. 2 und 534 Abs. 1 OR) und bei der Erbengemenschaft (Art. 602 Abs. 2 ZGB i.V. mit Art. 653 Abs. 2 ZGB). Im Falle einer Gütergemeinschaft ist jeweils die Einwilligung des anderen Partners oder ein gemeinsames Handeln notwendig, da die genannten Verfügungen nicht zur ordentlichen Verwaltung des Gesamtgutes gehören (Art. 228 Abs. 1 ZGB). Zu beachten ist ausserdem Art. 169 Abs. 1 ZGB: Wohnt die Familie - z.B. bei geplanten Umbauarbeiten - im Objekt, das verpfändet werden soll, kann sich durch die Verpfändung durchaus eine Beschränkung im Sinne der genannten Bestimmung ergeben. In diesem Fall ist ohnehin die Zustimmung des anderen Ehegatten notwendig.

II Kreditaufnahme durch mehrere Miteigentümer

Nehmen mehrere Miteigentümer des Baugrundes gemeinsam einen Baukredit auf, liegt eine einfache Gesellschaft vor und die einzelnen Miteigentümer haften für die zusammen eingegangenen Verbindlichkeiten gemäss Art. 544 Abs. 3 OR solidarisch[1655]. Zur Sicherung des Baukredites können Grundpfandverschreibungen oder Schuldbriefe entweder auf den einzelnen Miteigentumsanteilen (Art. 646 Abs. 3 i.V. mit Art. 655 Ziff. 4 ZGB) oder aber auf der Gesamtliegenschaft errichtet werden. Die Verpfändung der Gesamtliegenschaft ist allerdings nicht mehr möglich, sobald einzelne Miteigentumsanteile verpfändet wurden (Art. 648 Abs. 3 ZGB), es sei denn, dass die entsprechenden Pfandgläubiger zustimmen[1656]. Ausserdem ist dafür - vorbehältlich einer anderen Vereinbarung - die Übereinstimmung aller Miteigentümer notwendig (Art. 648 Abs. 2 ZGB)[1657]. Werden einzelne Miteigentumsanteile verpfändet, ist gemäss Art. 798 Abs. 2 und 3 ZGB eine quotenmässige Haftung vorzusehen. Soweit allerdings - wie vorliegendenfalls - die verschiedenen Miteigentümer solidarisch für die zu sichernde Forderung haften, ist auch die Errichtung eines Gesamtpfandes möglich (Art. 798 Abs. 1 ZGB)[1658].

1655 Aus dem Miteigentumsverhältnis allein ergibt sich dagegen keine solidarische Verpflichtung, vgl. dazu *Meier-Hayoz*, Allgemeine Bestimmungen, Art. 646 N 110.

1656 Vgl. dazu etwa *Rey*, N 667, S. 153, N 60, S. 152; *Meier-Hayoz*, Allgemeine Bestimmungen, Art. 648 N 41; *Steinauer*, N 2656, S. 109f. Zur möglichen Lösung dieses Problems mittels leerer Pfandstellen vgl. etwa *Riemer*, 17 N 22, S. 87.

1657 Vgl. zum Ganzen insbes. *Meier-Hayoz*, Allgemeine Bestimmungen, Art. 648 N 25ff.

1658 Besteht an einzelnen Schuldbriefen Miteigentum, können auch die entsprechenden Miteigentumsanteile verpfändet oder zur Sicherung übereignet werden (Art. 646 Abs. 3 ZGB). Vgl. dazu etwa *Meier-Hayoz*, Allgemeine Bestimmungen, Art. 646 N 56, N 69; *Haab/ Simonius/ Scherrer/ Zobl*, Art. 646 N 11, N 13; *Zobl*, Fahrnispfand, Art. 884 N 112; *Oftinger/ Bär*, Art. 884 N 48. Denkbar ist auch, dass an diesen Anteilen ein Gesamtpfandrecht bestellt wird, vgl. dazu etwa *Zobl*, Fahrnispfand, Systematischer Teil N 499f.; *Oftinger/ Bär*, Systematischer Teil N 63.

III Kreditaufnahme durch mehrere Stockwerkeigentümer

Nehmen mehrere Stockwerkeigentümer gemeinsam einen Baukredit auf, gilt, was die schuldrechtliche Seite betrifft, sinngemäss dasselbe wie beim Miteigentum. Auch für die Sicherung des Kredites gilt sinngemäss dasselbe[1659]. Insbesondere ist es möglich, entweder das Gesamtgrundstück oder aber je einzelne Stockwerkeinheiten mit einem Grundpfand zu belasten[1660]. Sind einzelne Einheiten bereits belastet, kommt aber eine Gesamtbelastung nur noch mit Zustimmung der entsprechenden Pfandgläubiger in Frage[1661]. Werden einzelne Stockwerkeinheiten lediglich mit einem Teilbetrag belastet (Art. 798 Ab. 2 ZGB), ist insbesondere zu beachten, dass diese Einheiten gegebenenfalls nicht im vollen Umfang ihrer Wertsteigerung haften. Deshalb ist zu empfehlen, jeweils das gesamte Grundstück zu belasten oder zumindest ein Gesamtpfand i.S. von Art. 798 Abs. 1 ZGB zu errichten[1662], sofern dies möglich ist.

1659 Insbes. ist der Stockwerkeigentumsanteil gemäss Art. 712a Abs. 1 ZGB ein Miteigentumsanteil am entsprechenden Grundstück, vgl. dazu etwa *Meier-Hayoz/ Rey*, Art. 712a N 7ff.; *Rey*, N 765ff., S. 174f.

1660 Vgl. dazu im einzelnen *Meier-Hayoz/ Rey*, Art. 712a N 96ff.; *Rey*, N 779, S. 178; *Mühl/ Petereit*, N 945f., S. 350ff.

1661 Vgl. dazu *Meier-Hayoz/ Rey*, Art. 712a N 97; *Rey*, N 780, S. 178; *Mühl/ Petereit*, N 946, S. 351f.

1662 Vgl. dazu etwa *Meier-Hayoz/ Rey*, Art. 712a N 98.

§ 59 Kreditgeberseite

Baukreditgeber im privatrechtlichen Sinne kann grundsätzlich jede natürliche oder juristische Person oder eine Kollektiv- bzw. Kommanditgesellschaft sein. In Frage kommen nebst Banken insbesondere auch die öffentliche Hand[1663] sowie Versicherungsgesellschaften, Pensionskassen, andere institutionelle Anleger und Privatpersonen[1664]. Bei privaten Geldgebern dürfte die Kreditform allerdings eher die Ausnahme sein. Ebenso ist es in der Praxis selten, dass sich Versicherungsgesellschaften und Pensionskassen bereits in der Phase der Baufinanzierung engagieren[1665]. Soweit sie ihre Gelder im Immoliliensektor anlegen, geschieht dies einerseits durch den Erwerb von Liegenschaften oder den Bau von Häusern mit eigenen Mitteln, andererseits durch Gewährung von Hypothekardarlehen zur Ablösung von Baukrediten[1666] oder zum Erwerb von Liegenschaften.

Bei der Baufinanzierung mit Bankhilfe dürfte es, insbesondere bei kleineren Bauvorhaben, in der Praxis die Regel sein, dass eine Bank allein das ganze Bauprojekt finanziert. Es ist jedoch durchaus möglich, dass die Baufinanzierung durch verschiedene Baukreditgeber erfolgt. Letzteres kommt insbesondere bei grösseren Wohnüberbauungen vor oder bei der Errichtung von Industrie- und Gewerbebauten, welche entsprechend hohe Kreditsummen erfordern. Das Interesse an einer solchen Lösung liegt häufig auf beiden Seiten: Der Bauherr kann auf diese Weise die Abhängigkeit von einem einzigen Kreditgeber vermeiden, während umgekehrt die Banken durch die Beteiligung weiterer Banken Klumpenrisiken[1667] in ihrem Kreditportefeuille verhindern[1668].

Bedeutsam sind insbesondere die folgenden Tatbestände:

1663 Zur Kompetenz des Bundes und der Kantone, im Rahmen der öffentlichen Bauförderung Baukredite zu gewähren, vgl. insbes. vorne S. 41ff.

1664 Vgl. dazu etwa die *BGE* 102 II 1, *BGE* 83 II 284 sowie *BGE* 80 II 22 zugrundeliegenden Sachverhalte.

1665 Vgl. dazu schon vorne S. 46.

1666 Zur Ablösung des Baukredites vgl. hinten S. 377ff. Von gewissen Versicherungsgesellschaften wird die Zusage zur Ablösung eines Baukredites sogar erst gewährt, wenn der Bau schon so weit fortgeschritten und der Baukredit schon so weit beansprucht worden ist, dass der Endwert des Objektes ohne grossen Aufwand abgeschätzt werden kann. Als Richtgrösse wird in der Praxis eine 80%ige Beanspruchung des Baukredites genommen (telefonische Auskunft der Anlageabteilung der «Zürich Versicherungs-Gesellschaft, Hauptsitz Zürich»).

1667 Zum Begriff vgl. etwa *Sigrist*, Klumpenrisiko, S. 415f.

1668 Vgl. dazu etwa *Bieri*, S. 71ff; *Froncioni*, S. 36; *Albisetti/ Gsell/ Nyffeler*, S. 63f., S. 119; *Albisetti/ Boemle/ Ehrsam/ Gsell/ Nyffeler/ Rutschi*, S. 135; *Zobl*, Baukreditvertrag, S. 3; *Pfister-Ineichen*, S. 42; *Emch/ Renz/ Bösch*, S. 230f., S. 350.

I Mehrere, voneinander unabhängige Kreditgeber

Denkbar ist, dass für dasselbe Bauprojekt unabhängig voneinander mehrere Baukredite gewährt werden, wobei die Sicherung dieser Kredite je nach Sachverhalt im gleichen Rang[1669] oder in unterschiedlichen Rängen erfolgen kann. Allerdings kommt es vor, dass die Gläubiger - namentlich im Bankbereich - in Kontakt zueinander treten und gewisse Vereinbarungen abschliessen. Meist handelt es sich dabei jedoch lediglich um unverbindliche Absprachen[1670].

II Gemeinsame Kreditgewährung durch mehrere Parteien

Ist von Anfang an eine gemeinsame Finanzierung vorgesehen und kommt es unter den Beteiligten zum Abschluss entsprechender Verträge, spricht man von sog. direkt wirkenden Konsortialvereinbarungen[1671]. Die stärkste Form des Zusammenwirkens ist dabei beim wirtschaftlichen Einheitskredit, dem sog. Konsortialkredit gegeben[1672]. Dabei lassen sich zwei Grundformen unterscheiden: (1) Der von einem sog. Aussenkonsortium[1673] gewährte Konsortialkredit und (2) der Konsortialkredit mit blossem Innenkonsortium[1674]. Bei ersterem stehen die Konsorten zum Kreditnehmer in einer direkten Rechtsbeziehung. Das Innenkonsortium dagegen tritt nach aussen gar nicht in Erscheinung. Der Kreditnehmer steht nur zu einem einzigen Mitglied des Konsortiums in direkter Beziehung. Bei beiden Formen wird jedoch einerseits ein sog. Aussenvertrag (der das Kreditverhältnis regelt) und andererseits ein Konsortialvertrag abgeschlossen. Der Konsortialvertrag ist in der Regel eine einfache Gesellschaft i.S. von Art. 530ff. OR[1675]. Beim Innenkonsortium liegt insbesondere eine sog. stille Gesellschaft vor[1676].

1669   Zur Möglichkeit, mehrere Grundpfandrechte im gleichen Rang zu errichten, vgl. etwa *BGE* 71 II 460, insbes. S. 461; *Leemann*, Art. 813 und 814, N 25; *Simonius/ Sutter*, 5 N 57, S. 176.

1670   Man spricht in diesem Zusammenhang von sog. indirekten Konsortialvereinbarungen, vgl. dazu *Bieri*, S. 87ff. In der Bankentheorie wird dabei unterschieden zwischen sog. rechtsausschliessenden Vereinbarungen, Gentlemen's Agreements sowie sog. Innengesellschaften auf indirekte Konsortialvereinbarungen. Vgl. dazu *Bieri*, S. 99f., S. 119ff., S. 165ff.

1671   Vgl. dazu *Bieri*, S. 92.

1672   Vgl. dazu *Bieri*, S. 188; *Albisetti/ Boemle/ Ehrsam/ Gsell/ Nyffeler/ Rutschi*, S. 423.

1673   Vgl. dazu *Francioni*, S. 9, S. 90 (mit weiteren Hinweisen).

1674   Vgl. dazu *Francioni*, S. 9 (mit weiteren Hinweisen).

1675   Vgl. dazu etwa *Bieri*, S. 153f.; *Francioni*, S. 40, S. 45; *Zobl*, Baukreditvertrag, S. 3; *Pfister-Ineichen*, S. 42; *Albisetti/ Boemle/ Ehrsam/ Gsell/ Nyffeler/ Rutschi*, S. 423; *Meier-Hayoz/ Forstmoser*, Gesellschaftsrecht, 8 N 83, S. 215; *Guhl/ Kummer/ Druey*, S. 586.

1676   Vgl. dazu *Guhl/ Kummer/ Druey*, S. 587f.; *Meier-Hayoz/ Forstmoser*, Gesellschaftsrecht, 11 N 1ff., S. 251ff; *Siegwart*, Vorbem. zu Art. 530-551, N 8ff.; *Becker*, Art. 530 N 22.

A Zum Aussenkonsortium im besondern

AA Federführende Bank

Obwohl beim Aussenkonsortium alle Konsorten in einem Rechtsverhältnis zum Kreditnehmer stehen, tritt diesem gegenüber in der Regel nur ein Mitglied des Konsortiums stellvertretend für das ganze Konsortium als sog. federführende Bank auf[1677]. Diese führt die Vertragsverhandlungen und ist gegebenenfalls auch zum Abschluss des Baukreditvertrages befugt. Vor allem aber wird der federführenden Bank in der Regel die ganze Abwicklung und Überwachung des Baukredites sowie die Führung des Baukreditkontos übertragen[1678]. Meistens ist es auch diese Bank, welche die dem Konsortium verpfändeten oder zur Sicherung übereigneten Schuldbriefe treuhänderisch aufbewahrt und verwaltet[1679].

Die entsprechende Bank erhält für ihre Tätigkeit oftmals eine sog. Gestionskommission[1680]. Soweit sie eine solche Entschädigung bezieht, haftet sie nach den Bestimmungen über den Auftrag (Art. 538 Abs. 3 OR i.V. mit Art. 398 OR)[1681]. Wo keine Gestionskommission geschuldet ist, bestimmt sich die Haftung nach Art. 538 Abs. 1 OR (Haftung für diligentia quam in suis)[1682].

Tatsächlich bringt die Federführung nicht unerhebliche Risiken mit sich: Ergeben sich als Folge von Unterdeckungen oder Bauhandwerkerpfandrechten Verluste, verliert die Bank nicht nur eigene Mittel, sondern muss gegebenenfalls auch noch die übrigen Mitglieder des Konsortiums entschädigen. Gelegentlich wird denn auch im Konsortialvertrag eine solche Haftung ausdrücklich wegbedungen. Allerdings gelten dabei die Schranken von Art. 100 OR.

1677 Vgl. dazu *Francioni*, S. 7f.; *Zobl*, Baukreditvertrag, S. 3; *Pfister-Ineichen*, S. 42; *Albisetti/ Boemle/ Ehrsam/ Gsell/ Nyffeler/ Rutschi*, S. 135, S. 423; *Albisetti/ Gsell/ Nyffeler*, S. 63, S. 119; *Emch/ Renz/ Bösch*, S. 231. Die Bestimmung der federführenden Bank ist als Übertragung der Geschäftsführung i.S. von Art. 535 Abs. 1 OR zu qualifizieren. Gemäss Art. 543 Abs. 3 OR ist die federführende Bank im Umfang der ihr erteilten Geschäftsführungsbefugnisse auch zur Vertretung des Konsortiums nach aussen berechtigt.

1678 Zur vertraglichen Regelung im einzelnen vgl. *Francioni*, S. 114ff. Gelegentlich wird die Geschäftsführungsbefugnis insoweit wieder beschränkt, als die federführende Bank verpflichtet ist, Massnahmen, die über blosse Verwaltungshandlungen hinausgehen, zuvor mit den anderen Parteien abzusprechen.

1679 Vgl. dazu *Francioni*, S. 12; *Bieri*, S. 205; *Albisetti/ Boemle/ Ehrsam/ Gsell/ Nyffeler/ Rutschi*, S. 135, S. 423; *Albisetti/ Gsell/ Nyffeler*, S. 63, S. 119.

1680 Vgl. dazu etwa *Francioni*, S. 119; *Albisetti/ Boemle/ Ehrsam/ Gsell/ Nyffeler/ Rutschi*, S. 135; *Albisetti/ Gsell/ Nyffeler*, S. 119; *Emch/ Renz/ Bösch*, S. 350; *Zobl*, Baukreditvertrag, S. 3, Anm. 7; *Pfister-Ineichen*, S. 42.

1681 Vgl. dazu *Francioni*, S. 120; *Guhl/ Kummer/ Druey*, S. 590; *Meier-Hayoz/ Forstmoser*, 8 N 47, S. 205f.; *Siegwart*, Art. 538 N 13; *Becker*, Art. 538 N 10.

1682 Vgl. dazu *Guhl/ Kummer/ Druey*, S. 591; *Meier-Hayoz/ Forstmoser*, 8 N 47, S. 205f.; *Siegwart*, Art. 538 N 9ff.; *Becker*, Art. 538 N 2.

BB   Verhältnis der Konsorten zum Baukreditnehmer

Ohne besondere Vereinbarung ist die Baukreditforderung gemäss Art. 544 Abs. 1 OR eine Gesamthandforderung[1683], [1684]. Umgekehrt haften die einzelnen Gesellschafter gemäss Art. 544 Abs. 3 OR solidarisch gegenüber dem Baukreditnehmer[1685]. Das Gesamthandverhältnis wird allerdings in der Regel vertraglich ausgeschlossen[1686]. Dieser Ausschluss muss einerseits im Konsortialvertrag, andererseits aber auch im Baukreditvertrag selbst vereinbart werden. Die Folge des Ausschlusses ist, dass der Baukredit in der Höhe der Kreditanteilsquoten aufgesplittet[1687] wird und die Konsorten nur noch nach ihren Quoten haften[1688].

CC   Grundpfändliche Sicherung der Kreditforderungen

Soweit ein Gesamthandverhältnis besteht, erfolgt die Sicherstellung zugunsten des Konsortiums. Die entsprechenden Pfandrechte stehen also allen Konsorten gemeinsam zu und können nur gemeinsam nach Massgabe des Innenverhältnisses geltend gemacht werden[1689]. Am entsprechenden Erlös ist dann allerdings jeder Konsorte nach Massgabe seiner Kreditquote beteiligt[1690].

1683   Vgl. dazu etwa *Meier-Hayoz/ Forstmoser*, 8 N 14f., S. 197f.; *Becker*, Art. 544 N 1; *Siegwart*, Art. 544 N 9. Zu Gesamthandforderungen im allgemeinen vgl. insbes. auch *Bucher*, S. 501ff.

1684   Zur ausdrücklichen Gesamthanderklärung vgl. *Francioni*, S. 75ff., insbes. S. 78f.

1685   Vgl. dazu *Francioni*, S. 148ff; *Guhl/ Kummer/ Druey*, S. 591f.; *Meier-Hayoz/ Forstmoser*, 8 N 27, S. 200, 8 N 55, S. 208; *Becker*, Art. 544 N 6ff.; *Siegwart*, Art. 544 N 28f. Im Innenverhältnis haben die Parteien jedoch nur die ihrem Anteil entsprechenden Beträge zu übernehmen und das vom Kreditnehmer belangte Mitglied des Konsortiums hat einen entsprechenden Rückgriff auf die anderen Parteien (Art. 148 Abs. 1 OR - e contrario - sowie Art. 148 Abs. 2 OR), vgl. dazu etwa *Meier-Hayoz/ Forstmoser*, 8 N 27, S. 200; *Siegwart*, Art. 544 N 36.

1686   Vgl. dazu *Francioni*, S. 75ff., insbes. S. 80.

1687   Vgl. dazu *Francioni*, S. 81ff.

1688   Vgl. dazu *Francioni*, S. 150.

1689   Vgl. dazu *Meier-Hayoz/ Forstmoser*, 8 N 14f., S. 197f.; *Becker*, Art. 544 N 1; *Siegwart*, Art. 544 N 9; *Bucher*, S. 502f.; *Haab/ Simonius/ Scherrer/ Zobl*, Art. 652-654, N 18.; *Meier-Hayoz*, Allgemeine Bestimmungen, Art. 653 N 3ff.

1690   Vgl. dazu *Francioni*, S. 102.

Soweit dagegen eine Gesamthandschaft ausgeschlossen wird, sind auch die Sicherheiten zu trennen. Praktisch geschieht dies dadurch, dass für jeden Konsorten gleichrangige Schuldbriefe oder Maximalhypotheken errichtet werden[1691].

B Zum Innenkonsortium im besondern

Beim Innenkonsortium hat nur die nach aussen auftretende Bank unmittelbare Ansprüche gegenüber dem Kreditnehmer. Umgekehrt haftet gegenüber dem Kreditnehmer nur diese Bank. Die Kreditsicherheit schliesslich wird wiederum nur zugunsten der nach aussen auftretenden Bank bestellt.

Die einzelnen Konsorten haben der nach aussen auftretenden Bank die von ihnen übernommene Quote zu überlassen. Entsprechend ihrer Quote partizipieren sie am Zins und an den Kommissionen. Ergibt sich ein Verlust, nehmen die Konsorten in der Regel nach Massgabe ihrer Quote daran Teil[1692].

1691   Vgl. dazu *Bieri*, S. 211, S. 215. Zur Möglichkeit, mehrere Grundpfandrechte im gleichen Rang zu errichten, vgl. etwa *Leemann*, Art. 813 u. 814 N 25; *Simonius/Sutter*, 5 N 57, S. 176.
1692   Vgl. dazu *Francioni*, S. 102.

§ 60 Internationale Baufinanzierung

I Schweizerisches Recht

Ausländische Privatleute oder Gesellschaften mit Sitz im Ausland können grundsätzlich grenzüberschreitend Kredite und Darlehen und damit auch Baukredite in der Schweiz gewähren[1693]. Gemäss dem - allerdings zunehmendem Revisionsdruck ausgesetzten[1694] - BewG und der gestützt darauf erlassenen BewV gibt es jedoch im Bereich der grundpfändlichen Sicherung gewisse Schranken: So ist diese gemäss Art. 2 BewV zugunsten einer Person im Ausland i.S. von Art. 5 BewG bewilligungspflichtig, sofern dadurch eine Baufinanzierung gesichert werden soll, welche den Grundeigentümer in eine besondere Abhängigkeit vom Gläubiger bringt[1695].

II EU

Im Recht der EU ist die grenzüberschreitende Baufinanzierung weitgehend liberalisiert worden. Grundlegend ist die Richtlinie Nr. 88/361, welche die Mitgliedstaaten anweist, die Beschränkungen des Kapitalverkehrs aufzuheben (Art. 1). Die Aufhebung allfälliger Schranken gilt insbesondere auch für die grenzüberschreitende Kreditgewährung (Anhang I Ziff. VIII), für Investitionen zum Bau von Gebäuden sowie für Hypothekardarlehen (Anhang I Begriffsbestimmungen)[1696]. Ausserdem haben die Mitgliedstaaten allfällige Hemmnisse für die grenzüberschreitende Geschäftstätigkeit der Kreditinstitute zu beseitigen, namentlich gestützt auf die Richtlinie Nr. 89/646 («Zweite Bankenrichtlinie»). Darüber hinaus existiert ein Vorschlag der Kommission für eine Richtlinie, in welcher unter anderem die grenzüberschreitende Kreditgewährung im Hypothekarbereich noch weiter geregelt werden sollte (Art. 3ff. des Vorschlages)[1697, 1698].

1693   Will allerdings eine ausländische oder ausländisch beherrschte Bank in der Schweiz einen Sitz, eine Zweigniederlassung oder eine Agentur errichten oder einen ständigen Vertreter bestellen, ist eine Bewilligung der Bankenkommission notwendig (Art. 3bis Bankengesetz, Art. 3ff. ABV). Vorbehalten bleiben ausserdem Massnahmen gemäss Art. 16i Abs. 1 Ziff. 4 NBG.

1694   Indessen wurde in der Volksabstimmung vom 25. Juni 1995 eine Revision des Gesetzes verworfen, welche nurmehr Beschränkungen für den Grundstückserwerb zu Anlagezwecken, zum gewerbsmässigen Handel und den Erwerb von Ferienwohnungen vorsah.

1695   Eine solche Abhängigkeit liegt nach der Praxis des Bundesgerichtes etwa vor, wenn der Grundeigentümer wirtschaftlich schwach ist und die grundpfändliche Belastung das verkehrsübliche Mass deutlich übersteigt oder wenn der Grundeigentümer vom Kreditgeber wirtschaftlich derart abhängig ist, dass der Kreditgeber faktisch bestimmen kann, was mit dem Grundstück geschehen soll. Vgl. dazu etwa *BGE* 107 II 440, insbes. S. 446; *BGE* 107 Ib 12, insbes. S. 18f.

1696   Gemäss Art. 7 der Richtlinie soll der entsprechende Liberalisierungsgrad ausserdem auch im Verkehr mit Drittländern erreicht werden.

1697   Vgl. dazu im einzelnen auch schon schon vorne S. 24.

1698   Im Rahmen des in der Volksabstimmung vom 6. Dezember 1992 verworfenen EWRA hätte die entsprechende Gesetzgebung dafür sorgen müssen, dass unter anderem im Bereich der grenzüberschreitenden Dienstleistungen (und damit auch der Bankdienstleistungen, vgl. dazu Botschaft EWR, S. 275ff.) sowie des grenzüberschreitenden Kapitalverkehrs (vgl. dazu Botschaft EWR, S. 338ff.) das Niveau der EU erreicht worden wäre (Art. 36ff., Art. 40ff. EWRA). Unter anderem wären damit auch die geschilderten Schranken des BewG und der BewV aufgehoben worden (vgl. dazu Botschaft EWR, S. 340ff.).

Nr. 2: Grundstücksbereich

§ 61 Besondere Eigentumsverhältnisse

I Baukreditfinanzierung bei nicht dem Kreditnehmer gehörendem Baugrund

Das Bauen auf nicht dem Kreditnehmer gehörendem Baugrund kann namentlich beruhen (1) auf einem selbständigen und dauernden Baurecht[1699], (2) auf einem unselbständigen Baurecht[1700], (3) auf einem selbständigen, aber nicht dauernden Baurecht und (4) auf einer rein obligatorischen Grundlage. Zu diesen Varianten ergibt sich, in bezug auf die Baufinanzierung, insbesondere das Folgende:

A Bauen aufgrund eines selbständigen und dauernden und als Grundstück im Grundbuch eingetragenen Baurechts

AA Allgemeine Bemerkungen

Soweit ein Bauobjekt aufgrund eines als Grundstück im Grundbuch eingetragenen, selbständigen und dauernden Baurechts errichtet wird (Art. 779 Abs. 3 ZGB, Art. 655 Abs. 1 Ziff. 2 ZGB und Art. 7 Abs. 1 GBV), kann dieses selbständig verpfändet werden und die zugeführte Bausubstanz wirkt sich auch auf das entsprechende Pfandrecht aus[1701]. Dadurch ist grundsätzlich eine Baukreditfinanzierung im Sinne dieser Arbeit möglich[1702]. Das im Sondereigentum stehende Bauobjekt ist dabei rechtlich völlig unabhängig vom Baugrund. Ist das Baurecht einmal errichtet, kommt deshalb dem Grundeigentümer bei der Baukreditfinanzierung gar keine Rolle mehr zu. Sowohl im vertragsrechtlichen wie auch im sicherungsrechtlichen Bereich entspricht die Baukreditfinanzierung einer Baukreditfinanzierung bei einem auf gewöhnlichem Grund errichteten Bauobjekt.

1699 Vgl. dazu etwa *Isler*, S. 26; *Tuor/ Schnyder/ Schmid*, S. 796; *Simonius/ Sutter*, 4 N 11f., S. 129; *Liver*, Eigentum, S. 184.

1700 Unselbständige Baurechte können entweder als Grunddienstbarkeiten i.S. von Art. 730ff. ZGB oder als irreguläre Personaldienstbarkeiten i.S. von Art. 781 ZGB auftreten. Vgl. dazu etwa *Isler*, S. 26, S. 101f.

1701 Vgl. dazu *Isler*, S. 64f.; *Simonius/ Sutter*, 4 N 22, S. 133; *Meier-Hayoz*, Grundeigentum, Art. 655 N 5, N 36ff.; *Haab/ Simonius/ Scherrer/ Zobl*, Art. 655 N 14. Vgl. auch etwa *BGE* 106 II 56, inshes. S. 57

1702 Zur anfänglich - zumindest in gewissen Regionen - eher zurückhaltenden Praxis der Banken, Kredite für Baurechtsobjekte zu gewähren, vgl. *Girsberger*, S. 6f.; *Isler*, S. 81.

Allerdings ergeben sich gewisse Unterschiede bei der Bewertung[1703] und der Festlegung der Belehnungsrenze[1704]. Da der Boden selbst nicht mithaftet, erhöht sich insbesondere das Risiko einer Unterdeckung[1705].

BB   Fragen im Zusammenhang mit dem Baugläubigerschutz

Das entsprechende Objekt kann auch mit Bauhandwerkerpfandrechten belastet werden[1706]. Von der Tatsache abgesehen, dass nur dieses Objekt und nicht der Boden selbst belastet wird, sind jedoch die Verhältnisse und die entsprechenden Verfahren gleich wie bei jedem Baugrundstück. Es kann deshalb, was das Verhältnis des Baugläubigerschutzes zum Baukredit betrifft, sinngemäss auf das bereits weiter vorne Ausgeführte verwiesen werden[1707].

CC   Pfandrecht zur Sicherung des Baurechtszinses im besondern

Gemäss Art. 779i ZGB hat der Grundeigentümer das Recht, zur Sicherung seines Baurechtszinses ein Maximalpfand bis zum Höchstbetrag von drei Jahresleistungen eintragen zu lassen. Gemäss Art. 779k Abs 2 ZGB i.V. mit Art. 837ff. ZGB bzw. Art. 972 ZGB erhält auch dieses Pfandrecht seinen Rang nach dem Zeitpunkt der Eintragung[1708] und kann somit gegenüber der Baukreditsicherung im Range vor- oder nachgehen. Dabei ergeben sich für den Baukreditgeber - von den Risiken einer Anfechtung bzw. den mit den Pfandrechten allfälliger Unterakkordanten zusammenhängenden Risiken und Nachteilen abgesehen - sinngemäss dieselben Risiken und Nachteile wie beim Eintrag oder der Verwertung von Bauhandwerkerpfandrechten[1709].

1703   Vgl. dazu *Girsberger*, S. 57ff.
1704   Vgl. dazu *Girsberger*, S. 63ff.
1705   Vgl. dazu vorne S. 164ff. Besonderheiten ergeben sich auch beim Abschluss des Baukreditvertrages: Grundlage dieses Vertrages ist nebst den bereits erwähnten Dokumenten immer auch der Baurechtsvertrag, vgl. dazu etwa *Zobl*, Baukreditvertrag, S. 4. Insbes. muss die Bank für die Festlegung der Kreditlimite und für die - gegebenenfalls schon bei der Kreditgewährung erfolgende - Zusicherung des langfristigen Darlehens Kenntnis haben von der Baurechtsdauer, dem Baurechtszins sowie der Berechnung der Heimfallentschädigung.
1706   Vgl. dazu etwa *Zobl*, Bauhandwerkerpfandrecht, S. 120; *Schumacher*, N 344ff., S. 87f.
1707   Vgl. dazu vorne S. 285ff.
1708   Vgl. dazu *Simonius/Sutter*, 4 N 41, S. 139; *Isler*, S. 142.
1709   Vgl. dazu im einzelnen vorne S. 286ff.

Gegen einen Eintrag im Range nachgehender Pfandrechte kann sich der Kreditgeber etwa dadurch schützen, dass er mittels Zahlungskontrolle für eine ordungsgemässe Zahlung des Baurechtszinses sorgt[1710]. Eine unmittelbar bevorstehende Eintragung kann auch durch eine entsprechende Sicherheitsleistung (Art. 779k Abs. 2 ZGB i.V. mit Art. 839 Abs. 3 ZGB)[1711] oder durch eine direkte Bezahlung abgewehrt werden. Schliesslich kann sich der Kreditgeber in einem allfälligen Zwangsvollstreckungsverfahren selbständig zur Wehr setzen. Denkbar ist auch, dass der Kreditnehmer zu einem entsprechenden Vorgehen verpflichtet wird oder sich der Baukreditgeber zu dessen Vertretung ermächtigt wird[1712].

Im Range vorgehende Pfandrechte sollten in jedem Fall bei der Festsetzung der Baukreditlimite berücksichtigt werden. Allerdings ist dies nicht möglich, soweit die Pfandrechte erst nach Abschluss der Bauarbeiten (aber noch vor Errichtung der Baukreditsicherung) eingetragen werden. Da der Kreditgeber in diesem Fall jedoch ohnehin nicht mehr an den Baukreditvertrag gebunden ist[1713], ergeben sich dadurch keine weiteren Probleme. Denkbar ist insbesondere, dass in einem solchen Fall neue Bedingungen vereinbart werden, welche die eingetragenen Pfandrechte berücksichtigen.

1710 Während der Bauarbeiten auflaufende Baukreditzinsen gehören zu den typischerweise vom Zweck des Baukreditvertrages erfassten Kosten und können somit durchaus aus Kreditmitteln bezahlt werden, vgl. dazu vorne S. 107.

1711 Vgl. dazu *Isler*, S. 143.

1712 Vgl. dazu auch die Ausführungen zu möglichen Schutzmassnahmen im Zusammenhang mit dem Eintrag bzw. der Verwertung von Bauhandwerkerpfandrechten, vorne S. 290ff. und S. 313f.

1713 Vgl. dazu vorne S. 311.

B   *Bauen aufgrund im Grundbuch eingetragener, unselbständiger oder selbständiger, jedoch nicht dauernder Baurechte*

Soweit das Bauobjekt aufgrund eines im Grundbuch eingetragenen, unselbständigen bzw. selbständigen, jedoch nicht dauernden Baurechtes errichtet werden soll, wird das entsprechende Bauvorhaben für eine Baukreditfinanzierung im Sinne dieser Arbeit[1714] praktisch untauglich[1715], da am Bauobjekt zwar Sondereigentum besteht (Art. 779ff. ZGB i.V. mit Art. 675 Abs. 1 ZGB)[1716], dieses jedoch nicht selbständig verpfändet werden kann (Art. 655 Abs. 2 Ziff. 2 - e contrario).

Wird dennoch eine Fremdfinanzierung ins Auge gefasst und soll die Kreditforderung durch Grundsicherheiten gesichert werden, so kann man zwar durchaus den - nicht dem Kreditnehmer gehörenden - Baugrund verpfänden. Der den Baukredit kennzeichnende Konnex zwischen Kredit und Sicherheit[1717] fehlt aber in diesem Fall; es liegt ein gewöhnliches Drittpfand bzw. eine gewöhnliche Kreditfinanzierung vor[1718].

1714   Vgl. dazu vorne S. 18.

1715   Bei Bauten, die in einem als Grunddienstbarkeit ausgestalteten Baurecht errichtet werden, ist immerhin eine mittelbare Baukreditfinanzierung möglich. Vgl. dazu im einzelnen hinten S. 374.

1716   Vgl. dazu etwa *Isler*, S. 39f.; *Simonius/ Sutter*, 4 N 3, S. 126; *Tuor/ Schnyder/ Schmid*, S. 701f.; *Meier-Hayoz*, Art. 675 N 8ff.; *Haab/ Simonius/ Scherrer/ Zobl*, Art. 675 N 8ff.

1717   Vgl. dazu vorne S. 3 und S. 18.

1718   Nicht zu untersuchen sind auch allfällige Probleme im Zusammenhang mit dem Baugläubigerschutz, da die Bauobjekte gar nicht mit Bauhandwerkerpfandrechten belastet werden können. Vgl. dazu *Zobl*, Bauhandwerkerpfandrecht, S. 133ff.

C Bauen auf rein obligatorischer Grundlage[1719]

AA Allgemeine Bemerkungen

Ein Bauobjekt, das auf rein obligatorischer Grundlage auf fremdem Boden errichtet wird, kann nicht selbständig verpfändet werden. Soweit die neu geschaffene Bausubstanz für den Kredit mithaften soll, muss immer das Grundstück verpfändet werden, dem das Bauobjekt gemäss Akzessionsprinzip zufällt (Art. 667 Abs. 2 ZGB und Art. 671 Abs. 1 ZGB i.V. mit Art. 805 ZGB)[1720]. Bei einer Sicherung des Baukredites mittels Grundpfandverschreibung ist somit der Grundeigentümer Partei des entsprechenden Pfandvertrages. Bei einer Sicherung des Baukredites durch Verpfändung oder Sicherungsübereignung eines Schuldbriefes muss er je nach Fall zuerst einen Schuldbrief errichten oder einen bereits existierenden Schuldbrief selbständig verpfänden bzw. zur Sicherung übereignen. Soweit der Kredinehmer allerdings Eigentümer von auf dem Grundstück lastenden Schuldbriefen ist, kann er diese ohne Mitwirkung des Grundeigentümers verpfänden oder zur Sicherung übereignen.

BB Fragen im Zusammenhang mit dem Baugläubigerschutz

Partei im Verfahren über die Eintragung von Bauhandwerkerpfandrechten ist der Grundeigentümer[1721]. Der Kreditnehmer bzw. der Baukreditgeber können höchstens als Nebenintervenienten[1722] daran teilnehmen. Die Möglichkeiten der Baukreditparteien, sich in den entsprechenden Verfahren zur Wehr zu setzen, sind also gegebenenfalls sehr beschränkt. Da, wie gezeigt wurde, der Baukreditgeber durchaus ein Interesse daran hat, einen Eintrag allfälliger Bauhandwerkerpfandrechte zu verhindern[1723], empfiehlt es sich deshalb, mit dem Grundeigentümer eine Vereinbarung abzuschliessen, die eine optimale Abwehr im entsprechenden Verfahren sicherstellt.

1719 Zwar dürfte ein solches Vorgehen eine Ausnahme darstellen, kann aber durchaus vorkommen. Allerdings wird dabei in der Regel eine spezifische Interessenkonstellation vorliegen: Z.B. plant ein Bauunternehmer, der als Bauherr und Hausverkäufer auftritt, eine Überbauung auf einem fremden Grundstück, wobei der Grundeigentümer am Gewinn mitbeteiligt ist und die fertiggestellten Häuser vor oder nach Abschluss der Bauarbeiten direkt verkauft werden sollen. Durch das entsprechende Vorgehen ist nur eine einzige Handänderung notwendig, was Umtriebe und Kosten vermindert.

1720 Vgl. dazu etwa *Meier-Hayoz*, Grundeigentum, Art. 667 N 5f., N 29ff.; *Haab/ Simonius/ Scherrer/ Zobl*, Art. 667 N 13ff.; *Rey*, N 392ff., S. 91ff., insbes. N 433, S. 100; *Tuor/ Schnyder/ Schmid*, S. 691, S. 693f.; *Liver*, Eigentum, 5 N 165ff.; *Simonius/ Sutter*, 5 N 29ff., S. 165f.; *BGE* 81 II 431, insbes. S. 435. Vgl. auch vorne S. 3.

1721 Vgl. dazu *Schumacher*, N 693, S. 199, N 769, S. 223; *Zobl*, Bauhandwerkerpfandrecht, S. 100.

1722 Vgl. dazu etwa *Habscheid*, 2 N 19, S. 7; *Vogel*, 5 N 65ff., S. 144f.

1723 Vgl. dazu vorne S. 286ff.

Allerdings haben die Baukreditparteien immer auch die Möglichkeit, mittels Sicherheitsleistung oder Bezahlung einen Eintrag zu verhindern oder eingetragene Pfandrechte abzulösen[1724].

Im Verfahren betreffend Verwertung von Bauhandwerkerpfandrechten ist der Grundeigentümer ebenfalls Partei[1725], während der Kreditnehmer nur dann Partei ist, wenn sich die entsprechende Forderung direkt gegen ihn richtet. Soweit demgegenüber der Kreditgeber selbständig Grundpfandrechte geltend machen kann, kann er gegebenenfalls unmittelbar als Partei an den betreffenden Verfahren teilnehmen und sich entsprechend zur Wehr setzen.

CC   Besonderheiten im Zusammenhang mit der Zwangsvollstreckung[1726]

Gehört das Baugrundstück nicht dem Baukreditnehmer und leitet der Baukreditgeber ein Verfahren auf Grundpfandverwertung ein (Verfahren auf Verwertung der Grundpfandverschreibung oder des übereigneten bzw. verpfändeten Schuldbriefes), ist der Grundeigentümer in jedem Fall Mitbetriebener und kann sich selbständig gegen die Betreibung zur Wehr setzen[1727].

Im Konkurs des Baukreditnehmers gehört das Grundstück nicht zur Konkursmasse und die Betreibung auf Grundpfandverwertung kann trotz des Konkurses durchgeführt werden (Art. 89 Abs. 1 VZG). Zudem kann die Baukreditforderung, soweit sie lediglich durch das Grundstück bzw. durch dem Grundeigentümer oder Dritten gehörende Schuldbriefe gesichert wurde, im vollen Betrag als ungesicherte Forderung angemeldet werden (Art. 61 Abs. 1 KOV).

Im Konkurs des Grundeigentümers, der nicht zugleich Schuldner der Kreditforderung ist, sind zwar die grund- oder faustpfandgesicherten Forderungen (d.h. die Kredit- bzw. die Schuldbriefforderung) ins Lastenverzeichnis[1728] aufzunehmen.

1724   Soweit der Baukreditnehmer nicht Schuldner der abgelösten Forderung ist, liegt im Falle einer direkten Bezahlung eine sog. Intervention vor, vgl. dazu *Gauch/ Schluep*, N 2043ff., Bd. II, S. 8f.; *von Tuhr/ Escher*, S. 26f.; *Keller/ Schöbi*, Bd. I, S. 209f.; *Leu*, Art. 68 N 4.

1725   Vgl. dazu *Schumacher*, N 939, S. 272; *Zobl*, Bauhandwerkerpfandrecht, S. 166; *Füllemann*, S. 44ff.

1726   Vgl. zur Zwangsvollstreckung insbesondere auch schon vorne S. 271ff.

1727   Insbesondere ist ihm, soweit er nicht ohnehin Schuldner der in Betreibung gesetzten Schuldbriefforderung ist, eine Ausfertigung des Zahlungsbefehls zuzustellen (Art. 153 Abs. 2 lit. a SchKG, Art. 88 Abs. 1 VZG).

1728   Vgl. etwa *Zobl*, Fahrnispfand, Art. 901 N 133; *Huber*, Eigentümerschuldbrief, S. 338; *BGE* 99 III 66ff., insbes. S. 69f.; *BGE* 64 III 65ff., insbes. S. 71.

Soweit darüber hinaus keine persönliche Schuldpflicht des Grundeigentümers gegenüber dem Kreditgeber besteht, findet keine weitere Kollokation statt[1729].

Was allfällige von dritter Seite gegen den Grundeigentümer eingeleitete Zwangsvollstreckungsverfahren[1730] und insbesondere das Risiko einer vorzeitigen Verwertung des Baugrundstücks betrifft, gilt sinngemäss das bereits weiter vorne Ausgeführte[1731].

II Baukreditfinanzierung bei Stockwerkeigentum

Grundsätzlich ist es möglich, schon vor Errichtung eines Gebäudes eine Aufteilung in Stockwerkeigentum vorzunehmen (Art. 33c GBV)[1732]. Nebst einer Sicherung des Baukredites durch das Gesamtgrundstück ist somit auch schon vor Beginn der Bauarbeiten eine Sicherung durch die einzelnen Stockwerkeinheiten möglich. Soweit jedoch die einzelnen Einheiten nur quotenmässig haften (Art. 798 Abs. 2 ZGB), verstärkt sich dadurch aber das Risiko, dass es während der Bauarbeiten zu einer strukturell bedingten Unterdeckung kommt[1733], da selbst von der effektiv gebauten Bausubstanz jeweils nur ein Teil für den Baukredit haftet. Fällt eine Belastung des Gesamtgrundstücks ausser Betracht, ist deshalb zu empfehlen, den Baukredit - soweit dies möglich ist - i.S. von Art. 798 Abs. 1 ZGB durch ein Gesamtpfand auf den einzelnen Stockwerkeinheiten zu sichern[1734].

Sofern ein Baukredit lediglich von einem einzelnen Stockwerkeigentümer für Bauarbeiten in seinen Räumen aufgenommen wird, kann die Stockwerkeinheit wie eine einzelne Bauparzelle verpfändet werden[1735]. Die Verhältnisse sind sinngemäss dieselben wie bei einer gewöhnlichen Baukreditfinanzierung. Was die Kreditaufnahme durch mehrere Stockwerkeigentümer betrifft, so kann auf das bereits weiter vorne Ausgeführte verwiesen werden[1736].

1729 Ist demgegenüber der Grundeigentümer im Falle der - zur Sicherung der Kreditforderung vorgenommenen - Sicherungsübereignung eines Schuldbriefes auch Schuldner der Schuldbriefforderung, partizipiert der Sicherungseigentümer des Schuldbriefes grundsätzlich mit dem ungedeckten Teil am Erlös der übrigen Konkursmasse. Umstritten ist demgegenüber, ob dem Faustpfandgläubiger eines vom Grundeigentümer und Schuldner der Schuldbriefforderung als Drittpfand begebenen Eigentümerschuldbriefes ohne besondere Abrede ein Pfandrecht an der Grundpfandausfallforderung zusteht. Befürwortend namentlich *Zobl*, Fahrnispfand, Art. 901 N 149; *Zobl*, Eigentümerschuldbrief, S. 217; *Zobl*, Erwiderung, S. 129ff. Ablehnend *Huber*, Eigentümerschuldbrief, S. 329ff. Vgl. auch *Brönnimann*, S. 145ff.; *BGE* 107 III 128;

1730 Um solchen Verfahren und den damit verbundenen, bereits vorne S. 278ff. geschilderten Nachteilen möglichst vorzubeugen, sollte für den Fall, dass das Baugrundstück einem Dritten gehört, auch jeweils dessen Vertrauenswürdigkeit und Bonität überprüft werden.

1731 Vgl. dazu vorne S. 271ff.

1732 Vgl. dazu etwa *Meier-Hayoz/ Rey*, Art. 712d N 70; *Mühl/ Petereit*, N 944, S. 350; *BGE* 107 II 211, insbes. S. 214.

1733 Vgl. dazu im einzelnen vorne S. 171ff.

1734 Vgl. dazu schon vorne S. 356.

1735 Vgl. dazu etwa *Meier-Hayoz/ Rey*, Art. 712a N 98ff.

1736 Vgl. dazu vorne S. 356.

III Baukreditfinanzierung auf öffentlichem Grund

A Übersicht

Ein nicht unbedeutender Teil der heute in der Schweiz verwirklichten Bauten wird auf Grund ausgeführt, der entweder juristischen Personen des öffentlichen Rechts gehört (insbesondere dem Bund, den Kantonen und den Gemeinden sowie öffentlichrechtlichen Anstalten) oder aber privatrechtlich organisierten Körperschaften, die öffentliche Aufgaben erfüllen. Soweit die Finanzierung solcher Bauten mit öffentlichen Mitteln erfolgt, liegt keine Baukreditfinanzierung im Sinne dieser Arbeit vor[1737]. Zu prüfen bleibt jedoch die Frage, inwieweit solche Grundstücke der privatrechtlichen Baukreditfinanzierung im Sinne dieser Arbeit zugänglich sind. Entscheidendes Kriterium ist dabei die Belastbarkeit dieser Grundstücke durch privatrechliche Grundpfandrechte.

B Grundstücke, die Gemeinden sowie Körperschaften des kantonalen öffentlichen Rechts gehören

Ob Grundstücke, die Gemeinden sowie Körperschaften des kantonalen öffentlichen Rechts gehören, durch privatrechtliche Grundpfänder belastet werden können, beurteilt sich nach dem SchGG[1738] sowie nach den gemäss Art. 664 Abs. 3 ZGB, Art. 59 Abs. 3 ZGB, Art. 796 Abs. 2 ZGB und Art. 30 SchKG erlassenen kantonalen Bestimmungen[1739]. Gemäss SchGG gilt insbesondere das Folgende: Bei Grundstücken im Eigentum von Gemeinden sowie Körperschaften des kantonalen öffentlichen Rechts, die unmittelbar durch ihren Gebrauchswert dem Gemeinwesen dienen, (sog. Verwaltungsvermögen sowie Sachen im Gemeingebrauch[1740]), ist eine Verpfändbarkeit in der Regel ausgeschlossen (Art. 9 i.V. mit Art. 10 SchGG)[1741]. Bei den einem Gemeinwesen gehörenden Anstalten und Werken, die öffentlichen Zwecken dienen, sowie bei öffentlichen Waldungen, Weiden und Alpen sind allerdings Ausnahmen möglich (vgl. dazu Art. 8 i.V. mit Art. 10 SchGG).

1737 Zum öffentlichrechtlichen Baukreditbegriff im besondern vgl. vorne S. 1.

1738 Nicht in den Anwendungsbereich des SchGG fallen selbständige Anstalten des kantonalen öffentlichen Rechts. Indessen kommt bei solchen Rechtsträgern der Grundsatz, wonach Verwaltungsvermögen nicht verpfändet werden kann, als allgemeiner Grundsatz zur Anwendung, vgl. *BGE* 120 II 321, insbes. S. 323 (in diesem Entscheid wurde indessen festgehalten, dass ein dem Bankbetrieb dienendes Grundstück einer Kantonalbank mit Bauhandwerkerpfandrechten belastet werden kann).

1739 Gültigkeit haben diese Bestimmungen allerdings ohnehin nur insoweit, als sie nicht im Widerspruch zum SchGG stehen. Als Beispiel einer kantonalen Regelung sei etwa § 198 EGZGB/ ZH zitiert, wonach Grundstücke, die zur Erfüllung der gemäss Gesetzgebung unerlässlichen öffentlichen Aufgaben der Gemeinde bestimmt sind, nur mit Zustimmung des Regierungsrates verpfändet werden können. Vgl. dazu *Lötscher*, S. 86f.

1740 Vgl. dazu etwa *Häfelin/ Müller*, N 1823f., S. 425, N 1830ff., S. 427f.; *Gygi*, S. 227, S. 231ff.; *Imboden/ Rhinow*, S. 811; *Schwarzenbach-Hanhart*, S. 184f.; *Knapp*, N 2902ff., S. 600ff., N 2962ff., S. 610ff.; *Meier-Hayoz*, Allgemeine Bestimmungen, Systematischer Teil N 201ff., insbes. N 205f.; *Rey*, Grunddienstbarkeiten, Systematischer Teil, N 167ff.; *Lötscher*, S. 85.

1741 Vgl. dazu auch *BGE* 111 III 81, insbes. S. 84 (mit weiteren Hinweisen).

Grundstücke, welche dem Gemeinwesen dagegen nur mittelbar mit ihrem Vermögenswert dienen (sog. Finanzvermögen[1742]), können grundsätzlich mit Grundpfändern belastet werden und stehen somit auch einer Baukreditfinanzierung offen. Werden solche Grundstücke allerdings öffentlichen Aufgaben gewidmet[1743], entfällt die Verpfändbarkeit (Art. 11 SchGG). Dasselbe gilt auch, wenn Grundstücke im Eigentum privater Grundeigentümer öffentlichen Aufgaben gewidmet werden[1744]. Zugunsten Dritter gebundenes Vermögen schliesslich (z.B. Grundstücke, die stiftungsähnlichen Fonds gehören, als Amtskautionen gestellt wurden oder entsprechenden Pensionskassen gehören) kann nur für Verpflichtungen, die sich aus der Zweckbestimmung dieses Vermögens ergeben, verpfändet werden (Art. 12 SchGG). Namentlich bei Pensionskassen und Fonds dürfte eine Verpfändung in diesem Rahmen auch für Baukredite möglich sein[1745].

C Grundeigentum der Kantone und des Bundes

Für das Grundeigentum des Bundes und der Kantone bestehen keine besondern bundesrechtlichen Bestimmungen[1746]. Gemäss bundesgerichtlicher Rechtssprechung gilt jedoch, dass an Grundstücken, die öffentlichen Zwecken gewidmet sind (Verwaltungsvermögen bzw. Sachen des Gemeingebrauchs[1747]), keine Pfandrechte bestellt werden können[1748]. Solche Grundstücke sind somit der Baukreditfinanzierung entzogen. Umgekehrt unterliegt nach allgemein anerkannten Grundsätzen das Finanzvermögen dem Privatrecht[1749]. Grundstücke im Finanzvermögen des Bundes oder der Kantone stehen somit durchaus einer privatrechtlichen Baukreditfinanzierung offen.

D Private Bauarbeiten auf öffentlichem Grund

Im Rahmen der Erschliessung von Baugrundstücken kommt es durchaus vor, dass der private Bauherr auch Erschliessungsarbeiten auf öffentlichem Grund selbst durchführt und finanziert[1750]. So-

---

1742 Vgl. dazu etwa *Häfelin/ Müller*, N 1821f., S. 424f., N 1829ff., S. 396f.; *Gygi*, S. 227; *Imboden/ Rhinow*, S. 809f.; *Schwarzenbach-Hanhart*, S. 185; *Knapp*, N 2895ff., S. 598f.; *Meier-Hayoz*, Allgemeine Bestimmungen, Systematischer Teil N 201ff., insbes. N 204, N 207; *Rey*, Grunddienstbarkeiten, Systematischer Teil, N 166.

1743 Vgl. dazu etwa *Schroff*, S. 144; *Häfelin/ Müller*, N 1832ff., S. 427; *Gygi*, S. 233; *Imboden/ Rhinow*, S. 817; *Schwarzenbach-Hanhart*, S. 185; *Knapp*, N 2994ff., S. 615.

1744 Vgl. dazu etwa *Häfelin/ Müller*, N 1833, S. 427; *Imboden/ Rhinow*, S. 817.

1745 Für Bauten auf privatem Grund, die öffentlichen Zwecken dienen, vgl. etwa *BGE* 107 II 44, insbes. S. 47ff.: Solche Objekte sind nur dann dem Verwaltungsvermögen zuzurechnen, wenn sie «in der Verfügungsgewalt des Staates stehen». V.a. ist in solchen Fällen das SchGG nicht anwendbar.

1746 Immerhin haben die Kantone gestützt auf Art. 796 Abs. 2 ZGB die Möglichkeit, für die Verpfändbarkeit ihrer Grundstücke besondere Bestimmungen zu erlassen. Die bereits erwähnte Regelung in § 198 EGZGB/ZH bezieht sich allerdings nur auf Grundstücke, die der Erfüllung von Gemeindeaufgaben dienen.

1747 Vgl. dazu gerade vorgehend.

1748 Vgl. dazu etwa *BGE* 103 II 227, insbes. S. 236ff., wonach der dem SchGG zugrundegelegte Grundsatz, dass Sachen, die öffentlichen Zwecken dienen, nicht verpfändet werden können, als allgemeiner Grundsatz zur Anwendung kommt. Vgl. dazu auch etwa *Schroff*, S. 144; *Lötscher*, S. 88. Vgl. auch *BGE* 120 II 321.

1749 Vgl. dazu *Meier-Hayoz*, Allgemeine Bestimmungen, Systematischer Teil N 207; *Meier-Hayoz*, Grundeigentum, Art. 664 N 6; *Rey*, Grunddienstbarkeiten, Systematischer Teil N 166; *Zobl*, Bauhandwerkerpfandrecht, S. 138.

1750 Vgl. dazu etwa *Schumacher*, N 589, S. 166.

weit dafür Drittkapital beansprucht wird, kann dieses nicht durch die entsprechenden öffentlichen Grundstücke gesichert werden. Soll allerdings auf dem zu erschliessenden Grundstück gebaut werden und steht dafür ein Baukredit zur Verfügung, gilt das Folgende: Die Finanzierung der Erschliessung gehört durchaus zur für den Baukredit typischen Zweckbestimmung[1751] und kann deshalb mit Baukreditmitteln bestritten werden. Zumindest mittelbar wirken sich die Erschliessungsarbeiten auch auf den Wert der Kreditsicherheit aus, da sie die Erschliessung und die Nutzung des Privatgrundstücks sicherstellen und dadurch dessen Wert steigern. Insoweit ist also auch ein - mittelbarer - Konnex zwischen Kredit und Sicherheit gegeben[1752].

IV Baukreditfinanzierung auf herrenlosem oder kulturunfähigem Land ?

Da herrenloses oder kulturunfähiges Land i.S. von Art. 664 ZGB in der Regel nicht mit privatrechtlichen Grundpfandrechten belastet werden kann[1753], kommt auch keine Baukreditfinanzierung im Sinne dieser Arbeit in Frage.

1751   Vgl. dazu vorne S. 100ff.
1752   Vgl. dazu vorne S. 3.
1753   Vgl. dazu *Meier-Hayoz*, Grundeigentum, Art. 664 N 80; *Lötscher*, S. 90.

§ 62 Mehrere Grundstücke

I Bauobjekte, die auf verschiedenen Grundstücken stehen

Werden mit einem einzigen Baukredit mehrere Objekte finanziert, die auf verschiedenen Grundstücken stehen, gilt das Folgende: Denkbar ist, dass die einzelnen Baugründstücke i.S. von Art. 798 Abs. 2 und 3 ZGB quotenmässig verpfändet werden[1754]. Soweit die Grundstücke alle demselben Eigentümer oder solidarisch verpflichteten Baukreditnehmern gehören, ist jedoch auch ein Gesamtpfand möglich (Art. 798 Abs. 1 ZGB)[1755]. Diese Lösung bietet sich insbesondere bei Gesamtüberbauungen[1756] an. Im übrigen ist die Vertragsstruktur sowie die grundpfändliche Sicherung nicht anders als bei anderen Baukreditfinanzierungen. Auch was die einzelnen Deckungsrisiken betrifft, so ergeben sich für den Baukreditgeber keine Unterschiede. Immerhin ist darauf zu achten, dass nicht Kreditmittel bevorzugt für ein einzelnes Bauobjekt eingesetzt werden, da sich andernfalls ein zusätzliches Anfechtungsrisiko ergeben kann[1757].

II Bauobjekte, die Gegenstand einer zugunsten eines anderen Grundstücks errichteten Dienstbarkeit sind

Werden Bauten errichtet, die Gegenstand einer zugunsten eines anderen Grundstücks errichteten Dienstbarkeit sind, so stellt sich die Frage, ob diese auch durch Baukredite finanziert werden können. Die Frage stellt sich insbesondere für folgende Tatbestände:

1754 Vgl. dazu im einzelnen *Leemann*, Art. 798 N 46ff.; *Wieland*, Art. 798 N 5; *Tuor/ Schnyder/ Schmid*, S. 821.

1755 Vgl. dazu im einzelnen *Leemann*, Art. 798 N 6ff.; *Wieland*, Art. 798 N 1ff.; *Tuor/ Schnyder/ Schmid*, S. 821f.

1756 Zum Begriff vgl. etwa *Zobl*, Bauhandwerkerpfandrecht, S. 129; *Mathis*, S. 6ff., insbes. S. 11ff. (je mit weiteren Hinweisen).

1757 Vgl. dazu vorne S. 325f. Zu besonderen Fragen betreffend das Verhältnis zwischen den Baukreditgebern und den Baupfandgläubigern bei Gesamtüberbauungen vgl. insbes. auch *Mathis*, S. 127ff.

- Errichtung von Anlagen als Überbau i.S. von Art. 674 ZGB:

Hier ergeben sich keine Besonderheiten. Die überragenden Bauten bleiben auch bei einer Inanspruchnahme des fremden Bodens Bestandteile des Hauptgrundstückes (Art. 674 Abs. 1 ZGB)[1758]. Soweit sie mit einem auf dem Hauptgrundstück gesicherten Baukredit finanziert werden, wirkt sich die entsprechende Substanzveränderung unmittelbar zugunsten der Baukreditsicherheit aus. Die entsprechende Finanzierung ist somit nicht anders als bei einer gewöhnlichen Finanzierung von Bauten auf dem Hauptgrundstück.

- Errichtung von Anlagen im unselbständigen Baurecht gemäss Art. 779 ZGB (Grunddienstbarkeit zugunsten des Hauptgrundstücks):

Eine Finanzierung durch einen selbständigen Baukredit ist in diesem Fall nicht möglich[1759]. Setzt ein Bauprojekt auf dem begünstigten Grundstück jedoch die Erstellung von Bauten auf dem Nebengrundstück voraus, so gehören die entsprechenden Kosten durchaus zur für den Baukredit typischen Zweckbestimmung[1760]. In der Regel können diese Kosten also durchaus mit Mitteln aus dem durch das Hauptgrundstück gesicherten Baukredit bezahlt werden. Die Bauten auf dem belasteten Grundstück tragen meistens auch zur Wertsteigerung des Hauptgrundstückes bei, da sie dessen Nutzung überhaupt erst ermöglichen oder zumindest verbessern. Insofern besteht also auch ein - wenn auch mittelbarer - Konnex zwischen Kredit und Sicherheit[1761].

- Errichtung von Bauten, an denen Nutzungsrechte in Form von Grunddienstbarkeiten bestehen (Art. 730 ZGB[1762]):

Grundsätzlich besteht die Möglichkeit, die Errichtung von Bauten, an denen Nutzungsrechte zugunsten eines anderen Grundstücks bestehen sollen, durch einen gesonderten Baukredit zu finanzieren. Soweit solche Bauten jedoch nur in ihrer Funktion für das begünstigte Grundstück einen Wert aufweisen und die entsprechenden Dienstbarkeiten weitere Nutzungen weitgehend einschränken, dürfte ihr Verkehrs- bzw. Liquidationswert und damit ihre Eignung für eine Kreditdeckung entsprechend gering sein.

1758 Vgl. dazu im einzelnen *Meier-Hayoz*, Grundeigentum, Art. 674 N 36; *Haab/ Simonius/ Scherrer/ Zobl*, Art. 674 N 24; *Tuor/ Schnyder/ Schmid*, S. 697.
1759 Vgl. dazu vorne S. 366.
1760 Vgl. dazu vorne S. 100ff.
1761 Vgl. dazu im einzelnen vorne S. 3.
1762 Zu möglichen Nutzungsrechten vgl. etwa *Liver*, Grunddienstbarkeiten, Art. 730 N 82ff., insbes. N 167ff.; *Rey*, Grunddienstbarkeiten, Art. 730 N 85ff.

Setzt das Bauprojekt auf dem begünstigten Grundstück solche Nutzungsmöglichkeiten und damit die Erstellung der Bauten auf dem Nebengrundstück voraus, so gehören die entsprechenden Kosten wiederum zur für den Baukredit typischen Zweckbestimmung[1763] und können somit durchaus aus Mitteln des für dieses Bauprojekt vorgesehenen Baukredites bezahlt werden. Zumindest mittelbar (d.h. aufgrund der Rechte aus den Dienstbarkeiten) wirken sich solche Anlagen auch auf den Wert der Baute auf dem Hauptgrundstück aus, wovon auch die Kreditdeckung profitiert. Insoweit besteht also wiederum ein - mittelbarer - Konnex zwischen Kredit und Sicherheit[1764].

III Leitungen

Leitungen, die sich ausserhalb des Grundstücks befinden, dem sie dienen, sind Zugehör des Werkes, von dem sie ausgehen und gehören somit dem Werkeigentümer (Art. 676 Abs. 1 ZGB). Insbesondere erstreckt sich das Grundpfandrecht am Werkgrundstück auch auf die entsprechenden Leitungen[1765]. Soweit Werk und Leitungen durch einen Baukredit finanziert werden, ergeben sich somit für den Baukreditgeber keine Unterschiede zwischen der Finanzierung des Leitungsbaues und der Finanzierung des Werkes selbst.

Umgekehrt erstreckt sich ein Grundpfandrecht auf dem Abnehmergrundstück nicht auf solche Leitungen. Soweit jedoch für ein Bauvorhaben Leitungen zu einem Grundstück gelegt werden müssen, gehören die entsprechenden Kosten wiederum zur für den Baukredit typischen Zweckbestimmung[1766] und können somit durchaus aus Baukreditmitteln bestritten werden. Da die Leitungen das Baugrundstück erschliessen, werten sie dieses auch auf, wovon wiederum die Kreditdeckung profitiert. Insofern liegt also ein - wenn auch bloss mittelbarer - Konnex zwischen Kredit und Sicherheit vor[1767].

1763 Vgl. dazu vorne S. 100ff.
1764 Vgl. dazu vorne S. 3.
1765 Vgl. dazu *Meier-Hayoz*, Grundeigentum, Art. 676 N 38; *Haab/ Simonius/ Scherrer/ Zobl*, Art. 676 N 18.
1766 Vgl. dazu vorne S. 101ff.
1767 Vgl. dazu vorne S. 3.

IV Errichtung von Bauten auf einer Anmerkungsparzelle (Art. 32 Abs. 1 GBV)

Eine sog. Anmerkungsparzelle hat keinen selbständigen Eigentümer, sondern gehört dem Eigentümer des berechtigten Grundstückes[1768]. Die selbständige Verpfändbarkeit der Anmerkungsparzelle ist umstritten. Allerdings erstreckt sich ein Grundpfand, das auf dem Hauptgrundtück errichtet wird, auch auf die Anmerkungsparzelle, wenn die «funktionelle Verbindung des Anmerkungsgrundstücks mit dem Hauptgrundstück derart eng ist, dass eine selbständige Verfügung über das Anmerkungsgrundstück nicht möglich erscheint»[1769]. Soll eine Baute auf einer solchen Anmerkungsparzelle errichtet werden, kann der dafür notwendige Baukredit also ohne weiteres durch das Hauptgrundstück gesichert werden. Da dabei der spezifische Konnex zwischen Kredit und Sicherheit gegeben ist, liegt auch durchaus eine Baukreditfinanzierung i.s. dieser Arbeit vor[1770].

V Gemeinschaftliche Anlagen

Bestehen bei einer auf mehreren Grundstücken vorgenommenen Überbauung je gesonderte Baukredite und sollen gemeinschaftliche Anlagen errichtet werden[1771], so können die auf die jeweiligen Grundstücke entfallenden Kostenanteile in der Regel aus den einzelnen Baukrediten bestritten werden, gehören die Anlagen doch durchaus zur typischen Zweckbestimmung[1772] dieser Kredite. Da sich die Nutzungsrechte an diesen Anlagen auch auf den Wert der berechtigten Bauten auswirken, ergibt sich zumindest mittelbar auch ein entsprechender Konnex zwischen Kredit und Sicherheit[1773].

1768 Vgl. dazu etwa *Isler*, Grundpfandrecht, S. 197 (mit weiteren Hinweisen); *Lötscher*, S. 113, der allerdings davon ausgeht, dass es für die Widmung bzw. Buchung einer *ganzen* Liegenschaft als Anmerkungsparzelle an einer gesetzlichen Grundlage fehle.

1769 Vgl. dazu *Isler*, Grundpfandrecht, S. 197f.; vgl. auch *Schumacher*, N 420f, S. 109. Für weitere Einzelheiten vgl. *Lötscher*, S. 118.

1770 Vgl. dazu vorne S. 3 und S. 18.

1771 Die Anlagen können insbes. Gegenstand von Dienstbarkeiten zugunsten der entsprechenden Grundstücke sein. Denkbar ist auch, dass sie in einem zugunsten dieser Grundstücke bestellten Baurecht errichtet werden. Je nach Einzelfall stehen sie dabei im Mit- oder Gesamteigentum der beteiligten Grundeigentümer. Schliesslich besteht die Möglichkeit, dass sie auf einer Anmerkungsparzelle errichtet werden, die im Gesamt- oder Miteigentum der beteiligten Grundeigentümer steht; vgl. dazu etwa *Schumacher*, N 420, S. 109.

1772 Vgl. dazu vorne S. 100ff.

1773 Vgl. dazu vorne S. 3.

Teil 6: Beendigung der Baukreditfinanzierung

Nr. 1: Konsolidierung

§ 63 Grundlagen

Als kurzfristiger, auf einen bestimmten Zweck bezogener Kredit ist der Baukredit von Anfang an darauf angelegt, nach Erreichen des Zweckes zurückbezahlt bzw. durch ein langfristiges Rechtsverhältnis abgelöst zu werden. Soweit eine solche Ablösung vorliegt, spricht man von einer Konsolidierung[1774]. Eine solche kann durch den Baukreditgeber selbst vorgenommen werden. Denkbar ist aber auch, dass andere Geldgeber Mittel zur Befriedigung des Baukreditgebers zur Verfügung stellen (in Frage kommen nebst privaten Geldgebern namentlich andere Banken, Versicherungsgesellschaften, Pensionskassen oder generell grössere Institutionen mit einem Bedarf, Gelder im Immobilienbereich anzulegen)[1775]. Je nach Einzelfall kann es dabei vorkommen, dass der Kreditnehmer für die Beschaffung dieser Mittel und für Umtriebe im Zusammenhang mit der Konsolidierung entsprechende Mäklerprovisionen, Spesenvergütungen, Kommissionen und Zuschläge zu leisten hat.

I Zum Zeitpunkt der Konsolidierung im besondern

Die Konsolidierung zwischen den Baukreditparteien kann von diesen grundsätzlich jederzeit vorgenommen werden. Bestehen nicht entsprechende Vereinbarungen[1776], bleibt der Kreditnehmer jedoch in jedem Fall auf die Zustimmung der baukreditgebenden Bank angewiesen und kann somit den Zeitpunkt nicht selbst bestimmen.

1774 Vgl. dazu etwa *Zobl*, Baukreditvertrag, S. 3, S. 8f.; *Pfister-Ineichen*, S. 43f.; *Mühl/ Petereit*, N 958f., S. 356; *Albisetti/ Boemle/ Ehrsam/ Gsell/ Nyffeler/ Rutschi*, S. 423; *Emch/ Renz/ Bösch*, S. 350; *Oetiker*, Kap. 10.3, S. 7; *Studer*, S. 16.

1775 Vgl. dazu etwa *Zobl*, Baukreditvertrag, S. 3, S. 8f.; *Studer*, S. 16.

1776 Vgl. dazu hinten S. 387ff.

Auch die Konsolidierung mit Hilfe eines anderen Geldgebers kann grundsätzlich jederzeit erfolgen, sofern die baukreditgebende Bank zustimmt. Verweigert diese jedoch die Zustimmung, sind - soweit der Baukredit nicht revolvierend ist[1777] - entweder die vertraglichen Rückzahlungsfristen einzuhalten oder es ist zumindest der Zinsausfall bis zum Ablauf dieser Frist zu erstatten[1778]. Davon abgesehen kann der Kreditnehmer den Zeitpunkt der Konsolidierung jedoch selbst bestimmen. In der Regel erfolgt die Konsolidierung nach Abschluss der Bauarbeiten. Möglich ist allerdings auch, dass die Parteien mit der Konsolidierung zuwarten, was zum Beispiel dann einen Sinn machen kann, wenn noch mit Forderungen von Baugläubigern zu rechnen ist, die zu diesem Zeitpunkt noch nicht ermittelt werden können oder wenn das Bauprojekt verkauft werden soll und ein definitiver Käufer beim Abschluss der Bauarbeiten noch nicht feststeht. Da die Darlehenszinsen allerdings in der Regel niedriger sind als die für den Baukredit zu leistenden Zinsen und Kommissionen, dürfte ein allzulanges Zuwarten in der Praxis eher selten sein. Umgekehrt kommt es auch vor, dass der Kredit schon während der Bauarbeiten konsolidiert wird. Insbesondere bei Grossprojekten mit grossen Kreditbeträgen werden häufig sog. Teilkonsolidierungen vorgenommen. Bestehen für die konsolidierten Teilbeträge keine Unterdeckungsrisiken bzw. Risiken im Zusammenhang mit allfälligen Bauhandwerkerpfandrechten, ist es auch nicht mehr notwendig, diesbezüglich sämtliche Bestimmungen des Baukreditvertrages weitergelten zu lassen. Insbesondere können solche Teilkonsolidierungen aber die Zins- bzw. Kommissionskosten senken. Bei grösseren Krediten dürften die Banken auch eher einer solchen Massnahme zustimmen, da der Ertrag aus dem Gesamtgeschäft den erhöhten administrativen Aufwand des Baukredites durchaus entschädigt. Bei kleineren Krediten könnten Teilkonsolidierungen jedoch das ganze Geschäft schnell einmal unwirtschaftlich werden lassen.

II Konsolidierungs- bzw. Ablösungsrisiken

Zu den Konsolidierungs- bzw. Ablösungsrisiken, welche sich für die baukreditgebende Bank im Falle einer Unterdeckung des Baukredites ergeben, kann auf das bereits im Zusammenhang mit den Deckungsrisiken Ausgeführte verwiesen werden[1779].

1777   Nach der in dieser Arbeit vertretenen Auffassung ist der Baukredit ohne besondere Abrede nur
         beschränkt revolvierend, vgl. dazu vorne S. 88f.
1778   Vgl. dazu vorne S. 123.
1779   Vgl. dazu vorne S. 162.

III Ablauf der Konsolidierung (im Modell)

Üblicherweise reicht der Baukreditnehmer auch für die Konsolidierung ein entsprechendes Gesuch ein. Dem Gesuch beizulegen sind in der Regel Angaben über den Finanzbedarf, über die Art der gewünschten Sicherung und allfällige Wünsche für den Amortisationsplan. Ausserdem werden folgende Unterlagen verlangt[1780]:

-   Bauabrechnung:

    Die Bauabrechnung enthält in der Regel eine Aufstellung über sämtliche am Bau effektiv beteiligten Handwerker und Unternehmer, die definitiven Rechnungsbeträge und die Gesamtkosten. Einzelne Unternehmerrechnungen sollten zudem der Bank zur Einsichtnahme zur Verfügung stehen[1781].

-   Schlussbericht der Bauleitung:

    Der Schlussbericht sollte unter anderem die Begründung für Abweichungen vom Kostenvoranschlag (Zusatz- bzw. Mehrkosten), die Begründung für Abweichungen vom ursprünglichen Projekt sowie etwa Hinweise auf Mängel in der Bauausführung enthalten.

-   Schätzungsanzeige der Gebäudeversicherung[1782]:

-   Aufstellung der Nettomietzinsen:

    Die Aufstellung ist bei Mietobjekten einzureichen und ist häufig auch von der Liegenschaftenverwaltung zu unterzeichnen. Ebenso ist eine Aufstellung über die allenfalls nicht vermieteten Wohnungen einzureichen.

-   Aufstellung über die zu erwartenden Nebenkosten.

Vor der Konsolidierung erfolgt ausserdem regelmässig eine abschliessende Überprüfung und Schätzung des Bauobjektes durch die Bank oder durch einen von der Bank bestimmten Experten sowie ein Vergleich der zu erwartenden Gesamtbelastung mit der Leistungsfähigkeit des Schuldners.
Im Falle eines positiven Entscheides kommt es wiederum zur schriftlichen Offertstellung durch die Bank. Akzeptiert der Kreditnehmer die Offerte, sind ausserdem je nach Fall[1783] noch Anpassungen im Sicherungsbereich vorzunehmen.

1780 Vgl. dazu *Zobl*, Baukreditvertrag, S. 8; *Oetiker*, Kapitel 10.3, S. 7f.; *Pfister-Ineichen*, S. 44; *Lüscher/ Salathe/ Baeriswyl*, 4 S. 9.

1781 Namentlich bei grösseren Bauprojekten erfolgt eine detaillierte Nachkalkulation bzw. Kontrolle der Bauabrechnung durch die von der Bank beigezogenen Baucontroller, vgl. dazu etwa *Stettler*, Risikoprämien, S. 52.

1782 Die definitive Gebäude- bzw. Feuer- und Elementarschadenversicherung löst nach Abschluss der Bauarbeiten die lediglich für die Bauzeit abgeschlossene Versicherung ab, vgl. dazu etwa *Oetiker*, Kapitel 10.3. Zur Versicherung des Bauobjektes während der Bauzeit im besondern vgl. vorne S. 221f.

1783 Vgl. dazu im einzelnen hinten S. 382ff.

§ 64 Konsolidierung zwischen den Baukreditparteien

I   Vertragsrechtlicher Teil

Durch die beschriebene Konsolidierung wird die Baukreditforderung aufgehoben und an deren Stelle eine Darlehensforderung begründet. Dieses Ergebnis kann grundsätzlich auf zwei Wegen erreicht werden: (1) Durch eine Novation (Art. 116 OR)[1784] oder (2) durch Abänderung des Baukreditvertrages[1785].

Bei der Novation wird die Baukreditforderung i.S. von Art. 115 OR aufgehoben und durch eine neue ersetzt. Dieser Ersatz wird durch einen neu vereinbarten Darlehensvertrag ermöglicht. Das Baukreditverhältnis selbst kann grundsätzlich weiterbestehen[1786], wird allerdings in der Regel zumindest stillschweigend aufgehoben (Art. 115 OR)[1787]. Gelegentlich kommt es auch vor, dass die neue Forderung direkt als Schuldbriefforderung errichtet wird (Art. 855 Abs. 1 ZGB)[1788].

Bei einer Abänderung des Baukreditvertrages bleibt die Forderung der baukreditgebenden Bank dagegen grundsätzlich bestehen; sie wird jedoch mit neuen Modalitäten versehen. Der Baukreditvertrag wird derart umgewandelt, dass er als Darlehensvertrag qualifiziert werden kann.

Die Parteien haben grundsätzlich die Wahl, welche der beiden Möglichkeiten sie vorziehen wollen. Insbesondere bestehen beim Baukredit - von der direkten Errichtung einer Schuldbriefforderung abgesehen[1789] - weder für die Novation[1790] noch für die Abänderung[1791] besondere Formvorschriften.

1784   Vgl. dazu *Zobl*, Baukreditvertrag, S. 9; *Pfister-Ineichen*, S. 44.

1785   Vgl. dazu etwa *Gauch/ Aepli*, Art. 116 N 7; *Becker*, Art. 116 N 2; *Gauch/ Schluep*, N 3241ff., Bd. II, S. 227f.; *von Tuhr/ Escher*, S. 180f.; *Bucher*, S. 406ff.; *Keller/ Schöbi*, Bd. IV, S. 194; *Gonzenbach*, Art. 116 N 3.

1786   Ob mit der Neuerung nur die alte Forderung oder der Vertrag insgesamt untergeht, ist allerdings kontrovers. Vgl. dazu etwa *Bucher*, S. 409; *Gauch/ Aepli*, Art. 116 N 48; *Leu*, Art. 116 N 8 (je mit weiteren Hinweisen).

1787   Vgl. dazu *Gauch/ Aepli*, Art. 116 N 48.

1788   Vgl. dazu auch etwa *Zobl*, Baukreditvertrag, S. 9. Zu beachten ist allerdings Art. 841 Abs. 3 ZGB: Wurde der Beginn der Bauarbeiten im Grundbuch angemerkt, können bis zum Ablauf der Eintragungsfrist keine neuen Schuldbriefe errichtet werden.

1789   Vgl. dazu hinten S. 382ff.

1790   Vgl. dazu *Gauch/ Aepli*, Art. 116 N 8.

1791   Dies ergibt sich insbes. aus Art. 12 OR - e contrario. Vgl. dazu vorne Anm. 540.

Die neuen Forderungen dürften in den meisten Fällen gewöhnliche Darlehensforderungen i.S. von Art. 312ff. OR sein, wobei in der Praxis häufig eine Aufteilung in sog. I. und II. Hypotheken[1792] erfolgt. Für Darlehen im Rahmen I. Hypotheken werden oft feste Laufzeiten, zumindest aber längere Kündigungsfristen vereinbart. Für Darlehen im Rahmen II. Hypotheken wird in der Regel eine Amortisation vorgesehen. Oft können sie auch kurzfristig zurückbezahlt werden[1793]. In der Regel wird dafür jedoch ein höherer Zins verrechnet[1794].

Eine besondere Form der Konsolidierung liegt vor, wenn die in einem bisher verpfändeten oder zur Sicherung übereigneten Schuldbrief verbriefte Forderung an die Stelle der Baukreditforderung treten soll[1795]. In diesem Fall wird die Baukreditforderung durch eine Hingabe des Schuldbriefes an Erfüllungs Statt[1796] getilgt. Die neue Forderung ist somit - wie bei der Konsolidierung durch direkte Errichtung eines Schuldbriefes - mit der Schuldbriefforderung identisch[1797]. Die dafür massgeblichen Modalitäten sind deshalb dem Schuldbrief zu entnehmen. Zu beachten ist ausserdem Art. 844 ZGB.

1792   Vgl. dazu etwa *Oetiker*, Kapitel 10.3, S. 8; *Göschke* I, S. 306; *Pfister-Ineichen*, S. 44. Zur Terminologie vgl. etwa *Emch/ Renz/ Bösch*, S. 347f.; *Pfister-Ineichen*, S. 44. Insbesondere spielt die zivilrechtliche Rangfolge bei der bankmässigen Unterscheidung in I. und II. Hypothek keine Rolle. I. Hypotheken sind (bei Wohnbauten) solche, die bis zu einer Höhe von 2/3 des Verkehrswertes gehen, II. Hypotheken dagegen solche, die diese Grenze überschreiten. Vgl. allerdings *Göschke* I, S. 306, der davon ausgeht, dass II. Hypotheken auch im 2. Rang gesichert werden. Vgl. auch *Stettler*, S. 359.

1793   Vgl. dazu *Stettler*, S. 369; *Emch/ Renz/ Bösch*, S. 348; *Oetiker*, Kapitel 10.1, S. 4f.; *Pfister-Ineichen*, S. 44.

1794   Vgl. dazu etwa *Emch/ Renz/ Bösch*, S. 347f.; *Oetiker*, Kapitel 10.1, S. 5.

1795   Vgl. dazu etwa *Mühl/ Petereit*, N 958, S. 356.

1796   Vgl. dazu *Guhl/ Merz/ Koller*, S. 216f.; *Gauch/ Schluep*, N 2304ff., Bd. II, S. 43; *Bucher*, S. 313f.; *von Tuhr/ Escher*, S. 11ff.; *Keller/ Schöbi*, I, S. 205.

1797   Soll eine Aufteilung in I. und II. Hypotheken mit Pfandrechten in unterschiedlichen Rängen erfolgen, müssten dafür allerdings verschiedene Schuldbriefe zur Verfügung stehen. Wurde die Baukreditforderung nur mit einem einzigen Schuldbrief gesichert, wäre somit bei der Hingabe von Schuldbriefen an Erfüllungs Statt zumindest noch ein weiterer Schuldbrief zu errichten.

II Sicherungsrechtlicher Teil

A Gleichbleibende Sicherungsart

Grundsätzlich kann die bisherige Sicherungsart (mit demselben Rang) auch für die neue Forderung vorgesehen werden. Namentlich bei einer blossen Abänderung des Baukreditvertrages sind dafür keine besonderen Vorkehrungen zu treffen. Die Sicherung der Baukreditforderung gilt eo ipso auch für die Darlehensforderung. Dasselbe gilt aber auch im Falle einer Novation, sofern bei der Sicherung des Baukredites eine generelle Pfandklausel[1798] vereinbart wurde[1799]. Ohne diese Klausel ist dagegen eine Erneuerung der Sicherung notwendig. Wird lediglich die Forderung ausgewechselt, ist dafür bei einer Grundpfandverschreibung nur gerade ein öffentlich beurkundeter Pfandvertrag (ohne Grundbucheintrag) notwendig[1800]. Bei einer Sicherung durch Verpfändung eines Schuldbriefes muss ein neuer Faustpfandvertrag abgeschlossen werden[1801]. Wo die Baukreditforderung mittels Sicherungsübereignung eines Schuldbriefes gesichert wurde, ist die Sicherungsvereinbarung entsprechend abzuändern[1802]. Soweit Grundstück bzw. Schuldbriefe einem Dritten gehören, müssen die entsprechenden Vereinbarungen mit diesem getroffen werden.

B Änderung der Sicherungsart

Denkbar ist, dass für die neue bzw. abgeänderte Forderung eine neue Sicherungsart gewählt wird, namentlich durch Errichtung neuer Schuldbriefe, die entweder verpfändet oder zur Sicherung übereignet werden, oder durch die bereits erwähnte direkte Umwandlung der Kreditforderung in eine Schuldbriefforderung. Denkbar ist ausserdem, dass die Aufteilung in I. und II. Hypotheken auch eine Sicherung der Darlehensforderungen in unterschiedlichen Rängen nach sich zieht[1803]. Dies kann etwa durch eine entsprechende Änderung der Grundpfandverschreibung oder durch die Bestellung mehrerer Schuldbriefe mit unterschiedlichem Rang erreicht werden[1804].

1798 Vgl. dazu vorne S. 137 und S. 143.

1799 Vgl. dazu *Zobl*, Baukreditvertrag, S. 9; *Pfister-Ineichen*, S. 47; *Leemann*, Art. 824 N 15; *Wieland*, Art. 824/825 N 5a; *Zobl*, Fahrnispfand, Art. 884 N 445ff.; *Oftinger/ Bär*, Art. 884 N 128ff.

1800 Vgl. dazu etwa *Leemann*, Art. 825 N 17f.; *Zobl*, Baukreditvertrag, S. 9; *Zobl*, Fahrnispfand, Art. 884 N 217; *Pfister-Ineichen*, S. 47; *BGE* 105 II 183, insbes. S. 186.

1801 Vgl. dazu *Zobl*, Baukreditvertrag, S. 9; *Zobl*, Fahrnispfand, Art. 884 N 213ff.; *Pfister-Ineichen*, S. 47.

1802 Vgl. dazu *Zobl*, Baukreditvertrag, S. 9; *Pfister-Ineichen*, S. 47.

1803 Vgl. dazu *Emch/ Renz/ Bösch*, S. 347.

1804 Häufig ist auch etwa, dass die I. Hypothek in Form eines zu Eigentum begebenen Schuldbriefes, die II. Hypothek dagegen durch Verpfändung eines weiteren Schuldbriefes gesichert wird. Vgl. dazu etwa *Isler*, Schuldbriefe, S. 239.

Soll für die Änderung eine bestehende Grundpfandverschreibung in einen Schuldbrief umgewandelt werden, ist es nicht notwendig, dass jene gelöscht und ein neues Pfandrecht bestellt wird[1805]. Vielmehr kann die Umwandlung direkt erfolgen. Erforderlich ist dafür allerdings eine öffentlich beurkundete Änderung des Pfandvertrages[1806], ein entsprechender Grundbucheintrag sowie die Ausstellung des Titels (Art. 856ff. ZGB)[1807].

Wurde die Baukreditforderung schon bisher durch einen Schuldbrief gesichert und soll die neue Sicherung in verschiedenen Rängen erfolgen, müssen gegebenenfalls nachrangige Schuldbriefe errichtet bzw. verpfändet oder übereignet werden, während die Forderungssumme des vorgehenden Schuldbriefes zu reduzieren ist[1808].

Bei der Sicherung der Baukreditforderung mittels Grundpfandverschreibung kann es schliesslich im Einzelfall sinnvoller sein, anstatt weiterhin eine Sicherung bis zu einem Maximalbetrag gemäss Art. 794 Abs. 2 ZGB die Sicherung für einen bestimmten Betrag i.S. von Art. 794 Abs. 1 ZGB vorzusehen[1809]. Diese Änderung setzt wiederum einen öffentlich beurkundeten Pfandvertrag sowie eine Änderung des Grundbucheintrages voraus[1810].

Soweit das Pfandobjekt einem Dritten gehört, müssen die entsprechenden Vereinbarungen wiederum mit diesem getroffen werden.

1805 Vgl. dazu *Leemann*, Art. 825 N 22f.
1806 Zum Erfordernis der öffentlichen Beurkundung bei Pfandrechtserneuerungen vgl. etwa *BGE* 105 II 183, insbes. S. 186; *Leemann*, Art. 825 N 17, N 24; *Zobl*, Baukreditvertrag, S. 9; *Zobl*, Fahrnispfand, Art. 884 N 217.
1807 Vgl. dazu etwa *Leemann*, Art. 825 N 24.
1808 Vgl. dazu *Tuor/ Schnyder/ Schmid*, S. 862; *Leemann*, Art. 874 N 5ff.; *Simonius/ Sutter*, 9 N 21, S. 255.
1809 Gemäss Art. 818 ZGB haftet in diesem Fall das Grundstück über den eingetragenen Betrag hinaus für drei verfallene und den laufenden Jahreszins sowie für Betreibungskosten und die Verzugszinse.
1810 Insbes. liegt m.E. eine Pfandrechtserneuerung vor, die eine Änderung des Pfandvertrages bedingt, vgl. dazu etwa *Leemann*, Art. 825 N 17, N 24; *Zobl*, Baukreditvertrag, S. 9; *Zobl*, Fahrnispfand, Art. 884 N 217. Ebenso muss diese Änderung aus dem Grundbuch hervorgehen.

Soweit bei einer Hingabe von Schuldbriefen an Erfüllungs Statt diese dem Kreditgeber bloss verpfändet waren, kann der dafür notwendige Eigentumserwerb kraft einer sog. brevi manu traditio[1811] erfolgen[1812]. Bei auf den Namen lautenden Titeln ist allerdings zusätzlich ein Indossament notwendig (Art. 869 Abs. 2 ZGB). Sinngemäss dasselbe gilt für den Fall, dass bisher verpfändete Schuldbriefe neu zur Sicherung übereignet werden. Waren die Schuldbriefe zur Sicherung übereignet und soll die Schuldbriefforderung neu an die Stelle der bisherigen Forderung treten, ist lediglich eine entsprechende Änderung der Sicherungsabrede notwendig. Da der Kreditgeber bereits Volleigentümer des Schuldbriefes ist[1813], erübrigt sich ein gesonderter Eigentumserwerb.

C Zusatzsicherheiten

Soweit das Bauobjekt nach Vollendung der Bauarbeiten die Kredit- bzw. Darlehensforderung ausreichend zu decken vermag, dürfte nur noch ein beschränkter oder sogar überhaupt kein Bedarf an den für den Baukredit gewährten Zusatzsicherheiten bestehen. Bei einer Novation erledigt sich das Problem insoweit von selbst, als sich die Zusatzsicherheiten, die nur gerade für die Baukreditforderung gewährt wurden, nicht mehr auf die neue Forderung beziehen[1814]. Soweit die Baukreditforderung dagegen lediglich abgeändert wird, ist immerhin denkbar, dass der Kreditgeber ausdrücklich oder zumindest stillschweigend auf diese Zusatzsicherheiten verzichtet. Möglich ist ausserdem, dass bereits die Verträge über die Zusatzsicherheiten ausdrücklich vorsehen, dass die Sicherung jeweils nur bis zum Abschluss der Bauarbeiten Gültigkeit hat und somit i.S. von Art. 154 OR resolutiv bedingt ist[1815].

1811 Vgl. dazu etwa *Tuor/ Schnyder/ Schmid*, S. 607.
1812 Vgl. dazu auch *Ramseyer*, S. 88, der allerdings einen Übergang mittels Zession vorsieht.
1813 Vgl. dazu vorne S. 150.
1814 Vgl. dazu etwa *Becker*, Art. 116 N 15; *Gauch/ Schluep*, N 3224ff., Bd. II, S. 224; *von Tuhr/ Escher*, S. 180; *Bucher*, S. 409; *Keller/ Schöbi*, Bd. IV, S. 196.
1815 Zum bedingten Pfandvertrag vgl. etwa *Zobl*, Fahrnispfand, Art. 884 N 395f.; *Oftinger/ Bär*, Art. 884 N 99; zum bedingten Bürgschaftsvertrag vgl. etwa *Oser/ Schönenberger*, Art. 492 N 85.

§ 65 Konsolidierung mit Gläubigerwechsel

I Vertragsrechtlicher Teil

Die Konsolidierung mit Gläubigerwechsel kann dadurch erfolgen, dass der neue Gläubiger mit dem Baukreditnehmer ein Darlehen i.S. von Art. 312ff. OR vereinbart, verbunden mit einer Anweisung i.S. von Art. 466ff. OR, wonach die Darlehensbeträge zum Ausgleich des Baukreditkontos diesem gutzuschreiben sind. Nach der Tilgung der Baukreditforderung wird der Baukreditvertrag in der Regel stillschweigend aufgehoben (Art. 115 OR)[1816]. Denkbar ist aber auch, dass der neue Gläubiger die Baukreditforderung mittels entgeltlicher Abtretung i.S. von Art. 164ff. OR erwirbt[1817] (sog. Forderungskauf[1818]) und die Forderung im Anschluss daran analog zur Konsolidierung zwischen den Baukreditparteien[1819] umgewandelt wird[1820].

II Sicherungsrechtlicher Teil

Die Sicherung des Darlehens erfolgt neu und unabhängig von der Sicherung des Baukredites . Soweit eine grundpfändliche Sicherung geplant ist, gilt das Folgende: Grundsätzlich kann eine bisherige Grundpfandverschreibung auf das neue Darlehen übertragen werden (Auswechslung der pfandgesicherten Forderung). Notwendig ist dafür nur gerade ein öffentlich beurkundeter Pfandvertrag (ohne Grundbucheintrag)[1821]. Soweit die neue Forderung durch Schuldbriefe gesichert werden soll, ist wiederum eine direkte Umwandlung der Grundpfandverschreibung möglich.

1816 Damit sind auch die Voraussetzung gegeben, um die für den Baukredit gewährten Zusatzsicherheiten aufzuheben. Vgl. dazu vorne S. 154ff.

1817 Denkbar wäre auch, dass der neue Gläubiger den Baukreditgeber auch einfach befriedigt und die Baukreditforderung i.S. von Art. 110 Ziff. 2 OR auf den neuen Gläubiger übergeht.

1818 Vgl. dazu - insbesondere auch zur Frage nach dem anwendbaren Recht - *Giger*, Vorbemerkungen zu Art. 197-210, N 9ff.; *Keller/ Schöbi*, Bd. IV, S. 54; *Guhl/ Merz/ Koller*, S. 312, S. 354; *Gauch/ Schluep*, N 1077, Bd. I, S. 198, N 1505, Bd. I, S. 290; *Girsberger*, OR-Kommentar, Art. 171 N 2; *Honsell*, OR-Kommentar, Art. 197 N 1; *Honsell*, S. 64; *BGE* 88 II 522; *BGE* 79 II 155; *BGE* 78 II 216.

1819 Vgl. dazu vorne S. 380ff.

1820 Möglich ist auch, dass der neue Gläubiger einen bereits bestehenden Schuldbrief vom Baukreditnehmer erwirbt, wobei das entsprechende Entgelt unmittelbar auf das Baukreditkonto zur Tilgung des Baukredites überwiesen wird.

1821 Vgl. dazu etwa *Leemann*, Art. 825 N 17f.; *Zobl*, Baukreditvertrag, S. 9; *Zobl*, Fahrnispfand, Art. 884 N 217; *Steinauer*, N 2814b, S. 187; *Rubin*, S. 30. *BGE* 105 II 183, insbes. S. 186;

Dazu bedarf es einer öffentlich beurkundeten Änderung des Pfandvertrages, eines Eintrages im Grundbuch sowie der Ausstellung der entsprechenden Titel[1822]. Wurde schon die Baukreditforderung durch Schuldbriefe gesichert, können diese dem neuen Gläubiger verpfändet oder zur Sicherung übereignet werden[1823]. Die baukreditgebende Bank dürfte allerdings die dafür notwendigen Mitwirkungshandlungen bzw. den dafür notwendigen Verzicht auf ihre Sicherheit nur vornehmen, wenn ihr i.S. von Art. 468 Abs. 1 OR die vorbehaltlose Annahme der mit dem Zahlungsauftrag verbundenen Anweisung[1824] erklärt wurde und ihr der neue Gläubiger genügend zahlungskräftig und vertrauenswürdig erscheint. Verweigert sie ihre Mitwirkung bzw. verzichtet sie nicht auf ihre Sicherheit, ist das neue Darlehen durch ein nachrangiges Grundpfandrecht zu sichern, das allerdings mit einem Nachrückungsrecht versehen werden kann (vgl. dazu Art. 814 Abs. 3 ZGB und Art. 71 GBV)[1825].

Gehört das Pfandobjekt einem Dritten, sind die entsprechenden Vereinbarungen wiederum mit diesem abzuschliessen.

Falls der Gläubigerwechsel durch Abtretung der Baukreditforderung erfolgt, ergibt sich das Folgende: Gemäss Art. 170 Abs. 1 OR findet mit der Abtretung auch ein Übergang der Grundpfandverschreibung bzw. der Pfandrechte an den verpfändeten Schuldbriefen statt[1826]. Im Falle einer Sicherungsübereignung von Schuldbriefen ist dagegen eine besondere Übertragung notwendig[1827]. Soweit schliesslich die übertragenen Sicherungsrechte verändert werden sollen, gilt sinngemäss dasselbe wie bei einer Konsolidierung zwischen den Baukreditparteien[1828].

1822   Vgl. dazu schon vorne S. 383.

1823   Für weitere Einzelheiten vgl. etwa *Staehelin*, S. 1269ff.

1824   In Frage käme auch etwa eine kumulative Schuldübernahme, vgl. dazu *Gauch/ Schluep*, N 3755, Bd. II, S. 333f.

1825   Keine besondere Sicherung ist notwendig, wenn der neue Gläubiger einen bestehenden Schuldbrief erwirbt und der Baukredit aus dem Entgelt für diesen Erwerb getilgt wird. Durch diesen Erwerb wird der neue Gläubiger eo ipso Gläubiger der grundpfändlich gesicherten Schuldbriefforderung.

1826   Allerdings muss zum Pfandrechtserwerb der Besitz an den Titeln übertragen werden. Eine physische Übergabe ist jedoch - z.B. im Falle einer Besitzanweisung i.S. von Art. 924 ZGB - nicht notwendig.

1827   Vgl. dazu etwa *Gauch/ Schluep*, N 3589, Bd. II, S. 300f.

1828   Vgl. dazu vorne S. 382ff.

§ 66 Besondere Problembereiche

I Verzicht auf die Kreditsicherheiten

In den Baukreditverträgen wird oftmals festgehalten, unter welchen Bedingungen der Kreditgeber auf seine Sicherheiten verzichtet, was namentlich für eine Konsolidierung mit einem Gläubigerwechsel bedeutsam ist. M.E. kann diese Klausel nicht einfach als Forderungsverzicht i.S. von Art. 115 OR qualifiziert werden. Vielmehr liegt ein Zusatz zur jeweiligen Sicherungsabrede vor. Bei einer Sicherung des Baukredites durch Verpfändung oder Sicherungsübereignung von Schuldbriefen genügt für diesen Zusatz bereits die Schriftform[1829]. Er kann somit durchaus verbindlich im schriftlich abgeschlossenen Baukreditvertrag vereinbart werden.

Bei einer Sicherung des Baukredites mittels Grundpfandverschreibung wäre dagegen gemäss Art. 12 Abs. 1 OR eine öffentliche Beurkundung notwendig[1830]. In diesen Fällen ist die Klausel somit unverbindlich, sofern sie nicht im öffentlich beurkundeten Pfandvertrag selbst enthalten ist.

II Konsolidierungspflicht?

A Kreditgeber

In den meisten Baukreditverträgen wird bereits darauf Bezug genommen, dass der Kredit nach Abschluss der Bauarbeiten in ein langfristiges Darlehen konsolidiert werden soll. In der Ausgestaltung der entsprechenden Klausel weichen die einzelnen Verträge jedoch erheblich voneinander ab. So beschränken sich gewisse Banken darauf, sich ohne weitere Angaben für die Konsolidierung zu empfehlen. Gelegentlich wird zusätzlich festgehalten, dass man sich über die Festlegung der Konditionen zu gegebener Zeit verständigen werde. Solche Empfehlungen haben keine bindende Wirkung.

1829 Soweit für die Sicherungsabrede Formfreiheit besteht, müsste auch für diesen Zusatz keine Form beachtet werden, vgl. dazu *Gauch/ Schluep*, N 611, Bd. I, S. 105f.; *Guhl/ Merz/ Koller*, S. 113; *von Tuhr/ Peter*, S. 245. Formfreiheit besteht insbesondere bei der Sicherungsübereignung und bei der wertpapiermässigen Verpfändung von Schuldbriefen, vgl. dazu vorne S. 141 und S. 149. Bei der nicht-wertpapiermässigen Verpfändung von Schuldbriefen ist jedoch die Schriftform erforderlich, vgl. dazu vorne S. 142. In diesem Fall muss aber auch der Zusatz schriftlich vereinbart werden (Art. 12 OR). Keinen Einfluss auf die hier zu diskutierenden Formerfordernisse hat aber m.E. die Tatsache, dass die Sicherungsabreden über erst zu errichtende Eigentümerschuldbriefe gegebenenfalls öffentlich zu beurkunden sind (vgl. dazu S. 141 und S. 149). Mit der Errichtung der Schuldbriefe entfällt der Schutzzweck dieser Formvorschrift.

1830 Insbesondere gilt Art. 12 OR nicht nur bei einfacher Schriftlichkeit, sondern auch dort, wo eine öffentliche Beurkundung vorgeschrieben ist. Vgl. dazu etwa *Gauch/ Schluep*, N 579, Bd. I, S. 99; *Kramer/ Schmidlin*, Art. 12 N 1.

Häufig wird jedoch auch festgehalten, dass der Kreditgeber den Kredit nach Abschluss der Bauarbeiten in ein Darlehen konsolidieren werde[1831]. Solche Abreden können im Einzelfall durchaus als Vorverträge qualifiziert werden, durch welche sich der Kreditgeber zur geschilderten Novation bzw. Abänderung des Baukreditvertrages verpflichtet[1832]. Zwar wird für die Gültigkeit eines Vorvertrages vorausgesetzt, dass der Inhalt des Hauptvertrages bereits bestimmt oder bestimmbar ist[1833], doch sind diese Voraussetzungen in der Regel durchaus erfüllt:

So ergibt sich die (maximale) Darlehenssumme bereits aufgrund der eingeräumten Kreditlimite bzw. aufgrund des effektiv beanspruchten Kredites. Für die Bestimmung des Zinssatzes wird ausserdem oft auf die zum Zeitpunkt der Umwandlung üblichen Bedingungen für Hypothekardarlehen verwiesen. Dies genügt m.E. für das Erfordernis der Bestimmbarkeit, ist doch dieser Zinssatz leicht festzustellen. Wird der Zins gar nicht erwähnt, so gilt ohnehin der übliche Zins für grundpfändlich und im entsprechenden Rang gesicherte Darlehen (Art. 314 Abs. 1 OR). Schliesslich wird in den entsprechenden Klauseln in der Regel auch bereits der Rang des neuen Darlehens festgelegt[1834, 1835].

Die Pflicht zur Vornahme der Novation bzw. zur Abänderung des Baukreditvertrages entsteht allerdings m.E. erst mit der Vollendung der Bauarbeiten und ist somit i.S. von Art. 151 OR suspensiv bedingt[1836]. Ausserdem entfällt sie, soweit der Baukredit im Laufe der Bauarbeiten ordentlich gekündigt wurde[1837].

1831   Vgl. dazu *Zobl*, Baukreditvertrag, S. 8; *Pfister-Ineichen*, S. 43f.; *Girsberger*, S. 51.

1832   Vgl. dazu etwa *Girsbeger*, S. 51.

1833   Vgl. dazu etwa *BGE* 98 II 305, insbes. S. 307; *Gauch/ Schluep*, N 1084, Bd. I, S. 200; *Bucher*, Kommentar, Art. 22 N 40; in der Literatur wird allerdings der Sinn von zwischen denselben Parteien abgeschlossenen Vorverträgen z.T. bezweifelt, vgl. dazu z.B. *von Tuhr/ Peter*, S. 274ff.; *Guhl/ Merz/ Koller*, S. 101; *Keller/ Schöbi*, Bd. I, S. 102f.; weitere Hinweise finden sich namentlich bei *Bucher*, Kommentar, Art. 22 N 29ff. Nach *Gauch/ Schluep*, N 1080f., Bd. I, S. 199, macht der Vorvertrag jedoch gerade dann einen Sinn, wenn - wie vorliegendenfalls - nur gerade eine der Parteien zum Abschluss des Vertrages verpflichtet werden soll. Vgl. dazu auch *Bucher*, Kommentar, Art. 22 N 9.

1834   Die Abrede über die Errichtung des Grundpfandes im vorgegebenen Rang ist als Suspensivbedingung i.S. von Art. 151 OR zu qualifizieren: Die Bank verpflichtet sich nur zur Konsolidierung, wenn die entsprechende Pfandsicherung mit den entsprechenden Rängen zustandekommt.

1835   Gelegentlich wird für die Rangverteilung der nachmaligen Sicherheiten der Vorbehalt einer Schlussbewertung angebracht. Dies sichert der Bank die Möglichkeit, gegebenenfalls eine andere Rangverteilung zu verlangen. Die Verbindlichkeit des Vorvertrages bleibt dadurch jedoch unberührt.

1836   Häufig ist die entsprechende Verpflichtung allerdings auch noch anderweitig suspensiv bedingt: So verlangen gewisse Banken insbes. eine «weitgehende Vermietung des Objektes». Als Voraussetzung für die Mitwirkung bei der Konsolidierung wird ausserdem oftmals bereits im Baukreditvertrag die Übermittlung bestimmter Unterlagen verlangt.

1837   Soweit eine Kündigung seitens der Bank allerdings einzig dazu dient, diese von der Pflicht zur Konsolidierung zu befreien, ist sie i.S. von Art. 2 Abs. 2 ZGB rechtsmissbräuchlich und verdient somit keinen Schutz. Insbes. liegt in diesem Fall die zweckwidrige Ausübung eines Rechts vor, vgl. dazu etwa *Merz*, Art. 2 N 285ff., N 316. Das Verhalten ist aber auch ein sog. venire contra factum proprium, widerspricht doch die Kündigung der ursprünglich bekundeten Absicht, bei der Konsolidierung mitzuwirken. Vgl. dazu *Merz*, Art. 2 N 400ff.

Schliesslich ergibt sich aus dem Vertrauensprinzip[1838], dass sich eine Pflicht zur Konsolidierung ohne besonderen Vorbehalt nur auf eine Forderung beziehen kann, welche auf eine erwartungsgemässe Realisierung des Bauprojektes zurückgeht. Insbesondere ist es dem Kreditgeber nicht zuzumuten, ein Konsolidierungsdarlehen zu gewähren, für welches das zur Verfügung stehende Grundpfand nicht genügend Deckung zu gewährleisten vermag und für das auch keine anderen Sicherheiten zur Verfügung stehen. Allerdings dürfte es in solchen Fällen auch schwierig sein, den Kredit durch Dritte ablösen zu lassen, so dass die entsprechenden Verlustrisiken ohnehin regelmässig von der baukreditgebenden Bank zu tragen sind[1839].

Denkbar ist auch, dass gegenüber einem Drittgläubiger eine Konsolidierungspflicht besteht. Eine solche Pflicht kann sich namentlich dadurch ergeben, dass sich die Bank bereits beim Abschluss des Baukreditvertrages zur entgeltlichen Abtretung der - künftigen - Kreditforderung verpflichtet[1840].

B Kreditnehmer

Denkbar ist, dass auch der Kreditnehmer verpflichtet wird, die baukreditgebende Bank als Gläubigerin beizubehalten[1841]. Die in der Praxis vereinbarten Klauseln sind allerdings diesbezüglich oft unklar. Häufig anzutreffen sind z.b. Formulierungen wie «der Baukredit wird nach Abschluss der Bauarbeiten in eine Hypothekaranlage konsolidiert». Ohne zusätzliche Hinweise, welche auf einen Verpflichtungswillen des Kreditnehmers hindeuten, genügt dies jedoch m.E. nicht, um diesen entsprechend zu binden[1842].

C Drittgläubiger

Soll ein Gläubigerwechsel stattfinden, verlangen die baukreditgebenden Banken häufig schon vor Abschluss des Baukreditvertrages eine schriftliche Zusicherung des neuen Gläubigers, dass er nach Beendigung der Bauarbeiten zur Konsolidierung bereit sein werde[1843].

1838 Zur genauen Umschreibung des Vertrauensprinzips vgl. nebst zahlreichen anderen *Gauch/ Schluep*, N 206ff., Bd. I, S. 33ff.; *Guhl/ Merz/ Koller*, S. 97; *von Tuhr/ Peter*, S. 287; *Keller/ Schöbi*, Bd. I, S. 123f.; *Bucher*, Kommentar, Art. 1 N 5f.

1839 Vgl. zu diesem Konsolidierungs- bzw. Ablösungsrisiko insbesondere schon vorne S. 162.

1840 Vgl. zu diesem Forderungs(ver)kauf bereits vorne S. 385.

1841 Vgl. dazu *Girsberger*, S. 51.

1842 Vgl. dazu auch *ZR* 27 Nr. 40, S. 66ff. Die Vollstreckbarkeit scheiterte im entsprechenden Fall allerdings daran, dass die baukreditgebende Bank eine Umwandlung der Grundpfandverschreibung in einen Schuldbrief verlangte, dafür jedoch kein öffentlich beurkundeter Vertrag abgeschlossen wurde.

1843 Vgl. dazu etwa *Girsberger*, S. 51; *Pfister-Ineichen*, S. 44; *Albisetti/ Boemle/ Ehrsam/ Gsell/ Rutschi*, S. 135; *Albisetti/ Gsell/ Nyffeler*, S. 120.

Grundsätzlich hängt die rechtliche Beurteilung dieser Zusicherung von den Umständen des Einzelfalles ab. In Frage kommt etwa die Qualifikation als Akzept oder Offerte zu einem Forderungskauf[1844], als Akzept oder Offerte zu einem Auftrag[1845], als Schuldbekenntnis i.S. von Art. 17 OR[1846], als «selbständiges Schuldversprechen»[1847], als Annahme i.S. von Art. 468 Abs. 1 OR[1848] oder aber als unverbindliche Absichtserklärung[1849]. Auch die verpflichtend gemeinte Erklärung wird jedoch erst mit Vollendung der Bauarbeiten wirksam und ist somit i.S. von Art. 151 OR suspensiv bedingt. Ausserdem gilt auch hier, dass die Verpflichtung nur bei einer erwartungsgemässen Entwicklung der Bauarbeiten sowie höchstens bis zum Betrag der ursprünglich vereinbarten Kreditlimite besteht.

III Bauhandwerkerpfandrechte

A   Situation bei neu errichteten Grundpfandrechten

Eingetragene Bauhandwerkerpfandrechte stehen der Errichtung neuer Grundpfandrechte nicht im Wege. Insbesondere kann die vormals für den Baukredit beanspruchte Pfandstelle mit neuen Pfandrechten besetzt werden (Art. 814 Abs. 2 ZGB)[1850]. Umstritten ist allerdings, ob die Bauhandwerkerpfandrechte in diesem Falle gegenüber den neu eingetragenen Pfandrechten im Range vorgehen[1851].

Verneint man ein Vorgehen der Bauhandwerkerpfandrechte, stellt sich die Frage, ob die Baugläubiger nicht wenigstens das Vorrecht gemäss Art. 841 Abs. 1 ZGB geltend machen kön-

---

1844   Vgl. dazu vorne S. 385.

1845   Der Auftrag würde etwa bestimmen, dass der neue Gläubiger bei der Konsolidierung mitzuwirken hätte. Gemäss Art. 404 OR könnte dieser Auftrag allerdings jederzeit gekündigt werden. Vgl. dazu insbes. vorne Anm. 326.

1846   Vgl. dazu etwa *Gauch/ Schluep*, N 1176ff., Bd. I, S. 219f.; *Kramer/ Schmidlin*, Art. 17 N 15ff.; *Schönenberger/ Jäggi*, Art. 17 N 5ff.; *von Tuhr/ Peter*, S. 267ff.; *Schwenzer*, Art. 17 N 1ff.; *Bucher*, S. 55ff.; *Guhl/ Merz/ Koller*, S. 95.

1847   Allerdings ist umstritten, ob eine rechtsgeschäftliche Erklärung jemals in dieser Weise qualifiziert werden kann, vgl. dazu etwa *Gauch/ Schluep*, N 1561f., Bd. I, S. 300; *Kramer/ Schmidlin*, Art. 17 N 28ff.; *Schönenberger/ Jäggi*, Art. 17 N 21ff.; *von Tuhr/ Peter*, S. 267ff., insbes. S. 272f.; *Schwenzer*, Art. 17 N 13.

1848   Eine solche Annahme könnte etwa dann vorliegen, wenn der Kreditnehmer bereits beim Abschluss des Baukreditvertrages den neuen Gläubiger anweist, die dannzumalige Baukreditforderung zu begleichen. Zur Möglichkeit, die Annahme gemäss Art. 468 Abs. 1 OR mit Vorbehalten zu versehen, vgl. insbes. *Gautschi*, Besondere Verhältnisse, Art. 468 N 5a.

1849   Immerhin begibt sich der neue Gläubiger m.E. durch eine solche Erklärung in ein Vertragsverhandlungsverhältnis zum Baukreditgeber, das ihn zum Handeln nach Treu und Glauben verpflichtet. Ein Verstoss gegen diese Pflicht kann deshalb eine Haftung aus culpa in contrahendo nach sich ziehen. Vgl. dazu auch vorne S. 78 und *Gauch/ Schluep*, N 946ff., Bd. I, S. 175ff.; *Bucher*, Kommetar, Art. 1 N 78ff.; *Guhl/ Merz/ Koller*, S. 98; *von Tuhr/ Peter*, S. 192f.; *Keller/ Schöbi*, Bd. I, S. 39ff.; *Bucher*, S. 281ff.

1850   Vgl. dazu etwa *BGE* 71 I 460, insbes. S. 462; *Schumacher*, N 339, S. 86; *Homberger*, Art. 961 N 42; *Leemann*, Art. 840 N 1; *Wieland*, Bemerkungen zu Art. 840; *Göschke* I, S. 301.

1851   Für eine Priorität des Bauhandwerkerpfandrechts: *Schumacher*, N 339, S. 86; *Homberger*, Art. 961 N 42. Dagegen: *Leemann*, Art. 840 N 1; *Wieland*, Bemerkungen zu Art. 840.

nen[1852]. Problematisch ist dabei insbesondere die Tatsache, dass die neu errichteten Pfandrechte das Baugrundstück gar nicht mehr über dem Bodenwert belasten, wie dies für die Zulassung des Vorrechtes verlangt wird[1853]. Bei einer Konsolidierung zwischen den Baukreditparteien kann dies aber m.E. keine Rolle spielen. War eine Anfechtung gemäss Art. 841 Abs. 1 ZGB schon vor der Konsolidierung möglich, kann sich auch durch eine Konsolidierung nichts daran ändern. Andernfalls könnte sich jeder Pfandgläubiger - ohne Verlust seiner Sicherheiten - durch Verzicht auf das anfechtbare Pfandrecht und die Begründung neuer Pfandrechte des Anfechtungsrisikos entledigen. Eine solche Transaktion wäre aber eine Gesetzesumgehung[1854], die keinen Schutz verdient. Anders ist die Situation dagegen bei einer Konsolidierung mit Gläubigerwechsel. Allerdings könnte man argumentieren, dass die Besetzung der freigewordenen Pfandstelle zwar nicht den Bodenwert übersteige, jedoch durchaus «zum Nachteil der Handwerker und Unternehmer» i.S. von Art. 841 Abs. 1 ZGB erfolge. Abgesehen davon, dass diese Argumentation nicht sehr überzeugend erscheint, dürfte das Vorrecht in zahlreichen Fällen auch schon daran scheitern, dass es bei dieser Pfanderrichtung in der Regel an der von Art. 841 Abs. 1 ZGB verlangten Erkennbarkeit fehlt. Eine Gesetzesumgehung schliesslich dürfte kaum je vorliegen, da der neue Pfandgläubiger vor der entsprechenden Sicherung gar nicht einer Anfechtungsgefahr ausgesetzt war. Damit zeigt sich, dass durch die Besetzung freigewordener Pfandstellen der Baugläubigerschutz wirksam vereitelt werden könnte. Dies würde aber eher dafür sprechen, dass den Bauhandwerkerpfandrechten die Rangpriorität zukommen muss. Zumindest müsste aber Art. 841 Abs. 2 ZGB sinngemäss anwendbar sein.

B Situation beim Fortbestand der bisherigen Grundpfandrechte

Erfolgt die Konsolidierung zwischen den Baukreditparteien, ergeben sich bei einer Sicherung der langfristigen Forderung durch die bisherigen Grundpfandrechte (Grundpfandverschreibung, Verpfändung oder Sicherungsübereignung eines bestehenden Schuldbriefes) keine Besonderheiten. Insbesondere kann das Vorrecht i.S. von Art. 841 Abs. 1 ZGB weiterhin gegenüber dem Kreditgeber geltend gemacht werden[1855]. Im Falle eines Gläubigerwechsels gilt das Folgende: War die Kreditforderung durch eine Grundpfandverschreibung gesichert und wird diese Sicherung beibehalten, kann das Vorrecht grundsätzlich gegenüber dem neuen Gläubiger geltend gemacht werden[1856].

1852 *Leemann* geht denn auch durchaus davon aus, dass seine Lösung unter dem Vorbehalt des Art. 841 ZGB steht. Vgl. dazu *Leemann*, Art. 840 N 1.

1853 Vgl. dazu vorne S. 316 und S. 320.

1854 Zur Gesetzesumgehung im einzelnen vgl. etwa *Merz*, Art. 2 N 88ff., insbes. N 90. Art. 841 ZGB verpönt m.E. nicht nur einen bestimmten Weg, der zum unerwünschten Erfolg führt (Belastung des Grundstücks zum Nachteil der Pfandgläubiger), sondern auch den entsprechenden Erfolg selbst (Abschöpfen des von den Bauhandwerkern geschaffenen Mehrwerts, vgl. dazu für viele: *Zobl*, Gleichbehandlungsprinzip, S. 96).

1855 Namentlich dürfte der Gutglaubensschutz nach Art. 841 Abs. 3 ZGB bzw. Art. 865f. ZGB auch dann von vornherein entfallen, wenn etwa ein bisher - von einem Drittpfandgeber - bloss verpfändeter Schuldbrief dem Kreditgeber nunmehr zur Sicherung übereignet oder sogar zu unbeschränktem Eigentum übertragen wird.

1856 Vgl. dazu *Pfister-Ineichen*, S. 164; *Zobl*, Bauhandwerkerpfandrecht, S. 172. Diese Autoren erwähnen zwar lediglich den Fall einer Abtretung der mit einer Grundpfandverschreibung gesicherten Forderung. M.E. muss dies aber auch etwa bei der Auswechslung der pfandgesicherten Forderung gelten, da andernfalls durch ein solches Vorgehen der Gläubigerschutz vereitelt werden könnte. Zumindest müsste in diesem Fall aber Art. 841 Abs. 2 ZGB analog anwendbar sein.

War die Kreditforderung durch einen Schuldbrief gesichert und erwirbt der neue Gläubiger diesen Schuldbrief zu Faustpfand oder wird er ihm zur Sicherung übereignet, ist zwar denkbar, dass in gewissen Fällen der Gutglaubensschutz Platz greift (Art. 841 Abs. 2 ZGB bzw. Art. 865f. ZGB)[1857] und das Vorrecht gegenüber dem neuen Gläubiger nicht geltend gemacht werden kann. Soweit indessen Bauhandwerkerpfandrechte bereits eingetragen sind, dürfte der Gutglaubensschutz regelmässig entfallen. Davon abgesehen wird ein Gläubiger, der bei der Ablösung eines Baukredites für ein soeben fertiggestelltes Bauvorhaben mitwirkt, in der Regel davon auszugehen haben, dass das Pfandrecht den ursprünglichen Wert des Bodens übersteigt und dadurch grundsätzlich mit Anfechtungen zu rechnen ist[1858]. Soweit der Gutglaubensschutz dennoch Platz greift, können sich die Baugläubiger gegebenenfalls gestützt auf Art. 841 Abs. 2 ZGB an den Veräusserer des Schuldbriefes halten[1859].

IV   Nach der Konsolidierung sich ergebende Bauforderungen bzw. Bauhandwerkerpfandrechte

Soweit zur Zeit der Konsolidierung noch mit weiteren Baukosten zu rechnen ist, die der Baukreditnehmer nicht aus eigenen Mitteln bestreiten kann oder will, kann ein entsprechend höherer Darlehensbetrag vorgesehen werden[1860], wobei der die Bauforderung übersteigende Betrag z.B. auf ein Interimkonto zu legen ist. Denkbar ist auch, dass das Darlehen bei Bedarf einfach erhöht wird. Allerdings müssen dafür gegebenenfalls zusätzliche Pfandrechte errichtet werden, was entsprechende Kosten und Umtriebe verursacht.

Kommt es nach einem Gläubigerwechsel[1861] zu nachträglichen Bauforderungen und insbesondere zur Eintragung von Bauhandwerkerpfandrechten, und erleidet der neue Gläubiger dadurch einen Nachteil, stehen diesem - mangels besonderer Abreden - weder aus dem sog. Forderungskauf (Art. 171 OR[1862]) noch etwa aufgrund der blossen Tilgung der Baukreditforderung entsprechende Gewährleistungsansprüche gegenüber dem Baukreditgeber zu. Immerhin ist denkbar, dass den Kreditgeber, der bei der Konsolidierung mitwirkt, eine entsprechende Aufklärungspflicht trifft, deren Verletzung eine Haftung begründen könnte.

1857 Vgl. dazu *Zobl*, Bauhandwerkerpfandrecht, S. 172f.; *Pfister-Ineichen*, S. 168ff.; *Tuor/ Schnyder/ Schmid*, S. 856.; *Leemann*, Art. 841 N 48; *BGE* 109 II 13, insbes. S. 14f. Zum Gutglaubensschutz vgl. auch vorne S. 319.

1858 Vgl. dazu *Pfister-Ineichen*, S. 169f., wonach es bereits genügt, dass eine Anfechtbarkeit in Kauf genommen werden muss, damit der Gutglaubensschutz entfällt.

1859 Zur Frage, ob bzw. inwieweit der Kreditgeber gestützt auf Art. 841 Abs. 2 ZGB ins Recht gefasst werden kann, vgl. vorne Anm. 1491.

1860 Vgl. dazu etwa *Göschke* I, S. 306.

1861 Vgl. dazu vorne S. 385.

1862 Zur Gewährleistung beim Forderungskauf vgl. etwa *Girsberger*, OR-Kommentar, Vorbemerkungen zu Art. 171-173, N 4; Art. 171 N 1ff.; *Honsell*, S. 64; *Honsell*, OR-Kommentar, Art. 197 N 1.

§ 67 Teilkonsolidierungen

Die Teilkonsolidierung unterscheidet sich in ihrer Ausgestaltung grundsätzlich nicht von den bereits beschriebenen Konsolidierungsformen[1863]:
Bei einer Teilkonsolidierung unter den Baukreditparteien kann der Baukreditvertrag derart umgewandelt werden, dass ein Teilbetrag neu als Darlehensforderung weiterbesteht. Im Falle einer Novation wird ein Teil der Baukreditforderung durch ein Darlehen ersetzt. Soweit generelle Pfandklauseln bestehen und die Sicherungsart beibehalten werden soll, ergeben sich dabei keine Besonderheiten. Die abgeänderte bzw. die neue Forderung wird eo ipso durch die bisherigen Pfandrechte gesichert. Bei einer Änderung der Sicherungsart bzw. für den Fall, dass keine generellen Pfandklauseln bestehen, ist dagegen zu unterscheiden: War der Baukredit mittels Grundpfandverschreibung gesichert, kann zur Errichtung neuer Pfandrechte eine partielle Umwandlung des Pfandrechts vorgenommen werden. Das neue Pfandrecht kann dabei - im frei gewordenen Bereich der Pfandstelle - im gleichen Rang wie das bisherige Pfandrecht errichtet werden[1864]. Soweit die Baukreditforderung durch verpfändete oder zur Sicherung übereignete Schuldbriefe gesichert wurde, können diese Sicherheiten durch eine entsprechende Abänderung der Pfandverträge bzw. der Sicherungsabreden auch auf das Darlehen ausgedehnt werden. Gegebenenfalls sind auch neue Schuldbriefe zu errichten. Dabei ist denkbar, dass der ursprüngliche Schuldbrief entsprechend reduziert wird, so dass die freiwerdende Pfandstelle für die neuen Schuldbriefe beansprucht werden kann.

Die Teilkonsolidierung mit einem neuen Gläubiger kann durch eine partielle Tilgung bzw. eine partielle Zession der Baukreditforderung erfolgen. Was die Sicherung des gegebenenfalls für die Tilgung vereinbarten Darlehens betrifft, so ist wiederum zu unterscheiden: Bei einer Sicherung des Baukredites mittels Grundpfandverschreibung kommt eine partielle Umwandlung des Pfandrechts in Frage. Denkbar ist allerdings auch, dass zuerst eine gegenüber der Baukreditsicherung nachrangige Sicherung (Grundpfandverschreibung oder Schuldbrief) mit Nachrückungsrecht vereinbart wird (vgl. dazu Art. 814 Abs. 3 ZGB und Art. 71 GBV). Soweit die Baukreditforderung durch Verpfändung eines Schuldbriefes gesichert wurde, ist ebenfalls denkbar, dass neue Pfandrechte (insbesondere neue Schuldbriefe) errichtet werden. Der bisherige Schuldbrief ist dabei entsprechend zu reduzieren, so dass die freiwerdende Pfandstelle für die neuen Pfandrechte beansprucht werden kann. Möglich ist allerdings auch, dass lediglich Pfandrechte mit Nachrückungsrecht vereinbart werden. Schliesslich kann die Darlehensforderung aber auch durch ein Faustpfand am bisherigen Schuldbrief gesichert werden, und zwar entweder durch ein Nachpfand i.S. von Art. 886 ZGB[1865] oder aber durch ein gleichrangiges Pfandrecht[1866]. Soweit zur Sicherung der Baukreditforderung ein Schuldbrief übereignet wurde, kann dem neuen Gläubiger - von der Sicherung mittels neu errichteter Pfänder abgesehen - insbesondere ein Miteigentumsanteil an diesem Schuldbrief zur Sicherung übereignet werden[1867]. Sinngemäss dasselbe gilt bei einer partiellen Zession der Baukreditforderung.

1863 Vgl. dazu vorne S. 379ff.
1864 Vgl. dazu etwa *BGE* 71 I 460, insbes. S. 462; *Leemann*, Art. 813 und 814, N 25; *Simonius/ Sutter*, 5 N 57ff., S. 176f.
1865 Vgl. dazu *Zobl*, Fahrnispfand, Art. 886 N 1ff.; *Oftinger/ Bär*, Art. 886 N 1a ff.
1866 Vgl. dazu etwa *Zobl*, Fahrnispfand, Art. 886 N 15; *Oftinger/ Bär*, Art. 886 N 23f. Bei Namenschuldbriefen ist allerdings kein Teilindossament möglich, vgl. dazu *Lareida*, S. 107.
1867 Vgl. dazu etwa *Meier-Hayoz*, Allgemeine Bestimmungen, Art. 646 N 56; *Haab/ Simonius/ Scherrer/ Zobl*, Art. 646 N 11.

Nr. 2: Beendigung bei besonderen Verhältnissen

§ 68 Beendigung bei einer Veräusserung des Bauobjektes

Wird bei einer Veräusserung des Bauobjektes der Kaufpreis ohne Belastung des Grundstücks aufgebracht, ergeben sich keine Besonderheiten. Schuldner der Baukreditforderung bleibt nach wie vor der Baukreditnehmer. Immerhin dürfte der Käufer aus eigenem Interesse dafür sorgen, dass die Baukreditforderung aus den von ihm zur Verfügung gestellten Mitteln bezahlt und die entsprechende Belastung des Grundstücks beseitigt wird[1868].

Soweit der Kaufpreis dagegen durch ein von dritter Seite gewährtes Darlehen finanziert wird und dieses insbesondere durch das Baugrundstück gesichert werden soll, gilt sinngemäss das bereits zur Konsolidierung mit einem Gläubigerwechsel Ausgeführte[1869].

Allfällige nach dem Verkauf auftauchende Bauforderungen richten sich gegen den Bauherrn oder gegen Direkt- bzw. Zwischenakkordanten und können somit nicht gegenüber dem Käufer geltend gemacht werden. Gegebenenfalls können jedoch für diese Forderungen Bauhandwerkerpfandrechte[1870] eingetragen werden[1871]. Entsprechende Gewährleistungsansprüche des Grundstückkäufers dürften indessen in der Regel nur gegenüber dem Veräusserer des Grundstücks, nicht aber gegenüber dem Kreditgeber bestehen. Immerhin ist denkbar, dass den Kreditgeber, der bei der Veräusserung mitwirkt, eine entsprechende Aufklärungspflicht trifft, deren Verletzung eine Haftung begründen könnte. Erfolgt mit dem Verkauf ein Gläubigerwechsel[1872] und erleidet der neue Gläubiger aufgrund von Bauhandwerkerpfandrechten einen Nachteil, gilt mit Bezug auf allfällige Gewährleistungsansprüche sinngemäss das bereits weiter vorne Ausgeführte[1873].

1868   Bei einer Sicherung der Baukreditforderung mittels Grundpfandverschreibung kann diese nach der Tilgung der Baukreditforderung gelöscht werden (Art. 826 ZGB). Wo die Sicherung durch Schuldbriefe erfolgte, ist dagegen denkbar, dass diese dem Käufer übertragen werden.

1869   Vgl. dazu vorne S. 385f. Denkbar ist allerdings auch, dass die baukreditgebende Bank selbst ein solches Darlehen gewährt. Ein praktischer Weg wäre dabei, dass der Käufer die Baukreditschuld i.S. von Art. 176f. OR auf Anrechnung an den Kaufpreis übernimmt und hernach mit der baukreditgebenden Bank eine Konsolidierung durchführt. Soweit die Baukreditforderung durch eine Grundpfandverschreibung gesichert war, hat der Baukreditnehmer sinnvollerweise dafür zu sorgen, dass es nicht zur Beibehaltung der Haftung nach Art. 832 Abs. 2 ZGB kommt. Für Einzelheiten vgl. etwa *Tuor/ Schnyder/ Schmid*, S. 841; *Simonius/ Sutter*, 7 N 17ff., S. 223ff.; *Tschäni*, Art. 175 N 10; *BGE* 57 II 315, insbes. S. 318ff. Vgl. dazu auch etwa den in *BGE* 52 III 168 beurteilten Sachverhalt, wo das Baugrundstück zwangsrechtlich versteigert und der Baukreditvertrag in der Folge - unter Beibehaltung des bisherigen Pfandrechts (Faustpfandrecht an einem Schuldbrief) - auf den Erwerber übertragen wurde.

1870   Was das Verhältnis bereits eingetragener Bauhandwerkerpfandrechte zur Sicherung des neuen Darlehens betrifft, so kann sinngemäss auf das weiter vorne Ausgeführte verwiesen werden. Vgl. dazu vorne S. 310f.

1871   Insbes. ist heute unbestritten, dass der Eintrag von Bauhandwerkerpfandrechten auch gegenüber einem neuen Eigentümer des Baugrundstücks möglich ist. Zur Kontroverse über diesen Punkt und zur Entwicklung der entsprechenden Bundesgerichtspraxis vgl. schon vorne Anm. 1343.

1872   Vgl. dazu vorne S. 385.

1873   Vgl. dazu vorne S. 392.

§ 69 Beendigung bei besonderen Partei- bzw. Grundstücksverhältnissen

I Beendigung beim als Grundstück im Grundbuch aufgenommenen Baurecht[1874]

Die Konsolidierung im Falle eines Bauobjektes, das aufgrund eines im Grundbuch als Grundstück eingetragenen Baurechts errichtet wurde, unterscheidet sich grundsätzlich nicht von der Konsolidierung bei gewöhnlichen Baugrundstücken. Immerhin ist bei der Gewährung von langfristigen Darlehen dem Umstand Rechnung zu tragen, dass der gesamte Darlehensbetrag auf den Ablauf des Baurechts hin zu amortisieren ist[1875]. Keine Besonderheiten ergeben sich auch bei einer Veräusserung des Bauobjektes.

II Beendigung bei Gesamteigentum am Baugrundstück

Auch bei Gesamteigentum am Baugrundstück unterscheidet sich die Konsolidierung nicht wesentlich von der Konsolidierung bei gewöhnlichen Baugrundstücken. Allerdings sind für den Abschluss einzelner Verträge sowie die gegebenenfalls notwendige Umwandlung der Pfänder jene Regeln zu beachten, die auch schon für andere Rechtsgeschäfte der jeweiligen Gesamthandschaft bzw. für Verfügungen über eine im Gesamteigentum stehende Sache gelten[1876].

Bei einer Veräusserung des Bauobjektes ergeben sich wiederum keine Besonderheiten.

III Beendigung bei Miteigentum am Baugrundstück

Auch bei Miteigentum am Baugrundstück unterscheidet sich die Konsolidierung nicht wesentlich von der Konsolidierung bei gewöhnlichen Baugrundstücken. Allerdings gilt auch hier, dass für den Abschluss einzelner Verträge sowie die gegebenenfalls notwendige Umwandlung der Pfänder jene Regeln zu beachten sind, die auch schon für den Abschluss des Baukreditvertrages bzw. für Verfügungen gelten, die sich auf das im Miteigentum stehende Grundstück beziehen[1877].

1874 Vgl. dazu vorne S. 363f.
1875 Vgl. dazu *Girsberger*, S. 68ff; *Zobl*, Baukreditvertrag, S. 9.
1876 Vgl. dazu vorne S. 353f.
1877 Vgl. dazu vorne S. 355f.

Bei der Veräusserung einzelner Miteigentumsteile ist ausserdem das Folgende zu beachten: Lastet ein Pfand auf dem Gesamtgrundstück, ist zwar durchaus denkbar, dass dieses im Umfang der jeweiligen Teilamortisation reduziert wird. Solange es jedoch nicht vollständig aufgehoben ist, besteht diese Belastung auch für die verkauften Einheiten weiter. Dies kann aber namentlich die Neubelastung dieser Einheiten erheblich erschweren[1878]. Sind also schon von vornherein Teilveräusserungen geplant, sollte die Baukreditforderung wenn möglich nicht durch ein solches Pfandrecht gesichert werden.

Keine Probleme ergeben sich dagegen, wenn von Anfang an einzelne Miteigentumsanteile verpfändet oder einzelne, jeweils auf den Miteigentumsanteilen lastende Schuldbriefe verpfändet bzw. übereignet werden. Insbesondere kann jeder Miteigentumsanteil mit befreiender Wirkung aus der Pfandhaft entlassen werden. Unproblematisch ist auch die Sicherung des Baukredites durch ein Gesamtpfandrecht an den einzelnen Miteigentumsanteilen (Art. 798 Abs. 1 ZGB)[1879]. Wird ein Anteil veräussert, kann er wiederum mit befreiender Wirkung aus der Pfandhaft entlassen werden[1880]. Sinngemäss dasselbe gilt bei einem Gesamtpfandrecht an Schuldbriefen, die auf den einzelnen Miteigentumsanteilen errichteten worden sind.

IV Beendigung bei Stockwerkeigentum[1881]

Beim Stockwerkeigentum gilt sinngemäss dasselbe wie beim Miteigentum. Zu beachten ist auch hier, dass bei einer beabsichtigten Veräusserung von Stockwerkeigentumseinheiten ein Pfandrecht, das auf dem Gesamtgrundstück lastet, höchst unvorteilhaft ist. Entweder ist ein solches von vornherein zu vermeiden oder aber vor der Veräusserung umzuwandeln[1882].

1878   Vgl. dazu etwa *Zobl*, Baukreditvertrag, S. 9, Anm. 63 (allerdings bezogen auf die analogen Verhältnisse beim Stockwerkeigentum); *Leemann*, Art. 800 N 13.

1879   Vgl. dazu vorne S. 355.

1880   Vgl. dazu *Zobl*, Baukreditvertrag, S. 9 (allerdings bezogen auf die analogen Verhältnisse beim Stockwerkeigentum).

1881   Vgl. dazu auch vorne S. 356f. und S. 369.

1882   Vgl. dazu etwa *Zobl*, Baukreditvertrag, S. 9, Anm. 63; *Mühl/ Petereit*, N 959, S. 356.

V Beendigung bei Konsortialfinanzierungen[1883]

Bei einer Konsortialfinanzierung hängt die Durchführung der Konsolidierung - bzw. der Ablösung im Falle einer Veräusserung - von der Art des jeweiligen Konsortiums ab. Liegt ein Aussenkonsortium mit einer Gesamthandforderung vor, so haben sich - auf der Baukreditgeberseite - alle beteiligten Banken gemeinsam an den entsprechenden Rechtsgeschäften zu beteiligen. Dies gilt unabhängig davon, ob das Konsortium selber oder lediglich ein einzelner Konsorte oder sogar eine Drittbank den Kredit ablöst. Soweit dagegen bloss Teilobligationen vorliegen, ist für jeden Anteil eine separate Konsolidierung bzw. Ablösung vorzunehmen. Liegt schliesslich ein Innenkonsortium vor, erfolgt die Konsolidierung bzw. die Ablösung allein durch die nach aussen auftretende Bank. Im übrigen ergeben sich, was das Verfahren und die Ausgestaltung der einzelnen Rechtsgeschäfte betrifft, weder beim Aussen- noch beim Innenkonsortium Unterschiede zur gewöhnlichen Konsolidierung bzw. Ablösung.

In den Konsortialverträgen finden sich gelegentlich Bestimmungen, wonach sich die Konsorten bereits verbindlich zur Teilnahme an der Konsolidierung verpflichten. Dadurch wird der Gesellschaftszweck und die Mitwirkungspflicht der Konsorten auch auf die Konsolidierung erweitert. Insbesondere kann von jedem Konsorten mittels Klage die entsprechende Mitwirkung verlangt werden. Als Kläger kommt das gesamte restliche Konsortium oder aber jeder einzelne Konsorte in Frage[1884].

1883 Zur Konsortialfinanzierung im einzelnen vgl. vorne S. 358ff.
1884 Sog. Gesellschafts- oder Gesamtklage bzw. actio pro socio. Vgl. dazu *Meier-Hayoz/ Forstmoser*, 8 N 34d f., S. 203.

VI Beendigung bei einem Parteiwechsel während der Bauarbeiten

In der Praxis ist es nicht selten, dass ein Bauobjekt schon während der Bauarbeiten verkauft wird[1885]. Je nach Einzelfall kann es dabei auch zu einer Beendigung der bisherigen Baukreditfinanzierung kommen. Denkbar ist ausserdem, dass es während der Bauarbeiten zu einem Wechsel der baukreditgebenden Bank und auch dadurch zu einer Beendigung der bisherigen Baukreditfinanzierung kommt.

Wird das Bauobjekt während der Bauarbeiten veräussert, kann die Beendigung der bisherigen Baukreditfinanzierung grundsätzlich gleich ausgestaltet werden, wie die Beendigung nach Abschluss der Bauarbeiten - mit dem Unterschied, dass anstatt eines Darlehens ein neuer Baukredit vereinbart wird. Will der Käufer allerdings die Bauherrschaft nicht selbst übernehmen, sondern wird diese insbesondere vom Baukreditnehmer weitergeführt, ist es sinnvoll, wenn die alte Baukreditfinanzierung weiterläuft. Soweit allerdings bereits Zahlungen während der Bauarbeiten zu erbringen sind und die entsprechenden Mittel einem von dritter Seite gewährten Darlehen entstammen, das durch das Baugrundstück gesichert werden soll, sind am besten entsprechende Teilkonsolidierungen[1886] vorzunehmen. Soweit der Käufer dagegen Zahlungen leistet, die keiner Sicherung durch das Baugrundstück bedürfen, können diese unmittelbar dem Baukreditkonto gutgeschrieben werden[1887], so dass sich die Baukreditforderung entsprechend reduziert[1888].

Der Wechsel der baukreditgebenden Bank kann grundsätzlich in gleicher Weise erfolgen wie die Konsolidierung mit einem neuen Gläubiger[1889], wobei die Mittel im Falle einer Tilgung der alten Baukreditforderung nicht aus einem langfristigen Darlehen, sondern aus dem neuen Baukredit stammen. Möglich ist allerdings auch, dass der neue Baukredit nur für künftige Bauforderungen gewährt und der alte Kredit durch ein Darlehen konsolidiert wird. Soweit die bisherige Baukreditforderung auf den neuen Gläubiger übergehen soll, ist denkbar, dass der ganze Baukreditvertrag übertragen wird.

1885　Vgl. dazu etwa den in *BGE* 118 II 142 beurteilten Sachverhalt. Zur Genehmigungspflicht für solche Veräusserungen als Schutzmassnahme gegen das Risiko einer Unterdeckung vgl. insbes. vorne S. 190.

1886　Vgl. dazu vorne S. 393.

1887　Vgl. dazu vorne S. 34 und S. 266.

1888　Der Baukredit ist nach der in dieser Arbeit vertretenen Ansicht grundsätzlich nur beschränkt revolvierend, vgl. dazu vorne S. 88. Die Teilamortisation durch solche Zahlungen setzt deshalb m.E. in jedem Fall die Einwilligung des Baukreditgebers voraus. Wie bereits gezeigt wurde, kann allerdings die Einzahlung solcher Mittel auf das Baukreditkonto durchaus auch im Interesse des Baukreditgebers liegen. Vgl. dazu vorne S. 266.

1889　Vgl. dazu vorne S. 385f.

Anhänge

Anhang 1: Muster einer Baukreditofferte[1890]

```
                                            .............. AG
                                            ...... Strasse ..

                                            ....   .........

                                            Ort, Datum
Ref.: .....................

Sehr geehrte ...........
```

Wir danken für Ihre Kreditanfrage und freuen uns, Ihnen auf der Grundlage der uns
eingereichten Projektunterlagen folgende Offerte zur Bau- und Landfinanzierung zu
unterbreiten:

```
Projekt            ...............................................................

Voranschlag        Landkosten                    Fr. .....
                   Projektkosten                 Fr. .....
                   ............                  Fr. .....
                                                 _____
                   Total Anlagekosten            Fr. .....
                   ========================================================

Finanzierung       Landdarlehen                  Fr. .....
                   Baukredit (Kreditlimite)      Fr. .....
                                                 _____
                   Gesamtbetrag                  Fr. .....
                   Eigene Mittel                 Fr. .....
                   Sonstige                      Fr. .....
                                                 _____
                   Total                         Fr. .....
                   ========================================================

Benützung          Auf neu eröffnetem Kontokorrent gemäss den Allgemeinen Bau-
                   kreditbedingungen sowie den Allgemeinen Geschäftsbedingungen,
                   sobald die in dieser Offerte sowie in diesen Bedingungen ge-
                   nannten Voraussetzungen erfüllt sind.
```

[1890] Die nachfolgenden Muster sind das Resultat einer Würdigung der in der Praxis verwendeten
Verträge und allgemeinen Baukreditbedingungen unter dem Aspekt der in dieser Arbeit be-
handelten Fragen. Berücksichtigt wurden insbes. Vorlagen der Zürcher Kantonalbank, der
Schweizerischen Bankgesellschaft, der Schweizerischen Kreditanstalt, des Schweizerischen
Bankvereins, der Bank Leu, der Migros Bank, der Sparkasse der Stadt Zürich sowie der Hy-
pothekar- und Handelsbank Winterthur. Einzelne Formulierungen entstammen diesen Vorlagen.
Weitere Muster finden sich auch etwa bei *Mühl/ Petereit*, S. 395f.; *Haefliger*, S. 126f.; *Ramseyer*, S. 122ff.; *Rossi*, Anhang 1 und 5.

(Beim Bau mit einem General- bzw. Totalunternehmer:)
Die Auszahlungen gemäss GU-Vertrag erfolgen auf ein neu
eröffnetes Bankkonto auf den Namen .... AG.
Der Generalunternehmer hat die Verwendung der Zahlungen nach
einem ihm gesondert zugestellten Vertrag vorzunehmen.

Kreditaufstockung   *Sollte die eingeräumte Kreditlimite für eine Finanzierung der*
Bauvollendung nicht ausreichen, steht
uns das Recht zu, eine Kreditaufstockung bis zum Betrag von
Fr. ......
vorzunehmen. Eine Pflicht zur Kreditaufstockung besteht je-
doch nicht.

Sicherheiten   *Fr. ......*
zur Sicherung der Kreditlimite und des Landdarlehens

(Grundpfandverschreibung als Maximalhypothek,
Schuldbrief, Sicherungsübereignung eines Schuldbriefes) im
... Rang zu Lasten des Baugrundstückes.

Fr. ......
zur Sicherung einer allfälligen Kreditaufstockung

(Grundpfandverschreibung als Maximalhypothek,
Schuldbrief, Sicherungsübereignung eines Schuldbriefes) im
... Rang zu Lasten des Baugrundstückes.

Als weitere Sicherheiten sind vorgesehen ....

Vor der Kreditfreigabe ist in jedem Fall der Nachweis der ge-
nannten Sicherheiten zu erbringen. Ergibt sich eine Unter-
deckung der Kreditforderung, sind auf unsere schriftliche
Aufforderung hin Zusatzsicherheiten bis zur Volldeckung der
Kreditforderung zu stellen.

Konditionen   *Zinssatz derzeit   ... % p.a.*
Kreditkommission   ... % im Quartal
beide berechnet auf ...
(z.B. auf der mittleren Schuld)

Zinsanpassung   *(z.B. Anpassung an die veränderten Bedingungen auf dem Geld-*
und Kapitalmarkt; unter Voranzeige; der Maximalzinsfuss be-
trägt in jedem Fall ... % p.a.)

Zinstermine   *(z.B. quartalsweise, d.h. 31.3. / 30.6. / 30.9. / 31.12. ei-*
nes Jahres)

Landdarlehen   *(Besondere Bestimmungen über Zins, Laufzeit etc., die von den*
vorstehenden Bedingungen abweichen, insbes. auch etwa Vezicht
auf eine Kommission)

Konsolidierung   *Nach Bauvollendung sind wir bereit, unter den folgenden Vor-*
aussetzungen und mit folgenden Konditionen den Baukredit mit-
tels eines durch

....

*(Grundpfandverschreibung, Schuldbrief, Sicherungsübereignung
eines Schuldbriefes) im ... Rang zu Lasten des Baugrundstückes gesicherten Darlehens abzulösen:*

*(positive Beurteilung durch den Schätzer; Zinskonditionen;
bestimmte Renditevoraussetzungen, Vermietung eines bestimmten
Prozentsatzes der errichteten Wohnungen, Abschluss bestimmter
Versicherungen etc.)*

Verpfändung

*Mit der Unterzeichnung des Briefdoppels verpfänden Sie uns
zugleich sämtliche Schadenersatz- und Versicherungsansprüche
sowie sämtliche Ansprüche aus Garantieversprechen,
Sicherheitsleistungen und Konventionalstrafen, die Ihnen infolge Beschädigung oder Zerstörung des Bauobjektes, unsachgemässer Bauleitung und Bauausführung, sonstiger, den Wert des
Bauobjektes bzw. des Baugrundstücks beeinträchtigender Ursachen, sowie infolge Bauverzögerungen oder Nichtbezahlung einzelner Baugläubiger zustehen. Ebenso verpfänden Sie uns das
Projektrealisierungsrecht und die weiteren Ihnen zustehenden,
in den Bauplänen verkörperten Rechte, sowie allfällige Scha-
denersatz- und Gewährleistungsansprüche gegen den Verkäufer
des Grundstücks. Diese Verpfändungen erfolgen zur Sicherung
sämtlicher Ansprüche, die uns aus diesem Rechtsverhältnis Ihnen gegenüber zustehen. Soweit über die genannten Ansprüche
Schuldscheine bestehen, sind diese unverzüglich einzureichen.
Von den Bauplänen ist uns ein kompletter Satz in Kopie einzureichen. An diesen Kopien besteht ein selbständiges Pfandrecht.*

Beendigung der
Bauarbeiten

*Kommt eine Beendigung der Bauarbeiten aus Grün-
den, die auf Ihrer Seite liegen, nicht mehr in Frage, steht
uns das Recht zu, den Bau selbständig und unter Ausnutzung
der eingeräumten bzw. aufgestockten Baukreditlimite (zu Ihren
Lasten) gemäss den eingereichten Plänen zu beenden. Die entsprechenden Weisungsrechte aus den Architekten-, Ingenieur-,
General- bzw. Totalunternehmer- sowie Bauverträgen gehen in
diesem Fall auf uns über. Dieses Recht erlischt jedoch in jedem Fall bei Erstattung der dannzumal noch offenen Kreditforderung und der bis zum Ablauf der ordentlichen Kündigungsfrist geschuldeten Zinsen und Kommissionen.*

Vorkaufsrecht

*Am verpfändeten Baugrundstück besteht ein Vorkaufsrecht zu
unseren Gunsten, das im Grundbuch vorzumerken ist. Dieses
Recht ist jedoch unwirksam, wenn vor dem Verkauf die
dannzumal noch offene Kreditforderung und die bis zum Ablauf
der ordentlichen Kündigungsfrist geschuldeten Zinsen und Kommissionen erstattet werden. Dieses Recht erlischt ausserdem
bei Vollendung des Bauprojektes.*

Kündigungs-
frist

*Die Kündigungsfrist beträgt für beide Seiten ......
(Tage, Wochen, Monate).*

Werden die Bauarbeiten eingestellt und kommt eine Beendigung des Bauvorhabens aus objektiven oder bei Ihnen liegenden Gründen nicht mehr in Frage, steht uns das Recht zu, den Vertrag fristlos zu kündigen.

Für diesen Kredit sind unsere Allgemeinen Baukreditbedingungen und unsere Allgemeinen Geschäftsbedingungen massgebend, wovon Sie als Beilage je zwei Exemplare erhalten.

Für die späteren Hypotheken gelangen die dannzumal geltenden Bedingungen zur Anwendung.

Zur Ergänzung unserer Analyse wollen Sie uns bitte noch .... zustellen.

Wir sind überzeugt, ein auf Ihre Bedürfnisse zugeschnittenes Angebot zu unterbreiten. Bei Ihrem Einverständnis wollen Sie bitte das beiliegende Briefdoppel sowie je ein unterzeichnetes Exemplar der Allgemeinen Baukreditbedingungen und der Allgemeinen Geschäftsbedingungen zurücksenden.

Freundliche Grüsse

Bank ....

Beilagen:

- Briefdoppel
- Allgemeine Baukreditbedingungen (2 Expl.)
- Allgemeine Geschäftsbedingungen (2 Expl.)

Durch Filiale ....

An die Bank ....

Wir erklären uns mit dem Inhalt des Schreibens in allen Teilen einverstanden.

Ort, Datum

.... AG

Anhang 2: Muster allgemeiner Baukreditbedingungen

ALLGEMEINE BAUKREDITBEDINGUNGEN

1. Verwendung der Kreditmittel

Die Kreditmittel sind ausschliesslich für das in der Baukreditofferte genannte Bauprojekt sowie zur Bezahlung bereits geleisteter Tätigkeiten zu verwenden, es sei denn, dass Vorleistungen im konkreten Fall der allgemeinen Übung entsprechen. Rückbehalte sind in jedem Fall geltend zu machen. Die Bevorzugung einzelner Baugläubiger ist untersagt.

2. Eigen- bzw. Drittkapital

Soweit als möglich ist das für die Baufinanzierung vorgesehene Eigen- bzw. Drittkapital vor den Kreditmitteln zu verwenden. Die Bank hat ausserdem das Recht, die Einzahlung dieser Gelder auf das Baukreditkonto sowie die Abtretung entsprechender Ansprüche gegen Dritte (namentlich Ansprüche auf Subventionszahlungen) zu verlangen.

Der Kreditnehmer hat auf Verlangen der Bank zu veranlassen, dass Vorausleistungen von Käufern auf das Baukreditkonto überwiesen werden. Bereits empfangene Beträge hat er auf Verlangen der Bank ebenfalls einzuzahlen.

3. Nachweis der Restfinanzierung

Die Kreditmittel sind in jedem Fall nur gegen den Nachweis einer gesicherten Restfinanzierung freizugeben.

4. Kostenkontrolle

Der Kreditnehmer hat für eine geeignete Bauabrechnungs- und Kostenkontrolle zu sorgen. Sämtliche neu erstellten Kostenvoranschläge sind der Bank einzureichen.

5. Zahlungskontrolle

Die Bank hat das Recht, die Verfügungen über das Baukreditkonto auf ihre Vertragskonformität hin zu überprüfen und vertragswidrige Zahlungsaufträge nicht auszuführen. Sie kann die Zahlungskontrolle auch einem Treuhänder übertragen. Die Kostentragung für den Treuhänder ist im Baukreditvertrag zu regeln.

Die Bank hat ausserdem das Recht, nur von einem Architekten oder einem Treuhänder visierte Zahlungsaufträge auszuführen. Dem Treuhänder kann auch das Recht zur selbständigen Ausführung der Zahlungsaufträge übertragen werden. In diesem Fall erfolgt die Überweisung der Baukreditmittel auf ein separates Treuhandkonto.

6. Mittelfreigabe nach Massgabe des Baufortschrittes

Die Bank bzw. der Treuhänder haben das Recht, die Mittelfreigabe nach dem Baufortschritt zu richten bzw. aufgrund eines Zahlungsplanes vorzunehmen, der sich an der Terminplanung für die Bauarbeiten orientiert. Soweit der Kreditnehmer berechtigt ist, Zahlungen zurückzuhalten, ist die Bank nicht zur Mittelfreigabe verpflichtet.

7. Gleichmässige Bezahlung der Baugläubiger

Die Bank bzw. der Treuhänder haben das Recht, die Mittelfreigabe so zu gestalten, dass die einzelnen Zahlungen unter den Baugläubigern möglichst gleichmässig erfolgen, d.h. nach einem Verteilschlüssel, der aufgrund des jeweils aktualisierten Unternehmer- und Handwerkerverzeichnisses und des jeweils aktualisierten Kostenvoranschlages erstellt wird. Auf die Fälligkeit einzelner Forderungen ist jedoch Rücksicht zu nehmen.

8. Unternehmer- und Handwerkerverzeichnis

Vor der Kreditfreigabe kann die Bank die Einreichung eines von der Bauleitung oder vom für den Bau zuständigen Architekten bzw. Ingenieur unterzeichneten Unternehmer- und Handwerkerverzeichnisses verlangen. Soweit sich Änderungen oder Ergänzungen ergeben, sind diese der Bank mitzuteilen. Die Bank kann auch einzelne Bauverträge sowie die Quittungen für bereits geleistete Zahlungen einfordern.

9. Unterakkordanten

Der Kreditnehmer hat, so weit als möglich, mit den einzelnen Baugläubigern zu vereinbaren: (1) das Recht zur Direktbezahlung allfälliger Unterakkordanten bzw. (2) das Recht zur Hinterlegung der auf die Unterakkordanten entfallenden Beträge bis zum Nachweis einer entsprechenden Bezahlung. Oder er hat, so weit als möglich, dafür zu sorgen, dass ihm bzw. der Bank von dritter Seite (namentlich durch Banken oder Versicherungen) die Bezahlung allfälliger Unterakkordanten garantiert wird.

Die Bank bzw. der Treuhänder haben das Recht, einzelne Unterakkordanten direkt zu bezahlen oder die entsprechenden Beträge bis zum Nachweis einer entsprechenden Bezahlung zu hinterlegen.

10. Baukontrolle

Die Bank hat das Recht, sich vor und während der Bauarbeiten an Ort und Stelle über das Bauprojekt zu informieren. Ebenso kann sie direkt bei der Bauleitung oder beim für den Bau zuständigen Architekten bzw. Ingenieur die für die Abwicklung des Baukredites notwendigen Informationen einholen. Sie kann jederzeit ein detailliertes Bauprogramm verlangen.

11. Vergebungen

Geplante Vergebungen (Abschluss von Verträgen mit dem Architekten- bzw. Ingenieur, dem General- bzw. Totalunternehmer, Bauhandwerkern und Bauunternehmern) sind der Bank mitzuteilen. Diese hat das Recht, mangelnder Bonität bzw. Vertrauenswürdigkeit abzulehnen. Bei den Vergebungen hat der Kreditnehmer die Pflicht, die in der jeweiligen Situation und bei normaler Erfahrung (auch im Hinblick auf eine allfällige Bauteuerung) optimale Preisabrede zu treffen, wobei die Bank entsprechende Vorschläge machen kann. Werden Vergebungen trotz begründetem Widerspruch der Bank vorgenommen oder Preisabreden unter Missachtung der von der Bank gemachten Vorschläge getroffen, ist diese nicht verpflichtet, die auf die entsprechenden Parteien entfallenden Beträge freizugeben.

12. Bauausführung und Baumaterialien

Der Kreditnehmer hat dafür zu sorgen, dass die dem Besteller des vorgesehenen Bauprojekts obliegenden Tätigkeiten vorgenommen werden. Er sorgt dafür, dass das Bauprojekt gemäss den der Kreditgewährung zugrundeliegenden Unterlagen sowie fachgerecht und mit den entsprechenden Materialien ausgeführt wird. Er hat dabei notfalls auch von seinem Weisungsrecht Gebrauch zu machen und kann von der Bank hiezu angehalten werden. Ausserdem hat er dafür zu sorgen, dass die einzelnen Arbeiten geprüft, begründete Mängelrügen fristgemäss vorgenommen sowie die entsprechenden Gewährleistungsrechte und weitere ihm allenfalls zustehende Bestellerrechte geltend gemacht werden. Ebenso hat er bei Bauverzögerungen seine Rechte wahrzunehmen und dafür zu sorgen, dass mit den am Bau beteiligten Parteien soweit als möglich Konventionalstrafen für den Fall von Verzögerungen vereinbart werden.

13. Änderungen

Handänderungen und Änderungen am Projekt sowie im Bauprogramm sind nur mit Zustimmung der Bank zulässig.

14. Versicherungen

Vor der Kreditfreigabe hat der Kreditnehmer einen Ausweis über den Abschluss folgender Versicherungen zu erbringen:

- Feuer- und Elementarschaden- bzw. Gebäudeversicherung für die Zeit der Bauarbeiten
- Bauwesen- bzw. Montageversicherung
- Bauherren-Haftpflichtversicherung

in einer der allgemeinen Übung bzw. den gesetzlichen Vorschriften entsprechenden Höhe.

Sodann ist der Nachweis zu erbringen, dass auch die am Bau beteiligten Architekten, Ingenieure, General- bzw. Totalunternehmer sowie die einzelnen Handwerker und Unternehmer in einem der allgemeinen Übung entsprechenden Umfang versichert sind, namentlich durch Bauwesen- bzw. Montageversicherungen, Baugarantieversicherungen sowie Berufs- und Betriebshaftpflichtversicherungen.

15. Bauhandwerkerpfandrechte

Der Kreditnehmer ist verpflichtet, in den Verfahren über die Eintragung von Bauhandwerkerpfandrechten die ihm zustehenden, berechtigten Einwendungen und Einreden geltend zu machen.

Auf Anweisung der Bank hat er allfällige Baugläubiger, welche Eintragungsgesuche stellen, sicherzustellen. Die Bank hat das Recht, solche Gesuchsteller zu Lasten des Baukredites sicherzustellen.

Der Kreditnehmer hat so weit als möglich dafür zu sorgen, dass von Unternehmern, welche Unterakkordanten beschäftigen, bzw. von dritter Seite (Bank, Versicherung) Sicherstellungen erfolgen für den Fall, dass Unterakkordanten Eintragungsgesuche stellen.

16. Meldepflicht

Sobald sich Mehr- oder Zusatzkosten abzeichnen, ist dies der Bank zu melden. Zu melden sind auch Bauverzögerungen und Abweichungen vom Bauprogramm. Ebenso hat der Kreditnehmer die Bank unverzüglich zu benachrichtigen, falls der Eintrag von Bauhandwerkerpfandrechten zu Lasten des Baugrundstückes verlangt wird.

17. Recht zur Leistungsverweigerung

Die Bank ist an die Kreditzusicherung nur gebunden, wenn diese Vorschriften und allfällige speziell vereinbarte Bestimmungen eingehalten werden. Bei sich abzeichnendem Unterbruch der Bauarbeiten hat die Bank ausserdem das Recht, die Freigabe der Kreditmittel bis zur Wiederaufnahme der Bauarbeiten zu verweigern.

18. Pfandentlassungen

Zu allfälligen Pfandentlassungen wird eine Zustimmung nur erteilt, wenn die Baukreditforderung im entsprechenden Umfang getilgt ist oder eine unwiderrufliche Zahlungsverpflichtung einer genügend zahlungskräftig erscheinenden Partei vorliegt.

19. Kündigung

Für die Kündigung gelten die speziell vereinbarten Fristen. Wurden keine solchen vereinbart, beträgt die Kündigungsfrist für beide Seiten zwei Monate. Mit Eintritt der Kündigungswirkung wird die Kreditforderung zur Rückzahlung fällig bzw. steht dem Kreditnehmer das Recht zu, den Zinslauf bzw. das Fälligwerden weiterer Kommissionen durch Rückzahlung der Kreditschuld zu beenden.

Liegen wichtige Gründe vor, welche eine Fortführung des Kreditverhältnis als unzumutbar erscheinen lassen, kann das Verhältnis ausserdem in jedem Fall fristlos gekündigt werden.

Ort, Datum

(Unterschrift) ....

Sachregister

A

√